JN255664

教会の聖人たち

全面改訂版

池田敏雄 編著

上巻

サンパウロ

最後の審判（ミケランジェロ画）

求めなさい。そうすれば与えられる。
　探しなさい。そうすれば見出す。
たたきなさい。そうすれば開かれる。
　誰でも求める者は手に入れ、
探す者は見出し、
　　たたく者には開かれる。

だから、何事につけ、
　人にしてもらいたいと思うことを、
　　人にもしてあげなさい。
（マタイ7・7−8、12）

全面《ぜんめん》改訂版に当たって

（1）はしがき

最近、各方面から、中でも、故聖ヨハネ・パウロ二世教皇によって列聖・列福された現代のカトリック聖人伝、それも聖職者や神秘家にとどまらないで、平凡な一般信徒の聖人伝出版の要望がとみに高くなった。この要望に応えて、できるだけ多くの親しみやすい現代の聖人、特に来日している会の創立者のうち福者・聖者を選び、上巻・下巻の二冊の中に日本の教会暦に従って配列し、写真を添え、できるだけ多くの参考文献《ぶんけん》と有識者《ゆうしきしゃ》からの訂正・加筆を頂き、あるいは聖人に関係ある場所を歩いて見聞《けんぶん》し、現代ふうに読みやすく、身分の上下に関係なく聖人・福者たちの生涯を大幅《おおはば》に改訂した。主《おも》な改訂点は次のとおりである。

主な改訂点

①「見出し」を本文中に数多く挿入し、核心《かくしん》（中でも霊性）はどこにあるのか、一見して記憶にとどめ、読みやすい工夫をした。

②教会暦には名前はないが、来日している福者、聖者をできるだけ詳しく取り上げた。その際、諸修道会の創立者の大部分は、その会の有識者の協力を仰いだ。

③難しく思われる漢字に、できるだけ「ふりがな」を付け、読者の幅《はば》を広げ、奥深い漢字の意味を理

解できるよう工夫をした。

④文中の福者・聖者に関係ある「年代」とその「時代背景と年齢」と「場所」の確定には、正確を期するため、種々の文献と照合《しょうごう》し、ネットで確かめた。

⑤聖イグナチオ・デ・ロヨラが「聖人伝は第二の福音書である」、と述べているが、この聖人伝では単なる物語にとどまらず、聖書を基本にして霊性面をも力説《りきせつ》したつもりである。

⑥④と関係する使徒伝承《しとでんしょう》を大切にし、信仰の遺産としての諸教皇の教え、公会議の決議、特に第二バチカン公会議の決議文、および教父たちや教会の博士たちの遺書を参考にした。もちろん、この伝承を裏付ける聖書の引用を最優先した。

⑦特定の聖人伝の中で、その聖人と関わる他の聖人名が出てきた場合、参照の月日をリンクして記入した。

⑧本書の聖書引用文は、主にサンパウロから二〇一一年に発行されたフランシスコ会聖書研究所訳による。

⑨第二バチカン公会議の公文書については、主に二〇一三年にカトリック中央協議会から発行された改定公式訳を引用した。

⑩何よりも第二バチカン公会議の決議文に沿った使徒伝来の教会のあり方に着目した。

（2）人生の目標《もくひょう》

各人の理想像

人は誰でも自己の理想とする人間像を見つめて、自分も将来あのような人になりたいと思うものである。その理想像を自分の最も近い者の中から選び出せる人は幸いである。常に生きた理想像が眼前にあり、始終それと交わるうちに、言葉も考え方も態度もすべて似てくるからである。その意味で父母や兄弟姉妹が尊敬する人物であり、自分も将来、そのような人物になりたいと願う者は幸福である。

キリスト教としては特に、主イエスの考え方・態度・人生の目標・生活の仕方を現代ふうにすることが、この世での最高目標ではないだろうか。

聖母マリアは母親や乙女《おとめ》としての、キリストは男性を含め、女性のためにも最高の模範をたれた。四世紀の偉大な教父、聖アウグスチヌスがその著『告白録』で述べているように、「あなた（神）は、わたしたちをあなたに向かうようにお造りになり、わたしたちの心は、あなたのうちに休むまでは、安らぎを得ないからである」（I・1・1）。要するに真理・善・美の本源を神とすれば、人間であれば、誰であっても意識的にしろ、無意識的にしろ、より真実なもの、より善なるもの、より美しいものを求めて止まないのではなかろうか。

そして主キリストの人類救済事業の結果、人は原罪によって傷つけられた人間性をある程度回復させた上に、さらに救いの恩恵《おんけい》（洗礼・堅信・叙階などの秘跡）によって超自然の地位、すなわち神の愛子、天国の世継ぎにまで高められた。それで人間の理想像は、ただ自然的完成にとどまらず、さらに超自然の域《いき》にまで達することによってより完全なものとなる。「天の父が完全であるように、あなた方も完全な者となりなさい」（マタイ5・48）と主キリストは完徳の頂上を指し示してくださるのである。

より良く生きる基準

聖人たちは神のみ言葉の偉大な実践者であり、わたしたちがよく生きるための、より身近な導きの星ともなる。聖人たちが種々様々な境遇や地位におかれて、どのように考え、どのように身を処《しょ》したか、それを思い起こして、倣《なら》うようにすれば、わたしたちの生活は、よりキリストの生活に似たものになろう。というのも諸聖人の生涯は、聖書の生き写し、いわば第二のキリスト、第二の聖母マリアの生涯になるからである。

また聖人たちは神の特別の恩恵に支えられた道徳的英雄であるので、その生涯のある部分は一般の人の真似《まね》のできないものであるかもしれない。たとえば身の毛もよだつような殉教、非人間的とさえ思われる厳しい克己《こっき》・禁欲《きんよく》、偉大な福祉《ふくし》・教育《きょういく》事業、奇跡・聖痕《せいこん》など誰もができるものではない。しかしそれらはあの聖人たちにとっても目的ではなく、ただ神の栄光と人類の救い、自己の成聖という目的に達するための手段にすぎなかったのである。そのような手段でなくとも一生寝たきりで、あるいは修道院の囲いの中で、あるいは学校、家庭、職場で、ごく普通の日常生活を聖化して聖人になった方は多い。

第二バチカン公会議の強調する信徒使徒職もそのようなありふれた環境の中で実践されるのである。各信徒は、聖職者《せいしょくしゃ》の立ち入れない領域《りょういき》で、日々の生活の苦労やお祈りなどを自他の救いのために、犠牲《いけにえ》として神に奉献《ほうけん》し、「共通司祭職《きょうつうしさいしょく》」の役目を果たし、またキリストの教えに従い、自己の言葉や善行（奉仕）で周囲を感化し、隣人を聖書や要理教育で信仰の道へ導くことによって「預言職《よげんしょく》」をも果たすことになる。その上、キリストが全宇宙の主であり、人間を含め万物の創造者であり、その支配を認め、その掟に従い、その王国を広める「王職」の役割が信徒にもあることを第二バチカン公会議は強調している。

より完全な者になるための手段

完徳に達し、主キリストの生ける証しとなった聖アウグスチヌスが述べるように、「あの聖人たちも人の子、わたしも人の子である。どうしてあの人たちにできたことが、わたしにできないはずがあろうか」と自らを励まして、聖なる先輩《せんぱい》たちの後に続きたいものである。

なお、聖人たちは自己の力だけに頼って英雄的行為をしたのではない。むしろ自己の力の不足、みじめさを認めて、神の憐《あわ》れみのみ手に自己を投げかけて、たえず神を礼拝し、賛美し、これに感謝しつつ、ご聖体から生活の原動力をくみ取り、聖徒の交わりによって助けを求めていたのである。聖パウロの言うとおり、「生きているのは、もはやわたしではなく、キリストこそわたしのうちに生きておられるのです」（ガラテヤ2・20）という境地《きょうち》に達し、キリストの望み、考え方、感じ方、生き方に同化していたのである。

したがって、このような生涯を送った聖者こそは、実に「神の民」の誉《ほま》れであり、永久に崇敬されるべき恩人である。今も信仰箇条の「聖徒の交わり」によって、その代願や取り次ぎによって人類共同体の上に、どれほど多くの有形無形の祝福とお恵みが降《くだ》っているか計り知れない。

聖人たちのとりなし

「天上の住人は、より密接にキリストに結ばれているので、全教会を聖性のうちにより強く固め、教会がこの地上において神にささげる礼拝をより崇高なものとし、教会をさらに拡大するのに種々貢献《こうけん》する（一コリント12・12−27参照）。なぜなら、……父のもとで自分の功徳《くどく》を示しつつ、われわれのために執り成すことをやめないからである。その功徳は、……神と人間との唯一の仲介者キリスト・イエス（一テモテ2・5参照）を通して、地上において獲得したものである。したがってわれわれの弱さは、彼らの兄弟的な配慮によって大いに補強されるのである」（教会憲章49）。

「わたしが死んでも泣かないでほしい。わたしは死後、君たちにはもっと役に立とう。そして生きていた間以上に、もっと力強く君たちを助けるつもりだ」（聖ドミニコの遺言）。「地上で善を行うために、わたしの天国を過ごしましょう」（幼いイエスの聖テレジアの最後の言葉）。

聖徒の交わり

① 天国の聖人たちとの交わり

「われわれが天の住人の記念を尊重するのは、単に彼らが示す模範のためだけではなく、それ以上に、全教会の一致が、兄弟愛の実践を通して、霊において強められるためである（エフェソ4・1−6参照）。実際、旅する人々の間におけるキリスト教的な交わりがわれわれをより近くキリストに導くように、諸聖人と作る共同体は、われわれをキリストに結び合わせる。すべての恵みと神の民自身のいのちは、泉あるいは頭《かしら》から来るかのようにこのキリストから流れ出る」（教会憲章50）。

要するに聖人の「生き方から模範を、交わりから追体験を、執り成しから補助を」求めるよう「教会憲章51」はキリスト教徒に義務づけている

② この世を旅する神の民相互の交わり

「教会憲章7」の中で「われわれは洗礼によってキリストに似たものとなる。……聖体のパンを裂くとき、われわれは主の体に実際にあずかり、主との交わりとわれわれ相互の交わりにまで高められる」と述べられている。

特に洗礼と聖体を通じて、同憲章7は聖徒の交わりについて暗示する。「聖体のパンを裂くとき、われわれは主の体に実際に参与し、主との交わりとわれわれ相互の交わりにまで高められる」と。洗礼によってキリストに接ぎ木され、ご聖体によってキリストの神秘体に結合され、養われているキリスト者は、すべて聖徒と解釈される。

『ローマ・カトリック要理問答』は次のように表現している。「ある人が敬虔《けいけん》な聖なる業《わざ》によって得るものはみな、すべての人のものとなり、自分の利を求めない愛によってすべての人に益するものとなる」。これも、「一人一人に〝霊〟の働きが現れるのは、全体の益となるためです」（一コリント12・7）というパウロの言葉に基づくものであろう。「喜ぶ人と共に喜び、泣く人と共に泣く」（ローマ12・15）ことこそ、キリストに結ばれ、聖なる者とされた信仰共同体の特徴であり、聖徒の交わりでもある。

③「聖徒の交わり」はキリストの霊による全人類の一致を目指す

「現代世界憲章1」の中で「現代の人々の喜びと希望、苦悩と不安、とくに貧しい人々とすべての苦しんでいる人々のものは、キリストの弟子たちの喜びと希望、苦悩と不安でもある」と宣言されている。このような状況の中で、キリスト教徒は現代人とすべて分かち合い、「教会憲章1」で述べられているように「神との親密な交わりと全人類一致のしるし、道具であり……」となるべきであろう。

④死者との生きた交わり

「旅する人々の教会は、イエス・キリストの神秘体全体のこの交わりを何よりもよく認識し、キリスト教の初期の時代から、死者の記念を熱心な信心をもって執り行い、「その思いはまことに宗教的、かつ敬虔なものであり、『そういうわけで死者が罪から解かれるよう』（二マカバイ12・46）、死者のための執り成しの祈りをささげてきた」（教会憲章50）。また「教会憲章51」では、「死後まだ清めを受けている兄弟たちとの生きた交わりに対するわれわれの先祖の信仰は、なんと称賛すべきものであろうか」と決議されている。死者のための私たちの祈りは、死者を助けるだけでなく、死者が私たちのためにとりなすのを有効にすることができるのである。

なお死者との交わりの詳細《しょうさい》については援助修道会の創立者、福者ウージェニー・スメット（二月七日記念日）の小伝を参照していただきたい。

⑤ 保護聖人との交わり

わたしたちは洗礼、堅信、修道誓願《せいがん》、叙階式《じょかいしき》の機会に保護の聖人を定めて、その名をいただくが、生涯その助力を仰ぎ、その徳に倣うとともに、他の聖人方の助けを願うならば、「聖徒の交わり」もより効果あるものとなるだろう。神もこのような聖人たちの取り次ぎを喜び、必ずその願いを聞き入れてくださるに違いない。聖ヤコブはこれを保証《ほしょう》して、「信仰による祈りは、病人を救います。主はその人を立ち上がらせ、もし、その人が罪を犯しているなら、その罪は赦されます」（ヤコブ5・15）と述べているからである。

（3）列聖の条件と聖人崇敬《すうけい》

列聖・列福の意味

「天の父が完全であるように、あなた方も完全な者となりなさい」（マタイ5・48）。聖人になるには天の父の意にかなう者、み旨を行う者、神のみ言葉に聴き従う者、その掟を守る者である。キリストが受洗された時、雲の中から天の父の声があった。「これはわたしの愛する子。彼に聞け」（マルコ9・7）と。

キリストは律法学者の質問、つまり、「先生、律法の中でどの掟がいちばん重要ですか」（マタイ22・36）に答えて、「第一の掟はこれである、『イスラエルよ、聞け。わたしたちの神である主は、唯一の主である。心を尽くし、精神を尽くし、思いを尽くして、あなたの神である主を愛せよ』。第二の掟はこれである。『隣人をあなた自身のように愛せよ』」（マルコ12・29－31）と。以上二つの掟を文字どおり実行した方々が列福・列聖に値する。

列福・列聖へのステップ

①「神のしもべ（Servus Dei）」→教皇庁列聖省の認可で正式に列福調査が開始されると同時に、死後少なくとも五年を過ぎた対象者（新法規9a、参照）は神のしもべになる。この第一段階の調査は福者候補者（通称、神のしもべ）が生活または死亡した場所の司教によって行われる。

②教皇ベネディクト十四世の教書『神のしもべの列福について』によれば「徳行の英雄性」についての資格基準には次の三つがある。①英雄的徳行（Heroicitas Virtutum）を容易に、機敏に、喜んで実行した人。②人間的打算《ださん》によらず、超自然的目的をもって行動した人。③平凡なことを平凡でないふうに実践し、生活した人。

③「尊者（Venerabilis）」→法廷で神のしもべの英雄的徳行または殉教の事実を確認されて、それを受けた教皇の命令によって尊者の称号が与えられ、限られた範囲の公の崇敬を受ける。

④「福者」（Beatus）→尊者の取り次ぎによる奇跡が公認され、教皇から列福宣言され、固有のミサがささげられる。

⑤「聖人（Sanctus）」→福者の取り次ぎによる奇跡が公認され、教皇から列聖宣言され、固有のミサがささげられる。式文は使徒座の許可が必要。

列福・列聖手続きの道筋

A）修道会以外の死者の場合

①故人を知っている人々の間で列福・列聖調査の声が高まる。

②列福・列聖運動団体設置。

③死亡した地元の教区司教へ列福・列聖調査開始の申請。

B）修道会の死者の場合

①故人が所属した現地修道会の管区長が本部へ列福・列聖調査の開始許可を得る。

②現地司教へ列福・列聖調査をバチカンの列聖省へ列福・列聖開始の許可申請。

③教皇が認可と調査開始を宣言する。

現地での列福・列聖調査

A）調査内容としては（公私にわたって）①英雄的徳行＝故人が存命中に、信・望・愛徳ならびに賢明・正義・節制などの諸徳を英雄的に実践したこと ②書き物→当該《とうがい》人物の未刊・既刊の著作物、つまり演説・書簡・日記・自伝の他に、自他の手で作成された全著作物の中に信仰や良俗《りょうぞく》に反するものがあるかどうか、長年の調査が行われ、さらにその著作物から神のしもべの性格、徳行の習性、著作物の欠陥《けっかん》が抽出《ちゅうしゅつ》される。二人の神学者が検閲《けんえつ》し、評価するが、地元の司教はそれらの結果の報告を受ける。この検閲者たちは、そのような著作の中に信仰や良俗に反するものがあれば、それを指摘する ③墓と遺体の調査

B）多数の証人（親族・恩人・知人・共同生活を共にした人たち）に聴く。
C）不利な調査結果が出ると、調査は打ち切られる。
D）資料収集が完了すると、その報告書を資料に添えてバチカンの列聖省へ提出。

バチカンの列聖省の調査

以上が行われた後に第二段階の使徒座手続き（Processus Apostolicus）が始まる。教皇庁（Curia Romana）には列聖省（Congregationes de Causis Sanctorum）があり、列福に関する教会法上の手続きをも監督《かんとく》している。ここで以上の列福資格が再調査され、この段階では「神のしもべ」であるが、その墓と遺体の調査が行われる。

①書き物調査→誤解を生じさせるような事実、内容の文書が出ると、調査はストップ。
②徳の英雄性について→不利な証言が出ると、調査はストップ。
③殉教者であれば、その徳行か殉教の風評《ふうひょう》について真相を見極めるのに貢献《こうけん》できる人々のリストとその証言を、あるいはこれに異議を唱える人々のリストとその証言を調査。

調査完了後に教皇宣言

「神のしもべ」の状態を越えて、尊者《そんじゃ》の称号《しょうごう》が与えられる。次に尊者の一段階上にあるのが、福者であるが、福者になるには奇跡（神のしるし）が一つ要求される。

A) 福者の場合

①奇跡は明らかに尊者の取り次ぎによるものが必要。奇跡を受けた本人や証人たちからの情報や資料が集められ、奇跡の起こった教区の教区長のもとに関係者一同が集まり、査問《さもん》調査が行われる。例外として殉教者には奇跡は必要でない。

②枢機卿会議《すうききょうかいぎ》→以上の結果が列聖省の特別代表者会議に持ち出され、審議を経て奇跡の評価が投票で決められる。さらにこの結果が同省の枢機卿委員会の審議に回され、最終的には奇跡承認決定書への教皇の署名《しょめい》によって奇跡が公認され、公布される。

③聖ペトロ大聖堂で列福式。

B) 聖人の場合

①奇跡は明らかに福者本人の取り次ぎによるもの。

この段階から聖人まで進むには奇跡（神のしるし）が要求される。

②枢機卿会議→教皇による列聖宣言。

③聖ペトロ大聖堂で列聖式。

列福式と列聖式の概要

教皇は、自ら聖人の名誉のために荘厳歌ミサを挙げ、福音書朗読の後に、列聖の勅書《ちょくしょ》を朗読するが、これは、その列聖について彼の不可謬性《ふかびゅうせい》を示すものである。列聖された者（聖人 Sanctus）は、全カトリック教会においてその祝日が定められ、教会の祈り、ミサ典礼文が作られる。その遺骸《いがい》は公に崇敬《すうけい》され、その称号を付した聖堂と祭壇が設置され、その彫像や絵が聖堂に掲げられる。

聖人崇敬の現状

第二バチカン公会議もミサの信仰宣言で「聖徒の交わり」を唱えるが、これに基づいて聖人崇敬をこう勧めている。「われわれが天の住人の記念を尊重するのは、単に彼らが示す模範《もはん》のためだけではなく、それ以上に、全教会の一致が、兄弟愛の実践を通して、霊において強められるためである（エフェソ4・1–6参照）。実際、旅する人々の間におけるキリスト教的な交わりがわれわれをより近くキリストに導くように、諸聖人と作る共同体は、われわれをキリストに結び合わせる。すべての恵みと神の民自身のいのちは、泉あるいは頭《かしら》から来るかのようにこのキリストから流れ出る。したがって、イエス・キリストの友および共同相続人、またわれわれの兄弟にして優れた恩人であるこれらの人々をわれわれが愛し、彼らのために当然の感謝を神にささげ、『われわれが謙虚に彼らに呼びかけ、神の子、われわれの唯一の救い主、あがない主である主イエス・キリストを通して神から恵みを祈り求めるため、彼らの祈りと力と助けを求める』（トリエント公会議 DS 1821条）ことは、きわめて適切なことである。われわれが天上の住人に示す愛の真のあかしはすべて、その本性上、『諸聖人の冠《かんむり》』であるキリストに向かい、キリストに至り、さらにキリストを通して神に達する。神はその聖人において賛美されるべきものであり、また彼らにおいてあがめられるのである」（教会憲章50）。さらに、「教会は聖人の誕生の日（死去の日）に、キリストとともに苦しみ、ともに栄光を受けた聖人において過越の神秘をのべ伝え、すべての人をキリストを通して御父のもとに引き寄せる彼らの模範を信者に示し、聖人の功徳によって神の恵みを願い求めるのである」(典礼憲章104)。

さらに下巻の巻末には教皇庁の列聖省の公文書、列聖に関する教区からの申請に当たって守るべき諸規定「一九八三年 AAS, 75 pp. 396-403」、使徒憲章「Divinus perfectionis Magister」(完徳の聖師)一九八三年一月二十五日付の「使徒憲章」全文を編著者がイタリア語原文から試訳したものを記載《きさい》している。

最後に本書の全面改定が予定よりも大幅に遅れましたことを、待ちわびた読者の皆さまに、編著者より深くお詫《わ》びし、これに加え、この書の資料提供・著述・助言・編集・印刷などに関わってくださった多くの方々に心よりお礼申し上げたい。

二〇一五年四月

編著者　池田　敏雄

目次

一月

二月

三　月

四月

五月

六　月

一月の聖人

イエスは知恵も増し、背丈も伸び、ますます神と人に愛された。（ルカ　２・52）

幸いなるかな心の貧しき人　天国は彼らのものである

一月一日
神の母・聖マリア（祭日）

母親という意味

私たちは「アヴェ・マリアの祈り」の中で「神の母聖マリア」と祈り、聖マリアが神の母であることを崇敬している。ところが、この「神の母」という記念日が設けられたのはエフェソ公会議千五百年祭に当たる一九三一（昭和六）年、教皇ピオ十一世によってである。

普通、誰々の母という場合、誰々の肉体を産んだ、誰々と母子の血のつながりがあることを連想する。しかし、母が子に肉体とその性質を伝えただけであっても、誰々の肉体の母とは言わず、霊肉をそなえた一人の人間の母と言う。しかも、その子が大きくなって国王、大統領、首相になっても、母親は国王の母、大統領の母、首相の母と呼ばれる。

み言葉が人間性を摂取《せっしゅ》

さて、聖母は聖霊の働きによって主イエスに肉体を分かち与えた。しかし、主イエスは肉体のほかに神性もそなえておられる。つまり三位一体の神のロゴス（み言葉）として永遠から御父《おんちち》のもとにあったのである。それで神性の観点から神の御子、永遠のみ言葉は、人類を救うために天から降って、聖母マリアの胎内で人間性を摂取され、これを神性に合わせて一個の真の人間、真の神となられた。したがって前と同じ考え方から聖母は、わが子イエスにただ肉体を分かち与えただけにしても神の母と呼ばれるのである。

エフェソ公会議で「神の母」教理を確定

以上の秘義がはっきりしていなかった初代教会の頃、コンスタンティノポリス、（現・イスタンブール）の司教ネストリオスが「聖マリアは人間キリストの母であっても、神性の母ではないから、神の母とは言えない」と異説を唱《とな》えだした。

それで教皇聖チェレティヌス一世は、四三一年、小アジア（現・トルコ）のエフェソ大聖堂に多くの司教や神学者たちを招集し、公会議を開いて、研究、討議した。その結果、アレクサンドリアのキュリロスを中心に聖マリアが「神の母」（ギリシア語でテオトコス）であるという教義を確立した。ちなみにエフェソ大聖堂は、聖マリア大聖堂とも呼ばれ、現在はエフェソの古跡の一角に、わずかに残った門柱や祭壇跡や壁や土台石などから千五百年前の偉容をしのばせている。

なお一九六五年の「第二バチカン公会議」の第四会期で「神の母」の教理を次のように継承《けいしょう》している。「マリアは、キリストを懐胎《かいたい》し、生み、育て、神殿で父に奉献し、十字架上で死んでいく子とともに苦しみ……救い主のわざにまったく独自なしかたをもって協力した。こうしてマリアは、恵みの面において、われわれにとって母となった」（教会憲章61）と。

聖書からの証拠

聖マリアが神の母であったことは聖書の次の箇所にも読み取れる。大天使ガブリエルが聖マリアに主イエスの御母となることを告げて、「それ故、生まれる子は聖なる者、神の子と呼ばれる」（ルカ1・35）と語っている。また、聖マリアの親族エリサベトは聖マリアのご訪問を受けて、聖マリアを「わたしの主の御母」（ルカ1・43）と呼んでいる。

無原罪の聖マリア（十二月八日参照）

聖マリアは「神の母」となられるためには、それ相応の準備をされた。まず原罪の汚れに染まらずに母アンナの胎内に宿られたうえに、小さい時から身心ともに神にささげておられた。それで聖レオ教皇は、「マリアはイエスを胎内に宿す前から、その心にこれを宿しておられた」と述べている。すなわち、主イエスはマリアの胎内に宿らない前から、すでに恩恵をもってマリアのみ心に住まわれたのである。実にマリアのみ心は、聖書のいわゆる「囲まれた花園」で、この世の財宝、快楽、名誉が一つでも入らないよう、周囲には垣根をめぐらし、その中に純潔、清貧、従順、愛徳、謙遜などの美しい花を咲かせて、主イエスのお入りになるのを待っておられた。

人類の霊的母

また、聖マリアは神の母であるばかりでなく、私たち人類、特にカトリック信者の母でもあることを忘れてはならない。主イエスは十字架の上から聖マリアと愛弟子《まなでし》聖ヨハネをご覧になり、まず聖ヨハネをもって全人類を代表させ、「婦人よ、これはあなたの子である」と言って、聖ヨハネを聖マリアの世話にあずけられた。次に聖ヨハネに「この方はあなたの母である」と仰せられたが、これをもって聖ヨハネを代表者とする全人類に聖マリアを御母として与えられたのである。また聖パウロは、「神は、ご自分のものであると前もって知っておられた人々が、御子の姿に似たものになるようにと、あらかじめお定めになられたのでした」（ローマ8・29）と述べているように、私たちは皆、主イエスの弟である。そのうえ、キリストの神秘体において主イエスは頭であり、私たちはその手足である。それで主イエスの御母である聖マリアは、私たち信者の母ともなるわけである。

イエスと人類との仲介者

ともかく聖母は、私たちの救いのためにいろいろなお恵みを主イエスから取り次いでくださり、私たちに希望を起こし、信頼の念を深めさせ、気力を回復させ、救いの道を歩む勇気を奮い起こしてくださる。私たちとしては聖母への崇敬と信頼の念を深め、どこでもいつでも聖母のもとにはせ寄り、その光栄を賛美し、その温かい配慮に感謝し、その取り次ぎを願い、信仰を増すとともに、周りの人々をも主イエスのみもとに導きたいものである。

「第二バチカン公会議」においても聖母の仲介者の役割を次のように確認した。「マリアは天に上げられた後も、……マリアはその母としての愛をもって、まだ旅を続けている自分の子の兄弟たち、また、危機や困難の中にある兄弟たちが幸福な祖国に到達するまで、彼らを見守る。こうして、聖なる処女《おとめ》は、教会において、弁護者、扶助者、救援者、仲介者の称号をもって呼び求められている」（教会憲章62）と。

一月二日

聖バジリオ司教教会博士、
聖グレゴリオ（ナジアンズ）司教教会博士

伝統的教理を擁護《ようご》する教父

聖会は伝統的な教義に忠実で聖なる生活を送った教会著述家に「教父」の称号を与える。その中でももっとも有名な一人が、四世紀の聖バジリオである。彼は当時の異説、すなわちキリストは真の神ではない（アリウス＝ギリシア語でアレイオス）、真の人間でもない（アポリナリス）、聖霊は神ではない（エウスタチウス）という三位一体の神否定説に反論し、修道院の設立、司牧、慈善事業、著作などに活躍した。

バジリオの人となり

彼は三三〇年、小アジア、（現・トルコ）のカッパドキア州の首都カイサリアに生まれた。その裕福な家庭はキリスト教徒であり、聖家族に似て聖人・聖女の温床であった。父バジリオは聖者、母エンメリアは殉教者の娘、祖父は殉教者、祖母マクリナは信仰のために追放された聖女、姉も聖女、二人の兄弟ニッサの司教グレゴリオとセバステの司教ペトロも聖人であった。

この富裕な信心深い家庭環境の中で、バジリオは敬虔、善良に育った。修辞学の教授をしていた父から一般学科を習い、聖なる祖母からりっぱな模範と教訓によって宗教上のことを学んだ。後に東ローマ帝国の首都コンスタンチノープル（現・トルコのイスタンブール）で修辞学を学び、さらにギリシアの都アテネに留学した。ナジアンズの司教聖グレゴリオと親交を結び、勉強や修徳に互いに励まし合ったのもその頃である。アテネにとどまること五年、錦《にしき》を着て故郷に帰り、父の後を継いで修辞学の講座を担当した。その名講義は、たちまち学生たちの人気を呼んだ。

修道生活創始者の一人

三五八年、父の死後、すぐ下の弟ナウクラティオスが相次いで突然死去したのをきっかけに、姉の聖マクリナ修道女の勧めもあり、バジリオは財産を処分し、キリスト教の洗礼を受け、故郷ネオ・カイサリア近郊、イリス河畔《かはん》のアンニシで母と姉と共に隠遁《いんとん》生活を始めた。

その後、姉の勧めでエジプト、パレスチナ、シリア、メソポタミアの各修道院を訪問し、修道生活を実地に研究した。帰郷後、バジリオは母と姉のいる修道院と川一つ隔てた所に男子の修道院を建て、隠遁者を集めて修徳に励むかたわら、黙想書や修道生活の規則を著した。これはバジリオ会会則として、今日もなお東方教会の修道生活に影響を及ぼしている。バジリオ会員は自己の成聖《せいせい》の他に、青少年の教育や病人の看護にも当たった。

アリウス派を反駁《はんばく》

三六二年、バジリオはカイサリアの司教エウゼビオにより司祭に叙階されてからも、相変わらず修道生活を続けた。しかし、アリウス派の司教が皇帝ヴァレンス（在位三六四－三七八）からカッパドキア州カイサリア（現・トルコ中央部の都市カイセリ）の大司教に任命されたと聞いて、バジリオは黙っておれず、その地に赴いてペンと弁論により護教のために戦った。また三六八年、カイサリアが雹《ひょう》、洪水、地震、旱魃《かんばつ》と立て続けに災害に襲われた際に、私財を投げ出して民の救済《きゅうさい》を図った。

バジリオはカイサリア市民から慈父のように慕われ、三七〇年、カイサリアの大司教に選ばれた。その時ヴァレンス皇帝は、人望のあついバジリオをアリウス派に引き入れようと、三七二年、長官モデストを派遣したが、バジリオはそれを断った。長官は、「それでは財産の没収《ぼっしゅう》か、むち打ちか、流罪《るざい》か、死刑かに処せられますぞ」と脅迫《きょうはく》したが、バジリオは平然《へいぜん》として、「私は修道者ですから没収されるだけの財産もなく、苦行に慣れていますからむち打ちもさほどこたえず、真の故郷は天国だけですから、どこへ流されても大して変わりなく、死刑にしてもらえば、さっそく天国に行けますから、むしろ願うところです」と答えた。

これには長官もすっかり度肝《どぎも》を抜かれ、「これまで私に対して、こんなに大胆《だいたん》に話した者はいない」。これに答えてバジリオは、「あなたはこれまで司教らしい司教に会ったことがないからでしょ

う」と。最後に「バジリオの固い信仰は、私の手に負えません」と皇帝に報告した。

皇帝もバジリオの勇気に感心し、慈善事業の一助にもと、彼にカイサリアの城門外の土地を与えた。バジリオは間もなく、その地に病院、孤児院、老人ホーム、宿泊所、教会などを建て、自ら奉仕活動に加わった。しかしアリウス派はこれをねたましく思い、しきりに皇帝へ讒訴《ざんそ》したので、皇帝もついに動かされて、バジリオを流刑《るけい》に処した。

この時、皇太子が急病にかかった。皇后は良心の不安を感じ、「これは、無罪のバジリオを流刑にした天罰ではないでしょうか」と皇帝に告げた。バジリオを流刑地から呼び戻して皇太子のために祈ってもらったところ、その大病はたちどころに治ったという。その後もバジリオは、護教、司牧、著作に活躍するかたわら、苦悩する人々を物心両面から助けつつ、三七九年、四十九歳をもって実り豊かな生涯を閉じた。主な著作としては旧約聖書に関する講話集、エウノミウス駁論《ばくろん》、聖霊論、修徳問答集、修道士大・小規定の他に多くの説教集、三六五通の書簡などがある。

聖グレゴリオ（ナジアンズ）司教教会博士（記念日）

三位一体論の擁護者

三八〇年、東ローマ帝国の首都コンスタンチノープルの大聖堂において博学で詩的才能に恵まれた敬虔《けいけん》な一司教が雄弁に三位一体について説教をしていた。この司教は名をグレゴリオと言い、時の皇帝テオドシオによってこの地に招かれるまでは、カッパドキア西南のナジアンズ教区を司牧していた。グレゴリオがコンスタンチノープルに来たのは、アリウス派の異端のために伸び悩んでいた同地の教勢を盛り上がらせようとする信者たちの熱烈な要望があったからである。

「ニケア公会議」の立役者

三二五年、「ニケア公会議」は、キリストが御父と同実体ではなく、単にすぐれた被造物にすぎないと説くアリウスの異説を排斥《はいせき》した。ところが歴代の東ローマ皇帝は、政略上の理由からアリウス派の説を支持した。そのため当地の教会は、長年アリウス派の迫害に悩まされることになった。しかし、三七九年、異説者を保護していたヴァレンス帝の後を熱心なカトリック信者のテオドシオが継ぐに及んで、事情は一変した。グレゴリオは、今こそ聖会復興の時機《じき》と思い、信者の要望に喜んで応じ、弁舌《べんぜつ》さわやかにキリストが神であることを弁護し、同時に自己の生活の模範をもって迷える人々を多数教会に立ち返らせた。

バジリオと二人三脚

ナジアンズの聖グレゴリオは三三〇年、小アジア、（現・トルコ）の東北部カッパドキア州のナジアンズの裕福《ゆうふく》な家庭に生まれた。母ノンナはきわめて信心深く、幼いグレゴリオに模範的な感化を与えていた。父グレゴリオはユダヤ教系の宗派ヒプシストイの信者であり、多年市長の要職にあった徳望家であり、後に妻の感化を受けて三二五年にキリスト教に改宗し、三二九年、ナジアンズ教区の司教となった。

グレゴリオは、パレスチナのカイサリア、エジプトのアレクサンドリアに学んだ後、二十歳の頃、当時の学芸文化の中心地アテネで一流の文学・修辞学を学び、およそ十年間、そこで勉学を続けた。彼が後の大聖人バジリオと生涯消えることのない友情を結んだのもこのアテネにおいてであった。グレゴリオの感じやすい心とバジリオの精力的な性格とは、時として衝突することもあったが、二人は互いに許し合い、都会に多い誘惑には目もくれず、学問と信心に身を打ちこんだ。

「私たちは、ただ二筋の道しか知らなかった。一つは学校へ通う道であり、もう一つは教会へ行く道であった」とグレゴリオは自叙伝《じじょでん》に記しているが、これを見ても、彼がいかにまじめな学生だったか容易に想像できる。

三十歳にして学を終えたグレゴリオは、観想生活への傾きが強く、帰郷後も自分の屋敷《やしき》に修道院を建て、親友バジリオといっしょに修徳と学究生活を続けるつもりだった。しかしバジリオが一足先にポントという荒野に退いて隠遁《いんとん》生活を始めたので、グレゴリオもその後を追い、ともに瞑《めい》想《そう》と研学に励んだ。それからナジアンズ教区の司教である父を助け、父の要請《ようせい》で司祭に叙階され、その教区で信者の司牧に当たった。

親友バジリオが、カッパドキア州の首都カイサリアの大司教となり、第一ニケア公会議の決定に従う正統派の立場を強めるために、三七二年、カッパドキア州の小さな町サシマに司教座を設立し、グレゴリオにその司教になるよう要請した。グレゴリオはその要請に応じて、父から司教叙階を受けたが、その田舎町に行かず、ナジアンズにとどまり、父の死後、しばらくナジアンズ教区の管理に当たった。

三七八年にアリウス派支持のヴァレンス帝が死去し、翌年親友バジリオも亡くなると、首都コンスタンチノープルに残った少数の正統派信者らはグレゴリオを首都に招いた。グレゴリオは友人の家を借りて、それを聖堂に変え、そこで五つの有名な「神学的説教」を行い、御子と聖霊との神性を否定する人々に対して御子と聖霊が御父と同一本質の神であることを雄弁《ゆうべん》に力説《りきせつ》した。

三八〇年十二月に正統派を支持する皇帝テオドシオ一世はアリウス派の司教を追放し、グレゴリオをコンスタンチノープルの聖堂に招き、民衆もこれを歓迎した。なお皇帝は、三八一年五月に「第一コンスタンチノープル公会議」を招集したが、この公会議によってコンスタンチノープル司教と承認され、同公会議の議長を務めた。しかし幾人かの司教たちが、グレゴリオを司教に任命したことの合法性を問題にし、しかも公会議での議案がグレゴリオの望んだほどの文書でなかったので、万事控えめで犠牲心に富んだグレゴリオは、教会の平和のために身を引く決心をし、「わたしを海に投げ込みなさい。そうすれば海は静まるでしょう。わたしには分かっています。わたしのために、このひどい嵐《あらし》があなたたちを襲《おそ》ったのです」(ヨナ1・12)、との預言者ヨナの言葉を最後にナジアンズに帰った。

その後二年間、ナジアンズ教区の信者を司牧したが、三八三年に自分の推薦《すいせん》した親類のエウラリオがこの地の司教になると、生家に隠退してもっぱら観想と執筆に従事し、三八九年一月二十五日、永遠の安息に入った。

グレゴリオは、初代教会にあって、教えた教理の正確さ、およびその聖徳の故に、ギリシア教父の一人に数えられている。またギリシア語による説教、書簡、詩などによって、貴重な信仰の遺産を現代にまで伝えた業績《ぎょうせき》は大きい。彼の有名な説教に、このような数節がある。「あなたはいったい誰のおかげで存在し、呼吸し、思考しているのか。……いったい誰のおかげで、あなたは地を潤す雨を受け、耕作、食物、工室、住居、法律、国家、穏やかな生活、人間同士の親しい交わりを与えられたのか」と。

　ギリシア正教会は、聖バジリオと聖グレゴリオを聖ヨハネ・クリゾストモ（九月十三日参照）と共に「カッパドキアの三大教父」とし、東西両教会の共通の聖なる教会博士と認めている。

一月三日
イエスのみ名

イエスの名によって救われる

『カトリック教会のカテキズム』430によれば「イエスとは、ヘブライ語で『神は救う』という意味です。お告げのとき、天使ガブリエルはイエスにこの固有名詞を与えますが、それはイエスの身分と同時に使命をも表しています。……神こそ、人となられた永遠の御子であるイエスにおいて、『ご自分の民を罪から救われる』（マタイ1・21）のです」と。

　詩編ではみ名によって神の栄光をたたえ、罪の赦しと救いを願っている。「わたしたちの救いの神よ、あなたの名の栄えのためにわたしたちを助け、あなたの名の誉れのためにわたしたちを救い、わたしたちの罪を赦してください」（詩編79・9）と。

イエスは歴史上実在し、救いと宣教の対象

　イエスはヘロデ王の時代に生まれ、ローマ総督ポンティオ・ピラトによって十字架刑に処され、三日目に復活して以来、キリストの弟子たちや宣教師らはイエスに向かって信仰を告白し、その方を命がけで宣教する。また使徒たちは、「主イエス・キリストの名のために命をささげている」（使徒言行録15・26）ことにあり、また、「み名のために、辱《はずかし》めを受けるに値する者とされたことを喜び」（使徒言行録5・41）、「主イエスの名のためなら、エルサレムで縛られるだけでなく、死ぬことさえも覚悟して」（使徒言行録21・13）いるところに、最大の喜びを感じた。

　『カトリック教会のカテキズム』432によれば、「イエスの名は、神ご自身のみ名が、罪の普遍的、決定的なあがないのために人となられた御子に現存している

ということを意味します」と。「そこで、使徒たちは、み名のために、辱めを受けるに値する者とされたことを喜びながら、最高法院から出ていった」(使徒言行録5・41)。続けて同書によれば「イエスの名だけが救いをもたらす名です」と。福音史家ヨハネも使徒言行録も同じことを述べている。「御子を信じる者は裁かれない。信じない者はすでに裁かれている。神の独り子の名を信じなかったからである」(ヨハネ3・18)。すべての人は、イエスの名を呼び求め、「口で、イエスは主であると宣言し、心で、神はイエスを死者の中から復活させたことを信じるなら、あなたは救われるからです」(ローマ10・9)。

イエスは神が立てられた「ご自分の僕《しもべ》」(使徒言行録3・26)、「命への導き手」(使徒言行録3・15)、彼の民の救い主「預言者の口を通して予告」された「メシアである」(使徒言行録18・28)。「ガリラヤのナザレのイエス」は神の愛する独り子であり、全人類の救い主である。このイエス以外には救い主は存在しえない。したがって、「人間に与えられた名のうちで、わたしたちを救うことのできる名は、天の下において、ほかにはないのです」(使徒言行録4・12)。この名は、「天にあるもの、地にあるもの、地の下にあるものはすべて、イエスの名において膝をかがめ」(フィリピ2・10)るほど、「すべての名に勝る名」(フィリピ2・9)となっている。

しかしイエスに逆らう人たちは、イエスの名を賛美する人たちを迫害した。「ここでもあなたの名を呼ぶ者をことごとく縛りあげる権限を、祭司長たちから受けているのです」(使徒言行録9・14)。「その人たちこそ、その尊い名を汚しているのではありませんか」(ヤコブ2・7)。

人類と神との和解、悪霊に勝利

聖パウロがイエスについて、「神はこのキリストに血を流させ、信じる人のための『贖《あがな》いの座』として彼を公《おおやけ》に示されました」(ローマ3・25)と言うとき、イエスの人性において、「神は、キリストを通してわたしたちをご自分と和解させ」(二コリント5・18)てくださったことを表しています。その結果、御父である神はイエスに「すべての名に勝《まさ》る名を惜しみなくお与えになりました」(フィリピ2・9)。

イエスの弟子たちはイエスの名によって奇跡を行う。

「信じる者には、次にような徴《しるし》が伴う。彼らは、わたしの名によって悪霊《あくれい》を追い出し、新しい言葉で語る」（マルコ16・17）。悪霊たちはその名を恐れ、「わたしたちは祈りの場所に行く途中、占いの霊に取《と》り憑《つ》かれている、一人の若い女奴隷に出会った。彼女は占いをして、自分の主人たちに多くの利益を得させていた」（使徒言行録16・16）。「ところが、各地を巡って悪霊祓《ばら》いをするユダヤ人たちが、悪霊に憑《つ》かれている者に向かって、主イエスの名を唱えて、『わたしはパウロの宣《の》べ伝《つた》えているイエスによってお前たちに命じる』と試みに言ってみた」（使徒言行録19・13）。

イエスは、「わたしの名によって父にお願いするものは何でも父はあなた方に与えてくださる」（ヨハネ16・23）と約束されたが、この約束はキリスト者に最も強い影響を与えたと思われる。それで使徒たちはイエスの名によって奇跡を行った。たとえばペトロは、「わたしには銀も金もない。しかし、わたしの持っているものをあげよう。ナザレのイエス・キリストの名によって、歩きなさい」（使徒言行録3・6）と言って最初の奇跡を行った。旧約聖書の「主の名を呼ぶ者はみな救われる」（ヨエル3・5）という「主の名」は、イエスのことを預言している。

また聖ベルナルドはイエスのみ名には次の効果があると述べている。「イエスのみ名は、私の口には蜂蜜《はちみつ》のように甘く、私の耳には美しい音楽のように快《こころよ》く、私の心にはすべての楽しみに勝る楽しみがある。悲しみの黒い雲に心が閉ざされる時は、イエスのみ名を心に浮かべ、口に唱えるがよい。私たちの心は、すぐに喜びに満たされるであろう」と。

イエスは、「また、わたしの名のために、家、兄弟、姉妹、父、母、子、畑を捨てた者はみな、そのいく倍もの報いを受け、永遠の命を受け継ぐ」（マタイ19・29）と約束された。それでイエスと苦楽を共にすれば、永遠の真の幸せを獲得するに違いない。

祈りと日常生活の中核《ちゅうかく》

典礼の祈願は、「わたしたちの主イエス・キリストによって」という言葉で結ばれている。古代カトリック教会のさまざまな祈りや教父たちの説教や手紙において、結びの栄唱《えいしょう》の中にたびたびイエスの名が付けられている。アシジの聖フランシスコは、「特別の崇敬をもってみ名を敬うことを望み」、イエスの名に対する信心をさらに広めた。それ以来、この信心はフランシスコ会の中で発展した。それに具体的形式を与えたのが、シエナの聖ベルナルディノ司祭（五月二十日）とその弟子、カペストラーノのジョヴァンニである。典礼の「み名の連願《れんがん》」もこの二人の作とされている。典礼の中でイエスの名が唱えられるときに頭を下げて崇敬を表す習慣は、一二七四年、「第二リヨン公会議」の決定による。

一月三日のミサ（イエスのみ名）の集会祈願の中で、「全能の神よ、あなたは人となられた御ひとり子が、人類の救いの源となるようお定めになりました。祈り求めるあなたの民にあわれみを注ぎ、イエスのみ名によってすべての人が救われることを教えてください」と祈る。

一月四日

聖エリザベス・アン・ベーリ・シートン

（米国の「聖ビンセンシオ・ア・パウロの愛徳姉妹会」の創立者）

北アメリカの福祉と教育の先駆者

アメリカ合衆国には十六世紀にフランシスコ会、ドミニコ会、イエズス会の宣教師たちが宣教したが、カトリック信者の数は少なかった。当時、大西洋岸の英国植民地にはメリーランド州とペンシルヴァニア州にわずか数千人のカトリック信者しかおらず、しかも清教徒から迫害されていた。

一七七六年に米国の独立が宣言された時も、先の両州のカトリック信者は土地所有を認めてもらえず、私的祭式を行いうるだけで完全な信教の自由を持っていなかった。しかし、カトリックの司祭、修道者、信者たちのたゆまない宣教、教育、福祉活動によって、アメリカ合衆国のカトリック教会は伝統的な差別を打ち破り、急速な発展を遂げた。ここに述べるアメリカ生まれの最初の聖女エリザベス・アン・シートンはメリーランド州で十九世紀に愛徳姉妹会を創立し、教育や福祉の面で、輝かしい実績を積み、アメリカ合衆国の福祉事業と教育活動の先駆者として宗教史、聖性の歴史に輝かしい一頁を残したのである。

快活、単純、誠実、貧しい人々への奉仕

　エリザベスは、一七七四年八月二十八日、英国の植民地支配からの解放を狙う戦争の最中に、ニューヨーク市で医者の家庭に生まれた。父の親族はフランス新教徒（ユグノー）であり、父はエピスコパル派（監督教会）の有名な医者として、キングス・カレッジ（コロンビア大学）での最初の教授になっていた。そして貧困者や病人のために献身的に奉仕し、ニューヨーク保健省の長官としてステーテン・アイランドでも勤勉に働き、毎年何千人ものアイルランド人移民が到着するカランテイン駅では病気で死にかけている人を助けていた。母はエピスコパル派の牧師であり、ステーテン・アイランドの聖アンドレア監督教会で三十年間司牧していた。エリザベスは、このエピスコパル派の間で育った。

　エリザベスが三歳の時に母が亡くなり、その後は継母に育てられた。エリザベスは継母から柔和の徳を学び、亡くなった実母を慕う心から聖母を身近《みぢか》に感じ、その信心を深めていった。

　父親はエリザベスのしつけに心を砕き、その精神と人格の養成にたくさんの時間を割《さ》いた。そのためエリザベスは独立戦争のために苦労と欠乏に耐えながらも、典型的なアメリカ女性らしく快活で、単純で、誠実に育ち、長上を尊敬し、父の手本から苦しむ者に理解を示していた。また、上流社会の中で生活しながらも、気取ったり尊大《そんだい》ぶったりせずに、強い性格を秘めながらも、やさしい態度で、召し使いには大変親切であった。また貧困者、病人を親切に世話し、アメリカで最初の貧困母子家庭救済会をつくった。

　そのうえ、エリザベスは父の感化を受けて信心深く、聖書と『キリストに倣いて』を黙想し、祈りと自己犠

性に熱心であった。

主キリストと守護の天使への信心

主キリストについては自分の愛する贖い主、憐れみ深い、理解ある全能の救い主と考えて礼拝し、その苦しみを尊び、小さな十字架を身につけていた。キリストのみ名を耳にすると尊敬の印として頭を下げ、衣服にはイエスのみ名の印をしていた。

幼い頃からエリザベスは、守護の天使のことを考えるのが好きで、そのご保護を祈った。夕方には良心の糾明をし、その日の思い、行いを心の中で注意深く思い起こし、自分の犯した過ちの故に、自分自身を責め、神様のみ足のもとに自分の魂を導いてくださるよう、天の友達に頼んでいた。

主婦としての模範

エリザベスは一七九四年に二十歳でニューヨークの裕福な海運業者シートン家の長男ヴィリアムと結婚し、男子二人、女子三人の子を授かった。やがて平和で幸福そのものであった結婚生活に、暗い影がさしてきた。十八世紀末の英仏戦争で、貿易業が衰え、シートン家は脅《おびや》かされた。さらにエリザベスの義理の父が急死し、実父は死去したのである。

その後、エリザベスは病にかかった夫の治療のため、イタリアのピザにいる夫の知人、フィリッキ家のもとに夫に付き添って出かけた。フィリッキ家の人たちは商人であったが、模範的なカトリック信者で、教会を愛し、教皇に忠誠を尽くし、エリザベスの心の傷を、それとなく親切に癒《い》やしてくれた。エリザベスはフィリッキ家の信心とカトリック生活を通じて、ご聖体、十字架、殉教者、聖母などへの信心を学んだ。それからフロレンス市の大聖堂で、司祭の掲《かか》げるご聖体を仰ぎ見て、礼拝する気持ちになり、カトリックへの改宗のきっかけを得た。

夫の死後、ニューヨークで改宗

一八〇三年に夫ヴィリアムはエリザベスの手あつい看護を受けながら、神のみもとに召された。エリザベスは悲しみのどん底にありながらも神への信頼を失わず、一心に神のみ旨を探し求め、「神様、あなたは私の神です。私には、この世界に、ただあなたと私の子どもたちだけになりました。しかしあなたは、私のお父さんでもあります」と繰り返した。

一八〇四年にエリザベスはアメリカに帰り、子どもたちといっしょに義理の兄の家に住まった。親族の人たちは、エリザベスがカトリックに傾いていることに気づき、エリザベスが長老派にとどまることを条件に援助を申し出た。しかし、一八〇五年三月四日、エリザベスは周囲の強い反対を押し切って、ニューヨークのセント・ピーターズ教会でカトリックに改宗した。エリザベスは親族や友人の冷たさを気にもせず、ニューヨークの最初のカトリック教会で早朝のミサにあずかり、聖体を礼拝していた。そして司祭たちと相談し、告解し、初聖体を受けた。

親族たちは、エリザベスがカトリックに改宗したことを知って、エリザベスに与えられるはずの遺産さえ人手に渡した。しかし、二人の姉妹だけはエリザベスの真剣さと、その犠牲を理解してくれ、さらに幾人かのカトリック信者は、エリザベスを生活の面でも世話してくれた。

女学校の開校、愛徳のシスターの会の創立

一八〇七年八月、ボルティモアの聖スルピス会院長デュ・ブーグ神父の要請で、セント・メアリーズ神学院の近くに、女学校を開校したが、周囲の反対で失敗した。エリザベスはこの失敗にひるまず、一八〇九年にカロル司教の下で、新しい修道会を創立するために四人の友人を集めた。同年六月、アイオワ州エミッツバーグに移り、聖ビンセンシオ・ア・パウロの精神に基づく愛徳姉妹会を創立し、多くの入会者を迎え、貧しい子どもたちのための学校を開いた。

この学校にはたくさんの子どもたちが入学し、エリザベスの仕事を手伝いたいと志願する若い女性も数人集まり、給料を求めず、エリザベスといっしょに住み、教育の面でも家政の面でも協力し、共同で朝夕の祈りをし、神学校の司祭たちから指導されて、準修道女会を形成していった。

カロル大司教はこの修道女会の総長としてデュブルグ神父を任命した後に、この会を聖ヨセフの保護のもとにおき、「聖ヨセフのシスターズ」と呼ぶことに決めた。

なお同年にエリザベスはこの神父に相談し、祈った末、メリーランドの西部ペンシルヴァニアの海岸に接したエミツブルグに学校と修道院を移した。農場、森、

川の見える景色の中に修道院が建てられた。シスターたちは、神への愛のために耐え、学校を開設し、村の子弟を教育し始めた。エリザベスは三人の娘を手もとにおいて教育し、二人の息子は近くの神学校の神父のもとにあずけた。やがて学校の名声はあちこちに広がり、土地の優秀な子弟が入学してきた。エリザベスは修道会の会長、百人以上の生徒を擁する学校の校長をしながら　教科書やシスターのための指導書や信心の手引きや聖イグナチオの伝記を書き、フランス語から霊性の本を訳した。さらに近所の貧しい人々や病人を訪問し、改宗者たち、特に黒人改宗者たちを教育した。セント・ジョゼフに教師たちのための師範学校も開設したが、これは現代教育家たちからモデル・スクールと呼ばれている。

横の連携をはかる

　エリザベスは、米国の愛徳のシスターの会の基礎を固めるため、十七世紀のフランスに活躍した聖ビンセンチオ・ア・パウロ（九月二十七日参照）と聖ルイーズ・ド・マリアック（三月十五日参照）の創立した「聖ビンセンシオ・ア・パウロの愛徳姉妹会」の精神とその生活をモデルとすることを決め、自分の会の重要な霊性として謙遜、単純、貧しい人々への愛、愛徳の継続的実践を取り入れた。

　一八一二年までに小さな共同体のメンバーは十九人となって正式な修道会として承認され、エリザベス・シートンが最初の長上となった。彼女が修道女として誓願を立てたのは一八一三年であった。

　一八一四年、フィラデルフィアへ、三年後に自分の故郷の町へシスターたちを派遣した。そして一八一八年、一般の子弟のためにアメリカ最初の教区付属の無料学校をフィラデルフィアに開校した。一八一九年、エリザベスのたゆまぬ活動の故に、体力にも限界が生じ、ついに病床に就く身になった。娘二人は数年前に他界したが、残った娘は二十歳に達し、長男は海軍兵学校の生徒であり、次男はイタリアで商業を学んでいた。この子どもたちと修道女たちに見守られながらエリザベスは一八二一年一月四日、結核がもとで四十六歳の実り豊かな生涯を閉じた。遺骸はニューヨーク市マンハッタンの「ロザリオの聖母教会」に安置されている。

後継者ら教育・福祉事業を世界へ

　彼女が創立した姉妹会は米国内で着実に発展し、彼女が亡くなった時には二十四の修道院が設立されていた。エリザベス・アン・シートンは、一九七五年九月十四日に教皇パウロ六世によって米国最初の聖人の位に挙げられた。

　エリザベスの始めた事業と精神は「聖ビンセンシオ・ア・パウロの愛徳姉妹会」に引き継がれ、現在も会員ら数千人が北米と南米で学校教育（小・中・高校）と児童養護施設や社会福祉・医療などの活動に従事している。

　日本には一九五四（昭和二十九）年に米国のセント・ルイスより四人の「聖ビンセンシオ・ア・パウロの愛徳姉妹会」会員が来日、和歌山に共同体を設立。神戸に本部を置き、一九五四年に日本管区となっていた「聖ビンセンシオの愛徳姉妹会」（フランス系）に一九六四年に統合された。

　一九八四年には、九十人の会員が、大阪教区と鹿児島教区の司牧活動に参与し、児童福祉施設、幼稚園において児童の福祉と幼児教育、自由労働者、孤独な老人、病人、ベトナム難民などに奉仕している。現在（二〇一三年）では七十八人の会員が大阪教区、横浜教区、さいたま教区で司牧活動に参与し、児童福祉施設、医療福祉センター、幼稚園・保育所における幼児教育、自由労働者、孤独な老人、病人、外国人司牧、ベトナム難民のアフターケアなどの奉仕に従事している。

一月七日
聖ライムンド（ペニャフォル）司祭

（教会法学者の保護者）

法律は最小限、自由は最大限

「法律の内にあって、はじめて人の精神は自由である」という。法律は人間の平和な自由な生活を保障《ほしょう》するためにある。しかし、あまりに細かい規則は、かえって精神の自由を奪うので、最近では「法律は最小限に、自由は最大限に」という原則に立って、法律は改善されている。

　カトリック教会の教会法は、自然法に立脚《りっきゃく》し、法律専門家たちの大きな参考になっている。紀元一世紀以来、教会会議や教皇の回勅などによって教義上の条規《じょうき》は数えきれないほど多くなったが、これを整理して一つの法令集に編纂《へんさん》されたのは、十二世紀になってからのことである。その最初のものは、イタリアのボローニャのカマルドール会修道士グラチアヌスが、ローマ法を参考として編纂したグラチアヌス法令集である。しかし、現在見るような五編分類法による体系化されたカノーン（規則、規範《きはん》などを意味するギリシア語）の最初のものは、紀元一二三四年、教皇グレゴリオ九世が、聖ライムンドに命じて作らせたもので、その規範は公認され、今でもその法的拘束力は生きている。聖ライムンドは教会法の権威を確立した聖人で、教会法の父と呼んでもいいだろう。

民法と教会法の大家

聖ライムンドは、一一七五年頃に、スペインのバルセロナ近郊、ビリャフランカのペニャフォルト城に生まれた。父は、バルセロナの伯爵《はくしゃく》の子孫で、アラゴンの国王に仕えていた。ライムンドは、幼児から秀才で、バルセローナで勉強したが、その学業の進歩は目覚ましく、二十歳で哲学修士、三十歳からイタリアのボローニャ大学で民法と教会法とを学び、法学修士となり、そのまま大学の教授となり、特に聖職者の教育に携《たずさ》わった。また、かなり以前から神からの召し出しを感じていたので、その道に献身《けんしん》するために司祭となった。

バルセロナ教区で司牧後、「ドミニコ会」へ

一二一九年、四十四歳の時に、バルセロナの司教は、彼を故郷に呼びもどし、司教座聖堂参事会員にしたが、司教区で働くライムンドは、やがて聖職者全員の模範となった。その任務に熱心なこと、信仰心のあついこと、自然に身についた清貧、謙遜、長上に対する従順など、それはすぐに広く人々の知るところとなった。そして、説教することと告白を聴くこと、カトリック教理の分かりやすい解説をすることなどで人々の間に幅広い使徒的活動を行った。

けれども、ライムンドは、バルセロナの教区にそう長くとどまっていることはできなかった。というのは、三年後の一二二二年に、創立間もない「ドミニコ会」に入会することを決めたからである。会の創立者ドミニコは当時亡くなったばかりであった。ライムンドが

バルセロナの「ドミニコ会」修道院で着衣《ちゃくい》したのは四十七歳の時であった。修練院に入ると、司祭として十二分の経験がありながら、少しもそれを表《おもて》に出さず、一介の修練者として命じられる日課を従順に熱意を込めて務めた。自己本位の欲望が、いかに霊魂に深い傷を作るものであるかを知っている彼は、自我をすべてのものに従わせた。特に上司には何もかも委ねた。ライムンドの偉大な聖性も、後年、彼が成し遂げた、それこそ極限までの忍従《にんじゅう》を必要とする事業に成功したのも、自己本位の欲望に打ち勝ったことによるものであろう。もちろん、その聖徳は神の恩恵によって助けられ、彼の深い祈りと苦行《くぎょう》によって、初めて本当に霊魂は満足と安心を得たとのことである。彼は、修道会に入る前に、大学で哲学と教会法の教授をしていたが、その時、指導司祭に厳しい苦行を課してくれるよう乞うた。修練院の院長は彼に本当にむち打ちの行《ぎょう》を課《か》した。

イスラム教徒へ宣教

修練期を終わったライムンドは、ドミニコ会修道司祭として、その会憲に従って一人ぼっちの黙想の生活を送るとともに、説教と宣教の使徒的活動を精力的に行った。特に異教徒の改宗には非常な努力をした。当時、スペインは、まだ国土の半分をサラセン人・イスラム教徒らに支配されていた。アラビア人がイベリア半島に侵入したのが七一一年で、一四九二年、アラゴンとカスティリアの連合軍がグラナダの戦いに勝利を収めて全土を回復するまで、八百年近くもイスラムの影響を大なり小なり受けていたわけである。当時は、スペインの北半分のアラゴン、ナバラ、レオン、カスティリアの諸王国が独立して、サラセンの勢力を南方に追い払う戦闘、いわゆるレコンキスタ（国土回復運動）は絶えず繰り返されていた。そういう事情から開放された地域にも、スペインでムーア人と呼ばれるアラビア系のイスラム教徒やユダヤ人が多数住みつき、キリスト教徒を奴隷にしていた。ライムンドは、それらの異教徒の改宗に努め、奴隷解放に尽くしたわけでである。その宣教活動は、聖ペトロ・ノラスコ（奴隷解放に尽くした「メルセス会」創立者、五月六日参照）と共同で始めた。

　時のアラゴン国王ヤコブ（スペイン語でティアゴ）一世は、許されない階級の女性と、教会の特免《とくめん》を得ずに結婚した。教皇はその問題を決着《けっちゃく》させるために使節を派遣した。そして、その結婚は無効とされたが、その時にはすでに男子が生まれており、しかも皇太子として国民に公表された後だったので難しい問題が起こりかけた。ライムンドは、国王の聴罪《ちょうざい》司祭であったので、当然、この結婚問題の協議会に出席した。教皇使節は、彼に会うとたちまち、その学識と人徳に魅了《みりょう》され、結局、彼の願いを入れて国王の結婚問題は円満に解決され、その上、ライムンドのもう一つの願い、ムーア人への宣教の許可を与えた。

　ライムンドは、この人たちを理解するように努め、熱心に布教した。彼は、この事業を助けていただくために、信徒たちにも呼びかけた。全身の熱情を込めて次のように言うのであった。「あの人たちを神の敵としたのは、一に、私たちの罪の深さによる。今こそ悔《く》い改めるべき時である」と。また、同時に、死、審判《しんぱん》、天国と地獄についての説教もした。そして、カタロニアからアラゴン、カスティリアと諸国を遊説《ゆうぜい》して歩き、その結果スペイン人のムーア人への聖戦意識を盛り上げることに成功した。その後、カスティリアとレオンの国王の軍隊は、広大な土地をムーア人の軛《くびき》から解放した。アラゴン国王サンチアゴは、バレンシア地方とマホルカ、ミノルカ島からムーア人を追い払った。

教皇顧問と教会法令集編纂《へんさん》

　時の教皇グレゴリオ九世は、早くからライムンドのすぐれた人徳《じんとく》と才能を認めていたが、一二三〇年に彼をローマに招いた。そして教皇付司祭に任命し、常に当面する諸問題について相談相手とした。教皇の聴罪司祭として告白を聞く時、教皇に償《つぐな》いとして課したのは、貧しい人々の請願《せいがん》をただちに聞きとどける、ということであった。日ごろから、ライムンドは、貧しい人々に温かい同情をもち、何事も父のような気持ちで接していたのである。

　教皇がライムンドをローマに召した、もう一つの目的は、ライムンドが教会法の権威なので、教会法令の体系的な集大成《しゅうたいせい》を編纂させるためである。教皇は教会法に詳しく、一一五〇年にできたグラチアヌス法令集以後の各教皇の回勅や教会会議の決議事項などを集めていた。ライムンドは、それを『グレゴリオ九世教皇令集』として三年間でまとめ上げた。それは教会法の最初の完全な定本《ていほん》として、その業績《ぎょうせき》は高く評価されている。現行の教会法は、この教皇令集を基礎にして、その後の、公会議、教皇回勅などを加え、聖ピオ十世によって修正《しゅうせい》され、一九一六年にベネディクト十五世によって公布されたが、その基礎はライムンドの作成したものである。

ライムンドは生まれつき健康な人であったが、さすがに心身ともに疲れ果てた。彼は、教皇に、涙を流さんばかりに懇願《こんがん》して、このわずらわしい仕事から解放してもらいたいと願った。実際に、極度《きょくど》の気遣いと過労から病気となったので、教皇は、やむなく願いを入れ、故郷のバルセロナに帰ることを許した。

第三代ドミニコ会総長

故郷の修道院で祈りと黙想の生活に入ると、健康はめきめき回復し、まもなく、元のような丈夫な身体になった。そうすると、じっとはしていられない。修道院の外に、説教と教理の積極的な使徒的活動を始めた。すべての人に対して、ライムンドは優しく柔和な態度で接した。また、謙遜で従順で、いつも祈っていた。そしてしばしば、黙想に我を忘れてしまうほどだった。彼の徳に感化された改宗者が、大勢現れた。

しかし、その平穏な生活は長くは続かなかった。故郷に帰って、およそ二年たったある日のこと、電撃的な通知を会の本部から受け取ったのである。一二三八年、ボローニャから来た通知に、彼が、ドミニコ会の総長に選任されたとあった。創立者ドミニコの亡くなった後、サクソニアのジョルダノが二代目の総長となったが三代目の総長に選ばれたというわけであった。

総長として、彼はまず歩いた。各修道院を丹念《たんねん》に巡察し、修道士たちに愛の掟と、一人ぼっちの苦行と、祈りと神学の勉強とを、身にしみこむように教えた。そして、宣教活動への献身、特に説教を要請した。特にトマス・アクィナスには『対異教徒大全』（スンマ・コントゥラ・ジェンティレス）の著述を勧めた。

本部に戻ると、特に会則の整備を手がけた。それは、会憲を編纂することであった。今日でこそ、どこの修道会の会憲も各編、章、節に分かれて整然としたものであるが、当時までのものは、もっと雑然《ざつぜん》としていた。先に教会法を編纂した経験を生かして、会の種々の規則を分類し、明確で整然なものとした。間違いやすい条項については、注釈《ちゅうしゃく》を付け、三編に分けたドミニコ会の会憲を作成した。それは、他の修道会が会憲を作る際のモデルとされた。

彼はこの会憲の一条項で、修道会の上長は、正しい理由があれば、任期中でも辞任することができる、という規定を作った。そして、彼自身この条項を利用して、二年後、総長の職を辞任した。その時の「正しい理由」は、すでに六十五歳の老齢に達し、総長の激務に耐えることができないから、というのであった。しかし、彼は健康で、その後三十五年も生き長らえた。だが、聖人でもわがままを言うことがあるのか、と皮肉にとってはいけないだろう。神はライムンドに、もう一つの使命を託《たく》そうとされたものと考えられた。それは、スペインのイスラム教徒とユダヤ教徒への宣教である。

イスラム・ユダヤ教徒への宣教

ライムンドは、計画をたてて布教の拠点《きょてん》とするために、一つはチュニスに、もう一つはムルシアに修道院を建てた。これらを「アラビア文化言語研究所」とし、チュニスではアラビア人に、ムルシアではユダヤ人に教理を説いた。この時に彼の卓越《たくえつ》した語学力は極めて強力な武器となった。ここで約三十五年間布教に尽力した結果、約一万人が受洗したと本部に報告されている。

ライムンドは、マホルカ島を訪問してくださいとの招待を受けた。新しい教会が建てられたので、その祝別式のためである。彼はお供《とも》を連れて島に渡った。島の長老たちは、ライムンドの勧告を聞いて全ての生活を改め、キリストの教えに従うことを固く約束した。ところが数人の愛人がいる彼らは、妻を一人だけにしなければならないと聞くと、この点だけは強硬《きょうこう》に拒《こば》んだ。ライムンドは島の国王に、キリスト教の法律を厳守するように長老たちへ呼びかけてくれるよう頼んだ。一夫一婦はキリストの厳しく命ぜられたものである。国王はそれを承知したが、実行するためには時《とき》日《ひ》を貸してもらいたいと言って、この問題を先送りにした。これと同様の結婚上の難しい問題は、今日もアフリカなどで宣教師を悩ませている。ライムンドは国王の引き延ばし策を不満として、即刻島を退去すると言った。国王は、いま島を去られては困ると言って申し出を断ると同時に島民に、もしライムンドたちが馬に乗れるように便宜《べんぎ》を図るなら死刑にすると布告した。

ライムンドは、何かを期待するように、遠くの方を見ながらお供の人たちに言った。「地上の国王は、われわれが島から退去できないように努力しているが、天におられるわれらの王は、島から抜け出られるよう助けてくださるだろう」。そう言うと、ライムンドは恐れ気もなく海辺に下り、水ぎわへ歩いていった。そして、羽織《はお》っていたカッパを水の上に広げると供の者といっしょにその上に座った。そして、布の端を持ち上げ、帆のように立てると、十字の印《しるし》をした。すると、ふしぎなことに、帆は風をはらんで、その珍妙《ちんみょう》な舟はたちまち海に乗りだした。

紺碧《こんぺき》の地中海を、ミノルカ島からバルセロナまで約二百キロを六時間ほどで乗り切って、無事帰着することができた。港にいた人々は、この奇跡を見て、大勢集まって来た。舟の役をしたカッパを取り上げてみたが、少しも濡《ぬ》れていなかった。彼は、人々の驚嘆《きょうたん》の声を後に、町を横切って修道院に帰り、この旅行のために、とどこおっていた告白と祈りとを心ゆくまで行った。彼は、その時が来たことを知ったのである。

次の日、国王や長老たちが、彼の祝福を乞うために修道院に訪ねてきた。しかしそこに見たものは、十字架を手に、静かに永遠への眠りに目を閉じて、ベッドに横たわっている聖人の姿であった。百年にわたる地上での労務はすべて終わり、聖なる魂は、すでに神のみもとにあったのである。一二七五年のことであった。聖ライムンドは、その聖徳とすばらしい業績の故に教皇クレメンス八世（在位一五九二―一六〇五年）から一六〇一年に列聖された。現在聖ライムンドは教会法学者の保護者とされている。

一月十二日

聖マルグリット・ブールジョワ修道女

（「コングレガシオン・ド・ノートルダム修道会」創立者）

聖母マリアのご保護の下に

「マリアはその母としての愛をもって、まだ旅を続けている自分の子の兄弟たち、また、危機や困難の中にある兄弟たちが幸福な祖国に到達するまで、彼らを見守る」（教会憲章62）。

「コングレガシオン・ド・ノートルダム修道会」創立者、聖マルグリット・ブールジョワは、その手記の中で、修道会が、また修道会に関わる全ての人々が聖母マリアの導きの下にあることを願い、こう述べている。「ああ、聖母よ、あなたのお導きの下にあって、神に仕えるために奉献されたあなたの婢《はしため》の小さい集いを顧みてください。私たちは娘が母に、また師に従うようにあなたを最高の上長者としてお慕《した》いいたします。……私たちは神にふさわしいささげものを何一つ持っておりませんが、御母《おんはは》のみ助けをいただいて、救いと完徳に達するために必要な恵みを切にお願いいたします。聖母よ、あなたは私たちがお願いしようとすることを、私たちよりもよくご存じです。どうぞ、御助《おんたす》けを拒まず、力強いとりなしによって、聖霊の光と恵みが注がれるようお取り次ぎくださいませ。それによって、私たちに委ねられている子女を感化し、若い人たちの教育に献身することができますように。ああ、聖母よ、とくに本会の会員、また将来会員となる人々、この人たちが完徳の道に進むように力を添えてくださったすべての方々が、いつの日か、選ばれた人々のひとりとなり、御母と共に、永福のうちに神をたたえることができますように」（『メール・ブールジョワの手記』二九頁）。

また彼女は、新修道会の内的生活を大切にして、次のように記している。「聖母は囲いのある生活をなさいませんでしたが、どこにいても内的孤独を守られました。愛徳のため、あるいは人を助けるために出かけることを決してお断りになりませんでした。姉妹たちは囲いに入りませんが、女子にキリスト教を教えるため、長上から遣わされるときには外出します」（『メール・ブールジョワの手記』一二五頁）。

そこでマルグリットは聖母の旅するご生活に倣って、当時までの女子修道会は「囲いの中」での生活であったが、今度は囲いの外での新修道会の固有の生活様式を選んだ。そのためにマルグリットの霊性を受け継ぐ会員たちも、旅する聖母のご生活に倣った。シスターたちは御父への完全な奉献者イエスに満たされ、イエスとの親しさの中に生活し、教育、特に信仰の教育という使徒的活動を通して、あらゆる階層の人々、子どもたち、女性たちがさまざまな環境の中で、キリスト信者らしく生活し、社会に対して責任を持った市民として生きることができるように手助けした。

奉仕に徹した「植民地の母」

　徳川三代将軍家光が「島原の乱」後、日本全国に「鎖国令」を発した頃、一六四〇年のフランスに、使徒的精神に燃えた信徒のグループがノートルダム・ド・モンレアル（モントリオールのフランス語読み）協会を設立した。その目的は、「新しいフランス」カナダの先住民へ福音を宣教し、キリスト者の社会を作ることであった。このモンレアル協会は、発足して二カ月目に「新しいフランス」カナダの子どもたちに、キリスト教教育を施す使命を持つ女子修道会創立と病院設立とを決定した。そのためノートルダム・ド・モンレアル協会の一員であるポール・ド・ショムディ・ド・メゾンヌーヴ氏が総督《そうとく》としてカナダに派遣された。また聖ヨゼフ看護修道女会を創立してオテル・ディユ病院の経営者となるジャンヌ・マンスが協会の最初の一員として、一六四一年にカナダに渡航し、モンレアルの建設と発展に尽くした。

　一六五二年にマルグリットは、総督ド・メゾンヌーヴ氏からの要請《ようせい》に応《こた》え、マリアの町（ヴィル・マリー、モントリオール）の学校教育を引き受けた。翌年の秋、徳川四代将軍時代に、マルグリットはフランスからカナダへ渡った。その時、すでにマルグリットは、旅するマリアに倣う生き方をしたい、教会のために使徒たちと共に祈り、働くマリアの生き方をしたいと強く望んだ。その後、マルグリットは入植者《にゅうしょくしゃ》たちや、フランスから渡ってきた若い女性たちを共同体に受け入れ、教育した。それが後に囲いの中に閉じこもらず、社会のただ中で、必要な所にはどこにでも出かけて奉仕する「コングレガシオン・ド・ノートルダム修道会」という形をとるに至った。

　マルグリットは、神の摂理に揺るぎない信頼を寄せ、フランスからの入植者と同じ質素な生活を送った。また、人々のために惜しみなく奉仕し、自分が仕えるために来た人々と区別するような優遇、安楽、名誉のしるしは一切、自分のためにも修道会のためにも断った。キリスト者としての生活をしたければ、隣人となった貧しい人々と境遇《きょうぐう》を分かち合わなければならなくなるはずである。

　一六七〇年代の終わり頃には、いわゆる最初の「カナダ人」（つまり二世）が修道会に入会し始めた。そして、先住民のヒューロン族とイロクワ族の子孫たちである最初のアメリカ・インディアンの女性たちも入会した。マルグリットは教育事業を通して、教会と時代の要請に応えた。現在、後継者たちによって世界各地に、教育宣教活動が拡大された。カナダの建国と発展に密接に結びついていたマルグリットは、人々から今も「植民地の母」、「建国の母」、「カナダの母」と呼ばれている。

聖母マリアにひかれて

　マルグリットは一六二〇年四月、フランス北東部、シャンパーニュ地方の古都トロワ（パリの東駅からトロワ駅まで約一時間半）で中流の信仰心のあつい家庭に生まれた。十三人兄弟姉妹の七番目であった。父はろうそく製造業者であり、その製造過程から生じるさまざまな商品の販売店を営む実直な人であり、トロワの造《ぞう》幣《へい》局にも勤めた。母は織物《おりもの》商家の出身であり、賢い、勤勉な、信心深い女性であった。その家庭環境から、マルグリットは他の兄弟姉妹と同様、さまざまな手仕事に必要な技術、ビジネスセンスや家内工業に必要な読み書き計算を習得《しゅうとく》した。マルグリットは、幼い時にささやかな贈り物を喜んだ父の姿から、神は慈しみと憐れみの神であると知った。「神は愛をこめて行う小さな徳を喜ばれ、愛が深ければ深いほど、その価値を高めてくださいます」。

　一六三〇年からフランスは戦争（三十年戦争、フロンドの乱）、ペストの大流行、食糧難で荒廃《こうはい》していた。そのために、トロワの街角《まちかど》には物乞《ものご》いが数多く見られた。不安定な社会状況の中、一六三八年十二月、マルグリットが十八歳の時に母を失い、自分のすぐ後に生まれた三人も、幼児の時にみんな亡くなった。

　一六四〇年十月七日のロザリオの聖母の祝日の日曜日、マルグリットはトロワの「ドミニコ会」修道院で行われた行列に加わった。しかし、囲いの庭が狭すぎたため、行列は街路を渡ってノートルダム・オ・ノンネンのベネディクト修道院の前を通った。その玄関には美しい聖母像が立っていた。二十歳のマルグリットがその聖母像を眺めた時、天的な光がマルグリットの魂を照らした。「私がこの聖母像を眺めたとき、ご像は突然、美しく輝いて見えました。その瞬間、私は感動のあまり我を忘れ、もはや以前の私ではなくなってしまいました。帰宅しますと、みんなが私の変化に気づきました。その時までの私は軽率《けいそつ》で、女友達にもてはやされていたのですが、この日以来、お化粧《けしょう》もせず、神にお仕えするために世間を退いてしまいました」と。このロザリオの聖母の祝日の日曜日以来、マルグリットは自分を神にささげたいと望み、今までとは違う生き方をしたいと願った。

外部コングレガシオンに入会

コングレガシオン・ド・ノートルダム・ド・トロワで知られる「アウグスチノ修道女会」は、一六二八年に、ピエール・フーリエ司祭と若い女性アリックス・ル・クレールとによって創立された。彼らはフランスでの教育法を刷新した先駆者であった。マルグリットは自分の生涯を神にささげたいという望みを実現するために、一六四〇年に外部コングレガシオンに入会した。当時の修道院制度から、修道院の外で活動することができなかったシスターたちの代わりに、マルグリットは外部会員として、貧しい子どもでも金持ちの子どもでも分け隔てなく、無償《むしょう》で女子教育に奉仕した。

当時トロワには、戦争で家などを壊《こわ》され、貧しい生活を強いられた人たちが田舎から町に避難してきており、その中に子どもたちが大勢いた。マルグリットは、子どもたちが将来、家庭、社会、国の土台となることを鑑《かんが》み、そのためには教育が何よりも大切だと考えた。外部コングレガシオンには、マルグリットに計り知れない影響を及ぼす総督ド・メゾンヌーヴ氏の姉ルイーズ・ド・ショムディと「カルメル会」のアントワーヌ・ジャンドレ神父がいた。マルグリットは一六五三年、カナダに出発するまでの十三年間、外部コングレガシオンでリーダーとして活動した。

新修道会創立の計画

外部コングレガシオンでマルグリットの霊的指導者になったジャンドレ神父は、自分の生涯を神にささげたいというマルグリットの望みを修道生活に向けさせた。マルグリットは最初、「カルメル会」に入会を申し込んだが、断られた。その後、彼女は、ジャンドレ神父に導かれて、信徒の身分でありながら、私的誓願を立てる許可を得た。

マルグリットは一六四三年に貞潔の誓願を、翌年には清貧の誓願を立てた。ジャンドレ神父は、次のことを教えた。「主は仕える女性に三つの生活様式を残された。その一つは聖女マグダレナの生活で、カルメル会その他、囲いの修道女が送る生活様式、もう一つは聖女マルタの生活で、人々の世話をする修道女の生活様式である。しかし、聖母の旅人としてのご生活を送る者はまだいない。ヴェールや修道服がなくとも真の修道女でありうる」と。

一六五一年にマルグリットの父アブラハム・ブールジョワが帰天した。当時の社会基準では、末っ子の弟は十四歳で成人と見なされ、マルグリットはもう家族を支える義務はなくなった。翌年、マルグリットの生涯を転換《てんかん》させる人物がトロワに現れた。モンレアルの総督ド・メゾンヌーヴ氏である。彼はモンレアルの入植民のために、いずれ学校が必要になるので、女性教師を募集するために、姉ルイーズのコングレガシオン・ド・ノートルダム・ド・トロワ修道院を訪れた。

聖母に招かれて旅立つ

コングレガシオン・ド・ノートルダム・ド・トロワのシスターたちは、ド・メゾンヌーヴ氏が、姉ルイーズを通してモンレアルに学校を設立するという計画を知り、それに参加したいと望んだ。しかし、ド・メゾンヌーヴ氏は、入植地の厳しい現状では、囲いのシスターたちよりも、囲いの外にも出られる一人の女性教師の派遣を望んだ。そこで、姉ルイーズは、女性教師としてマルグリットを連れて行くように勧めた。マルグリットは、一六五三年、フランスを去る前にノートルダム・ド・モンレアル協会の総会で、モンレアルの学校教師として承認された。しかし、マルグリットは、ジャンドレ神父に、ためらいの気持ちを打ち明けた。モンレアルでの新しい仕事によって、聖母マリアの生活を敬う女子修道会設立の計画を放棄《ほうき》しなければならないのではないか、と。ジャンドレ神父は、モンレアル行きがそのような修道会の創立のチャンスになるかもしれないし、「神がトロワで望まれなかったことをモンレアルで嘉《よみ》されるかもしれない」と語った。

当時、ほとんど未開であったモンレアルの渡航《とこう》に、マルグリットが恐れと不安を覚えなかったわけではない。しかし、マルグリットは聖母マリアご自身から背中を強く押されていると感じた。『メール・ブールジョワの手記』の中でこう述べている。「ある朝、よく目が覚めていた時、白いサージ布の衣服を着た貴婦人が来られ、はっきりと仰せになりました。『お行きなさい。私はあなたを見捨てません』。この方は聖母であることが分かりました」と。

ナント→ケベック→モンレアルの総督館へ

一六五三年七月、マルグリットはフランスのナントを出発し、モンレアル到着まで三カ月の船旅をした。乗客は、ド・メゾンヌーヴ氏が率いる百三人の兵士と十五人の婦人であった。日ならずしてペストが流行し、マルグリットは病人の看護《かんご》に献身《けんしん》した。八人が亡くなり水葬《すいそう》しなければならなかった。マルグリットは言葉に言い尽くせない心配りをもって、すべての人に奉仕した。人々はもうマルグリットをシスターと呼んでいた。マルグリットが神と人々への愛にあふれ、確信に満ちた、勇敢な人であることが分かったからである。モンレアルに到着する前に、ケベックにとどまった。そこで「ウルスラ会」に宿泊するように招かれたが、マルグリットはモンレアル協会所属の河沿いの小屋に一般の応募団《おうぼだん》と共にとどまった。できる限り一般の人々の立場をとり、特別な待遇《たいぐう》を避けた。こうして、未来のモンレアルの人々との連帯感が一層深まった。

その後間もなくマルグリット一行が船でサン・ローラン川（英語読みではセント・ローレンス川）を南西へさかのぼって、モンレアル島に着いたのは十一月半ば、北米の厳冬《げんとう》の最中《さなか》である。上陸後、最初の五年間は防衛の厳重な総督館に住まい、イロクワ人の襲撃《しゅうげき》に備《そな》えなければならなかった。マルグリットは共住することになったモンレアル住民の喜びも防衛の苦渋《くじゅう》も共に分かち合い、自分のことであろうとなかろうと、的確に責務《せきむ》を引き受けた。マルグリットは、人々が容易に近づくことができる女性、困った時に何を言われようとも恐れずに頼りにできる女性として、若い家族の苦悩と試練に密接に結びついていた。ちなみに現在はケベック―モンレアル間の定期バスが、所要三時間十五分、一日二十本ほど運行している。

山頂に十字架建立

マルグリットはモンレアルに到着して間もない頃、

ド・メゾンヌーヴ氏が十年前に建てた十字架のある場所を巡礼するために三十人を連れて出かけた。見ると、十字架はイロクワ人によって倒されていたので、マルグリットは人々の助けを得て、三日間そこにとどまり、ロワイヤル山の頂に大きな十字架を再建《さいけん》した。この時、マルグリットはロワイヤル山上で聖画を発見した。姉ルイーズが弟のド・メゾンヌーヴ氏に贈ったもので、そこには「神の御母、忠実な清いおとめよ。私たちのため、あなたのモンレアルに場所を取っておいてください」と書かれていた。これを見て、マルグリットは聖母マリアが自分のためにモンレアルという場所を取っておいてくださったのだ、モンレアルに招かれた自分の召命がこの聖画の発見によって確証《かくしょう》されたと強く感じた。この出来事は、一六四〇年に「ロザリオの聖母」を崇敬《すうけい》して行列をした際に、聖母像の美しさにひかれた出来事と同様、マルグリットにとって極めて重要であった。

「よき助けの聖母」聖堂完成まで

一六五五年、イロクワ人が襲撃を再開し、山上の十字架に巡礼することが非常に危険になった。マルグリットは、人々が安全に祈ることができる場所として、砦《とりで》の東側のサン・ローラン川岸に、マリアにささげられた教会の建築を思い立ち、建築にとりかかった。マルグリットにとって、これまでの歩みを導き、励まし、支えたのはノートル・ダム（聖母）であった。

ド・メゾンヌーヴ氏自ら、森の丸太を運んで聖堂建築を手伝った。マルグリットは、人々に教会の礎石《そせき》にする石を集めるように呼びかけた。人々が石材を集めれば、その分、マルグリットは縫《ぬ》い物と繕《つくろ》い物をして彼らへの報酬《ほうしゅう》とした。聖堂の屋根を葺《ふ》き、基礎が固められた。しかし、一六五七年、突然この教会建築はモンレアルの教会管轄権の移行で、頓挫《とんざ》した。マルグリットは堅忍しながら、十五年後の一六七二年、聖堂の工事の再開まで時を待ち、ついに一六七八年、「よき助けの聖母」聖堂は完成した。それはモンレアル島で最初の石造りの聖堂であった。

石造りの家畜小屋を改造して教育開始

一六五八年にマルグリットは、ド・メゾンヌーヴ氏からノートルダム・ド・モンレアル協会の名で、モンレアルの石造りの家畜小屋を供与《きょうよ》され、学校を開校した。マルグリットがその家畜小屋を見た時、ベツレヘムの家畜小屋に思いをはせたに違いない。ここは鳩や家畜の小屋として使われ、屋根裏部屋は穀物《こくもつ》置き場であったが、これを改造して寝室にし、そこへ上るのに外から梯子《はしご》を掛けた。その梯子はイロクワ人による襲撃《しゅうげき》に備え、毎晩取り外さなければならなかった。生徒は男児五人、女児三人であった。四月三十日、シエナの聖カタリナ（四月二十九日参照）の記念日に授業が始まった。フランスを出発してからほとんど五年が過ぎて、マルグリットはモンレアル島で子どもたちを教室に迎え、初めて公に教育することができた。その教室では、フランスからの入植者の子どもも、先住民の子どもも同じように受け入れられ、平等に教育された。マルグリットの教育は、その後シスターたちによって引き継がれ、三五〇年後の今も続いている。

新しい仲間と職業訓練施設の開校

一六五八年九月二十九日にジャンヌ・マンスが怪我《けが》の治療のためにフランスに戻ることになったが、彼女に付き添ってマルグリットはフランスに帰国した。このチャンスにマルグリットはモンレアルの修道共同体の最初の仲間を探し求めた。生活を共にし、必要とされる所は、どこにでもイエスを伝えるために出かける新しい修道生活に参加する四人（カトリーヌ・クロロ、エドメ・シャーテル、マリー・レゼン、アンヌ・イウー）と家庭を築くことを希望している十八人の女性たちといっしょに、マルグリットは翌年九月、一年ぶりにカナダに戻った。マルグリットはサン・アンドレ号の船上で、コングレガシオン・ド・ノートルダム修道会が誕生したと確信した。

一六六二年に、マルグリットは近くの小さな家を購入し、結婚するために来た「王の娘」（モンレアルで家庭を作るためにフランス国王によって送られた貧しい娘たち）に、一時的な宿泊所を提供し続けた。「聖母の家は全ての人に開かれていなければいけない」。マルグリットとその仲間たちは、彼女たちに厳しい環境の中で生き残るために必要な技術を教えた。また、貧しい女性が生計を立てられるように技術を習う「み摂理の家＝職業訓練施設（家政学校）」を開いた。マルグリットが貧しい人々の教育に尽力するのは、前述のピエール・フーリエ神父から受け継いだ考えであり、人々が教育を通して社会に貢献するためであった。

他方、学校では生徒数もさらに増え続け、一六六六年には、生徒数は一二九人に急増した。そして、同年「巡回ミッション」を始めた。マルグリットとその仲間たちは、モンレアル外の学校のない他の入植地にも初聖体拝領を準備するために出かけて行った。こうしてマルグリットとその仲間たちは、必要とされる所どこにでもイエスを伝えるために出かけて行き、その働きは地理的に拡大した。マルグリットは、「愛する娘たちよ、宣教に出かける時、失われているイエス・キリストの御血の滴《したた》りを集めに行くのです」と励ました。修道会にはカナダ人も先住民の女性も入会した。家畜小屋の学校はすでに、「コングレガシオンの家」と呼ばれていた。

カナダの司教から教育事業の認可書

カナダの最初の司教ド・ラヴァルは一六六〇年、モンレアルに到着した時、シスターたちが無償で教育活動をし、農場経営や縫い物や衣類作りなどの手仕事の収入で自活していたため、コングレガシオンの仕事とシスターたちの生活の仕方に感銘《かんめい》を受けた。一六六九年五月にド・ラヴァル司教はコングレガシオンに、教育の認可書を公布した。すなわち、教区内で招かれた所にはどこにでも教えに行くことを許可した。ド・ラヴァル司教の教区はハドソン湾からメキシコ湾まで広範囲にわたっていたので、マルグリットとその仲間たちは大きな任務を与えられることになった。そのために、マルグリットは、コングレガシオンがもっと公的な基盤《きばん》、すなわち国王認可状を獲得すること、また修道会に新しい仲間を求めるためにフランスに出かけなければならないと考えた。

フランス国王から修道会設立の認可状

一六七〇年、マルグリットは再度フランスに渡った。そして、一六七一年五月、ついにルイ十四世がダンケルクで認可状に署名した。「余は……コングレガシオン・ド・ノートルダムの設立を承認し、確認し、許可する。これによって、同会は子女の信仰心を育成し、子女がキリスト教の徳と道徳生活を身分に応じて実践し発揮できるようにさせるものとする」。これによって、初めてコングレガシオン・ド・ノートルダム・ド・モンレアルに正式な法的承認が与えられた。

さらにマルグリットは囲いを持たない女子修道会で、

カナダの子どもたちの教育に献身する女性を探し求めた。その結果六人の志願者に恵まれ、一六七二年、カナダに向かった。その海上で、一つの事件に巻き込まれた。英国とフランスの間に戦争が始まり、敵国の英国船が前方に姿を現した。フランス人船員たちと乗客たちが狼狽《ろうばい》し、悲嘆にくれた時、マルグリットは乗客たちに「もし捕らえられたら、イギリスかオランダに連れて行かれるでしょう。でもそこには、どこにでもおられる神様がいらっしゃいます。そこで神様にお仕えいたしましょう」と諭《さと》した。この言葉で女性たちは落ち着き、そのうち英国船は急に進路を変えて水平線のかなたに姿を消し、残りの行程《こうてい》を無事に終えることができた。

教区法による在俗会

一六七四年に教皇クレメンス十世により、ケベック司教区が設立された。それまで代牧であったド・ラヴァル司教がケベックの初代司教となった。彼は一六七六年六月、コングレガシオンを訪問した。ド・ラヴァル司教は同年八月六日、コングレガシオンに在俗会としての認可を与えた（『カトリック新教会法典』第七一〇条、参照）。すなわち、司教はコングレガシオンの会員の共同生活と、宗教、または生計を立てるために必要な技術を教える学校教師として無償で教育を行い、自分たちの農場経営や手仕事の収入で自活し、誰の世話にもなっていないので、在俗会として創立を認めたのであった。しかし、司教はコングレガシオンを修道生活の形では認可しないことを明言した。なぜなら、司教にとって修道生活はあくまでも囲いを意味したからであった。司教がコングレガシオンを在俗会として認可したのは、シスターたちが旅行できること、それによって司教の広大な教区の必要に応えるからであった。

囲いの外で宣教旅行できるとしても、その旅行範囲はあくまで、当該司教の権限の及ぶ一定の司教区内だけである。しかし、マルグリットが目指すのは一定の司教区内にとどまらず、必要な所にはどこにでもイエスを伝えるために旅することである。コングレガシオンの本質が司教から理解されなくても、マルグリットはひるむことなく、神様から求められる事業を信仰のうちに固めていった。

よき助けの聖母子像

ノートルダム・ド・モンレアル協会の会員ド・ファンカン男爵は病気回復の感謝のしるしとして、一六七二年に帰仏していたマルグリットに、ベルギーのモンテーギュ樫材《かしざい》の奇跡の木に刻まれた十五センチほどの聖母子像を前述の「よき助けの聖母」聖堂のために贈った。寄贈された時には、すでに百年を経ていた聖母子像であった。マルグリットは、「この聖堂でささげられた祈りによって多くの奇跡が起きました」と記している。一七五四年の火事で、この聖堂は消失したが、不思議と聖母子像は難を免《まぬが》れた。一七七〇年代に再建され、現在もオールド・モントリオールの「よき助けの聖母」聖堂（ノートルダム・ド・ボンスクール＝bon secours）に、この聖母子像は納められている。

会憲についての問題

マルグリットは囲いがなく、社会のただ中で生きる修道会が認められるために、また会員たちの生活様式のより明確な認可のために、使徒座の承認を得た会憲が必要であると考えた。コングレガシオンは、それまで会憲がなかったわけではないが、マルグリットはトロワのジャンドレ神父が作成し、パリ・ソルボンヌ大学の神学者たちによって認可された会憲をカナダに持って来ていた。この会憲は、設立されたばかりの修道共同体の体験に合わせて、新しく修正された。それで、会憲は教区法による会から聖座法《せいざほう》による会（『カトリック新教会法典』第五八九条、参照）に昇格するために会憲の改訂が必要であった。

そこで、一六七九年、マルグリットはフランスに行くことを決めた。その時およそ六十歳のマルグリットは、パリではド・ラヴァル司教の反対に遭《あ》った。マルグリットは司教からフランスに来るべきではなかったと厳しく言われ、さらにフランスで会員を募集することを禁止された。この三回目の旅の前年、一六七八年にサン・スルピス司祭会のルイ・トロンソン神父が同会の第三代総長に選ばれ、その在任は一七〇〇年二月まで続いた。マルグリットは生涯変わることのない支援をトロンソン神父から受けた。

火事による浄化

一六八三年十二月六日から七日の夜にかけて、モンレアルの修道院が大火で全焼した。しかも、二人のシスターが焼死した。その一人はマルグリットの姪《めい》である。マルグリット・ソミヤール、もう一人はマルグリットの後継者として最も有望視《ゆうぼうし》されたシスター・ジェヌヴィエーヴ・ド・ローゾワであった。この火事で、共同体のあらゆる文書、資料、家具、衣類、寝具、図書、学校の備品、冬期に備えていた貯蔵食糧も残らず焼失した。

ド・ラヴァル司教は、壊滅的《かいめつてき》な物的損失に直面し、ますます貧しくなったシスターたちを見て、この修道院の再興《さいこう》は無理と判断し、ケベックのウルスラ会との合併《がっぺい》を勧めた。しかし、サン・スルピス司祭会の総長トロンソン神父の指導もあり、シスターたちも聖母のように旅人であることを望んだので、マルグリットはド・ラヴァル司教の勧めを受け入れなかった。マルグリットは聖母に倣って、囲いのない女子修道会を設立するように神から招かれたことに疑いを抱かなかった。当時六十三歳のマルグリットは、全身全霊を傾けてコングレガシオンの再建に当たった。彼女は、この災難をシスターたちの霊的飛躍のチャンスと捉えた。「修道院は焼失してしまいました。再建にあたり、新しい修道院で今までにもまして神に忠実でありたいという約束を書き、全会員がこれに署名しました」。と。

ケベックで宣教開始

ド・ラヴァル司教は教区の広大さとそこに山積している問題、そして高齢や病気の影響のため、一六八五年に後任としてセン・ヴァリエ司教にすべてを譲《ゆず》った。同年モンレアルを訪問した第二代ケベック教区長セン・ヴァリエ司教は、コングレガシオンについて良い印象を持った。四十人のシスターたちによる学校教育、母親への教育、巡回や定住の形で行う宣教、職業訓練所の運営などに関わるコングレガシオンがケベック地方にも設立されることを望んだ。マルグリットは司教の望みと教会の必要に応えたいと願い、ケベックにも施設を造るために何度も出かけた。そこに「聖家族のみ摂理の家」が設立され、貧しい女児が収容され、簡単な手仕事と初等教育が授けられた。オルレアン島でも施設が建てられ、女児の教育が行われた。後にケベックでは、小さい学校と貧しい婦人のために職業訓練所や救護院が設立された。

小教区の改革運動の中で

モンレアルで比較的続いた平和が、一六八九年に途絶えた。フランスが再び、イギリスおよびオランダと交戦状態に入った。それに加え、北米の毛皮貿易をめぐってイロクワ人と入植者との間にも紛争《ふんそう》が起こったのである。そのためにモンレアルに近いラシーヌで二九〇人の住民が殺害された。マルグリットはこの危機を免れたが、続く十年間の大半は戦争の連続であった。

モンレアルの小教区の司祭たちの中には、戦争の恐怖と災難は人々の不忠実さ、モンレアル設立の理想に対する人々の不忠実さの結果であると説教台から説く者がいた。今こそ人々は創立者の精神に立ち戻る時であると主張し、モンレアルにある三つの修道会を一つの共同体として、一人の長上のもとに再編《さいへん》することが提案された。それでこれまでの修道会の長上たちを辞任させ、新しい長上にしなければならないと主張された。やり玉に挙げられた長上は、「サン・スルピス司祭会」では、ドリエ・ド・カッソン神父、コングレガシオン・ド・ノートルダムでは、マルグリット・ブールジョワ、「聖ヨゼフ看護修道女会」では、カトリーヌ・マセであった。

マルグリットはすでに七十歳で、困難な十年間を生き抜いてきたところであった。コングレガシオンは、一六八三年の火事による荒廃だけでなく、まだ若かった八人のカナダ人会員が亡くなり、非常に苦しんだ。改革推進運動に関与したシスター・タルディは、過去の「緩《ゆる》み」について、マルグリットを非難し始めた。マルグリットは会員の霊的進歩を促《うなが》すための堅固《けんご》さに欠け、怠慢であったのではないかと不安だった。シスター・タルディはマルグリットに次のように告げた。「昨夜、私がかまどの傍《かたわ》らにいた時、十六カ月前に死んだシスターが、『神から遣わされて来ました。コングレガシオンの長上は地獄に陥る状態にいると伝えてください』と言いました」と。マルグリットは自分が大罪の状態であると感じ始め、「霊魂の暗夜《あんや》」とも言うべき五十カ月を過ごした。マルグリットは孤独と孤立に苦しみながらも、長上としての責務を果たし続けた。この時期でもマルグリットは神への希望を失わなかった。「神様の憐れみを疑ったことは決してありません。たとえ地獄に片足《かたあし》を入れていても、なおかつ神様に希望いたします」と。

この苦境を知った「サン・スルピス司祭会」のド・ベルモン神父は一六九〇年秋、パリの同会の総長トロンソン神父に手紙で「サン・スルピス司祭会」の司祭三人の行動と幻覚者の夢を知らせた。状況を深刻に受けとめたトロンソン神父は、断固とした改善策を迅速《じんそく》に行った。翌年三人の改革派司祭もシスター・タルディもフランスに召喚《しょうかん》され、再びカナダに戻ることはなかった。

火災と永久礼拝

一六九五年二月に、またも大きな災難が降りかかった。二十四日から二十五日にかけて、一六九〇年代の初頭、モンレアルに再建されたばかりのオテル・ディユ病院とその隣接の「聖ヨゼフ看護修道会」が原因不明の火で全焼した。これは、それまでカナダで起きた火災の中で最大のものであった。マルグリットたちは十二年前に同じ災難に遭った時、近くの「聖ヨゼフ看護修道会」から援助された。今回、マルグリットは恩返しにもと、聖ヨゼフ看護修道女らとオテル・ディユ病院の患者たちにモンレアルの「み摂理」の古い家を提供し、できる限り受け入れて世話をした。

また、同年の夏、コングレガシオン・ド・ノートルダムは、ある一人の女性、独自の召命をもって生きたジャンヌ・ル・ベールを迎えた。ジャンヌの家はモンレアルで最大の資産家であった。ジャンヌは、どの修道会でも実行不可能な沈黙と隠遁の生活、孤独と絶対の沈黙と絶えず神のみ前にとどまる生活を強く望んだ。十八歳の時からミサにあずかる時以外は、両親の家で隠遁生活を送った。一六九〇年代の初めに、ジャンヌはコングレガシオンが大きな聖堂の建立《こんりゅう》を望んでいると知り、その基金を提供した。その代わり、聖堂に付属し、内陣と聖体を納めている聖櫃《せいひつ》の近くで隠遁者としての生活ができる一室を加えてもらうことを願った。

聖堂とその部屋は一六九五年に完成した。その時から、ジャンヌは恒久的《こうきゅうてき》礼拝の毎日を送った。「どうしてこのような生活にひきつけられたのか」と後で質問された時、ジャンヌは聖堂と自分の部屋を隔てている小さなドアを開けて、聖体が安置してある聖櫃を指さしながら、ただひと言、「あそこに私をひきつける磁《じ》石《しゃく》があるのです」と言った。マルグリットは、コングレガシオンの中で祈りに専念《せんねん》するジャンヌがいることを大いに喜んだ。マルグリットは、自分の固有の召命を確信しながら、ジャンヌの召命をよく理解した。

ジャンドレ神父が以前マルグリットに語った修道会の三つの様式の人物、祈りや苦行に専念するジャンヌがマリア・マグダレナ、禁域内で学校教育や病人看護に献身する看護修道女がマルタ、そして旅するマリアに倣うマルグリット、皆そろってコングレガシオン・ド・ノートルダムに一つに集まっていると考え、マルグリットはジャンヌを迎えることができたことを大いに喜んだ。マルグリットは活動家であると同時に、神秘家であり、祈りの人であったからである。マルグリットが一六九八年六月二十四日に誓願を宣立した時、修道名を「聖体のマルグリット」に選んだことのうちにも、マルグリットがジャンヌと同じように、ご聖体にひかれていたことがよくうかがえる。

修道会の認可と会憲

一六九四年にセン・ヴァリエ司教はコングレガシオンに自分が編纂した会憲を手渡した。しかし、そこには、セン・ヴァリエ司教の本会の生活様式の受けとめ方と、会員たちが抱いている生活様式の理解との間に根本的な相違があった。司教は自分の教区で、旅をしてでもさまざまな仕事を引き受けてくれる、また頼むことができる女性のグループがいることをとても喜んだ。しかし、それは一時的な必要にすぎず、おそらくコングレガシオンは囲いの中に落ち着くだろう、現存する修道会に所属するようになるだろうと考えた。セン・ヴァリエ司教は囲いのない状態、必要な所にはどこにでもイエスを伝えるために出て行く自由こそが、コングレガシオンの本質であることを理解できなかった。マルグリットにとって、マリアは神のお告げに応え、急いでいとこエリサベトを訪問した時も、カナの婚礼《こんれい》に出席した時も、初期の教会では使徒たちと共に働き、教えた時も、常に他の人々と交わって生きた方であった。

会憲に関するセン・ヴァリエ司教とコングレガシオン側との交渉は四年以上続いた。パリのサン・スルピス司祭会の総長トロンソン神父自らがセン・ヴァリエ司教とコングレガシオンの仲介者となり、折衷案《せっちゅうあん》に到達した。会憲の中で、コングレガシオンの精神に最も反する要素の多くは取り除かれた。しかし、マルグリットが聖母から受けたインスピレーション、特に聖母のエリサベト訪問と聖霊降臨後の教会の中で過ごされた聖母の役割についての創立のカリスマを会憲に入れることはできなかった。しかし、これは、『メール・ブールジョワの手記』で表現され、修道会の精神として伝えられ、生き続けられることになった。

マルグリットにとって、妥協《だきょう》した会憲ではあったが、大切なことは、文字ではなく、精神であり、生き方を示していくことであった。マルグリットは、修道会がカナダで必要な所にはどこにでも宣教を続けるという実際的な道を選んだ。あとは、事を進めながら、関係の輪を広げ、修道会の創立のカリスマを会憲に記述できる時が来るのを待った。

一六九七年、セン・ヴァリエ司教がフランスから戻った。翌年、教会から会憲が認可され、正式に修道会となった。コングレガシオン・ド・ノートルダム・ド・モンレアルは教会の中で公的な身分が認められた。当時、新大陸と呼ばれた北米で初めて、囲いの中に閉じこもらず、社会のただ中で、なすべき善や愛徳の業があるなら、旅する聖母に倣い、必要な所にはどこにでも出かけて行き奉仕する、まったく新しいタイプの聖座法による（使徒的）修道会（『カトリック新教会法典』第五九三条、参照）が生まれた。六月二十四日、モンレアル在住の会員二十四人は清貧・貞潔・従順の誓願を宣立し、女性の教育への献身を誓った。数日後、ケベックの宣教地の会員も、誓願を宣立した。

若い会員の身代わりとして旅立つ

一六九九年の大晦日《おおみそか》の朝、病床にあったマルグリットは修練長であった三十三歳のカトリーヌ・シャルリが臨終であるとの知らせを受けた。マルグリットは「ああ、この修道院でまだ役に立つ姉妹ではなく、私を逝《ゆ》かせてください。私は無益でなんの役にも立たないのですから」と祈った。その時から、マルグリットの症状が悪化し、逆にカトリーヌ・シャルリは回復し始めた。一七〇〇年一月十二日の朝、八十歳のマルグリットは三時間の臨終の苦しみの後、穏やかに息を引き取った。〝愛する神よ〟という言葉を最後に残して。

葬儀は一月十三日土曜日に執り行われた。司式したのは、ドリエ・ド・カッソン神父であった。その葬儀に参列した一司祭の手紙には、次のように記されている。「スール・ブールジョワは昨日の朝、帰天しました。遺体は小教区に、心臓はコングレガシオンに納められます。今朝、スールの葬儀が行われたモンレアル教会には、これまでになかったほどの多くの司祭と修道者、カナダ総督と地方総督、その他大勢の人々が参列しました。昔のように、聖人たちが人々と聖職者たちの投票によって列聖されるのであれば、明日にもカナダの聖マルグリットのミサがささげられることでしょう」と。

後継者によって世界に羽ばたく

神と人への愛に徹《てっ》して生きたマルグリットは、一九五〇年十一月十二日、教皇ピオ十二世によって福者となり、一九八二年十月三十一日、教皇ヨハネ・パウロ二世によってローマの聖ペトロ大聖堂で列聖された。

聖マリグリット・ブールジョワの残した教育理念は、その後継者であるシスターたちによって引き継がれ、今も続いている。マルグリットの時代同様、今でもなすべき善や愛徳の業があるなら、旅するマリアに倣い、必要な所どこにでも出かけ奉仕する用意が常にできている。その時代、その場で、「真の自由への教育」の使徒職を果たしながら、現在、カナダ、米国、日本（福島、北九州、東京）、中米（ホンジュラス、グアテマラ、エルサルバドル）、カメルーン、フランスで、会員たちは信徒たちをはじめ多くの人々と共に、宣教活動に従事している。

日本には一九三二年（昭和七年）十月二十日に、カナダのモンレアルの母院から福島市に来日した。「コングレガシオン・ド・ノートルダム修道会」は、特に子どもたちや若者の教育を通して、神と人への愛を伝え、社会に関わっている。一人ひとりには、たとえそれが小さくても、社会に対して果たすべき独自の役割と貢献《こうけん》がある。会員たちは、子どもたちや若者が自分らしく喜んで生きることができるように、どれほどイエス・キリストを通して神に愛されているかを伝えている。そして、置かれた場で一人ひとりに、福音をもたらす人になってほしい、人々のために生きる人になってほしい、神が望まれる社会をつくる人になってほしいと願い、教育に携わっている。また、小教区における信仰教育をはじめ、特に若い女性のための祈りの集いなどを通して、それぞれが神様からいただいた召命の道を歩むことができるよう同伴している。

教育施設としては、福島市（桜の聖母学院幼稚園、小学校、中学校、高等学校、桜の聖母短期大学、生涯学習センター）、北九州市（明治学園では男女共学で小学校、中学校、高等学校）、そして調布市（マルガリタ幼稚園）などがある。

一月十三日
聖ヒラリオ司教教会博士

アリオ派の異説に反論

「義のために迫害されている人は幸いである。天の国はその人たちのものである」（マタイ5・10）。本日記念する聖ヒラリオもキリストが神であることを否定するアリオ派の異説に反論し、キリストは真の人であり、真の神であることを堂々と弁論と文筆で主張した。このため反対者は西ローマ皇帝に、ヒラリオは国賊であると讒訴《ざんそ》され、フランスから小アジア（現・トルコ）に追放された。しかし、当の聖ヒラリオはキリストのみ名のため、真理のため、正義のために迫害されるのを幸いと感じ、自己の信念をあくまで変えなかった。

明朗な真理の追求者

聖ヒラリオは三一〇年頃、フランスの中西部ポアチェ市に生まれた。両親は貴族ではあったが、カトリック信者ではなかった。ヒラリオという名はラテン語から由来し、明朗という意味であるが、その名のとおり明朗で学生時代には、修辞学、哲学をまじめに勉強し、何が正しいか、真理であるかを一途に追求していた。

はからずも、ある日一冊の聖書を手にしたことがきっかけとなってキリスト教を熱心に研究し始めた。特に古代ギリシアの最大の聖書研究家オリゲネスの神学から聖書解釈の影響と霊性を受け、旧約聖書に出てくる人物と出来事を新約聖書のキリストに関わりあるものとして解釈し、キリストの精神に従って聖書を理解した。また御父と御子の関係については世の創造以前に、神の善の完全な像として「御子」を産む。その誕生は永遠で、精神から意志が生ずるように、御子はなんの分離もなく、御父から生まれる。したがって御子は御父の意志を完全に果たす者として

御父と一致している。それでキリスト信者が完徳に至るには神の像である御子に同化され、同じ像にまで成長することによって御父と一致することである。

そして、これこそ、自分が長い間求めていた宗教であると確信し、成人してから洗礼を受け、信仰を愛による奉仕に生かすようになった。その後ポアチェ市の司教が死去されると、その後継者として信仰と愛徳にすぐれたヒラリオに白羽《しらは》の矢が立ち、三五〇年頃、司教に選出された。しかし、当時は例のアリオ派の異説が、コンスタンチノ大帝の死（三三七年）後、三人の息子たちの権力闘争の手段となり、西方のローマ帝国にも広まっていた。ヒラリオは、この異説との戦いに全力を尽くした。

三五五年のミラノ教会会議で聖アタナシオ（五月二日参照）が断罪され、アリオ派が勢いを盛り返したことにより、ヒラリオ司教は、劣勢に立たされた。三五六年、彼はベジエ（南仏の地中海から十キロほどのオービ川の上流地）の教会会議で、議長のアルルの司教サトゥルニノから反アリオ派と批判され、当時の副帝ユリアノ（背教者）から小アジアのフリギア（現・トルコの中西部）へ流刑された。流刑地でヒラリオは自由に活動できたので、アリオ教説に洗脳されていた住民らに機会あるごとに、アリオの異説の不合理を説き、キリストが真の神であることを深遠な学識を傾けて道理を述べた。また故国の聖職者や信者たちに、しばしば手紙を送って教会の教える信仰に忠実でありなさい、と勧めている。アリオ派はこれには誰も歯が立たず、ほとほと手を焼いて、このヒラリオ司教を早く故国に送り返すよう皇帝に嘆願した。それでも、流刑中の四年間、ヒラリオは東方神学とアリオ教説を深く知るようになり、主著『三位一体論』全十二巻を完成させた。

故国で教会復興に尽力

三六〇年にヒラリオ司教がポアチェ市に戻った時、市民は歓喜して熱狂的にこれを迎えた。その後もヒラリオ司教は異説の不合理を説き、正説の普及に努力し、再びフランス全土に伝統的な教理を復活させた。この仕事が終わると、次は教会内部の規律、道徳の立て直しや信心の復興に尽くし、修道生活の促進を図った。それに「詩編注解」や神学書を著した。ただ説教や文筆だけに頼らず、自已の生活の手本で、人々を教え導いたために、教会内には活気があふれ、フランスでは、もはやアリオの異説が入り込むすきがないほどに信仰が強まった。ヒラリオ司教の弟子にはトゥールの司教聖マルチノ（十一月十一日参照）がいる。

三六六年一月十三日、ヒラリオは聖者にふさわしいりっぱな最期を遂げた。その学徳の深さと信仰とりっぱな生活の手本をほめたたえて、一八五一年、ピオ九世により、ヒラリオは教会博士と宣言された。

一月十五日

聖アーノルド・ヤンセン司祭

（「神言修道会」と「聖霊奉侍布教修道女会」の創立者）

アーノルド・ファミリー

二〇〇三年十月五日に「神言修道会」の聖アーノルド・ヤンセン神父とフライナーデメッツ神父が教皇ヨハネ・パウロ二世によって列聖された。前者はオランダのシュタイルに「神言修道会」「聖霊奉侍布教修道女会」「永久礼拝聖霊奉侍修道女会」を創立し、後者は「神言修道会」創立当初の会員で中国に派遣された宣教師。日本ではこの他に「神言修道会」が母胎となっている南山学園（名古屋）、「聖霊奉侍布教修道女会」を母胎とする聖霊学園（秋田）と聖霊病院（金沢）がある。それに外国には前記の両会を支える「永久礼拝聖霊奉持修道女会」がある。以上を一括して「アーノルド・ファミリー」と呼び、全世界への宣教を目的としている。いずれもドイツ国境に近いオランダの町ステイルから教育・出版・学問研究・農園経営・福祉活動が始まった。

生い立ちと信心

アーノルド・ヤンセンは一八三七年十一月五日に十人兄弟の二番目として、オランダ国境に近いドイツ・下ライン地方の小さい町ゴッホに生まれた。質朴《しつぼく》で誠実な父ゲルハルド・ヤンセンは自分の土地と借りた農地を耕《たがや》し、運送業も営んでいた。妻と協力して子どもたちには共同の祈りと聖書朗読の習慣をつけさせた。さらにアーノルド・ヤンセンは、

母の影響でロザリオを通して絶えず祈っていた。

この大きな家庭の中でアーノルド・ヤンセンは、小《こ》柄《がら》で、ひ弱な体質であったが、勤勉に畑仕事もし、天気がよければ朝のうちに牛を牧場に引いて行って、夕方に牛小屋へ連れて帰っていた。しかも家の雑用を手伝い、弟妹の面倒見がよく、努力型の勉強家でクラスでも首席であった。

また畑仕事に出る時、カトリック要理をポケットに入れていって、休み時間に、その中の問答を暗記した。それは父から暗記したことを聞かれるからでもあった。さらに福音書の「初めにみ言葉があった。み言葉は神とともにあった。み言葉は神であった。み言葉は初めに神とともにあった。すべてのものは、み言葉によってできた。できたもので、み言葉によらずにできたものは、何一つなかった。み言葉の内に命があった。この命は人間の光であった。光は闇の中で輝いている。闇は光に打ち勝たなかった」(ヨハネ1・1-5)。

以上の福音をヤンセンは、幼い時から家族一同で唱える祈りの際に聞き、み言葉に生かされ、照らされて成長し、カトリック教会へ熱心に通った。教会では毎朝のミサの準備をし、熱心にミサの侍者を務めた。そして後に、このみ言葉の証し人として、まだこれを受けていない兄弟姉妹らにも分け与えた。

聖霊への信心を父から受け継ぐ

ある日、アーノルドは父が月曜日のミサに来るのをふしぎがって尋ねると、父は、こう答えた。「それは聖霊を敬うためなのだ。人間の心に慰めと力をお与えくださるのも、家庭に平安をお与えくださるのも聖霊である。ご覧、牧場に日が輝き、見渡す限り畑の穀物《こくもつ》が実ってくる。これも聖霊の働きだ。輝き、喜び、増え育つこと、これはみんな聖霊の働きだ。聖霊は人間の心の中にも同じような働きをなされる。聖霊はおまえの心を喜びで満たし、おまえの心が強く信心深くなるようにしてくださるのだ」と。

特に一家は三位一体の神への奉献と聖霊に対する礼拝に優れていた。父親は臨終の床から、遺産としてアーノルド家に次の霊性を託した。「聖なる神に一週間の数々の恵みを感謝するために、三位一体の神を賛美する日曜日のミサを欠かしてはいけない。そして一週間の生活に聖霊の祝福を願うために、聖霊を賛美する毎週月曜日のミサに参加すること」と。

司祭志望の道へ進む

アーノルドは一八四八年、十歳の時、故郷ゴッホの小学校を経て聖人のような助任司祭の助言もあってオランダ国境に近いゲスドンク教区の小・中神学校で教養学科と哲学を一八五五年まで学んだ。休暇中も、読書に没頭し、特に数学に興味をもち、新しい知識や科学の驚くべき発見や歴史の興味深い出来事を吸収し、みんなに話して聞かせた。ある晩、アーノルドがアイルランドのカトリック信者の受けている苦難や迫害について、いかにも目に見えるように話したので、みなは心から感動した。父は例の実践的な性質から、すぐそれについて何かをすることに決めた。「今晩から、迫害されている気の毒なアイルランド人のために、夜の祈りに『主の祈り』を一回つけ加えることにしよう」と。

また休暇中、アーノルドは弟といっしょに、歩いて二時間ほどのケヴェラールの有名なドイツの聖母聖堂に巡礼し、道中も祈り続け、聖母聖堂では告解し、聖体を拝領し、長い感謝の祈りをささげた。

司祭叙階後、高校教師

一八五五年、アーノルドは十八歳で小・中神学校を卒業してから、ミュンスター教区立神学校とボン大学で主に数学・自然科学を学び、中等学校の教員免許を習得した。引き続きミュンスターで二年間、神学を学び、一八六一年八月十五日、二十四歳の時、ミュンスターのカテドラルで司祭に叙階された。

それから十二年間、ボッホルトの中等学校で教鞭《きょうべん》を執《と》った。おもに数学、商業簿記、自然科学、フランス語を受け持ち、多い時には週に二十四時間も授業した。受け持ちの授業を注意深く準備し、毎週、四組から五組の答案を骨折って直してやり、校外においても、生徒間に高い道徳心と宗教心を起こさせ、保たせるよう大いに努力した。午前の授業が終わり、昼食までの時間に「十字架の道行き」をしていたので、昼食にはいつも遅刻していた。アーノルドは、当時の新しい無神論的偽科学と効果的に戦うため真正な科学の知識を身につけ、さらにこれを神の英知と偉大さと美とを賛えるために使うことを目ざしていた。言いかえれば自然崇拝から超自然崇拝へと世の人々を引き上げることを考えていた。

祈祷の使徒会

一八六六年四月以降、ヤンセン神父は教育活動に加えて「祈祷の使徒会」に専念した。この会は一八四四年、南フランスのイエズス会の教授と学生からなる団体によって創設された。目的はイエスのみ心に、自分たちの祈りと働きと苦しみを合わせて、神の光栄と霊魂の救いのために働き、会員の生きた信仰を育てながら、一般の人々を祈りへ導くことにあった。ヤンセン神父はミュンスター教区のほとんどすべての主任司祭を、後にはドイツ語圏の教区を訪問し、イエスのみ心の意向に従い、教会の一致団結を目指してロザリオやその他の祈りを実践するよう勧め、著作と出版を通して「祈祷の使徒会」への入会やロザリオ唱和《しょうわ》を広げた。ヤンセン神父はこの使徒会の仕事を通じて外国宣教に熱意を持ち始め、外国宣教を応援し、個人としても相当額の寄付金を集めて、アフリカ宣教地に送ったこともあった。

一八七一年以来十年以上、ドイツのカトリック教会は鉄血宰相《てつけつさいそう》ビスマルクの新ドイツ帝国の「文化闘争」によって、カトリック教会の司祭、修道者、信者の活動が抑圧《よくあつ》されていた。そのあおりで、ヤンセンが聖母像を学校ホールに設置《せっち》したいと望んでもできないので、一八七三年三月をもって学校教師を辞任した。

外国宣教を志す

同年十月、ケンペン町のウルスラ修道女会の修道院付き司祭となり、月刊誌「イエスの聖心の小使徒」を発刊し、外国での宣教活動を主《おも》に扱い、自分も外国宣教のために働くことにした。そして、まずドイツとオーストリアとスイスへ旅行に出かけ、カトリック信者と非カトリック者との合同一致のために、ドイツの使徒聖ボニファチオ（六月五日参照）の墓所フルダで永続的にミサをささげて資金を募集し始めた。一八七三年五月のドイツ憲法改正案はカトリック司教をローマから独立させ、司祭を司教から独立させ、両者を国家に従属させることをもくろんでいた。当時の聖職者はほとんどこれに反対して、圧迫や迫害を受けた。ヤンセン神父は同年の六月号の雑誌の中で、「ドイツ人司祭が団結すれば、国外の安全な場所に、ドイツの宣教神学校を造れるのではないか?」と提案し、追放された司祭を外国宣教のために養成しようと考えた。しかし当時、ヤンセン神父が神学校設立について相談した司教も司祭も、時期が悪い、と答えた。それからヤンセン神父は聖霊に導かれて、神学校設立がドイツではだめなら、それ以外の国ではと思いめぐらし、欧州各国の司教の許可と推薦《すいせん》を取り付けた。

聖ミカエル宣教神学校設立

その結果、ヤンセン神父は、一八七五年九月八日、数人の協力者と共に、オランダのマース川岸のドイツ国境沿いの町スタイルにあるカプチン会の閉鎖された修道院に目をつけた。ここをベースにして、念願の「聖ミカエル宣教神学校」を設立し、「神言修道会」を創立することにした。同年神学校に印刷所を併設《へいせつ》し、会の出版事業の拠点とした。目的は非カトリック教徒たちに福音を告げ知らせることにあり、とりわけ極東アジア諸国の人々への宣教を目指した。同校はその印刷所と出版物によって急速に知られるようになった。それで、創立三年後の三月にオーストリア南チロルのドロミテの高地出身のフライナーデメッツ教区司祭が、この共同体に加わった。

しかし宣教活動に先立つものは資金である。神学校を開校できたのは聖クララ会の一修道院を通して、信心深い人、犠牲をささげる人、貧しい人の相当額の寄付金によるものだった。また、一人のお手伝いさんからの寄付もあった。資金は家と土地の購入に使い果たしてしまったので、五人のための家具や食物は寄付や借金に頼るしかなく、極度に生活をきりつめた。洗濯と繕い物は、近所の娘たちが奉仕してくれた。駅から神学校までの送り迎えの奉仕をする人も現れた。

しかし、一般に神学校の存続については悲観論が多かった。ドイツやオランダの信徒ばかりでなく聖職者も、ヤンセン神父の事業には経済的裏付けがないし、その場所柄や貧しい建物、そこにいる人たちの人柄を見ても見込みがない、と言うのである。しかし、ヤンセン神父は、そのようなビジネス的見地よりも、み心の中に含まれるみ言葉のお望みを果たすという信念から、こう祈っていた。「願わくはイエスのみ心が、すべての人々の心のうちに住みたまい、神のみ言葉が、われらの信心、われらの力、われらの愛、われらの光となりたまわんことを。願わくは、われらの教師が、み言葉より英知を学び、われらの宣教者らが、異教の夜に、冷たく暗い悪霊の国に、み国を建てるために、雄弁なる言葉を見いだささせたまえ」と。

ヤンセン神父の考えていた神学校は、中学、高校、大学とつながる一貫教育を通して、ひとかどの宣教者を教育する施設であった。宣教師は母国で働く司祭よりも、さらに他の知識や教養に加えて、寛大と犠牲の精神が必要であると、ヤンセン神父は考えていた。

そのうちに学生の数は急速に増え、迫害によってドイツから来た多くの青年司祭が、教師として働いた。そして一八七六年の復活祭の頃には、神学校は満員になり、緊急に建て増しをしなければならなくなった。しかし、学生も教師も食べなければならないし、その他の生活の世話もしなければならないし、増築資金も集めなければならない。この重荷はすべてヤンセン神父の肩にかかってきた。神父は摂理に信頼し、増築に必要な金額の十分の一しか集まっていない時に、建築を始めたが、途中で、どこからともなく寄付金が集まり、建築は完成した。その後数年のうちに、かつての小さな宿屋兼居酒屋を囲んで、聖堂を初めたくさんの建物が建ち並んだ。人々は、どうしてこの事業が、こんなに盛んになっていくか、ふしぎでならなかった。

出版宣教の躍進《やくしん》

次にヤンセン神父はミュンスターから若い有能な印刷工を雇い入れ、買い入れた小さな手動印刷機を回させて「み心の小使徒」を印刷させた。神父は出版宣教について次の遠大な計画をもっていた。「現代において印刷物は偉大な力をもっている。それは霊的な戦に使う剣《つるぎ》にもたとえることができよう。善い印刷物は神の正義を守るために抜き放った善い剣である。……印刷した言葉は力である。一国内の印刷機は、一時間内に、印刷した言葉を数千倍にする。もちろん、この場合重要なのは、印刷した言葉の量が大きくなることだけではない。大切なのは、その印刷された言葉が善いものであり、人がそれを読み、心にとめることである」と。

その後、数カ月間、長い時間をかけてヤンセン神父は、ふつうの見習い工のように印刷機の前で働いていた。雑誌の記事を書くのに加え、それを印刷するという苦労が続くのである。四年後、「み心の小使徒」の発行部数は一万になり、それに「神の国」という家庭向けの週刊誌の発行も始まった。後に月刊となり、三十五万部の発行部数を持つヨーロッパ最大のカトリック雑誌となった。その他に前者よりも部数の多い「聖ミカエル・カレンダー」、オランダ語の雑誌「カトリック宣教」、少年雑誌「少年イエズス」、「週刊ポスト」、「カトリック年鑑」が発行された。これらの出版物は、家庭の人々に健全な娯楽、見聞、知的喜びを与え、宣教精神を広め、外国宣教に対する関心を呼び起こし、宣教神学校の必要を知らせ、それを援助する友人や恩人を増やし、さらに読者の中から「神言修道会」への入会志願者を呼び寄せた。

雑誌の購読料や寄付金によって、いよいよ外国宣教に取りかかる資金ができてきた。宣教者の送ってくる記事や手紙は、母国の読者たちに、初代教会時代の使徒たちの働きが、現代でも行われていることを知らせた。また読者たちも、その宣教事業に対して祈りと犠牲と寄付などをもって協力することにより、自分自身の信仰を深めるのであった。

世界に広がる宣教活動

「神言修道会」創立後三年目にはステタイルの宣教神学校には十人の司祭がおり、そのうち五人が神言修道会会員であったが、二人の会員、アンツァー神父とフライナーデメッツ神父（後に聖人）が、ぜひ外国宣教に派遣してほしいと、たえずヤンセン神父に願っていた。これはヤンセン神父の望みと合っていた。海外宣教者の便りは必ず、神学校に残っている人たちに、一層信仰を強め、自分たちの召命と献身に対する認識を深めることになるだろうし、神学校の友人や恩人にも、自分たちの援助の効果が表れたと思い、さらに大きな援助をしようという気を起こさせるだろう。

それでヤンセン神父は中国に目を向け、一八七九年に先の二人の会員を中国へ派遣した。この二人は山東省南部を宣教地として担当し、大勢の中国人を信仰の道へ導いた。これら宣教者に対してヤンセン神父が気を配ったことは、宣教者たちの修道精神を衰えさせないようにすることであった。それで適当な家を買い入れ、これを宣教の本部に作り上げた。ここに、すべての宣教者は、年に一回集まって、一カ月の間、黙想し、会議し、霊的にも肉体的にも更生することができた。ヤンセン神父は、人々の心の中にキリストのみ心を住まわせるためには、まず宣教者の心の中に神のみ心を住まわさねばならないと考え、聖体拝領によって宣教者が人となられた神のみ言葉、十字架につけられたみ言葉、光栄を受けたみ言葉と親しく生きることを望んだ。言いかえれば、宣教者が、謙遜、忍耐、苦しみ、喜びにおいても神の御子《おんこ》に倣い、主が思うとおりに万事を思い、主の望むことだけを望み、いつ、どこでも主のための愛の奉仕に献身し尽くすことを望んだ。こうしてみ言葉は、宣教者を神ご自身の姿に変化させ、最後に、宣教者自身が、「生きているのは、もはやわたしではなく、キリストこそわたしのうちに生きておられる」（ガラテヤ2・20）と言えるまでに宣教者たちを聖化するのである。

神学校の拡張につれて、教師や家事の仕事の他に人手を要するたくさんの仕事ができてきた。ヤンセン神父は、神への愛と信頼から、祈りに加えて自分の手腕《しゅわん》と労力を宣教のために提供してくれる信徒のグループを作り、これを平修士と呼んだ。数百人の平修士は印刷、校正、製本、荷造り、事務、出張販売、活版印刷の植字、石版、図案、写真、門番、服屋、靴屋、大工、彫刻師、画家、ブリキ工、機械工、パン屋、粉ひき、屠畜人、農民、石工、鉛管工、看護師の仕事を謙遜に、忠実に祈りをもってした。また彼らは外国宣教のため、祭壇やドア、窓、外国の宣教者用に送るための完全な組立住宅まで造り、さらに食料、薬品、衣料品、祭具などを集め、海外で活躍している人に送った。

一八八八年、「神言修道会」の第二の施設、聖ラファエル寮がローマに発足《ほっそく》し、「神言修道会」と聖座とのパイプ役を果たした。また司祭たちはそこからローマの諸大学に通学し、学問だけに限らず、信仰と聖座へ忠誠を誓う教師となった。会員の一人ヴィルヘルム・シュミット神父は、ヤンセン神父の指導の下に学問研究の道に進み、世界的名声を挙げた。この神父は国際的な人類学、民族学の雑誌「アントロポス」を創刊し、約一五〇に及ぶ著書を著し、教皇科学アカデミー会員、フランス・アカデミー賞受賞者、十二以上の著名な大学の名誉博士となった。それに数カ国語を操る説教者、黙想指導者、教会音楽の作曲家を「神言修道会」から輩出した。

そのほかヤンセン神父は、ウィーンに聖ガブリエル神学校、シレジアに聖十字架神学校、ドイツに聖ヴェンデル宣教神学校、オーストリアに聖ルーペルト宣教神学校を設立した。そして中国の他に、アフリカ西海岸のトーゴ、ニューギニア、フイリピン、南米、北米に会員を派遣し、宣教や教育にあたらせた。

ドイツにおける迫害が絶頂《ぜっちょう》に達した頃、ヤンセン神父は女子修道会の上長たち宛ての記事の中で、修道女も外国宣教に出かけて異教徒の婦人に近づけば、司祭や平修士より、ずっと強い影響を及ぼし、キリスト信者にすることができる、と書いた。そして自分でも女子宣教者を育てたいと思っているところへ、数人の若い女性が女子宣教者になりたいと神父に申し込んできた。それでヤンセン神父は一八八九年に永久礼拝の「聖霊奉侍宣教修道女会」を、一八九六年に「聖霊奉侍観想修道女会」を創立し、中国、アフリカ、ニューギニア、南米諸国をはじめ、わが国には一九〇七年（明治四十年）九月に「神言修道会」の最初の宣教師を、翌年には「聖霊奉侍宣教修道女会」の最初の修道女を派遣した。

こうして聖パウロのように「善い戦いを戦い、走るべき道程を走り終え、信仰を守り抜」（二テモテ4・7）いたこの聖なる人はステイルで一九〇九年一月十五日に七十一歳の生涯を神にささげた。

一九七二年、ローマ宣教聖省長官ロッシ枢機卿が枢機卿会議でヤンセン神父の英雄的徳を公認する教令を発表した後に述べた言葉を借りれば、「ヤンセン神父は近代ドイツ宣教運動の開拓者、人間科学（民族学・言語学）を宣教養成の科目に採り入れた宣教修道会の統率者、分裂したキリスト教徒の再統一運動の先駆者、黙想の奨励者、カトリック出版宣教事業の大胆な先駆者、一般信徒使徒職活動のたゆまざる擁護者《ようごしゃ》であり、『第二バチカン公会議』の明確な承認を受け、宣教活動に新天地を開いた」と。

一月十七日
聖アントニオ（エジプト）修道院長

（牧畜業・火事・ヘルペスの保護者）

純粋な信仰を弱める古代ローマ

キリスト生誕の年から約二五〇年後、古代ローマではキリスト教が地中海沿岸諸国にしっかりと根を下ろした頃、表面的には信徒の数は激増し、教勢は拡大の一途をたどっていた。その反面、当初の燃えるような信仰の情熱はうすれ、低俗な信心になりさがった。各地の偶像崇拝や迷信、俗悪な習慣が、キリスト信者の間にかなり色濃く入り込んだ。キリスト教は当時の地中海諸国のあらゆる階層の人々の間にもしだいに浸透したが、残念なことに、真の純粋な信徒は少なかった。こうした世界に聖アントニオは修道生活によって熱烈な信仰を育てたことから、修道生活の父とも言われる。

孤独の砂漠生活

聖アントニオは二五一年、エジプト中部のナイル川西岸コマ（ケマン）の裕福な家に生まれたので、立身出世も望みのままであったが、浮き世のはかなさを悟り、イエスの「行って、持っているものをことごとく売り、貧しい人々に施しなさい。そうすれば、天に宝を蓄えることになる」（マルコ10・21）という福音を文字どおりに実行しようと思い立った。十八歳の頃、両親を失ったので、遺産の大半をただ一人の妹に与え、彼女を教会の施設に預けた後、故郷の村で隠遁生活を始めた。二七五年頃、リビアの砂漠に退いて、ある老修道者の教導で修行を始めた。しかし彼を慕って訪問者が絶えなかったので、二八五年頃、アントニオは砂漠の奥深く入り、ナイル川東岸の高地にある岩窟《がんくつ》にこもり、労働と祈りの敬虔な生活を送った。悪魔はアントニオに浮き世の快楽を想像させ、このような隠遁生活は神のみ心にかなわない、早く世間に戻る方が良い、と誘惑した。しかし彼はこれを退けて、三〇五年頃までに、その周囲に集まってきた大勢の弟子たちを育てた。

弱者の中にキリストを見て奉仕

アントニオの弟子の一人に、エロギオスがいた。彼は、永遠のものを求めて世俗の騒音を避け、隠遁生活に入ったが、その寂《さび》しさに耐えきれなくなった。そこで、ある時、一人の身障者を見て、この者を生涯世話しようと決め、神にも誓った。十数年後、その身障者は病気になった。エロギオスは、その身障者を入浴させたり食べ物を食べさせたりして、親切に看護した。ところがその身障者は感謝するどころか、エロギオスに毒づいた。「市場へ連れて行け」「肉を食わせろ」。エロギオスがそのとおりにしてやると、今度は、「おれを元いた所に帰せ。おれはもっと気楽な仲間が欲しいのだ」とどなる。エロギオスは迷った。「なんという男だ。この身障者を放り出してしまおうか、だが、そうすれば生涯面倒を見るといった神との約束を破ることになる。しかし、この男の態度はどうだ」。この

騒ぎを聞きつけた友人が来て、二人に言った。「おまえたちは、二人とも、アントニオの所へ行け。そこでどうしたらいいかを教えてもらうのだ」。エロギオスと身障者はアントニオを訪ねた。アントニオはまず、エロギオスを部屋に呼び入れ、「おまえはどうしても、あの身障者を追い出したいのか、あの男を造られたお方は、最後まで追い出したりなさらない、あの男に対してすることは神様に対して仕えるのと同じことだ。最初のおまえの決心を変えてはいけない」。それから身障者を呼び入れ、「この怠《なま》け者《もの》の横着者《おうちゃくもの》、神様と争ってなんになる。イエスがエロギオスという人を借りて、おまえの世話をしていらっしゃるのだ。畏《おそ》れ多いと思わなければいけない」。アントニオのこの諭しでエロギオスと身障者は手を取り合って帰って行った。そして三日後、二人は同時に息をひきとり、神のみもとに召されたと伝えられている。

霊的指導、修道生活の父祖

　三一一年頃、マキシミヌス・ダイア皇帝の迫害が始まると、アントニオはアレクサンドリアに赴《おもむ》き、有罪判決を受けた信者たちを慰め、励ました。迫害が終わるとともに、紅海北西端に近いコルジム山で隠遁生活を続けた。以前の弟子たちは師の所在を知って再びその下にはせ参じ、コンスタンチノ大帝と二人の皇子をはじめ、聖職者、各階層の人々が直接アントニオに面接し、あるいは手紙でアントニオに霊的指導・病苦（特に帯状疱疹《たいじょうほうしん》）からの癒やし・助言・祈りを願い求めた。これに加え、官吏・商人・農民・職人などが完徳の生活に憧《あこが》れて、コルジム山に集まり、修道生活を始めた。その隠遁所跡にはデル・マル・アントニス修道院が建てられ、千七百年を経た今日も、なお存在し、修道士らが住んでいる。

　三五六年に一〇五歳のアントニオは死去の直前に、アレクサンドリアの司教聖アタナジオをはじめ一般民衆の望みに応えて、そこへ行き、キリストは神でないと主張するアリオ派の異説に惑わされた人々の改宗に努め、ニケア信条を擁護《ようご》した。

アントニオは畑仕事の他に、大工、鉄工、鍛冶屋《かじや》、皮なめし、染め物、靴作り、文筆、さまざまな細工工《さいくこう》房《ぼう》を設けた。こうして修道院は西欧の学術文化の水準を高めた。さらにアントニオの感化は、マニ教（善は神が、悪は悪霊が作り出すという説）の信徒であったアウグスチヌスの改宗にも、一役買っている。彼は百歳を越しても歯は一本も欠けず、耳も、目も健全そのものであったが、三五七年頃、眠るように一〇五歳の天寿を全うした。

聖アントニオの墓は、聖アタナジオの書いた『聖アントニオ伝』から、五六一年に発見された。その聖遺物は、アレクサンドリアに運ばれ、十一世紀には南フランスのアルルの北東、約四キロにあるモンマジュウルのベネディクト会修道院に保管され、一四九一年からはアルルのセン・ジュリアン聖堂に安置されている。

聖アントニオへの崇敬は、まず東方のビザンチン教会に広まり、中世初期からは西方のカトリック教会でも盛んになった。

一月二十日

聖ファビアノ教皇殉教者

教皇選挙の際にファビアノの頭上に鳩《はと》

聖ファビアノ教皇殉教者は、第二十二代ローマ教皇（在位二三六―二五〇年）である。歴史家エウセビオは『教会史』の中でファビアノが教皇に選ばれた次第について、次のように書いている。「二三六年、教皇アンテルスが亡くなり、教皇選挙が始まった。ちょうどその頃、ファビアノは事のなりゆきを見ようと、何人かの同行者と共に出身の村からローマにやってきた。会議では何人かの教皇候補者の名前が挙がっていた。しかし、ローマの人々が一介の信徒にすぎなかったファビアノの頭上に鳩が飛んで来たのを見たとき、枢機卿たちはイエスの洗礼のとき、神の霊が鳩のように降ってきたことを思い出した。彼らは喜びに満たされ、『これは聖霊の働きに違いない』と、満場一致でファビアノを教皇に選んだ」と。

ファビアノの在位中、最初の十四年間は迫害の時代であった。しかしマルクス・ユリウス・ピリップス（在位二四四—二四九年）が皇帝となると、キリスト教徒に対して、比較的寛容な政策をとり、迫害は一時的に収まった。この頃、教皇ファビアノはローマの町を七つの地域に分け、七人の助祭が司牧し、その助祭のもとに七人の副助祭と四十二人の侍祭に分担させ、典礼上の種々の問題を解決し、貧者の救済を促進させ、殉教聖人たちの事跡を記録させた。第四十代教皇ダマソ一世（在位三六六—三八四年）によると、ファビアノは、ローマのカタコンベ（地下墓地）を整備・拡充した。またヒエロニモに命じてラテン語聖書の原文を校訂《こうてい》させた。

良い牧者の精神

ファビアノ教皇は死去の直前に、ローマの教会は棄教者に対するローマの対処法をカルタゴの厳格な司教に説明するため、チプリアノ宛てに次の書簡を送っている。「教会は信仰によって堅く抵抗しています。ある人々は社会的地位が高いという理由で、あるいは人間的弱さの故に棄教しましたが、それを聞いて心動かされた人々は、たとえ私たちからすでに離れているにせよ、そのまま放置《ほうち》せず、彼らを助け、もう一度彼らと親密に付き合いましょう。というのも彼らは悔い改めて元どおりになり、赦しを与えられる方から、赦しを受けるからです。事実私たちが好き勝手に振る舞うならば、棄教者の立ち直りは不可能になるでしょう。兄弟の皆さん、棄教者が立ち直るために手を貸すよう努めてください。そうすれば、彼らが再度逮捕されるはずだとしても、今度は堅固な心で信仰宣言をし、先の誤りをため直すでしょう。病身からか、試練に負けた人たちでも悔い改めて、教会との交わりを望むなら救われるはずです。寡婦《かふ》や自ら進んで身の上を明か

し得ない人々にも、さらに牢獄にいる人々や家出している人々にも、援助の手を差し伸べねばなりません。病魔に襲われた求道者らが救いを待ち望んでいるのに、期待はずれを体験させないように努めましょう」と。

以上のようなファビアノ教皇の弱者への同情と堅固な信仰に心を打たれたチプリアノ司教は、アフリカの全教会へ次の書簡を送った。「指導的立場にある人たちの棄教が、いかに大変な害を及ぼすことか、逆に一人の司教が兄弟たちへ堅固な信仰を自発的に示すことが、どれほどためになり、良い感化を及ぼすことでしょうか」と。またファビアノは殉教者たちの事跡を記録させるために、すべての州に七人の助祭を派遣し、彼らに七人の副助祭をつけた。

ファビアノ教皇は、二三六年、サルディニアで死去した教皇ポンチアノ（在位二三〇―二三五年）の遺骸をローマに運び、サン・カリストのカタコンベ（地下墓地）に埋葬した。またトゥールのグレゴリオの証言によれば、ファビアノ教皇は二四五年、十一人の司教を叙階し、七人の司教をガリア地方（フランス、ベルギー、スイスおよびオランダとドイツの一部）へ宣教師として派遣したが、その中にトゥールのサトゥルニノとパリのディオニジオがいた。

ファビアノ教皇はローマ皇帝デキオの迫害で、二五〇年一月二十日に殉教し、サン・カリストのカタコンブに埋葬された。一九一五年、その遺体は聖セバスチアノ聖堂の発掘に際し、発見された。標章《ひょうしょう》は、書物と十字杖、剣。祝日が聖セバスチアノと同じ日なので、宗教美術では、しばしばいっしょに描かれる。

一月二十日

聖セバスチアノ殉教者

（運動家・弓術家の保護者）

ローマ兵士として身を立てる

ローマ帝国三百年にわたるキリスト教迫害の中、最も激しかったのはディオクレチアヌス皇帝（在位二八七―三〇五年）の時代であった。神への愛のため、勇ましく自分の信仰を宣言しつつ潔く生命をささげ、血を流して信仰を証明した。その殉教者の数はおびただしい数にのぼった。

聖セバスチアノもその一人であった。聖アンブロジ

オの証言によると、南フランス地中海沿いでイタリアと国境を接するナルボンヌ出身の父とミラノ出身の母との間にミラノで生まれ、若い頃カトリックの洗礼を受けた。成長すると、同信の兄弟姉妹が苦しんでいるのを見て、少しでも助けてあげたいとの念願からわざと、二八三年頃、軍籍《ぐんせき》に身を置き、しばらくローマ市で活躍し、武勇は人よりすぐれ、しばしば勲功《くんこう》をたてたので、皇帝からは第一級の指揮官とたたえられ、皇帝を守る近衛連隊の将校に召された。

　彼は皇帝の寵愛《ちょうあい》を利用して、どのようにでも出世することができたにもかかわらず、そのような現世的なはかない野心は少しもなかった。ただ皇帝に忠誠を尽くし、神のみ栄えのために働いていた。ローマでの迫害中はカタコンブの地下小聖堂でミサや礼拝儀式にあずかり、周りの人の信仰を強め励ました。なお、当時の聖カイオ教皇（在位二八三―二九六年）によって、セバスチアノは「教会の守護者」とされた。

何よりもキリスト追従《ついじゅう》を優先

　迫害の火の手が激しくなってくると無数の犠牲者が続出し、これを見た彼は迫害に悩む同胞を訪問し、力の限り慰め援助し、その相談相手になり、さいわい皇帝の近衛兵としてどこでも自由に出入りできる身分だったので、都合よく、牢獄へもたびたびご聖体を運び、囚人の同胞に温かい激励の声を送っていた。そして殉教者をアッピア街道沿いのカタコンブに埋葬してあげた。

　迫害の猛烈な火の手はだんだんと大きくなった。セバスチアノから口の不自由さを治されたゾエが、聖ペトロの墓で祈っているところを逮捕され、ただちに裁判、死刑の宣告を受け、燃え盛る火の上に吊るされて殉教した。彼がかわいがっていた少年バンクラティウスも、母を残してコロセオ（円技場）で猛獣の餌食《えじき》となって、その幼い魂を天父に返した。キリストのみ国のために雄々しく命を捨てる勇士である。セバスチアノも、自分もその栄えある殉教に神が召された日が迫るのを感じ、その多くの財産を売り払い、貧者に与え、着々と死の準備をしていた。

裏切り者の告げ口で

その頃、フルビウスという裏切り者がいた。まったく悪魔的に信者をかぎつけては、訴えて、その信者の財産を盗んでいた。貴族、金持ちの信者を常に狙《ねら》っていたのである。

正月九日、皇帝は群衆に謁見《えっけん》を許可され、その寵《ちょう》を得ようとする者たちが参上《さんじょう》した。かの裏切り者もその一人であったが、いつものように冷遇《れいぐう》された。彼はおどおどと、皇帝の近くに進み出て、「陛下《へいか》、私はこれまで、これという功もなくご寵愛《ちょうあい》に報いる術もございませんでしたが、今日、陛下に直接仕えている者の中に、恐ろしい陰謀《いんぼう》を企《くわだ》てている人間を発見いたしました。これにより今までの無能をお許しくださいませ……」。

皇帝は、いきり立って言った。「なんだというのだ？　さっさと申せ！　まごまごしていると鉄のかぎで、喉から言葉を引き出させるぞ！」。フルビウスは立ち上がり、ちょっと見渡し、セバスチアノの方をまっすぐ指さし、「陛下、セバスチアノはキリスト教徒でございます」。

皇帝はとび上がって驚き、セバスチアノに聞きただした。「お前は謀反《むほん》を企て、私の安全を脅《おびや》かし、この帝国の神々を侮辱するのか？」と。

セバスチアノは悠々《ゆうゆう》と皇帝の前に進み出て、静かに言った。

「陛下、私はさいわいにしてキリスト信者でございます。陛下の健康のため、帝国全土の安泰《あんたい》のためキリストにお祈りしてきました。また天におられる神をいつも礼拝してきました」。

皇帝は一兵卒《いっぺいそつ》からの成り上がり者で、教育もなく、ラテン語を完全にはできないくらいの者なので、怒った時は大変である。皇帝ともあろうに、下品な言葉を怒りにまかせて吐《は》き出した。セバスチアノに対してあらゆる悪口を浴びせかけ、恩を忘れ、君主《くんしゅ》を裏切ったと思い込み、自分は懐にさそりを飼っていたようなものので、今まで刺し殺されなかったのが不思議だと皮肉《ひにく》を言ってわめいた。士官セバスチアノは皇帝の怒りの前で、英雄的態度ですべてを静かに忍んでいた。

「陛下、これがおそらく最後と存じますから、私の申し上げることをよくお聞きください。ただ今、私はキリスト教と申し上げましたが、陛下にとってももっとも安全な保証《ほしょう》だったのでございます」。

「何を申すか！　無礼者《ぶれいもの》！」。

「陛下、あなたの周囲に最後の一滴《いってき》の血まで流し尽くして陛下を守ろうとする勇士を置きたいと思し召《おぼ》すならば、牢獄や、刑務所の囚人キリスト教徒を殺さないで、彼らに武器を与え、陛下のおそばに仕えさせてくださいまし。彼らの忠、勇、義が、外国の軍隊に比べて、はるかに優《まさ》ることが、一目《ひとめ》でお分かりになられます」。

皇帝はあざ笑った。

「ばかを言え！　おまえの裏切りで十分だ。キリスト教徒などそばに置くものか、狼《おおかみ》のほうがよほどましだ」。

「陛下、仰せのとおり裏切り者でありましたなら、なぜ行いに表しませんでしたでしょう。私は昼夜別なくお仕えいたしましたが、陛下に対して何か裏切り行為をいたしましたでしょうか。おこがましいかぎりですが、私より忠実な兵士が他にございましたでしょうか。しかし、私は陛下より以上の主君をもっています。そのお方は、他日、陛下も私と同様にお裁きになるのでございます。で、私はこの主君に背いてまでも、陛下にお仕えいたすことはできません」。

「では、なぜ今まで宗教を隠していた。卑怯者《ひきょうもの》！　死刑が恐ろしいのか？」。

「私が卑怯でも、裏切り者でもないことを陛下はよくご存じのはずです。今まで生きながらえましたのは、信仰の兄弟を助けるためでございました。しかし今はすでにその必要もなく、フルビウスのおかげで死が与えられましたことを心より感謝いたします」。

「よろしい。死にたければ殺してやる。なぶり殺しだぞ！　しかし、世間が知ったら、まねするばか者も出ぬとも限らぬ……。クアドラトス、とにかくこのキリスト教徒を連れて行け！　こら！　どうしたのだ。なぜ命令に従わないのか！」。

「陛下、私も信者でございます」。

「ばか者！」。

皇帝は烈火《れっか》のごとく怒り、さんざん罵《ののし》り、その場でただちに死刑に処し、ファクスを呼んでセバスチアノを連行《れんこう》させようとした。ファクスは半裸体《はんらたい》の背の高い、マミディア人の弓手組《ゆんでぐみ》の隊長で、長い弓を持ち、腰には刃の広い剣をさした青銅の像のような大男だった。

「おい、ファクス！　明朝おまえにさせる仕事だ！　うまくやれ！」。

「かしこまりました」。

黒人は白い歯をむき出して笑った。

「さあ、そこにセバスチアノ大尉がいるな、あれはキリスト教徒だ。そいつをおまえたちの兵舎《へいしゃ》に引いて行け。明朝早く……今晩はいかん。おまえどもはみんな酔《よ》っぱらっているからな。アドーニスの森の木に縛《しば》って矢で殺すのだ。いいか、じりじりなぶり殺しにするのだぞ。すぐ急所を射るのではない。なるべく長く苦しませてやれ。分かったら、すぐ連れて行け。秘密にするのだ。他言《たごん》は許さん」。

弓手の隊長は、キリスト教徒と聞いただけで、アフリカの森林で毒蛇《どくじゃ》の尾を踏みつけた以上に驚き震え上がった。

秘密にしておいたはずだが、あらゆる努力も無駄となり、セバスチアノ大尉が明朝矢で射殺《しゃさつ》されるといううわさが、たちまち宮廷《きゅうてい》に広まり、一部は外までもれてしまった。

ローマの貴族の中でもっとも清く、もっとも気高く、もっとも賢いセバスチアノがキリスト教徒だった。そして殺される。うわさは広まっていった。

矢に射《い》ぬかれて殉教

翌朝鶏が鳴いて夜明けが近づいた。セバスチアノは弓手組の鋭い矢で殺害される時が迫ったのを思い、喜びにたえず、自分の体を神の光栄のため、またその怒りをなだめるためにささげて、苦悩する教会の上にひたすら哀れみを求めるのであった。

朝日の光に照らされた神々《こうごう》しいセバスチアノの祈る姿を見て、弓手組の隊長は、ひざまずいて拝《おが》もうとしたほどだった。彼は百人の部下の中から五人の弓の名人を選び、セバスチアノを宮殿からほど近い森の中に引き出し、衣を剥《は》ぎ、木に縛り付けさせた。

命令一下、第一の矢、第二の矢が放たれ、彼の体からは幾筋かの鮮血が流れ、次第に衰弱していく。彼は鋭い矢先に射られた傷口の激しい痛み、肉に食い入る縛《しば》り縄《なわ》に身動きできぬ体の苦痛、野卑《やひ》な兵卒《へいそつ》らの嘲《あざけ》り、罵りなどをじっとがまんして、ひたすらキリストの愛のため、耐え忍んだ。そして神は彼に、なお一段の光栄を与えるためか、すぐ永遠の生命に迎えようとはされなかった。

兵卒たちは彼がまったく息絶えたものとして、よくあらためずに立ち去ったが、その夜半《やはん》、イレネという親切な貴婦人の信者が、彼の遺骸を葬りに来てみると、まだすっかり死にきっていないので、いろいろ手当てをし、ねんごろに看病した。彼は、息を吹き返した。しかし彼にとっては、殉教の栄冠を取り逃したことは残念だった。そして、もう一度皇帝によく説明したらキリスト教の立場を理解してくださるであろうと考え、ある日皇帝が、太陽神像礼拝のため旅行された折に急に物陰《ものかげ》から現れて、罪もない人民を信仰の故に虐《しいた》げ殺す非道《ひどう》を諄々《じゅんじゅん》と諫《いさ》めた。皇帝は彼を目の前にして、一時幽霊《ゆうれい》かと驚いた。彼の復活を認めると、ただちに、「彼を円技場に引っ張って行き、こん棒で殴り殺せ！」と命令した。刑はすぐに執行《しっこう》された。

セバスチアノはこうして、二八〇年、待ち望んだ天国に入って二重の冠を受けた。

皇帝は、セバスチアノの死体はティベレ川にも塵捨《ちりす》て場にも投げ捨てず、重い石をつけて下水溝《げすいこう》に投げこみ、不潔な動物の餌食にせよ、と命じた。そうすれば信者が見いだすことはできないと思った。命令は実行されたが、その夜セバスチアノは、少年パンクラティウスの母ルチナ貴婦人に現れ、死体のありかを告げ、ルチナはそれを見いだし、ていねいにアッピア街道沿いのカタコンブに埋葬した。現在、聖セバスチアノ大聖堂が、その墓の上に建てられている。

一月二十一日
聖アグネスおとめ殉教者

（純潔の保護者）

知徳に優れ、裕福な美貌の乙女《おとめ》

アグネスとはラテン語で「羊」を意味し、ギリシア語では「純潔」(αγνος) を意味している。この名の示すとおり聖女アグネスは聖母マリアや聖女テクラとともに早くから貞操《ていそう》の保護者として人々から崇敬されている。

アグネスは三世紀の終わり頃、ローマの名門クラジオ家に生まれた。両親はローマ城外のノメンターナ通りに広壮な邸宅をかまえ、財宝名声ともに飛ぶ鳥をも落とす勢いだった。教養の深い敬虔《けいけん》な両親の配慮で一粒種《ひとつぶだね》のアグネスは知徳両面に申し分のない教育を授けられ、罪の汚れを知らずに白ゆりのようにすくすくと育っていった。アグネスは当時激しく迫害されていたキリスト教徒の壮烈《そうれつ》な殉教のありさまを見聞するにつけ、幼な心にもこの世の富、名誉、快楽よりもさらに尊いものがあるにちがいないと考えるようになった。また、ひそかにカタコンブ（地下墓地）へ行ってはミサにあずかり、ご聖体を拝領しているうちに、彼女は一生純潔を守り、神に身をささげようと固く心に誓うようになった。

ローマ執政官の息子が求婚

ところがアグネスが十三歳になると、ローマの執政《しっせい》官《かん》の息子が、彼女の美しさと家柄に心をひかれて求婚してきた。「アグネス、私の願いをかなえてくれるなら、あなたの望むものは何でも与え、ローマでいちばん幸福な者にしてあげますから……」と、彼は一心《いっしん》に彼女を口説《くど》いた。しかしアグネスは、すでに身を神にささげた者、キリストの花嫁と誓った者である。そこで彼女は、「あなたのご親切にはお礼の言葉もありませんが、私にはもう夫とすべき方が決まっておりますから……」と、きっぱり断った。

失恋による仇討《あだう》ち

執政官シンフロースは、息子のやつれていく姿を見るにしのびず、アグネスやその両親に再三縁談《えんだん》をもちかけたが、彼女の答えはいつも同じだった。執政官はアグネスの言葉に疑問を感じていたが、たまたま彼女がキリスト教徒であるとの情報を得るに至った。彼はこれを理由にアグネスを逮捕し、信仰を捨てておとなしく息子の嫁になるか、それとも拷問《ごうもん》の末に火あぶりにされたいか、と脅した。年端《としは》もいかないほんの小娘《こむすめ》のことではあるし、これだけ脅しておけば彼女もびっくりして信仰を捨てるだろうと思っていたのに、彼はまったく当てが外れた。ローマのヴェスタ女神《めがみ》の神殿に引き連れられて棄教のしるしに偶像に焼香《しょうこう》せよと命じられた時、彼女は答えた。「私は全能の神を信じ、その方だけを礼拝します。この方は全世界を創り、私たちの愛するローマ帝国を守り、繁栄させてくださ

います」「小娘のくせに偉い口をきくな」。アグネスは香をたく代わりに、火の上に大きく十字架のしるしをした。すると、火はふしぎに消え、そこにいた人たちは、火を汚した、女神のたたりがあると騒ぎ出した。

執政官は、アグネスを死刑執行人《しっこうにん》の手に渡し、皇帝の宮殿のそばの地下牢へ放り込んだ。クイネリアンを隊長とする近衛兵《このえへい》たちが、城壁の中庭で信者たちを拷問するのである。それでも信仰を捨てない信者は、殺害されていた。アグネスも多くの信者たちに混じって、拷問の中庭に出される番を待たされていた。そして、夏のある日、隊長の前に引き出された。隊長は聞いた。

「何という名だ!」。

「アグネスと申します」。

「そうか、アグネスというのか。ここへ連れて来られたのは、何かの間違いだろう。ティベル河の近くの祈祷会には、むりやり出されたんだろう」。

「いいえ、隊長さん。むりやりに出されたのではありません!」。

「でも信者じゃないんだろう」。

「いいえ、信者なのです」。

隊長はこの少女を助けようと思っていた。彼はもうやる気はなく、ことにこの暑さでは、今日の仕事はおしまいにしたかった。しかし今、少女のこのような不《ふ》敵《てき》な態度に腹を立てた。

「この子を杭《くい》に結《ゆ》わえつけろ! まずこいつからだ! 神々と皇帝を侮辱するにもほどがある」。

少女は何も抵抗しなかったが、乱暴な手で引きずって行かれた。杭に縛られて立った時、彼女は隊長に向かって言った。

「隊長さん、あなたの心を傷つけようとしたのではありません。あなたは私をお助けになるおつもりでした。でも、あなたよりずっと力の強い神様が私を助けてくださいます」。

隊長は、それには答えなかった。こんなことは拷問の庭で初めてだった。杭につながれた者はみんな黙ってしまうのがふつうである――それなのにこの少女は臆《おく》することなくしゃべるのだった。

裸体を伸びた頭髪で隠す

そこで隊長は次のかけに出た。「それなら、次の二つのうち、どちらか一つを選ぶがよい。純潔を守りたいならば、乙女たちといっしょに神殿に行って、ヴェスタ女神に供《そな》え物《もの》をささげるのだ。さもなければ、娼《しょう》婦《ふ》たちといっしょになって肉体を汚すがよい」。こうして彼は、彼女がキリスト教徒であることを盾《たて》にとって処罰しようとした。というのは、アグネスが貴族の出であるので、他の理由では体罰を加えることができなかったからである。けれども、彼女は少しもひるまなかった。「わたしは、あなたの神々に供え物をささげるつもりはありません。しかしまた、あなたは、わたしを肉体の罪で汚すこともできないでしょう。わたしには、わたしのからだを守ってくれる人が、主のみ使いがついているからです」。そこで、隊長は、彼女の服を脱がせ、一糸まとわぬ全裸の姿で売春宿《ばいしゅんやど》へ引きたてていくようにと命じた。しかし、主は、アグネスの髪の毛をふさふさと長く伸ばされたので、彼女の全身は、衣服を着たときよりも完全に髪の毛に覆われた。

花婿《はなむこ》に神を選んだ結果

こういう状態で、もはや隊長の勘忍袋《かんにんぶくろ》の緒が切れた。彼のどなり声が城壁の外までも聞こえた。通行人はちぢみ上がった。城門の前にいた衛兵も、近くの皇宮の中にいた衛兵も、みんな身をすくめた。

「首を斬るんだ！　すぐにだ！」。

兵士たちは城壁の所に立ったままだった。誰もやる気はなかった。

「すぐやれと言うのに！　きさまらはやらんのか！」。

一人も動かなかった。隊長の顔は激怒《げきど》に燃え、朱《しゅ》を流したように赤くなった。少女を妻に欲しいと進み出ていた男たちの方に、彼は手にした鞭《むち》を投げつけた。

「ナゥトゥス！　おまえが首を斬れ！　ロリウス！　おまえは手伝え！　その他の者は残りの仕事をやれ！」。

兵士のおきては服従であった。この日、太陽はローマの家並《やな》みをじりじりと照りつけていた。水くみ奴隷たちの背中は汗で光り、血がにじみ出ている者もいた。兵士たちの眼には涙が浮かんでいた。いつものローマでは見られないことであった。

その遺体はクラジオ家の地下墓地に葬られ、現在その墓の上には壮麗《そうれい》な聖アグネス聖堂が建っている。聖アグネスは殉教後しばらくして小羊を抱いて現れ、両親や友達を慰めたと伝えられるが、これに基づいて聖女の祝日にはその大聖堂で毎年二匹の羊が祝別される。ローマの聖チェチリア修道院の修道女がこれを飼育し、その毛でパリウムが作られる。パリウムとは教皇および大司教用祭服の一種で、小羊の羊毛地に、黒で十字架の縫い取りをした帯状の肩覆いである。これは羊を肩にのせた「よき牧者」の象徴である。また聖女のご絵は、彼女が一匹の小羊を抱いて手に棕櫚《しゅろ》の枝を持ち、白ゆりの花々に囲まれている。小羊は神の独り子でありながら罪の償いのために全人類のいけにえとなった柔和謙遜なキリストのシンボルである。棕櫚の枝は殉教者、白ゆりは純潔のシンボルである。

一月二十二日
聖ビンセンチオ助祭殉教者

世と自己に打ち勝つ魂

ローマの助祭ラウレンチオ（八月十日参照）が教皇シクスト二世のそばで輝かしくキリストを証ししたのと同様に、サラゴサ（スペイン北東部アラゴン地方の都市）の教会の助祭であったビンセンチオは、ディオクレティアヌス帝による迫害（三〇三年）のときにスペインのバレンシア（スペイン東部、地中海岸の都市）で激しい拷問《ごうもん》を受け、その司教ヴァレリオと共に火あぶりの刑に処せられ、スペイン最初の殉教者となった。

中世初期に墓が建てられ、中世全体にわたってフランス、ドイツを中心に広く崇敬された。助祭服の姿で描かれ、書物、烏、火格子、火掻《ひか》き、たいまつ、石臼《いしうす》、花のついた小枝などが添えられる。

為政者たちとの対決

ビンセンチオは、貴族の出であり、修辞学と法律を修め、修道院に入って詩作に専念した。彼の信仰は、もっと高貴であった。その後、サラゴサの司教ヴァレリオの助祭となり、司教よりも説教が上手だったので、司教から代わりに説教をすることを任され、司教自身は、祈りと神の黙想とに専念していた。二人は、州総督ダキアノからキリスト教禁教令違反のかどで、バレンシアに連行され、厳しく監禁された。ダキアノは、二人が飢えで弱気になった頃を見計らって、牢から呼び出した。ところが、彼らが元気で喜々《きき》としているのを見て、すっかり腹を立てて、こう言った。「ヴァレリオよ、信仰を口実にして為政者たちの命令に背くとは、けしからぬ。申し開きできるならしてみよ」。司教の答弁《とうべん》は、歯がゆいほどおとなしいものであった。そこで、ビンセンチオは、司教にこう言った。「閣下、まるで臆病風《おくびょうかぜ》に吹かれたみたいに、そんな小声でおっしゃることはありません。もっと大声をお出しください。そうでなければ、私に答えさせてくださ い」。司教は言った。「私は、ずっと前から私の代わりに語る権限をあなたに与えている。今も、私たちの信仰のために弁護してくれるようあなたに命じる」。

そこで、ビンセンチオは、総督の方に向き直った。「あなたは、私たちが信仰を否認することを望んできました。しかし、はっきり申し上げておきますが、私たちキリスト教徒にとって、神を否認し、神への奉仕をなおざりにすることは、悪魔の悪知恵に他なりません」。総督は、この言葉に激怒《げきど》して、司教を追放し、ビンセンチオを生意気な若者と見て拷問台に縛り付け、他の人なら痛くて悲鳴《ひめい》を上げるほど、部下にビンセンチオの手足をねじ上げさせた。こうして、彼の手足が痛めつけられているとき、ダキアノは、「ビンセンチオよ、きさまの哀れな肉体は、今どんな具合だね」と尋ねた。しかし、ビンセンチオは、平然と笑いながら、「これは、私がずっと望んできたことです」と答えた。これを聞いた総督は、ますます激怒し、言うとおりにしなければ、ありとあらゆる拷問にかけてやる、と言って脅した。ビンセンチオは、こう答えた。「おお、私は、本当に幸せです。あなたが怒れば怒るほど、私のほうは、ますます大きな喜びを味わうことができるのですから。さあ、悪霊があなたに唆すありとあらゆる意地悪《いじわる》を私にしかけなさい。あなたの拷問の力よりも神の助けによって苦しみに耐える私の力のほうが強いことを思い知らせてあげますよ」。

そこで、刑吏《けいり》たちは、鉄のくしで彼のあばらを掻《か》きむしった。至る部分から血が吹き出て、肋骨《ろっこつ》はばらばらになり、内臓があらわれた。裁判官は言った。「ビンセンチオよ、少しはわが身を哀れに思い、美しい青春をもう一度とりもどしてはどうかね。私の言うことをきくなら、これ以上の拷問は勘弁《かんべん》してやろう」。ビンセンチオは、答えた。「おお、悪魔の毒を持つ舌よ。私は、あなたの責め苦などこわくはない。私が怖《おそ》れるのは、あなたが私に慈悲心を起こしはしまいかということだけです。というのは、あなたが怒れば怒るほど、私は、ますます心が楽しくなるからです。拷問をゆるめては困るのです。あなたがどんなにひどい仕打ちを加えても、私を屈服させることはできません。そのことをあなたにとくと教えてあげたいのです」。

そこで刑吏たちはビンセンチオを拷問台から下ろして、火あぶりの台に連れて行った。しかし、彼はひるむどころか、刑吏たちを急がせ、なにをぐずぐずしているのかと叱りつけて、自ら焼けた格子《こうし》の上に上ると、わが身を焼きあぶらせ、灼熱《しゃくねつ》した鉄の針や釘《くぎ》に身を刺させた。血が火に流れ落ち、傷のうえにさらに新しい傷ができた。刑吏たちは、火に塩を投げ込んだ。塩は、はじけて、彼の傷の中で燃えた。

焼けた格子の上で息絶える

間もなくビンセンチオは息絶えた。その遺体は原っぱに運ばれ、鳥や野獣の餌食《えじき》になるよう野ざらしにされた。しかし、遺体の周りには、たちまち天使たちが現れて、動物たちの餌食にならないように見張りを続けた。さらに、一羽の烏が飛んできて、本来は貪欲な鳥であるのに、自分より手ごわい他の鳥たちを翼で追い払い、狼をさえくちばしと泣き声で撃退した。そして、その後近くの枝にじっと止まって、まるで天使たちの見張りをうやうやしく賛嘆《さんたん》するかのように、聖なる遺体の方に頭を向けていた。ダキアノは、これを聞くと、「やつが死んでからも勝てないのか」とわめいた。そして、野の動物たちが手出しをしないのなら海の怪物《かいぶつ》に食わせようと、遺体に大きな石臼《いしうす》をくくりつけて海に投げ込むように命じた。そこで、船頭たちは、遺体を舟に積み込んで、海に漕《こ》ぎだし、波間に沈めた。しかし、遺体は、船頭たちよりも先に浜辺に漂着《ひょうちゃく》した。聖ビンセンチオは、その後、夫を亡くしたある貴族の女性と数人の信者たちに自分の遺体のありかを教えた。人々は、彼の聖遺体を手あつく埋葬した。

万難辛苦《ばんなんしんく》を乗り越える信仰

この聖殉教者について、聖アウグスチヌスは、こう書いている。「聖ビンセンチオは、その言葉と信仰告白によって拷問に打ち勝った。彼は、どんな苦難にも負けなかった。生きているときは火に勝ち、死んでからは水に勝った。彼は、鍛えられるために苦しめられ、教えられるために叩かれ、堅固になるために突き刺され、浄化されるために焼かれた」と。

聖アンブロジオは、次のように書いている。「彼は、拷問にかけられ、突き刺され、むち打たれた。しかし、彼は、くじけなかった。キリストの名に対する信仰を告白する彼の勇気は、揺《ゆ》るぎだにしなかった。彼は、灼熱《しゃくねつ》した鉄火《てっか》よりもむしろ、自らの熱情の火によって焼かれたのである。人間たちに対する恐怖よりもむしろ神に対する畏怖《いふ》のほうが、一層強く彼を縛った。人々に気に入られるよりも神のみ心にかなうことを願い、主から離れるよりも現世から去ることを望んだのである」と。

ビンセンチオは、肉体の苦行によって悪徳を焼き滅ぼし、追い払い、責め苦に耐え抜き、世俗の快楽に身を任せることなく世俗への勝利を勝ち得た。彼が打ち勝たねばならなかった世俗の事柄は、三つあった。彼が英知によって征服した迷信と、純潔によって克服した不純な愛と、確固たる勇気によって退けた現世の恐怖とである。

一月二十二日

聖ビンセンチオ・パロッティ司祭

（カトリック・アクションの開拓者）

カトリック使徒職活動会の創立者

「第二バチカン公会議」（一九六二年十月十一日—一九六五年十二月八日）では信徒使徒職が強調されたが、これより一世紀前に聖ビンセンチオ・パロッティはカトリック使徒職活動会を創立した。使徒聖パウロの「なぜなら、キリストの愛がわたしたちを虜《とりこ》にしているからです」（二コリント 5・14）と述べる同じモチベーションから、聖ビンセンチオ・パロッティは日常の言葉や行いで人々をキリストのみもとに導き、家庭・職場・宣教地で宣教する現代の「カトリック・アクション」の先駆《せんく》者《しゃ》となり、「第二バチカン公会議」第一会期後の一九六三年一月二十日にヨハネ二十三世教皇によって列聖された現代の聖人である。

家庭環境

ビンセンチオは一七九五年四月二十一日、ローマで信心深いパロッティ商家に生まれた。七男三女の三番目であった。父は食料品を販売する裕福《ゆうふく》な商人であり、貧しい人、困っている人、不幸な人の世話をしていた。母親は聖書をよく読み、貧しい人や病人を世話し、仕事を好み、貞潔をよく守り、子どもを連れて病人の見舞いをしていた。

ビンセンチオは幼い時から「聖母のご絵さえ与えておけば、何時間でもそれを眺めて、満足していた」と言われるぐらい聖母を崇敬していた。そして三歳の時、聖母のご絵の前で、「ぼくのお母《かあ》さまのマリアさま、ぼくを良い子にしてちょうだい」と祈ったという。

知徳の顕著《けんちょ》な成長

その後、ローマのサン・パンタレオンの小学校に通い、初めの成績《せいせき》は良くなかったが、母の勧めで聖霊《せいれい》に九日間の祈りをし、家庭教師をつけてもらって努力すると、トップ・グループの仲間に入るようになり、首《しゅ》席《せき》で銀メダルを貰うこともたびたびであった。それを誰にも話さずに奉納物《ほうのうぶつ》としてローマ聖堂の数ある聖母のご像の一つに付《つ》けた。その他は、売って得た金を貧しい人に与えていた。母は子の成績だけではなく、学校で悪い子どもらの影響を受けるかもしれないとして、わざわざ、ステファネリ神父を家庭教師として選び、学科と同時に、精神面の指導も頼んだのである。それでビンセンチオは、他の生徒といっしょに毎土曜日に教会へ行ってゆるしの秘跡《ひせき》を受け、日曜・祝日にはミサにあずかり、聖体を拝領し、聖母マリアの小聖務日《しょうせいむにっ》課《か》を唱えた。こうして少年ビンセンチオは先生からも学友からも愛され、同級生の学業の手助けをし、宗教の面でも感化した。

　母親は子どもたちの学業を手伝う他に、家事の手伝いもさせた。それでビンセンチオは学校の優等生《ゆうとうせい》になってからも、掃《は》き掃除《そうじ》をしたり、台所の流しに立って、母の食器洗いを手伝ったりした。朝、一人で教会へ通うようになってからは、聖フィリポ・ネリ（五月二十六日参照）聖堂でミサにあずかり、後に聖カロロ・ボロメオ（十一月四日参照）にささげられた脇の小聖堂へ行って祈った。ミサ答えが必要な時には、さっそくそれを務めた。

　家庭で何か争いが起こると、ビンセンチオはカトリック要理や聖書の話を交えて仲裁《ちゅうさい》し、時には「償《つぐな》いに両方とも、貧しい人たちに施《ほどこ》しをしなさい」という裁定《さいてい》を下すこともあった。

　ある日、ビンセンチオはローマの南にある半日行程《こうてい》のフラスカナにいる叔母の所へ母の用事で使わされた。ビンセンチオは、外出着を着て出かけた。ところが迎えに出た叔母は、ビンセンチオが、裸足《はだし》のうえに、ズボンをはいていないのを見て大変驚いて尋ねた。すると、「ズボンも靴《くつ》も途中で貧しい人にやってしまいました。きっと叔母さんが代わりをくださるだろうと思いましたから」と答えるのであった。

司祭コースも優等生《ゆうとうせい》

　十三歳の時、イエズス会経営のローマ学院に進学し、ラテン語、イタリア文学を勉強し、優等生の褒美としてもらった金や銀のメダルを前のように、あるいは感謝の印《しるし》として聖母のご絵やご像に付けたり、それを売って得たお金を貧しい人たちにあげたりした。

また学校の近所にある「カプチン会」の聖堂へたびたび行き、そこの修道者と親しく交わり、その厳しい生活に感化され、夜は苦行《くぎょう》用の服を着たり、たまに断食《だんじき》したりした。

十六歳の時、教区司祭になろうと決心し、コレギウム・ロマーヌム（グレゴリアーナ大学）で一般教養学科を勉強し、教会では時々、子どもたちにカトリック要理を教え、二十歳の時、ローマのラ・サピエンツァ大学で哲学と神学を勉強した。哲学科の課目には倫理学や形而上学《けいじじょうがく》の他に、数学、ギリシア語、雄弁術《ゆうべんじゅつ》、ローマ史なども含まれ、いずれも優秀な成績で、それらを修得《しゅうとく》した。神学の科目の中でも教会史、修徳《しゅうとく》神学、倫理神学、教理神学、聖書学、神秘《しんぴ》神学などに抜群《ばつぐん》の成績をあげた。

ビンセンチオの『霊的日記』によると、「学校へ行く道では、一般徳についての意識の糾明《きゅうめい》をし、また朝には対神徳《たいしんとく》（信徳・望徳・愛徳）について、午後には枢要徳《すうようとく》（知恵・勇気・節制・正義）について糾明する。いつも自分の熱意が向上したかを調べることから始める。照らしと理解の恵みを求める心で祈りながら教室に入る。帰途《きと》には聞いた講義の内容を、もう一度頭に浮かべ、学友たちは自分よりも深い注意、神への敬畏《けいい》、謙遜《けんそん》をもって授業《じゅぎょう》を受けるから自分よりも多く得るところがあるのではないかと反省する。また先生がたや恩人のために祈り、自分と学友たちのために徳と知識の進歩を願い求める」と。

あらゆる層の知的・霊的指導

こうして一八一八年、二十三歳のビンセンチオはサン・ジョバンニ・イン・ラテラノ大聖堂で司祭に叙階され、後に哲学、神学の学位を取得《しゅとく》し、十年間母校のラ・サピエンツァ大学で神学の講座《こうざ》を持った。また彼は司祭になる二年前から学生連盟《れんめい》を指導していたが、学生たちから絶大な信頼を受けていた。その頃のビンセンチオの記録《きろく》によると、「人を咎《とが》める前に、すべての悪の原因が、自分自身のうちにあることを忘れまい」とある。ビンセンチオは不当なことをされても、すべての人を尊敬《そんけい》し、学生のことを神にお任せし、彼らのすることを正しいと信じていた。なんでもない会話も、良い志《こころざし》をもって永遠と結びつけ、世間的な談《だん》話《わ》もできるだけ宗教の領域《りょういき》に引き入れようとした。また学生たちの要望に応えて、学生たちと運動場で遊んだり、ハイキングやピクニックに快《こころよ》く加わったりした。

そのほかビンセンチオは囚人《しゅうじん》の中に自分のしたことを後悔《こうかい》している人を見つけると、さっそく官庁《かんちょう》宛てに、その人の減刑嘆願書《げんけいたんがんしょ》を提出《ていしゅつ》した。このことは彼が死ぬまで続けられた。

一八一九年三月、彼は母校であるラ・サピエンツァ大学の教官《きょうかん》となって大勢《おおぜい》の学生と接触し、正確な学識《がくしき》と大変な忍耐をもって放課後《ほうかご》に行われる討論《とうろん》の司会をしたり、議題を定めたり、正しい結論に達するよう配慮してあげた。この仕事はビンセンチオに教育制度に注意を向けるきっかけを与えた。そして教師たちに良い影響を及ぼし、自分の天職を大いに尊重《そんちょう》する念を抱かせようとし、女性の先生たちに向かってこう言った。「子どもたちを教育するには十分な知識と、たしかな分別《ふんべつ》と、実際の忍耐と、深い謙遜と、燃えるような愛と、無私公平《むしこうへい》とを要します。皆さんは、祈りをし、正しい意向を持ち、ただ神のみ栄えと人々の救霊しか求めてはいけません」と。

パロッティの意見によれば、学校でもっとも重要視《じゅうようし》すべきことは宗教の授業と信心業であった。それで教師が先頭に生徒たちと共にミサにあずかり、しばしばふさわしい聖体拝領をすることによって教師と生徒と神とを結びつけることができると力説《りきせつ》した。

それからビンセンチオは黙想会の指導司祭として初聖体拝領の準備をする子どもたちから始まって、青少年、教師の団体、兵隊たち、主婦、高齢者《こうれいしゃ》たちにまで及ぶような黙想を指導した。

弱者《じゃくしゃ》への慈《いつく》しみ

司祭になってから十年目に、ビンセンチオは最愛の母を亡くしたが、その代わり、ますますわずかな報《むく》いも期待できない貧しい人々の世話にあたり、次のように述べている。「私は始終《しじゅう》貧しい人たちを助けることができるように、食べ物や飲み物、衣服、その他のこの世の財物《ざいぶつ》になりたい。また、目の見えない人たちのためには光に、口のきけない人たちのためには言葉に、耳の聞こえない人たちのためには聞く力に、病人のためには健康というものになってあげたい。さらに死者を思ったり、見たりすれば、彼らが実際生き返った場合、神のみ栄えのため行うであろう偉大なことができるように、生命となって彼らに分配《ぶんぱい》されたいと思う」と。

この言葉のとおり、ビンセンチオは無欲《むよく》で、自分の持ち物を困っている人に与え、他の司祭たちや金持ちの友人にも慈善《じぜん》をしてくれるように頼むのであった。それは何も金銭や食糧《しょくりょう》の援助に限らず、就職斡《しゅうしょくあっ》旋《せん》、特赦《とくしゃ》の誓願書《せいがんしょ》提出、貧しい学生たちへの援助、親のない子をどこかの家庭や児童養護施設《じどうようごしせつ》に世話するための配慮《はいりょ》なども慈善の業の一部と考えられた。ビンセンチオはゆるしの秘跡《ひせき》の機会をしばしば利用して、告《こく》白者《はくしゃ》に以上のような善業を勧めた。

諸学校、女性、聖母信心会の霊的指導

一八二七年秋から、ローマの農業学校、夜間学校、神学校（英国人、ギリシア人、アイルランド人）の霊的指導司祭として、若い学生たちの告解を聞き、毎週水曜と土曜に黙想会の説教をし、学生たちの宗教的熱心をあおっていた。

女性の霊的指導には遠慮《えんりょ》がちで断っていたが、どうしても断りきれなくなると誠意《せいい》をこめてこれを引き受け、聖女のような修道女に導いてあげた。

また聖母に対する信心、特にロザリオ会、カルメル山会、よき勧めの御母《おんはは》会、苦しみの聖母会のような教会の信心会を奨励《しょうれい》した。一八三四年からはローマのナポリ人たちの「聖霊教会」付き司祭となり、教区司祭や修道者や信徒らを宣教使徒職活動へと導き、当時の人々を悪霊の謀《はか》りごとやその害毒《がいどく》から救うことに努めた。

一八三五年九月からローマのプロパガンダ大学（一六二七年に教皇ウルバノ八世によって創設《そうせつ》された宣教地司祭育成会の神学校、別名ウルバノ大学）の学生の指導司祭となり、全世界から集まった司祭志願者を指導し、その謝礼《しゃれい》を寄付金として宣教のために用いさせた。

宣教使徒職会の指導司祭

司祭に叙階されてから十数年にビンセンチオの周りには、彼を指導司祭と仰ぐ人々のグループができていた。この人たちを核《かく》として宣教使徒職の大事業が始められることになった。そのきっかけとなったのは、ビンセンチオが西アジアの国々を助ける援助機関のために行った募金《ぼきん》であった。

ビンセンチオは信仰弘《しんこうこう》布《ふ》会《かい》の聖職者たちの聴罪司祭であったので、しばしば宣教地の困難について聞いていた。アルメニアに一聖堂を建築するため、すでに寄

付を募《つの》ったことがあったが、今度はリゴリの聖アルフォンソ（八月一日参照）の名著『永遠の原則』を、近東諸国に普及させる目的で一万部印刷させようと思い、その費用の募金をある信心深い商人に頼んだ。その商人は募金して歩くのが恥ずかしいので、忙しいのを口実に断ろうとした。しかし、ビンセンチオは服の下から十字架を出し、「この十字架につけられたイエス・キリストのみ名によって回ってください」と頼んだ。商人はしぶしぶと出かけ、第一に乗り込んで行ったのは、ある食料品店であった。店主は、「ビンセンチオ神父様から頼まれて参りました」と聞くと、さっそくお金を出してくれた。こうしてわずかな時間のうちに、必要な額《がく》を越える金を集めることができた。

カトリック使徒職活動会の創立

一八三五年にビンセンチオはローマ司教総代理に請《せい》願書《がんしょ》を出し、カトリック使徒職活動会を創立したいとの計画を詳《くわ》しく説明して、カトリックの他のいろいろな会の仲間に入れてもらいたいと願った。同年七月十三日に教皇グレゴリオ十六世の認可《にんか》が下りたのでビンセンチオは同日、会の創立に関係あるすべての人をカリニスの聖マリア小聖堂に集め、出席者である司祭四人と信者三人は皆、創立文書に同意署名した。

この会の目的は会員が聖職者か信徒を問わず、非キリスト者や無宗教者への宣教とキリスト者の信仰を深めることにあったが、当時は信徒使徒職という理念《りねん》には抵抗《ていこう》があった。それで会の中で存続・発展したのは司祭を会員とする修道会（通称、パロッティ修道会）と一八四四年に創立された女子修道会だけであった。

ビンセンチオは、使徒職活動会の主旨《しゅし》をこう述べている。「誰でも、それぞれの身分・境遇《きょうぐう》に応じて他者の救霊に尽くす義務がある。学者は、その知識をもって、金持ちは、その財産をもって、官公吏《かんこうり》は、その影響力をもって、職人は、その手仕事をもって、他者の救霊に尽くさなければならない。それは家庭においても、街頭《がいとう》や広場においても、仕事場や店頭においても、また事務所や官公庁においても、例外なく行うべきである。いつどこでも、信者は、使徒的考えに従い、言葉や行いをもって、自ら救霊にあたり、できるならば物質《ぶっしつ》で援助するのがよい」と。この理念は「第二バチカン公会議」の神の民としてのカトリック信徒の役割を先取りしたものと言える。

一八三七年の春にはペルシャ、イランのカトリック信者から援助を求めてきた。彼らはネストリ派の信者（受肉《じゅにく》したキリストには人格と神格という二つの異なる位格《いかく》＝ペルソナがあるとの異説、これに対しカトリックは、キリストには人間性を帯《お》びた神格のみがあるという信仰）やイスラム教徒（預言者マホメットがアラー神から啓示されたコーランを唱和《しょうわ》し、慈善に励む信者）の間に生活する少数派で、教会をもたないので「教会なしの連中」と軽蔑《けいべつ》され、カトリックの信仰はやめてしまえ、と勧められていた。ビンセンチオは「カトリック使徒職活動会」の会員たちを動かして、その教会建築資金の募金活動に当たらせた。

当時、アメリカ合衆国にいた貧しいイタリア移民のカトリック信者のためにも教会や学校建築のための援助資金も、その会の会員たちが集めた。

コレラ流行時の慈善活動

一八三七年、ローマにコレラが流行した際、ビンセンチオをはじめ、カトリック使徒職活動会の会員たちは患者にゆるしの秘跡を授けるばかりでなく、病気の回復を助けるために、患者に小さな紙片《しへん》を配り、それに欲しい物を書かせ、それを一定の店々に渡して、一定量のパンや肉や衣料品などを貰って歩いた。

コレラが流行《りゅうこう》する前の年から「カトリック使徒職活動会」はビンセンチオの指導のもとに、保護を必要とする少女たち、わけてもみなし子たちの世話を始めていた。ところがコレラで両親を亡くした少女たちが大勢来たので、会員たちの仕事も多くなり、大きな家を借りて「サンタ・アガタ寮」と名づけ、少女たちを収《しゅう》容《よう》し、寄付金を募《つの》って衣食《いしょく》から教育、信心の面まで世話をしてあげた。少女たちには年齢《ねんれい》に応じて家政《かせい》や手仕事や家事労働《かじろうどう》を学ばせ、将来は修道女になるか、結婚するか、どこかの養子《ようし》になるかを選ばせた。

宣教神学校・「パロッティ修道女会」の創立

ビンセンチオは宣教師を養成する学校、いわゆる宣教神学校の創立を考えていたが、ローマではこの考えは実現しなかった。しかし、ビンセンチオの勧めでミラノに外国宣教神学校が、ロンドン西北郊外にミル・ヒル宣教神学校が設立《せつりつ》された。

一八四四年にビンセンチオは、サンタ・アガタ寮《りょう》の少女たちを世話する婦人たちの中から、特に修道生活を送りたいと志す者を集めて、指導し、カトリック使徒職活動会の男子会員たちのために作った会則を少し変更《へんこう》したものを生活の規範《きはん》として生活させた。これが「パロッティ修道女会」の始まりであった。

総本部設立、教誨師《きょうかいし》、チャプレン、移民司牧《しぼく》、貧民《ひんみん》救済《きゅうさい》

　また教皇グレゴリオ十六世は、一八四四年にローマのサン・サルヴァトーレ教会とその付属修道院の建物をビンセンチオに譲渡《じょうと》した。それで二年後にビンセンチオはその最初の弟子たちと共に、そこへ移り住んだ。一八四六年六月、ピオ九世が教皇位についた頃、ビンセンチオの周りには、会員として司祭と神学生九人、またコック、門番《もんばん》、香部屋《こうべや》係、理髪《りはつ》などをしていた修道士《しゅうどうし》一人がいた。教会や司祭に対する反感が強かった当時、ビンセンチオは、まったく命がけで兵舎《へいしゃ》や病院を巡って神や死や永遠のことを語り、人々の救霊《きゅうれい》のために働いた。そしてビンセンチオは、サン・サルヴァトーレをカトリック使徒職活動会の総本部としたのである。

　またビンセンチオはカルチェリ・ヌオヴァという刑務所《けいむしょ》で働く最初の教誨師《きょうかいし》として、定期的に説教し、教理を教え、囚人たちの告白をも聴《き》き、七人の死刑囚を処刑前に回心させている。

　ビンセンチオは晩年にチャプレンとして教皇領の兵士たちの司牧にも力を尽くし、毎年一回黙想会を開き、五月には聖母信心を広めた。それで兵士たちは費用を出し合って兵営《へいえい》内に聖母の祭壇《さいだん》を作り、これを飾《かざ》った。ビンセンチオはこの前で説教をし、また毎週一時間カトリック要理を教え、朝晩の祈りを共にさせるようにした。

　なお、ビンセンチオはイギリスに移住した貧しいイタリア移民の信仰生活を守るために教会を建てて、移民の司牧に心を砕《くだ》き、カトリック使徒職活動会の会員をイギリスに派遣した。

　そのうちにローマではガルバルディの革命軍と教皇救援《きゅうえん》に駆《か》けつけたフランス軍との間に戦闘《せんとう》が起こり、結局ガルバルディ軍のローマ撤退《てったい》によって、平静になった。それでビンセンチオは中止していた貧民《ひんみん》救済活動《きゅうさいかつどう》と救霊《きゅうれい》の仕事を再開《さいかい》した。人の哀れみを乞うことを恥じる多くの貧しい人々のために、自分の知り合いの金持ちの戸口《とぐち》に立ち、物乞いし、施《ほどこ》されたも

のをサン・サルヴァトーレ本部修道院の玄関で分配した。さらにフランス占領軍兵士たちに生活の手本を示し、聖母マリアのメダイを与えた。

告解場《こっかいじょう》での犠牲《ぎせい》で昇天《しょうてん》

一八五〇年の一月、ビンセンチオは、夜通し告解場の椅子《いす》に腰かけて告白を聴いていたが、衣服も十分にない貧しい人が告解の順番《じゅんばん》を待っているのを見て自分のマントを貸し与え、これで風邪《かぜ》を引き、こじらせて肺炎《はいえん》になった。そして一月十六日、危篤《きとく》に陥り、病者の塗油《とゆ》の秘跡を受け、十字架のキリストと聖母に自分の魂《たましい》を託《たく》し、二十二日に五十五歳で帰天した。

　この百年後に列福され、翌年墓を開いた時、肉体は腐敗《ふはい》していなかった。「第二バチカン公会議」中の一九六三年一月二十日に、教皇ヨハネ二十三世によって列聖され、同年四月六日に、教皇庁「宣教師連合」の主要保護聖人に指名された。

　ビンセンチオの創始した「カトリック使徒職活動会」の理念は、教皇ピオ十一世（在位一九二二―三九年）の時代になって、今日の「カトリック・アクション」、すなわちJOC、レジオ・マリエ、アクチオ・マリエ、CLCなどの形で具現化《ぐげんか》されている。この意味でピオ十一世教皇は一九三二年に聖ビンセンチオ・パロッティをカトリック・アクションの開拓者と呼んだ。

一月二十二日

福者シャミナード司祭

（「マリア会」と「汚れなきマリア修道会」の創立者）

聖母の保護の下に

「第二バチカン公会議」の決議では、聖母の人類への役割をこう述べている。「マリアはその母としての愛をもって、まだ旅を続けている自分の子の兄弟たち、また、危機や困難の中にある兄弟たちが幸福な祖国に到達するまで、彼らを見守る。こうして、聖なる処女《おとめ》は、教会において、弁護者、扶助者、援助者、仲介者の称号をもって呼び求められている。しかしこのことは、唯一の仲介者であるキリストの尊厳と効力を何ら損なわず、何ものをも付加しないという意味において理解される」（教会憲章62）。

右の魅力的な教条は、幾世紀もの間、教会が教え続けてきたものであり、「第二バチカン公会議」が特に浮き彫りにしたものであるが、福者ギョーム・ヨセフ・シャミナードの中にそれがあった。彼は男子の「マリア会」と女子の「汚れなきマリア修道会」との創立者で、その徳と神のみ栄えと人々の救霊とのために成し遂げた教育事業と試練において頭角を現した使徒である。

教育者に召されるまで

師は一七六一年四月八日、フランス西南部のペリグーに、キリスト教精神に充《み》ち満ちた両親から生まれた。この両親には十五人の子どもがあり、その中の三人が、その後司祭となった。本日記念する福者は洗礼の時にギョームという霊名を受けた。しかし神の母の浄配《じょうはい》に対する信心がとても熱かったので、堅信の時、彼はヨセフの名を選んだ。父は正直で何事も忠実にやり通し、母は上品で信心深かった。シャミナードは、これらの性質を両親から受け継いだ。とくに母の膝の上で学んだ「アヴェ・マリアの祈り」は生涯忘れず、聖母への愛と信頼を深め、活動の原動力となった。

十歳の時にペリグーの西南、約三十六キロのムシダンのサン・シャール小神学校に入学し、寄宿生となった。この学校には兄のヨハネ・バプチスタが司祭となって教師をしており、もう一人の兄ルイは二学年上の先輩《せんぱい》として学んでいた。この学校の近くに聖母にささげられた小聖堂があったが、シャミナードは、しばしばこの聖堂を訪問して長い間聖母のご像の前で黙想した。聖母はこれに報いて、次のようなお恵みを与えた。

ある日、シャミナードは学友たちといっしょに散歩に出かけ、とある石切り場で遊んでいるうちに一学友が過って岩石を崖《がけ》の上から踏みすべらした。それが運悪くシャミナードの足に当たって大けがをした。いろいろ手当てをしてみたが、六週間というものなんの効果もなく、傷は重くなるばかりであった。それでシャミナードは兄の勧めもあり、聖母に助けを願い、「もしこの足の傷が治りましたら、きっとウールドレーの聖母堂に歩いてお礼参りをいたします」と約束した。するとその傷は、その日からみるみるふさがり、数日後には完治した、と言う。

そして、ムシダンの在俗聖カルロ会に入会し、清貧、貞潔、従順の私的誓願を立て、以後十五年間、聖カルロ会員としていろいろの慈善事業に進んで従事した。

一七七六年、シャミナードは十五歳でサン・シャール小神学校を優等で卒業し、やがて司祭職への召命を感じ、司祭に必要な一般教養学科の勉強を始めた。そしてボルドー大学で哲学を、さらにパリ大学で神学を研究し、一七八五年に二十四歳で司祭に叙階された。その後も神学の研究を続け、神学博士の学位を取得《しゅとく》し、母校のサン・シャール小神学校で教えることになった。

やがてサン・シャール神学校は経営難で経営者たちが辞職し、そのあとにシャミナード兄弟が学校経営を引き継いだ。ヨハネ・バプチスタは校長、ルイは教頭、ヨセフは会計係となった。ヨセフは学校再建のため資金づくりに奔走《ほんそう》し、資金が集まると校舎を増築《ぞうちく》し、りっぱな小聖堂を建てた。そして学校の名声も高まり、多くの入学志願者が殺到するようになった。

フランス革命による教会への圧迫

一七八九年、フランス大革命の時、発足《ほっそく》した国民議会は、「聖職者市民憲法」を票決《ひょうけつ》した。これによるとフランスのカトリック教会はローマ教皇から独立し、司教は、その県内の人民によって選挙され、教区司祭は、その地方の人民から選挙されることになった。同時に教会の財産は、国家の財産と宣告され、以後、司祭の給与《きゅうよ》は、国家が支払うことになった。また、修道会が廃止され、修道誓願が禁止された。

この新憲法に従うという誓約書に署名《しょめい》しない司祭は聖職を停止され、これを破れば死を宣告されることになった。シャミナードは、もちろん署名に反対し、仲間といっしょにパンフレットを作り、このような法律は教会と聖職者を著しく傷つけるものである、と指摘した。これに対して反対運動が起こったが、シャミナードは、別の小論文を書き、誤謬《ごびゅう》を指摘し、司祭がこれに署名すれば、罪をまぬがれない、と述べた。そして去就《きょしゅう》に迷っている司祭たちにも手紙を書き送り、誓約書《せいやくしょ》に署名しないよう勧めた。

そのうちに学校経営も難しくなり、一七九一年、シャミナードはボルドーの郊外のトンデユ地区に小さな別荘を買い入れ、ペリグーにいる両親を呼び寄せて一種の亡命生活をした。このように誓約書に署名しない司祭たちが、ボルドー市に続々と流れ込んできた。ボルドーの革命委員たちは、これに目を付け、誓約しない者は、すべて市を退去せよ、と命じ、三つの教会を閉《へい》鎖《さ》してしまった。シャミナードは恐怖政治の難を避けて隠《かく》れ家《が》にしばらく身を隠し、町には労働者に変装《へんそう》して出て、信者の家でミサをあげ、秘跡を授けて巡った。次から次へと司祭が捕らえられて断頭台《だんとうだい》に送られた。シャミナードも何回か逮捕されそうになったが、その都度、危機を脱した。

一七九四年、ロベスピエールが倒れ、残忍な司祭狩りが終わった。シャミナードは、生き残りの司祭と共に教会再建に乗り出した。しかし、一七九五年から二年間、つかの間の宗教迫害の休止の後、一七九七年の追放令で、シャミナードはスペインの「柱の聖母巡礼地」として名高いサラゴサのヌエストラ・セニョラ・デル・ピラール聖堂の傍《かたわ》らの家に亡命し、ミサをささげたり、互いに告解したり、たまに子どもたちに要理を教えたりするような限られたわずかの仕事しかできなかった。

それでキリストや聖母マリアやその他の聖人の石膏《せっこう》像《ぞう》の模型《もけい》を作って、これを売り、生活費に当てた。そして小さな花束《はなたば》を作っては、これをサラゴサの聖母堂に持参《じさん》し、柱の姫君《ひめぎみ》であるマリア像の下に飾って黙想し、祈った。「フランスの信仰回復に手伝う働き手を起こしてください、その仕事で私の果たすべき役割は何であるかを支持してください」と繰り返すのだった。そして聖母と共に過ごすこの静かな黙想の間に、師は聖母の使徒となるべきこと、えり抜きの青年男女の団体を引き連れて、最も大きな現代病の一つ、宗教無関心に対抗《たいこう》して、戦いをいどむべく聖母の軍隊に編入《へんにゅう》されるべきであることを知った。そのためには全人類の真の母である聖母をまね、聖母と同じように日常生活の中に主キリストの生活を再現しなければならない、と決意《けつい》した。

荒廃《こうはい》した社会・教会を再興《さいこう》

一八〇〇年、三年間にわたる亡命生活を終えて、三十九歳のシャミナードはボルドーの自分の別荘に帰った。社会も教会も荒廃《こうはい》し、民衆の道徳も地に堕《お》ちていた。しかし、師は聖母に信頼し、希望をつないで懸命に働き、数カ月後には現在の信徒マリアニスト共同体（MLC）の前身であるコングレガシオンを創立し、これを勇敢な信者の団体として訓練し、聖母のご保護の下に置いた。それには青年男女の他に、職業人、家庭の主婦、さらに聖職者も含まれていた。また、オーシュ教区長の依頼でバザス地区の管理と書類整理を二年間、賢明に務めた。

一八〇二年、師と生活を共にした青年のうち十一人がサン・シメオンの聖母堂の祭壇の周囲に集まって聖母に忠誠を誓った。この人たちはできるだけ完全にキリストの生涯と、その事業をまね、マリアのみ名によって前進し、悪霊の力に打ち勝ち、貧者を助け、病人や囚人を見舞い、社会改善を目指した。そしてボルドーの大司教の要請に応えて、この青年たちは、神学校の再興《さいこう》に力を尽くした。

一八〇七年には、青年会は数百人に達し、女子青年会は約三百人になっていた。この女子青年会員の中にアデル・ド・バッツ・ド・トランケレオン嬢（後のマリー・ドニフ・コンセプション修道女）という裕福《ゆうふく》な信仰あつい乙女がいた。父の遺志を継いで、その遺産の一部を割《さ》いてアジャンに一修道女会を創立し、村の少女たちを教え、病人の看護に当たらせたい、とシャミナードに相談した。師はこれに賛成し、手紙でサラゴサの聖母から授かった計画を打ち明け、その修道女会員を無原罪の聖母マリアの娘にしたらよい、と勧めた。

一八〇九年に「エタ」が創設された。これは世間で生活しながら、神に身をささげて生きることを望む人々のためのものである。この間にシャミナードは、売春婦《ばいしゅんふ》の更正《こうせい》を目的とするボルドーの「ミゼリコルド会」の創立に際しては、テレーズ・ド・ラムルス嬢を霊的にも経済的にも助け、その会則を推敲《すいこう》してあげた。次に師は青年たちがフランスにおける宗教復興に興味を持つように導いた。その復興の鍵《かぎ》は教会の母「マリア」を囲む使徒たちの集団、しかも情熱と行動力のある「聖母青年会」にあることを確信した。

「汚れなきマリア修道会」を一女性と共同創立

シャミナードと前述のトランケレオン嬢とによって、一八一六年に「汚れなきマリア修道会」が創立された。会員は修道誓願宣立によって自らを神に奉献し、マリアと契約《けいやく》を結び、マリアの家庭で共に生活し、共に祈り、共に愛徳の完成に向かって進みながら教会に奉仕し、マリアの使命の証し人となろうとしている。

なお、女子の「汚れなきマリア修道会」会員はマリアの協力者として「何でもこの人の言うとおりにしてください」（ヨハネ2・5）をモットーに福音宣教に献身し、特に学校、小教区、地域社会の中で信仰教育と信仰共同体の形成、キリスト者の増加に力を注ぎ、ことに若い人や貧しい人を優先している。

「たった一つの魂を救うために、地の果てまで行く準備をしておきましょう」との創立者メール・アデルの使徒的熱意を生きようとする会員たち（マリアニスト・シスターズ）は現在、アジア、アフリカ、ヨーロッパ、南米、韓国などでマリアの宣教女として活躍している。

日本には一九四九（昭和二十四）年に「汚れなきマリア修道会」のスペイン管区から二人のシスターが派遣され、東京都調布市に晃華学園（幼・小・中・高）を設立し、東村山市と大和市と神奈川県中部と町田市に修道院を持ち、幼稚園・学生寮・祈りの家などを経営し、学校教育に当たる一方、カテキスタとして教区への奉仕もしている。

会員を特徴づける堅忍の誓願によってマリアと深い絆《きずな》で結ばれ、神の愛、正義と平和な世界の建設のために、マリアニスト家族の一員として、家族の他のグループ（信徒マリアニスト共同体、アリアンス・マリアル、マリア会）の人たちと同じ精神と愛情に結ばれ、共に信仰共同体を形成しながら、人々に奉仕している。

「マリア会」の創立と教育事業

一八一七年、シャミナードから指導を受けていたボルドー青年会員の中のラランという二十二歳の医学生が、一生涯シャミナードの計画を助けたいと申し込み、師の弟子となった。その後、同志の数も増え、七人になった同年十一月から共同生活を始め、十二月に修道誓願を立てた。これが「マリア会」の誕生であった。

当時は司祭、教師、労働者の三種の会員から成り立っていた。会員は聖母マリアを霊的な母と見なし、聖母に心身をささげ、聖母の保護と指導の下で、キリストに似た生活を送り、聖母の光栄を高めることに努めた。そのうち会員の数が増えたので、マリア会はボルドー市内の寮制の中学校を譲り受け、これを経営した。会員たちの奮発で、まもなく一般の信用を受け、生徒数は百二十人に達した。一八二四年には市内のミライ街の一旅館を買い入れて校舎の大拡張を行い、聖マリア学院とした。

一八二〇年、「マリア会」は貧しい家庭の子どもたちを教育するため、学費のいらない小学校をアジャン市に創立した。マリア会員たちの並々ならぬ努力で、乱暴《らんぼう》な子どもたちも礼儀正しい、思いやりのある子に育った。この成功がもとで、各方面から学校創立の願いがシャミナードのもとに寄せられた。それからアルサス州コルマール市やコンテ州サンレミを初め、各地に続々と学校が創立されていった。創立に際しての会員たちの犠牲は筆舌に尽くし難いものがあった。厳しい暑さ寒さの中に衣食住も十分なく、睡眠《すいみん》も十分とらずに激しい重労働をした。アルサス州は普仏《ふふつ》戦争後ドイツ領となったため、「マリア会」は三十五の学校を失った。しかし、サンレミでは寮の他に、師範《しはん》学校と農学校を開いた。この農学校は一九〇三年にスイスのフリブルーグ市付近のグランゼヌーウに移された。

一八三〇年の七月革命以来、またもやシャミナードの事業には暗雲《あんうん》がただよい、内外の反対者に邪魔《じゃま》され、翌年からは師自身もアジャン市に島流しの状態になった。しかし、神に対する不動の信頼と正しい良心に支えられて、謙遜、忍耐、寛容の模範を示した。

一八四〇年に総長職を辞退し、会員の教育と信心に余生を尽くした。師の熱心な信心の中で特に目立つのは、聖体の秘義に対する尊敬と無原罪の乙女に対する孝心の愛とである。このマリアに対する信心を、師は遺産としてその弟子たちに伝えたのである。シャミナードはその後の生涯の日々を、自ら創立した諸事業へ奉仕しながら過ごし、一八五〇年一月二十二日、兄弟的和解の印《しるし》に師の周りに集まった弟子たちに取り囲まれながら、九十歳の生涯をボルドーで閉じた。

シャミナードの精神的遺産を受け継ぐマリア会員は、全世界で宗教教育、若者の養成を初め、貧者の世話、病人の看護、キリスト信者の労働者の保護と援助、良書の印刷などをしている。

日本には明治二十年、当時の北日本代牧オズーフ司教の再三の要請《ようせい》に応じてアメリカ人とフランス人の五人のマリア会員が渡来し、翌年から青少年の教育事業を始め、東京の千代田区に暁星学園を創立した。その後、長崎に海星学園、大阪に明星学園、横浜にセント・ジョゼフ・インターナショナル・スクール、福岡に泰星学園、札幌に光星学園を設立した。

それから二〇〇〇年九月三日にシャミナードは教皇ヨハネ・パウロ二世によって福者の位に挙げられた。

一月二十四日

聖フランシスコ・サレジオ司教教会博士

（著述家、ジャーナリスト、書記の保護者）

聖人の生きた時代背景

　聖フランシスコ・サレジオは、一五六七年八月二十一日、フランスはサヴォワ公国のアヌシ北部にあるトルンのサール城で領主フランソワ・ド・サール・ド・ボアジー侯の六子で長男として生まれた。当時、サヴォワ公国はフランス南東部からスイス、北イタリア一帯にまたがっていたが、欧州のカトリック教会はプロテスタントの興隆《こうりゅう》で危機に瀕《ひん》していた。その上、諸国の王侯は自分の政権争いに、これを利用したため事態はますます混乱の度を増した。それでカトリック教会は、「トリエント公会議」（一五四五―一五六三年）で教義を明確にし、説教者を各地に巡回させ、福祉事業を盛んに行わせた。聖フランシスコ・サレジオは、このような教会の要請に応え、教義に通じ、説教にも文筆にも優れた才能を生かしてカトリック教会の復興《ふっこう》に努め、さらに福祉事業に携わる「マリア訪問会」を創立した。

その家庭環境

　幼年のフランシスコ・サレジオは両親のあつい信心と貧者への繊細《せんさい》な愛を受け継ぎ、手に持っている玩具《がんぐ》を惜しげもなく貧しい人々に与え、何も持っていない時には、家人《かじん》に物乞《ものご》いをし、それを貧者に与えるほどであった。貴族出身の母フランソワ・ド・ショナの注意深い、愛情豊かな教育によって、世間的な野心を遠ざけ、祈ることを教えられた。

　フランシスコは六歳になると、向学心に燃え、ラ・ロシュの学校に、ついでアヌシの学校に入学し、常に首席で通した。そのわけは素質に加え、早起きして勉強を始め、日中も寸暇を惜しんで勉強したからである。十歳の時に初聖体を受けた時から少年フランシスコの心には一大決心が浮かびあがった。「ぼくは神父さまになろう」と。このことを聞き知った父の侯爵《こうしゃく》は驚いたが、子どものはかない夢と考えて大して気にかけな

かった。

学者でも聖人にならねば……

一五七八年九月、アヌシの学校を終えると、行政官の父は彼をパリの「イエズス会」経営のクレルモン学院に送り、ここで修辞学と哲学とを勉強させることにした。素質に加え、努力を重ねた結果、哲学の二年目には飛び級でソルボンヌ大学へ進級し、神学を勉強した。しかし、「学者になっても聖人にならなければ役に立ちませんから」と言って勉強のかたわら聖母を崇敬し、しばしばゆるしと聖体の秘跡にあずかり、機会あるごとに柔和、謙遜の徳を身に付けるように努め、学友と苦楽を共にした。

その頃、カルヴィン派（プロテスタント）の運命予定説が流行していた。つまり「人間は信仰だけで救われる。人間性は原罪で腐敗し、善行《ぜんこう》はできない。神はある人々は罰せられるように造り、ある人々は救われるように造った」と。フランシスコは、この説に影響され、神の審判の厳しさや、自分の惨《みじ》めさを深刻に思って悩んだが、ある日、聖母マリアの祭壇の前で、一生涯身も心も神にささげると誓った瞬間、心に深い平和を取りもどした。

一五八八年、二十一歳のフランシスコは父の希望に従って、イタリアのパドバ大学で法律と神学を研究した。一五九一年、二十四歳で法律博士号を取得《しゅとく》して帰郷すると、ただちに弁護士の資格を取り、続いて貴族院議員の席も勧められ、さらに美人の結婚相手さえ選び出された。この陰には、息子の立身出世を望む父親の運動があった。ここでフランシスコは司祭への召命を両親に打ち明け、父を説得して、いっさいの公職を辞退し、一五九三年、二十六歳で司祭に叙階され、ジュネーブの聖ペテロ教会の主任司祭となった。

宗教対立の渦中、ジュネーブを起点に宣教

まもなくジュネーブ教区長の依頼で、カルヴィン派の手に落ちたジュネーブ湖岸のシャブレーを巡回し、身の危険を冒《おか》して住民の回心に努めた。プロテスタントからの嘲笑《ちようしよう》や猜疑《さいぎ》の目を浴びせられる中を、フランシスコは靴ずれ、霜焼《しもや》けを我慢《がまん》しながら雨の日も雪の日も、村々を巡回し、子どもたちにカトリック要理を教えたり、誰にでも分かるような説教をしたりした。そのほか凍死《とうし》の危険にさらされたり、教敵に狙撃《そげき》されたり、刺客《しきやく》に待ち伏せされたりしながら九死に一生を得て勇敢に説教行脚《あんぎや》を続けた。それなのに宣教の効果はさっぱり上がらなかった。このような逆境にも屈せず、フランシスコはサヴォワ公の援助を受けて教会を増設し、すぐれた説教師を招き、儀式を盛大にし、何事にも柔和、親切をもって仇《あだ》に報いた。数年の苦闘の末《すえ》、ようやくその苦労が報いられて、他の協力者らと共に七十の村々をカトリックに復帰させ、シャブレーのほとんど七万人を再びカトリックに改宗させた。

「トリエント公会議」後の反宗教改革

一六〇二年、フランシスコは三十五歳で司教に選出され、現スイスのジュネーブ教区長に就任した。まず、彼は「トリエント公会議」の決議に基づき、教区民への霊的配慮と要理教育、司祭養成のための神学校設立、修道精神の振興《しんこう》に力を尽くした。また多忙な司教職のかたわら、各地を巡回し、説教で、次のことを強調した。「世間の中にいても、聖人になれる。どんな身分の人でも自分の務めに忠実であり、神の意志のままに生活すれば、聖人になれる。……過去に縛られず、それを神の憐れみにゆだね、また、明日《あした》のためにも不安を持つべきではない。人が神と出会うのは、今という時である。病気、死、苦しみ、慰め、不運、幸福など、すべての出来事は、神の思し召しとして受け取るべきである」と。

フランシスコは、一六〇四年、ディジョンで四旬節の黙想を指導中、聖女ヨハンナ・フランシスカ・ド・シャンタル（八月十二日参照）を知り、その霊的指導を引き受けて、一六一〇年、彼女と共に「マリア訪問会」を創立。そのほか口頭での宣教に加え、時・空を超えて広げるため、司教はおびただしい書簡や著書を書いた。その名著『信心生活入門』は、誰でも神を愛することができると説いたものであり、また、フラン

ス文学の傑作の一つとされている『神愛論』は、「マリア訪問会」の修道女のために書かれたもので、いずれも邦訳されて中央出版社（現・サンパウロ）から発行されている。

　フランシスコは後に、教皇からは枢機卿に、フランス王からはパリ宮廷司教に勧められたが、彼は二つとも辞退し、一六二二年十二月二十八日に五十五歳で倒れるまで、神の光栄と人々の救霊のために尽くした。その遺体は聖女シャンタルの遺体と共に、アヌシ市の「マリア訪問会」修道院の聖堂内に安置されている。一六六五年に列聖、一八七七年に教会博士、一九二二年にはカトリック出版事業および文筆家の保護の聖人とされた。

　日本の「サレジオ会」は十九世紀、司祭ヨハネ・ボスコによってサヴォワ領内であった北イタリアのトリノで創設されたが、サレジオの名は聖フランシスコ・サレジオの柔和な人柄、著作による宣教活動、貧しい人々への共感などに大きく影響されて、付けられたと言われる。

　なお聖フランシスコ・サレジオの死去三〇〇年祭にピオ十一世が出された回勅、『レールム・オムニウム』（一九二三年発布）は、同聖人にちなんで良書出版の重要性を述べているが、これは一九一四年以来、マスメディアによる宣教をしていた「聖パウロ修道会」「聖パウロ女子修道会」「師イエズス修道女会」の創立者副者アルベリオーネ神父（十一月二十六日参照）のカリスマの源流となっている。

　アヌシはジュネーブの南約四十キロ。アヌシの北東二十キロばかりのトルンのサール城には聖司教の祭服や文書、思い出の芸術品が数多く保存され、五月から九月まで一般公開されている。

一月二十五日
聖パウロの回心（祝日）

札《ふだ》付きの男が盲目に

　聖霊降臨後間もなく、使徒たちの努力でエルサレムを中心に教勢が次第に四方へ伸びていた頃、シリアのダマスコで三十歳くらいの盲目《もうもく》の男が仲間に両腕を支えられて、アナニアのもとにやってきた。その様子からして何かの事件に巻き込まれたことは一目で分かった。これがたった今まで馬にまたがり、キリスト信者を脅迫《きょうはく》し、殺そうと意気込み、手当たり次第に捕らえて、牢獄にぶち込んでいた札付《ふだつ》きの男とは思いもよらなかった。変わり果てたこの男の姿に、みんな驚いた。

狂信的ユダヤ教徒サウロ（使徒言行録9・3－4参照）

この男の名はサウロ（回心後はパウロと改名）と言い、キリキア州（現・トルコ領）タルソ出身のユダヤ人だった。少年の時からエルサレムに遊学し、ガマリエルのもとで、モーセの律法や旧約聖書などをみっちり学んで、狂信的なユダヤ教徒となったために、祖先伝来の慣習や考え方と違うキリスト教を蛇蠍《だかつ》のごとく嫌い、その教会を根絶《こんぜつ》することこそ自分の使命だと考えるようになった。

そこでまず人々の間に、キリストやその教えに対する憎悪の念をあおり立てて、聖ステファノを石殺しにさせ、次に信者の家に押し入って男女をむりやりに引き出しては、これをエルサレムの牢獄にぶち込んだ。それで信者は、われ先にユダヤ国外へ離散した。

強烈な光で馬上から転落

パウロは信者の一団がダマスコに避難したと聞き、その信者たちを一網打尽《いちもうだじん》に検挙《けんきょ》しようと、さっそくユダヤ教の司祭長に逮捕状を出してもらい、数人の兵を率いてダマスコへと出発した。エルサレムを発って八日目に、一行は、はるかにダマスコを臨む所に来た。真夏の午後の太陽のもと、じりじりと焼けつくような荒れ地に馬を走らせながら、もう一息という時に突然、空からピカーッと目もくらむような強烈な光がサウロの頭上に輝いた。馬は宙を蹴《け》って棒立《ぼうだ》ちになった。あっという間にサウロは馬から振り落とされて、そのまま、どうっと地に倒れた。

なぜ私（イエス）を迫害するのか（使徒言行録9・10－16参照）

「サウロ、サウロ、どうして私を迫害するのか」。まばゆい光線の中からおごそかな声が響いた。「主よ、あなたは誰ですか」とサウロはおそるおそるその声に問いかけた。「私はおまえの迫害するイエスである。刺《とげ》あるむちに逆らうことはおまえのためにならない」。その時、信仰の光がサウロの心の中をくまなく照ら

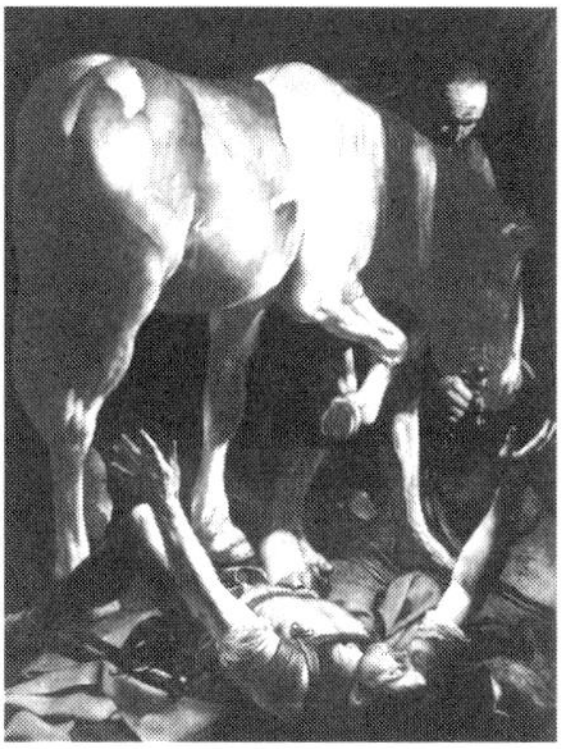

した。復活した主イエスの恩恵の一撃に、サウロの霊魂を固く閉ざした殻《から》は粉々に砕かれ、以前の古いサウロは新しいパウロに生まれ変わった。自分が間違っていたことに気づくと、パウロはじっとしていなかった。過去を反省すると同時に、新しい理想を目指して進もうとする行動の人だった。すぐに彼は聞き返した。「主よ、私はどうしたらいいのでしょうか」。「起き上がって町へ行きなさい。おまえのなすべきことは、そこで知らされるだろう」。パウロはこの答えに力を得て立ち上がった。一味の者は、わなわな震えながらその場に立ちすくんでいたが、やがて気を取り直し、パウロの手を引いてダマスコの、とある宿屋に入った。ここでパウロはまる三日のあいだ飲食物も取らずに、深い痛悔の涙を流しながら熱心に祈っていた。

アナニアの按手《あんしゅ》で聖霊に満たされる（使徒言行録9・10－16参照）

その頃、神は、善良で信心深い主の弟子の一人アナニアに、「サウロというタルソ人を訪ねなさい」と勧められた。アナニアはびっくりして、「主よ、あの人がエルサレムで信者たちにどんな迫害を加えたかは大勢の人から聞いて知っています。ここでも信者を逮捕するために、司祭長から遣わされたのではありませんか」と申し上げた。

「行きなさい。彼は異邦人、国王、イスラエル人に、私の名を伝えるために私の選んだ器である。故に私の名のためにどれほど苦しまねばならないかを示そう」。神の再度の勧めで、アナニアはただちにサウロを訪ね、その頭に按手《あんしゅ》して、「兄弟サウロよ、あなたに現れた主イエスは、あなたの目を癒《い》やし、あなたに聖霊を満たすために私をお遣わしになりました」と言った。すると再び視力を回復し、続いて洗礼を受けた。

その翌日からパウロはユダヤ教の会堂に出かけて、キリストが神の子であり、救い主であることを堂々と宣べ始めた。このためユダヤ人たちの猛烈な迫害にあい、幾たびか危うく命を落としそうになった。しかしパウロは、信者の熱心な祈りと神のご加護により、勇気百倍で少しもひるむことがなかった。

万難を排して宣教後、殉教

むしろ、ダマスコの途上でかいま見たキリストを人々に知らせて、これを愛させようとの熱意に燃え立って、山の難、海の難、盗賊の難などに耐えて、遠く小アジア（現・トルコ）、ギリシアを駆け巡り、次々と教区をつくり、司牧者を任命する一方、深遠な神学的書簡を幾つも書き残した。六四年頃、パウロはエルサレム神殿の境内で逮捕されて、カイサリアに護送され、二年間監禁後、海路ローマへ護送された。以後二年間、パウロは軟禁状態にありながらも訪問してきたすべての人に分け隔《へだ》てなく自由に宣教した。

エウセビオスの『教会史』によれば、パウロはローマ皇帝ネロの迫害で六七年頃、ローマのトレ・フォンターネ聖堂（トラピスト会）のある刑場で斬首《ざんしゅ》され、その遺体はベネディクト会の維持する「サン・パオロ・フオリ・レ・ムーラ大聖堂」の場所に埋葬された、と伝えられる。

聖パウロは古くから崇敬され、天幕作り、機織《はたお》り、籠《かご》作りなどの手工業者、騎士や神学者らの守護の聖人とされてきた。

一月二十六日

聖テモテ、聖テトス司教

聖テモテ司教

世の光、地の塩

熱心な信仰に生き、周囲に良い影響を与えるためには、まず誰でも霊的読書、黙想、糾明《きゅうめい》、祈り、聖体拝領、告解などで自らの精神生活を豊かにしておかねばならない。使徒聖パウロの愛弟子聖テモテは、エフェソの司教として「世の光、地の塩」となったが、これはすべて彼の徳の高い、豊かな霊的生活の賜物である。

テモテの生育した環境

テモテは、主キリストの時代、リカオニア州、（現・トルコ）のリストラ市に生まれた。父はギリシア人でローマの役人だったが、テモテが生まれてから間もなく亡くなった。母のオイニケはユダヤ人で、祖母のロイスとともに熱心なユダヤ教徒だった。そのためテモテは幼い頃から天主の十戒や旧約聖書を教えこまれ、ユダヤの習慣どおり敬虔に育てられた。そのうちに母と祖母は、主キリストやご受難、ご復活などの話を伝え聞いてキリスト教に改宗した。

パウロの第一回伝道に同伴

四七年頃、聖パウロは第一回伝道旅行の時、リストラで布教した。その時、テモテの家に泊まり、至れり尽くせりの歓待《かんたい》を受けた。聖パウロはテモテと初めて会っただけで、うわさにまさる人物であることを見てとった。テモテは母親だけで育てられたために女性的な繊細な感情と優しさを備えている反面、布教伝道の闘士《とうし》にふさわしい気骨《きこつ》があった。その折に彼はパウロから洗礼を受け、布教の一助にと恩師パウロをリストラの町やその付近を案内した。ある晩、恩師パウロがユダヤ人から投石され、半死半生になっているところを見つけ、これを馬車に乗せて、バルナバと共に隣町のデルベンに護送し、手厚く看護した。

四九年、パウロは第二回目の伝道旅行で再びテモテの家に立ち寄った。その際、一家の希望どおり、長老たちと共に若いテモテの上に按手して、彼を司祭に叙階した。このときテモテは神に身も心もささげて、布教のために働く決意で「多くの証人の前で素晴らしい信仰宣言をした」（一テモテ6・12）。その後はこの決意にたがわず、パウロの右腕として布教に尽力した。

パウロはテモテを「信仰上の実子」「神の人」などと呼び、彼にすべての計画、心の秘密を打ち明けた。テモテもパウロに全幅の信頼を寄せてその指導に従い、病気のパウロを介抱し、パウロの諸教会に対する心配や個人的悩みをよく理解し、これを慰め助けた。パウロはテモテの忠実な奉仕に感謝をこめて、ローマの獄中からフィリピ人宛てに、こう書き送っている。「主イエスに結ばれていることに信頼して、わたしは、すぐにもあなた方のもとにテモテを送るつもりでいます。あなた方の様子が分かれば、わたしも気が晴れることでしょう。わたしと同じ気持ちで、あなた方の事を心から気遣っている者は、彼の他には誰もいません。……テモテは父に対する子のように――わたしと共に福音のために仕《つか》えてきたので、彼が確かな人物であることをあなた方は知っています」（フィリピ2・19、20、

22）。

ギリシアで宣教

テモテはパウロと共に、リストラから西北に進み、エーゲ海沿岸のトロイ港を経て、五二年にギリシアに渡り、フィリピ、テサロニケ（現・サロニカ）、ベレヤで布教した。ベレヤでパウロがユダヤ人から迫害されてアテネに去った後、テモテはしばらくそこにとどまって新しい信者の世話をした。それからパウロの勧めでテサロニケに引き返し、迫害にあっている信者を慰め励ました後、コリントにいるパウロのもとに来てテサロニケ信者の堅固な信仰、愛徳、模範的生活などを詳細《しょうさい》に報告した。これが動機となってパウロは、現在新約聖書中に収められてあるテサロニケの人々への第一の手紙を書いた。第三回伝道旅行のとき、テモテはパウロより一足先にギリシアに着き、パウロの意向に従って信者を司牧し、エルサレムの信者に送る義援《ぎえん》金《きん》を募った。

ローマへパウロに同伴

その後、パウロ一行とトロアスで合流し、共にエルサレムへ帰った。やがてパウロは律法の反逆者、神殿の冒瀆《ぼうとく》者、暴動の張本人という名目で狂言的なユダヤ教徒から無実の罪を着せられ、二年間カイサリアで監禁《かんきん》されて後、裁判のためローマへ護送された。テモテもローマまで同行し、キリストのためにしばらく留置されたこともあった。パウロが第一回公判で無罪放免《むざいほうめん》されてから、テモテはパウロに従ってエフェソへ行った。

六四年、エフェソの司教となる

六四年、彼はパウロや長老たちの按手《あんしゅ》によって、エフェソの司教に叙階され、同時に予言や奇跡の能力まで与えられた。間もなくパウロはテモテを残し布教伝道の旅に上ったが、当時広がりつつあった謬説《びゅうせつ》に抵抗し、正統な典礼、倫理、聖職者に必要な徳などを教えるためにギリシアからテモテ宛てに手紙を送った。

その一節にテモテが信心や司牧に熱心なあまり過度の苦行をしないよう戒《いまし》めている。「これからは、水ばかり飲むのをやめ、胃のために、またしばしば起こる病気のために、ぶどう酒を少し用いなさい」（一テモテ5・23）。パウロはその後、ネロ皇帝の迫害によっ

てローマで逮捕されたが、エフェソの信者が見舞いに来たついでに、ぜひ死ぬ前に、もう一度テモテに会いたい旨を言づけた。しかしテモテの到着が遅いので、六六年、パウロはローマの獄中からテモテ宛てに最後の手紙を送った。それにはパウロの思いやりがにじみ出ている。

「創立まだ日の浅い教会は、現在いろいろな試練にあっているが、雄々しくこれに耐えなさい。すべてを見ている神は必ず私たちに永遠の幸福を準備してくださるに違いありません。主キリストは私たちに福音を託したもうたが、あなたもこの信仰の遺産をよく保って、これを信頼できる忠実な人に委託しなさい。どんな困難に出あってもキリストのよき軍人として、共に苦しみを忍びなさい」と。

恩師パウロの殉教後も、テモテは、ずっとエフェソ教会を司牧していたが、ディアナ女神の祭日に偶像礼拝を非難したところ、怒り狂った異教徒からこん棒でなぐられ、壮烈な殉教を遂げた。

エルサレムの「第一公会議」に出席

紀元五〇年頃に開かれたエルサレムでの第一の公会議で、使徒たちが解決すべき最初の大問題は、アンティオキアの教会に起きた出来事だった。

当時シリアのアンティオキアは、富と力と悪徳のうわさのために、世界で第三に名高い町だった。第一に有名な町は帝国の首都ローマで、第二は研究の町、エジプトのアレキサンドリアである。そして第三に、商業、富、また悪徳の首府としてこのアンティオキアが名指《なざ》しされていた。

アンティオキアには、改宗者の異邦人による教会ができていた。そのかわりにエルサレムの教会は、ほとんどキリスト教に回心したイスラエル人たちによって成り立っていたと言える。この改宗者のユダヤ人は、アンティオキアで、異邦人がユダヤ教を通らずに、すなわち割礼も受けずに直接キリスト教に入ると聞いた時、少なからず躓《つまず》きを感じた。そんなことが許されてよいのか？　これはエルサレムでの第一公会議で、まず使徒たちが解決すべき大問題であった。

聖パウロは、イスラエル人であっても、これに賛成だった。ユダヤ教を通らず異邦人は直接キリスト教に入ればよい、という考えだった。聖ペトロもその考え方に納得して、直接キリスト教に入った。そしてアンティオキアのもとの異邦人は、別にユダヤ教に従うことを要求すべきではないと宣言した。

聖テトス司教

テトスの人となり

異邦人で直接キリスト教に改宗した人々の中に、シリア生まれのテトスもいた。彼は、パウロ自身が回心させたようである。その十四年後に、パウロはアンティオキア教会でテトスに再会した。彼は徳の評判の高い目立った信者となっていた。五一年にパウロは、テトスを伴ってエルサレムへ帰ったが、その頃ちょうど、この問題が持ち上がっていた。しかしテトスが割礼《かつれい》を受けることには強く反対した。こうしてテトスは、聖パウロが正しく考えていたように、民族とか国とかどんな区別もなく、キリスト教という普遍的宗教の生きる象徴ともなった。その時から、テトスは異邦人の使徒と言われるパウロの宣教の力強い協力者となった。テモテはパウロの打ち明け話の相手であったが、テトスは交渉《こうしょう》や調停《ちょうてい》に当たる外交家であった。

エフェソ、コリント、クレタ島で司牧

パウロは、彼を手もとから離すのはつらかったが、テトスに未信者の中よりも、キリスト教の教会間のもっとも難しい、取り扱いにくいさまざまな仕事を委ね、誤解を解き、争いを静めるためにあちこちに派遣した。こうしてテトスは、エフェソ教会、特に聖パウロに対して強い反対のあるコリントの教会へ手紙を持っていった。新しい教会を組織するための人徳もあり、雄弁《ゆうべん》にして、また霊感も豊かだったテトスの仲立《なかだ》

ちは、まことに貴重なものだった。再び聖パウロのもとに戻った時には、コリント人の側からの和睦《わぼく》と誠実を表した手紙を携えて帰った。

パウロは後に、彼にもう一つの手紙を送った。それはローマでの自分の最初の旅行の後、しばらくの間、クレタ島で宣教し、幾つかの教会を造り、テトスをそこに残したが、このテトスに送った手紙では、良い司教の資格を挙げている。

「監督は、神の家の管理者として、とがめられる点がなく、高慢でなく、短気でなく、酒飲みでなく、乱暴でなく、恥ずべき利益をむさぼらず、かえって、人を手厚くもてなし、善を愛し、思慮深く、正しく、信心深く、自分を制し、また、教えにかなった信頼すべき言葉を固く守る者でなければなりません。これは健全な教えをもって人々を励まし、また、反対する者を説得することができる人となるためです」（テトス1・7－9）。

聖パウロの殉教の後、クレタ島に残ったテトスは、ゴルティナの司教となった。それは聖パウロの心に従った理想的な司教だったと言える。彼こそユダヤ教を通る必要なくしてキリスト教に入り、まったく新しくなった人であった。

このテトスがクレタ島での彼の長い宣教生活中もっとも苦しめられたのは、パウロが言っていたユダヤ系の〝偽兄弟〟たちからだった。しかし使徒たちのエルサレム公会議での決議がどんなに正しかったかは、ローマのもう一人のテトス将軍が、エルサレム占領後廃虚《はいきょ》となった神殿で、皇帝の位を宣言されたその時であった。この神殿の使命はもう終わっていた。なぜなら、すでにイスラエル人でも、異邦人でも区別なく迎える新しい教会が、聖テトスたちの指導を受けて発展し続けていたからである。

紀元一世紀の終わり、テトスは九十四歳でクレタで帰天した。彼の遺骸は、その町がサラセンによって破壊されるまで、ゴルティナという町にあった。

一月二十六日
聖ロベルト、聖アルベリコ、聖ステファノ修道院長

（「厳律シトー会」＝「トラピスト会」の創立者）

トラピストの由来

日本ではトラピスト、あるいはトラピスチンと呼ばれる戒律の厳しい修道会がある。トラピストは北海道北斗市三ツ石にある男子修道会であり、トラピスチンは北海道函館市上湯川町にある女子修道会である。この女子修道院内は禁域《きんいき》（完全に隔離されて生活している修道院＝クラウスーラ）となっており、外来者は院内に入れないが、その前庭だけは有名な観光スポットになっており、大型観光バスの停留所も設けられている。

「トラピスト会」は「厳律シトー会」の伝統を受け継ぎ、ヌルシアの聖ベネディクト（七月十一日参照）の戒律を厳しく守るためにフランス北東部のブリックベック修道院の修道者たちによって一八九六（明治二十九）年に創立された。それで別名、「厳律シトー会」と呼ばれている。修道規律の改革の時、フランス北西部、ノルマンディー地方のトラップ修道院の厳しい規律に従う「厳律シトー会」のグループのまたの名を、修道院の創設地の名を取って「トラピスト会」（女子はトラピスチン会）と呼ばれるようになった。この観想修道会は司教の行政干渉を受けない免属《めんぞく》修道会の特権を受けている。「トラピスチン会」は一〇九八年に「厳律シトー会」の第一代院長聖ロベルトによって創立され、別名「厳律シトー会」と呼ばれる。

なぜシトーと呼ばれるかは五世紀に起源を持つ「ベネディクト会」修道院が、時代を経るに従い、貴族出身の修道者が多数を占めた結果、創立者聖ベネディクトの戒律がゆるくなり、修道者たちが世俗化し、多額の遺産を修道院内に持ち込み、肉体労働なしの贅沢《ぜいたく》な生活となり、聖堂は彫刻やステンドグラス、塔など、瞑想《めいそう》の妨げとなる装飾で覆《おお》われていた。

その代表例がフランス中東部、ブルゴーニュ地方のベネディクト会系の「クリュニー修道院」である。ロ

ベルトはこのような清貧に欠けた修道生活の革新に大ナタを振るった。ロベルトは原始修道院制への復帰を念願して、一〇九八年、リヨン教区のシトーの森（ディジョンの南、約二十五キロ）に革新的なシトー修道会を創立した。貴族趣味の修道院では世俗化が進み、修道者志願者が減少するのを憂《うれ》えて、創立者ロベルトはベネディクトの戒律を厳格に守り、彫刻や美術による教示を禁止し、貴族趣味の豪華な典礼、壮麗《そうれい》・華美《かび》な服装を改め、黒から白い修道服に改め、食事も質素にし、荒地の開墾《かいこん》作業などに従事し、祈りと瞑想《めいそう》と自給自足の生活を送った。それ以来「シトー会」は、戒律の中でも労働と学習を重んじ、自ら農具を手にして農民らを指導し、森林に覆われていたフランスの開墾や新農法の普及を行った。ちなみにクリュニー修道院はフランス革命まで存続したが、現在は、その南翼だけが残されている。

　ロベルト自身は一年後「ベネディクト会」のモレーム修道院へ戻ったが、第三代修道院長ステファノの時代（一一〇九―三三年）に規律と組織の面で基礎が固められ、特にシャンパーニュ（フランスの北東部、ランスを中心都市とした地方）の貴族ベルナルドとその一族多数の入会（一一一二年）以来、会勢は急速に発展した。「トラピスト会」では第一代院長から第三代院長までを創立者として祝うが、次にその三人の創立者について順を追って取り上げてみよう。

聖ロベルト（第一代院長）

聖母の許嫁《いいなずけ》

「厳律シトー会」の三創立者の一人、第一代院長ロベルトは一〇二七年頃、シャンパーニュ地方の貴族の家に生まれた。父チェリと母エルメンガルドは財産家であったが、長いこと子どもができなかった。ロベルトが母の胎に宿った時、母は夢を見、聖母に指輪《ゆびわ》を示されて、この子を私の許嫁《いいなずけ》とする、と言われたと伝えられている。信心深い母によって神にささげられ、十五歳でトロア教区のモンティエ・ラ・セルの「ベネディクト会」修道院に入り、かなり若い頃、彼の高貴な生まれと徳と、豊かな才能故に修院長に選ばれた。ロベルトがこの職責にある一時期、修道院近くのコランの森に七人の隠修士たちが住んでいたが、この人たちの霊的指導をしていたらしい。

聖ベネディクトの戒律を全部守る

ロベルトはこの人たちに、意図している新しい修道生活、すなわち聖ベネディクト（七月十一日参照）の戒律を部分的にではなく、全部守ることによって、師父ベネディクトが意図された修道院生活を文字どおりに守ることを熱心に説いたであろう。そうしているうちに一〇六八年、ロベルトはトネールのサン・ミシェル大修道院の院長に選ばれてしまった。けれども修道者たちにはロベルトの意向が理解し得ず、ロベルトは自分の修道院に帰り、一介《いっかい》の修道者として観想生活を送っていた。コランの隠修士たちは、時の教皇アレキサンデル二世にロベルトを大修道院長として求めたが、サン・ミシェル修道院の子院プロヴァンスのアリュル修道院でも上長として求めたのであった。

モレーム（Molesmes）の森林の贈呈《ぞうてい》

教皇は元修道者でもあり、修道生活の刷新《さっしん》に熱心な人であったので、コランの森の隠修士たちのロベルトへの信頼に同意したのであった。こうして一〇六九年にロベルトはコランの森に行き、生活を共にした。が、一年後コランの森の環境の悪さを知ったロベルトは、ベネディクト的修道生活を予想して、厨房《ちゅうぼう》や水車、洗濯に必要な清流と労働に適する土地と森林のある人里離れた新しい所を求め始めた。コート・ドール・セーヌ上流シャチオンの地に、親戚のマリニー家からディジョン市近郊の人里離れたシトーと呼ばれていた森林地帯が贈られることになった。証書には寄贈者《きぞうしゃ》としてマリニー家の主人ウーゴとその姉妹と両親が証印《しょういん》し、聖ベルナルドの父となるローテッサリンが証人となっていて、この贈り先は聖母と聖母に仕える十三人の修道者となっている。この十三人の中にステファノとペトロも入っていたのであろうか。コランの森の隠修士《いんしゅうし》の中で主《おも》だった人をアルベリコと言った。「シャルトルーズ会」創立者聖ブルーノ（十月六日参照）の伝記作者は聖ブルーノが隠修《いんしゅう》生活の場を求めさまよっていた時、モレームに立ち寄り、共に生活した際、三人の将来のシトー会創立者ロベルト、アルベリコ、ステファノと会ったことをほのめかしている。

モレーム修道院を創設

モレームの谷は寂漠《せきばく》とした森林のふところ深く隠れていた。勇敢な隠修士たちは冬の厳しさにもかかわら

ず、手造《てづく》りの木造の礼拝堂を造り上げて、乙女マリアに奉献した。それから、この礼拝堂の周囲に各自自分の独房《どくぼう》を枝と泥でコランの森にいた頃のように建てた。こうして一〇七五年十二月二十日にラングル教区のモレームに新修道院が開設《かいせつ》され、祈りと労働、観想と痛悔の孤独の生活が再開された。ロベルトの理想に従ってベネディクトの戒律を純粋に理解し、これを全面的に順守《じゅんしゅ》しようと決意し、神への奉仕を始めた。それは神の御子を中心とするナザレの生活であり、聖性であった。毎日の肉体労働の疲労《ひろう》の後に、神の下僕《げぼく》たちはパンにさえ事欠《ことか》き、水で炊《た》いた野菜で満足しなければならなかった。この隠修士たちの清貧と苦業は、近隣の町の人々の驚嘆《きょうたん》の的《まと》となった。ある財産家は、遠方からわざわざ生活必需品を送ってきた。信心深い人たちは教区司教や貴族たちに愛されたロベルトに、プレゼントとしていろいろな物を持ってきて、自分の村や町にも、修道者を派遣して、修道院を建ててほしいと願った。そのため、ロベルトは遠方の地にも小さな修道院を幾つも建てることができた。ある日、トロアの司教ダン・ピエールのウーゴ二世が従者《じゅうしゃ》たちを従えて、この地を通った折、隠修士たちのすぐれた模範を聞き、モレームに立ち寄った。この時、隠修士たちは自分たちに残されていた唯一の食べ物、干《ひ》からびた一片のパンを供《きょう》したのであった。司教は深く感動した。以来、司教は隠修士たちに多大な友情を抱いたのである。

司教の援助と証言によって、ブルゴーニュやトロアなどの領主や多くの貴族が土地や金銭を贈呈《ぞうてい》した。こうしてモレームは、一〇八四年には三つの院長格の子院を持つほどに繁栄した。ロベルトの聖徳の評判が日増しに大きくなるので、敬虔な婦人たちやランスの教師ブルーノが二人の弟子たちといっしょにロベルトの意見を仰いだ。

清貧の欠乏で霊性の低下と風紀の乱れ

記録によれば、聖ロベルト院長の聖徳、人徳に引かれて多くの修道志願者が殺到《さっとう》した。修練者の大部分は、恩人や貴族の家の者であった。この人たちが入会すると、それに伴《ともな》って、いつも贈り物がどっさり修道院に運び込まれ、贅沢《ぜいたく》な生活を送るようになってしまった。当時は修道院も社会も、どこかの領主の土地の中にあったので、修道者は領主や世間の人々と親しく交わっていた。それで聖ベネディクトの意図した修道生活、世間から離れた祈りの生活が、ほとんどできないようになった。こうしていつしかモレーム修道院も創立二十年を経ずして、「聖ベネディクトの修道院戒律」の順守《じゅんしゅ》に関して修道者間の見解の相違が大きくなり内部分裂を起こした。

物質面が豊かになると、霊性がだめになり、風紀《ふうき》も乱れ、ロベルトとコランの森の創立時代からの修道者たちは、この事を嘆き、ベネディクトの意図した修道生活から生まれる霊的生活の重要性を強調して言った。「私たちの先輩《せんぱい》は自らの手で働いてパンを得たのに、私たちはほとんど、そういう苦労《くろう》は放棄《ほうき》してしまっているのではないか」と。

ロベルトが条理《じょうり》を尽くして説いても、共同体は喜ばず、それのみか、ある人たちはそういう勧めにまったく耳を貸さず、ロベルトにいろいろと嫌《いや》がらせをした。矯正《きょうせい》しようと努めても無駄《むだ》だと悟ったロベルトは、ぐずぐずしているうちに霊的損害を被《こうむ》り、魂も毒されると見てとり、彼らのもとを去る決心をした。たまたま、より純粋に、より完全にベネディクトの戒律を守ろうとする修道者たちと、「他の修道院だってそうなのだから、自分たちもなんら非難されるべき事をしていない」と主張する修道者たちとの間に争いが起こった。平和と静けさの愛好者であったロベルトは、事を荒立てないように、また反対する修道者たちを罰し、矯《た》め直そうと考えて、その当時ときどき行われていた事だが、一時のつもりで、つつましく神に仕える修道者たちがいると聞いたアウルムと呼ばれる地へ身を隠した。

ロベルトは、そこでも快《こころよ》く迎えられ、いっしょになって手仕事に従事し、節眠《せつみん》も、祈りもして、しばらく生活を共にした。聖徳《せいとく》において誰よりも抜きんでていたので、ほどなく師と仰がれるに至った。これは一〇九〇年の間のことであった。

モレームからシトーの森へ

ロベルトはある日、好機到来《こうきとうらい》と悟り、アルベリコ、オドン、ヨハネ、ステファノ、レタルド、それにペトロといっしょに教皇使節ウーゴのもとに赴《おもむ》き、涙を流してたった一つのこと、すなわち他の土地へ移ることを許してほしいとしきりに願った。らの願いを聞き入れたので、モレームの共同体から新たに同志を募り、二十一人の修道者はロベルトと共にディジョン近辺のシトー（よどんだ水たまり）の森林へ行き、茨《いばら》の生い茂る森林を伐《き》り開き、木造のシトー修道院と聖堂を建立《こんりゅう》し、それを聖母マリアに奉献《ほうけん》した。シトー修道院も初期モレーム修道院と同じく、隠修生活と共同生活が一つになったものであった。それは一〇九八年三月二十一日、その年の枝の主日であった。

モレーム修道院へのロベルト帰還を請願

モレーム修道院に残留《ざんりゅう》し、聖ロベルト院長と意見を異にしたはずの修道者たちは、聖ロベルトのモレーム修道院帰還を強硬《きょうこう》に主張しはじめた。聖ロベルトの存在があってこそモレーム修道院の評判《ひょうばん》が保たれていたことをモレーム修道院の修道者たちはやっと気づいた。

モレームの修道者たちはロベルトを怒らせてしまい、彼が余儀《よぎ》なく去って行ったのは、自分たちの不従順のせいだと分かり、後悔した。彼が去ってから、近隣の領主や貴族からの寄付が中止され、物心両面の損害がいかに大きいかを嘆いた。モレームの修道者たちは、どうすればよいか相談した結果、ロベルトについで大院長になったドン・ガウフレドの望みでウルバノ二世教皇のもとに赴き、並み居る人々の前で、ロベルトを自分たちの方へ帰してくれるように切願し、嘆願した。彼らは言った。「自分たちの地方では、もはやカトリックの信仰もすたれ、ロベルトがいないので、自分たちは領主やその家来《けらい》に憎まれてさえいる」と。

彼らのうるささに閉口《へいこう》し、その上、幾人かの枢機卿や司教に強いられて、教皇ウルバノ二世は使節ウーゴに、できる限りロベルトにモレームへ帰るように、またシトーの庵《いおり》を愛する修道者たちには、そこで平和に暮らすように強く勧めよ、と命じた。この決定を耳にしたロベルトは、少しも狼狽《ろうばい》しないで、「心を尽くし、知恵を尽くし、力を尽くして神を愛すること、および隣人を自分自身のように愛することは、どんないけにえよりもはるかに優れています」（マルコ12・33参照）

と悟り、直ちにモレームへ帰る準備をした。

モレームへ帰還

一〇九九年、ロベルトは反対したい気持ちがあっても、喜んでモレームに帰った。去っていく師を見るシトーの修道者たちはとても悲しんだが、モレームの修道者らは師が帰ってくるのを見て、非常に喜んだ。使節の許可をもらって、数人の修道者もシトーの生活に向かなかったのか、ロベルトを慕ってか、七十二歳のロベルトと共に帰ってきた。

バレンソ市の貴族と群衆は喜びに小躍《こおど》りし、歓迎《かんげい》の歌を歌いながら彼を迎えた。モレームの修道者らも、物質面で満たされるより、ベネディクトの精神を大切にし、神のため汗水を流すように改心しだした。

ロベルトはすべてをよくなされた摂理《せつり》を心から賛美し、自分に託された群れを父としての愛情で包み、かかる重責《じゅうせき》には年をとり過ぎていたにもかかわらず喜んで人々に奉仕し、数多くの修道院を創立し、特に修道精神と行いによって修友を導いた。

こうしてロベルトは、多くの子院を建て、同時に人々から温厚で温かい魂《たましい》の導き手と仰がれ慕われた。キリストと共にありたいとの望みは、忍耐の徳によって日ごとに大きくなり、彼をますます神に愛される者としたが、一一一〇年に八十三歳で主のみもとに召された。聖堂内にあった彼の墓は長年、奇跡によって有名であった。そして一二二二年に教皇ホノリオ三世(在位一二一六―一二二七年)によって聖者の列に加えられた。

聖アルベリコ（第二代院長）

キリストと共に貧しく

聖ロベルトの後を継いで「シトー会」第二代院長に選ばれた聖アルベリコの生い立ちはまったく知られていない。貴族の身であり一般教養と聖なる学問に優《すぐ》れた人であり、聖なる戒律と兄弟たちを愛する人であった。「シトー会」の霊性や聖なる戒律とは何か、アルベリコとその同志たちの姿が創立史の中で描かれている。「残った者の希望は、生ける理性ある石となって天のエルサレムを修復《しゅうふく》するために、新しい修道生活の新しい教会を建てることであった。理性や権力の基礎の上や、動きやすい傲慢《ごうまん》な態度で家を建てるのではなく、神でありながら自らをむなしくし、貧しくなられたキリストと共に貧しくなり、その受難にあずかり、神に向かって聖なる汚れない道として世を照らし、キリストの良い香りを至る所に漂《ただよ》わせ、多くの人々の救いとなることであった」と。

　アルベリコもモレームの最初の修道者の一人であり、そこで何年かの間、統治・管理の職責《しょくせき》を果たしていた。教養もあり、霊性はもとより、社会学にも通じていた。と同時に、ベネディクトの戒律と修友を心から愛していた。かなりの歳月《さいげつ》がたってからであるが、心ある修道者たちが望み、かつ決心していたように、ベネディクトの戒律が完全に守られないのを見て、彼もシトーに移ろうと長い間ずいぶん骨折った。そのため侮《ぶ》辱《じょく》を忍ばなければならず、むち打たれ、獄舎《ごくしゃ》にさえ投げ込まれたほどである。

しかししまいに望みがかなえられる日が来て、ロベルトを先頭に心を同じくする修道者たちはシトーに赴《おもむ》くことができたが、そこでも彼は統治・管理の務めを果たさなければならなかった。

シトー大修道院長に就任

　ほどなく正しい権威にとても従順であったロベルトがモレームに戻ったので、アルベルコは固く辞退《じたい》したにもかかわらず、一〇九九年、シトー大修道院長に就任《しゅうにん》せざるを得なかった。そして、シトーはモレームから独立して一つの新しい修道会となったのである。

　彼はまさに不可思議なみ摂理に導かれる人であった。託《たく》された修道院は弱く貧しく、生まれて間もない修道院を訪問した二人の教皇使節、カルディナル・ヨハネとベネディクトの勧めに従い、また共同体と相談して、二人の修友ヨハネとイボルトをローマへ派遣した。彼らは教皇パスカル二世に、どうか自分たちの修道院が、聖職者からも俗人《ぞくじん》からもいじめられることなく、教皇庁の保護のもとに、いつまでも安らかであるようにしてほしい、と涙ながらに願った。彼らは、つつがなくローマに到着し、しかもアルベリコと修道者たちが望み、願ったとおりの特権を与えられて帰ってきた。それによって強められたシトーの修道者たちは、モレームを離れる時、決心したことを完全に、しかもすぐ実行できるようになったことを喜び、ベネディクトの戒律に適合《てきごう》しない規則はどれであるかをよく調べ、アルベリコを中心に、新しい修道会の会憲のようなものを起草した。

陋習《ろうしゅう》の打破《だは》

契約に忠実であったアルベリコ一行は、ベネディクトの戒律《かいりつ》順守を固く誓い、シトーに住居を確定して、まずベネディクトの戒律に背くすべてのことを放棄することから、生活の第一歩を踏み出した。肌に心地よい下着、飾りのついた衣服、毛皮類、大頭巾《おおずきん》、半ズボンを脱ぎ捨て、毛皮のついたマント、寝室の装飾品《そうしょくひん》などの使用をとりやめ、食堂からは油の器を除いて、食器の数を減らした。戒律を純粋に守るのに妨げとなるような事物に対しても同じような処置をとった。戒律を文字どおり守るのが目標だったので、むしろ義務は少なくして、それを完全に守るという主義に生き、とり決めたことは、どんなことでも固く守ろうと決心した。このように生活することによって、古い人を脱ぎ捨て、新しい人を着ることを喜びとした。

彼らのとり決めは固く、ベネディクトが所有していなかったと思われるものはほとんど何一つ見つけ出すことができないほどで、かまど、水車、祭壇、ささげ物、墓はきわめて質素で、税を取ること、土地を貸すこと、農奴《のうど》の使用なども驚くほど控えめであった。「姉妹」の特権というものがあって、婦人を修道院に入れることと外国人に墓地を提供することも許されていたが、その特権を使うことも徐々に少なくしていった。したがって、この点に関しては、長い間の陋習《ろうしゅう》といったものを打破したことになる。

彼らは口癖《くちぐせ》のように言っていた。「聖ベネディクトが、修道者は俗事《ぞくじ》に煩《わずら》わされてはならないと教えるのは、とりも直さず、修道者の心の中に世俗的な考え方が忍び込んではならないということだし、名にふさわしい者になろうと望む修道者は世俗に対してもまた彼らを見つめる者に対しても、聖なる回心とはどういうものであるかを身をもって示さなければならない」と。

彼らはこうも言っていた。「聖霊の真の代弁者である私たちの先輩は、十分の一税を四つに分け、第一は教区の司教に、第二は主任司祭に、第三は旅人、寡婦《かふ》、孤児、困窮の中にある貧者に、第四のがやっと聖堂献金に割り当てていて、その分配の仕方は非の打ちどころがなく、自分たちのためには何一つ受け取らなかった。それは土地の収益や労働によって生計を立てていたからで、十分の一税をとるのは本心ではなかったが、その当時の社会秩序を乱すわけにはいかなかったからである」と。

労働修士も使用人も同じ待遇《たいぐう》

キリストの新しい兵士たちは、キリストのように貧しく、この世の富から離脱《りだつ》していたが、貧乏人でも、あたかもキリストご自身を迎えるように迎えなければならないと命ずる戒律の条文を大切にし、どんな貧しい人でも喜んで迎えていた。そして司教の同意のもとに、労働修士の制度を取り入れたが、その中には普通の信者のままの者も少なくなく、顎《あご》ひげによって修道者と区別されていた。雑役《ざつえき》に従事する労働修士も使用人も、正式な修道者ではなかったが、生きている間も、死ぬ時も修道者とまったく同じ待遇《たいぐう》を受けるものとされていた。そのうえ雇い人や下僕もいたが、彼らの助けがなかったら、日夜戒律をよく守ることはできなかったであろう。

修道院の建物から遠く離れた土地に、ぶどう園、牧場、森林、水車や修道院の用水に役立ち、そのうえ釣りさえできる小川などのある農園を作った。そこには農耕《のうこう》のためはもとより、生活のため必要な馬や他の家畜《ちく》も飼《か》われていた。

その農園の中にグラジュ（大きな倉庫）と呼ばれる建物を建て、それを労働修士たちに一任した。その訳は、戒律によって修道者の住居は囲い内がふさわしいと決められていたからである。

聖ベネディクトは、修道院は華やかで騒々《そうぞう》しい大都会はもとより、小さな都市や町からさえも遠く離れて建っていなければならないと決めていたし、創立にあたっては、大修道院長を先頭に必ず十二人の修道者を派遣していた。シトーの修道者たちも修道院創立にあたっては、あらゆる点にわたって、聖父の模範に従うことにしていた。

「シトー会」を天地の元后マリアへ奉献《ほうけん》

彼らの新しい修道院は、とても貧しかったが、アルベリコの配慮と努力によって、まず霊的な面で進歩したので、評判《ひょうばん》はとても良く、物質面でもそれほど困らないようになった。しかし彼らに一つの悲しみがあった。それは、見つけ出した天国に通ずる霊的宝を人々に分かち与えようとしても、後に続く者がなく、生活があまりに厳しいとのうわさが流れていたからである。志願者がやって来ないということは、彼らにとって、夜明け前の暗闇《くらやみ》であり、一つの大きな試練だったのである。

シトーの荒野を訪れた二人の教皇使節は、厳しさと喜び、静けさに満ちた修道者らの顔を見た。「厳律シトー会」は一一〇〇年、教皇パスカリス二世によって新しい修道会として認められ、修道服は黒から白くなった。そして、「厳律シトー会」は天地の元后マリアに奉献されたのである。一一〇九年一月二十六日、アルベリコはマリアのみ名を呼びながら、やさしく知恵と力に満ちた神の子として亡くなった。アルベリコがシトーで戒律を愛して生活した年月は、九年であった。その遺体は、アルベリコが、こよなく愛したシトーの聖堂内に葬られている。

聖ステファノ（第三代院長）

欧州の巡礼地や修道院を訪問

聖アルベリコに継いで第三代のシトー会大修道院の院長となった聖ステファノ・ハーディングは、イギリスで最も高貴な家柄で、一〇五九年、ハーデン家のダン王族に属する裕福な王家の子として英国南西部メリオットに生まれた。若い頃、シャボーンのベネディクト会修道院に入った。

一〇七一年、ステファノ・ハーディングは、それまでの静かで喜びに満ちた修道院を後に旅に出た。歴史家は勉学のためにと言う。しかし本当の原因は、ハーディングが王家の人であったために、もう以前のように静かに神を求める生活が送れなくなったためであった。四年前、王エドワードが亡くなると、王位継承《おういけいしょう》をめぐって、王の義弟《ぎてい》ハロルド卿《きょう》と、いとこにあたるフランスのノルマンディーのギョーム侯《こう》との間に戦端《せんたん》が開かれ、ギョーム侯がイギリス王になると、教会内にもいろいろな変化が起きたためである。

ステファノはスコットランドとアイルランドを旅し

た後、フランスに渡った。自らの手で働きながら、ランスやラオン（またはラン）やパリで教会に関する知識と学問一般を学び、芸術や技術をも身に付けた。この頃のステファノがシトー会の歴史に初めて姿を見せるのは、後年、フランス中東部ブルゴーニュ地方のクリュニー修道院の院長として一生を終える聖ペトロの伝記の中である。

　このペトロもまた、イギリスから修道生活を求めてフランスに渡った一人であった。ヨーロッパ一帯の有名な聖所や修道院を訪れ、聖徳と教えで著名な修道院長や隠修士を訪ねて教えを請《こ》うていた。ある日、シャンパーニュとブルゴーニュの境《さかい》の道を通ると、人気のない所に一人住んで、熱心に祈りと修徳に励む同国人ステファノを見いだした。ペトロはそこで、詩編を交唱しながら、共に完徳追求の日々を送る決意をした。そして二人は、祈るためにローマへの巡礼を思い立ち、旅立った。道々、聖なる人々を訪ね、修道院や隠修士を訪れ、こうして聖ロムアルド（六月十九日参照）が創立したばかりのカマルド会の隠修所にも滞在したのである。隠修生活やベネディクトの戒律を、それぞれ異なったふうに守る共住修道院での体験は、二人に本当の修道生活とは何か、神を求める生活とは何かを心に問いかけたのであろう。ローマからの帰路、神の摂理はこうした二人にクリュニー会のモレームへの道をとらせたのである。

　モレームの修道院は、二人がたどりついた頃、創立当初の隠修生活の姿であった。彼らはモレームの聖ロベルトのもとで、厳格な修道生活を体験した。一〇九八年、ロベルトが創設したシトー修道院に入り、一一〇九年、院長に選ばれた。

聖書的雰囲気と聖母への信頼

この時期ステファノは、聖書本来の意味を正すために、ヘブライ語、アラマイ語の原文をユダヤ人ラビたちに正しながら、修道院内の使用のために修道者たちと聖書の写本をしたのであった。こうしてシトーの霊性に聖書的雰囲気を与えたのである。

ステファノとその同僚たちが考えたことを実行していく根拠となったもの、それはシトー修道会がなぜ建てられたのかを追求し、原点に立ち戻ったことである。まず、修道院生活にとって害になる約束ごとの絆《きずな》を断ち切るため、以後どんな領主であっても、シトーの聖堂内に裁判のできる集会所を設けてはならないとした。

次に、神の家にあって、贅沢で派手すぎると思われる何物も、人目《ひとめ》を奪ったり、徳の守り手である清貧を汚すことのないように、聖式用の器であっても、金銀、また絹の使用を最小限にとどめた。

一一一一年から翌年にかけて病気が流行し、多くの修友が早死にしたり、厳格な生活の故に入会する志願者が少なかったりで、悲しい日々であったが、神に向かって涙を流し、熱烈に祈ることだけは決してやめなかった。「シトー会」は創立が始まったその日から、聖母マリアに奉献されていたが、ある日、彼らの聖母に対する信頼は、まったく思いがけない方法で報われた。

聖ベルナルドによる修道院増設

一一一三年に、人心をひきつける救い主みたいな二十二歳の聖ベルナルド（八月二十日参照）が、三十人の貴族を引き連れてシトーの修道院に入った。それ以来ベルナルドの人柄と統率力《とうそつりょく》にひかれ、志願者が続々集まってきて、わずか八年の間に、十二カ所の修道院が建てられた。一一一五年にフーゴ公から与えられたオーブの谷（フランス北東部）の一角に、クレルヴォー修道院が創設されると、若いベルナルドは、そこの大修道院長に任命された。それ以来、クレルヴォー修道院は「シトー会」の重要な拠点《きよてん》となった。「シトー会」の別名である「ベルナルド会」の呼称は、このベルナルドにちなむ。ベルナルドは「シトー会」のみならず、カトリック教会、およびヨーロッパ全体に非常に大きな影響力をもち、それに伴い、「シトー会」も大きな発展を遂げた。

「愛の憲章」による「さだめ」

それ以後も次々に建てられたシトーの子院が、それぞれ独立し、自治修道院として繁栄する前に、ステファノとその同僚たちは、分離のきざしがあらわれないように、先見の明をもって、次のことを決めた。「愛の憲章」と呼ばれる「さだめ」の中に見られるように、どのような方法で、否、どのような愛をもって、母院は各地に別れ広まったシトーの子院を、精神的に一致させていくべきかが決められた。ベネディクトの戒律を解釈する場合でも、典礼の書物を使用する場合でも、そこに必ず一致がなければならないとし、年一回総会を開くべきこと、子院は母院長によって視察を受けなければならないと規定した。そして各修道院の一致を保つために、シトーの修道院と同じ規則・慣習を守ることを定めた。

これらの規定は新修道会の堅い基礎となり、一一一九年、教皇カリスト二世の承認を受けた。ステファノがどこまでも望んでいた一致、その一致をもっと強めるため、詩編あるいは他の公の祈りは、ベネディクトの戒律の中に命じられている以外は、決して使用してはならないと決め、たぶん、アルベリコもいっしょだったろうと思われるが、賛美歌は、メディオラネンス市で使われていた聖アンブロジオのものを筆写させて使用することにした。アンティフォナ（交唱詩編）も、純正なものだけを使用すると決め、そのためメテンシス教会で使われていたものを筆写させるため、修道者を遣わした。それだけではなく、聖書でさえ、間違っていると思われる箇所はよく研究し、全力を尽くしてためらわず訂正した。ステファノにはおもしろい習慣があって、聖堂に入る時、扉の一カ所にハッキリ爪跡が残るほど強く爪をたてていたが、それは聖務日課を唱えるのに邪魔になる心配事は立ち去れ！という「しるし」だった。

祝祭日の行列に使用した小さな牧杖《ぼくじょう》は、彼の謙遜と清貧をよく示していた。なぜなら、老人たちといっしょに進むとき、その小さな牧杖は普通の杖のように見えたからである。

老年には勝てず、院長職を退いたが、その時もはや、彼によって建てられた修道院は七十五にもなっていた。後継者には、シトーの精神に徹し、雄弁の誉れの高かった聖ベルナルドを残し、天上の冠を受けるべく、一一三四年三月二十八日、神を畏《おそ》れながら主に召された。遺体は、アルベリコの傍らにうやうやしく葬られた。

しかし、聖ベルナルドの死後、「シトー会」は徐々に衰退《すいたい》していき、また英仏間の百年戦争、カトリック教会内の分裂、宗教改革、国際紛争、疫病の流行などの社会情勢から、地域ごとのグループに分裂していった。さらに、フランス革命によって決定的な打撃を受けて、一時はフランス国内から姿を消したが、革命終了後に亡命していた修道者がフランス国内に戻ると復興《ふっこう》し、現在の「シトー会」が造られた。

トラップ修道院と「厳律シトー会」（トラピスト、トラピスチン）

このとき、フランス北西部、ノルマンディー地方のトラップ修道院でドンランセ神父が一六六二年に院長に就任して以来、この修道院から聖ベネディクトの戒律を厳格に守る改革運動が起こり、この改革を受け入れた修道院をトラピスト修道院、別名「厳律シトー会」と呼ぶようになった。そして一八九二年、トラピスト修道院は「シトー会」から分離して独自の総大院長が置《お》かれた。翌年、教皇レオ十三世はこの分離を認め、「厳律シトー会」として認可した。

北海道北斗市三ツ石にある「灯台の聖母トラピスト修道院」は、フランス北東部のメルレー修道院の分院ブリックベック修道院の修道者たちによって一八九六（明治二十九）年に設立された。

現在日本では聖ロベルト、聖アルベリコ、聖ステファノの三聖者によって創立された「厳律シトー会」の修道者も修道女も創立者たちの模範に従い、福音の具体的な注解である聖ベネディクトの戒律のもとに、生きた体験を身に付けようと努力している。それは定住を約束した愛の共同体の中で、主への従属《じゅうぞく》において、日々の典礼、祈り、聖なる読書、労働によって実現されてゆき、教会から委ねられた使命を果たす。

現在、北海道と大分県日出町に共住する男子トラピスト会員は五十人余りで、生活の糧としてトラピストの伝統である農耕《のうこう》、牧畜《ぼくちく》、酪農《らくのう》、乳製品製造（バターやクッキー）に力を入れている。

「女子トラピスト会」は、一〇九八年に聖ロベルトによって創立され、「厳律シトー会」、通称、「トラピスチン」とも呼ばれ、日本では函館市の「天使の聖母修道院」に本部を置き、西宮と伊万里と郡須と大分県宇佐市に修道院を持っている。二百人以上の修道女たちは沈黙のうちに世の貧しい人々と労働を分かち、神のみ言葉をよく読み、聞き、分かち合い、祈りを育《はぐく》み、さらに来客・訪問者を受け入れ、典礼にあずからせ、自らの霊的生活の恵みを分かち合っている。

一月二十七日
聖アンジェラ・メリチおとめ修道女

（「聖ウルスラ修道会」の創立者）

宗教改革の反動で女子教育を強化

一般に、ある社会の道徳的水準は、その社会の婦女子の道徳水準によると言われる。十六世紀、ルターが教会内の腐敗を絶叫し、宗教改革ののろしを上げると、教会は相継ぐ異端や離教の波にのまれ一大危機に瀕《ひん》していた。

この時、聖女アンジェラは、「世の母親の女子教育に対する無関心な態度こそ社会の腐敗原因の一つである」と洞察《どうさつ》し、世界で初めて女子教育の必要性に気づき、婦女子のキリスト教教育に乗り出し、北イタリアのブレシア市に「聖ウルスラ修道会」を創立した。

初志を貫き、永遠の幸福を

聖女は一四七四年三月二十一日、北イタリアのブレシアに近いデゼンツァーノの信心深いメリチ家に生まれた。毎晩、夕の祈りの後、父親は家族一同に聖人伝を読んで聞かせたが、幼いアンジェラは、ひときわ熱心に耳を傾け、日中でも隠修士の徳行に習おうと裁縫《さいほう》のあいだに独り、祈りや黙想に専心した。彼女は不幸にも若くして父母に死別し、母方の親戚の家に引き取られた。間もなくその家の叔母も急病で、秘跡を受け

る暇もなく突然死した。ある日、アンジェラが叔母の霊魂のために祈っていると、小さな雲が輝いて地上を漂い、その中に数位の天使に付き添われた婦人が現れた。その時アンジェラは、「いつもあなたの志を守りなさい。そうすればきっと、永遠の幸福を受けるでしょう」と清い澄みきった声の響くのを聞いたそうである。

天使のように清い彼女の心にも、いつしか年を重ねるにつれて、悪魔の誘惑からか、汚らわしい想像や考えがしきりに浮かぶようになった。この試練に耐えて、彼女はいつもより熱心に祈り、ごくわずかのパンと野菜と水を取り、自分の務めに精を出し、悪魔の誘惑を退けた。

苦しむ者の母、悲しむ者の慰め手

また彼女は、生まれつき美しい容ぼうだったが、強《し》いて人の目を引こうとはせず、かえって徳の花で霊魂を飾り、神の愛だけを求めるように努めるのであった。

二十二歳の時、伯父を失ってからは、北イタリアのブレシア市で数人の乙女と共に祈りと善業に励み、修道女会の創立準備にかかった。彼女たちは子どもたちが罪を犯して神から離れないようにと、子どもたちを集めて有益な本を読ませ、カトリック要理や祈り、聖歌などの指導をした。また、それぞれ町に出て食べ物や衣服の施しを受け、これを貧民に与え、さらに病人を見舞って信仰の道を説くなど、福祉事業に励んだ。

こうしてブレシア市の人は、いつしかアンジェラのことを「苦しむ者の母、悲しむ者の慰め手」と呼び、大衆はもちろん、貴族や神学者までが霊魂上の問題について彼女の教えを請うようになった。アンジェラの影響力は甚大《じんだい》で、例えば、ブレシア市の伯爵二人は長年仲たがいをしていたが、彼女が間に入り、十字架を示して和睦《わぼく》を勧めると、たちどころに自分たちの罪を詫《わ》び合い、大の仲良しになったそうである。

その頃、ルターの教えがドイツを中心として北欧全域に広がり、ついに聖女のいたブレシア市にも押し寄せてきた。聖女は摂理の良き協力者として自ら防波堤となり、日夜祈りと使徒職に精励し、ついにその濁流をせき止めるのに成功した。

「聖ウルスラ修道会」を創立

その後に同志の乙女たちも増加したので、聖女は今こそ神の思し召しの時期と悟り、一五三五年、観想生活を営みながら、宗教改革によって荒らされた信仰生活を聖なる童貞性《どうていせい》の高揚《こうよう》によって建て直そうと、若い子女の信仰および道徳生活の養成を目的とする聖ウルスラ会を創立した。時あたかも聖イグナチオが同志を集めて男子の教育を目的とする「イエズス会」の創立にとりかかった頃である。それから五年後に聖女は大病を患い、主のお召しが近いのを知り、修道女を枕辺《まくらべ》に呼び、固く志《こころざし》に忠実であるように遺言し、一五四〇年一月二十七日に病者の塗油の秘跡を受けた後、その清い霊魂を神のみ手に託した。一八〇七年五月二十四日にピオ七世（在位一八〇〇―二三年）から列聖された。

　彼女の死後、会はミラノの司教カロロ・ボロメオ（十一月四日参照）によって組織化され、アンジェラ会とウルスラ会に分かれた。

　日本の「聖ウルスラ修道会」はカナダ修族に所属している。日本には一九三六（昭和十一）年十月十五日に渡来し、仙台市、八戸市、東京都渋谷区、橿原市に修道院を持ち、教育をはじめ、司祭への援助、老人ホームでの介護、海外宣教、広報活動などの仕事に携わっている。

　この他に聖ウルスラを守護者とする「聖心のウルスラ修道会」がイタリアのパルマで少女への慈善教育運動より一五七五年に創立された。創立者はマードレ・モリナリという女性。日本では一九五二年福岡市に、その活動拠点を設け、宮崎県延岡市に聖心ウルスラ学園（幼、中、高、短期大学）を経営している。

一月二十八日
聖トマス・アクィナス司祭教会博士
（学生・学校の保護者）

だんまりやの牛というあだ名

十三世紀、聖トマスがドイツのケルンで聖アルベルトの指導の下に勉学中、学友たちは、無口のトマスを「だんまりやのシシリー牛」と低能呼ばわりをした。しかし、さすがは聖大アルベルト、教え子の才能を見抜き、「おまえたちは、トマスをだんまりやのシシリー牛と言うが、今に見ろ、全世界がこの牛の声を聞くことになるから」と学生たちをたしなめたという。

実際そのとおりになった。トマスは、その緻密《ちみつ》な論理体系と堅実な思想で中世の学界を圧倒し、現代に至るまでその著書をもって哲学、神学をリードしている。この偉大な聖トマスの学問の成功の秘訣《ひけつ》はなんだったのであろう。

聖母と聖体への信心

彼は一二二五年頃、ローマとナポリの中間、アクィノの町に近いロッカ・セッカの山城《やましろ》で貴族アキノ家の四男五女の末子《まっし》に生まれた。五歳の時からベネディクト会のモンテ・カッシノ修道院に預けられて、知育、徳育、ともに厳しく教育された。ことのほか、聖母と聖体に対する信心があつく、勉学の点では少しの疑問でも先生に聞いたり、参考書を調べたりして物事の因果関係を的確《てきかく》につかんでいた。

両親に反して修道者を望む

その後、ナポリ大学に進学し、内外から来る誘惑に対して戦いながら、一心に祈りと勉学に励んだ。そして暇さえあれば近くのドミニコ修道院の聖堂で祈ったり、修道士と親しく交わったりした。そのうちに司祭への召命を感じて、「ドミニコ会」に入会しようとした。ところが両親は信心深い人ではあったが、これには大反対だった。前途有望《ぜんとゆうぼう》なわが子に託《たく》していた美しい夢が、あえなく崩れ去るのが忍びなかったからである。

トマスは、母が自分を家に連れ戻そうとしているのを知り、ひそかにナポリを去ってローマの修道院へと向かった。「わたしより父や母を愛する人は、わたしにふさわしくない」（マタイ10・37）という福音の勧めそのままに、勇敢に人情の絆を振り切って神の思し召しにあくまで従おうとしたのである。二人の兄は騎士のいでたちで馬にまたがり、部下を引き連れてトマスを逮捕しようとローマへ駆けた。

カンパニア（ローマ郊外の平原）にかかる澄みきった青空、白いちぎれ雲が羊の群れのようにゆったり流れていく。そしてそれらが下界に下りてきたように、乾燥しきった樹木の少ない平原を本物の羊の群れが草を食《は》みながら移動していく。ぶよが空中に乱舞してきらきら光り、まばらな灌木《かんぼく》や糸杉が濃い緑の炎を上げてゆらゆら揺れる。はるかかなた南方のローマの丘陵には白亜の教会堂や家並みが輝き、それらは巨大な羊の群れが憩い、たむろしているように見える。羊飼いは、まぶしく照りつける陽《ひ》に手をかざして向こうを見る。街道を行く人影五つ。足もとから砂ぼこりが舞い上がっている。

黒と白の衣を着た托鉢僧《たくはつそう》

この五人は粗い毛糸の白い僧衣をまとい、肩から黒いマントを羽織っている。羊飼いは、かざした手をゆっくり下ろした。なんだ、托鉢僧か、彼はがっかりした様子だった。聖都からの新しい知らせを聞かせてくれる使者ではなかった。また、道を教えてやれば駄《だ》賃《ちん》をくれる商人たちでもなかった。二十余年も前から、このような神の僧侶《そうりょ》がイタリアの各地を巡回していた。秋の木の葉のような茶色の衣服をまとう者、これはアシジのフランシスコの弟子たちであり、黒と白の衣服、これはスペイン人ドミニコの兄弟たちであった。後者はカササギ（白と黒とのツートンカラーの鳥）という異名で人々の興味をひいていた。

当時、福音を新しい仕方で宣べ伝え、自らもそれに則って生活するこれら托鉢僧は、人々には珍しかった。キリスト信者たちの中でも、これに畏敬《いけい》と感服を表す者と、侮蔑《ぶべつ》と嘲笑《ちょうしょう》でこれを迎える者との二派があった。しかし、これら托鉢僧たちを熟《う》れ弾《はじ》けた果実の種のように街道筋にばらまいたのは、神の永遠の熱い息吹であった。そしてローマの聖父《ちち》も、彼らを庇護《ひご》したのであった。

この五人の旅人、そのうちある者は、小柄で、まるで獣《けもの》の足跡をたどっていく犬みたいに落ち着かない——ドミニ（神の）カニス（番犬）という名をやがて彼らは付けられた——そして五番目の人は大柄で、動く「塔」のように鈍重《どんじゅう》であったが、その五人の姿は再び茂みの中に消えた。舞い上がっていた砂ぼこりも落ち着いた。しかし羊飼いは、またもや手をかざして見る。もうもうたる砂ぼこりが、少し前に托鉢僧が歩み出た灌木《かんぼく》の上にわき上がった。そして鈍《にぶ》い蹄《ひづめ》の響《ひび》きが乾いた地面を伝わってくる。すると、二人、三人、いやもっといる。九人、十人の騎士たちが羊飼い目がけて馬を走らせてくるのであった。先頭の二人は甲冑《かっちゅう》に身を固め、高価な羽根飾りがその兜《かぶと》に揺れていた。そして上げた面頬《めんぼお》の下には不敵な面構《つらがま》えがあり、その眼は怒りに燃えていた。他の者は騎士の従者《じゅうしゃ》のように見えた。彼らが乗っている馬は、湖水の波に入るように草を食む羊の群れに突入する。羊たちは水しぶきのようにさっと両側に分かれた。「ここを僧侶たちが通らなかったか?」。騎士の一人が羊飼いにどなった。しかし老羊飼いは、四散した羊の群れを悲しそうに見ているだけだった。「おまえの歯をぶち割ってほしいと言うのかい、じいさん」、従者の一人が気負って叫び、自分の短剣の平で羊飼いの肩を叩いた。「早く言え。さもないとおまえをむち打って、おまえの飼っている羊を殺してしまうぞ、僧侶たちはどこだ。おまえ、見たのか、見ないのか?」、「僧侶ですって、だんな?」。老人はふるえながら聞いた。彼は冗談にまかせてこの騎士たちの怒りを鎮《しず》めようと思った。「カササギですかいな?」。けれどもこの潮笑の言葉に、一人の騎士は刀のつかに手をかけ、もう一人の騎士の顔には、さっと赤味がさした。この侮辱《ぶじょく》がまるで自分たちに向けられたかのようであった。恐れをなした老人はあわててべらべらしゃべりだした。「あ、見ましたよ、見ましたとも。五人でしたね、黒と白の衣を着て、まるでその……そう物乞いの僧侶のようでした。ちょっと前でした、ここを通ってこの街道をあっちへ行きました。その中に一人大柄で力の強そうな、まるで……」、「そいつだ!」。騎士の一人が、鬼の首を取ったとばかりに、仲間に向かって叫んだ、「こんどこそ捕《つか》まえたぞ!」。面頬がガチャンと下ろされる、蹄が乾いた地面を叩く。手綱《たづな》を捕まれて馬は棒立ちになる、急に手綱を捕まれて馬は棒立ちになる。そして、もうもうと砂煙を上げて騎士たちの姿は見えなくなった。

五人の修道士は古い、崩れかかったローマ式の泉水の所で休憩していた。と言っても、そのうちの一人、あの大柄で堂々たる体躯《たいく》の持ち主だけは休んでいなかった。彼は重い大きな頭を胸に沈め、幅広い高い額に思索のしわをよせて、泉水の周りをぐるぐる歩き回っていた。まるで一年の間、修道院の回廊《かいろう》を行ったり来たりするのに慣れているような様子で。しかも彼はまだ二十歳にも満たないし、つい最近、ナポリでドミニコ会の規律に従って修道誓願をたてたばかりであった。修院長は修道士若干名《じゃっかんめい》を北方へ、アルプスを越えてパリまで、ドイツの同僚アルベルト（十一月十五日参照）に弟子入りさせるため連れていくことになっていたが、その修院長のまなざしは、血肉を備えた絶え間なく動く「塔」の上に考え深げに注がれていた。この青年は、彼が瞑想の状態から急に引き離されると、楽しい夢を破られた無邪気な子どもが見せるあの困惑した微笑を、その顔に浮かべるのであった――この修道士トマスは、うらやむ人や盗賊から脅かされる貴重な神の獲物《えもの》であった。彼の一門は騎士や伯爵《はくしゃく》であり、ホーエンシュタウフエン王家の皇帝フリードリヒとも縁続きであったから、彼らはその血族の裏切り者に対しては、復讐を呼号《こごう》していた。アキノ家の貴公子が托鉢僧の衣を着る――そんなことは、まるで彼が父の家に来て、自分はジプシー女に求婚したから、彼女といっしょに流浪《るろう》生活をしたいと申し出るようなものであった。家族の者は教会から破門されるのをひたすら恐れて、トマスがパリへ出発するまでかくまわれていたローマの修道院を襲撃することを手控《てびか》えていたのだった。いま彼は苦心の末、幸運にも追っての眼を逃れ、ここまで来たのである。むろんトマスは、自分の僧衣をめぐってわき起こった雑音に頓着《とんちゃく》することなく、また何ぴとも、彼を神の腕から決してもぎとることはできないというふうに見受けられた。

二人の兄がトマスを逮捕・監禁

しかし、その時、乾いた地面に蹄鉄《ていてつ》の響きが聞こえた。砂煙が収《おさ》まると、騎士二人が面頬を下ろしたままの姿で従者七人を連れ、そこに立っていた。一人は駄《だ》馬《ば》の手綱《たづな》を取っていた。馬はみな、落ち着かず躍り回り、托鉢僧らは驚きの表情を表していた。ただ一人驚かない者がいた。トマスには騎士たちの兜飾《かぶとかざ》りと盾の紋章《もんしょう》、そして従者の胴衣《どうい》の色はなじみ深いものであった。「兄さんたち！」。彼は自分の周りに身を寄せ合っている修道士たちに朗らかな顔で説明した。そして兜の面頬《めんぼお》（兜と胴をつなぐ部分）が上げられた時、一層晴れやかにほほえんだ。「ライナルド兄さん、ランドゥルフ兄さん！」。きっと、別れを言うために、わざわざここまで来てくれたに違いない、そう彼は考えた。しかしアキノの二人の伯爵《はくしゃく》は顔をこわばらせ、にこりともしなかった。

「その阿呆《あほう》な衣を着たおまえの旅は、これで終わりだ！」。ライナルドがどなった。「おまえを父上の城へ連れ戻すために追っかけて来たのだ！」。ランドゥルフが意地悪く笑って、つけ加えた、「母上や兄弟たちのもとへ帰るのだ、父上が決められたようにモンテ・カッシノの大修院長になる気がないならな！」。

若い修道士の顔には、なおもやさしい微笑《びしょう》がたたえられていた。「神様が私の父上です。そして神は、私がこのような托鉢の衣を着て神に仕えることをお望みです。大修院長の高い座ではありません……」。「説教は聞きたくない！」。ライナルドがぶっきらぼうな口をきき、さらに激怒《げきど》して続けた。「私たちはおまえの兄弟だ、おまえがうちの家系と紋章を馬鹿にするのは許せない……」。彼は急に口をつぐんだ。というのは、長身のトマスが、不安のあまり口もきけない修道士たちの前に歩みよって行ったからである。彼は全世界を包むように両腕を広げ、落ち着いた声で言った。「ここにいるのは、私の兄弟です。この衣を身に着けている時、そして神の家にいる時こそ、わが家にいる気持ちです」。

「早く片付けてしまおう！」。ランドゥルフがいらいらして兄に叫んだ。と、命ぜられるのを待たずに従者二人が馬から飛び降りて大柄の青年に駆け寄り、まだ両腕を広げている彼を捕まえた。

しかしトマスが、アキノ家独特の憤怒《ふんぬ》の赤みを額《ひたい》に現して、がっかりした両肩をほんの少し動かすと、従者らは地面によろけた。その瞬間、修道士トマスの顔はさらに赤く燃えたが、それは激怒した自分自身が恥ずかしかったからである。

天国を獲得するのは、このような力ではなかった。二人は主人に忠実な従者にすぎない。しかし自分もまた神の下僕であり、神に仕える掟に従う者であった。

ライナルドとランドゥルフは、従者らがトマスの腕力で腐った果実のように振り落とされた時、大声で笑ったが、「お前たちのうす汚い指をアキノ伯から引っ込めろ！」。ライナルドが怒りをこめてどなり、ランドゥルフは駄馬《だば》を引いてこいと命じた。やがて馬上の兄二人はそれぞれ左右から末弟トマス目がけて追って来た。彼らは両腕を広げているトマスにつかみかかり、無抵抗の彼を駄馬の所まで引きずっていった。武装した刑吏のように彼を引きずっていく二人の兄弟は、貴族の誇り、家門の名誉が傷つけられた悔《くや》しさでいっぱいであったが、実は刑吏自らが犯罪者となっていたのである。

アキノ伯爵家の末子であるトマスが、そこで生まれ、今は数カ月来、実の兄たちによって閉じこめられているロッカ・セッカ城の塔内の部屋は、修道院の独房《どくぼう》ではなかった。最初に幽閉《ゆうへい》された父の居城モンテ・ジョヴァンニの塔内の部屋もそうであった。しかしこの部屋は修道院の独房でもあった。窓の梁《うつばり》は十字架であったし、その中で神を称えることができた。人々が彼のもとへ青年貴族の華やかな胴衣を運ばせてきたのも、結局は腕ずくで托鉢僧のいまわしい衣を剥《は》ぎ取ろうという魂胆《こんたん》であった。彼はこぶしを歯で防ぎ、牡牛のような力で兄たちに勝ったのであった。それ以来、彼の僧衣の裂け目は粗糸でかがってあり、それは彼の兄たちが皇帝の命で出陣し、血闘《けっとう》で得た切り傷よりも名誉のことと彼には思えた。城の下男や下女が狭い螺旋《らせん》階段を昇って盛りだくさんの皿を彼の牢獄に運んできた。彼は生きるに必要なだけをそこから食べた。

やがて今度は飢えと渇きで攻めたててきた。こうすれば強固な意志を弱めることができるだろう。しかし、彼には城の塔にいようと修院の独房にいようと断食するのは同じであった。母の脅《おど》しの言葉に惑《まど》わされず、甘い言葉にも誘《さそ》われなかった。母の涙は彼を悲しませた。しかし、この涙の流れは彼がよろめくくらいなら、彼が捕らわれている塔の壁を溶《と》かしたであろう。神は彼の永遠の父であり、神に召された者で父母兄妹以上に神を愛さない者は、彼には無価値であった。

ある日、彼は窓辺に立ち、橋から遠方に通ずる道をたどり、冬空の下にある野原を眺めていた。しばらくして、軽やかな足音が回り階段を上りきって、彼の部屋の戸口の前で聞こえた。お手伝いさんが夕食を運んできたのだろう。修道士トマスは窓に背を向け、僧衣のゆったりした袖《そで》の中で手を組み、夕暮れの薄明かりの前に大きな影となっていた。彼はかんぬきのきしむ音を待っていた。時々暖炉《だんろ》の中の薪《まき》の燃えさしがぱちぱちと炎《ほのお》を上げ、幽閉《ゆうへい》の身である彼の青ざめた顔を赤く照らし出した。

売春婦《ばいしゅんふ》を近づけて誘惑

閂《かんぬき》がギイギイと音を立てた。鉄の鋲《びょう》が打ってある重い厚板の扉が内側にゆっくりと開いた。しかし、まだ誰も入ってこない。そして沈黙が敷居《しきい》の向こう側とこちら側に支配している。やっと裸足《はだし》の足音が聞こえて、小さなきゃしゃな姿が滑《すべ》り込んできた。修道士トマスは、このお手伝いさんを見たことがなかった。今まではずんぐりした人のよい婆さんで、自分の手に口づけしようとするので、それをいつも防がねばならなかった。しかしこの見知らぬ女は、まだ若いに違いない——夕闇の中で顔はよく分からないが、軽い、踊るような足どりで自分の方へやってくるから、きっとそうだろう——そしてこの女は、食べ物や飲み物を持ってきたわけではない。焼き肉の匂いもぶどう酒の香りも、修道士トマスの鼻には匂《にお》ってこない。彼の鼻がかいだのは甘い強烈な匂いであった。こめかみを締めつけるようであった。

その見知らぬ女は暖炉《だんろ》で燃える薪の輝きの中に歩み出ていた。そして修道士トマスは、彼女の顔を見た。子どもじみた顔でもあり、ませた遊女のくずれた顔でもあった。けばけばしく塗った口元は不安な微笑にゆがんでいた。きゃしゃな肢体は眠そうな動物の体のようにゆっくりと伸びをした。それから震える指が彼女のマントの止め金をさぐり、それを外した。トマスはそれまで、この異常な、未知の、不確かなものに驚きだけを感じていた、人間の顔であるとはいえ、このすさんだ顔に哀れみを覚えていた。しかし震える手で止め金を外し、マントが見知らぬ女の肩からゆっくり滑り落ちた時、トマスの確固不動の「塔」は、初めて揺《ゆ》らぐかに見えた。

しかし彼を地震のように襲ったものは、不安でも敗北感でもなかった。それはこれを最後に、彼の血の中で燃え上がったアキノ家特有の激しい怒りであった。彼に対して企てられた卑劣《ひれつ》な謀略《ぼうりやく》への怒りであった。アキノ家の流れをくむ者は約束を破らない。これは家門の担っている名誉であった。そのことを彼の兄たちは知っていた。たとえ卑劣《ひれつ》な企《たくら》みを考案した者であっても。そして彼らはみな、トマスがそのことを知っていることを知っていた。しかも彼らは、アキノ家のトマスが、堕落した肉の塊《かたまり》の故に、買われた売春婦の故に、神への約束を破り、忘れるだろうと考えたのだろうか。彼の兄たちは、トマスが神の物乞いとなった時、その誇りを傷つけられた腹いせにこんなばかなことをしたのだった。しかし今こそ、アキノ家の紋章は消しがたい汚辱《おじょく》を被ったのである。激しい、聖なる怒りをこめて、修道士トマスは暖炉から燃え木をひっつかんだ。その松明《たいまつ》を振り回して大男の修道士はもはや夕暮れの暗い影ではなく、炎と怒りの明るい輝きに照らされ、ぼう然《ぜん》として口のきけぬ女に立ち向かっていった。燃え木が彼女の乱れ髪に火の粉をふりそそいだ。その時、初めて彼女は金切り声を上げ、裸の肩にマントをひっかけて部屋から逃げて行った。

修道士トマスは片足で重い扉を押し、扉は大きな音を立てて閉まった。そして彼は、手にした燃え木で扉の厚板《あついた》に大きな黒い十字架を焼き付けた。一瞬、彼の身体中を震えが走るかに見えた。それから彼は燃え木を暖炉《だんろ》の中へ投げ返し、いつもの青白い顔が怒りに赤く染まったまま、中断された仕事に再び取り組むのであった。肉と骨よりなる彼の肉体は、重々しく部屋の中を歩き回った。しかし彼の精神は、荒鷲《あらわし》のように、ますます輪をせばめて神の周りを旋回《せんかい》するのであった。トマスが扉に十字架を焼き付けたその燃え木が、城全体に火を放ったように見えた。城内で生活していた者は恥ずかしさに赤面した。そして結局あの卑劣《ひれつ》な奸策《かんさく》を弄《ろう》した者が、七転八倒《しちてんばっとう》の火責めにあったに違いない。この恥ずかしさの烈火に狂暴な憎悪は溶け、虚栄は火の精錬《せいれん》を受けたのである。

暖かい春風に誘われて、ここかしこに花が咲き、若芽《も》が萌えいで、うす緑の草原に小羊や小馬が遊びたわむれる頃、修道士トマスは、再び北へ向けて旅を続けていた。大柄な「塔」のような男、その「塔」の部屋には英知の宝がぎっしり詰まっていた。彼の重々しい足どりの跡から小さな砂ぼこりが舞い上がる。そして里の子たちが彼の姿を見つけると、「やあ、カササギだ！」とはやしたてる。はやしたてる子どもらに、彼はにっこり笑いかける。

ケルンやパリで哲学・神学研究

その後、トマスはドイツのケルン大学で聖アルベルトのもとで学んでから、パリ大学に移った。その間、トマスは常に十字架を眺めながら、こつこつと哲学、神学の研究を積み重ね、暇あるごとに聖体のみ前にぬかずいて黙想したり、聖母に祈ったりして、学徳ともに、一層広く深くなった。

ケルンで司祭に叙階されてまもなく、パリ大学の教授として招かれ、世の秀才を前に弁舌《べんぜつ》さわやかな名講義を始め、そのかたわら説教や著述にも携わった。アリストテレスや聖アウグスチヌスの理論を総合した壮大な哲学、神学体系は、たちまち内外に非常な反響を呼び起こし、あるいは手紙を通じて、あるいは面会して、その教えを請う者が日ましに多くなった。時のフランス王、聖ルイもトマスを顧問として信任し、重要な問題には必ずその意見を聞いた。

ラテン語の聖体賛美歌作詞、『神学大全』を著述

また、教皇ウルバノ四世もトマスの博学を聞き、一二六一年、彼をローマに招いて、聖体の祝日用のミサ典礼文、聖歌詞、聖務日課を編集させた。トマスの聖体に対する深い信心と学識が、そのまま文体に反映して不朽の名作が次々と生まれた。一般に親しまれている「アドロ・テ・デヴォテ」、「ラウダ・シオン・サルバトーレム」、「パンジェ・リングワ」の最後の部分「タントゥム・エルゴ」などの歌詞はみな、トマスの作である。

引き続き、トマスは巨大な思考力を投入し、綿密に資料をあさり、人類の知的遺産を学問的に統一しながら、有名な『神学大全』を書き始め、九年目にようやく完成した。主イエスもこの著書に満足して、「トマス、りっぱに私のことを書いてくれた。その報いに何を望むか」と仰せられたが、トマスは「御身の他に何も欲しくはありません」と答えたそうである。

一二七四年三月七日、四十九歳のトマスはリヨン公会議に赴く途中、とつぜん病に倒れ、付近のトラピスト修道院で病者の塗油の秘跡を受けて、安らかにこの世を去った。一三二三年七月十八日に教皇ヨハネ二十二世（在位一三一六―三四年）によって列聖された。

一月三十一日

聖ヨハネ・ボスコ司祭

（「サレジオ会」と「扶助者聖母会」の創立者・青少年の保護者）

新司祭への母親の諭し

貧困や無知とあいまって無神論的な社会主義の嵐が吹きすさぶ十九世紀の末、北イタリアのトリノ市に、一人の敬虔《けいけん》な新司祭が誕生した。その母親は、息子の初ミサの日に当たり、うれし涙にむせびながら司祭となったわが子に、次のように諭した。「おまえも今日から神様のものとなったが、司祭の道は十字架の道だということをかた時も忘れないでおくれ。……これからは私のことを心配しないで、ただ人々の霊魂のために十分働くように……」と。このような母親の息子とは誰だろう。それは特に寄《よ》る辺《べ》なき青少年のために学校を創設し、社会事業を起こし、ことに貧しい人々を物心両面から援助し、さらに外国布教にも志して、無数の人々を救いの道に導いた聖ヨハネ・ドン・ボスコにほかならない。

家庭環境

ドン・ボスコは、日本では幕末の一八一五年、イタリア西北部ピエモンテ州トリノ市に近いベッキという寒村に生まれた。ジョヴァンニ（ヨハネ）の霊名で洗礼を受けた時、祝ってくれた者は両親と代父母だけだったが、その七十三年後、ドン・ボスコが亡くなった時には十万人以上がその葬儀に参列した。

ヨハネの故郷カステルヌオヴォ・ダスティ郊外のベッキ村はゆるやかに起伏している丘で一面青草に覆われている。西方には白雪をいただくアルプスの連峰《れんぽう》が美しくそびえる。地味は豊かだが、冬は寒く、人々はアルプスから吹き降ろしの強風とたえず戦わなければならない。そのためか、住民は勤勉で忍耐強い。農産物としてはブドウとトウモロコシが主なもので、大抵の農家では手工業の内職をしていた。

ヨハネの父は貸馬屋や請負《うけおい》職人をしてささやかな生計を立てていたが、ヨハネが二歳の時、ぽっくり亡くなった。母のマルガリタは、信仰心が強く、先妻の子のアントニオと、ヨハネと弟のヨセフの三人の子どもを時に厳しく、時に優しく育てた。

夢の中で聖母からの召し出し

ヨハネは九歳の時、夢を見た。輝くように美しい聖母マリアが現れたのである。聖母の後には、おびただしい無数の羊が群れをなしていた。「ジョヴァンニ、この羊をよく世話するのですよ」と、聖母はヨハネに告げた。その時からヨハネは、司祭になる決意を固めた。家から四キロもある小学校にヨハネは歩いて通い、雨の日も風の日も一日も休まなかった。それからラテン語の勉強を始めたが、家が貧しい上に、腹違いの兄の反対もあったので、やむをえず勉強を中止した。そして十二歳の時から二年間、モリア農場の雇い人となった。

カロッソ神父から受けたもの

一八二九年、十四歳のヨハネは、隣村のムリアルドの教会の主任司祭カロッソ神父と出会った。ある日、神父は明るい少年ヨハネに尋ねた。「ジョヴァンニ、イエスさまのおっしゃった言葉を何か知っているかね」と。「はい、神父様、全部知っています」、ヨハネは、福音の言葉を幾つか口にした。感心したカロッソ神父は、ポケットから銅貨を何枚か出して、「ジョヴァンニ、おまえが神父になる気持ちがあれば、これをみな上げるよ」。ヨハネはお礼を言って、その銅貨を受け取った。それからヨハネは、暇を見ては、この老神父についてラテン語を学んだ。

サーカスを少年集めに生かす

その頃、祭日の時などに村々を幌《ほろ》馬車で訪れてくるジプシーのサーカスにヨハネは気を引かれ、自分でもやってみようと思った。仕事の合間《あいま》、軽業《かるわざ》で身を立ててもよいと思うくらい熱中した結果、綱渡《つなわた》りと、空中二回転のジャンプ、幾つものボールをお手玉《てだま》にする妙《みょう》技《ぎ》、さらに幾つかの奇術《きじゅつ》までものにした。

「さあさあ、皆さん、うまくできたら拍手喝采《はくしゅかっさい》!」。ヨハネは農家の裏庭で、ナシと桜の木の間に太い綱を張り、その下に粗末な敷物《しきもの》を広げ、大道商人《だいどうしょうにん》顔負けの売り口上《こうじょう》で小さいお客を集めるようになった。

遊び仲間がたくさん集まったのを見すましたこの豆芸人、「ハイッ」とかけ声よろしく、スルスルと桜の木によじ登り、空中の綱渡りを二度三度披露《ひろう》する。次にヒラリとんぼ返りをうって地上に飛び下りると、今度は逆立ちして小さい観衆の間を両手で歩き回る。と思うと急に綱に跳びついて、片足でぶら下がるブランコの軽業に夢中になって、みんなの拍手にニッコリ笑ってひと息つく。次は奇術師に早変わりし、木陰に用意しておいた机の上で卵を十倍にして見せたり、見物人の鼻から金貨をとり出したりしてびっくりさせる……。

すっかり喜んでしまった子どもたちを前に、豆芸人は満足そうに見物料の請求にとりかかる。「さあ、お集まりの皆さん、今日のサーカスと手品の見物代はロザリオを唱えることと、ムリアルド村の神父様のお説教を聞くことですよ。さあ、約束できる人は手を上げて!」。子どもたちは競って手を上げ、尊敬するこの曲芸《きょくげい》少年に喜んで約束する。

その間にも、ミケレおじはヨハネの敬虔な向学心を見込んで、カロッソ神父の下で勉強させることにした。ところがカロッソ神父は、間もなく心臓まひを起こし、その傍らにいたヨハネに手提げ金庫とその鍵とを手渡しただけで、ひと言も言わずに息絶えた。亡き師の遺産よりも天国の宝を重んじていたヨハネは、ただの一銭もそれを受け取らなかった。高校の学費にぜひ必要だったのに、ヨハネは自分の手でそれを作り出してみせると決心した。

学費を自分の働きで稼《かせ》ぐ

二年後、キエリに移り、働きながら公立学校に通った。ここでも貧乏は、しつこく彼につきまとい、働けど働けど暮らしは豊かにならなかった。学費と生活費を練り出すために、どんなアルバイトでもした。家庭教師、下男、書記、ビリヤードの点つけ役、菓子屋の売り子、仕立屋、大工、鍛冶屋などに毎日汗を流した。時には空腹のために目が回り、歩けないくらいに弱りはてたこともたびたびあった。

こんな時、わが子いとしさに毎週一度、母が持ってきてくれる古里《ふるさと》のトウモロコシ、じゃがいも、栗《くり》などは母の愛情ともども少年ヨハネの心と空腹を満たし、元気づけてくれるのであった。遊ぶ暇もない苦学の中にあっても、ヨハネの持ち前の明朗《めいろう》さと心の潔白《けっぱく》さは少しも損《そこ》なわれることなく、その輝きを増した。学校では級友を集めて「快活《かいかつ》会」を結成《けっせい》し、宗教上の討論《とうろん》、遠足、夏の夜などは例の軽業、ある時は本職の軽業師に試合を申し込んでみごとに相手を負かし、賭《か》け金で軽業師をも含めて二十五人の学友に定食を振る舞うなど、ヨハネの苦学生活は明るく楽しいものであった。

司祭叙階後、ホームレスの若者を司牧

ヨハネは二十歳になった一八三五年から一八四一年まで六年間キエリの大神学校で哲学、神学を学んだ。そしてついに一八四一年、二十六歳の春、トリノ市でめでたく司祭に叙階された。この日、喜びと感謝にうち震えるヨハネと感激の涙にぬれた母マルガリタの胸中は、万感《ばんかん》こもごもで、手を取り合ったまま、しばらく言うべき言葉すらなかった。

叙階後、司祭司牧研修学院で倫理神学の研究と司牧の実践に当たった。産業革命の影響を受けて、トリノに出稼《でかせ》ぎに来た身寄りのない青少年は、学校にも行かずぶらぶらと遊び暮らし、悪の道へ走っていた。こうした若者にボスコ神父は心を痛め、青少年たちの仲間になろうと、トリノ市の郊外にある小さな教会に赴任《ふにん》した。不良少年のうろつく盛り場にボスコ神父が近づくと、ある者はパッと逃げ去る。ある者は物陰や屋根裏の小窓から神父をののしる。図太《ずぶと》い連中は神父の呼びかけに知らん顔して遊び続ける。何度訪ねても同じ結果に、ボスコ神父の胸は痛み、運ぶ足も重くなった。

ところがある朝、香部屋《こうべや》で祭服を着けていた時、好奇心からふらふらと聖堂へ迷い込んできた一少年と言葉を交わした時から、神父は一条の光明《こうみょう》を見いだした。香部屋係に叱りとばされて一度追い出された少年を、ボスコ神父は再び呼び返して、やさしく尋ねた。「君、名前はなんて言うの?」。「バルトロメオ」。「年は?」。「十六」。少年はうつむいたまま小声で答えた。「十字架の印《しるし》をすることができる?」。「十字架の印?」。キョトンとしている。「知らないのだね」。少年は気まずい顔をしてソッポを向いている。「でもボールを投げたり、歌ったり、走ったりすることはできるだろうね? バルトロメオ君」。「ウン、そんなことなら、へっちゃらだ」。少年はちょっと笑った。「ようし、それならね、バルトロメオ君。今朝の食事は私が賄《まかな》ってやろう。だから、ここでごミサにおあずかり。その後で、私といっしょに遊ぼうじゃないか。ね、いいだろう?」。「うん、かまわないや、どうせ家にいたって一日中遊んでいるのだもん」。

バルトロメオは、だんだん神父にうちとけてきた。少年はボロに包まれ、垢《あか》に汚れ、悪の病に感染しても、心の純真さ、正義、知識欲、愛などまでは失っていない。ボスコ神父が思いきり奮発《ふんぱつ》してやった朝食は、少年の心を開くきっかけとなった。

次第にボスコ神父の教会は若者のたまり場になっていった。「あすこの若い神父は、ぼくらの話が分かる。おもしろい神父だ」ということで、付近の青少年の評判となった。ボスコ神父はこれらの青少年を集めて教理を教え、告解や聖体の秘跡を授け、大工、靴《くつ》の修理、印刷などの職を習わせた。

オラトリオ、工芸学校、臨海・林間学校を創設

一八四六年には、トリノのスラム街のまん中に家を借り、ホームレスの青少年を収容《しゅうよう》した。母のマルガリタも、そこに引っ越し、十年間けんめいに家事を切り盛りして少年たちのめんどうを見た。年々収容児の数が増えるにつれ、ボスコ神父の事業欲も広がった。信仰生活を育てるためにオラトリオを創設した。それは主日や祝日に若者を一定の場所に集め、娯楽、典礼、宗教教育の機会を与えるものであった。

またボスコ神父は若者が社会に出た時に、再び浮浪者にならないように工芸学校を創設し、働きながら勉強したい青少年のために夜間学校を併設《へいせつ》した。そして司祭志願者のためには小神学校も建てて、自ら教べんを執った。そのほか、印刷工場、夏期の臨海学校や林間学校を創設した。しかしこれらの施設を経営し、発展させてゆくには、お金はいくらあっても足りない。建物を探し、子どもたちを求めて東奔西走《とうほんせいそう》している。ボスコ神父の後からは、いつも借金取りが請求書を握って追いかけていた。愛する青少年たちに衣食住を与えるためだったら千里の道も遠しとせずに、財産家の門を叩き、社会事業家の応接間で幾時間も頑張り通して寄付を願うのであった。ある時は、死を間近《まぢか》にしている有名な貴族に乞われて、その病気を奇跡的に治してやり、約束どおりの寄付金を得たこともあった。

ボスコ神父は青少年の教育に当たって、「良い子になれ、規律を乱すな、そうでないと罰するぞ」という脅《おど》しや罰による威圧的《いあつてき》な教育法を嫌った。むしろ長上、教師、監督という権力の座から下りて、青少年を見守り、世話をし、共に学び、共に仕事をし、共に祈り、共に歌い、誘惑の機会を与えないようにした。

若者を愛し、信頼される

一八五八年、ボスコ神父が、初めてローマを訪問した時、トスチ枢機卿と出会い、青少年の教育法について話し合った。その時ボスコ神父は、「枢機卿様もご

承知のとおり、青少年を教育するに当たっては、まず信用を得ることが大切です。そうでなければ絶対に効果を上げることができません」と。枢機卿は尋ねた。「では、その信用を得るには、どうすればよいのでしょう?」。「できるだけ努力して、子どもを私たちに近づけるようにすることです」。「子どもを近づけるには、どうしたらよいでしょう?」。「子どもに近より、彼らと同じ心になって……。枢機卿様、失礼ですが、もしお望みならば、理論よりも実際にやってみましょう。ローマでは、どんな所に子どもたちは集まりますか」。「まあ、テルメの広場か、ポポロの広場でしょうね」。「じゃ、ポポロの広場へまいりましょう」。

馬車で十分ほど走ると、ポポロの広場に着いた。そこで無心に遊んでいる子どもたちを見て、ボスコ神父は、そっと近づいていった。しかし子どもたちは、見知らぬ司祭の姿を見て恐れをなし、いっせいに逃げだした。その時、ボスコ神父は、彼らにやさしく呼びかけた。子どもたちは、しばらく尻込《しりご》みしていたが、何人かがボスコ神父のそばに寄ってきた。神父は、子どもたちにわずかのみやげを上げ、家庭のことや学校のことを尋ねた。すっかり安心しきった子どもたちは、ボスコ神父とよもやま話を始めたので、先に逃げた子どもたちもひき返してきた。「さあ、前のようにお遊び。私も仲間に入れてくれるでしょうね?」。そう言うと、軽くスータンをまくり上げて、子どもたちといっしょに遊び出した。ほかの所にいた子どもたちも、広場の四方から、ぞろぞろ集まってきた。ボスコ神父は、みなをやさしく歓迎し、メダイを分けてやり、「祈りをしますか、告白をしていますか」と問いかけるのであった。こうして、神父は、わずか十五分で広場の子どもたちの心をすっかり奪ってしまった。いよいよ別れを告げて立ち去ろうとすると、子どもたちは、口々にひき止めにかかり、馬車まで行列をつくって、ついて行き、いつまでも手を振って別れを惜しむのであった。

「教育家は生徒の全生活にあずかるべし」という信念によって、ボスコ神父は司祭服を脱いで、走り回っている生徒の中に飛び込んで行き、子どもたちと共に駆けっこをし、ビー玉遊びやマリ遊びをした。運動場は彼の教壇であり、遊びや競技は彼の生きた講義となっていた。また、「愛なくして信頼なく、信頼なくして教育なし」は、ボスコ神父のモットーであった。

若者を愛する故に若者を信頼していたボスコ神父は、若者からも無限に愛され信頼されていた。少年たちは場所と時間を問わず、いつでもボスコ神父に告解することができた。どんな身分の高い人の訪問も、火急《かきゅう》の用事も、心身の疲労も、少年の告解を聞いている神父を動かすことはできなかった。青少年の養成にこの秘跡の与える効果を、彼はよく知っていたからである。

反対者と支持者

司祭に叙階されたその日、母から言われたとおり、彼の道は十字架の道だった。事業の反対者や資金の不足に絶え間なく悩まされた。当局から革命家という疑いをかけられて警官に逮捕されそうになったり、土地の人には変わり者と思われて危うく精神病院に閉じ込められそうになったりした。しかしふしぎにも、そのつど、どこからともなく現れてきた猛犬《もうけん》のおかげで難をまぬがれたり、思わぬところから資金が入ってきたりして、彼の事業は着々と発展した。

ある時、ボスコ神父が教室で子どもたちにイタリアの歴史を教えていた時、突然窓からピストルで射たれた。弾丸は、ちょうど手を上げた右腕の下を、服を裂いて飛んでいった。子どもたちはびっくりしたが、ドン・ボスコは、いつもと変わらぬ声で、「おや、情けないことになった。一着しかない服を台無しにされてしまったよ」と言って、子どもたちを笑わせたことがある。

パリに行った時、反カトリック者として知られていた有名な作家ヴィクトル・ユーゴーの訪問を受けた。深夜、ユーゴーはキリストを訪れたニコデモのようにこっそり来た。そしてボスコに霊魂の悩みを打ち明けた後、信仰の宣誓《せんせん》を行った。その時に、ユーゴーは語った。「私は、あなたの教育事業の成果を見て、目を覚ましました。あなたの人格と熱情に打たれる。すべての青少年の事業は、教育的見地から行われなければならないし、すべての教育事業は、正しい宗教的基盤の上に立たなければ何の効果もないことを、あなたは実例をもって示された」と。

「サレジオ会」と「扶助者聖母会」を創立

ボスコ神父は青少年の教育のほかにトリノ市の老人ホーム、病院、刑務所を訪問し、そこにいる人々を慰め励まして救いの道に導き、わずかの時間を惜しんで護教や教育に関する書を百種以上も著し、出版した。

また彼は、その事業を継続させるため一八六九年、修道会を創設し、彼の保護の聖人フランシスコ・サレジオにちなんで、「サレジオ会」と名づけた。

さらに聖マリア・ドメニカ・マザレロ（五月十三日参照）を指導して、自分の事業の導き、師であった扶助者聖マリアに対する感謝の「生きた記念碑」として女子教育を目的とする「扶助者聖母会」、後の「サレジアン・シスターズ」を一八七二年に創立し、一八七六年、「サレジオ協力者会」をも設立した。

こうして、「善い戦いを戦い、走るべき道程《みちのり》を走り終えた」七十三歳のボスコ神父は、一八八八年一月三十一日の早朝、お告げの鐘が鳴り響く頃、聖母に導かれて天国に昇った。一九三四（昭和九）年四月一日に教皇ピオ十一世から列聖され、一九八八年、帰天百周年に教皇ヨハネ・パウロ二世から「若者の父・教師」の称号を贈られた。

来日のサレジアン・ファミリー

「サレジオ会」の海外宣教活動は創立者の死去の十三年前の一八七五年から南米に開始され、日本には一九二六（大正十五）年に来日し、宮崎、大分両県で宣教活動を開始した。本部はローマにあり、日本での支部は東京、川崎、大阪、大分、宮崎にある。教育事業としては「育英工業高等専門学校」（東京）、大阪星光学院中学校・高等学校（大阪）、日向学院中学校・高等学校（宮崎）、サレジオ学院中学校・高等学校、静岡サレジオ小学校・中学校・高等学校（静岡）（横浜）、サレジオ小学校・中学校（東京）、養護施設二、小教区十二、出版社（ドン・ボスコ社）を経営、月刊誌「カトリック生活」を刊行している。この他に、聖マリア・マザレロ（五月十三日参照）と共同で創立した「サレジアン・シスターズ」（五月十三日参照）がある。

前述の二つの修道会に加え、一九三七（昭和十二）年にサレジオ会員カヴォリ神父の創立した「宮崎カリタス会（現・イエスのカリタス修道女会）と「サレジオ協力者会」をまとめて「サレジアン・ファミリー」と言う。

主の公現（祭日）

（一月二日から八日の間の主日）

異邦人への最初の公現

キリストはご降誕の時、ご自分が神であり救い主であることを三人の博士たちに、洗者ヨハネに受洗された時、ユダヤ人に、カナの最初の奇跡の時、弟子たちに、公にお現しになった。この三つを一括して祝うのがご公現であるが、特に本日は、ご降誕後間もなく、イエスが三博士を通してユダヤ人以外の異邦人に初めて公にお現れになったことを記念する。いわば御子キリストの生涯の始まりとともに、神の救いが公に現れたことを祝う日である。

三人の博士が星に導かれて

イエスがユダヤのベツレヘムでお生まれになった時、三人の博士たちが不思議な星に導かれて東方（現・イラン、イラク、サウジアラビア方面）からはるばるエルサレムに来て、「お生まれになったユダヤ人の王様はどこにいらっしゃいますか。私どもは東方で、その星が昇るのを見たので、拝みに参りました」と尋ねた。おそらくこの博士たちは天文学や旧約聖書に精通し、新しい星の出現と約七百年前にイザヤの預言した待望のメシア（油注がれた方、救い主）降誕との関連を、霊感によって悟ったのかもしれない。

ヘロデ王の反応

ユダヤ人の王が生まれたと聞いて、ヘロデ王はもちろん、三人の博士らもエルサレムの人々もみんな、〝寝耳に水〟とうろたえ驚いた。ヘロデ王はさっそく、司祭長、民間の律法学士などから衆議会員を全員招集して、「キリストはどこに生まれるのか」と尋ねた。すると彼らは、旧約聖書の中から、「ベツレヘム、エフラタ、ユダの氏族の中で、最も小さな者よ、わたしのために、お前の中からイスラエルの統治者となる者が出る」（ミカ5・1）という箇所を探し当ててヘロデ王に報告した。

それからヘロデは、ひそかに博士たちを呼び、星の現れた時のことを詳《くわ》しく聞きただしてから、「行って、その幼子《おさなご》を丹念《たんねん》に探し、見つけたら、わたしに知らせてくれ。わたしも拝みに行きたいから」（マタイ2・8）と言って、彼らをベツレヘムに送った。猫をかぶったヘロデは、王位を奪われるのではないかとの恐れから、博士たちを利用して幼子イエスを暗殺しようとの腹黒い計画を企んでいた。

三人の博士の対応

博士たちがヘロデ王の言葉に送られて出発すると、東方で見た星が再びキラキラ輝きながら先に立って、幼子のいる洞窟《どうくつ》の真上にとどまった。彼らは星を見て大いに喜び、洞窟の中に入ってみると、一人の赤ん坊が母親に見守られて、かいば桶の藁《わら》の上に寝かされていた。三人の博士たちは、この幼子こそ神であり、救い主であることを直観し、すぐ、み前にひれ伏して礼拝し、宝箱を開けて、黄金《おうごん》と乳香《にゅうこう》と没薬《もつやく》との贈り物を献上《けんじょう》した。

その夜のこと、三人は「ヘロデのもとに帰るな」というお告げを夢の中に受けて、あわただしく逃げるように、夜中、帰国の途についた。それでも偉大な救い主を目《ま》の当たりに見た喜びに、長い困難な砂漠旅行の苦しみも忘れてしまうほどだったに違いない。

その後の三博士

伝えによるとこの三人は、名はラテン語でガスパル、メルキオール、バルタザールという三博士であり、帰国後、旅行中の見聞を広く人々に伝えて信仰の種をまき、後に、人民と共に使徒聖トマの手から洗礼を受けたという。三人の遺骨はコンスタンチノ大帝の皇太后聖ヘレナにペルシャで発見され、東ローマ帝国の首都コンスタンティノポリヌからイタリアのミラノを経て、一一六四年以来、ドイツのケルン大聖堂の宝物殿に保管されている。

三つの礼物《れいもつ》の意味

ちなみに教父たちは、三人の博士たちのささげた三つの礼物の意味をこう解釈している。〝黄金〟はキリストが王であることを示している。むかし、王にささげるべき貢《みつ》ぎ物は黄金だったが、これは黄金が金属の中で貴重な高価なものだからである。教会は霊的な意味で、徳の中でもっともすぐれた愛徳を王たるイエスと隣人にささげるべきことを勧める。次に〝乳香〟はキリストが真の神であることを示す。なぜなら、乳香は香り高い煙となって神の玉座に達すると考えられるので、礼拝の印に焼香《しょうこう》としてささげられるからである。この意味で乳香は信者の祈りと熱心な信仰生活をかたどっている。

最後に〝没薬〟は、キリストが真の人であることを示す。十字架上で、苦しみもだえながら逝去したイエスの死体に塗られたのが、この没薬だったからである。霊的意味での没薬は、生身《なまみ》の人間イエスへの生きた信仰のほかに、肉体の節制と艱難《かんなん》に対する忍耐をも象徴している。しかし聖ベルナルドによれば、三人は母マリアが貧乏だったので黄金を、馬小屋の悪臭を消すために乳香を、幼子の手足に力をつけ、害虫を駆除《くじょ》するために没薬を奉納したのだと言う。

われわれも、三人の博士たちのように近くの教会をたびたび訪問し、霊的に三つの礼物を神にささげて生活の進路を正し、すがすがしい気持ちで家路に着きたいものである。

主の洗礼（祝日）

（主の公現の祭日直後の主日。主の公現の祭日が一月七日か八日に当たる場合は、その翌日の月曜日）

洗礼によって新たに生まれる

「主の洗礼」の主日に「集会祈願」では次のように祈る。「全能永遠の神よ、ヨルダン川で洗礼を受けられたイエスにあなたは聖霊を注ぎ、愛する子であることを示してくださいました。洗礼によって新たに生まれ、あなたの子どもとされた私たちが、いつもみ心に従うことができますように」と。

イエス・キリストが公生活を始める前から、洗礼者聖ヨハネはヨルダン川で人々に川の水で洗礼を授けていた。人々は、ヨハネこそ期待されていた救い主ではないか、と考えていた。それでヨハネは、そのような誤解をされないよう、次に現れる方こそ、救い主であり、自分はその露《つゆ》払いにすぎないと宣伝し始めた。

聖霊と火による洗礼

それでヨハネは、自分のもとに来る方を一目で「救い主」と分かり、群衆に向かって、次のように紹介した。「わたしは水であなた方に洗礼を授けるが、わたしよりも力のある方が来られる。わたしはその方の履《は》き物の紐《ひも》を解く値うちもない。その方は聖霊と火で、あなた方に洗礼をお授けになる」（ルカ3・16）と。聖霊は按手《あんしゆ》で与えられる賜物であり（使徒言行録19・6参照）、火はイエスの来臨《らいりん》によって開始される裁きを意味する（ヨハネ3・18－21、5・22－25、9・39参照）。地上に来られた御子イエスを信じないから裁かれるのである。

イエスを信じるとは、ただ福音の教えに共鳴《きょうめい》するだけでなく、完全な悔い改めを行い、生活全体を変えて彼に全面的に献身することでもある。それ故キリストを信じれば、結局は洗礼を要望するようになり、この秘跡を受けることによって真正のキリスト者となる。聖パウロは、信仰と洗礼とは切り離すことができないほど結ばれているとし、信仰は洗礼を受けることによって完成されると考えている。「あなた方はみな、信仰によってキリスト・イエスと一致し、神の子なのです。洗礼を受けてキリストと一致したあなた方はみな、キリストを着ているのです」（ガラテヤ3・26－27）。

イエスがヨハネから洗礼を受けられたのは御父のみ旨に服し（マタイ3・14－15参照）、謙遜《けんそん》に罪人《つみびと》の仲間となるためである。イエスはご自身に原罪も自罪もないのに、全人類の身代わりとなって世の罪を一身に負う神の小羊となられた（ヨハネ1・29、36参照）。ヨルダン川での洗礼は、その〝死による洗礼〟（ルカ12・50、マルコ10・38参照）を告知し、準備していた。

このようにイエスの宣教生活は、ヨルダン川での洗礼によって始まり、ゴルゴタの丘での十字架刑の洗礼によって終わることになる。福音記者ヨハネも同じようなことを教えるために、一方ではイエスの刺された脇腹《わきばら》から水と血が流れ出たと伝え（ヨハネ19・34－35参照）、他方では聖霊・水・血が密接に結ばれていることを指摘している。「このイエス・キリストは水と血とによって来られた方です。水によるだけでなく、水と血によって来られたのです。霊がこのことを証しする方です。霊は真理だからです」（一ヨハネ5・6）。

イエスの上に鳩《はと》と天からの声

それからイエスが洗礼者聖ヨハネの手で洗礼をお受けになり、そして祈っておられると天が開け、聖霊が鳩のような姿でイエスの上に下り、天から声があった。「これはわたしの愛する子、わたしの心にかなう者である」（マタイ3・17）と。イエスの上に聖霊が降ったことは、旧約の預言どおりに（イザヤ11・2、イザヤ42・1、イザヤ61・1参照）一つの使命が彼に授けられたことを表すと同時に、聖霊の降臨を予告するものであった。事実、聖霊降臨の日には聖霊による洗礼が行われ（使徒言行録1・5、11・16参照）、誰でもこの洗礼を受けることになる人は、教会の一員になる（テトス3・5−7、エフェソ5・26−27参照）。イエスを神の子として認める者は、彼と結ばれて神の養子となり、神を「父よ」と呼ぶ聖霊の賜物を受ける（ガラテヤ4・6参照）。

イエスはこの受洗を皮切《かわき》りに、人々に福音を伝え、罪に捕らわれている人を解放し、病人を治し、苦悩する人を慰め励まし、永遠の幸せの道に導いてあげた。

私たちの洗礼の原型

主イエスの洗礼は、私たちの洗礼の原型となった。まずイエスは洗礼の直後、聖霊に導かれて「ユダの荒れ野」に行き、四十日の断食の後、そこで悪魔の試みを受けたが、見事に、肉欲や虚栄や野心などの誘惑を退けた。

このように、私たちも洗礼を受けたからには悪魔とその業とその栄華《えいが》とをすべて捨て、天地の創造主、全能の神である父を信じ、父のひとり子、乙女マリアから生まれ、私たちのために苦難を受けた主イエスを信じて神に従い、主のために人をも愛することを約束するのである。言いかえれば、今までの生活を悔い改めて、イエスに全面的にささげ尽くすように努めるのが新しい受洗者の心構えである。洗礼の直後に白衣と火のともったローソクを受け取るが、これは今後、世の人々にキリストの光をもたらす者として、キリストに従って清く生きる決意を公に示す象徴である。

キリストの死と復活の神秘にあずかる

聖パウロによれば、洗礼は、各人の生涯にとって一回限りの出来事である。「あなた方はみな、信仰によってキリスト・イエスと一致し、神の子なのです。洗礼を受けてキリストと一致したあなた方はみな、キリストを着ているのです」（ガラテヤ3・26–27）。「罪に死ぬこと」と「永遠の生命を受けること」とは、不可分の関係にある。清い水による洗礼は、同時に、「新しい契約の仲介者イエスと、アベルの血よりも優れたことを語る彼の注がれた血」（ヘブライ12・24）、すなわちキリストの血が注がれることであり（一ペトロ1・2参照）、キリストがゴルゴタで全人類のためにかち得た功徳《くどく》に実際にあずからせ、その復活と栄光に一致させるのである。「咎《とが》の故に死んだ者であったわたしたちを、キリストとともに生かしてくださいました――あなた方が救われたのは、恵みによるのです――そして、キリスト・イエスに結ばれてともに復活させ、天の者たちの間で、キリストとともに座を占めさせてくださいました」（エフェソ2・5–6）。したがって洗礼は、キリストの十字架上の死去と復活にあずからせる秘跡である。

すなわち受洗者は、「罪に対して死に、神に対して生きている者」（ローマ6・11）となり、キリスト自身の命を生きる（ガラテヤ2・20、フィリピ1・21参照）。いわばそれは、古い人を脱ぎ捨ててこれに死に、新しい人を着ることであり（ローマ6・6、コロサイ3・9、エフェソ4・24参照）、神にかたどって新しく造り直されることである（ガラテヤ6・15参照）。水に浸ることはキリストの死と葬りを表し、水から出ることはキリストと一致して復活することを象徴する。

ヨルダン川でのイエスの洗礼は、その「死による洗礼」（ルカ12・50、マルコ10・38参照）を告知し、かつ準備していたのである。このことから聖パウロは次のように述べる。「洗礼を受けてキリスト・イエスと一致したわたしたちはみな、キリストの死にあずかる洗礼を受けたのではありませんか。わたしたちはその死にあずかるために、洗礼によってキリストとともに葬られたのです。それはキリストが御父の栄光によって死者の中から復活させられたように、わたしたちもまた、新しい命に歩むためです」（ローマ6・3―4）。すなわち私たちは洗礼によって、罪に支配されていた人が洗礼によってキリストと共に死に、キリストに結ばれ、聖霊に導かれて新しい生き方を始める。いわば受洗者は「洗礼によってキリストとともに葬られたあなた方は、死者の中からキリストを復活させた神の力を信じて身を委ね、キリストに結ばれて、キリストとともに復活させていただきました」（コロサイ2・12）。

受洗者は、以前罪に汚れた者であっても、それを悔い改めた故に御子と一つになると同時に、父と聖霊とも結ばれるのである（一コリント6・11参照）。こうして聖霊の神殿（一コリント6・19参照）、父の養子（ガラテヤ4・5―6参照）、キリストの兄弟にして共同の相続者となり、キリストの命《いのち》と密接に結ばれて生きながら、その栄光にあずかる者となる（ローマ8・2、ローマ8・9、ローマ8・17、ローマ8・30、エフェソ2・6参照）。

このことから当然、私たちは原罪と自罪とその罰をゆるしていただき、永遠の生命を受け継ぐ者となる。さらに聖パウロはこう述べる。「わたしたちは、ユダヤ人であれ、ギリシア人であれ、奴隷であれ自由な身分の者であれ、洗礼を受けてみな一つの霊によって一つの体に組み入れられ、また、みな一つの霊を飲ませていただいたのです」（一コリント12・13）と。洗礼は、ふつう全身を水に浸すのであるが（使徒言行録8・38参照）、それが不可能な場合は、少なくとも頭部へ水を注いで行われている。

司祭職、預言職、王職を受け継ぐ

また「第二バチカン公会議」によれば、私たちは洗礼によって消えない「印章《いんしょう》」を受けて、キリストの神秘体である教会の一員となり「共通司祭職」の資格を受ける。「信徒もまたキリストの司祭職、預言職、王職にあずかる者であり、教会と世間において、神の民全体の使命における自分の役割を果たすのである」（信徒使徒職に関する教令2）。信徒の共通司祭職とはミサ聖祭に能動的に参加し、礼拝、賛美、感謝、償い、祈願の務めを果たし、主の体の奉献に合わせて、自己自身を父である神にささげることである。預言職を果たすには日常生活の中で福音を伝え、親切、忍耐、節制、愛徳などで福音に証《あかし》を立てることである。次に王職を実行するには、キリストの望みに従って真理と生命の国、聖性と恩恵の国、義と愛と平和の国をこの地上でも広めることである。

「イエスは弟子たちに近づき、次のように仰せになった、『わたしには天においても地においても、すべての権能が与えられている。それ故、あなた方は行って、すべての国の人々を弟子にしなさい。父と子と聖霊の名に入れる洗礼を授け、わたしがあなた方に命じたことを、すべて守るように教えなさい。わたしは代《よ》の終わりまで、いつもあなた方とともにいる』」（マタイ28・18－20）と。

とにかく、救いのメッセージを受け入れた新しい救いの道はキリストの洗礼によって開かれたのである。洗礼によって、救いの門に入った者は、この新しい救いの道を歩んで行くよう召されている。

「あなた方はあなた方の敵を愛しなさい。人に善を行いなさい。また、何もあてにしないで貸しなさい。そうすれば、あなた方の報いは大きく、あなた方は、いと高き方の子らとなる。いと高き方は、恩を知らない者にも、悪人にも、情け深い方だからである」（ルカ6・35）。

これに加え「主の洗礼」の「拝領祈願」では、「わたしたちが御ひとり子に聞き従い、あなたの子どもとなることができますように」と祈る。

二月の聖人

「あなた方はあなた方の敵を愛しなさい。人に善を行いなさい。また、何もあてにしないで貸しなさい。そうすれば、あなた方の報いは大きく、あなた方は、いと高き方の子らとなる。いと高き方は、恩を知らない者にも悪人にも、情け深い方だからである」。（ルカ　6・35）

幸いなるかな心の貧しき人　天国は彼らのものである

二月二日
主の奉献（祝日）

異邦人を照らす啓示の光

マリアとヨセフは、出エジプト記十三章二節に書いてあるように「すべての初子《ういご》、すなわちイスラエルの子らのうちで初めに胎を開くものは、人であれ家畜であれみな、これをわたしにささげて聖別しなければならない」というモーセの律法に従って、御子イエスの誕生後、四十日目に、イエスを神にささげるために、エルサレムの神殿へ抱いて行った。当時の出来事はルカ福音書二章二十二節から三十九節にかけて詳述されている。十世紀以来、西方の典礼書ではマリアご自身が若い産婦のために定められた清め（レビ12・6−8参照）にあずかるので、「マリアの清めの祝日」と呼ばれていた。しかし、一九六〇年の典礼刷新で、東方教会の伝統に合わせて再び「主の奉献の祝日」と名付けられるようになった。

当時、エルサレムにシメオンという人がいた。きわめて品行方正な信心深い方で、イスラエルの慰めなる救い主を日照りに雨を乞うがごとく待っていた。また救い主キリストを見ないうちは死なないであろうという聖霊の神感さえ受けていた。聖家族がちょうど神殿に入ったその時、シメオンも聖霊の勧めで、神殿へ行き、婦人通用門の前で聖家族の一行、イエス、マリア、ヨセフにばったり出会った。シメオンは初対面にもかかわらず、マリアの腕に抱かれた幼子《おさなご》が誰であるかを、聖霊によってすぐに分かった。そしてイエスをうやうやしく抱き、喜びのあまり神を賛美した。「主よ、今こそ、あなたはお言葉のとおり、あなたの僕《しもべ》を、安らかに去らせてくださいます。わたしはこの目で、あなたの救いを見たからです。この救いは、あなたが万民の前に供えられたもの、異邦人を照らす光、あなた

の民イスラエルの光栄です」（ルカ2・29―32）と。このシメオンの言葉を聞いて、マリアの心も喜びに躍らざるを得なかった。神に対する超自然的な愛と自然的な愛はマリアの心に交錯《こうさく》し、喜びと賛美に胸が躍ったに違いない。

反対を受けるしるし

シメオンはマリアとヨセフの受けた恩恵に対して祝詞を述べてから、マリアにイエスの将来をも預言した。「シメオンは彼らを祝福して、母マリアに言った、『この子は、イスラエルの多くの人を倒したり立ち上がらせたりするために定められ、また、逆らいを受ける徴《しるし》として定められています。あなた自身の心も剣《つるぎ》で貫かれます。それによって、多くの人のひそかな思いが、露《あら》わにされるでしょう』」（ルカ2・34―35）と言った。

この預言の前に、マリアはたしかにダニエルの予言を読んで、救い主の大いなる姿、救い主が天の雲に上ること、ダビデの玉座に着き、全世界を治めること、全世界より多くの人々が救い主のもとに拝みに来ること、また平和と光栄に満ちた永遠の王国についても知っていたが、その反面ダビデとイザヤの描いた救い主の惨《みじ》めな姿も決して見落としたりはしなかっただろう。

シメオンの預言を耳にした時、マリアは旧約聖書の言葉を思い出し、このあどけない子どもが反抗のしるしとして立てられ、これによって復活と堕落との戦いが、つまりイエスを信じる者と信じない者との間に戦いが行われ、イエスは不信仰者の手にかかって十字架上の犠牲になることをすぐ理解されたに違いない。

感謝のいけにえ

さてマリアは感謝のいけにえとして、貧しい人のささげ物として鳩二羽をささげ、また長男用に定められた献金をもした。すべての掟《おきて》をよく守られるマリアは、この掟をも忠実に果たした。しかし、実際には聖母マリアはこの掟をぜひ守らなければならなくてもよかった。マリアは、なんの汚れもない、清いおとめであった上に、御子イエスも人間を超える神の御子であったからである。主イエスは、人間を救うために、この世に来た以上、何事も人に生活の模範を示したかったのである。

主の養父ヨセフにしても、日ごろの労働にご自分の汗を流しながら稼《かせ》いだお金で神殿に収める既定《きてい》の税金を支払われた。御子が神殿の主ご自身であるのに、この聖家族の行動は、実に謙遜と従順の鑑《かがみ》とは言えないだろうか。

ローソク行列

老シメオンは御子を「光」と呼んだので、この日、ミサの前にローソクの祝別式とローソクの行列が行われ、主とその民の出会いを象徴するシメオンとの出会いが記念される。それは信者が一堂に集まって主と出会うことの象徴でもある。なおカトリック国では、この祝別されたローソクをしまっておいて臨終の時にともす習慣がある。

おとめマリアの受けた清めの故に、二月二日は長い間マリアの清めの祝日となっていた。ミサは、特に神殿における主の奉献とシメオンとの出会いを想起させるが、「とうとい秘跡にあずかったわたしたちが、主の来臨を待ち望み、永遠のいのちに導かれますように」と、拝領祈願で祈り求めている。

二月三日
聖ブラジオ司教殉教者

（喉の保護者）

古代ローマの迫害

喉《のど》の病気を癒やされる代願の聖人として名高い聖ブラジオは、三世紀アルメニア（トルコの北東部）のセバステに生まれた。敬虔な両親の導きで若い頃から神を畏敬し、誠実に身を修める一方で医学を学んだ。医者として身をたてると、「医は仁術なり」のたとえにもれず、慎み深く物心両面から患者の世話に当たった。

三〇九年、ブラジオは近隣の聖職者たちや信者たちの要望により、セバステの司教に上げられた。その頃、ローマ皇帝ガレリウスはキリスト教徒に神々を祭れ、従わない者は死刑に処すと厳命し、一個人にも信者の虐待、追放、殺害などのテロ行為を許していた。三一一年、皇帝はとつぜん重病にかかった。こうなると死後が不安になるのだろう。臨終の床から「公安を害しない限り、キリスト教徒は自由に集会できる」という勅令を発して、迫害令を撤廃《てっぱい》した。

　この勅令はマクシミヌス・ダイア、リチニウス、およびコンスタンチノなどの三帝が署名したが、東ローマ帝国ではマクシミヌスのため一片の反故《ほご》にされた。そのため迫害は、彼の死ぬ三一三年まで続いた。

コンスタンチノ大帝による信教自由

　その年、西ローマ帝国ではマクセンティウスを敗《やぶ》ったコンスタンチノ大帝が、東帝リチニウスとミラノで会合して、信教自由の勅令を出し、先に没収した信者の財産を返還し、キリスト教を異教と対等の地位にした。東帝リチニウスは表面でこそ信教自由の勅令に賛同したものの依然としてキリスト信者を冷酷《れいこく》に取り扱った。そのうえ腹黒いアグリコラウスという者をアルメニアの総督に任命した。すると彼はリチニウス帝の意を迎えるため、キリスト教徒を虐待し始めた。そこでブラジオ司教は深山の洞穴《ほらあな》に身を隠して信者の司牧を続けた。伝えによれば、ライオン、トラ、オオカミなどの野獣も聖人になついて、なんらの危害も加えなかったという。それでそれらの野獣からの守護聖人とされた。

神々の友ではない

　三一六年のある日、アグリコラウスの部下が野獣狩りに、この山にやって来た。そして、偶然、洞穴の中で静かに祈っているブラジオ司教を発見した。これを知った総督アグリコラウスは、ただちに逮捕せよ、と軍隊に出動を命じた。兵士が山に駆けつけてみると、ブラジオは、まだ祈りに耽《ふけ》っていた。「総督のお呼び出しです」と逮捕状を見せると、ブラジオは平然と、「よろしい。すぐこれから参りましょう。皆さんは本当に良い知らせを持ってきてくださった」と答えた。

　セバステに着いた翌日、ブラジオは総督の前に連れ出された。総督はわざと親しげに、「神々の友なるブラジオさん……」と声をかけると、司教は率直に、「私は神々の友ではありません。もしそうであれば、終わりない苦しみに会うでしょう」と答えた。これを聞いた総督は真っ赤になって怒り、部下にむち打たせてから獄に投げ込んだ。

喉に刺さった魚の骨

ある婦人はひそかに獄中の司教を訪問し、食べ物を差し入れ、後には病者をも連れていった。司教に祝福されると、たちまち病気が治った。また、ある母親は、「この子の喉に魚の骨が刺さって、今にも窒息死《ちっそくし》しそうです」と涙ながらに一人の子どもを差し出した。司教がその子の喉に手を当てて十字架の印をすると、たちまち治ったという。

総督は司教に棄教を勧めたが、応じないと見ると柱に縛《しば》りつけ、鉄の熊手《くまで》で身体を引き裂かせた。ブラジオは、よくこれに耐え、神を賛美するので、総督は首を切るよう言いわたし、ひとまず牢獄へ帰した。その途中、信心深い婦人七人が司教を待ち受け、傷口から流れる鮮血をタオルに受けて、聖人の遺物にしようとした。もちろん彼女らはその場で逮捕され、総督の前に連れ出されたが、神々に犠牲をささげることを拒んだため、首を切られて殉教した。

病者、罪人、被災者の保護者

その後、ブラジオは刑場に連行されると、「主よ、私の世話になった者や、私の取り次ぎを願う者のために、特別お恵みください」と祈って、先に殉教した一婦人の二人の子どもと共に首をはねられた。

殉教後、ブラジオの取り次ぎにより、多くの病者は癒やされ、罪人《つみびと》は改心した。中世以来、各国には「ブラジオの掩祝《えんしゅく》」を与える習慣がある。二月三日、聖ブラジオの祝日に、司祭は二本のローソクを十字に組んで信者の喉に当てがい、片手で祝福を与えながら、「万物を治められる神よ、殉教者聖ブラジオの取り次ぎに支えられて祈る民を顧《かえり》みてください。わたしたちが平和な日々に恵まれ、救いの道を歩み続けることができますように。……」と唱える。中世後期には十四救難聖人の一人に数えられ、ドイツを中心にイタリア、フランスなどで崇敬が広まった。

二月三日
聖アンスガリオ司教

北欧で教育・宣教

九世紀にデンマーク、スウェーデン、ノルウェーに初めて福音を宣教した北欧の使徒が、今日記念する聖

アンスガリオ（八〇一—八六五年）である。アンスガリオはフランスで生まれ、少年の頃、北フランスのコルビーにあるベネディクト会修道院に入り、勉強と修徳に励み、司祭となった。そしてベネディクト会の経営する学校で青少年を教育し、八二三年から西ドイツのヴェーザー河畔のコルヴァイ修道院でも教えた。

その頃、ドイツでは聖ボニファチオがゲルマン人を多数改宗させていた。そのすばらしい使徒的働きに感動したアンスガリオは、自分も福音伝道に生涯をかけたいと望んでいた。それでドイツ皇帝ルートヴィヒは、自分といっしょに受洗したデンマーク王ハラルド宛てに紹介状を書いて、八二三年頃、アンスガリオを北欧へ派遣した。アンスガリオは懸命に伝道したが、最初の三年は期待した効果が上がらなかった。そのうえ、ハラルド王は国民の反対を受けて国外に追放された。それでもアンスガリオは、神に全幅《ぜんぷく》の信頼を寄せ、死《し》に物狂《ものぐる》いの布教を続け、しだいにデンマーク人を改宗させていった。

そのうちにスウェーデンからドイツへ使者が来て、カトリック宣教師の派遣を求めたので、八二九年、ドイツ皇帝はアンスガリオと助手二人をスウェーデンの布教へ派遣した。しかし、アンスガリオたちは、そこへ航海の途中、バイキング（海賊）に襲われて無一文になってしまった。スウェーデン王ビョルンは、その不幸を気の毒に思い、ビルカにいたアンスガリオたちの宣教に協力してくれた。

北欧の教皇使節に任命される

こうして北欧信者の数が増えると、教皇グレゴリオ四世は、アンスガリオを八三一年にハンブルグの大司教に、またスカンジナビア諸国の教皇使節に任命した。そしてアンスガリオの指導のもとに、多くの宣教師がデンマークやスウェーデンやスラブ民族の教化に努めた。しかし、これらの国民は、なかなか改宗せず、かえって宣教師を嫌い、侮辱し、迫害することもあった。北欧の諸民族は有名なバイキングを生み出した国民性から勇敢な戦闘精神を重んずるので、世の罪の償いのために自発的に十字架にかかった救い主を理解しかね、キリスト教徒を卑怯者《ひきょうもの》と見下げ、信者となった同国人を襲撃《しゅうげき》したり、教会を焼き払ったり、宣教師たちを追い出したりした。そのうえ八四三年から三年にわたる大飢饉《ききん》によってアンスガリオやその部下の人々の生活が苦しくなっているところへ、八四五年にはノルマン人海賊が略奪《りゃくだつ》し、大司教座も修道院も焼き払った。

外は使徒、内は修道者

しかしアンスガリオは、この大試練に屈しなかった。毅然《きぜん》として神に深く信頼し、東フランク王ルートヴィヒ一世からブレーメン（ドイツ西北部）の司教座を与えられ、都市の復興と同時に、信者数を増やし、八四八年にブレーメン教区とハンブルグ教区とが合併され、両教区の初代大司教に任命された。アンスガリオは「外は使徒、内は修道者」として質素な、従順な、貞潔な修道者らしい生活を続け、ことに貧者や病者を憐れみ、毎日、自分が食事する前に、かならず三、四人の不幸な人に食べ物を与えていた。激務の余暇は祈りと読書研究に使い、宣教師育成に努め、八六五年二月三日にブレーメンで病死した。聖アンスガリオは不毛の土地に神のみ言葉をまき、遠い未来に収穫を準備する人々の模範とも言えよう。それでデンマークでは聖アンスガリオを自国の守護聖人としている。

二月三日
福者マリー・リヴィエ修道女

（「聖母奉献修道会」創立者）

弱者の身から心は巨人へ

マリー・リヴィエは一七六八年十二月十九日にフランス中南部、アルデーシュ県の山間《やまあい》の町モンプザ（海抜五五〇メートル）のリヴィエ家に第三子として生まれた。父はぶどう酒の取引をし、母は塩の小売りをしながら、民宿《みんしゅく》を営《いとな》んでいた。両親ともに信心深く、家族そろって祈り、毎晩「聖人伝」とか「農民の手引き」とかが大声で朗読《ろうどく》されていた。マリーは、皆にかわいがられて健《すこ》やかに育った。ところが突然、十字架が彼女の生涯に侵入する。

その頃、大勢の家族を抱えていた家では、しばしば二段ベッドが使われていた。下の段は引き出しのようになっていて、夜はそれを引っ張り出し、朝になると元に納めて、部屋を広く使うようになっていた。したがって、上段はかなり高いベッドだったのである。ある日マリーは、この高い方のベッドに寝かされていて、そこから床に落ち、腰骨《こしぼね》をひどく痛めてしまった。彼女は立つことも歩くこともできなくなってしまった。かわいそうなこの子を治すために、当時手に入るあらゆる薬が試みられたが、少しも良くならなかった。母親は小さな松葉杖《まつばづえ》を作らせてマリーに与えたが、それも役に立たなかったので、松葉杖はどこかの戸棚《とだな》の上に放り上げてあった。

もはや天の助けを仰ぐしかないと思った母親は、わが子を「悲しみの聖母」の小聖堂に連れて行き、涙ながらにわが子の回復を祈った。これが六歳まで四年間毎日続いたのである。このイエスの亡骸《なきがら》を抱いた悲しみの聖母との対面が、幼いマリーに深い共感《きょうかん》の心を植え付けたことは間違いない。ところが三十五歳の父親が、数日患《わずら》っただけで一七七四年九月七日に亡くなり、翌日の埋葬後、親戚一同や友人たちがマリーの家に集まった時であった。急にマリーは松葉杖が欲しいと言い出した。母親に、「松葉杖なんて、おまえは一度も使ったことがないではありませんか。そんなものどこにしまったか分かりませんよ」と断られても、マリーは泣き叫んで、どうしても欲しいと言う。それで近所の人が探し出してマリーに与えた。マリーはそれをつかんで立ち上がり、部屋の中を二、三回歩き回った。居合わせた人は、皆びっくり。それは九月八日、聖マリアの誕生の祝日であった。落下事故がきっかけでマリーは頭と上半身は正常に発達したが、腕と足は短く、細く、関節が節《ふし》くれ立っていた。しかも落下の際の打ち所が悪くて、生涯、身長が一メートル三十二センチ以上には伸びなかった。

マリーは身障者《しんしょうしゃ》であっても悲観して、ひねくれるどころか、快活に振る舞うので、同じ年頃の子どもたちに好かれていた。マリーは松葉杖《まつばづえ》にすがりながら、一人で七面鳥《しちめんちょう》の群れの番をしたり、聖堂へ行ったり、果樹園《かじゅえん》に集まった子どもたちに話をしたり、遊びを工夫《くふう》したり、劇を指導したり、「カルワリオの道行き」を演出《えんしゅつ》したりした。時折《ときおり》、マリーが合図をして皆を静か

にさせて祈りを教え、母親から聞いた話や教理を伝えるのであった。身は弱者でありながらも、心は次第に巨人の姿を現し始めたのである。

　それからまたもや、マリーは不運に見舞われた。一七七七年七月三十一日、九歳のマリーはパン屋にお使いに行った。二本の松葉杖と大きな丸いパンを持つには、少なくとも四本の手が必要。おまけに途中には石段がある。運悪く石段から転げ落ち、大腿骨《だいたいこつ》を折ってしまった。さっそく、外科医の手当てを受けたが、母親はプラデル（モンプザから北西へ約三十キロ）の聖母聖堂でもらった油入りのビンを差し出して娘に言った。「マリー、私といっしょにマリア様に『元后《げんこう》、あわれみの母』を唱《とな》えましょう。その間にこの油を塗《ぬ》ってあげますから、きっとマリア様が治してくださるでしょう」と。脚《あし》はすでに紫色《むらさきいろ》に膨《ふく》れ上がっていたが、翌日の八月一日、腫《は》れはすっかり引いていた。

　二週間後マリーが床に座っていた時、伯父《おじ》が通りかかって言った。「おちびさん、さあ、立って歩いてごらん！」。その声に励まされ、マリーは思わず立って歩き始めた。「骨折《こっせつ》よ、松葉杖よ、さようなら！」。それは八月十五日、聖母被昇天の祝日であった。それからマリーは神と聖母への恩返しに何かをしたいと考えて、いても立ってもいられなくなった。

　さて、マリーは足が良くなると、まず自分が学校へ行って読み書きを勉強した後、イエスの愛を子どもたちに伝えたいと思うようになった。一七八〇年、十二歳のマリーは前述のプラデルにあったノートルダム修道院付属寄宿学校に入学し、翌年には、初聖体を受ける子どもたちの要理教育まで任されたほどであった。学業を終えたとき、マリーはこのノートルダム修道会に入会を願ったが、その会は彼女が背が低い、虚弱である、足が不自由であるなどの理由で受け入れなかった。

故郷と隣町とで教育活動

「それでは自分で修道会を作りましょう」と言って故郷に帰ったマリーは、モンプザのシャントン通りにあったドミニコ会第三会の家を借りて学校を開き、子どもたちに神様の話をし、読み書き、手仕事などを教え、教室に聖母像を置いてイエスとマリアに祈ることを教えた。一七八九年に起きたフランス大革命により、聖職者追放、修道会閉鎖など、教会に対する反対運動のさなかにも、マリーは自分の小さな学校でイエス・キリストを知らせ、愛させる努力を絶やさなかった。

やがてモンプザで借りていたドミニコ会の家は革命政府によって国有化され、立《た》ち退《の》きを余儀《よぎ》なくされた。たまたま一生徒の母親から、チュエイ（モンプザからグラヴェンヌ山を越えて五キロほど南隣の町）に潜伏《せんぷく》していたポンタニエ神父（サン・スルピス会司祭）のことを知り、この司祭から「娘よ、キリストのみ名によって、ここへいらっしゃい」との手紙を受け取った。折しもこの頃、マリーの最愛の母が天に召された。

一七九四年六月、二十五歳のマリーは小さな荷物を小脇《こわき》に抱えてグラヴェンヌ山を徒歩で越え、チュエイに赴いた。さっそく彼女はポンタニエ神父の伯母の家に隣接するドミニコ会第三会の家で、再び学校を開くことができた。間もなくマリーの名教師ぶりが評判を呼び、学校は超満員になった。また、彼女は、司祭が公に働くことができない教会で、毎日曜日、信徒たちに福音を告げた。

修道会の創立

マリーは、フランス革命による人心の荒廃《こうはい》を何とかしなければと熱望し、子女のキリスト教教育を目指して、四人の同志と共に、すべてに貧しいながらも新しい修道会を創立した。一七九六年十一月二十一日のことである。その日は聖マリアが幼い身でその生涯を神にささげた奉献《ほうけん》の記念日であったので、「聖母奉献修道会」と名付けられた。創立にあたってはポンタニエ神父と、当時司教代理であったヴェルネ神父（サン・スルピス会司祭神学校校長）が霊的に指導し、会則を作成し、紋章《もんしょう》としてアヴェ・マリアの組み合わせ文字AとMを刻んだ印章《いんしょう》を会に与えた。

やがて会員と生徒の増加により共同体はさらに大きな家を必要としたので、マリーは母の遺産をすべて提供して、チュエイで最大の家を入手した。一八〇一年八月にヴィヴィエ教区長ダヴィオ大司教はマリーの修道院を訪問し、会員たちの信仰心と使徒的熱意に感動して次のように述べた。「娘たちよ、神のみ業がここにあります。神の御指《おんゆび》の跡《あと》がこの会とその仕事の上に印されています」と。それから大司教は会則を承認し、司教認可修道会とし、マリー・リヴィエを初代総長職に就《つ》かせた。同じ一八〇一年、教皇ピオ七世はナポレオン・ボナパルトと政教条約《せいきょうじょうやく》（コンコルダート）を結んだ。その結果、カトリック教会は政治に口を出さない代わりに、政府は教会の宗教活動の自由を保障《ほしょう》することとし、革命政府からカトリック教会への弾圧《だんあつ》は一応治まった。

一八一九年に聖母奉献修道会は発祥《はっしょう》の地チュエイから南東約八十キロのローヌ河畔ブール・セント・アンデオールにあった訪問会の古い大修道院を改修《かいしゅう》して、そこへ母院を移した。その間、創立者マリーは病身でありながらも、神のみ旨に従って、神の光栄と人々の救いのために心身のエネルギーを使い果たし、一八三八年二月三日、「主の奉献」の祝日の翌日に六十九歳の聖なる生涯を閉じた。その時、マリーはすでに神のもとに帰っていた五十六人の娘たちと合流し、地上には三五五人の会員が残された。四十二年間に、彼女は一四一の施設を創設していた。

「聖母奉献修道会」の霊性

マリー・リヴィエは「すべてを神のために、すべてを聖なる愛によって」を標語《ひょうご》とし、聖なるいけにえとして自分をささげることを自ら実行し、娘たちにも教えた。会則ははっきりと述べている。

「聖母奉献修道会の精神は、イエス・キリストの精神に基づくまったく内的な精神である。福音の中でイエス・キリストを知り、その秘義のうちにイエス・キリストを生き、全生活を通してイエス・キリストを示し教えること、これが私たちの召命である」。

会員は創立者の心を奪った二つの秘義、すなわち、神殿の秘義と、キリストとその母の供え物の秘義を自分の生活の中で生きるように努め、祈りの精神のうちに、人々に共感して奉仕の生活を続けている。

教皇ヨハネ・パウロ二世は、一九八二年五月二十三日、マリー・リヴィエの列福式に際して「人々を驚かせたのは、使徒職に対する彼女の熱意であった。幼い時からすでに『小さい母』のように子どもたちを教育し、神を愛することを教えたいという熱意に燃えていたマリー・リヴィエは、『聖母奉献修道会』を創立して、貧しい人、孤児《こじ》、見捨てられた人、神を知らない人たちを特に大事にしながら、青少年を信仰のうちに生きるように教育しました。彼女は子どもたちを集めるばかりでなく、家庭の福音化の重要性と、幼い時から宗教に導くことの大切さを確信して、『良い母親を育てること』に力を入れました」と述べている。これをマリーの言葉で言いかえると、「神の目、信仰の目で見れば、一人の魂は、この宇宙より重い存在です。一人の子どもの魂を育《はぐく》むことは、一つの世界を治めることに匹敵《ひってき》します」ということになる。

拡大する使徒的活動

フランスの一山村で始まった小さな修道会は、やがて国内のみならず他国にも発展することになる。マリー・リヴィエの晩年一八三三年に、当時のサルディニア王国のセン・ジュリアンに会員を派遣することになり、「聖母奉献修道会」は教皇直属の修道会になった。

創立者の死からわずか十五年後、六人の会員が大西洋を渡ってカナダのケベック州に赴いた。「いつの日か、私の娘たちは海を渡るでしょう」と彼女は予言していたのである。そのカナダから今度は太平洋を渡って、四人の会員が日本に渡来《とらい》したのは一九四八年、太平洋戦争の傷跡《きずあと》生々しい大阪であった。さっそく一九五一年には兵庫県姫路市に賢明女子学院を開設、続いて一九五四年に大阪府堺市に賢明学院を設立した。

現在、世界二十カ国に散在する約千二百人の会員は、国際修道会として力を合わせて神の国の建設のために、マリー・リヴィエの精神に沿って、学校教育、福音宣教、恵まれない人々への奉仕など、時代と社会の必要に応じて働いている。

二月五日

日本二十六聖人殉教者（祝日）

諸大名の改宗に脅威

一五四九（天文十八年）年、聖フランシスコ・ザビエルのまいた種で、ようやく芽を出した日本カトリック教会は、一般の厳しい批判に耐えながらも、大名や武士の間にその地盤《じばん》を築いて、日に日に急速な発展を遂げた。しかし、それから三十八年後には、早くも迫害の嵐が教会を根底から揺るがし始めた。時の豊臣秀吉が一五八七年、宣教師追放令を出して、布教を禁じたからである。しかし、これによって信者の信仰心はますます高まり、改宗者が続出《ぞくしゅつ》するので、秀吉は見せしめのために、京都、大阪の信徒二十六人を捕らえて市中を引き回したあげく、長崎の西坂で十字架につけた。これが日本カトリック教会の殉教者らの初穂《はつほ》である。

はじめ秀吉は貿易を盛んにするために、織田信長の政策に倣い宣教師を保護したので、小西、高山、大友、有馬、大村、内藤らの諸大名が妻子、親族、部下をあげて集団改宗し、教勢は日に日に栄えた。

秀吉は、これに脅威を感じだした。「カトリックが日本に広まれば、日本在来の神道や仏教は必ず衰退《すいたい》する」と心配したのである。

また、キリスト教が君主の上に全知全能の神を認め、その意志を何よりも尊重することも秀吉にとっては脅威《きょうい》であった。キリシタン諸大名が一致団結して反乱を起こしたらどうなるか。それは剣《つるぎ》でもって天下をとった専制君主の最も警戒《けいかい》するところであろう。

それにキリスト教の道徳は、秀吉自身の色欲を妨げた。仏僧の施薬院全宗《せやくいんぜんそう》が秀吉の歓心を買うため、九州のキリシタン集落へ美女狩りに出かけた。この要求は、純潔を大事にするキリシタンの乙女《おとめ》たちから、きっぱり断られた。もちろん復讐《ふくしゅう》の刃《は》が頭上に降りかかってくるのを覚悟の上での拒絶であった。

そのうえ、外国勢力に侵略《しんりゃく》されるという疑心と仏僧らのざん言が拍車《はくしゃ》をかけて、秀吉の激情《げきじょう》にふれた。こうして秀吉は一部の宣教師を追放し、教会を破壊し、布教を禁じた。しかし相変わらず貿易だけは歓迎したので禁教は徹底しなかった。そのうちに秀吉の怒りもやわらいだ一五九三年、「フランシスコ会」のペトロ・バプチスタ神父、他三人がフィリピン総督の使節として来日し、肥前名護屋で秀吉に謁見した後、秀吉から居住と布教の許可をもらい、京都で布教した。この他、ザビエル以来、布教を継続していたイエズス会会員らの努力で、信者は日増しに増加し、三十万人を突破した。

その頃、秀吉は朝鮮征伐に失敗し、巨額の戦費で財政難に苦しんでいた。その頃、たまたま一五九六（慶長元）年、スペイン貨物船サン・フェリッペ号が高知の浦戸に漂着《ひようちやく》した。秀吉はさっそく増田長盛《ましたながもり》を遣わして、船荷《ふなに》をことごとく没収《ぼつしゆう》させた。この口実《こうじつ》として、「スペインは海賊だ。まず宣教師を遣わして占領工作をなし、その後、大軍をもって日本を占領しようとたくらんでいるのだ」というデマが流された。

逮捕者の略歴

それから秀吉は、同年の暮れ、京都奉行石田三成と大阪奉行小出秀政に命じて、キリシタンを逮捕させた。こうして「フランシスコ会」関係ではバプチスタ神父を頭とする会員六人、信者十五人、イエズス会関係ではパウロ三木神学生をはじめ会員三人、計二十四人（他二人は長崎への道中で一行に加わった）が、一五九七年元旦と翌日に全員京都の牢獄に入れられた。そのうち六人が外人で二十人が日本人であった。信者の中には六十四歳のヤコボ市川もいれば、十二歳のルドビコ茨木、十三歳のアントニオ、十五歳のトマス小崎のような少年もいた。

ペトロ・バプチスタ神父は、スペイン人、日本滞在四年。サラマンカ大学出身の学者、「フランシスコ会」有数の説教家であり、徳の高い修道司祭であった。フィリピン諸島長官の使節として来日し、名護屋で秀吉と会見して、日本とフィリピンの間に修交条約を結び、自由に布教する許可をもらった。その後、神父は日本にとどまって、京都、大阪、長崎に教会や修道院、病院などを設けて働き、一万人余りの信者をつくった。その中には、織田信長の孫や寺社奉行《じしやぶぎよう》や大名二人、仏僧三人もいる。

「イエズス会」のパウロ三木は、阿波の徳島の三木半太夫という武将の子で、五歳の時洗礼を受け、十歳の頃、安土《あづち》（現・滋賀県近江八幡市安土町）のセミナリヨ（小神学校）に入学して司祭コースの勉強をしていた。しかし当時、司祭が足りなかったので修学途中で布教に回された。パウロ三木は学徳ともに高く、布教への熱意に燃え、説教も上手であった。ルドビコ茨木少年がキリシタンになったのは、その親戚のレオ烏山の感化によるものだった。烏山は尾張の国の出身。伝道士や通訳をし、親切で慈悲深く、自宅を病院に開放し、道に行き倒れになっている病人を家に担ぎこんで看護していた。茨木はペトロ・バプチスタ神父が京都に建てた「天使の元后教会」で働いていた。柔和で、はきはきしたこの少年は、料理の手伝いをしたり、ハンセン病患者の世話をしたりしていた。

トマス小崎は先の「天使の元后教会」の建築当時、工事現場で働く労働者の子であった。バプチスタ神父やフランシスコ会修道士らの清い生活を見て、小崎一家五人とも洗礼を受けた。その時トマスは十二歳、謙遜で、従順で、陰日なたのない子であった。父のミゲルは伊豆の弓師で、大阪天主堂建立に尽力した正直な人であった。間もなくトマスはフランシスコ会の第三会員となり、働きながらミサの侍者《じしや》や伝道士になるための勉強をしていた。

アントニオ少年はバプチスタ神父が文禄四（一五九五）年に長崎に建てたサンニフザロ修道院へ、ミサの侍者を引き受けるため来ていた。アントニオの父は中国人、母が日本人であった。今の長崎市夫婦川《ふうふがわ》町の春徳寺には、「イエズス会」の「諸聖人の教会」があった。アントニオ少年はここに預けられて読み書きを習い、ミサの侍者をし、後に京都へ移ったのであった。それから間もなく、大阪のフランシスコ会修道院で教育を受けていた。刑場では遺品として肌身離さず持っていた短刀を両親に渡し、「天国へ行ったら必ずご両親のために祈ります」と約束した。

京都のフランシスコはもと、豊後の大友宗麟《そうりん》の家臣で医者であった。秀吉が朝鮮へ兵を進めた時、医師として従軍した。その折、あるキリシタン武士と親しくなり、キリスト教の教えを聞いて心を動かされたのであった。そして京都には、医術にすぐれたイエズス会の日本人修道士、ヴィンセンテがいることも聞いた。

帰国後、フランシスコは、さっそくこの修道士を訪ねて京都にやってきた。しかし、「イエズス会」の修道院を見つけ出すことができずに困っているところ、ちょうどフランシスコ会員に出会った。案内されるままに、京都の「フランシスコ会」の修道院を訪れたのである。

やがて彼は修道院の雰囲気にすっかり魅せられ、当時印刷されていた『サントスの御作業』の中のアシジの聖フランシスコの伝記を愛読した。

そしてフランシスコ会員らの祈り、償いの業、美しい愛徳を知ってからというもの、自分もまた彼らに倣おうと決心した。そしてリバデネイラ神父からカトリック要理を習い、洗礼を受けた。受洗の時は、愛と平和の聖人アシジの聖フランシスコにあやかろうと、フランシスコの霊名を選び、修道院の近くに移住した。すでに四十歳を超し、妻と二人の息子と既婚の娘が一人いた。いずれも洗礼を受けて、息子は二人とも医師になった。

フランシスコは、京都の聖ヨゼフ病院で、ハンセン病患者や貧しい病人の足を洗い、薬を塗ってやった。それを見て周囲の人たちは、深く心を打たれた。その頃日本には、ほとんど薬局《やっきょく》がなかったので、フランシスコは自分で薬を作り、貧しいキリシタン患者には無料でそれを与えていた。

またフランシスコは、フランシスコ会員たちに日本語を教え、日本の風俗、宗教を説明し、キリシタンや教外者に教理を説いた。そして神父の通訳をしたり、キリスト教についてのパンフレットを執筆したりした。

ヨアキム榊原《さかきばら》は、妻と共に大阪に住んでいた。十五、六歳頃から医学を学んでいたが、中途で神学に転じ、宇宙の神秘や人生の意義などについてよく考えていた。このようによく準備された心には、神のみ言葉も吸収されやすい。妻と共に「フランシスコ会」のリバデネイラ神父からしばらくキリスト教を学び、いよいよ洗礼を受ける段になって、あいにく病気にかかった。妻は先に洗礼を受けたが、彼は後で危篤《きとく》になった時に、伝道士から洗礼を授かった。

やがて病気が治ると、感謝の念から大阪のベレノ修道院建設を手伝い、同修道院の料理人となった。彼の怒りやすい性質は、いつしか改まり、慈悲深い温和な人となり、貧しい人々を助け、修道院の雑役を喜んで引き受けた。また暇を見てはカトリック病院の患者を見舞い、これを看護したり、信仰の道へ導いたりしていた。

ヨアキム榊原《さかきばら》は、逮捕されるのを知っていて、逃げられたにもかかわらず、マルチン神父と共に大阪の修道院で捕縛《ほばく》され、京都の牢獄に入れられた。時に四十歳であった。

受難者らを見せしめに

慶長二（一五九七）年一月三日、殉教者たちは左の耳たぶをそがれ、牛車八台に三人ずつ乗せられて、京都の目抜き通りを引き回された。これは前代未聞の珍しい眺めであった。目の色、鼻の格好、顔の形の違った外国人が耳から鮮血をしたたらせている姿は実に異《い》

様《よう》であった。路上になだれ込む者、縁に立つ者、屋根によじ登る者、京の町は上へ下への大騒ぎとなった。

「かわいそうに」、見物人の中からはこんな声が聞かれた。殉教者の多くは、ちまたで愛の教えを説き、捨て子を集めて教育し、病人の看護に尽くしていたからである。このような辱《はずかし》めを受けながらも、一行は悲しい顔も恥じ入るような姿も見せず、晴れ晴れと声高らかに聖歌を歌い、お祈りをし、ひしめく群衆に牛車の上から説教を繰り返した。京都市民は感激に心を打たれた。中にはキリシタンの武士や町人も多い。群衆を押しのけ、「一行に加えてください。私もキリシタンです……」と警備の役人の前に跳《と》び出る者が多くなった。初めは、「お上から名簿に記入された者以外は相ならぬ」と、ていねいに断っていた役人たちも、やりきれなくなって、ついには手にしたこん棒を振るって追い散らさねばならないほどであったという。

明けて四日、雪の散らつく冬のさなかに、着のみ着のままで伏見、大阪、堺の町を引き回されてから、八百キロのぬかるみを長崎へと死の行進を続けた。行く先々や町や村では前ぶれが出され、道ばたには人垣《ひとがき》が作られた。

「キリシタンになると見よ、このとおりだぞ」という当局の見せしめは、かえって信者の信仰を奮い立たせ、民心に深い感銘を与えるという逆効果を生んだ。岡山付近で二人のキリシタン青年が、「ぜひ一行に加えてください」と、役人に執拗《しつよう》に頼んで、ようやく加えてもらったのも、その一つの証拠である。

少年らの勇ましい覚悟

一行が広島の三原に着いた夜、十五歳のトマス小崎は、母親に次の遺書をしたためた。「母上様、聖主のお恵みに助けられながら、この手紙を書きます。私たちは長崎で十字架につけられることになっています。

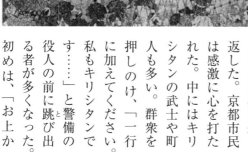

どうか私のことも、父上のことも何一つご心配なさらないでください。パライソ（天国）で母上様のおいでをお待ち申しております。母上様、臨終の時に、たとえ神父様がいらっしゃらなくとも、心の底から罪を痛悔し、イエス様のお恵みをお願いすれば、救いを全うすることができます。人からどんなことをされようとも忍耐し、すべての人に愛をお示しください。また、二人の弟を異教徒の手に委ねることのないように、大切に育ててください……」と。

十二歳の最年少の茨木少年は、道中いつも明るく朗《ほが》らかに振る舞い、寒さと疲れと傷の痛みに苦しむ一行の大きな慰めとも励ましともなった。二月一日、唐津《からつ》の店で休憩中、長崎奉行代理寺沢半三郎が茨木のいたいけな姿に同情して、「信仰さえ捨てれば、私の家に引き取って武士にしてあげるが、どうだ」と言った。すると茨木はさっと顔色を変え、「私は人の気に入るために神様に背くことはできません」と、きっぱり断ったという。

十三歳のアントニオ少年の父親は、一行の後を追い、泣く泣く息子に、「おまえはまだ若いし、大きくなってから殉教しても遅くはない」と口説いた。しかしアントニオは、「神様に生命をささげるのに、年をとっているかどうかは問題ではありません。あの罪のない幼子たちも、生まれて間もなくキリスト様のために殺されたではありませんか」と答えて、びくともしなかった。

一行が姫路、赤穂、岡山、三原、下関、博多、唐津、柄崎《つかざき》（現・武雄）を経て長崎の近くにたどりついたのが、二月の初め。二月四日夜、寒い北風にさらされながら彼杵《そのぎ》から大村湾を渡った。時津に上陸したのが夜の十一時頃、そのまま長崎に向かった。

二月五日の早朝、浦上のハンセン病病院に到着した。京都を出発してから一カ月以上もたっていた。刑場は、現在、西坂公園となっている丘。そこからは長崎の町が一望のうちに眺められ、すでに二十六基の十字架が半円形にずらりと並べられてあった。処刑の前日に長崎奉行所からは、「長崎の町から一歩たりとも出る者は、いかなる者といえども、これを死罪に処す」という布告が出され、町の角には番所が設けられ、長崎の町には白だすきを掛けた武士たちのものものしい警戒態勢が敷かれていた。しかし処刑日の五日になると、群衆は処刑のありさまを見ようと、竹矢来《たけやらい》のすぐそばまで押しかけてきた。護衛《ごえい》の役人たちは、これを追い払おうと、必死にむちを振るったが、まったくそのかいもなかった。

疲れきった殉教者たちは、最後の力を振り絞って自分の名札《なふだ》のついた十字架のもとに走り寄り、これをしっかりと抱いた。ことに年若いルドビコ茨木は、けなげにも、「お武家様、私がはりつけにされる十字架は、どこにございますか」と役人に尋ね、「おまえのかかる十字架は、いちばん小さいあれだ」と指さされると、にっこりほほえんで、まるで大好きなおもちゃのように十字架を抱いた。思わず群衆の中から「おお」という感動の声に混じって、すすり泣きの声も聞かれた。やがて殉教者の歌うベネディクトゥスの賛歌が、夕日に映《は》える山肌《やまはだ》にこだましました。

殉教者らの信仰の証し

一五九七年二月五日（慶長元年十二月十九日）役人たちは全員を荒縄《あらなわ》で縛り、鉄の輪をもって十字架にはりつけにした。ペトロ・バプチスタ神父が〝テ・デウム〟（われら、神を賛美したてまつる）を歌いだすと、全員がこれに唱和《しょうわ》した。長崎港からは山の上からも役人の目をはばかる信者たち約四千人が、この荘厳《そうごん》な瞬間を見守っていた。刑執行人の槍《やり》の穂先《ほさき》が夕日の反射でキラキラと光る。

「イエズス会」のパウロ三木は、群がる人々に次の説教をした。「皆さん、私はあなたがたと同じ日本人です。私が十字架につけられたのは、ただキリストの教えを宣べ伝えたからにほかなりません。ことわざに〝人の将《まさ》に死せんとする、その言や善し〟とあるとおり、死を目前にして、うそは申しません。救霊を得たいならば神を信じ、そのみ教えを守らねばなりません。私たちは無罪でありながら殺されますが、決して誰も恨《うら》みません。ただ、同胞が一日も早く救いの道に入られるよう祈るだけです……」と。

それに続いて、バプチスタ神父がシメオンの賛歌「主よ、今こそ、あなたはお言葉のとおり、あなたの僕《しもべ》を、安らかに去らせてくださいます」（ルカ2・29）と歌えば、一同感涙にむせびつつ、これに唱和した。やがて号令一下、二人ずつ二十六組に分かれた刑執行人がいっせいに槍をしごいて、左右から十文字に胸を突き刺した。十字架上では、かすかにイエズス、マリアのみ名を唱えながら、一人また一人、がっくり頭を落として、その聖《きよ》い魂を神のみ手に帰した。

その時、刑場を取り囲んでいたキリシタンたちは、先を争って殉教者のもとに駆け寄り、その遺物を手に入れようとした。自分の布切れを殉教者の血にひたす者もいれば、血に染まった着物の一部を切り取る者もいた。殉教者の死体は、二月から一カ月以上、十字架上にさらされた。その間彼らの遺物が持ち去られないようにと、警備兵《けいびへい》がつけられていた。ところが死体の処理命令が出ると、人々はこの西坂に殺到し、遺物も十字架も残らず持ち去ってしまった。

こうして殉教の花と散った二十六人は、一八六二年六月八日、聖霊降臨の祝日に教皇ピオ九世によって列聖され、全世界の尊敬の的《まと》になった。

西坂殉教地は、二十六人の殉教後間もなく、キリシタンの巡礼地となった。千四百坪の刑場には柵《さく》が張りめぐらされ、トゲ牡丹《ぼたん》が植えられ、大きな十字架が建てられた。長崎に入港するポルトガル船は、必ず礼砲を撃って敬意を表していた。しかし迫害が厳しくなるにつれて、その巡礼地も破壊され、ついにその場所さえ忘れられてしまった。今の西坂公園が殉教地であることが分かったのは近年になってからのことである。今ではその地に二十六聖人記念館も建てられ、一九六二（昭和三十七）年には列聖百年祭が盛大に行われた。

秀吉はキリシタンに改宗した人は誰であれ、このような辱めと苦悩と死に至るから、ゆめゆめキリシタンになるな、という見せしめのため二十六人を十字架にかけたが、その意図とは逆の結果になった。すなわち二十六人の殉教者は肉体の生命よりも不滅の魂を生かすために、この世の苦難と死を選んだので、教えのためなら命まで惜しまない殉教精神に感化され、日本内外でキリスト教が広まるという結果を招いたのである。

二月六日

聖アガタおとめ殉教者

（看護婦・火災予防の保護者）

美貌《びぼう》を備えた裕福な貴族出身

聖アガタ（神の聖女という意味）は、イタリアはシチリア島の火山エトナの山麓にあるカタニア市に、三世紀の半ば、貴族の家に生まれた。聖女が火災予防の保護の聖人と言われるのは、エトナ火山爆発の際、この聖女の墓に行ってその保護を求めると、災難をまぬがれると言い伝えられているからである。

両親は、身分が高く、財産も豊かであった。アガタは、容貌が美しく、教養も高かった。性質は、おとなしく、家柄や財産や身なりや学識を鼻にかけることなく、小さい時から信心深かった。シチリア州の総督クィンティアヌスは、身分の低い成り上がり者で、アガタの美貌と家の財産に心をひかれ、職権を利用して、愛人にしようとした。しかし、熱心な信者であるアガタが、そういう言葉に従うはずがない、きっぱりと断った。

ローマ総督による誘惑

当時のローマ皇帝デキウスは、キリスト教を弾圧し、「信者を捕らえよ」と命令した。総督は、これ幸いとばかり、アガタを私邸に連行させ、「信仰を捨てて、私の言うままにしなさい」と、脅したりすかしたりしたが、アガタの固い決心を動かすことができなかった。そこで総督は、アガタを売春婦たちのもとに預け、一カ月間、さまざまに誘惑させた。それでも効き目がないので、売春婦たちは、アガタを総督のもとに送り返し、「この女の心を変えるのは大理石を溶かすより難しいようです」と答えたという。

総督は、拷問の道具の前にアガタを引き出して脅した。「おまえは、人もうらやむ貴族の家に生まれ、何不足ない身分でありながら、どうして人々がもっとも嫌うキリスト信者になったのか」。「人々がキリスト教を低く見るのは、その教えをよく知らないからです。質素な、心豊かな生活は、一般の人でも求めることで、信者は、特に神の前で質朴《しつぼく》に、謙遜に生きるのを誇り

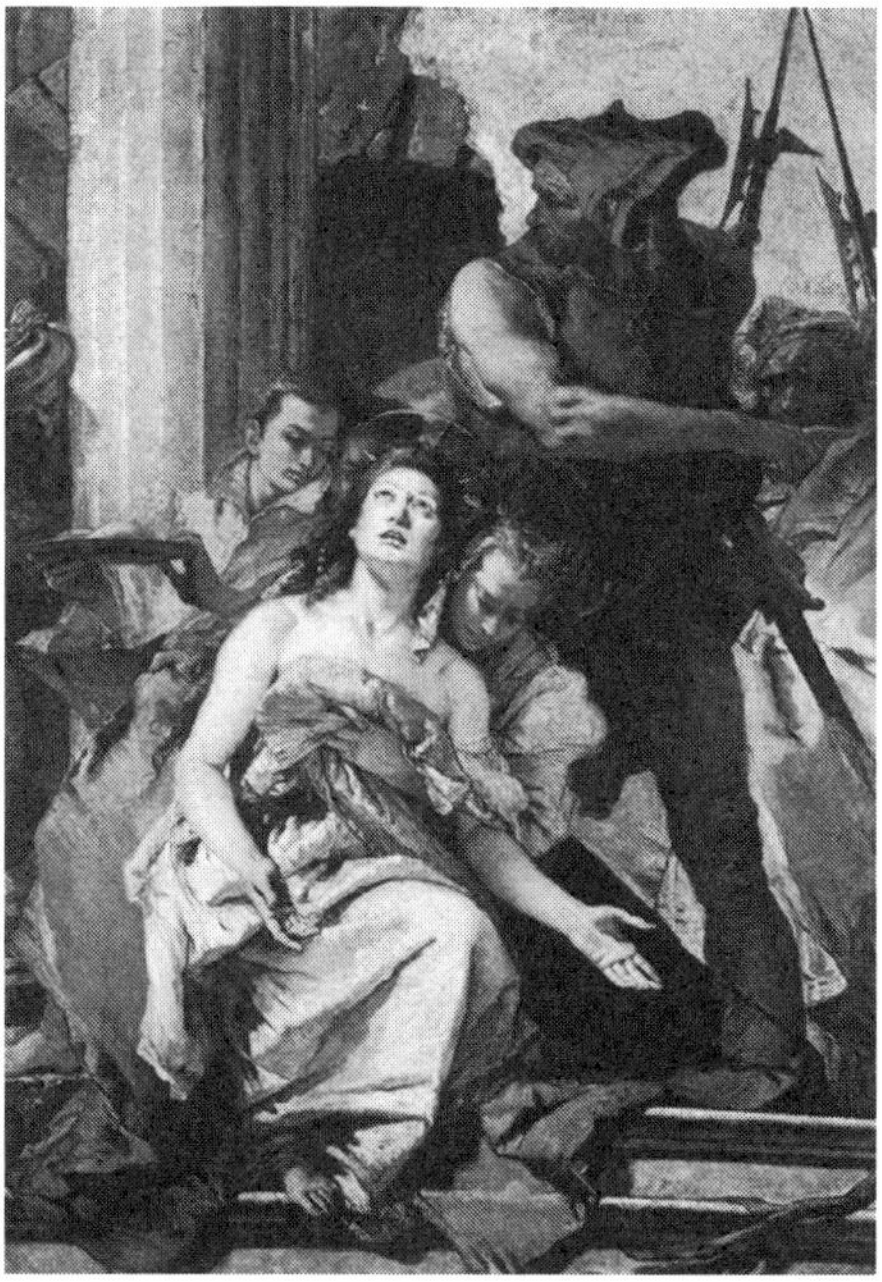

にしています」。「そんな理屈を聞くために、おまえをここに連れ出したのではない。今からキリスト教を捨てて、わが国の神々を礼拝せよ。さもないといろいろな責め苦にあって死ななければならないぞ」。「あなたこそ、終わりない罰を受けないように、心を改めて真の神様を信じなさい」。総督はカーッとなってアガタの顔を殴《なぐ》り、留置場《りゅうちじょう》に放り込んだ。

翌日、総督は再びアガタを呼び出し、「どうだ、よく考えたか、教えを捨てなければ、もっとひどい目に遭《あ》うぞ」。「私は、この苦しみによってキリストのもとに行くことができますから、かえって喜んでおります。小麦の穂を叩かないと、蔵《くら》に貯えられません。私の体も、この世でしごかないと天国に入りにくいのです。どうぞ、あなたの思うままに苦しめてください。殴るなり、焼くなり、猛獣《もうじゅう》の餌食《えじき》にするなり、どうにでもしてください。覚悟はできていますから」。

総督、アガタの乳房《ちぶさ》を切り取る

総督は、心を鬼にして、真っ赤に焼いた鉄棒をアガタの体に押しつけ、その乳房《ちぶさ》までも切り落とさせた。この時まで黙って辛抱《しんぼう》していたアガタも、この時、初めて口を開き、「あなたも子どもの時にはお母さんのお乳をお飲みになったのでしょうに、か弱い女の乳房を切り取るのは、あまり乱暴ではありませんか」と総督をたしなめた。

総督も、これには返す言葉もなく留置場へ連れ戻させ、飲食物を与えず、傷の治療もさせずに放っておいた。出血多量と衰弱でアガタが虫の息で祈っていると、聖ペトロが現れ、アガタを慰め励まし、その傷まですっかり治したという。

四日後、総督はアガタを引き出し、魔法の力に負けてたまるものかと、こんどは地上に炭火《すみび》とガラスのかけらをまき、そこへアガタを裸《はだか》にして押し倒し、引きずり回したからたまらない。アガタは血まみれになり、息もたえだえになった。ちょうどその時、大地震が起こり、町中が大騒ぎになり、総督官邸にも群衆《ぐんしゅう》が流れ込んできた。総督は内乱を恐れてアガタを留置場に閉じ込めた。

アガタの殉教後、奇跡が続出

この時、アガタは苦しい息を継ぎながら、「主よ、あなたの光栄のために戦わせてくださったことを深く感謝いたします。この世の楽しみを求めず、潔白を保つことができたのも主のお恵みです。どうぞ私を主のみ前にお召しください」と祈り終えて、息絶えた。これは二五一年のことであった。

キリスト教徒たちが、聖女の遺体を香料とともに埋葬しようと墓穴に横たえた時、不意にそれまでこの町で見かけたことのない、絹の衣装《いしょう》をまとった一人の少年が、白い衣装に飾りをつけた百人以上もの美男たちを引き連れて現れた。少年は遺体に歩み寄り、枕元に一枚の大理石板を置くとたちまち姿が見えなくなった。大理石板には、『聖女は、神々しい霊魂の持ち主であり、すすんで殉教に身をささげ、神を敬い、この地方を救った』という意味のことが書かれてあった。この偉大な奇跡の故に、異教徒もユダヤ教徒も心を込めてこの墓に巡礼するようになった。

そうこうしている間、クィンティアヌスは、聖アガタの遺産を奪おうと馬車で出かけた。ところが、途中で二頭の馬が暴れだし、一頭は彼の胸にかみつき、もう一頭は蹄《ひづめ》で彼の胸を蹴《け》ったため、川に転落し溺れ死んだ。

アガタの死後、その代願によって多くの奇跡が起こった。聖女ルチアも、アガタの墓に行って、自分の母の病気の回復を祈り、聞き入れられたという。

その後、カタニア市に近い大きなエトナ山が噴火した。溶岩《ようがん》が急流のように山を下り、石も土も溶かしながら猛烈な勢いで町に迫った。その時、異教徒たちは、山を駆け下りて聖アガタの墓に逃げてきて、墓を覆っていた絹のヴェールを持ち出し、襲い来る溶岩に向かって槍の先に掲げた。すると、溶岩は、そこでぴたりと止まり、それ以上流れなかった。

こうして、聖女への崇敬は西ヨーロッパ全体に広まった。聖アガタはカタニア市の守護聖人であり、地震、火山の爆発、火災、天変地異には、聖女の名が呼ばれる。フィレンツェ大聖堂所蔵の同聖女の聖遺骨は、鎮火の奇跡力があると信じられている。女性の胸部疾患（乳がん）などに対する守護聖人である。

聖アガタの殉教画は、ティントレット、ヴェロネーゼ、ティニポロ、ヴァン・ダイクをはじめ多くの画家たちが描いている。それらの多くで描かれる聖女は、奇跡のヴェールをまとい、手に勝利の象徴たる棕櫚《しゅろ》の枝、切りとられた二つの乳房を載せた皿を持つ。一角獣（処女の象徴）の角、さまざまな拷問具（殉教具、鋏《はさみ》、やっとこ）が聖女の手、または傍らに置かれることもある。そして、松明《たいまつ》などが描き添えられ、薪の山に寝かせられていることもある。

二月七日

福者ウージェニー・スメット修道女

（み摂理のマリア修道女、「援助修道会」の創立者）

援助修道会の目標

ウージェニー・スメットはすでに十歳前後から、生者と死者との間の絆《きずな》を発見し、長じて後、この世と後の世で清めを受けている人々、苦しみの内に「試練と成長の状態を通っている」（会憲十九条）人々や集団と連帯し、全面的に神に委ねる精神で、神の寛大さに希望を置きつつ「自分自身と自分がもっているものすべて」をささげる「援助修道会」を創立した。この援助とは「霊魂が自分の創られた目的に達するのを助ける」、言いかえれば、人々が愛である神と出会うのを手伝うために、「単純、委託《いたく》、喜び」の心で「祈り、苦しみ、行動する」よう、言葉を通し、生き方全体を通して神の道具となることである。

生者と死者のかけ橋

ウージェニーは、一八二五（徳川幕府末期の外国船打払令の出た文政八）年三月二十五日、「神のお告げ」の祭日にフランス北端ベルギーとの国境に近いリール市（パリ北駅から北東へTGV《テジェヴェ》＝超高速列車で一時間）のマルシェ・オ・ヴェール・ジュ通り十一番地に住む裕福《ゆうふく》な家の第三女として生まれた。フランス革命後の産業革命によって当時リール市は、市の特産物である毛織《けおり》物《もの》の機械化が進み、紡績工場が次々と建ち並ぶ都市となりつつあった。当時のリール市の労働環境は劣悪《れつあく》で、不衛生な住環境のために何度もコレラが流行し、労働者階級を中心に多くの人が犠牲となった。労働者たちは一家そろって体力の限界を超える時間働いても、最低限度の家計費を賄《まかな》うのがやっとで、教育を受ける余《よ》裕《ゆう》などなく、労働者と資本家との資産格差は広がる一方であった。

こういう時代に、信仰のあつい、特に煉獄《れんごく》の霊魂に対して特別な信心を抱いていた家庭の中で育ったウージェニーは、賢く、はつらつとしていたが、性格の激《はげ》

しい、感受性の強い子であった。彼女は墓地に行くたびに、いつも花の絶えない墓があると同時に、苔《こけ》むした墓石《はかいし》が幾つもあるのを見て心を痛め、「この人たちのために誰が祈るのかしら?」と疑問を抱いた。

そしてウージェニーは、煉獄の霊魂について、次のような短いたとえ話を作って、友達に話した。「もし私たちの大好きな人が牢獄《ろうごく》に入っているとするの。そしてもし私たちが、その牢獄の鍵《かぎ》を持っているとしたら、私たちは知らん顔して、蝶々《ちょうちょう》なんかつかまえていられるかしら。煉獄の霊魂が忘れられているっていうのは、こんなことを言うのではないかしら」と。牢獄というウージェニーの表現には当時、スメット家が休暇を過ごしていたリール市近郊のロース村にあった中央刑務所がイメージされていたのかもしれない。

「み摂理《せつり》」という糸

ウージェニーは、必要なものを与えてくださる神の慈しみ、また家族や周囲の人々から受ける愛や友情、あるいはさまざまな出来事を通して示される神の深い愛と配慮、言いかえれば、神が「すべてのものの内側から」働かれていること（トマス・アクィナス）を「み摂理」という言葉で表現した。「み摂理」を深く味わい悟っていた彼女は、全生涯を通じ、たとえ苦しみのどん底にある時でも、神に愛されている子どもとして、「み摂理」に対し全幅《ぜんぷく》の信頼をおくことをやめなかった。

これをイメージとして映像化すると、ウージェニーの全生涯という名の織物《おりもの》には、「深紅《しんく》の糸」と「金色の糸」が分かちがたく絡《から》み合いつつ、常に見え隠れしていたと言える。「深紅の糸」とは煉獄の霊魂と彼らへの愛であり、「金色の糸」とは「み摂理」という神の愛と配慮である。

一八三四年に九歳になったウージェニーは、初聖体の準備がよくできるようにと、姉たちが勉強していた私立学校の半寄宿生（昼食付きクラスの生徒）となった。翌年の四月七日にウージェニーはご聖体を初めて拝領し、自分自身を余すところなく主にささげた。聖徒の交わりをひそかに理解し、生者と死者の間の絆を「親しい友達関係」と言い表すこの少女は、「生者と死者を結び付ける神秘的な連帯への信仰と、神がすべての人にすべてとなられるという希望のうちに生きる」（会憲十二条）道へと歩み始めたのである。

聖心学院の寄宿生

一八三六年の秋、十一歳になったウージェニーは、リール市のロワイヤル通りの聖心学院の寄宿生となった。この七年間の寄宿生活は、ウージェニーに深い影響を与えた。

ある日、聖堂に祈りに行くウージェニーを見て一人の修道女が、「ウージェニー、あなたは聖堂で何を祈っているの?」と尋ねた。ウージェニーの答えは、「私は毎日、イエス様に世間のはかないことを分からせてくださるようにお祈りしています」であった。

ウージェニーは神との縦《たて》の関係に優れていたばかりでなく、横の関係、つまり対人関係を上手に結んでいた。彼女は茶目《ちゃめ》っ気があり、ユーモアにたけ、他者の言葉に対して即座《そくざ》に受け答え、他者を引っ張っていくリーダーとしての素質《そしつ》があった。ウージェニーは、神によって「聖徒の交わり」に基礎をおいて生きることへと招かれていたが、彼女はそれを自分一人でしようとはせず、級友たちにも呼びかけていた。「神さまの摂理になりましょう。神さまはあなたのみ摂理なのですから。すべてを下さる方に何か差し上げましょう」と。

一八四二年一月に行われた、イエズス会士による霊操に基づく黙想会で、十七歳のウージェニーは、主の力強いお招きを心に感じて、主の求められることに応ずる約束をした。以後ウージェニーは、毎年一月二十五日を「回心の日」（同日は聖パウロの回心の祝日、参照）とし、最初の献身を繰り返すようになる。「主よ、私のすべての自由を取り、それを受け入れてください」と。

苦しむ死者のための信心会を設立

一八四三年、十八歳のウージェニーは聖心学院での勉学を終え、ロース村の親元《おやもと》に戻った。スメット家は、景気の変動の影響を受け、生活レベルを下げるため、ウージェニーが聖心学院に入学する頃、ロースに新たにレンガと石を組み合わせた簡素な庭付きの家を建てて、リール市から移り住んでいたのである。

ウージェニーはロース村の貧困家庭を探し出し、援助の手を差し伸べ始めた。そんな彼女のもとには毛糸の衣服や靴が「摂理より」との匿名《とくめい》で送られてくるようになった。ウージェニーはそれらを修繕してから包み直し、包みの表に渡す相手の名前を書き、さらにその下に「苦しむ死者のためにお祈りください」と付け足して、その包みを自ら配って歩いた。

またウージェニーは中国人孤児のための働く「児童《じどう》福祉会《ふくしかい》」の仕事を引き受け、活動資金を集めたり、中国人の子どものためにくじ引き券を売りさばき、大金をフォルカード司教（『人物中心の日本カトリック史』一二一～一二四頁、参照）に渡したりした。この司教は一八四七年から五三年まで香港を拠点に中国で働いた人物で、幕末に日本の初代「代牧《だいぼく》司教」に任ぜられ、沖縄で一年余り日本語を習い、長崎へ向かうフランス軍艦で長崎港まで来たが、上陸できなかった。帰仏後は、ヌヴェール教区長時代にルルドにいたベルナデッタ（ルルドの聖母二月十一日、参照）と面会し、ヌヴェール修道院に紹介している。

一八五〇（幕末の嘉永三）年、聖心の祝日の八日目に、ウージェニーは貞潔の誓願を立てた。それからしばらくして、ある日、ウージェニーが自分の個室で祈っていると、「摂理と契約を結ぶ」という考えが頭に浮かんだ。彼女はこの契約を神が本当にお望みなら、指輪を届けてくださいと祈った。すると間もなく、不思議にもある友人から指輪が届いた。その後、一八五二年五月三十一日、聖霊降臨の祝日に、リール市にあるサン・モーリス教会無原罪の聖母聖堂で、ウージェニーは貞潔の終生誓願を立てた。

同じ頃、ある友人がウージェニーに、宝物を守っているかのように両腕を胸の前で組んだ聖母像を贈ってくれた。彼女はその聖母像を「み摂理の聖母」と名付けて自室に置き、しばしばその前で祈った。ウージェニーは自分の中にまだかなえられていない熱望を抱いていたが、それが何であるか、自分でもまだ定かではなかった。それで、「恩寵《おんちょう》の聖母教会」と呼ばれていたロースの教会で、彼女はたびたび、助けを求めて神に祈っていた。

一八五三年十一月一日（諸聖人の祭日、参照）に、ウージェニーは家族の人たちといっしょに聖堂の中で顕示《けんじ》されている聖体の前で祈っていた。その時、彼女の心は苦しみの教会の霊魂のため犠牲と祈りをささげる信心会設立の望みに満たされた。そこで、これがみ旨であるならば、一つの印をいただきたいと神に祈った。「主よ、本当にあなたのお望みならば、私が聖堂を出る時、誰かが苦しむ死者の話をしかけるようにしてくださいませ」。

早鐘《はやがね》のように高鳴る胸を押さえつつ、聖堂の石段を降りる彼女を一人の友人が呼び止めた。彼女は言った。「ウージェニー、ご聖体が顕示《けんじ》されている間、私は今月中、あなたとごいっしょに苦しみの教会の霊魂のために、お祈りや犠牲をささげることを決心しました」。ウージェニーは内心驚喜《きようき》しながら、「それでは、明日私のところにいらっしゃってね」とほほ笑みながら別れた。

ウージェニーは家に帰るとすぐ、働きに来る一人の少女に、その話をし、苦しみの教会の霊魂を思い出すように頼んだ。「母が亡くなりましてから、いつもそのことを忘れたことはございません」。この返事に心を打たれたウージェニーはさっそく、彼女を苦しむ教会の霊魂のための信心会の最初の会員にした。その夜、家族一同は、いろいろと評議《ひようぎ》した結果、みな入会を申し込んだ。

この苦しむ教会の霊魂のための信心会は、またたく間に発展し、一年後には会員数六千人に達することとなる。会の規則は、月一回ロザリオを唱え、主の祈り、アヴェ・マリアの祈り各五回を主の五つの御傷《おんきず》の光栄のために唱えること、年一度の聖体拝領を行うことであった。より熱心な会員は月一回の聖体拝領、十字架の道行《みちゆき》、年一回のミサ聖祭をささげることであった。

修道会創立のインスピレーション

翌日の十一月二日（死者の日、参照）のミサ中に、聖体拝領後の感謝の祈りをしていたウージェニーは、突然一つの考えに打たれた。それは「戦う教会（この世の教会）のためには数多くの修道会がある……。しかし苦しみの教会（死後、清めを受けている霊魂たち）に熱誠と愛徳の業によって余すところなくささげられた修道会は一つもない……。私が、この空席を満たすために召されているのではないか？」という考えであった。

　ウージェニーは、「主よ、もしこれがみ旨でしたら、印を通して私に教えてください」と、五つの印（彼女自身はこれらを「証拠《しょうこ》」と呼んでいる）を神に求めた。この五つの印（「証拠」）は、その後二年間のうちに、願った順序どおりに次々と実現していった。

　印が一つ、また一つと具現化《ぐげんか》されていく中、ウージェニーは一八五五年八月にアルスの聖ビアンネ（八月四日、参照）に、彼のもとに巡礼する友人を介して、修道会の創立について相談した。すると、ビアンネ神父から「煉獄の霊魂のための修道会は、神が長く求めておられた業であり、その創立は実現され、会は大いに発展するであろう」との返事を得た。

　そして、一八五五年十月二十五日、五つ目の印、すなわち「煉獄の霊魂のために同じ意向をもっている未知の司祭と出会うこと」が実現した。この日、煉獄の霊魂のための修道会創立を目指している彼女にとって「未知の司祭」であった、パリ在住のラルジャンティエ神父に関する手紙がウージェニーのもとに届いたのである。「もう後戻りできないわ！」と彼女は叫んだ。相談を受けたアルスの聖司祭も、「そのパリの司祭の申し出を摂理の招きとして受け入れなさい」と述べ、ウージェニーはパリに行くことを決断した。

修道会創立の基礎固め

　ウージェニーは一八五六年一月十九日、パリのサン・マルタン街二十二番地に行った。ラルジャンティエ神父と、彼が集めた女性たちの小さな共同体に出会うためであった。「援助修道会」は、この日を創立記念日としているが、実際のところ、ウージェニーにとっては失意と当て外れの苦しみの日であった。

　翌日、彼女はこの苦しみの中、聖母のみ手にすべてを委ねようと、勝利の聖母教会で創立についてノヴェナ（九日間の祈り）を始めた。そして一月二十二日、サン・メリー教会の主任司祭ガブリエル神父の紹介状を携《たずさ》えて、ウージェニーはパリのシブール大司教を訪ねた。大司教は資金や建物について質問した。彼女は答えた。「資金はわずかですが、必要な時に手に入るでしょう。建物もありませんが、摂理によって与えられるでしょう」。大司教はうなずき、「娘よ、行きなさい。山を動かす信仰は修道院をも建てるでしょう。……支援や相談が必要な時には、私のもとに来なさい！」と創立を許可した。それから二カ月足らずの後、会についで考えの異なるラルジャンティエ神父とは別れ、ウージェニー一人が正式名称「煉獄援助修道会」の創立者となった。

こうしてウージェニーは、「み摂理のマリア」の修道名をいただき、「戦いの教会が要請する熱誠と愛徳にあふれる業を実践しつつ、苦しみの教会を助けるために、自らを奉献する」ことを目的とした援助修道会を、聖イグナチオの霊性を取り入れて、最初の会員たちと共に少しずつ作り上げていくこととなる。

一八五六年六月三十日、会はサン・マルタン街から同じパリ市内のラ・バルイエール街（現・サン・ジャン・バティスト・ド・ラ・サール街）十六番地に引っ越した。その翌々日の七月二日、ある人が引っ越して来たばかりの修道院を訪れ、結核《けっかく》に苦しむ貧しい女性の看《かん》護《ご》に来ていただきたい、と頼んだ。

この日まで、み摂理のマリアは、神のみ旨に答えるための事業は何であるか、ずっと祈り求めていた。その彼女にとって、この出来事は神からの答えであった。み摂理のマリアは、この見知らぬ人からの依頼について、後にこう語っている。「神ご自身が、これによって私たちの歩むべき道を示してくださったのではないでしょうか。ですから私たちはその道を歩くだけであり、一人の会員がすぐに教えられた所に送られました」と。

こうして会員たちは、貧しい病人を訪問・看護し、臨終の床にある人々に付き添い、しばしばその埋葬にまで立ち会った。会員たちは修道服を着ていなかったので、司祭や修道者らを拒《こば》む人々の中にも入ることができたのである。

さらに会員たちは、み摂理に信頼しつつ、人々の必要に応えて、要理教育、施療《せりょう》、保育、日曜学校、種々の集まり、黙想会などの事業も始めた。こうした事業内容は当時、貧しい労働者階級の人々において「欠けている部分」であり、会員たちは、その「欠落《けつらく》」を埋めるための神の道具として働いたのである。この「欠けた所を埋めたい」という精神は、会憲の中にも「選択する際には、忘れられている人々、人間の尊厳を傷つけられている人々、福音の告知を最も必要としている人々を優先させる方向を取る」（会憲二十九条）と表現され、今も会員たちの中に息づいている。

一八六四（西欧連合艦隊が下関を砲撃した元治元）年、

会員数は四十人に達し、み摂理のマリアが支部創立の時が来たと感じていたところ、フランス中西部のナント市から一人の若い女性がやって来て、ナントに創立してほしいと願った。そこで同年六月二十九日、ナントに支部が創立された。

会の発展と創立者の死

一八六七（明治元）年、「援助修道会」は創立十一年目に早くも中国大陸の上海《シャンハイ》へ、数少ない会員の中から最初の宣教女二人を送り出し、すぐに続いて四人を派遣した。上海に着いた会員たちは、その地での「欠け」を埋めるべく、診療所、学校、児童養護施設、聴覚障害者のための施設などを設立して、病人の看護や子どもの教育や要理教育に当たった。

一八七〇年一月七日にベルギーの首都、ブリュッセルに支部設立のため、会員が出発し、同年二月に創立者の父親が亡くなった。み摂理のマリア自身も以前から患っていたガンが悪化し、一日一日と衰弱しながらも、会員たちには、「主は、私たちに必要なものをご存じです。されるままになりましょう。主のみ旨が行われるのであれば、生であろうと死であろうとかまわないのです」と勧めていた。

そのようなときに、普仏戦争《ふふつせんそう》（フランスとプロイセン間の戦争）が始まったのである。み摂理のマリアは痛みに苦しみながらも、社会不安と混乱の中、修道院を野戦病院にする許可を得て、日夜傷病兵《しょうびょうへい》を看護した。内外の苦しみのさなかにあって、み摂理のマリアはますます信仰を強め、神との交わりを深めて、「フィアット＝お言葉どおり、この身になりますように」と絶えず祈り、神に対する揺るぎない信頼を抱いて、自らの苦しみを神のみ手に委ねていた。

そして一八七一年二月七日、ウージェニーは援助修道会の行く末を案じながらも、「フィアット」の生涯、すなわち神のみ旨を識別《しきべつ》した上で、それらをすべて果たし、ひたすら神の道具として生きた四十五歳の清い霊魂を神のみ手に返した。その遺体はパリの本部修道院の地下聖堂に埋葬《まいそう》されている。ウージェニーは一九五七年五月二十六日、教皇ピオ十二世によって福者の位に上げられた。

会の精神

その精神を受け継ぐ会員たちは、全ての人々が「創造された目的に達するまで手伝う」ことを使命とする。すなわち人間は神の似姿《にすがた》に造られ、生きている限り真・善・美の根源である神に近づこうとする。言いかえれば聖アウグスチヌスが述べるように、「あなた（神）は私たちをあなたに向かうようにお造りになり、私たちの心は、あなたのうちに休むまでは、安らぎを得ないからです」（『告白録』一巻一章）。このような根源的欲求を満たすため少しだけでも手助けになればと、会員たちは「煉獄の深みから地の果てまで行く」という会の精神に従って、世界二十四カ国に派遣され、そこで福音を告げ、人々と苦楽《くらく》を分かち合っている。会員たちは、「善いことなら何でも手伝う」という創立者の精神に基づき、教会から招かれた土地に派遣され、その地の「欠けたところ」を補い、「忘れられた人々」と連帯することを目指して働く。

創立当初、パリを含めたフランス全土で、多くの病院や学校が創立された時代に、援助修道会員は「パリに数多くある愛徳の使命の中で、欠けた所を埋め合わせる働き」（病者の記録）、すなわち労働者の子どもたちのための教育、教会を拒んでいた貧しい人々の看護、福音宣教へと出かけて行き、弱者が神と出会うことを助ける使徒職を選んだのである。

そのためには「危険を伴う限界状況にまで行くことを恐れてはならない。人々と神のみ言葉に奉仕するにあたって、そうすることが正当であるならば、その危険を引き受ける」（会憲三十条）。シスターたちが大切にしているのは派遣された国・地域の文化、言語、状況を習得《しゆうとく》し、いつでも共に生きていく人々の喜び、希望、痛みを共にすることである。それは、会員たちが「自分の弱さにもかかわらず、人類が交わりと分かち合いの中で完成されることを明らかにし、すでに存在し、さらに、今後来るべき神の国を告げ知らせる」（会憲四十条）ことを望んでいるからである。

さらに第二バチカン公会議以後、その合言葉アジョルナメント（現代化）に照らして、創立者の霊的直観による「煉獄」という表現は、「地上にあるか死を通過したかを問わず、過ぎ越しのイエス・キリストに従うすべての人」（会憲十八条）や、「生者と死者を結ぶ神秘的な連帯」（『火の中をくぐりぬけて』の一六四頁）にまで及び、司教や司祭の手の届かない所へも進出している。

聖徒の交わり

　なお現世《げんせ》に生きる人々同志の連帯は使徒信条の「聖徒の交わり」に含まれており、この人々のためにも、援助修道会会員らはキリストが果たしておられる贖いの業、すなわち「解放の業」に自分をささげている。すなわち会員たちは第二バチカン公会議の「現代世界憲章」に影響され、先住民や季節労働者の仲間となって、共に働き、ホームレス、難民、外国人労働者、同性愛者、家庭内暴力被害者のために働いている。

　キリストの愛のうちに人間の真の解放が成し遂げられ、復活の喜びを、この世界に証《あか》しできるよう多種多《たしゅた》様《よう》な使徒職を柔軟に果たしている。それは言わば人間各自が自分の造られた目的に達するよう、キリストの神秘体の肢体《したい》として家族的に互いに祈り合い、手伝い、助け合い、愛し合うという「聖徒の交わり」である。援助修道会はパリに総本部を置き、ヨーロッパ諸国、アメリカ大陸、アフリカ大陸、アジア諸国に会員を派遣している。

　日本には一九三五（昭和十）年に渡来し、東京・市ケ谷をはじめ、さいたま、名古屋、神戸、広島、北九州に十二の共同体を持ち、その使徒職としては、各会員の賜物に従って、幼稚園から神学校・大学までの教育、小教区や超教区での宣教司牧、看護師、ホームレス、精神障害者、アルコール依存症、同性愛者、滞日《たいにち》外国人、難民などへの支援および高齢者の介護などに従事している。

二月八日

聖ヒエロニモ・エミリアニ司祭

（「ソマスコ会」の創立者、孤児の保護者）

ベネチアの貴族出身の軍人

　聖ヒエロニモ・エミリアニは旧約の義人ヨブのように「わたしが、助けを求めて叫ぶ貧しい者を救い、助け手のない孤児を救った」（ヨブ29・12参照）ので、今、神の報いを受け、光栄の座に上げられている。

　この聖人は一四八六年、北イタリアはベネチアの貴族エミリアニ家に生まれた。幼時より快活機敏で学業の進歩も早く、敬虔な母親に似て信心深かった。ところが父亡き後、母の反対を押し切り、貴族青年の先例に倣《なら》ってベネチア共和国軍に入隊し、そのためすべてに荒っぽく、怒りやすくなった。おまけに対フランス戦に負けて捕虜となったが、聖母の助けで脱獄《だつごく》し、当時のカトリック教会改革の一環として、苦しむ人、弱者のために生涯をささげた。

聖母の取り次ぎで脱獄《だつごく》に成功

その後、一五一一年、二十五歳の時フランスの大軍がベネチアに近いカステル・ヌオヴォ城を攻撃した。ところがこれを見た城の司令官は卑怯《ひきょう》にも行方《ゆくえ》を暗《くら》ましたので、ヒエロニモがこれに代わり、ベネチア共和国軍を指揮して激戦を交えた。敵も初めはこれに恐れをなしたが、なにしろ多勢に無勢、今や城内の食糧・弾薬も尽き、ついに落城の憂き目を見た。ヒエロニモは鉄鎖《てつさ》につながれ、地下の牢獄に入れられて死を待つのみとなった。不幸のどん底に落ちた彼は、幼い時、母から学んだ信仰の教えと、トレヴィゾ市の聖母堂を思い出し、「私がもし、聖母の助けを受けて脱獄できましたら、必ず聖母堂に行ってミサを頼み、聖母の栄光を人々に表し、私の行いも改めます」と誓いを立て、痛悔の涙にくれながらしきりに聖母の取り次ぎを求めた。ついに願いが聞き入れられて脱獄に成功した彼は、そのままトレヴィゾ市の聖母堂を訪れて聖母に感謝し、聖母から救われた証拠《しょうこ》として、鉄鎖と牢獄の鍵を聖母堂に奉献した。

やがて戦争が終わったが、その後の彼はすべてが変わり、身も心もキリストの愛に捕らえられ、やがて高官の地位を退き、悪癖《あくへき》を矯正《きょうせい》し、また、人との接し方もやさしく、奉仕的になった。その後、ティエネのガエターらが創立した「神愛祈祷会」に入会し、一五一八年三十二歳で司祭に叙階された。

慈善事業に乗り出す

一五二八年、イタリアは大飢饉《ききん》とペストに襲われ、人々は食や薬を求めて町から町へと浮浪《ふろう》し、ベネチアにも群《むら》がった。ヒエロニモは、当時、不況のどん底にある社会の中でカトリック教会改革の一環《いっかん》として、弱者救済こそ自分の使命だと思い、財産を売って彼らに食と薬を与え、自分の家を病院とし、餓死者や病死者を見れば、これを手厚く葬った。丈夫《じょうぶ》で働ける浮浪者には農家の手助けや町工場の職工などの職を斡旋《あっせん》し、幼い孤児を集めて自分が借り受けた家に連れ帰り、衣食を与え、書物を読ませ、問答形式を採用した社会・

宗教教育を実施し、信仰に導いた。
ヒエロニモの慈善事業のうわさはやがて全国に広まり、これに発奮した多くの財産家や篤志家《とくし》がその財産をなげうって事業の援助を申し出た。そこでヒエロニモはその事業を発展させ、不治の病人をも収容する病院を建て、彼らの霊魂を救うことに努めた。また彼は人々の求めに応じてベネチアの他にブレシャ、ヴェロナ、ベルガモ、コモ、シラの各地に児童養護施設、救貧院、病院、女性のための救護施設を設立し、四方から集まった献身的な協力者と共にその経営に当たった。
この間に同志の数が増えたので、ヒエロニモは一五三四年に「貧者の下僕会《しもべ》」を創立し、本部の所在地、ベルガモ付近のソマスカにちなんで「ソマスカ修道会」と称した。この修道会は謙遜を特徴とし、キリストの苦しみへの参与、守護の天使への献身、聖母マリアへの崇敬を霊性の柱とし、昼は布教や慈善に奔走《ほんそう》し、夜は勉学、祈り・手工《しゅこう》などに携わるのをその使命とした。

誠実な行為で真の愛徳を実践

やがてヒエロニモは自分の死が近いのを知り、有徳な会員に会の運営指導を委ね、自分は善終の準備をするためにソマスカ母院の後ろの山奥に引きこもり、祈りと黙想に専念した。

その頃ローマのペトロ・カラファ枢機卿はヒエロニモの功績を表彰《ひょうしょう》するため、ローマに彼を招待した。その時ヒエロニモは、「カラファ枢機卿が私をローマに召し、神は天国に招かれる。私は天国を選びます」と言って辞退《じたい》したという。しかし一五三七年、ベルガモ市にペストが蔓延《まんえん》し、死者が続出したとの報を耳にしてからは、彼も市中に出て患者を看護し、臨終者に善《ぜん》終《しゅう》の準備をさせ、死者を葬るなど昼夜の別なく懸命《けんめい》に働いた。その間に自分もペストに感染し、一五三七年二月四日、五十一歳で会員にみとられながら天国の光栄に召された。彼の半生を貫いていたものは、「キリストの愛がわたしたちを虜《とりこ》にしている」（二コリント5・14）という愛徳の精神だった。実にこの聖人こそ、「真の愛徳は他人に対する体裁のよい言葉ではなく、誠実な行為に表れる」との金口聖ヨハネの言葉を立証《りっしょう》した人である。

一七六七年にクレメンス十三世により列聖され、一九二八年にピオ十一世から孤児の守護聖人に指定された。

二月八日

聖ジュゼッピーナ・バキータおとめ

奴隷からイタリア人家庭の養子に

一八六八年ごろ、アフリカ・スーダン西部、ダルフール地方のアジレレ山の近くで生まれた。四歳の時にアラブの奴隷商人によって誘拐《ゆうかい》され、奴隷としてたびたび売買される過酷《かこく》な日々を送った。こうした状況下で自分の名前や家族の名前さえ忘れてしまった。拉《ら》致《ち》者らは少女にバキータ（アラビア語で幸運）と呼んだ。オベイドとハルツームの奴隷市場のアラビア商人たちから次々売られ、彼女は屈辱《くつじょく》と奴隷制度の精神的苦しみを経験した。トルコ将軍に仕えていた間に、カミソリの刃で残酷な入れ墨《ずみ》をされた。すなわち胸部、腹部と右の腕に百以上の入れ墨が刻み込まれ、その上を塩で固め、入れ墨が永久に消えないようにした。

一八八三年、スーダンの首都でイタリア領事が、子どもの奴隷を買い取って、それぞれの家族に子どもを戻していた。バキータの場合は、自分の村とその家族の名前が分からなかったので、バキータは自由な家政婦として二年間、領事館に住んでいた。

翌年にイタリア領事は首都から他の都市へ転任することになったが、バキータは自分も連れていってください、と願った。しばらくはその領事のもとで働いたが、一カ月後、イタリアに渡り、ベネチアで洗礼を受け、ミラノでイタリア人家庭の養子となった。

「カノッサ修道女会」の会員

一八九〇年一月九日にバキータはカノッサ修道院で

受洗し、ジュゼッピーナ・マルゲリータ・フォルッナータという洗礼名が付けられた。その後カノッサ修道女会の会員となり、一九〇二年からイタリア北部のビアチェンツァに近い町スキオで、料理係、香部屋係、受付係、第一次世界大戦中は修道院の一部が軍事病院に当てられたので、そこの看護師として働いた。

一九二二年以来、彼女は接客係として、いつも笑顔を絶やさず、穏やかな声でスキオの住民を修道院に迎え入れたので、住民から「色黒《いろぐろ》のかあちゃん」と呼ばれて親しまれた。彼女の言い草は「イエス様は私を愛してくださいます。私はイエス様を熱烈に愛しています」と、いうことだった。彼女の個人的カリスマと聖徳が長上たちから認められ、彼女に回顧録《かいころく》を書くよう依頼された。彼女の語った内容は、一九二九年に他のシスターによって書き留められたが、それは語った本人の意志で廃棄《はいき》された。

それで「カノッサ修道女会」の総長の命令で一九三〇年、小学校の先生であった在俗カノッサ会員が、バキータにインタビューした内容を、翌年本にした。バキータにまつわる不思議な話はたちまち評判を呼び、その本は六年間で四版を重ねた。こうしてバキータはイタリア全土で有名になり、大勢の人々がバキータに会いたいと修道院に押しかけてきた。

一九三三年以来、中国から帰った宣教女と一緒にイタリア全土を巡り、宣教女らの活動を宣伝していた。バキータは雄弁にはしゃべれなかったが、彼女がいるだけで何千人もの聴衆の興味を引いた。

一九三六年、バキータは宣教女のグループと一緒に、ムッソリーニ首相からローマの首相官邸に接待されたが、その三年後から、バキータは長い苦痛を伴う病気にかかり、一九四七年二月八日に七十九歳で帰天し、スキオのカノッサ聖家族修道院の墓地に埋葬された。

二〇〇〇年十月一日に教皇ヨハネ・パウロ二世によって列福された。

二月九日
福者アンナ・カタリナ・エンメリック

イエスのご受難と聖母晩年の家を幻視《げんし》

アンナ・カタリナ・エンメリックは十八世紀のドイツの修道女、神秘家である。イエスの受難、聖母マリアの晩年など聖家族の様子、終末時代の教会の様子などを透視し、記録している。エンメリックの透視したイエスのご受難は、二〇〇四年にメル・ギブソン監督により、「パッション」というタイトルで映画化された。なおエンメリックの透視によって聖母が晩年を過ごした家は、十九世紀にトルコのエフェソ遺跡から七キロ離れたブルブル山で、一八九一年に「ラザリスト会」(聖ビンセンシオ会)の司祭によって探し当てられた。その後の調査で、家の土台は一世紀のものであることが分かっている。一九六七年に、教皇パウロ六世が、一九七九年に教皇ヨハネ・パウロ二世が、二〇〇六年には教皇ベネディクト十六世がここでミサをささげている。エンメリックは二〇〇四年十月三日、教皇ヨハネ・パウロ二世によって列福された。

エンメリックの生きた時代背景にはフランス革命、コルシカ生まれのナポレオン一世退位、教会の国有化、自由戦争があり、ナポレオンが流刑地コルシカ島のセント・ヘレナへ流され、そこで死去した事件があった。

自己に厳しい生い立ち

エンメリックは一七七四年九月八日(聖母マリア、ご誕生の祝日)に、ドイツ西北部ウェストファリア地方、コースフェルトのオランダ国境に近い一寒村フラムスケの農家に生まれた。両親は貧しい農夫でわずかの小作地を頼りに一家を細々と養わねばならなかった。それでも九人の兄弟姉妹(男六人、女三人)の五番目の長女エンメリックも両親の良い特性を十分に受け継いだ。母親は聡明な活動的婦人であり、すばしこい勤勉な性格を子どもに受け継がせた。ことに何事にも喜んで服従した。また、明るく快活な反面、考え深かった。もっとも意地っ張り、自信たっぷりの面もあった。

エンメリックは父から考え深さと厳格な粘り強さを

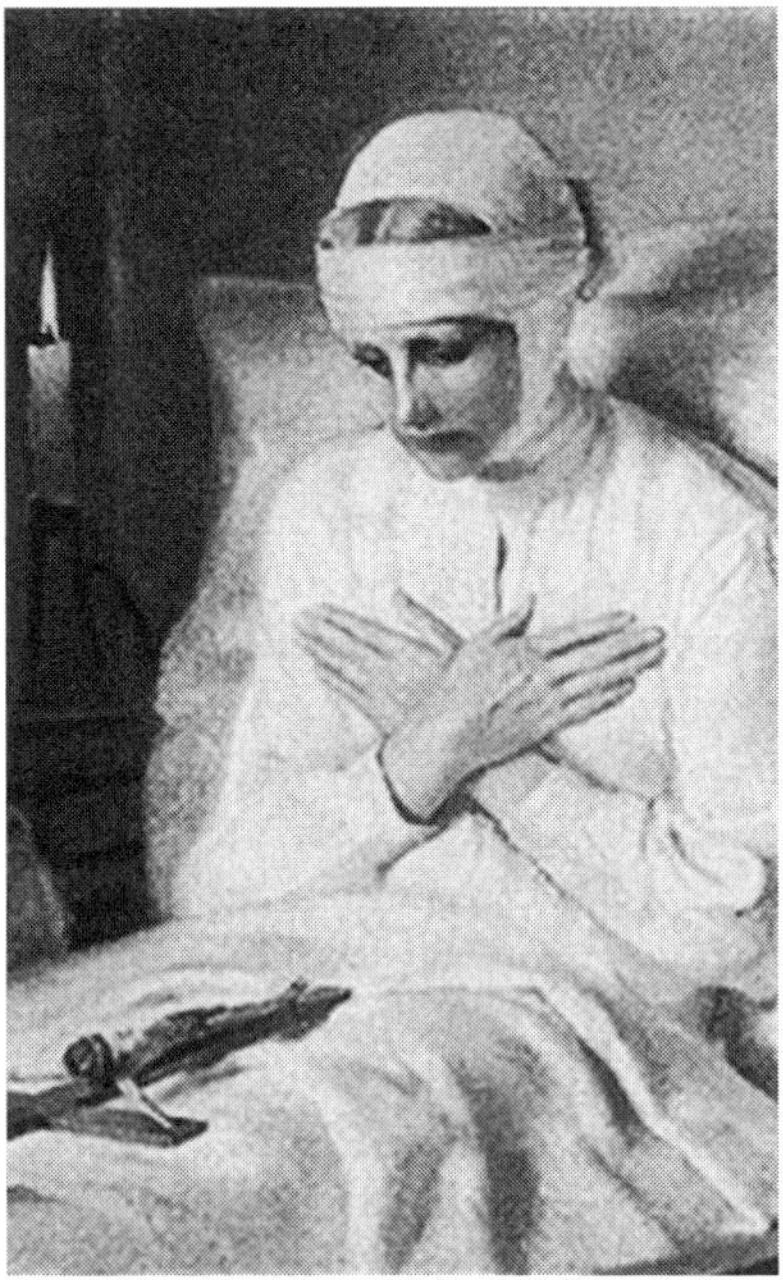

受け継ぎ、常に厳しく、しつけられた。しかし愛の欠けた厳格一点張りではなかった。エンメリックが少女の頃から家畜の見張りをしている時、あるいは孤独の夜を、長い祈りやキリストのご受難の黙想に浸《ひた》っているのに人々は気がついた。エンメリックは、自分に見えて他の人たちには見えない聖なる幻《まぼろし》について、時々語った。また、彼女の兄弟や妹や他の子どもたちを健全な信心へ導こうとした。

エンメリックは貧しい者を愛し、同情深く、かつ強い意志で空腹や疲れに打ち勝っていた。初聖体の準備をするようになった十二歳の頃から、貧しさの故に他人の所で働かねばならなかった。エンメリックは、当時同じようにフラムスケに住んでいた親戚の大規模農家で、三年間下働きをした。しかし骨の折れる野良仕事は、きゃしゃで細やかな神経の持ち主のエンメリックには肉体的に不向きであった。でも奉公先の妻はエンメリックをかわいがり、当時のエンメリックの生活を次のように証言している。「エンメリックは十二、三歳の頃、私の家にいました。しつけの良い、人に好かれる子どもでした。あの子に限って叱られねばならないことは一度もありませんでした。催し物などには決して行こうとせず、好んで教会に行っていました。彼女は元来、非常に信心深く熱心で忠実な上に物静かな子どもでした。彼女は誰のことをもよく言い、この世で楽をしようとは思わないと、いつでも言っていました。また、たいそう心がけのいい子で、たびたび大斎《だいさい》(断食)をし、どうも食事をする気になれないのでと言い訳をしておりました。私が彼女の修道院行きを断念させようとすると、『どうぞもう、そんなことはお話しくださいますな。さもなければ、私はあなたの友達ではありません。私は修道女にならなければならないし、また、きっとなるつもりです』」と。

エンメリックは家に帰って療養をしながら、ほぼ一年間、両親の手伝いをしていた。しかし家事には十分な手があったので、十五歳の頃、徒歩で三十分ぐらい離れたコースフェルドの裁縫師の所に見習い奉公に行った。彼女はそこの古い教会に通い、ミサや教会行事に参加するようになった。この教会へ行くには、「十字架の道行き」に適した小道があったので、エンメリックはお祈りをしながら、その小道を頻繁《ひんぱん》に歩いた。

修道生活を目指して

エンメリックが十六歳の頃のある日、姉妹たちといっしょに畑で働いていた時、「お告げの修道院」の「晩の祈り」を知らせる鐘が鳴り響くと、エンメリックは突然、はっきりした声を聞いた。「おまえは修道院に行かねばならない。どんなことがあっても！」と。

エンメリックは裁縫の仕事で修道院に入るのに必要な持参金を少しずつためた。しかしどこの修道院も、この弱々しいお針子《はりこ》を入れてくれそうもなかった。あるいはその特異な素質が院内の秩序を乱す原因となるのを恐れたからかもしれない。しかしついに、一つの道が開けた。

デュルメン（ドイツ中部のデュッセルドルフから東北へ約七十キロ）のアウグスチノ修道院で、一人のオルガン奏者を求めていた。このためにエンメリックはオルガン弾《ひ》きを習得《しゅうとく》しようと決心した。そしてコースフェルドの聖歌隊の指揮者、ゾエントゲンの所でお手伝いをした。しかし、オルガンを習うことにはならなかった。

挫折を経て目標へ

よその家のお手伝いをしながら爪に火をともすほどにしてためたお金は、わが家の出費を助けるため次第に失っていった。こうしている間に、エンメリックは二十八歳となり、志願者としての修道会への入会年齢を過ぎてしまった。修道院への持参金はすべて使い果たされた。再びそれを稼《かせ》ぎ出すために精を出した結果、エンメリックの健康は損なわれ、その目標は前よりもかえって遠のいてしまったように思われた。しかしちょうどその時、彼女の希望が満たされることになった。エンメリックと非常に親しくしていた聖歌隊指揮者の娘クララが、「アウグスチノ修道会」に入会する決心をした。クララにはオルガンの素質があった。そして、アウグスチノ修道院に入るには、エンメリックもいっしょに入ることが許されるようにという条件を付けた。修道院ではオルガン奏者《そうしゃ》が必要だったので、仕方なくこの条件を受け入れた。

誤解と嫉妬の渦巻く修道院で

こうして、一八〇二年九月十三日、二十八歳のエンメリックは修道院に入り、一年後には聖歌隊の修道女として誓願を立てた。エンメリックにとって、完全に救い主のものになることは無上の幸福であった。でも、これまであれほどあこがれ続けてきた修道院は受難の場となった。多くの仕事がエンメリックに割り当てられた。聖堂と香部屋を受け持ち、洗濯やアイロンがけを受け持ち、その上、畑では雇い人を監督しなければならなかった。もともと病弱のエンメリックはこれらの仕事を果たし得なかったので、周囲からは種々のとげとげしい非難を受けた。さらにこの新参《しんざん》の修道女が、終始一貫した厳しい信心を実践したので、初めから二、三の同僚たちに嫌われた。その異常なまでの敬虔な態度はしばしば、片意地《かたいじ》、あるいは偽善《ぎぜん》と曲解《きょっかい》された。何人かの幾らか世俗化した修道女たちからは、エンメリックの会則に対する極めて厳しい服従は、意固地《いこじ》なファリサイ主義と誤解された。ついには、カタリナの異常な霊魂の状態は、好奇心に満ちた修道女たちの中ではまったく隠しおおせなかった。かてて加えて聴罪師の命令により、他のシスターたちよりも、しばしば聖体拝領が許されるようになったので、霊的嫉妬が生ずるようになった。

人々は公然と、彼女を不器用で貧乏な農民の娘のくせに修道院に入って来たと非難し、その神との親密な交わりについても疑いの目をもって見た。その後間もなく、かよわい体は、ついに病《やまい》に捕らわれ、時々一週間も病《やまい》の床に就かなければならないことがあったので、周囲の者はエンメリックを、はっきりと修道院の厄介者《やっかいもの》であると思わせるように仕向けた。

これに追い打ちをかけたのが、次の災難であった。一八〇五年、ぬれた洗濯物がいっぱい入っているかごを綱《つな》で屋上《おくじょう》に引き上げようとした時、かなりの高さからエンメリックの大腿部《だいたいぶ》に落下した。この災難によって、エンメリックは絶えず苦しむことになった。この時もまた、仲間の修道女からは同情どころか、自分の不注意だから天罰みたいなものよ、と無慈悲に解釈された。これらのあらゆる肉体的・精神的苦悩に対し、エンメリックは信仰深い態度をしっかりと示した。エンメリックは刺激されやすい性質にもかかわらず、気短な言葉をもらしたようなことはほとんどなかった。

　エンメリックは当時を回想して、こう述べている。「あらゆる苦痛や悩みの時、私の内心は決してそう豊かではありませんでしたが、私はあまりに幸福すぎました。私の部屋には座布団《ざぶとん》のない椅子《いす》と背もたれのない腰掛《こしか》けがありましたが、その独房《どくぼう》は私には十分で、不足はありませんでした。ですから、全宇宙がその中にあるように思われました。私が庭で働いていますと、小鳥が私の方に飛んで来て頭や肩に止まり、私といっしょに神様を賛美しました。私の聖体に対する憧《あこが》れはとても抑え切れなかったものですから、時々夜半、睡眠中にもその方に魅《ひ》かれ、部屋を出て聖堂が開いている時にはそこに入り、閉ざされている時には扉の外にひざまずきました」。以上の苦難に加え、ほどなく最悪の事件がエンメリックに追い打ちをかけた。

修道院の閉鎖で引っ越し

　一八一一年十一月十四日、アウグスチノ修道院は国家によって閉鎖《へいさ》された。エンメリックは、十年間もあこがれ続けてやっと入ることができた修道院を、再び諦《あきら》めねばならなくなった。翌年の五月、ひどい病気になっていたエンメリックは最後の一人になった時点で、この修道院を去った。ちょうどその頃、修道院付属の建物に亡命していたフランス人司祭ランベルト神父は、この家のない修道女を家政婦として雇い入れた。しかし、翌年の一八一三年二月から寝たきりになった。それで、その司祭の世話により、ある貧しい夫を亡くした女性の家に身を寄せた。

　エンメリックが聖痕を受けたのはこの頃であった。病床にあっても、エンメリックは人々への愛情にあふれ、助けが必要であれば助けようとした。貧しい子どもたちのために服を縫い、多くの訪問客をすべて親切に受け入れ、祈り、励ましと安心感を与えた。エンメリックは、苦しみを人々の救済のための賜物と考え、こう述べている。「私は、過ちや弱さのために間違った道を歩んでいる人々の罪の償いとして神から特別な賜物を頂けるように、いつも願っています」と。エンメリックを、親切にも司祭は引っ越し先であるデュルメンの夫を亡くした女性ローテルの家に引き取った。

エンメリックの妹ゲルトルードは、そのために家事と看護を引き受けることになった。

主のご受難の聖痕を受ける

すでに幼い頃からエンメリックは救い主のご苦難を特に尊敬していたが、彼女自身の語るところによれば、ほぼ一七九八年以来、キリストの茨《いばら》の冠《かんむり》の痛みを自分の頭にも感じたという。一八〇七年のある日、エンメリックがコースフェルドのランベルト教会の古く尊い十字架の前で祈っていた時、手足に非常に激しい痛みを感じた。そしてそれは、翌年まで続いた。一八一二年十二月二十九日、聖痕が手足と胸にはっきりと現れた。エンメリックが、その日の午後三時頃、両手を広げて祈っていた時、家主ローテルの娘がエンメリックの小部屋に入って来た。彼女はエンメリックの手のひらに血が出ているのを見たが、何かのはずみでけがをしたのだと思った。彼女がエンメリックにその出血について注意すると、エンメリックは、以後そのことについて語らないようにと願った。十二月三十一日に聴罪司祭リンベルグ神父も彼女の手の甲に気づき、彼はそのことをランベルト神父に告げた。ランベルト神父は早速、エンメリックの小部屋へ行った。彼女の出血を見ると、「マスール、自分がシエナのカタリナになった、などと思ったらいけませんよ！」と言った。しかし、二人の司祭は、誰にもそのことを語らないようにとエンメリックにくぎを刺《さ》した。しかしながら、一八一五年一月、以前同僚の修道女であったクララ・ゾエントゲンが偶然にもこの聖痕を見つけ、エンメリックの秘密をばらした。その結果、驚かれ、誹謗《ひぼう》されながら、たちまち町中に知れ渡り、騒がれだした。その後、特に額《ひたい》とこめかみに、茨の冠の跡《あと》のような傷が現れた。その傷から血が流れ出し、昼夜を問わずに激痛《げきつう》が走った。エンメリックは友人たちの勧めで、頭部の傷を隠すため、太めの包帯を頭に巻いた。

またエンメリックが聖痕以外にも、超自然的力で病人やけが人を治すことができるとのうわさがドイツ各地に広がっていった。このため修道院には、医師にかかれない貧者や医師に見放された病人が押しかけて来たので、他のシスターたちから反発を受けた。しかしそのシスターたちも病気になると、エンメリックの治《ち》癒力《ゆりょく》の世話になっていた。

疑惑を晴らすつもりの医師

間もなくデュルメンの医者フランツ・ウィルヘルム・ヴェーゼネル博士が、この修道女を診察し、欺瞞《ぎまん》と迷言とを世間の前に暴露《ばくろ》しようとして来訪した。エンメリックは彼を極めて丁重に迎えた。彼が二度目に来た時、エンメリックは彼の敬虔《けいけん》な少年時代や自分から探し求めた疑いなど、彼の生涯を鏡の中に見ているように言い当てた。特に神と彼だけが知っていて、誰も知らない二つの出来事を詳しく語った。このことで彼は一変し、その時から信心深い、善良なカトリック信者となり、この病人の友となった。しかし彼はなお、この聖痕の真実性に対しては非常に批判的で、また、エンメリックの性質の小さな弱点に対しても、決して盲目ではなかった。彼は、一八一三年九月からほとんど毎日患者を見舞い、その死去まで主治医を務めた。

彼はその観察の詳しい記述を後世に伝えてくれた。彼の日記は、一八一三年三月二十三日から一八一九年十一月三日にわたっている。この教養ある経験も豊かな医師のカルテ（病状報告）は、エンメリックの異常な現象と他の普通の病気現象との区別を判断するのに大変役に立った。聖痕に関しては、「頭には少しも傷はないが血が冠の形になって、開いた汗孔《あせあな》から流れ落ちた。故に、それはむしろ血の汗と言われるべきものである。胸の十字架の傷と脇腹の傷は活動していない状態で手のひらの自然のしわのように長いしわを残していた。手と足は本当の傷であるが、脂肪層《しぼうそう》までしか達していない」と書いている。

傷の外見と出血の状態はいつも同様ではなかった。二、三滴の血が滴《したた》るだけの時もあるが、時には流れるように出血することもあった。聖痕の出来始めの頃はしばしば出血していた。特に手足の傷からは毎日出血があった。後にはこの出血は金曜日だけに現れるようになった。一八一七年の初め頃から傷は良くなり、一八一八年のクリスマスから死去までに、ほとんど完全に治った。でも傷痕だけは残っていた。患者はこの変化を心から喜んでいた。外見のしるしを取り除いてくださるようにとの祈りが聞き入れられたからである。

医学者にとって特に重要なこれらの問題の他に、ヴェーゼネル博士の日記には、彼女の精神生活の個々の特徴に関する興味ある覚え書きがある。それは、この異常な現象の真実性、言語に絶する大きな苦痛、聖女の深い敬虔と高い徳に関する最良の証言を提供している。

聖痕の及ぼす影響

聖痕の出現と同時に飲食物を取る量が非常に減った。一八一七年以来、再び食べることができるようになったが、ごくわずかの流動食だけであった。程なく教会当局がデュルメンにおいて起こった異常な現象について興味を持つようになったことは怪《あや》しむに足りない。一八一三年三月二十八日と二十九日に、ミュンステル教区の副司教、クレメンス・アウグスト・フォン・ドロステ・フィシェリング師が、初めてエンメリックの病床を訪問した。そして直ちに、この最初の詳細な調査の結果、欺瞞は全然ないことを確信したが、なお、総括的な調査に取りかかった。

まず、訪問者の数を最少にとどめ、調査に関する方針として第一にエンメリックの内面生活をできるだけ明瞭に解明しようとした。そのために、ミュンステルの有名な教育家オーフェルベルヒとデュルメンの主座司祭レンギンク神父を召喚《しょうかん》した。さらに外部の傷とその発生の事実を客観的に確認するために、特にクラウトハウゼン博士の担当が求められた。四月から六月まで、聖痕者は昼夜間断なく厳重に監視された。クラウトハウゼン博士は、熱心のあまりしばしば行き過ぎた。そして彼は傷を治そうとしてあらゆることを試みた。この調査の結果、しばしば患者を恐ろしく苦しめた。食物を取らないという明らかな事実と、その傷はそれに類似した傷とは病状が完全に異なっているとの結論を得た。

さらに不思議なことに、医師たちの証言によれば、この聖痕は数年たっても、傷口が炎症《えんしょう》も化膿《かのう》もしないで、新しく付けられた傷口のようであった、と伝えられている。

また、この病んだエンメリックは普通の人以上に物を見たり、深く他人の考えを見通したりする能力を持っていた。現在そこにはない出来事を語り、特に救世の歴史の事実について語ることができた。このことに関してもヴェーゼネル博士は極めて完全な観察を記録している。彼はその脱魂状態を三種類に区別した。

第一の場合は、四肢の完全な硬直が起こり、体は〝像〟のように横たわり、特に重そうに見えた。この状態におけるエンメリックの幻視は、主として人類が神に対するものか、あるいは人類と神との相互の関係に関してであった。罪の恐ろしさを見なければならない時、エンメリックはしばしば非常に苦しんだ。

この状態に対して第二の場合がある。その場合エンメリックはあたかも天の至福を感じているかのようであった。体は羽毛《うもう》のように軽くなり、四肢《しし》はゆるやかで動きやすく、顔はまったく晴れやかであった。この状態は明らかに彼女の元気を取り戻させた。しかしこういう場合は、まれであった。

続いてヴェーゼネル博士が脱魂の第三の場合として取り上げているものは、主として夜半に起こった。まれに日中にも起こった。その際エンメリックはイエスのご生涯が内的に目の前を行き過ぎるのを見た。それは典礼暦に従っていた。そしてたとえ、その幻視が時々中断されても、常にその前後には完全なつながりがあった。一八一八年の終わりの頃、今までの異常な現象がだいたい退くと同時に、主としてこれまで日中起こっていた第二種類の脱魂状態が、ほとんど消え失せた。しかし第三の種類がそのまま存続していたのは興味深いことである。

聖人へは愛と忍耐で

一八一八年九月二十四日、作家のブレンタノは初めてデュルメンに来た。エンメリックは彼を親切に迎えたが、彼女は彼を「巡礼者」と呼んだ。それはこの落ち着かない人に、実によく当てはまる呼び名であった。この詩人は幻視者の明るい人格から非常に深い印象を受け、ついにエンメリックの幻視の記述と出版を終生の事業にしようとした。それで彼はエンメリックの死去まで短期間の中断はあったが、ずっとデュルメンにとどまり、できるだけ多くの資料を集めた。ある時エンメリックは、いつものこだわりのない調子で、「幻視によっては人は聖人になれません。わたしは愛と忍耐とあらゆる徳を実行しなければなりません」と言った。

エンメリックはそれを実行した。ミュンステルの副司教クレメンス・アウグストは前記の教会側の調査の後、「エンメリックはたぶん、神が彼女に与えようとした完徳の域に達したのであろう」という印象を得た。エンメリックの性質にはヒステリーや錯乱《さくらん》の痕跡《こんせき》はまったくなく、はっきりした精神を持ち、善良で喜びを知り、心から笑うこともでき、また子どものようにわがままでもあった。ブレンタノは最初の訪問の際、エンメリックと語った光景を描いて、「本当に人間らしく、軽快で、深みがあり、複雑でなく、心やさしく、感情に富み、理解があった」と書いた。

ある時、訪問に来たルイス・ヘンゼルがじゃまなので、ブレンタノが不機嫌に追い出そうとした時、エンメリックは激しく逆らって、「私はあの人にここにいてもらいたいのです。そして、私だって女性の友達が欲しいのです。いつも男性とばかりおしゃべりしないで」。エンメリックと神との一致は、そのきびきびとした力強い人間性から何物も取り去っていなかったのである。

彼女は、一八二四年二月九日、五十歳で帰天した。「救いたまえ。主イエスよ!」。これが最後の言葉であった。彼女の遺体はデュルメンの墓地に埋葬された。一八九九年以来、その列福調査が行われ、二〇〇四年十月三日、教皇ヨハネ・パウロ二世によって列福された。なおエンメリックの遺骨は一九七五年にデュルメンの「聖十字架教会」の地下聖堂に安置された。

さらに、エンメリックのキリストと聖母についての幻視は、有名作家クレメンス・ブレンタノによって記述され、後世に残された。その上、エンメリックに関する資料が、ブレンタノの記述に基づいてカール・E・シュモガーによって一八六〇年頃に公表されたが、これらの著述はユダヤ人排斥につながるとして、今日論争の的になっている。

エンメリックは聖母の誕生の日に生まれ、聖母を大いに崇敬していた。このことはエンメリックの次の祈りの一節からも推測《すいそく》できる。「神様、私たちをして、聖母マリアの信仰と愛徳の模範に習って救済事業に奉仕させてくださいますように」。これこそエンメリックが成し遂げたいことであった。

使徒聖パウロは、コロサイ人への手紙の中で、救済事業に奉仕するのに二つの方法があると述べている。一つは積極的に言動で福音宣教することである。しかし、万が一それができなかったら、もう一つの方法についてパウロは以下のように書いている。「わたしは、今、あなた方のためにこれらの苦しみを受けていることを喜んでいます。キリストの体のために、この身で補うことです。そして、肉では、私は、キリストの苦しみの欠けたるところを身をもって満たしています」(コロサイ1・24)と。

エンメリックは、両方のやり方で救済事業に奉仕した。すなわちエンメリックの言葉はクレメンス・ブレンタノの著述によって、デュルメンのエンメリックの部屋からの多くの言語で無数の人々に届けられ、現代まで伝えられている。同時に、エンメリックは自らの苦悩で「神秘体」の、いわば「神の民」の一員としてキリストの救済事業に奉仕していたのである。

二月十日　聖スコラスチカおとめ

聖ベネディクトの妹として

完徳は独りぼっちの生活よりも、共同生活の中でこそ達成される。聖スコラスチカは、六世紀にエジプトから西方へ修道生活を導入した聖ベネディクトの妹である。兄妹ともに修道者として互いに祈り、慰め、励まし合って、仲よく完徳の道を進んだ。

スコラスチカは、四八〇年頃、イタリア中部ウンブリアのノルチアで信仰あつい家庭に生まれた。母はスコラスチカの生後間もなく亡くなったので、スコラスチカは兄と共に父親によって敬虔に育てられた。兄妹はよく気が合い、祈りの時も、散歩の時も、勉強の時も、いつも仲よく助け合っていた。後に兄のベネディクトは深山に分け入って厳格な修道生活を始めたので、家に残ったのはスコラスチカと父親の二人きりになった。

兄の指導で祈りと労働の生活

ところが、スコラスチカは美しい上に心もやさしく、財産もあったので、方々から結婚の申し込みがあった。しかし彼女は、それをことごとく断り、父親に「私もお兄さまのように修道生活に入って、神様に一生涯仕えるつもりです」と打ち明けた。いかに信心深い父親とはいえ、老後の頼みとしている一人娘と別れるのは耐えがたいことだったが、いさぎよく娘を神にささげた。

それからスコラスチカは、兄の創立したモンテ・カッシーノ修道院から南へ約七キロ下ったピュマロウラに聖ベネディクトの戒律に従う女子修道院を創設し、兄の指導のもとに祈りと労働の生活を始めた。そのうちに信心深い女性がスコラスチカのもとに集まってきたので、聖ベネディクトは、この団体に言葉と行いとをもって姉妹たちを完徳へ導いた。スコラスチカの慈愛深い指導、祈りにおける熱心さ、すべてを包容する寛大さなどに姉妹たちは感動して、「院長さまは天使みたいな方です。私たちに善徳の手本を示すため、仮に人間の姿をしておられるようです」と言っていた。

霊的問題について兄妹間の対話

またスコラスチカは、年に一度、兄のベネディクトに面会して修道女の指導についての助言を求めたり、有益な話を聞いたりした。両修道院とも異性禁制なので、兄妹は両修道院の中間にある農家で面接していた。二人の談話中、そばで聞いていた連れの修道士も修道女もひとしく神や霊的問題に心を上げて、ますます完徳への意欲を燃やすのだった。五四七年二月六日、二人が会見した日のことである。スコラスチカは内的な照らしを受けて、自分の死期の近いことを予感した。死は永遠の生命の入り口という信念から、彼女は心を乱すことなく、二、三人の姉妹を連れて例の農家へと急いだ。空は一点の雲もなく青々と晴れ上がり、さわやかな風がそよそよと吹きわたり、鳥はさえずり、花咲き匂うのどかな春の日和《ひより》だった。

天国の話を聞かせて

まもなくカッシーノ山上の修道院からも、ベネディクトが二、三人の修道士を連れて降りて来た。スコラスチカは、この世の名残《なごり》にと、ただ天国の幸福について兄と語り合った。話ははずんで、兄妹は時のたつのを忘れた。いつしか太陽は西に傾いた。ベネディクトは暗くならないうちに修道院に帰ろうと立ち上がった。するとスコラスチカは、いつになくこれを引き止めて、「もう少し天国の話を聞かせてください」としきりに頼んだ。ベネディクトはこれを戒《いまし》めて、「でも、知っているとおり修道院には規則があるでしょう。もう遅くなったから、お互い

に急いで修道院へ帰らなくては……」と言った。

スコラスチカは、今生の別れの悲しさに顔をうつぶせて熱い祈りをささげた。すると天はにわかにかき曇り、雷鳴《らいめい》とどろき、激しい暴風雨となった。さすがのベネディクトもこれには困り果てた。それを見たスコラスチカは、「お兄さまが、わたしの願いを聞いてくださらないので、今、神様にお祈りしました。すると、さっそく聞き入れてくださいました」とほほ笑みながら言った。それでベネディクトも神の思し召しを悟り、そのまま天国の幸福について妹と楽しく一夜を語り明かしたという。

空高く舞い上がる鳩《はと》の姿で

それから四日後の二月十日、修道院の個室で祈っていたベネディクトが、ふと外を見ると、妹の修道院から純白の輝いた鳩が空高く舞い上がるのが見えた。これはスコラスチカの霊魂が肉体を離れて天国へ登っていく象徴《しょうちょう》だった。実際そのとおり、女子修道会からスコラスチカの急死の知らせがベネディクトのもとに届いたのは、それから間もなくしてからだった。その後四十日たって、ベネディクトも妹の後を追って天国へ昇った。

大聖グレゴリオの著述によると、スコラスチカの遺体は兄の遺体と共にモンテ・カッシーノに葬られたが、五八〇年にランゴバルド人の侵入の際、フランスのフロワリー大修道院に移され、後にその一部がモンテ・カッシーノに戻されたと言う。

第二次世界大戦中、モンテ・カッシーノ大修道院は米軍の空襲で、大修道院の大半は瓦礫《がれき》となったが、その底深くに両聖人の骨壺《こつつぼ》が無傷のまま発見された。現在、スコラスチカとベネディクトの遺骨はモンテ・カッシーノ大聖堂の主要祭壇の下に安置されている。

二月十一日
ルルドの聖母

貧しい、病弱な少女に聖母出現

聖母は、全世界に無神論と唯物論が広がっていた一八五八年二月十一日に、フランスの西南部のルルド村に貧しい粉屋《こなや》の十四歳の娘ベルナデッタ・スビルーに現れて、ルルドを福音の聖地とされた。ベルナデッタは貧しい労働者の家庭に育ち、六歳の時から喘息《ぜんそく》で呼吸困難だったし、胃は病弱、十四歳までは読み書きさえできない内気《うちき》な少女だった。できることと言えば、羊の番や家の手伝いぐらいのもの。この少女が聖母のお選びを受け、教会史上を飾る偉大な聖女となったのである。

フランス南境のルルドで

ベルナデッタは、一八四四（弘化元）年に南フランス・ルルドのボリーという水車小屋に生まれた。ルルドは今でこそ聖母崇敬の巡礼地として有名であるが、

当時はフランス南境のピレネー山脈の麓《ふもと》にある一寒村にすぎなかった。父は名をフランソワ・スビルーと言い、麦粉《むぎこ》を製造していた。母のルイーズ・カステローは、勤勉で、きれい好きで、まめに働き、思いやり深い人であった。その年の七月、母が再び懐胎《かいたい》したので、幼いベルナデッタは、バルトレスの乳母《うば》のもとに一年二カ月あまり預けられた。

一八五八年、十四歳の二月十一日、妹と隣の娘と三人連れで、近くのガーヴ川の岸辺《きしべ》に薪《たきぎ》を拾いに行った。ベルナデッタが木靴《きぐつ》を脱いで、薪の多い向こう岸に渡ろうと、ためらっている間に、他の二人は、もう川を渡って薪を拾い始めていた。

ロザリオを持つ貴婦人

するると突然、どこからともなく風のざわめく音がしたので、ふと顔を上げてみると、天然のマッサビエル洞窟《どうくつ》に不思議《ふしぎ》な光に包まれた美しい貴婦人が、ベルナデッタの方を向いて立っていた。その衣服は白く輝き、青の帯を締め、頭に被った白いベールは肩まで垂れ下がり、うやうやしく両手を合わせ、その腕には金の鎖に白い玉のロザリオを掛けていた。その足元《あしもと》には二輪

の黄金のバラを踏まえ、両眼は恍惚《こうこつ》として天を仰いでおられた。

　ベルナデッタはびっくりして、何度も目をこすって見たが、同じことだった。やがて貴婦人はおもむろに十字架の印をし、次にロザリオを手に取り、ベルナデッタといっしょに十五分ほど祈って、また、ここへ来なさい、と勧めてから姿を消した。

　帰宅の途中、ベルナデッタは二人に尋ねてみた。「あんたたち、さっき、何か見なかった」。「ううん、何か見えて」。二人はベルナデッタのただならぬ様子に気づいて、しつこく問いつめた。ベルナデッタは仕方なしに、さっきの出来事を話した。

　母親は二人からこの話を聞いて驚き、「ばかな、まるで子どもだましだよ。おまえの見まちがいだよ。何も見なかったのに、見たと思ったのだよ。もうそんな所に行ってはいけないよ」、とベルナデッタにきつく言った。ベルナデッタは洞窟に行きたい心を抑えながら、二、三日家にいた。

この世ではなくあの世で幸福

　しかし、魂を奪うような強い衝動《しょうどう》にかられて、貴婦人の勧めに従い、十四日の日曜日、彼女は友達六人を誘って洞窟に出かけた。みんなが洞窟の前で祈っていると、たちまちベルナデッタの顔が美しく輝き、その目は何かに吸いつけられたように一点を見つめて、喜びにあふれていた。それから友達の勧めに従って、それが悪魔の仕業《しわざ》であるかどうか確かめるため、用意していた聖水を振りかけながら、「神様から遣《つか》わされた方なら、お近づきください」と言うと、貴婦人はうなずきながら、にっこりほほ笑まれて、ベルナデッタがロザリオを唱え終わるまで洞窟のふちに立っておられた。その姿は他の少女たちには見えなかった。

　三回目のご出現の時、貴婦人は、「十五日間、ここに来てくださいますか。……私はあなたがこの世で幸福になるとは約束しませんが、あの世で幸福になると約束します」と、ベルナデッタにおっしゃった。貴婦人は以後、七月十六日までに計十八回、出現された。

指定地から噴水

　出現の回数が増えるにつれて、奇跡の場面をひと目見ようと、洞窟の周りは黒山《くろやま》のような人だかりとなった。感動したり疑ったり、人々はこれについて、いろいろと話題をにぎわせた。貴婦人は出現の間、ベルナデッタに、「かわいそうな罪人のために祈りなさい。償いをしなさい。ここに聖堂を建て、みんなが行列をつくって来るようにしてほしいと、神父様方に伝えてきなさい」と命じた。

二月二十五日、九回目に出現された時、貴婦人はベルナデッタに、「泉の水を飲み、顔を洗い、そこにある草を食べなさい」とおっしゃったが、それらしいものがないので、指さされた洞窟の奥の岩肌《いわはだ》にベルナデッタが触《さわ》ると、その手の下から清水が湧《わ》き出した。この水はルルドではもちろん、世界各国に送られて、今でも多くの病人を癒やしている。

私は無原罪の宿り

聖母のお告げの祝日である三月二十五日、十六回目の出現の際に、ベルナデッタが巡礼者らの要請《ようせい》に応えて、婦人の名前を尋ねると、両手を合わせ、天を仰ぎながら「私は原罪の汚れなくして宿った者です」と答えられた。

ところが、その四年前の一八五四年十二月八日、ピオ九世は大勅書で、「人類の救い主キリスト・イエスの功績を考慮して、処女マリアは、全能の神の特別な恩恵と特典によって、その懐胎《かいたい》の最初の瞬間において、原罪のすべての汚れから、前もって保護されていた」という「無原罪の宿り」の教理（DS 2803）を信仰箇条とされた。

ベルナデッタは教会の教えをよく知らず、この神学的言葉を知らないし、その意味を理解できなかった。それで、このご出現が本物である証拠となり、貴婦人が聖母マリアであることが明らかになった。

なお「無原罪の御宿《おんやど》り」についてはルルドの聖母出現より二十八年前に、「聖ビンセンシオ・ア・パウロの愛徳姉妹会」の聖カタリナ・ラブレ修道女（十一月二十八日参照）に対して聖母から暗示されている。彼女は、一八三〇年十一月二十七日に出現した聖母から「不思議のメダイ」の製作を告げられた。そのメダイの表側は聖母出現のままのお姿、すなわち聖母が地球儀の上に立ち、足で蛇を踏み砕かれ、聖母を取り巻く楕円の枠内に「原罪なしに宿られた聖母マリア、あなたにより頼む私たちのために祈ってください」と書くように命じられた。実は、この聖母のご出現は、ルルドの出来事を前もって準備したものである。「洞窟の婦人は不思議のメダイに示されているとおりの姿で私に現れました」と「不思議のメダイ」を身に付けていた聖ベルナデッタが証言しているからである。

当教区の司教も、ルルドの主任司祭も、この出現については控えめで、むしろ敵意《てきい》さえ示した。警察当局は、父親を脅迫《きょうはく》し、ベルナデッタを犯罪人のように取り調べた。反カトリック新聞も「この文明の十九世紀になんとばかげたことを騒ぎ立てるか。あの少女はおかしい」と書き立てた。

調査委員会から承認される

世論に押されて、管轄教区内のタルブ司教ロランスはついに、その年の七月二十八日に、神学者、科学者、医学者からなるルルド調査委員会を発足《ほっそく》させ、三年以上にわたって、この事件を精密に調査させた。

度重《たびかさ》なる審問《しんもん》の結果、ベルナデッタは誠実そのもので、しかも明晰《めいせき》な判断力をもち、富、名誉、快楽に対しては無私無欲で、性格的に少しも異常な点がないこと。文芸の知識がないのに、新しい聖母像や神学用語を正確に述べ、さらに彼女の予言したことが、一つ一つ実現されていること。ルルドの水は町の井戸水と同質のものだが、医学の限界を超えた超自然的な効力があることなどを、一致して認めた。それでタルブ司教は一八六二年一月十八日に教書を発令し、ルルドの幻視は真正《しんせい》であると宣言した。

全世界から巡礼者の群れ

こうしてご出現の場所は、聖地となり、巡礼者が絶えず押し寄せるようになった。ベルナデッタも人気の的《まと》になったが、前のとおり家事を手伝い、羊の番を続けた。一八六三年九月二十七日、ヌヴェール教区長のフォルカード司教がルルドに来た時、時の人ベルナデッタから、「私は修道院に入りたいのですが持参金が無く、学歴も無く、おまけに病弱です」と相談された。すると司教は「それでも、祈りはできるでしょう」。「ええ、それだけなら……」。「それだけで十分です。後は何とかなりますから」と答え、自教区の「ヌヴェール愛徳修道会」入会へのきっかけを作ってあげた。

以前、この司教は最初の日本教皇代理に任じられ、幕末に琉球で日本宣教に備え、約二年間苦心惨憺《さんたん》して日本語を学び、一八四六年（ペリー来航七年前）にフランス軍艦で長崎港まで来たものの、鎖国の壁に阻《はば》まれて上陸できなかった。とにかく、ベルナデッタはこの司教の聖徳に動かされてか、三年後の一八六六年（日本では慶応二年、薩長が連合し、幕府打倒へ向かう明治維新の前夜）、二十二歳の時、「ヌヴェール愛徳修道会」へ入会した。ベルナデッタは病身のため、人目につくような活躍はしなかったが、たえず従順、克己、謙遜、忍耐、隣人愛などを神のみ前で実践し、自他《じた》のために償いをした。こうして十三年の修道生活をりっぱに終え、一八七九年、三十五歳でこの世を去った。

ルルドの現状

聖母が出現されたルルドの洞窟の横には聖母の望みどおり三つの聖堂が次々と建立された。第一は円形地下聖堂（クリプタ）、南向きの大広場の正面地下にあり、一八六六年五月に献堂。第二は洞窟上の「ロザリオの大聖堂」、一八七六年に献堂。第三は「無原罪の御宿りの大聖堂」、一八八九年に献堂された。

ちなみにノーベル賞の世界的な医学者アレキシス・カレルは、一九〇三年、ルルドで自分も他の医師もさじを投げた少女の腹膜炎《ふくまくえん》の早期回復に立ち会い、奇跡などありうるわけがないという先入観が、事実を前にして吹っ飛んだ、と『ルルドへの旅』に書いている。

今では交通機関の発達のおかげで、その洞窟には世界各国から精神と肉体のゆるしと癒やしを求める人々、良い知らせ（福音）を聞きに来る心の貧しい人々が巡礼し、そこで生きた兄弟愛を体験し、ご聖体で、この一致を強めている。聖母はキリスト者だけではなく、遠方の国々から来るイスラム教徒や仏教徒にも、無宗教者にもお恵みを取り次ぎ、崇敬の的《まと》となっておられる。

「ヌヴェール愛徳修道会」とその会員の来日

ベルナデッタが入会した「ヌヴェール愛徳修道会」の会員らは一九二一（大正十）年に来日しているが、この会とベルナデッタとの関わりは一八六〇年七月からである。ベルナデッタはこの会の運営するルルドの救護所に寄宿して教育を受けた。この会は「神の愛を世に告げ知らせる」をモットーに、十字架の極みまで自分を与え尽くしたイエスの跡に従って神と兄弟である すべての人々、特にあらゆる種類の物的・精神的貧しさに苦しむ人々に奉仕することを使命としている。ベルナデッタは運良く自分の境遇にあった、この会の世話になったものと思われる。しかしベルナデッタは、この会員らから仕えられるだけでなく、会の一員になって貧しい人々、疎外《そがい》されている人々に仕えたいと思ったに違いない。だが、入会に必要な持参金・学力・健康に欠け、思い悩んでいたところ、前述のヌヴェールの教区長フォルカード司教の助力によって、一八六六年、正式にヌヴェール市のサン・ジルダール同会修道院の修道女となった。以来十三年間、ベルナデッタは病人の世話をしながら、本人の言葉によれば、「病という務め」を果たした。

この会は一六八〇年、フランスのヌヴェール教区の一寒村において、ベネディクト会の司祭ラヴェイヌにより創立された。フランス革命の激動の時代を経て、二十世紀後半に、会員は象牙海岸、チリ、カリブ諸島、ブルンディ、タイ、ニューギニア、日本に派遣された。

総本部はパリ、日本の管区本部は京都市伏見区深草田谷町三にあり、大阪、小田原、東京の修道院を本拠地にして、教育、福祉の分野で働くとともに、同和地区の人々、在日外国人、自由労働者、外国人労働者と連帯して、彼らの抱える諸問題に取り組んでいる。さらに、聖ベルナデッタを姉妹とするヌヴェール愛徳修道会会員は、聖女と共に、ルルドの聖母のメッセージ「祈りと償い」の精神に生きるように努めている。

二月十四日

聖チリロ隠世修道者、聖メトジオ司教

（西欧の共同保護聖人）

西方教会と東方教会の橋渡し

スラブ系ポーランド出身の教皇ヨハネ・パウロ二世は、聖メトジオの死後千百年の一九八五年六月二日の教皇書簡（スラボールム・アポストリ＝スラブ人の使徒）で聖チリロと聖メトジオに関する生涯とその意義を述べられ、聖ベネディクトと同様に西方教会と東方教会との橋渡しをする「西欧の共同保護聖人」とされた。この両聖人は九世紀に大モラビア王国（現・チェコ、スロヴァキアを中心とする中部ヨーロッパ）のスラブ民族に福音を普及させ、多数改宗させた。特に聖チリロはスラブ語のアルファベット（キリル文字）を創案して聖書を翻訳《ほんやく》したのでスラブ文学の創始者としても名高い。

両聖人の略歴

この両聖人は兄弟で、兄メトジオは八一五年、弟チリロは八二七年、ともにギリシアのテサロニケ（現・サロニカ）に帝国行政部のレオーネという高官の子として生まれた。当時、ここはビザンチン帝国の商業・政治の中心地であり、重要な貿易港として栄え、さまざまな民族が居住していた。また、二人ともビザンチン帝国の首都コンスタンチノープル（現・イスタンブール）に遊学し、学業に優秀な成績をあげた。

兄のメトジオはスラブ人が大勢住んでいた辺境地域の執政官となり、総督に昇進した。しかし、八四〇年頃、その官職を辞任して、当時、聖山と呼ばれていたオリンポス山東側の山麓、リトホロの修道院に入った。

弟のチリロは栄誉ある政治家の道を捨てた後、二十歳の頃、司祭に叙階された。その並外れた才能と知識により、首都コンスタンチノープルの聖ソフィア大聖堂付属古文書館員の職務、同時に首都の総大司教秘書に任命された。しかし、しばらくしてから、勉学と観想生活に専念するためにこれらの職務を勇退し、ひそかに黒海沿岸のボスフォロ修道院にこもってしまった。六カ月後、皇帝の命令で再び宮廷に連れ戻され、コンスタンチノープルの高等教育の学校で哲学の教授に任ぜられた。

その後メトジオと共に、宗教・文化面の専門家としてビザンチン代表団に加えられ、カザロスに派遣された。二人がクリミアのケルソン（ウクライナ共和国南部、黒海付近）に滞在中、古代のローマ教皇クレメンス一世（在位八八—九七年）が、ローマのトラヤヌス帝からケルソンに追放され、そこで殉教し、ケルソンの教会に埋葬されているということを確認した。二人はこの教皇の聖骸を掘り起こして、自分たちの所に持ち運んだ。

大モラビア王国へ派遣

九世紀の半ばに大モラビア王国の領主ラティスラオ王は、使者を首都コンスタンチノープルへ遣わし、皇帝ミカエル三世（在位八四二—五六年）にスラブ語を話せる宣教師を送ってくれるよう要請した。それは教理に暗い新信者を指導するとともに、異教徒をも改宗させて国を統一したかったからである。その最適任者にチリロとメトジオに白羽《しらは》の矢が立てられたので、二人は大モラビアに派遣されたのである。

チリロ、スラブ語の文字を創案

二人はモラビアに到着し、着任早々、巧みなスラブ語で人々の教化に当たり、聖母マリアへの崇敬を高め、スラブ語でのビザンチン式典礼を広めた。また当時、この地には文字も書籍も無かったので、チリロは八六〇年代にバルカン地方の方言を基にしてスラブ語のアルファベット（キリル文字）を新たに創り、これをもってギリシア語の聖書や典礼書をスラブ語に訳した。このためモラビアの人々は教理に明るくなり、数年の間にほとんど改宗した。

チリロ、ローマで病死

二人は教皇から祝福をいただき、所用を果たすためローマへ向かった。ローマでは、教皇ハドリアノ二世（八六七―七二年）が、二人を慈愛深く歓迎し、スラブ語の諸典礼書を認可し、両人から各地における宣教活動の様子を聞かれた。それに応えて大半の住民は二人の宣教活動に賛成しているのに、一部のドイツ人聖職者が両兄弟の進めるスラブ語による典礼改革に反対している、と報告した。教皇は二人の熱意と宣教の成功を喜ばれ、メトジオを司教に叙階した。しかしチリロは昼夜かけての宣教活動と心労のためか、とつぜん重病にかかり、やむなくローマの一修道院で静養したが、八六九年二月十四日に四十二歳の生涯を閉じた。

メトジオへの迫害・宣教

メトジオ司教は再びモラビア（現・チェコ）に戻ったが、間もなくモラビアはドイツとの戦火に巻き込まれ、自由な司牧ができなくなった。それでメトジオ司教は、時の教皇ハドリアノ二世からモラビアとパンノニア（現・ハンガリー南西部とユーゴスラビアの一部）とを合わせた大司教区の教区長に任命され、ハンガリー、ブルガリア、ダルマティア、スロヴェニアで宣教に尽力した。

ところがメトジオ大司教は現地の司教会議の結果、許可なく布教し、スラブ語の典礼を広め、正統な信仰に反する、とざん言され、ドイツ王から二年半投獄された。教皇ヨハネ八世（在位八七二―八八二年）はこれを遺憾《いかん》に思い、使節を遣わしてメトジオ大司教を弁護し、その温清あふれる懇願《こんがん》で、ついに彼を釈放させた。

メトジオ大司教はやがて自分の死期を悟ると、ゴラッドという司祭を司教に叙階して自分の後継者とし、八八五年四月六日、ヴェレラド（現・スロバキア）で七十歳の聖なる生涯を閉じた。彼の遺した貴重な教訓は、「人が神の似姿になれるのは観想だけでできるものではなく、これに実生活をも組み合わせることによってできる」ということである。

聖チリロと聖メトジオの聖遺物は、前記の教皇クレメンス一世の聖遺骸の傍らにローマのサン・クレメンテ大聖堂内の側面礼拝堂に保管され、崇敬されている。また両聖人はブルガリア、セルビアをはじめ、十世紀にウクライナのウラジーミル公を通しロシア各地でも崇敬され、キリスト教（主に正教）の伝播《でんぱ》に貢献している。それで聖チリロと聖メトジオは「正教会」の聖人でもある。

二月十五日

聖クロード・ラ・コロンビエール司祭

（イエスのみ心の使徒）

「イエズス会」での修行

一六四一年二月二日にフランス南東部サン・サンフォリアン・ドゾンの弁護士の家に三番目の子として生まれた。兄弟は一人を除いて皆、司祭や修道女になった。コロンビエールはリヨンの「イエズス会」の学校で学び、一六五八年十月二十六日、家族の反対を押し切り、十七歳の時、アビニョンにある「イエズス会」に入会した。第一勉学期を終えて、一六六一年からアビニョンの学校で文法や文学を五年間教えた。その後パリで四年間、神学を学び、そこで入会後十一年目の一六六九年四月六日、二十八歳で司祭に叙階された。翌年、リヨンに戻り、修辞学を教えるかたわら、一六七三年に学校内の教会で説教を担当した。翌一六七四年、第三修練を行い、「イエズス会」の会憲や規則を徹底的に守る誓願を立てた。それは、彼を束縛するどころか、「大きな喜びと完全な自由の源」となったと言っていた。

聖マルガリタ・アラコクと「み心の信心」の普及

一六七五年二月、パリから約三百キロ南東の町パレー・ル・モニァルの「イエズス会」修道院院長に就任した時、付近の「聖母訪問会」の修道女、マルガリタ・マリア・アラコクに出会った。その前年に、主は聖マルガリタ・マリア・アラコク（十月十六日参照）に出現され、慈しみに満ちたメッセージを伝えようとされた。シスター・マルガリタは主の語りかけに恐れと困惑とを感じていた。

彼女は、主イエスからみ心の内なる富に関する啓示を受けたと言っていたが、同僚修道女の間では惑《まど》わされているのではないかと思われて、かなり苦しんでいた。しかし彼女は主からの言葉として、「私は忠実なしもべ、特別な友をあなたのもとに遣わす」と承《うけたまわ》っていた。クロード神父が修道院を訪れた際、「彼こそ、その人だ」という内心の声を聞いた。彼はマルガリタ・マリアの相談を受け、彼女に与えられた啓示が真に神からのものだと識別した。

一六七五年六月、「キリストの聖体」の祭日に主は、「み心の信心」について、マルガリタ・マリアにメッセージを託《たく》された。人類を限りなくお愛しになるご自分のみ心と、それに冷淡な人類の忘恩を示された。ご聖体祭日後の八日間の間、み心の信心に関する特別な依頼が主からあった。八日間が終わった翌日の金曜日を償《つぐな》いの日として、特別な記念日に制定するように図《はか》ってほしいという依頼だった。

マルガリタ・マリアは躊躇《ちゅうちょ》したが、主は、次のように諭された。「私のしもべ、クロード・ラ・コロンビエール神父のもとに行きなさい。彼に、私の名によってみ心の信心を制定し、み心に喜びをもたらすために全力を尽くすよう願いなさい。彼は多くの困難に遭《そう》遇《ぐう》するだろうが、自らの力に頼らず、すべて神に信頼をおく者には不可能なことはない」と。こうして一六七五年六月二十一日、金曜日に、初めて「イエスのみ心」の祭日がささやかに執《と》り行われた。二人の付き合いは一年ほどであったが、クロード神父はこの聖女を通してみ心の信心を身につけ、それ以来、彼女の霊的指導者として常に神のみ心にかなうような生涯を送った。

ロンドンのヨーク公夫人の説教師

一六七六年にクロード神父は、当時の宗教改革で反カトリックとなった英国のロンドンに派遣され、さまざまな困難に直面しながらも、み心の信心を多くの人に熱心に説き、祈りと償いを勧めた。いつ、どこにおいても、すべてに神のみ旨が働くことを確信し、主のみ心に自らを完全に委ねようとした信仰の模範となった。同年、ロンドンの熱心なカトリック信者だったヨーク公夫人の説教師に任じられ、「イエスのみ心」に表される人類への愛を説教し、公妃《こうひ》に深い感動を与えた。

その年は例年になく大雪が降ったが、自分の部屋のストーブには、一度も薪《まき》を燃やさなかったと伝えられる。ロンドンでの二年間は、ヨーク公妃の支援で迫害を受けているカトリック信者を励ましたり、離れ信者をカトリック教会に導いたりした。

神のみ心にかなう犠牲《いけにえ》

その頃、ならず者が政府に、カトリック信者が王の殺害をたくらんでいるとの根も葉もないデマを流した。それで十一人の司祭が絞首刑となり、二、三千人の信者が投獄され、一四七人が死亡した。これに加えクロード神父も一六七八年十一月、イングランド王とイングランド議会に反対したかどで逮捕され、投獄された。しかし、裁判ではクロード神父の隠謀《いんぼう》については何ら立証《りっしょう》できず、ただ人々をカトリックに改宗させるように導いたことだけで、一カ月もひどい牢獄に押し込めたのである。

クロード神父は、一六七九年一月、空気の悪い牢の中で健康を損なったので、フランスに帰され、病弱のままで一六七九年、リヨンの学校で指導司祭を務めた。一六八一年八月に、目上は気候の良いパレー・ル・モニアルに再び彼を送った。聖マルガリタ・マリアは病弱なクロード神父に手紙で、「神父様にとって最も有益なことは、神のみ旨に従うことです」と書き送った。クロード神父は、この手紙によって、「自分の病気の絶え間ない苦しみは、神が与えてくださった、より大きな恵みである」と自覚することができた。そして自分の命を神のみ心にかなう犠牲としてささげ、六カ月後の一六八二年二月十五日に四十一歳で亡くなった。

クロード神父は、多くの覚え書きを残しているが、その中で一貫している霊性は神への愛と信頼である。「百回倒れても、私の罪が今より百倍重くなっても、まだ主に信頼いたします」という言葉から、その霊性がしのばれる。

中でも一六八四年にリヨンで出版された『クロード・コロンビエール神父の全集』は「イエスのみ心」に対する信心を広めるのに大いに貢献《こうけん》した。一九二九年六月十六日、ピオ十一世によって列福された。その後王室は、「イエスのみ心」の祝日が制定されるように教皇ピオ十二世に願い出た。

クロード・ラ・コロンビエール司祭は、一九九二年五月三十一日、教皇ヨハネ・パウロ二世によって列聖された。

二月十七日
「マリアのしもべ修道会」七聖人

十三世紀半ば、フィレンツェ市の七商人

昔から教会では七を聖なる数として尊んできた。たとえば七つの秘跡、聖霊の七つの賜物、七枝の燭台《しょくだい》、主の十字架上の七つのみ言葉などである。このほか黙示録には七にちなんだ聖なる事物がたくさん出てくる。今日記念する聖人たちも七人で、力を合わせて「マリアのしもべ修道会」を創立し、共同生活をしながら、苦しみの聖母マリアへの信心と主イエスのご受難への信心を世に広めた。

この聖人は十三世紀半ば、いずれも北イタリアはフィレンツェ市の裕福な商人であった。

当時イタリアはドイツ皇帝フェデリコ二世の軍隊に侵入された。イタリア国民はグェルフ派とギベリン派に分かれ、町と町、人と人とが互いに争っていた。

一二三三年の被昇天の大祝日に、聖母マリアが七聖人一人ひとりに出現され、修道生活を勧められた。そ

れでその年の九月八日、聖マリアの誕生の祝日にフィレンツェの郊外カマルチアの小さな家で修道生活を始めた。

マリア様のしもべとして

ある日、この七人が質素な身なりで町を歩いていると、小さな子どもたちがつけて来ながら、おもしろそうに「マリア様のしもべ、マリア様のしもべ！」とはやし立てた。この七人の修道会が「マリアのしもべ会」と言われるのは、この子どもたちの言葉によったのである。その時、その子どもたちの中にフィリポ・ベニチオという子がいたが、この子が後に、「マリアのしもべ修道会」に入り、総長となり、同会発展に力を尽くし、聖者となった。

さて七聖人の聖なる生活は、間もなく町中の評判になり、大勢の人が見物半分に、教えを学びに来て、騒々しくなった。それで聖人たちは、さらに静寂な場所を求めて、そこから三十六キロほど離れたモンテ・セナリに行き、そこで祈りと苦行に励んだ。

ある金曜日、七聖人が主のご受難を黙想していると、聖母が再び出現され、「聖アウグスチノ修道会」の会則を使い、黒の会服を着用し、また主イエスの十字架の下にたたずむ聖母のお苦しみを尊敬しなさいと勧められた。このお告げに従って会では、「悲しみのマリア」信心を促進し、各修道院には「悲しみの聖母像」を置いた。一八一四年に「悲しみの聖母」の記念日（九月十五日参照）がローマ教会暦に取り入れられた。

六人は司祭に、一人は修道士に

七聖人は、そのお言葉どおりに従い、さらに、あちこちを巡回して説教するようにもなった。これは会の目的には最初なかったが、神の栄光のために黙っていられなかったのである。そして必要に迫られてフィレンツェ市の中にアンヌンチアータ修道院を設立した。巡回説教をするようになると、司祭でなければ都合の悪いことが多い。それで七聖人のうち六人は司祭に叙階されたが、残る一人、アレッシオだけは謙遜して、どうしても司祭職を受けようとはせず、修道者として貧しい生活を続け、物を恵む人たちのために神の祝福を祈って一生を送った。

同じ墓場に葬られ、同時に列聖

七人のうち、最初に死去したのはヨハネ・ボナジュンタであった。彼は一二五一年八月十三日、ミサをささげた後、自分の死を兄弟たちに告げ、司祭服を着たまま、聖書の主イエスのご受難の箇所を読んでもらい、「父よ、私の魂をみ手に委ねます！」と言う箇所で腕を広げ、その言葉どおり自分の魂を神のみ手に返した。

反対に、もっとも長生きしたのはアレキシオで、彼は一三一〇年の二月十七日、百十歳でフィレンツェ市で死去した。七聖人は生誕・死去の時は同じではなかったが、皆、同じ墓に葬られ、一八八八年一月十五日に教皇レオ十三世から列聖された。

二月二十一日
聖ペトロ・ダミアノ司教教会博士

人事を尽くして天命を待つ

「わたしたちは、生きるとすれば主のために生き、死ぬとすれば主のために死にます。生きるにしろ、死ぬにしろ、わたしたちは主のものなのです」（ローマ14・8）。教会は人の命を神からの預かりものと見なし、自他の命を大事に育てよ、と教える。自分勝手《かって》に自他の命を絶てば、神の主権を犯し、社会に尽くすべき義務を怠り、本人の永遠の幸福の資本ともなる最大の善を台無しにする。

現在の苦しみを逃れたいからとか、わが子に孤児や障害のある人として一生みじめな思いをさせたくないからというような、もっともらしい言い訳があるにせよ、自他の命に一指《いっし》も触れてはならない。苦しまぎれに自殺したところで、誰も来世の幸福を約束していないし、また不幸と見える子どものために、どうしたら最も良いかは、神がよくご存じのはずだから、たくましく生きるように「人事を尽くして天命を待つ」ことこそ、キリスト者のとるべき態度であろう。

一家の厄介者《やっかいもの》？

聖ダミアノは、一〇〇六年、イタリアはラヴェンナの自由労働者の家に呱々《ここ》の声をあげた。「貧乏人の子だくさん」のたとえにもれず、両親は六人の子どもをかかえて持て余していた。そこへ末っ子のダミアノが生まれた。残念ながら両親は、あまり信仰のあつい人ではなかったらしく、わが子の誕生を歓迎しなかった。

おまけに病身で世話はやけるし、治療費はかさむというので、一家の厄介者にされた。

母親は失望し、「こんな苦しい目にあうなら、自分といっしょに死なせてください」と、乳児に乳も与えずに泣きくずれた。たまたまそこへ近所の婦人が立ち寄り、半死半生の幼児を抱き上げながら、母親に、「あなたは、なぜこの子にこのようなむごいことをなさるのですか。動物でさえ、わが子を育てるではありませんか。神様からいただいた、こんなりっぱなお子さんをむごく扱えば、神様の思し召しに背きますよ。よく育てれば有用な人物となって一家の名誉となるかもしれませんのに……」と言って慰め、諭した。

拾ったお金を亡き父母のミサ代に

母親はこの言葉に迷いの夢をさまされ、今までの無情な態度を痛悔し、それからは以前とはうって変わって、愛情深く乳児を育てたという。十歳になると、少年ダミアノは、またも大きな試練にぶつかった。父母が相次いでポックリ逝《い》ってしまい、冷酷《れいこく》な長男の家に引き取られたからである。この長男は相当豊かな暮らしをしているのに、ダミアノを邪魔者《じゃまもの》扱いして衣食もろくに与えず、奴隷のようにこき使って、むさ苦しい物置きに寝かしていた。

ある日ダミアノは、いつものようにブタを野原に連れ出して番をしながら、「ああ、動物にさえあんなにたくさんの食べ物があるのに、自分にはない」と言って涙を流していた。その時、ふと、草むらに何かきらきら光るものを見た。よくよく見ると、それは銀貨だった。しめた、これで食べ物が買えると小躍りして喜んだが、やはり落とし主に返さなくてはと考え直し、彼を捜《さが》してみた。結局それらしい人も見当たらず、かえって、「そんなわずかなお金ぐらい取っておけ」と人々に笑われた。そこでダミアノは、そのお金で食べ物を買うよりも、亡き父母のためにミサをささげてもらったという。

「カマルドール会」の司祭として西欧各地で説教

数年後、司祭職にあった次男が見かねて弟ダミアノを引き取り、その学才を見込んでファエンザやパルマの学校に遊学させた。ダミアノは教師の勧めを実行し、一心に勉強したので、学徳ともに抜群の成績で学校を卒業した。卒業後しばらく故郷で教職に就いたが、一〇三五年、二十九歳の時、名誉、財産のはかなさを悟り、聖ロムアルド（六月十九日参照）の創立した「カマルドール会」に入会し、司祭に叙階された。

その熱心な祈り、厳しい修業などで修道者らの模範となり、入会後八年には早くも修道院長に選ばれ、修道生活の向上、新修道院の設立、贖罪精神の高揚など、思いついた善をてきぱき実行した。間もなく大修道院院長や教皇の依頼に応じて、イタリア、ドイツ、フランスを巡り、火を吐くような説教をもって教会内部の改革（聖職売買、聖職者の結婚・内縁関係）に乗り出した。その間にドイツ皇帝をはじめ、各界の知名人とも親交を深め、日ごろ修めた広い深い学識と、高い徳行によって多大の影響を与えた。

枢機卿として教会の発展に尽力

一〇五七年、枢機卿に任命されると、さらに熱心さを増し、一部の人々の誤解や非難をも恐れず、常に教会改革の第一線に立ち、豊かな学識と経験とを縦横《じゅうおう》に駆使《くし》しながら、弁舌に著作に倦《う》むことを知らなかった。またダミアノは教皇使節として、イタリアおよびドイツの各地で行われた重要な会議に出席して、聖グレゴリオ七世（在位一〇七三—八五年）の大協力者となり、教皇の首位権を支持し、教会規律を正したが、旅行中に病を得て、一〇七二年二月二十二日に六十六歳を一期としてこの世を去った。一八二八年レオ十二世（在位一八二三—二九年）により、教会博士に上げられた。

二月二十二日

聖ペトロの使徒座（祝日）

ペトロに賜った権限

「わたしもあなたに言う。あなたはペトロである。わたしはこの岩の上に、わたしの教会を建てる。陰府《よみ》の国の門も、これに勝つことはできない」（マタイ16・18）。

　この主イエスのみ言葉によって聖ペトロは、使徒たちの頭《かしら》、つまり初代教皇とされ、初代教会の礎《いしずえ》とされた。聖ペトロは教皇として自分の居住地をローマに定める前に、最初の司教として、今のトルコの東南の端にあるアンティオキアを司牧し、使徒座をここに置いた。当時、アンティオキアには三〇年代にエルサレムに起こったキリスト教迫害を避けてきたユダヤ系のキリスト信者がいた。これに加えてバルナバとパウロはこの地でユダヤ人以外の人にも宣教し、続々と改宗させた。こうしてアンティオキアは、エルサレムに次ぐ古代キリスト教会および宣教活動の第二の中心地となった。なお聖ペトロはローマにまで宣教の足を延ばし、信者の団体を司牧し、今のバチカンの丘で殉教し、そこに使徒座の基礎を築いた。

バチカン、使徒座の基礎

　古代ローマでは、二月二十二日は亡くなった家族の人々を記念する日であった。これを初代教会にも導入し、信仰の二人の父、つまり聖ペトロと聖パウロを記念する日にした。すなわち聖ペトロの使徒座の祝日にキリスト信者たち

は、バチカンの聖ペトロの墓とオスチア街道沿いの聖パウロの墓に巡礼して、この二人の教父をしのんでお祈りしていた。しかし、三一二年にコンスタンチノ皇帝が帝位について信教の自由が与えられると、毎年六月二十九日が聖ペトロと聖パウロの祝日となったので、二月二十二日は聖ペトロが教会の最高牧者に上げられ、教会の頭として全カトリック教会の裁治権《さいちけん》をキリストより与えられたことを記念し、ペトロに委ねられた使命、つまり信者たちの信仰を固める使命を思い出す日となった。言いかえれば、この祝日は使徒ペトロを礎として創設された教会の一致のしるしとして、すでに四世紀に定まっていた。なお使徒座とは、教会の裁治に当たって教皇から委託された権威によって教皇を補佐する、「教皇庁」という意味もある。

同じ信仰と一致団結の源

そのため、本日の典礼は、ペトロの信仰が教会の礎であることを浮き彫りにしている。また、聖ペトロの使徒座は、その教えによって教会の信仰を揺るぎないものとし、さらに愛の中心としてキリスト者らの心を結び、信者たちが同じ心の糧《かて》を受けるようにする。主キリストから授かったペトロの使命は、今に至るまで代々の教皇に受け継がれている。それで私たちは、本日の拝領祈願の中で「御子のとうといからだと血をいただいて祈ります。この救いの秘跡が、教会の一致と平和の源《みなもと》となりますように……」と唱える。

二月二十三日

聖ポリカルポ司教殉教者

主と親交のあった人々との交わり

一五六年、今のトルコはローマ帝国の植民地であり、ローマ皇帝の支配下にあって信仰の自由がなかった。イスラエルから伝わってきたキリスト教も弾圧され、多くの殉教者が出た。スミルナの司教、聖ポリカルポも、その当時の殉教者の一人である。彼については福音史家聖ヨハネから司教に上げられた後の活躍や殉教のことしか伝わっていない。聖ポリカルポの弟子であった聖イレネオは、リヨンの司教になったが、恩師について、こう書いている。

「私は少年の頃、小アジア（現・トルコ）にいて、たびたび聖ポリカルポ師のおそばで仕えていた。私には今も、先生の腰かけておられた所、その教えぶりや教えの話、その歩き方やご様子などがありありと思い出される。そして先生が聖ヨハネやその他の主と親しく接した人々と交際された話や、主とその徳、その教えについて、それらの人たちから聞き伝えられた話などは、まだ私の耳の底にはっきりと残っている」と。

東方の伝統を守りながら教皇と和解

ポリカルポは七五年頃、キリス教徒の家庭に生まれた。ポリカルポの晩年に近い一五五年、高弟イレネオは、先生の代弁者として時の教皇アニチェト（在位一五五―六六年）と復活祭の日付の問題について話し合うためにローマへ上ったことがあった。この頃、主のご復活祭の日に関して東方と西方の意見は食い違っていた。ローマでは今と同じように年によって日は異なるが、とにかくいつも復活祭は日曜日というペトロ、パウロ以来の伝統に従っていた。教皇はこの慣習を全教会に強制しようとした。ところが老ポリカルポが憤《ふん》然《ぜん》として食いついてきた。東方には聖ヨハネがじきじきに制定した伝統がある。アジア人はニサンのユダヤ暦、月の十四日目に毎年復活祭を祝う。聖なる伝統である。結局すったもんだのあげく、自らの立場も曲げず、しかもローマと和解して帰って来た。師が師なら、弟子も弟子である。相手が教皇でも自らの正しい信念を曲げない。かと言って離教者にもならない。

東方教会人の標本《ひょうほん》

ポリカルポは、カトリックにおける東方教会人のあり方の標本みたいな人物である。一五六年の二月末、スミルナでは十二人の信者が捕らえられ、うち一人の棄教者以外は、みなライオンの餌食《えじき》にされ、殉教した。しかし、血に飢えている観衆は、それだけでは満足せず、「ポリカルポも引き出して殺せ！」と叫ぶので、裁判官ニケータスとその子のヘロデは、数人の兵士を遣わしてポリカルポを逮捕させることにした。

ポリカルポは、

田舎《いなか》のある倉に隠れているところを見つけられた。殉教の準備として祈りがしたいから、もう少し待ってくれと願い、兵士たちに食べ物を差し出した。翌朝まで逮捕の延期が許可されたので、ポリカルポは一晩中祈り続け、翌朝鎖《くさり》につながれて兵士に連行された。その途中、ニケータスとヘロデは、馬車で出迎え、聖人を乗せ、「ローマの皇帝に犠牲《いけにえ》をささげれば命は助かる」と説得した。しかし、ポリカルポは、「いいえ、いいえ。私には、そんなことは決してできない」と断った。するとニケータスは馬車の上から荒々しく老人を突き落とした。司教は、足をひきずりながら歩き続け、競技場に引っぱり出された。観衆は大喜び。ニケータスは、大観衆の前で、「神聖な皇帝陛下を礼拝せよ。そうすれば釈放《しゃくほう》してあげよう」と勧めた。老司教は、白髪の頭を振って言った。「私は今日まで八十六年もの間、キリストに仕えてきた。キリストは、その間、私に何一つ悪いことをしたことはない。どうして彼をののしれるだろうか」と。

群衆は騒ぎだした。ニケータスは言った。「私はいつでも猛獣《もうじゅう》を檻《おり》から出して、おまえにけしかけることができるのだぞ」。「では、その猛獣を出せばよい」。「私はまたおまえを、生きたまま火あぶりにすることもできる」。「あなたが、きょう燃やす火は、わずかの間だけ燃え上がるが一瞬にして消える。私は消えることのない永遠の火を恐れる」。

火あぶりによる処刑

群衆は叫び出した。「彼はアジア州（ローマ帝国の州で今の中東）の大先生で、キリスト信者たちの父である。われわれの神々の破壊を計っている。彼を猛獣の餌食にせよ」。

こんなやりとりの中に競技時間が過ぎてしまい、その日、猛獣は出てこなかった。それで一人の役人が競技場に現れて「ポリカルポを火刑に処す」と三度宣告し、叫び伝えた。群衆は待ちかまえていたように、近所から薪を集めてきて、競技場の中央に積み上げた。当日は安息日にあたり、ユダヤ教の律法では、この日は肉体労働が禁止されていたのに、多数のユダヤ人も、薪を運んだ。

ポリカルポは、マントと履物を脱ぎ、積み上げられた木の上に登った。兵士は、薪の山の中央に立てられた杭《くい》に、ポリカルポを縄《なわ》で縛《しば》りつけた。ポリカルポは、次の言葉で祈りを結んだ。「主よ、あなたは世々に祝されますように。礼拝すべき主のみ名は、永遠、全能の大司祭であるイエス・キリストによって、世々にほめたたえられますように。そしてキリストと、聖霊とともに世々にわたって主のすべての栄光が与えられますように。アーメン」。

また、火が燃え上がった時の情況を、目撃者はこう書いている。「炎《ほのお》の舌は、右と左に広がって弓形の弧を描き、風にあおられて舟の帆の形となった。空中に高くできた火の天井は、一つの火の粉も彼の服にかからずに、聖なる殉教者の体を覆った。その体は今できたパンの色、あるいは溶けた金銀の色であった。その輝きは目にまばゆいほどだった。そしてその後、一瞬にしてすべては灰となって崩れ落ちた。それにもかかわらず、私たちは幾つかの遺骨を拾った。その遺骨を私たちは黄金、または宝石のように保存している」と。

二月二十六日
聖パウラ・モンタル修道女

（「マリアの娘エスコラピアス修道女会」の創立者）

家庭・社会・世界の変革に尽力

聖パウラ・モンタルは絶えず熱心な祈りと観想によって御父と深く交わり、すべてを父からのものと見なし、それに加え、聖母マリアを深く愛した。さらに人々との関わりを重視し、特に弱く貧しい者と連帯し、家族の絆《きずな》を強めた。また自分の証しによって、神の国を広め、世界を根本的に変えようと努めた。そのため彼女は女子を良い娘、優れた妻、家庭を守る賢い母に育てる女子教育を始め、社会の中核としての家庭の変革に力を尽くした。

家族構成と社会情勢

パウラ・モンタルは、フランス革命が起きた年、一七九九年十月十一日に、スペイン北東部のフランスと国境を接するカタルーニャ州の港町アレイス・デ・

マルで生まれた。ここは地中海に面し、港には造船所《ぞうせんじょ》があり、世界へ向けて開けていた。父ラモン・モンタルは一七八四年に結婚し、十年後に妻を亡くしたが、その間に七人の子どもをもうけた（三人は早世）。その後、妻に先立たれて四人の子どもを抱えたラモン・モンタルは一七九八年に夫を亡くした女性であったビセンタ・フォルネスと再婚し、その翌年、二人の間にパウラが長女として生まれた。

パウラは少女時代から家事の手伝いや四人の弟妹《ていまい》の日常の世話をし、学科の面倒も見ることができた。女性差別のせいで、当時の若い女性の文盲率は九九パーセントという状況であった。

それに加え、パウラが六歳の一八〇五（文化二）年十月二十一日に、トラファルガー海戦で、スペインの南西岸トラファルガー岬でネルソン提督率《ていとくひき》いるイギリス艦隊とビルヌーブ提督率いるフランス・スペインの連合艦隊が英国艦隊に大敗した結果、スペインの商業活動はすべてイギリスから禁止され、絹と木綿《もめん》も出荷《しゅっか》停止《ていし》となった。陽《ひ》の没するところを知らないとさえ言われた、世界帝国スペインは斜陽《しゃよう》に向かい、おまけに内乱で国土は荒廃《こうはい》し、不況のどん底に追い込まれた。

これに追い打ちをかけたのはフランスのナポレオン軍が一八〇八年から六年間にわたってスペインに侵攻《しんこう》し、特にパウラの故郷は内陸部に入る通り道であったので、略奪《りゃくだつ》、女性暴行が横行《おうこう》した。さらに一八〇九年、父の帰天後、遺族の全財産は先妻の次男に渡ったので、九歳のパウラは生母と共にレース編み職人として苦労しながら、細々《ほそぼそ》と家計を助けた。この時の精神集中、粘《ねば》り強さの体験が、後の子女にブロンドレースの繊細《せんさい》な編み方を教えるのに大いに役だった。そのほかパウラは、年を重ねるにしたがって町の教会でカテキスタとして主任司祭を助け、未来の教育者としての素地を作った。

一八一五年に「ロザリオの信心会」に入り、聖母への内的奉献を深め、一八二二年に「悲しみの聖母信心会」に入り、社会的な新しい見方、無料の奉仕、隣人の必要としているものを見抜く直観と責任を学んだ。こうした体験がパウラの霊性を堅固にし、聖母マリアのように、いつも神のみ言葉を聞き、それに応えて神と隣人に仕えることにつながっていく。パウラの創立した修道会の名称の頭《かしら》に「マリアの娘」を付けたのは会員が神の母、おとめマリアの生活に倣い、イエスに至るための聖母の案内、保護、仲介を願い、教育者としての必要なお恵みを取り次いでいただくためでもあった。さらに一八二五年から一八二九年にかけて、母親と兄弟たちが「悲しみの聖母信心会」に入り、一家を挙げて聖母への信心と教会・社会奉仕に尽力した。なおパウラは、青年時代を通してカプチン会司祭を聴罪司祭と霊的指導者として仰いだ。

スペイン最初の女子私学教育

一八二九年からは地中海に面したフランスとの国境に近い町フィゲラスで、親友のイネス・ブスケッツと共に鳩舎《きゅうしゃ》をリフォームした屋根裏部屋で学校を開設した。当時スペイン国内も他の修道会でもなかった女子教育だけの活動に乗り出した。しかも裕福な家庭の子どもたちだけの特権教育を、貧しい家庭の幼児や少女にまで広げて、校内に小聖堂を造り、ご聖体訪問を中心にしながら、カテキスタの経験からカトリックの要理、読み書き、ブロンドレース編みの手仕事を教え、計算、文法、地理の手ほどきを始めた。次には教師を雇い、代数、幾何、地理、スペイン史、教会史、図画、フランス語、音楽を教えた。

パウラが常々心がけていたのは、毎朝授業の始まる前に、児童のいる教室を巡ることであり、家庭の貧しさ故に、朝食抜きの児童を見つけ、料理係のシスターにスープとサンドイッチを与えるように指示していた。それでも金銭の都合のつく生徒からはわずかな寄宿代を受け取った。すなわち学費は払える分だけ払い、学校では貧富の差のある生徒全員を平等に扱った。

当時のパウラの資本と言えるものは、一般教養の知識とわずかばかりの資金、それにレース編みの熟練技能にすぎなかった。さらに修道会と生徒の負担をなるべく軽くするため、市役所からの助成金を獲得し、教師を公務員とするために公務員採用試験に合格するように図《はか》らった。

同系の男子会員との出会い

後は「人事を尽くして天命を待つ」という神への信頼であった。この教育事業は卒業生の若い女性の協力によって、スペイン各地（フィゲラス、アレインス、サバデル、イグアラダ、ベンドレル、マスノウ、オレサ）へ広げられていった。そのうちにパウラは同じ理念で約二五〇年前から、すでに活躍していた男子のエスコラピオス修道会会員と一八四二年に出会うことによって、その会の創立者、同国人の聖ヨセフ・カラサンス（八月二十五日参照）の霊性・カリスマと女性に適応させた会憲を受け、霊的な家族関係を結ぶことになった。「子どもたちに神様の愛を教え、家族を救いたい」という聖パウラ・モンタルの女子教育の根本理念は聖ヨセフ・カラサンスのカリスマを受け継いだとも言える。

聖ヨセフ・カラサンスの「小さい時から教育を受ければ、その子の人生は幸せなものになるはずである」という確信、「敬神と学問」があれば社会を変革できるという考えを身に付ければ、教養のある、霊性の深い女性は、まず家庭を守り、次に社会を改革することにつながる、とパウラは確信していた。

この高尚《こうしょう》な理念に比べ、パウラの居住地での日常生活は最低であった。移動が多くスペイン各地での修道院や学校創立の際には、そこの院長や学校長を勤め、家具や生活必需品に事欠く状態で、つまりゼロから事業を立ち上げる苦労を一身に担った。そこが落ち着けば、次の新天地へ向かい重責《じゅうせき》を担い続けた。一八四七年三月の第一回総会においても、会内の不穏《ふおん》な争いでパウラは総長に選出されず、会の中枢から遠ざけられ、修道会員の養成や新しい学校、修道院開設と運営の責《せき》務《む》を、約三十年間負うことになった。

オレサ修道院での三十年

一八五九年十二月五日、総長は、六十歳のパウラ・モンタルをオレサ・デ・モンセラート村へ新たな学校開設のために移動させた。難しい仕事に当たるには、パウラが最適な人物と見なされていた。モンセラートはスペイン北東部、カタルーニャ地方の港湾都市バルセロナの北、約四十キロに位置する特殊な岩石の山。地中海から隆起《りゅうき》した丸い形で横に密着して並んでいるような、奇岩の山である。モンセラートとは「のこぎりで切断された山」という意味。頂上は海抜一二三五メートルで、自然のセメントのような岩質。この岩石の谷間（海抜七五〇メートル）にベネディクト会大修道院と聖母巡礼聖堂がある。

オレサはそのモンセラート山の南西の斜面、リョブレガト川の左岸にある小村である。パウラ・モンタルはここに修道院と学校を創設し、以後二十四年間、院長、校長として会の中で最も貧しいオレサの修道院にとどまり、レース編みのクラスを受け持ちながら学校を宗教的・家族的な雰囲気にし、会員の養成と識字率《しきじりつ》一パーセントにも満たない田舎の女性の教育に努めた。そこでは以前と同じくパウラは生徒たちを愛し、聖霊に導かれた慈しみ深い道徳的な霊的権威で生徒たちを導いた。

またパウラは一八七四年から三年間、本部評議員とカタルーニャ管区長職に任命されたので、サバデル修練院やバルセロナのイグアラダ修道院に居住したが、その職を解かれると、元管区長として、どこでも好きな学校を選べたにもかかわらず、最も貧しいオレサ修道院に戻った。

パウラは一八八三年に八十四歳で体力と視力の衰えからオレサ修道院での院長と校長を辞職した。パウラにとって病気と体の不調は愛する浄配からの贈り物であった。苦悩の時も「神様のみ旨がすべて行われますように」と唱えるのであった。辞職から四年目の一八八七年に、「マリアの娘エスコラピアス修道女会」の会憲が教皇レオ十三世より最終認可された。パウラはその一年後の二月二十六日に八十八歳で帰天し、二〇〇一年十一月二十五日に、教皇ヨハネ・パウロ二世より列聖された。

パウラ・モンタルが最も長く過ごしたオレサ・デ・モンセラートの学校と修道院の中庭には現在、パウラ・モンタルが植えた二本の棕櫚《しゅろ》と一株《ひとかぶ》の石榴《ざくろ》が百年以上前の生前の聖者をしのばせる記念となっている。聖人の使用していた部屋にはベッド、ロザリオ、聖母マリアのご絵を置いた小さな机、粗末な洗面器が、隣室の資料室にはレース編みの作品、聖人が初聖体や、堅信の子どもたちに贈ったご絵が展示されてある。学校聖堂の祭壇のもとには、聖パウラ・モンタルの遺骨が安置されている。

後継者は世界で宣教・教育活動

聖パウラ・モンタルの霊性を受け継ぐエスコラピアス会員は二〇一三年現在七百人余り、ヨーロッパ、中南米諸国、アフリカ、フィリピン、インド、ベトナム、日本など世界二十一カ国で宣教・教育活動をしている。

日本には一九五一（昭和二十六）年、二人の会員が渡来した。現在、東京都世田谷区に管区本部、神奈川県横浜市に修道院、三重県四日市市に修道院を置く。横浜市に幼稚園、埼玉県ふじみ野市に幼稚園、三重県四日市市に中学校・高等学校があり、教育活動の他に、小教区での要理教育、青年の黙想会の指導、子どもたちの練成会の指導、滞日外国人の援助などを行っている。

三月の聖人

イエスは彼女たちの方を振り向いて、仰せになった、
「エルサレムの娘たちよ、わたしのために泣かなくて
もよい。むしろ、自分自身のため、また自分の子供
たちのために泣きなさい……」。（ルカ　23・28）

幸いなるかな心の貧しき人　天国は彼らのものである

三月四日
聖カシミロ王子

貞潔を守り、神と隣人愛に自己奉献

「一同が食事をしているとき、イエスはパンを取り、賛美をささげて、それを裂き、弟子たちに与えて仰せになった。『取って食べなさい。これはわたしの体である』」（マタイ26・26）。

本日記念される聖カシミロはポーランドの王子に生まれ、主イエスの右のみ言葉に従ってご聖体を主の体として礼拝し、これを拝食して神の生命にあずかった。そのうえ、聖母を崇敬し、生涯貞潔を守って短い生涯を神と隣人愛にささげた。

カシミロは一四五八年十月三日、ポーランドの古都クラクフのヴァヴェル宮殿に十三子の第三子に生まれた。父はポーランド王カシミロ四世、母は、ドイツ皇帝アルベルト二世の皇女であった。この母親は非常に信心深い方で、子どもたちにも神への畏敬《いけい》の念を植えつけた。カシミロは、このほかに聖母への崇敬《すうけい》と貞潔の尊さを母親から教えこまれた。六歳の時から有名な司祭からラテン語をはじめ、文学・政治を教授され、わけても宗教を詳しく教えられた。

ハンガリーへ向かうが

一四七一年にカシミロの兄がボヘミアの王になった。すると隣国ハンガリーの国民も、前から国王マチアス・クロヴィンに不満を抱いていたので、これを退位させ、その代わりにポーランドのカシミロ王子をいただこうとした。それで十三歳のカシミロは父の命令に従い、八十人の衛兵に守られ、ハンガリーへと向かった。ところが、いよいよ国境へ来てみると、誰一人出迎える者がいない。それは国王クロヴィンが自分の反対者と和睦《わぼく》し、カシミロ王子の一行を撃退《げきたい》するため、大軍を送ろうとしていた時であったからである。それで王子は、老臣の勧めに従って引き返した。時の教皇からも、忍耐して穏便《おんびん》にすませるようにと忠告された。

交戦よりも弱者の側に立つ

王子がおとなしく帰国すると、父のカシミロ四世は、敵と戦わなかった十四歳のわが子を弱虫《よわむし》、わが国の恥さらしと思い、首都に入ることを許さず、一四七二年三月十九日、ドブスキィ城に閉じ込めた。カシミロはおかげで、祈りと主のご受難と聖体についての黙想、周りの人への善業の機会を持つことができ、さらに償いのため、主のご受難にあやかるため肌ざわりの悪い衣服を着、夜は床の上に眠った。カシミロは、しばしば夜中に起き上がって聖体を訪問した。教会の入口が閉まっていれば、その前にひざまずいて長い間祈る。毎朝ごミサにあずかって聖体を拝領する。口数《くちかず》が少なく、貧しい人々や子どもたちと語るのが大好きであった。そして、自ら孤児や夫を亡くした人や虐《しいた》げられている者を助け、父王にも、その救済《きゅうさい》を願い出た。

カシミロは聖ベルナルドの聖母日課を唱え、聖母を尊敬するあまりラテン語の賛美歌を創り、自分でも毎日歌い、自分が死んだら石棺《せきかん》の中に、この歌を入れるように頼んだ。それは多くの国語に翻訳され、今日まで聖母をたたえるために歌われている。

一四八一年にポーランド東北リトアニアにロシアの領土拡張の陰謀《いんぼう》が発覚《はっかく》したので、カシミロ四世は息子のカシミロをリトアニアの大公領に任命し山賊《さんぞく》を追い払い、息子の信心深い手本でリトアニアを神の掟と国法を守り、隣人を愛する平和な法治《ほうち》国家に築き上げた。

カシミロは二十三歳の頃、結核にかかり、侍医《じい》たちも、さじを投げるほどになった。その時、侍医たちは、王子が童貞を破ったら病気がよくなるのではないかと考え、そのことをカシミロに伝えた。するとカシミロは、真っ赤になって怒り、「私が大事に思うのは主イエスであって自分の命ではない。私はもう、この世に何の望みもない。仮にも、そのような罪を人に勧めではないぞ！」と叱りつけた。それから、しだいに危《き》篤《とく》になり、うやうやしく病者の塗油《とゆ》の秘跡を受け、十字架をしっかり手に持ち、たえず、「ああ、主よ、私の魂《たましい》をみ手に委ねます……」と祈りながら、息を引き取った。時に一四八四年三月四日、享年二十五歳と七カ月であった。その遺体は、リトアニアの首都ビリヌュスの司教座聖堂付属「至聖おとめマリア聖堂」に埋葬された。

在天のカシミロの援助

カシミロは生前からポーランド国民に尊敬されていたが、死後は一層敬われ、その取り次ぎを願う者も多かった。その結果、奇跡もしばしば行われた。その一つにこんな話がある。一五一八年、ポーランドが六万の敵軍に攻撃され、あわや占領されると見えた時、白銀の甲冑《かっちゅう》に身を固めて白馬《はくば》にまたがったどこの誰とも分からない一人の騎士が現れ、わずか二千のポーランド兵を指揮して、敵軍の中に斬り込みをかけ、たちまち戦局を逆転させ、大勝利に導いた。

これも在天のカシミロの援助と信じられた。カシミロの兄シジスムンド王は、弟の列聖調査を教皇庁に申請した。それからカシミロの大理石の墓を一六〇四年に開いたところ、死後一二〇年経たにもかかわらず、栗色《くりいろ》の髪、若々しい顔は生前のそれと変わらず、眠っているようであったという。一五二一年、教皇レオ十世（在位一五一三―二一年）はカシミロを聖者の列に加えた。現在聖カシミロはポーランドとリトアニアの保護聖人となっている。

三月七日
聖ペルペトゥア、聖フェリチタス殉教者

「また、あなたの深いあわれみに頼るわたしたち罪人を、使徒と殉教者の集いに受け入れてください。……フェリチタス、ペルペトゥア……そして、すべての聖人の跡に続く恵みを、わたしたちのいさおしによってではなく、あなたのあわれみによって、与えてください」。これはミサ典礼文（ローマ典文）の第一奉献文で唱える祈りである。この二人の殉教者は初代殉教者たちの中で特に有名である。古くから信仰の手本とされ、その取り次ぎが祈り求められていた。

ローマ皇帝による禁教令

ローマ皇帝セプティミウス・セヴェルスは二〇一年ローマ帝国全土にユダヤ教とキリスト教の禁教令を出した。そのうちユダヤ教はまもなく信教の自由を得たが、キリスト教は、ますますひどく弾圧された。特にアフリカ・カルタゴでの迫害はひどかった。こうして

二〇三年頃、検事ミヌチオの前に引き出された洗礼志願者の中にはサツルニノとかセクンドゥロという二人の召し使い、それに加えレヴォカートとその妻フェリチタス、また貴族出身の乳飲み子を抱えた二十一歳のペルペトゥア夫人などがいた。フェリチタスはペルペトゥア家の召し使いであった。

　この人たちに教理を教えていたのはサトゥロという若い信者であったが、彼らが逮捕された時、あいにく不在であった。しかし、そのことを聞くと、すぐ駆けつけて彼らを励まし、自分も捕らわれの身となった。以下の記事は同時代の目撃者によるものである。

肉親の情、母性愛に訴え、棄教を促す

　彼らが最初留置された所は、普通の一軒の家の中であった。そこでペルペトゥアはつらい思いをしなければならなかった。というのは、異教徒である父がペルペトゥアに、「老い先の短い私やかわいいおまえの子どもがかわいそうと思うなら、どうかキリスト教を棄《す》てて、家に帰ってくれ」と切に頼んだからである。彼女は、その肉親の情、子どもへの母性愛を必死の思いで振り切り、信仰を守り通した。そして間もなく、その家に捕らわれている他の人々と共に、洗礼を受けた。

　役人は、これをかぎつけると彼らを町の牢獄に入れた。狭い牢に大勢が詰め込まれ、そのうえ、牢番の侮辱を受けなければならない信者たちの苦しみは大きかった。しかし、やがて二人の助祭が役人に頼んで、一同はいくらか良い留置所に移してもらった。

　それから間もなく、彼らは裁判官の前に引き出された。その時、ペルペトゥアの父は、再び娘に、「年老いた私のため、年端《としは》もゆかない娘のためにキリスト教を棄ててくれ」と涙を流して頼んだ。そして信者たちの恐ろしい死にざまを話して、ペルペトゥアの心をひるがえそうとした。ペルペトゥアは、白髪《はくはつ》の増えた父や愛する子どものことを考えて、胸も張り裂ける思いであった。けれどもすべてを神への愛のために忍び、勇敢に信仰に殉ずる覚悟を決めた。裁判官は決まりきった質問をした後、「おまえたちを野獣《やじゅう》の餌《えさ》にする」と宣告した。それから再び牢獄に連れ戻された時、ペルペトゥアは兄のデノクラートが救われたという夢を見た。兄の改心のために祈っていたペルペトゥアにとっては、大きな慰めと力になった。

　ペルペトゥアの仲間フェリチタスは、別の留置所に

入れられていた。彼女は妊娠中であったから、規則に従って子どもを出産した後、処刑されることになった。出産の時ひどく苦しんだが、残酷な牢番はこれを嘲《あざけ》った。しかし、これによく耐え、他の信者たちのように朗らかに振る舞った。

コロセウムで野獣のえさに

　ローマ副帝ゲタの生誕記念日のお年玉《としだま》として、一同はコロセウム（円形闘技場）に引き出され、野獣の餌にされることになった。しかし、彼らは死に直面しても少しも恐れず、かえって喜ばしげに笑っていた。ペルペトゥアは賛美歌を歌い、レヴォカートやサツルニノやサトゥロらは、観衆に来るべき神の審判について語り、また裁判官に、「あなたは私どもを裁判なさいましたが、神様はあなたを裁判なさいましょう」と言った。そのために人々は大いに怒り、まず怒りの収まるまで信者たちにむちを浴びせた。殉教者たちはキリストのご受難にあやかって自他の罪の償いのために、じっと苦しみに耐えた。間もなく野獣が場内に放たれた。一頭の豹《ひょう》がレヴォカートとサツルニノに飛びかかって打ち倒す。と見ると、熊がその体を引き裂いた。サトゥロだけは初め、どの野獣にも襲われず、獄中で教理を教えていた牢番と語り合っていたが、やがて豹が来て彼に飛びかかると、鮮血がほとばしり出た。これを見た残忍な観衆は、「きれいになったぞ！」といっせいにやじを飛ばした。サトゥロは重傷《じゅうしょう》に屈せず、牢番の指輪を取り、これを自分の血に浸《ひた》して返し与え、「では、ごきげんよう！　私のことを忘れずに、これを見て勇気を出してください」と言った。

　ペルペトゥアとフェリチタスは、網《あみ》をかけられ、牛の角に引っ掛けられて投げ上げられた。フェリチタスは地上に落ちてから起き上がることができなかったが、

ペルペトゥアは立ち上がって髪や衣服の乱れを直し、フェリチタスの手を取って助け起こした。それを見た観衆は感動したようだったが、やはり彼女たちを殺せ、と叫んだ。それでペルペトゥア、フェリチタス、その他、まだ死なずにいた信者たちは共に斬殺《ざんさつ》され、殉教した。両殉教者は西方カトリック教会においてだけでなく、東方のシリア教会やギリシア正教会においても記念され、崇敬されている。

三月八日
聖ヨハネ・ア・デオ修道者

弱者への奉仕はキリストへの愛

聖書に、「すると王は答えて言う、『あなた方によく言っておく。これらのわたしの兄弟、しかも最も小さな者の一人にしたことは、わたしにしたのである』」(マタイ25・40)とある。

聖ヨハネ・ア・デオ、すなわち「神の聖ヨハネ」は、この言葉を忠実に実行し、精神障害者、身寄りのない老人、貧しい病人、売春を生業《なりわい》とする女たちの魂の救いのために尽くした。聖ヨハネ自身が若い頃はずいぶんと放蕩《ほうとう》し、人生の裏街道《うらかいどう》を歩いていた。一五三九年、四十四歳になったヨハネは、十字架の聖ヨハネ(十二月十四日参照)の説教をグラナダで聞いた。それは大罪と地獄についてであった。ヨハネは、その説教に深く感じ、自分の過去の罪を痛悔し、公衆の面前で告白し、罪のゆるしを求めた。人々は気の狂った人だと誤解し、彼を精神科病院に入れ、当時の偏見から、鎖でつながれ、むち打たれた。その後彼は十字架の聖ヨハネに会って慰められ、以前の苦しい体験から、残る生涯を福祉事業にささげようと決心した。

精神障害者と間違えられる

彼は一四九五年、ポルトガルのモンティモル・オ・ノヴォ町で果物商の家に生まれた。生来、冒険心や好奇心の強い彼は、八歳の時に家出をした。隣国のスペインから流れてきた旅商人の大ボラ話に夢中になって、無性《むしょう》にマドリードが見たくなったのである。家を飛び出したが食べる物がない。道で飲食物をあさったり、盗んだりしてとにかく歩いていたものの、ついにある日、空腹でひっくり返った。さいわい、オロペサ

（トレドの西）のフランシスコ・アルヴァレス伯爵に巡り合い、その家に羊飼いとして住み込み、十五年間忠実に働いた。そして二十三歳。もう一人前の男である。嫁をもらわねばならない。

伯爵は、ヨハネの陰日向《かげひなた》のない働きぶりに感心して、自分の娘婿《むすめむこ》にしようとした。だが聖母を尊敬するヨハネは、ただでもらう美しい貴族の娘よりも、男としての自由を選んだ。彼は家出して兵士になった。一五三二年にはウィーンに迫ったオスマン・トルコ帝国軍と戦い、敵の進軍を食い止めた。軍功によって大きな勲章《くんしょう》を一つもらった。もう三十歳ぐらいになった。やっとのことで二十年前の最初の家出を思い出した。生みの親に会いたくなって故郷へ帰る。両親は、もうこの世にはいない。叔父らしき人物に会って話を聞いた。母は独り息子の家出を日夜悲しみ嘆き、苦しみのあまり早々に他界した。父は妻子を失って人の世の無常をいたく悟り、修道院に入ったが、しばらくしてそこでこの世を去った。彼は悲しむのも忘れて、あまりの驚きにしばらくぼんやりしていた。父母の嘆きも知らずに飲み食いし、その死も知らずに幾人もの女と夜を過ごしてきた自分を、つくづくあさましく思った。こうしてつむじ曲がりは苦行者《くぎょうしゃ》になる。

グルナード町へ行け!

ある日、一人の臭い汚れた衣服を着た男の子が、裸足《はだし》でとぼとぼ歩いて来るのに出会った。あまりにみすぼらしいので肩に乗せてやると、しばらくしてその子どもがにこりと笑い、「神に愛されたヨハネよ、おまえはグルナード（ざくろの意）という町へ行き、そこで苦行しなさい」と言って、ざくろの実を取り出し、その実を割って中から小さな十字架を引き出して彼に与えた。おや、と思う間もなく子どもの姿は消えた。

彼は一五三八年にグラナダ市のエルビラの門のそばに本屋を開き、信心書や祈祷書や聖具・聖画を売り、時には信心の本を担《かつ》いで、町や村で販売もした。そのかたわら、農民や労働者や子どもたちに神のみ言葉や聖母の信心を伝えた。その後、スペインのグラナダの病院で無給の看護人となった。その病院は王族のフェルディナンドとイザベラ夫婦の建てたものであった。十字架の聖ヨハネの説教を聞き、改心へ導かれたのは翌一五三九年のことであった。

ある時、その病院の台所から火が出て火事になった。火はたちまち他の建物に移っていった。何百人もの病人は火と煙の中に閉じ込められていた。駆けつけた消防隊や近所の人々も手が付けられなかった。その時、ヨハネは一人で煙と炎の中に飛び込み、ドアを開けて中に入り、窓を開けて、病人たちを階段の下に導き出し、自らは手と肩に二人の病人を担いで、何度も運び出し、病人全員を安全な場所に避難させた。それから、ヨハネは、またもや燃えている家の中に飛び込んで、毛布、寝台、椅子、衣服などを手当たりしだい窓から投げ出し、それから斧《おの》を取って屋根へ上がり、延《えん》焼《しょう》を防ぐために屋根を壊し始めた。やがてヨハネのそばにも高い炎が燃え上がり始めたので、隣の家へ逃げ場を求めた。しかし、そこからも炎がヨハネに吹きつけた。そのうちにヨハネは炎と煙に巻かれて見えなくなった。十五分、三十分過ぎた。群衆は大声を上げてヨハネの命を気遣っていた。間もなく、ヨハネは、すすけた真っ黒な姿で群衆の前に現れた。群衆は大喜びでヨハネの周りに集まり、「おめでとう」を連発した。しかしヨハネは、謙遜に人々の感謝や尊敬を避けて逃げて行った。

貧者・弱者の魂の救いを目指す

一五四七年、ヨハネは一文なしでゴメレス山の山腹に小さな病院を創設し、かごと鍋《なべ》をぶら下げて物乞《ものご》いしながら、誰からも非人《ひにん》扱いされて見捨てられた極貧《ごくひん》の病人の中にキリストを見て、これに仕えた。そしてうみただれた淪落《りんらく》の婦人の足を洗い、見捨てられた婚外子の子らを大勢葬った。彼は病者に仕えることによって、主に許しを乞い、うみただれた傷口を主の十字架と思って接吻した。そのうえ、衰弱するその肉片に永遠の価値があるのを彼は見落とさなかった。

私たちは病人や貧者の魂《たましい》の救いまではなんとか思いをはせても、肉体そのものの霊性までは気がつかないでいる。聖トマス・アクィナス（一月二十八日参照）が主張するように、人間の全身には、ただ一つの魂（形相）しかない。頭の髪の毛にも、爪の先にも、内臓のどの部分にも、ただ一つの魂があるだけである。彼が病者の傷口に接吻したのは、永遠の肉化した魂に、つまり肉体の霊性に接吻したのである。もう一つの理由もある。この肉体は主の復活にあずかるべき肉体である。動物の肉体ではない。人はよく人間とは動物と同じような肉体に、霊魂が結合したかのように思いがちであるが、とんでもない誤りである。人間の肉体は、肉体そのものとしても永遠性を帯びている。外見上どのように似ていても、まったく別ものである。聖ヨハネはややもすれば、肉体軽視に走りがちな中世末期にあって、人間の肉体の霊性を叫んだ預言者の一人だった。

祈りと奉仕に尽力

預言者は荒野に叫ぶ者の声である。彼の荒野はベッドの間であり、その声は沈黙の奉仕であった。彼は祈りと奉仕という霊能によって人々を癒やした。彼は食卓に奉仕し、弟子たちの足を洗った主に倣って、司教、司祭のできないこと、また、してはならぬことを引き受けて隠れた奉仕をした。

彼は、自分が正真正銘《しょうしんしょうめい》の罪人であることを知っていた。だから彼は、よく祈った。しかし、いろいろな祈りを盛りだくさんには祈らなかった。彼は一日中、「主よ、憐れみたまえ」と言っていた。彼は二十年間、主の祈りを黙想していた。主ご自身がお作りになり、自らお教えになった祈りを、他の祈りと同じようには考えなかった。「主の祈り」には秘跡と同じような力があることを信じていた。ヨハネは、また半ば自暴自棄から転落した売春婦たちを救うため、毎金曜日に訪問しては教えを説き、更正《こうせい》を望む婦人たちには、その負債を払ったり、転職させたり、結婚させたりして、彼女たちのパトロンの猛烈な反対にもめげず、多数の婦人を救った。

愛の業に励む

五十五歳の春、ヘニル川が氾濫《はんらん》して洪水《こうずい》になった時のことである。ヨハネは、溺《おぼ》れかかった一人の子どもを救おうと濁流《だくりゅう》の中に飛び込んだ。子どもの命を救ったのはよかったが、自分は老いの身を冷やしすぎて重病になった。小さな小屋で毛布もなく、古い外套《がいとう》だけを羽織り、高熱にうなされていた。貴族の婦人が、それを見て邸宅に連れて行き、手厚い看護をしたがそのかいもなく、臨終を迎えた。信徒らは、彼から祝福を受けようとしたが、司祭ではないのでそれは断った。

これを聞いたグラナダの司教は、病者の塗油《とゆ》の秘跡を授けた後、「何か遺言はありませんか」と尋ねた。するとヨハネは、「実に気がかりなことが三つございます。その一つは、私は今日まで神様からたくさんお恵みをいただいているのに、まだその万分の一の恩返しもしておりません。第二は、ようやく正しい生活に戻った婦人たちが、また転落しないかということです。第三は、この名簿に記してある患者の借金を、まだ支払っていないことであります」と言いながら枕の下から一冊のノートを取り出して渡した。司教は、「あなたの第一のご心配は神様のご慈悲にお任せいたしましょう。第二、第三のご心配については、私がなんとかいたしますから、どうぞご安心ください」と答えた。いよいよ臨終の時、ヨハネは起き上がり、十字架に向

かってひざまずき、祈りながら世を去った。一五五〇年三月八日、五十五歳であった。

後継者が修道会を創立

彼の没後、仕事を引き継いだ五人の仲間が種々の福祉施設を設立した。一五八六年「聖ヨハネ病院修道会」としてシクスト教皇から最終認可を受けた。この修道会は、一九五一（昭和二十六）年、ドイツ・バイエルン管区から大阪に来日し、現在神戸で聖ヨハネ病院ほか、ヨハネ寮、宿泊部を経営し、一般病人、生活保護法による精神障害者、黙想者の世話をしている。

三月八日のミサの集会祈願では、こう祈る。「慈しみ深い神よ、聖ヨハネ・ア・デオは苦しむ人に対する愛に駆られて、生涯を病人の奉仕にささげました。私たちも愛の業に励み、ともに天の国に入ることができますように」と。

三月九日
聖フランシスカ（ローマ）修道女

真珠よりも値打ちがある女性

旧約聖書に、「善い妻を、誰が見つけることができようか。彼女の値打ちは珊瑚《さんご》よりも遥《はる》かに尊い。夫の心は彼女を信頼し、彼は収益を失うことがない。……彼女は貧しい者に手を差し出し、乏しい者に手を差し伸べる。……彼女は知恵深く口を開き、その唇には情け深い教えがある。彼女は家事の歩みをよく見守り、怠けてパンを食べることはない」（箴言31・10―11、20、26―27）とある。教会は昔からこの句にぴったり当てはまるような聖なる主婦を数多く世に送ったが、聖女フランシスカもその一人である。

イエスへの清らかな愛情

彼女は一三八四年、ローマ・トラステヴェレ地区の貴族の家に生まれた。洗礼名にフランシスカと名づけられたのは、彼女の両親がアシジの聖フランシスコを尊敬していたからである。彼女は両親のしつけよろしく敬虔に育ち、物心がついて以来、母の唱える聖母マリアの小聖務日課や、その他の祈りを暗記して、母と共に毎日これらの祈りを唱えていた。また、両親に連れられてローマの諸教会を訪問し、そこで行われる祭式にあずかることを何よりの楽しみとし、そのほか好んで説教を聞いたり、聖人伝を読んだりしていた。

七歳になると、彼女は主任司祭（ベネディクト会士）の霊的指導のもとに、ご託身の奥義やキリストのご苦難などについて黙想することを教えられ、彼女の心は、さながら花園《はなぞの》に匂う真っ赤なばらの花のようにイエスに対する清らかな愛情に燃えていた。

こうして彼女は、イエスこそ唯一の愛し奉る御者《おんもの》と心に固く誓うようになり、イエスに仕えるため、家にあってはどんなつらい時でもほほ笑みを絶やさず、両親の言いつけを守るように努め、貧者を見舞っては自分に贈られた物を分け与えていた。

主婦の手本

十二歳になると、父親は娘の修道院入りを恐れるあまり先手を打って、同郷の裕福なポンチアニ家と縁談

をまとめてしまった。それを知った彼女の驚きと悲しみは一とおりではなかったが、指導司祭も両親の望みに従うよう勧めたので、ロレンツォ・ポンチアニという一青年貴族と結婚した。彼女は万事を神の思し召しにまかせて、夫やしゅうとめによく仕え、多くの親類や召し使いにも愛情深く振る舞い、暇をみては夫の弟の妻バルッツオと共に祈りや黙想に専心するなどして、良い家庭をつくるように努力した。やがて彼女は「フランシスコ会」の第三会員となり、家事のかたわら、貧者や病者を見舞って援助の手を差し伸べた。

　しゅうとめはこれを知ると家の名折れになると思い、息子のロレンツォに勧めて、これをやめさせようとした。しかし、彼は敬虔な寛大な騎士だったので、むしろ妻のすぐれた徳行を褒め、「彼女が妻の務めを怠ってそのようなことをするならば、もちろんとがめねばなりませんが、毎日の務めをきちんと果たしてから善業をするのですから、かえってこれを助けねばなりません」と答えたそうである。

　夫の証言どおり、フランシスカはどんなに熱心に祈っている時でも、夫の用があれば、すべてをさしおいて夫の言いつけに従った。その他、育児、家計、料理、お手伝いの監督、客の接待など、てんてこ舞いの毎日が続いたが、彼女はこれらを快活に愛する方のためにささげるのであった。

主は与え、主は奪う

　そのうちにこの平和な幸福な家庭にも試練の日が訪れた。一四〇九年、フランシスカが二十五歳の時である。十五年前の一三九四年にローマと南仏のアビニョンに二人の教皇が対立し、教会はついに二つに分裂した。これを統一するためローマとアビニョン双方の枢機卿がピサで会議を行い、グレゴリオ十二世（在位一四〇六―一五年）とベネディクト十三世（在位一三九四―一四二三年）の廃位を決め、全会一致でアレキサンドロ五世（在位一四〇九―一〇年）の選出を決めた。しかし、二人の教皇（会議は欠席）は納得せず、今度は三教皇が互いに対立し、紛糾はますます激しくなった。この混乱に乗じてナポリのラジスラス王がローマに侵入した。

その時、夫のロレンツォは教皇軍を指揮して勇戦奮闘《ゆうせんふんとう》したが、戦いに敗れて捕虜となり、長男ヨハネも敵の人質とされ、次男はペストで倒れ、娘のアグネスにも急病で先立たれ、家財もことごとく略奪《りゃくだつ》されてしまった。

しかし彼女は、「わたしは裸《はだか》で母の胎を出た。裸で、そこに帰ろう。主が与え、主がお取りになった。主の名は祝されますように」（ヨブ1・21）というあつい信仰から、自分よりも他者の不幸を考え、略奪を免れた衣類を集めて寝具や包帯を作り、邸内にペスト患者を収容してこれを看護したり、貧者のために金品を乞い歩いたりした。

「献身会」の修道女となる

一四一四年、ラジスラス王が死に、さらにその三年後には、「コンスタンツ公会議」でマルチノ五世（在位一四一七―三一年）が教皇に選ばれたので、ローマに再び平和が戻った。夫も長男も追放から帰ってきた。フランシスカは以前にも倍して彼らの面倒を見るかたわら、一四二五年、「献身会」を設立し、同志の貴婦人たちと共に慈善事業を続けた。一四三六年、五十二歳で夫に先立たれたので、念願かなって「献身会」の修道院に入り、院長となって修道女を指導し、その四年後の一四四〇年三月九日に、生前親しく交わった守護の天使に導かれて五十六歳で天国へ昇った。「トレント公会議」後にカトリック教会の刷新が行われていた一六〇八年、教皇パウロ五世から列聖された。

三月十日
聖マリー・ウージェニー・ミルレ修道女

（「聖母被昇天修道会」の創立者）

「聖母被昇天修道会」の霊性

二十一世紀に列聖された聖マリー・ウージェニーは、十九世紀の半ば、当時フランス革命後の宗教的・社会的危機的状況の中で、教育修道会の創立を思い立った。この事業の土台となる霊性は、「ただ、イエス・キリストという土台しかない。キリストの上に私たちを、いな、すべてのものを打ち建てねばならない」とし、キリストの似姿に変えられることだけが生涯の目標であった。

この「聖母被昇天修道会」は主キリストの次に聖母マリアを理想と仰ぎ、生涯を神に奉献し、教育および社会福祉活動、小教区での奉仕などに献身することを目指した。彼女が修道会の事業として若い子女の知的・道徳的・霊的養成を選んだのも、女子教育を通して、信仰の価値を認識させ、強い信仰をもった女性が家庭や社会において福音化と浄化《じょうか》に協力することを理想とした。言いかえれば、「キリストによって社会を変革《へんかく》する」という理想である。

初聖体の際に不思議な声

マリー・ウージェニーは一八一七年八月二十六日にフランス北東部、ロレーヌ地方の都市メッツ市に二人の兄と二人の弟妹を持つ長女として生まれた。父ミュレーは無宗教の厳格な役人で、母もキリスト信者ではなかったが、明朗、活発な教育者で、わが子らを清く正しく育て上げた。間もなく一家はルクセンブルクのブレッシュ村に引っ越した。

幼少期はルクセンブルクやドイツの国境地帯にある生家の周りに広がる田園、森、川、湖などをはしゃぎ回った。一八二九年のクリスマスに、聖セゴレーヌ教会で十二歳のウージェニーは、社会の習慣どおり形式的に初聖体の儀式を受けた。聖体を拝領して、自分の席に戻ろうとしていた時、突然、心の中で声を聞いた。「あなたは、お母さんを失うだろう。しかし、私がお母さん以上のものとなる。また、あなたが教会に奉仕するために、愛するすべての者から立ち去る日が、いつか来るだろう」との不思議な神の呼びかけを聞いた。一瞬の出来事だったが、この最初のお恵みはウージェニーの生涯に忘れえない強い印象を与えた。この不思議な予言どおり、ウージェニーの身の上に次々と愛着を断ち切る不幸が襲ってきた。

一八三〇年七月革命でウージェニーの父は破産の打撃でブレッシュの土地とメッツの邸宅は人手に渡された。翌一八三一年には両親の不和から家庭が崩壊し、十四歳のウージェニーは母に、仲良しの兄ルイは父に引き取られた。さらに不幸は続いた。翌年ウージェニーは最愛の母をコレラで失い、これを機《き》に地上的な富や快楽から離脱《りだつ》して天上的なものへひかれていった。この不幸を伝え聞いた父親は、ウージェニーを財産家で社交家のドゥルセ夫人に預けた。ウージェニーは当

時の心境《しんきょう》をこう述べている。「……ただ私は独りいる。世界中にただ一人。押し寄せる私の心の孤独。孤独故の苦しみ。私の周囲を通り過ぎて行く一つ一つの重大なすべての出来事、傍観者の無関係な笑いが私を一層困惑《こんわく》させ混乱させる。これほどまでに、私が苦しんでいるのを気づかない友人たち。その友人たちとの心の通わない握手《あくしゅ》。彼らの中にいる時はさらに苦しい、……私はしばしば自問するのだが、人生とは、一体何なのだろうか」と。

三年後の一八三五年、ウージェニーは父のとりなしでいとこのフロン夫人のもとに預けられたが、ここでも孤独の不安を感じていた。

修道生活への召し出し

ところが、翌一八三六年の四旬節に、十九歳のウージェニーは自分の召命を感じる事件に出会った。パリのノートルダム大聖堂で、四旬節中に一連の説教をしていたドミニコ会士ラコルデール神父と出会い、ウージェニーの霊魂の中で衰えかけていた善へ向かう心をよみがえらせ、新たな寛大さと、何事にも動揺しない信仰が強められた。以来、修道生活への召し出しを受け始めた。

そして翌一八三七年の三月、パリの聖ユスタッシュ教会でコンバロ神父と出会い、「教育を通して社会を変革する」をモットーに、学校教育に携わる「聖母被昇天修道会」の創立を促された。ウージェニーは、最初、自分のような者にその資格があるのかと、戸惑いを隠しきれなかった。とにかくウージェニーは、修道生活が何であるか、まだ十分に理解していなかったので、まずはそれを学ぶことから始めようと決心した。それで、一八三八年八月十五日にウージェニーは、コンバロ神父の紹介でコート・サンタンドレの「聖母訪問会」修練院で黙想を始め、その終わりに貞潔と従順の私的誓願を立て、ここで祈りと勉学に明け暮れ、養成期間を過ごした。ここでの生活で、ウージェニーは聖フランシスコ・サレジオ（一月二十四日参照）の霊性と精神をある程度体得した。

「聖母被昇天修道会」の創立

そして翌年の一八三九年四月三十日に二十二歳のウージェニーは二人の同志と共に霊的指導司祭コンバロ神父の指導に従ってパリのフェルウ街の小さなアパートに修道院を設立し、「聖母被昇天修道会」を創立した。この修道院には寝台・椅子・聖像・聖水入れ・わら布団があるだけ。やがて同年十一月、パリのヴォジラール街に一軒の家が見つかった。ここには聖堂に使えるような大きな部屋があり、十一月九日に最初のミサがささげられた。四人となった会員たちは、ここで神学・聖書・一般教科を学んだ。

会則は「聖アウグスチノ修道会」の会則に基づいており、また学園を併設している所では必要な条項を姉妹全員で作成した。こうしていよいよ、一八四一年八月十五日、修練期を終えた最初の三人のシスターが誓願を立てた。「聖母被昇天修道会」のしるしとして白いヴェールを被り、胸に白い十字架をかけ、活動と観想を取り混ぜた生活のしるしとした。

最初の学校創立と事業拡大

一八四二年の春、ウージェニーはパリの現在のカルチェ・ラタンに「アウグスチノ修道会」の元修道院を借りた。そこには古びた二軒の手ごろな家と広い庭があったので、シスターは、取りあえずそこを修繕して寄宿小学校とし、三人の少女を生徒として受け入れた。同年の暮れにシスターは九人に増え、生徒は約二十人に達した。シスターたちは授業の前に祈りと観想に励み、主キリストから働きかけられて、その似姿に近づき、生徒たちにそのキリストを伝えた。

ウージェニーは院長として、修練者のためには月に一度の個人面接をし、週二度の講話をし、シスター全員には「思いあまることがあれば、誰でも、何でもぶちまけにいらっしゃい。動転した時も、理屈を並べたい時でも、あるいは欠点に気づいた時でも構いませんと、「重荷を担う者よ、……」と仰せられるキリストのような気遣いを見せた。

しかしフランス革命（一七八九年）以来の教会の危機的状況の中で、会員たちは、念祷、聖務の共唱、聖体訪問に養われ、キリストを愛し、聖母に倣い、キリストの愛と救いのみ業に参与するよう努めた。ウージェニーは祈りと熟慮の結果、次のような見通しを述べた。「キリストに倣い、キリストによる救いの宣教のためには私はどんな犠牲も辞さないと、すでに決心していましたが、今回さらに、自己をまったく奉献しようという決意を固めました」と。

キリストの十字架の道に従う彼女の大きな苦しみは、彼女が支えとして望んでいた人々から反対されたり、理解されなかったりすることであった。「……私がさらに推し進めていけば、それだけ司祭や信心深い人々からは、喜び迎え入れられないのです。まったく彼らは理解がなく、心が狭いのです」と。

指導司祭の交代と最初の弟子

ウージェニーは一八四一年五月、コンバロ神父との不和がかもし出した孤独から解放された。それはニームの司教総代理であり、「聖母被昇天修道会」の男子修道会の創立者となったダルゾン神父と彼女との間に深い友情が生まれたからである。ダルゾン神父はラムネーの思想（世界を救うべき真理が本来の進歩を遂げるためには、広範な自由が必要であると考える思想）に心酔《しんすい》していた。物おじしない大胆なダルゾン神父はウージェニーを勇気づけ、有益な助言を与えた。そしてウージェニーもまた、彼を和らげ、その考えが絶対的でないことを理解させた。

修道会創立の最初のメンバーであったテレーズ・エマヌエルも、ウージェニーのそばにあって、修道会内の一致のために大きな力となった。彼女は誇り高いアイルランド人で、神学・聖書学・一般教科の素養があった。それでテレーズ・エマヌエルは長年、修練女の教育に献身し、その指導によって修練女たちは修道生活の中にある深い調和、すなわち観想と使徒的活動が一体であることを悟った。修道会は少しずつ大きく育っていった。「私たちの間には、本当に深い親密さがありました。これこそ、創立当初の種々の困難を乗り切らせたものと言えるでしょう」。

全世界に向けて

「聖母被昇天修道会」は創立以来、ヨーロッパ全域を初め、世界的に目覚ましい発展を遂げた。パリの本部では各国の司教からの要請に応じて小グループを派遣した。一八五〇年には英国のリッチモンドの孤児たちを世話するために出発した。

他のグループは、遠くケープタウンへ向かって出航《しゅっこう》して数カ月にわたる船旅《ふなたび》の後に目的地に到着したが、そこに待ち受けていたものは苦難のみであった。資金不足、シスターの派遣、宣教地での数々の試みが繰返された中で、不撓不屈《ふとうふくつ》の三年間はむなしく徒労《とろう》に終わった。神から与えられた試練は、常に教会に新しい泉を湧き出させるもととなり、喜びや苦しみが表裏一体《ひょうりいったい》となって絶えず交錯《こうさく》している。

次いで、「聖母被昇天修道会」はセダンに寄宿学校を、ニームとロンドンに聖体礼拝にささげられた二つの修道院、マラガに高校を、ニューカレドニア島にも学校が建てられた。時には、厳しい気候が日々献身を続けるシスターたちの健康を奪い、尊い犠牲となってその地に葬られた会員もあった。こうした種々の困難の中で、修道会は二十五年来、各地で着実に成長していった。

教会と共に歩む

一八六七年、ついにローマから会憲が仮認可された。これを区切りに、彼女は創立時の重荷を下ろしたいと幾度も願ったが、その度に、この重荷こそは神が彼女に与えた唯一の使命であり、平和と信頼をもって雄々しくそれを担おうと努めた。「私は神に、絶えざる祈りの賜物を願っている。自己忘却《じこぼうきゃく》、そして神にのみ全身全霊の信頼を置こう。人間的な支えに拘泥《こうでい》せず、その全き脱却《だつきゃく》を……」。

生涯のある時期には、「みこころが天に行われるとおり地にも行われますように……という単なる受諾《じゅだく》によって、神を賛美することしかできないこともあるのです。苦しみの中にこそ神のみ業は行われるのです。私は主のみ手によって投げられた最初の石です。私は度々、なぜ神が私を修道会の創立者になさったのかと自問しました。私はその資質もなく、また、何かを創立しようなどとは一切《いっさい》考えたこともなかったからです。しかし逆に私は、時々自分が事業をするために幾らかの才能を持っていて、創立時にはそれが役立つかもしれないと思いました。また私は、人々が遠からず、私を休ませてくれるように願っていました」。

再び彼女は、ローマへと旅立った。今回は数週間で手続きが終了し、一八八八年四月十一日、創立五十周年に「聖母被昇天修道会」の会憲が正式に公認された。

数々の試練を乗り越えて

六十年の長きにわたって会を総指揮し、会とともに辛苦《しんく》を重ねたウージェニーも年輪《ねんりん》の重さに加え、その重責がひしひしと周囲に感じられるようになった。その頃すでに世界各地に広がっていた会としては、時期的に一段と強い運営が望まれたが、彼女の体力は、すでに限界になりつつあった。ウージェニーは一八五八年、修道会の総長を終生果たすことを承認されていたが、あまりに重く長かったこの責務は、時の流れの激しさとともにすでに援助者を必要とする状況になっていた。一八九四年各地の院長が一堂に会した総会の場で、彼女の辞任は提案された。

彼女は物静かに淡々と、「私はこんな状態になっているのですが?」と問いかけただけだった。このようにして議決され、総長交替は行われたのだった。彼女は、「それでは、私はこれから、ひたすら親切になりましょう」とひと言残した。

その後、彼女は、少しずつ隠れた生活を営んだ。もちろん彼女の健康状態はかんばしくなく、中風にかかっていた。それは、言語障害を伴い、昔の面影は美しい両の目からあふれる慈愛と知性にのみうかがえたのだった。今まで毎日繰り返されていた十字架の道行きの祈りは、もう不可能になっていた。そして、生活全体をキリストとキリストのご受難に中心をおいていた。

一八九七年の秋、彼女を襲った小さな発作は、健康状態を一層悪化させた。病弱のために日ごとに孤独の影を深めたが、彼女はさらに祈り、ご受難の時のイエスの沈黙に入っていった。若い頃の彼女の輝く威厳と独立心を知る人々は、忍耐強さ、看護する人に世話を任せる素直さなど、彼女の周りに漂っている平和な温かさに打たれ、神のみ手への委託がどれほどのものかが分かるのだった。彼女をいつも診察していた医者はこの時、「彼女は今、生涯の最も美しいページを書いています」と言っている。

一八九八年二月十三日、感謝のうちに病者の塗油《とゆ》の秘跡を受けた。十字架上のキリストにまなざしを向けていた彼女は、ようやく口を開くと、「いつか私は、私の主を眺めます」と言った。三月九日、生涯の道程《どうてい》をすべて終えるために再びご聖体を受けた。三月十日午前三時、多くのシスターの心からの祈りに囲まれて、ついに彼女は八十一歳でやすらかに息を引き取り、キリストのもとへと旅立った。

マリー・ウージェニーは死去から七十七年後の

一九七五年二月九日、教皇パウロ六世によって列福され、二〇〇七年六月三日にベネディクト十六世（在位二〇〇五年四月―二〇一三年二月）によって列聖された。現在、聖マリー・ウージェニーの跡を継ぐ会員たちは千二百人に及び、ヨーロッパ、アジア、アメリカ、アフリカをはじめ、三十四カ国に修道院と教育施設を有している。

後継者による宣教

日本には一九五二年、ローザ・マリアたち三人のシスターが来日し、マニラ管区からの援助（日米間のマニラ市街戦での当管区被害への日本からの賠償金）で、同年四月、豊中市に修道院を設立。翌年、大阪府箕面市に修道院と幼稚園を設立。また、同市に一九五四年から小学校創立に始まって中学校・高等学校まで女子の一貫教育の場としての聖母被昇天学院を創立。なお一九五八年に州本市、一九六五年に高松市、七一年丸亀市に修道院と幼稚園を設立、一九九四年に江戸川区東小岩に東京修道院を設立した。

会員たちは、「この地上は神の栄光の場」という聖マリー・ウージェニーの言葉に基づいて、またイエスのみ跡に従い、十字架の苦しみを経て、はじめて栄光に入ることを希望し、「神はひとり子をお与えになるほどこの世を愛された」ことを信じてやまない。

マザー・マリー・ウージェニーの遺体は現在、パリ西部のオトゥイユ被昇天十七番通りの総本部聖堂の祭壇の下に安置されている。

三月十五日
聖ルイーズ・ド・マリアック修道女

（「聖ビンセンシオ・ア・パウロの愛徳姉妹会」の創立者）

弱者への奉仕

聖書には、「あなた方は、人からしてほしいことを、人にもしなさい。あなた方を愛する人を愛したからといって、何の恵みがあるだろうか。罪人《つみびと》でさえ、自分を愛する人を愛している。あなた方によくしてくれる人に、善いことをしたからといって、何の恵みがあるだろうか。罪人でさえ、そうしている」（ルカ6・31―33）とある。

本日記念する聖ルイーズは、十七世紀に聖ビンセンチオ・ア・パウロ（九月二十七日参照）の片腕として右の福音どおり、報いを求めずに、病者、身体障害者《しんたいしょうがいしゃ》、貧者、孤児、ホームレス、高齢者、避難民の世話に自分の生涯をささげた。

人の悩みに同情し、慰める能力

聖女ルイーズは、フランスのパリに一五九一年に生まれた。幼くして母親と死に別れ、四歳の時にパリの西十五キロにあるポワッシィの女子の「ドミニコ会」の修道院に寄宿生として預けられ、信仰の面でも知育の面でも最良の教育を受けた。そして十一歳になるとパリ市内の学校に転校し、家事、手芸、絵画の勉強をし、父からはラテン語と哲学を学んだ。

一六〇四年に、父は四十八歳の若さで他界したので、叔父のもとに引き取られた。十三歳の最も感じやすいルイーズは、心に深い傷手《いたで》を負《お》い、内省的な女性となり、他の人の悩み、悲しみに心から同情し、これを慰める能力を身に付けるようになった。しかも豊かな天分に恵まれた彼女は、さらに厳格な教育を授《さず》けられた。

十五歳の時、「カプチン修道女会」に入会を希望したが、指導司祭から「カプチン会の厳しい会則には、あなたの体力がついていけません。主はあなたのために別のことを計画しておられます」と言われ、断腸《だんちょう》の思いでこれを断念《だんねん》した。

その一年後、叔父や叔母のマリアック家で家事や子どもたちの世話に当たった。政治家であった叔父ミシェルはルイーズの良い後見人《こうけんにん》となり、忙しい公務のかたわら、毎朝ミサにあずかって聖体拝領をして、『キリストに倣《なら》いて』などの霊的読書や教父たちの著作を翻訳し、信心でも生活面でもルイーズのりっぱな手本となった。

パリに私立学校を経営していた一夫人が、その学校経営に苦しんでいた。ルイーズはこの夫人を助けて寄宿生の面倒を見、家事を手伝い、買い物をしたり、まき割りを手伝ったりして学校経営の苦境《くきょう》を切り抜けさせた。

十七歳の時、サレジオの聖フランシスコの著述した

『信心生活の入門』に深い感銘《かんめい》を受け、日常生活を聖化した。その一年後、フランス王アンリ四世が暗殺されたが、ルイーズは、社会国家の平和のため、祈りと犠牲と苦行と慈善業をいつもより倍加《ばいか》した。

結婚によって世の人の困難と責任を体験

一六一三年、ルイーズは二十二歳の時、不本意《ふほんい》ながらも親族の勧めに従い、メディチ家の王妃マリアの秘書官、アントニオ・ル・グラ伯と結婚し、世の人の担う困難と責任とを引き受け、間もなく男の子を産み、ミシェルと名づけた。そして叔母が亡くなってからは、遺《のこ》された子どもたち七人の世話をしてあげた。

その他、毎日のように温かい食事を作っては、貧しい家を訪ね、汚れた物を洗濯し、病人の看護をした。一六二五年、結婚生活十二年で夫の死を機会に、前年の年末に知り合った聖ビンセンチオ・ア・パウロの指導を受け、田舎を巡回し、祈りと福祉事業に献身した。またパリにも内乱のために家を焼かれ、生命を脅《おびや》かされた避難民が伝染病をかかえて流れ込んできた。

「聖ビンセンシオ・ア・パウロの愛徳姉妹会」を創立

ルイーズは、献身的な少女たちを指導して避難民の面倒を見させたり、市立病院を訪問させたりしていた。これら十二人の少女たちと共に一六三三年十一月二十九日に聖ビンセンチオ・ア・パウロと共同で愛徳姉妹会を創立し、これを聖母にささげた。そしてプロテスタントとカトリックとの内戦による数多くの孤児や見捨てられた病人の奉仕に当たった。ルイーズの著しい貢献《こうけん》は、教育事業の少なかった時代に児童の初等教育に乗り出し、教育振興《しんこう》の先鞭《せんべん》をつけたことである。ルイーズは、教育に携わる乙女たちに次のように諭している。従来の修道女とは異なり、囲いも格子《こうし》もなく、ヴェールをかぶらず、普通の服装で街路を往き来し、ミサ、聖務は小教区の教会であずかるようにと。

ルイーズによれば、「教えるとは神の救世のみ業に参加することです。ただ知識の切り売りをするのではなく、幼い子たちの魂を御父である神に向かって開くことです。そのために、特に信仰を深め、良心を力強く育て上げねばなりません。尊敬心、慎《つつし》み、従順、無《む》邪気《じゃき》さなどは勉強と同じく大切です」。

その後、ポーランドの女王の要請でルイーズは会員を派遣し、宣教事業に当たらせた。

フランスでは、また内乱が起こったので、ルイーズは本部に八百人の避難民を泊まらせ、自分たち会員は一日一食で、毎日千五百人の外来者に食を与えた。

聖ビンセンチオは老人ホームを造り、老人の面倒をルイーズたちに見させた。なおルイーズは、「よろず救済院」を設立し、当時は対症療法《たいしょうりょうほう》（病気の症状を和らげ、苦痛を軽くする治療）の無かった病人、知的障害者、老衰者、皮膚病者、身体障害者の世話をした。現在はこの建物は無いが、ルイーズのしていた仕事は、国家の福祉事業の推進力となったと言ってよい。

そのほかルイーズは、戦乱に苦しむポーランドの支部に有能な姉妹を送ったり、児童養護施設や学校を設立したりした。こうして精根《せいこん》つき果てたルイーズは、一六六〇年三月十五日に、聖なる六十九歳の生涯を閉じた。

聖書に、「父である神の前に清く汚れのない信心とは、困難に遭っている孤児や、やもめを世話し、この世の汚れに染まらず、自らを清く保つことです」（ヤコブ1・27）とあるが、聖ルイーズの生涯は、右の言葉の生き写しであった。一九三四年に教皇ピオ十一世によって列聖された。

後継者の活躍

愛徳姉妹会は急速にフランス全土に広まり、またフランス大革命の時には、多くの修道女が脱出しなければならなかったので、その使徒職は他の国々にも広まった。現在、世界の国々に散在している約四万人の会員が、各国で病院、福祉事業、教育事業に携わり、家庭訪問などで、恵まれない人々を求めて神の愛を伝え、良き訪れをもたらしている。この会の精神は、主イエスをすべての愛徳の源泉、模範として崇敬し、教会の娘として「同情、優しさ、真心、尊敬、信心をもって」貧しい人々、苦しむ肢体におけるキリストに、霊的・肉体的に奉仕することである。

日本には一九三三（昭和八）年、フランスと中国から六人の会員が大阪に渡来したが、現在は大阪教区と鹿児島教区の司牧活動に参与し、児童福祉施設、幼稚園において児童の福祉と幼児教育に携わっている。また自由労働者、孤独な高齢者、病人、ベトナム難民などに奉仕している。

「聖ビンセンシオ・ア・パウロの愛徳姉妹会」本部

修道院聖堂（通称、不思議のメダイの聖母の聖堂）はパリ都心にあり、有名な巡礼地となっている。聖堂内には創立者の聖遺物が保管され、また出現された聖母から「不思議のメダイ」を造って、人々の身に付けなさい、と告げられた聖カトリーヌ・ラブレー修道女の遺体が安置されてある。米国の「愛徳姉妹会」には北米最初の聖人、聖エリザベス・アン・ベーリ・シートン（一月四日参照）がいる。

三月十七日
長崎の信徒発見記念日

鎖国でキリスト教徒を迫害

一五四九（天文十八）年、聖フランシスコ・ザビエルの来日以来《いらい》、多くの宣教師や伝道士の努力でわずか六十年の間に三十万人ほどの信者を数えたと言われる。ところが豊臣秀吉は一五八七（天正十五）年、突如《とつじょ》として宣教師追放令を発し、早くも、その十年後には二十六人を最初の血祭りに上げ、世人の心胆《しんたん》を寒からしめた。

その後に天下をとった徳川幕府も禁教政策を進め、ついに一六一四（慶長十九）年の大追放令をもって宣教師や有名信徒を国外に追放し、残った信者を拷問《ごうもん》にかけて棄教を強要し、聖堂を破壊するなどキリシタンに大打撃を加えた。しかし信者の信仰心は幕府の予想に反して意外にも強く、そのうちに島原の乱（一六三七年）も起こったので、幕府は対内的には五人組制度による密告、踏み絵、寺請制度《てらうけせいど》などの法を定めて、各所に潜伏した宣教師や信者を一網打尽《いちもうだじん》に逮捕《たいほ》し、対外的には鎖国を完成して宣教師の入国を禁じ、キリシタンの全滅を計った。

この迫害のためにさしも勢いを見せていたわが国の教会も、一七〇〇年（元禄年間）頃からようやく衰え始め、一八〇〇年（寛政年間）頃には少なくとも表面的に跡を絶った。その間に全世界のカトリック信者は日本殉教者たちの徳をたたえながら、たえず日本キリシタンの上に思いをはせ、一日も早く日本カトリック教会が再建されるよう、心を合わせて熱烈な祈りをささげていた。

開国で天主堂が建立

一八四六年、教皇グレゴリオ十六世は日本を代牧区とし、その布教を中国のマカオにいたパリ外国宣教会の宣教師たちに委ねたので、彼らは琉球に渡り、役人の圧迫や風土気候の悪条件と苦闘《くとう》しながら、日本語を学んで時期の到来《とうらい》を待った。

一八五三年、アメリカのペリーが来航《らいこう》し、開国を迫ったので幕府も世界の情勢に押され、ついに鎖国政策を取りやめ、和親条約に次いで一八五八（安政五）年、諸外国と修好通商条約を結んだ。この条約によって、

わが国における外人の信教の自由が認められ、外人居留地内に聖堂の建築が許可されるようになった。

そこで当時、琉球《りゅうきゅう》にいたジラール師が、新たに日本教区長に任ぜられ、初代駐日フランス総領事ベルクールの通訳兼領事館付司祭として、一八五九（安政六）年、江戸に到着した。その三年後の一八六二年には、早くも横浜居留地に開国後の日本最初の聖堂（横浜中華街本堂の奥に〝聖心聖堂〟跡碑の石像が建っている）が建立され、さらに三年を経た一八六五（慶応元）年、長崎の外人居留地にも聖堂（現・大浦天主堂）が建てられた。建立間もない天主堂は「フランス寺」と呼ばれ、美しさともの珍しさで付近の住民たちが多数、見物に訪れていた。

サンタ・マリアのご像はどこ?

大浦天主堂の献堂式後一カ月を経た一八六五年三月十七日、プチジャン神父は老若男女《ろうにゃくなんにょ》を交じえた十四、五人の見物人が、聖堂の門前に立っているのを見た。その敬虔な態度からして、ただの好奇心で来たのではないと分かったので、プチジャン神父は門を開いて聖堂内へ案内し、祭壇の前にひざまずいて、「こ

の見物人の心を感動さすほどの力ある言葉を私の唇《くちびる》に与え、この人々の中から主の礼拝者を出させてください」と一心に祈った。神父は今でもどこかでカトリック教徒がひそかに信仰を伝えているのではないか、というわずかな期待があったからである。

　その婦人たちはいきなり、「サンタ・マリアのご像はどこにございますか」と尋ねた。師はサンタ・マリアと聞いて、これは疑いもなく旧信者の子孫であると思い、喜んで彼らを聖母マリア像の祭壇に案内し、その前にひざまずくと、彼らも共にひざまずき、何やら祈りを唱える様子だったが、皆、感極まって、「おお、本当にサンタ・マリア様よ。ごらんなさい、御《おん》腕に御子ゼウス様を抱いておいでになります」と口々に叫んだ。それから彼らは、聖母像があること、神父が独身であること、ローマ教皇から派遣されたことから間違いなく先祖伝来のカトリックであると確信した。

　それでプチジャン神父に、イザベリナ（杉本）ゆりという五十二歳の女性を中心とした三人の女性たちが近づき、「ワレラノムネ、アナタノムネトオナジ」（私の宗旨《しゅうし》はあなたの宗旨と同じです）とささやき、自分たちがカトリック教徒であることを告白した。

　その後プチジャン神父との面談が宣伝され、その翌日からは、浦上をはじめ長崎近海の島々から旧信者がぞくぞく聖堂に来て、神父に面会を求めるようになった。この「信徒発見」のニュースは、やがて当時の教皇ピオ九世のもとにもたらされた。教皇は感激して、これを「東洋の奇跡」と呼んだという。この日は現在カトリック教会では任意の記念日となっている。

　この喜びもつかの間、明治になってもキリスト教禁教令は敷かれたままだったので、旧信者は再び迫害され、浦上の三千余人が二十一の藩に流刑の憂き目を見ることになった。禁教令が廃止され、流刑の信者たちの帰郷が許されたのは明治六年になってからである。

三月十七日

聖パトリック司教

（アイルランドの保護者）

聖パトリックに関する巡礼地

　アイルランド北西部、ドニゴール県のロック・ダーグ湖に「聖パトリックの煉獄」という小島がある。伝説によれば、聖パトリックは自分の説教を信じなかった人々を、この島の洞窟《どうくつ》へ案内し、煉獄や地獄の実状を見せたという。ダンテもこの島を訪れ、ここであの有名な『神曲』のインスピレーションを受けたと言われる。この島は昔からアイルランドの最も有名な巡礼地で、今でも毎年、何万人もの人が六月から九月にかけてこの島へ巡礼する。これは三日間の大斎《だいさい》（断食）と黙想、裸足《はだし》参りなどを含む「回心の巡礼」と見なされている。現在、その洞窟は取り壊されて、教会が建立されている。

　またクロー・パトリックというアイルランドの「聖山」がメイヨー州の大西洋岸にあり、すでにキリスト以前に聖山とされていた。伝承《でんしょう》によれば、パトリックは、四四一年にここで四旬節の四十日間、この山上でアイルランドの改宗のために断食と祈りを続けたという。現在では七月の最後の日曜日に多くの人が巡礼する。

生い立ち

　アイルランドの使徒、聖パトリックは三八五年頃、スコットランド（英国北部）のダムバートン近郊、キルパトリックの助祭カルフルニウスを父とした敬虔な家庭に生まれ、ギリシア・ローマ文化の教養を身に付け、温厚で繊細《せんさい》な性格に育った。

　四〇一年、パトリックが十六歳の時、海賊からアイルランドへ拉致《らち》され、奴隷として売りとばされた。間もなく彼は、アイルランド北部の地主であるアントリンという人の手に渡され、そこで六年間、羊飼いをさせられた。その間に、彼はアイルランドで当時使われていた言語を学び、同時にドゥルイド僧たちが行っていた異教徒の習慣なども体験した。

　その反面パトリックは、ヴィクトルという天使と三十回も会話し、善い勧めを受け、共に祈った。そこの岩の上には天使の足跡が残り、そこに来て祈れば、願いがかなえられるという。

奴隷から司祭の道へ

　少年パトリックが長年ささげた愛と祈りと犠牲が、神のみ心を動かして、ある日パトリックは夢の中で、「おまえの主人から逃げて、海岸へ行きなさい」というお告げを聞いた。海岸までは、何百キロも離れていたが、脱走《だっそう》に成功し、海岸にたどり着いた。そして、そこで船乗りたちと一緒にイギリスへ連れて行かれた。その後、彼は多くの困難に遭いながら、故郷に着き、両親と再会できた。

四〇七年、彼は、六年ぶりで懐かしい故郷の土を踏んだ。すでに二十二歳を迎えたパトリックは、まずフランスのレリンの修道院で諸学科を勉強し、後にオークセール（フランス中部、ヨンヌ県の県都）の修道院で神学を学んだ後に、地元の聖ジェルマーノ司教から司祭に叙階された。特にパトリックは聖書を深く研究し、自著の『告白録』には、聖書の引用句が実に多い。たまたま、その頃、イギリスにペラギウス異端（神のお恵みなしに人間は善いことを何でもできるという異説）が盛んになりかけていたが、パトリックは、神のお恵みに協力してこそ人間は善行ができるとの伝統的教えを堅《けん》持《じ》した。

スレインの山で集団改宗

アイルランドでは、最初の司教パラディオの急逝《きゅうせい》によって、パトリックが四三一年に教皇聖チェレスチノ一世によって、その後継司教に任命され、オークセールからアイルランドへ派遣された。この教皇は「エフェソ公会議」を開催し、聖母が「神の母」である、との教理を確定した方である。当時のアイルランドには、少数のカトリック教徒が散在していたが、住民の大半は偶像崇拝に陥っていた。そこで、パトリックと同伴者はアイルランドに上陸してから、最初の復活祭にタラのスレイン山に登った。ちょうどその時、ローゲアー王は、大勢のケルト族の首長《しゅちょう》と祭司ドュルイドを集めて、春の祭りを行っていた。王はこの祭式の間、自分の手でつけた火以外には、他の火をつけてはならないと禁じていた。にもかかわらずパトリックは、大胆にもスレイン山の山上にかがり火をたいた。すぐさまパトリックは捕らえられたが、そのかがり火は必死の消火活動にもかかわらず消火できなかった。王の前に連れ出されたパトリックは、堂々と王に向かって神のみ言葉を熱心に説いた。それが三日三晩続いたという。その結果、首長をはじめ何千何百の住民が洗礼と堅信の秘跡を授かった。以後、ドュルイドからの改宗者らは、教会や修道院建設のために多くの資金を寄付するほどの熱心なカトリック信者になった。

大家族移動による宣教

こうして信者の数が増加するにつれ、パトリックは組織的に島全体の布教を始め、多くの邦人司教区を設立し、北アイルランドのアーマー大司教区の大司教に推薦された。彼は土地の首長たちの慣習に習い、「一大家族」を引き連れて布教に出かけた。すなわち、補佐役の司教、司祭、判事、ボディーガード、聖歌隊、ぶどう酒醸造人《じょうぞうにん》、祭具係、給仕、御者《ぎょしゃ》、きこり、牛《うし》飼《か》い、鍛冶《かじ》屋、職人、裁縫師、石屋などがついていた。一行は村から村へ、まるで移動する町みたいに、生活に必要なすべてのものや教会の建設用具などを馬車に乗せて「神の国」を建設して巡った。パトリックはおもに木材あるいは粘土で、自ら教会を建てた。銅器製造人が祭壇、カリス、パテナなどを作った。鍛冶屋は建築用のくぎやドアの蝶番《ちょうつがい》、ハンドル、ベルなどを、裁縫師は祭服や祭壇布を作った。

この家族には、パトリックの「学校」が付属していた。そこでは、パトリック自身が現地人の少年グループを司祭に養成した。その他、野獣、山賊、悪霊、暗殺者に襲われながらも、守護の天使に助けられながら詩編、ミサ典書、典礼についても解説した。

土着信仰者を改宗へ導く

パトリックは、へんぴな地方にまで七百の聖堂を建立し、多くの修道院を設立し、多くの人を改宗させ、五千人を司祭に叙階し、多くの助祭と副助祭を育て、三七〇人を司教に叙階した。また人々にカトリック教理、とりわけ三位一体の秘義、聖母が神の御母であること、使徒伝承などを教えた。当時、この国に幅をきかせていた「ドュルイド教」の僧侶たちの改宗のために働いた。教皇庁はアイルランドにおける布教の目覚ましい発展に感銘し、アイルランドを教会管区に昇格させ、パトリックをアーマーの大司教に任命した。そして八世紀には、ほとんどのアイルランド人がキリスト教徒になった。

世俗の絵画、詩、文学をキリスト教化

今でも、アイルランドの絵画、詩、文学には、聖パトリックを扱ったものがかなり残っている。南部の武将ラオゲールの居城《きょじょう》に乗り込んで、居並ぶ家臣の前で教えを説き、ついに改宗させた場面の絵。首都ダブリンの北西部にタラという丘があるが、パトリックは、このタラの丘で、そこに群生していたシャムロック（シロツメクサ、三つ葉のクローバーのような植物）を使って、人々に三位一体の神を説明したと言われている。今日でも、シャムロックは、カトリック国アイルランドのシンボルマークとなっている。聖人の口癖《くちぐせ》であった「神のお助けで」という言葉が、後世の文学や思想に影響を与えた。

パトリックは山賊やドュルイド僧による数々の宣教の妨げに遭いながらも、一般民衆はもちろんのこと、各地を統治していた王やその親族も、次々にキリスト教へ改宗させていった。パトリックの深い信仰心は彼を宣教へと強く駆り立てた。日に何度も十字をきり、岩の上で睡眠《すいみん》をとり、硬《かた》い毛織《けお》り物《もの》の腰帯《こしおび》をまとい、豪華《ごうか》な贈り物を拒む、という具合に禁欲的な生活を送っていた。彼の唯一の願いは、人々をキリストのもとに導くことであった。また、祈りはパトリックの武器であった。彼は、貧しさと祈りとが人々を神のもとに導いてくれると信じていた。

彼が七十歳になる頃までには、全アイルランドはカトリックの国になり、教会の組織も固まり、司教と司祭によって支えられ、もう二度と異教徒がアイルランドの教会を支配することはなかった。四十年以上にも及ぶ全アイルランドでの宣教活動の後、パトリックは四六一年三月十七日に、彼が最初に建てた北アイルランドのソール教会で亡くなった。享年七十六歳。

湖上の洞窟《どうくつ》、蛇、三月の緑のパレード

パトリックは、神と話すために、人気《ひとけ》のない山の上などによく行った。彼が祈りをささげた場所として最も有名な場所がロック・ダーグ湖にある小島の洞窟（別名、聖パトリックの煉獄）であり、アイルランド北西部ドニゴール県にある。彼はここにこもって四十日間祈りをささげ、断食をしたと言われている。現在でも、

ここには、パトリックのご像が立ち、聖堂があり、毎年、世界から多くの巡礼者が訪れている。

パトリックについての伝説の中で最も有名なものは、彼がアイルランドからすべての蛇（偶像崇拝教）を追い出したということである。そのため、アイルランドには現在でも、蛇がいないのだとか……。なお、聖パトリックの画像には、足元に多くの蛇が描かれている。

また、毎年三月十七日には、聖パトリックがアイルランドの守護聖人として祝われ、帽子にはクローバー（聖パトリックの表号）の葉が付けられる。この日には、本国アイルランドをはじめ、アイルランド系の移民が多く住むニューヨークなどの各都市、イギリスなどで盛大なパレードが行われている。最近は東京でもパレードがある。パレードの時には、パレードをする人も見る人も、皆、体の一部に緑色の何かを付ける。三月ということもあり、本格的な春の到来を告げる季節のお祭りとしても人々に親しまれている。

三月十八日
聖チリロ（エルサレム）司教教会博士

神殿の再建は不可能と予言

ある日、「イエスが神殿の境内を出られると、弟子の一人が言った。『先生、ご覧ください。何と素晴らしい石、何と素晴らしい建物でしょう』。すると、イエスは仰せになった、『あなたはこれらの壮大な建物を眺めているのか。積み上げられた石が一つも残らないまでに、すべては崩されるであろう』」（マルコ13・1-2）。

エルサレムの神殿は主イエスの予言どおり、六九年のユダヤ戦争の時、チト将軍指揮下のローマ軍によって完全に破壊された。この予言はこの神殿の再建さえ行われないとの意味である。

背教者ユリアノ皇帝は、主の予言をくつがえし、キリストの教えは、うそであることを立証しようと、神殿の再建に乗り出した。しかし、今日記念するエルサレムのチリロ司教は、主の予言は必ず実現する、神殿の再建はできないと信者を励まし、その信仰を固めるために努力した。

チリロ司教教会博士と呼ばれる聖人が二人いる。一人は二月九日に記念されるアレクサンドリアの聖チリロで、もう一人は本日記念されるエルサレムの聖チリロである。ともに三世紀に生まれ、アリオ派の異説と闘った。アレクサンドリアの司祭アリオ（二九六―三三六年）の始めた異説によれば、御父だけが神であり、御子と聖霊は神ではない、との異説である。

最高の教育を受ける

チリロは三一四年頃に生まれ、最高の文学的教育を受けた。二十歳までは宗教の研究に全力を傾け、聖書をはじめ教父の著書をくまなく調べ尽くし、異説も一とおり研究して、教会の教えが正しいことを悟った。十九歳の時、エルサレムの司教マクシモスに選ばれて助祭となり、信者たちに説教したり、求道者を導いたりした。また、求道者用の本を著し、教会の教えをやさしく、明快に説いた。こうして助祭として十年務めた後、司祭となった。三四八年、マクシモスの死後、チリロはアカキオス（三六六年頃没）によって全キリスト教会の母教会と言われるエルサレム教会の司教に叙階された。アカキオスはパレスチナのカイサリアの有力な首都大司教で、しかもアリオ派であった。アカキオスはチリロも自分と同じ考えだと確信し、チリロを司教に任命したのである。この誤算がもとで、チリロは苦しむことになった。

チリロは二十年以上の間に三回追放された。三五七年の一回目の追放は、エルサレム司教会議の罷免《ひめん》によるものであった。次いで三六〇年に、アカキオスにより二回目の追放が行われた。最後の、もっとも長く、十一年間に及んだ三六七年の三回目の追放は、アリオ派のウァレンス皇帝（在位三六四―三七八年）によるものであった。このローマ皇帝の死後、三七八年になって、ようやくチリロは最終的に司教座を回復し、信者に一致と平和をもたらした。

アリオ派からの追放の原因

チリロ司教が最初の追放の原因になったのは、「チリロは聖堂の聖具を次々と売り飛ばした」というアリオ派の非難であった。チリロは、ある大飢饉《ききん》の時、貧者に食べ物を買い与えるため、典礼にさほど必要のない聖具を売ってお金に換えたことがある。「貧者の父」と呼ばれるチリロは、こんなことを度々やっていた。しかし、愛の精神の分からないアリオ派の人たちは、これを歪曲《わいきょく》し、神を侮辱《ぶじょく》するものだと宣伝し、攻撃したのである。これは罪人《つみびと》を哀れみ、罪人と食事を共にされた主イエスを非難したファリサイ人の手口とよく似ている。チリロは流刑《るけい》の身にあっても、時間を有効に使い、教区信者のために祈ったり、たくさんの本を書いたりした。

二つの不思議《ふしぎ》な現象

チリロがエルサレムの司教の時に、二つの不思議な現象が起こった。その一つは、三五一年五月七日、午前九時頃、カルワリオからカンラン山まで約四キロにわたって、空に大きな十字架の形が現れ、太陽のような強い光を放った。このため、信者は深い慰めを受け、未信者は感動して大勢の人が回心した。詳しいことはチリロがコンスタンチノ皇帝に送った手紙に記してあるが、ギリシア教会では今でも五月七日に右の奇跡を記念するという。

もう一つの奇跡は、背教者ユリアヌス皇帝がエルサレム神殿についてのキリストの予言はうそであることを立証しようとして神殿の再建に取りかからせた時に起こった。皇帝の援助に喜び勇んだユダヤ教徒たちは、廃虚《はいきょ》の後片付けをして、いよいよ再建築にかかった。キリスト教徒は、主の予言が当たらないのではないかと恐れていた。しかしチリロは、「天地は過ぎ去る。しかし、わたしの言葉は決して過ぎ去ることはない」（マタイ24・35）との主のみ言葉を引用して、信者たちを落ち着かせていた。ところがユダヤ人たちが土台を据《す》えるために地面を掘ると、たちまち地中からものすごい火炎《かえん》が吹き出して、ある者は焼死《しょうし》し、ある者は大やけどを負《お》い、幾度繰り返しても同じ災難が起こり、とうとう工事続行《ぞっこう》はできなくなってしまった。主の予言をくつがえそうとした背教者の意図が、かえって、その予言の正しいことを立証《りっしょう》する結果となったのである。チリロをはじめエルサレムの信者たちは、目前の事実にますます信仰を固め、真心こめて神に感謝した。これは当時、異教の歴史家までも、その著書に記している有名な奇跡である。

司教としての司牧

その後、チリロは六十七歳の時、三八一年にコンスタンチノープルで開かれた公会議に出席し、マケドニアの異説に対して聖霊が神であることを決議した。またチリロは三八二年の「コンスタンチノープル公会議」で重要な役割を果たし、ローマ教皇へ宛てた手紙の中に、東方教会の司教たちが、チリロの決定的な正統性と、チリロの司教叙階の正当性、そしてチリロの司牧的奉仕職の功績《こうせき》を正式に認めている、と述べている。

チリロは洗礼志願者に向かって説いた。「あなた方は実は教会という網の中に集められたのです（マタイ13・47参照）。すすんで捕らえられなさい。逃げようなどしないでください。イエスがあなた方を集められたのは、死なせるためでなく、死を超えた生命を与えるためです。あなた方は死に、そしてよみがえるべき者なのです（ローマ6・11、14参照）。……罪に対して死んで、今日から義のために生きてください」（『エルサレムのチリロのカテケーシス』）。

チリロは特にギリシア生まれの新受洗者に対して、洗礼の神秘を説明する箇所でこう述べている。「三回水に浸《つ》かり、また水から上がりましたが、それでキリストの三日間の埋葬を暗に象徴していたのです。というのも、わたしたちの救い主が地下で三日三晩を過ごしたように（マタイ12・40参照）、あなた方も最初に水から上がったことでキリストの地中の最初の日を模倣していたのです。というのも、夜の中にいる人がもはや何も目にせず、昼の中にいる人が光の中に生きるのと同じように、水の中に入ることで夜の中にいるように何も見えず、水から上がったことで再び昼にいるようになったのです。そして同時に死に、かつ誕生したのであって、あの救いの水はあなた方にとって墓であり母でもあったのです。……あなた方の場合には……『死ぬにも時があり、生まれるにも時がある』ということになるわけです。そして一つの時がそれらの両者を造り出したのです」（『洗礼志願者のためのチリロの秘義教話』）。そしてチリロは、三八六年に七十二歳で天に召された。

三月十九日
聖ヨセフ（祭日）

（聖母の浄配）

ダビデ王より約千年

人間の中で聖母に次ぐ偉大な聖者と言えば、それは聖ヨセフであろう。と言うのも、彼は聖母の浄配《じょうはい》、キリストの養父として、神の特別のお恵みを受けていたからである。

旧約聖書によると、救い主は、ユダヤ国の王ダビデの子孫から生まれるはずになっていた。しかしダビデ家は代を重ねるにつれて、哀れな境遇に落ちぶれ、諸国に四散して細々と暮らしていた。ダビデ王より約千年後に、額《ひたい》に汗しながら家庭の幸せと心の平安を感じつつ、毎日の糧《かて》を求めていた。またその仕事を通じて宇宙の造り主である神の英知と力とを賛美していた。

謙遜・貞潔・律法に忠実

彼は謙遜にして貞潔、しかも律法には忠実、その思い、望み、行いは神のみ前にも一点の非の打ちどころがなかった。それで神も奇跡的に彼を同じダビデの家系のマリアと婚約《こんやく》させたのである。婚約後、マリアは大天使ガブリエルのお告げで、救い主の御母になることを承諾《しょうだく》し、間もなく聖霊によって救い主を懐胎《かいたい》した。

ところでヨセフは、同居する前にマリアがみごもっていることを知り、事情の分からないまま、何日も思い悩んだ。情け深い寛大なヨセフは、マリアを責めたり、訴えたりして少しでも苦しませたくなかったし、そうかといって律法上、彼女を引き留《と》めておくわけにもいかなかった。とにかくこの事件は神秘に包まれ、何一つはっきりしないので、誰にももらさず、マリア

をひそかに離別しようと考えた。もちろんマリアを心から愛し、その貞潔を信じているヨセフだけに、それはたいへんつらいことであった。

マリアは聖霊によってみごもる

こうしてヨセフが思案にくれている時だった。一位の天使が夢の中に現れ、「ダビデの子ヨセフよ、恐れずにマリアを妻として迎え入れなさい。彼女の胎内に宿されているものは、聖霊によるのである」（マタイ1・20）と告げた。これによってヨセフの疑いはまったく晴れ、言いようのない喜びに満たされた。そこでヨセフは、マリアの名誉を守るため、天使の勧めのままに、すぐマリアを妻に迎え、神の特別の恵みによって、ともに童貞《どうてい》のまま清い生活を始めた。

本籍地ベツレヘムへ

それからまもなく、ローマ皇帝アウグストから人口調査の勅令《ちょくれい》が出て、人々は皆、自分の本籍地《ほんせきち》に出頭《しゅっとう》しなければならないようになった。ヨセフもマリアも、本籍地はエルサレムの近くのベツレヘムである。ご託《たく》身《しん》の秘密をナザレ人には知られずにベツレヘムへ旅立った。冬のことであり、しかも身重《みおも》のマリアをろばの背に乗せて、さまざまの苦労を忍びながら、数日後、やっとベツレヘムに着いた。ただちにヨセフは、お産のため適当な場所を探したが見つからない。宿屋も戸籍登録に帰郷《ききょう》した人や軍人などでいっぱいだ。やむなくヨセフは、マリアを町外れの洞窟に連れていった。そして牛馬《ぎゅうば》のすむ、むさ苦しい洞窟にわらを敷いて、そこにマリアを休ませ、夕食の準備をした。

飼《か》い葉桶《ばおけ》に寝かされたキリストの誕生

ヨセフはわが身のふがいなさを心苦しく思ったが、〝人事を尽くして天命を待つ〟という心から、じっとこれに耐えた。この犠牲が報われて、喜ばしいことが続いて起こった。真夜中頃、救い主イエス・キリストが誕生し、飼い葉桶に寝かされていた。天使たちがこれを賛美し、羊飼いが訪れ、またやがて、東方の賢人たちも参拝に来たのである。

この喜びもつかの間、ヨセフとマリアの上に、またもや苦しい試練が降りかかってきた。博士たちが帰ったその日の晩、天使がヨセフの夢の中で、「起きよ。幼子《おさなご》とその母を連れて、エジプトへ逃げよ。そして、わたしが告げるまで、そこに留《とど》まれ。ヘロデが幼子を探し出して、殺そうとしている」（マタイ2・13）と知らせた。

エジプトへの逃避、ナザレに定住

この知らせを聞いたヨセフの胸中《きょうちゅう》は、どんなだったであろう。エジプトまでは遠いし、途中には広大な砂漠さえある。そこには頼るべき人は誰もいない。一体どうして職を見つけ、家族を養うかなどと、いろいろな心配もおきたであろう。しかし彼の信仰は強く、いっさいを神のみ摂理に委ねた。

二、三年エジプトに滞在していると、また天使から、「起きて、幼子とその母を連れてイスラエルの地に行け。幼子の命を狙《ねら》っていた人々は死んでしまった」（マタイ2・20）と告《つ》げられ、ヨセフは幼子とその母を連れて、ガリラヤ地方のナザレという町に行って住んだ。

ナザレでヨセフは家具造りにいそしみながら家計を維持し、イエスを養育し、保護し、マリアに献身的に奉仕した。マリアもヨセフへの感謝の気持ちにあふれ、ヨセフに尽くし、ヨセフのために祈った。

イエス、両親への従順

イエスは、ヨセフの明らかな言いつけはもちろんのこと、その最もささいな望みまでも従った。マリアも万事においてヨセフに従い、その縁の下の力持ちのような仕事や労苦に対して深い感謝の心をいだき、尊敬と信頼の念を表した。

聖家族は毎年、過越祭にエルサレムの神殿に参拝した。イエスが十二歳になった時のことである。ヨセフは慣例に従い、母子を連れてエルサレムの神殿に参詣《さんけい》した。祭典が終わったので、ヨセフとマリアは帰途《きと》についたが、イエスだけは両親には何も知らせずに神殿に残った。それで両親は、非常に心配してイエスを捜し回り、三日後にやっと見つけた。その時、母はイエスに、「ご覧なさい。お父さまも私も心配して、あなたを捜していました」と言って、親としての気持ちを示したのである。

このような聖家族の貧しくとも温かい明るい環境の中で、労働しながら家族の面倒を見ていたヨセフの霊魂がどれほど高められ、真の幸福と心の安らぎを得たかは、人間の推測《すいそく》では計り知れない。と言うのも、聖トマス・アクィナスの言うとおり、「ものは根源に近づくほど、もっとその作用を受ける」からである。

エルサレムの大祭司ザカリアは天使の勧めに従い、マリアの婿《むこ》を選ぶため、ダビデ家の独身者に杖を持って来させて熱心に神殿で祈った。するとヨセフの杖だけに花が咲いたので、ヨセフが選ばれたというのである。

死後は教会・家庭の保護者

聖伝によると、聖ヨセフは、イエスが公生活にお入りになる前に亡くなったという。それ故、聖ヨセフの死の臨終《りんじゅう》の床《とこ》には、イエスとマリアがそばに付き添っていたはずである。その死は、どんなにか平安なものだったであろう。このことから、聖ヨセフは臨終の苦しみを助けてくれる、平安な死の床の保護者として崇《あが》められてきた。

教皇ピオ九世（在位一八四六—七八年）は、一八七〇年十二月八日に聖ヨセフが教会の保護者であることを宣言されたが、これは「第一バチカン公会議」の教父たちの要望によるものであった。一九五五年、ピオ十二世は五月一日を「労働者聖ヨセフ」として制定した。

それから教皇ヨハネ二十三世（在位一九五八—六三年）は「第二バチカン公会議」を招集する第一の準備として、一九六一年三月十九日に聖ヨセフを公会議の保護者に選び、成功を祈られた。続いて同教皇は、翌年十一月十三日に公会議の一つの実りとして、聖ヨセフの名をミサ典文の中に挿入し、聖ヨセフに対する信心を一層深め、その取り次ぎを祈るように定めた。教会は聖ヨセフに倣って、与えられた務めを忠実に果たし、日々の労苦のうちに自已を清めるように努力しなければならない。

教会とはキリストを中心に聖母マリアと固く結ばれている全キリスト者のことである。全キリスト者は現在の身分や職業が神から与えられたお恵みであることを、また真の幸福は、よく働いて義務を忠実に果たし、信仰を守り、家庭を平和にすることのうちにあることを考え、毎日の仕事を完全に果たさねばならない。そして聖ヨセフにお恵みの取り次ぎを願おう。聖ヨセフは力ある保護者として、すべて自分により頼むキリスト信者を助け、導き、使命を全うさせてくださるに違いない。

なおヨセフは、家庭、未婚女性、病人、特に安らかな臨終を願う者の守護聖人でもある。

三月二十三日

聖トゥリビオ（モングロベホ）司教

リマの大司教区を徒歩で巡回

「イエス・キリストは、私は『慣習《かんしゅう》である』とは仰せられず、『私は真理である』と仰せになった」。

この言葉は、聖トゥリビオ司教が南米ペルーの首都リマの大司教区を刷新した時、慣習を盾《たて》に取って異議を唱えた人たちに宛てたものである。この大司教はリマの大司教区を徒歩で巡回し、人々を教え、導き、秘跡を授け、多くの神学校や教会や病院を設立したので、ラテン・アメリカの聖カロロ・ボロメオ司教（十一月四日参照）とも呼ばれている。

貧者への愛

聖トゥリビオは、スペインはレオン州のモングロベホ領主の第二子として一五三八年十一月十六日に生まれた。両親の良いしつけによって幼い頃から非常に信心深く、遊び時間に祭壇を作ったり、飾ったり、貧しい人に物をあげたりするのを楽しみにし、いたずらとか、乱暴とか、悪意とかを非常に忌み嫌っていた。ある日、一人の貧しい行商人《ぎょうしょうにん》の婦人に会ったが、彼女は代金の一部を無くし、とても大変困っている様子であった。トゥリビオはそれを見て同情し、「失望して神様に背いてはいけませんよ。なんとかしてあげます」となだめてから、貧しい人を助けるためにと母から頂いていた物があったので、その中から行商人の無くした代金に見合うだけの物を与えてやった。また、

トゥリビオは聖母への信心があつく、毎日、聖母の聖務日祷とロザリオとを唱え、聖母の栄誉のために毎土曜日に断食した。学校では、わずかな弁当の一部をいつも貧しい人に与え、非常に節食するので、先生たちも、「その苦行《くぎょう》をほどほどにしなさい」と、厳しく命じなければならないほどであった。

自己意志に反して司教に叙階

トゥリビオはヴァラドリドで高等教育を受けた後、サラマンカ大学を卒業した。その後、母校の法学部教授を務め、スペイン王フィリペ二世の信任もあつく、グラナダで異端審問《いたんしんもん》の裁判長となった。この任務を五年間、賢明に申し分なく果たしたが、この社会体験は、将来の人々の司牧任務に備えての大きな勉強となった。そして彼は、一五七八年、四十歳でペルーへ派遣されることになった。当時、ペルー教区に司教が必要になったが、その候補者としてトゥリビオに白羽の矢が立ったからである。一五八一年に国王は四十三歳のトゥリビオを司教に任命し、国民もそれに賛同した。それを知ったトゥリビオは、雷にでも打たれたように、早速十字架の足もとにひれ伏し、涙を流しながら、「この荷は私には重すぎて、とても耐えられません。主よ。この重責《じゅうせき》から解放してください」と祈った。そして国王の評議会宛てに手紙を書き、「私は無能な者であり、ただの信者にすぎない私を、司教に任命するのは教会法違反です」と訴えた。しかし、これも聞き入れられず、魂の救いのために働くのが神のみ旨であると悟ったトゥリビオは、聖職に就く準備をし、四週間で司祭に叙階され、聖職の経験をいくらか積んだ後、司教に祝聖された。

堕落したリマ教区民の刷新

それからただちにペルーへ出発し、リマに上陸した。リマ教区は太平洋沿岸南北五百キロに及び、東はアンデス山脈の中にまで入り込む広さである。その教区には都市が三つ、多くの町村と山脈内に散らばる無数の田舎家《いなかや》がある。この国を最初に侵略したヨーロッパの将軍の幾人かは、飽《あ》くことのない貪欲《どんよく》と野心を欲しいままにし、人間らしい感情をも見せずに先住民を虐待し、略奪と弾圧の限りを尽くした。そのうえ、内乱によってこの国は荒廃《こうはい》してしまった。この国では貪欲、残酷、裏切り、詐欺《さぎ》、放蕩《ほうとう》が幅《はば》をきかせ、正直者がばかを見ていた。スペイン宮廷からの度重なる命令と言えども、このような弊害《へいがい》を除くことはできなかった。トゥリビオ司教は、この無法社会と微温《びおん》な聖職者にひどく心を痛めながらも、早速、賢明にすべての困難を一つひとつ克服《こくふく》して、熱心なキリスト教国へとつくり上げていくことにした。リマにいる間は、毎日のように幾つかの病院を訪問し、病人を慰め、励まし、秘跡を授けた。

広大な教区を徒歩で巡回司牧

そのためにまず、広大な教区を数々の危険を体験しながら歩いて巡回した。険《けわ》しいうねりくねった絶壁《ぜっぺき》、項上付近は雪と氷に覆われた山々をよじ登り、沼地や川を渡り、しばしばインディオの山小屋を訪問した。時には嵐にさらされ、急流・砂漠を渡り歩き、部族間の敵対的争いを調停し、さらに野生動物や熱帯熱にも襲われた。司教は、あらゆる所に有能な熱心な司祭を配置し、岩だらけのどんな僻地《へきち》の住民も教えや秘跡が受けられるように配慮してあげた。また二年ごとに教区協議会を、七年ごとに州の教会会議を開き、教会の規律を定めて守らせた。特に聖職者の食欲のつまずきを厳しく取り締まり、罰していた。また人の評判を気にせずに不正や悪徳をとがめ、自分に与えられた権限を使って、教会法違反者を取り締まり、虐《しいた》げられた貧しい人を保護した。このため、ペルーの総督や軍人、役人たちの幾人かは司教の刷新事業に真っ向から反対し、弾圧《だんあつ》を加えた。しかし、司教はこの圧迫におとなしくじっと耐え、彼らの言いなりにはならずに、正義と真理への権利を守り通した。そして多くの罪人《つみびと》が神の法を曲解《きょっかい》して自分の情欲をあくまで満たそうとしていることを指摘《してき》し、人間の行動は世間の間違った尺度で計らずに教会の真の尺度で計るべきであると主張した。こうしてトゥリビオ司教は、非常に根深い悪習を根絶《こんぜつ》し、初代教会の信者に倣って、福音を熱心に実行する共同体につくり上げた。そして、宗教から受ける利益を永続させるために、神学校や教会や病院を至る所に設立した。

教区民のために、自分の命をすり減らす

ペルー教区で、たまに伝染病が流行すると、司教は自分の必需品《ひつじゅひん》まで病人に分配して助けるのであった。司教は、罪が罰のもととなり、諸悪の中でも人を

もっと不幸にするものだから、罪を痛悔しなさいと説いた。司教は徒歩巡回する際にも断食し、十字架を眺めて教区の信者のためによく祈っていた。わずかな霊的糧《かて》をも人々に与えようと頑張り、自分の楽しみは何も求めなかった。教区民のために、自分の命をすり減らし、私たちのために死んだ主のご受難に、すべての点であやかろうとした。貧しい先住民が山中や荒れ野をさ迷っていると聞けば、彼らを捜しに出かけ、彼らを慰め、教え、秘跡を授けた。広い教区内を一周りするのに七年間かかり、二回目の巡回は四年、三回目はそれより短期間だった。たくさんの人を改宗させ、至る所で愛徳の業績《ぎょうせき》を残した。旅行中は祈ったり、天上の事柄について話したりした。ミサを一日も欠かさず、目的地に着くと、まず聖堂を修繕し、祭壇の前で祈り、告解を聴いた。ベッドも食べ物もない場所に、二、三日滞在し、貧者にいろいろな方言を使ってカトリック要理を教えた。

一六〇六年、六十八歳になったトゥリビオ司教は、教区を巡回する途中、サンタという町で病気に倒れた。医者たちの懸命の治療にもかかわらず、回復の見込みがないので、教会に運ばれ、病者の塗油の秘跡が授けられた。その時、「わたしとしては、この世を去ってキリストとともにありたいと、切に望んでいます」（フィリピ1・23）という聖パウロの言葉を繰り返し、三月二十三日に息を引き取り、一七二六年に、教皇ベネディクト十三世によって列聖された。

三月二十五日

神のお告げ（祭日）

おとめがみごもる

「喜びなさい、恵まれた方よ。主はあなたとともにおられます」（ルカ1・28）。大天使ガブリエルはナザレの町に住む平凡な一女性、マリアにこう言って、最高の敬意を表した。このおとめこそ、すでに紀元前七〇〇年、預言者イザヤから、「見よ、おとめが身籠《みごも》って男の子を産み、その名をインマヌエルと呼ぶ」（イザヤ7・14）と予言されていた人である。

しかし、おとめマリアはこれを聞いて戸惑い、いったい何の挨拶だろうと考えていた。彼女は、当時の人々と同様に救い主の出現を待ち望んでいた者の一人であったに違いない。しかもそれが、自分を通じて成《じょう》就《じゅ》されることを告げられ、どんなに胸騒ぎがしたことだろう。身も心も神にささげたものであった、それを損なうことになりはしないかと考えたからである。

おとめであると同時に母親

おとめマリアは幼年時代をエルサレムの神殿で過ごして聖書に親しみ、少女時代はガリラヤのナザレという町で過ごされ、年頃になると、ダビデ家のヨセフという人のいいなずけになっていた。

天使は言った。「恐れることはない、マリア。あなたは神の恵みを受けている。あなたは身籠《みごも》って男の子を産む。その子をイエスと名づけなさい。その子は偉大な者となり、いと高き方の子と呼ばれる。神である主は、彼にその父ダビデの王座をお与えになる。彼はヤコブの家をとこしえに治め、その治世は限りなく続く」（ルカ1・30−33）と言った。マリアはますます驚いた。

ダビデ王の子孫にあたる大工ヨセフと婚約関係にあったものの、終生おとめを、かたく神に誓っていたからである。「どうして、そのようなことがありえましょうか。わたしは男の人を知りませんのに」（ルカ1・34）。マリアは「神の母」という最高の名誉を受けるよりも、むしろ処女《しょじょ》を守りたいとの希望をもらし、また処女でありながら同時に母親にもなれるという奇跡が、どのようにして行われるかを単純に尋ねた。天使はこれに答える。「聖霊があなたに臨み、いと高き方の力があなたを覆う。それ故、生まれる子は聖なる者、神の子と呼ばれる。あなたの親戚《しんせき》エリサベトも、年老いていながら男の子を身籠っている。不妊の女と言われていたのに、はや六か月になっている。神には、何一つおできにならないことはない」（ルカ1・35−37）と。つまり、マリアがその胎内に救い主を宿すのは、神の愛である聖霊の働きによるものであるから、処女を失う心配は少しもないと説明した。

無原罪の母親

考えてみると、神が人として生まれるにはその神聖《しんせい》さからみても、原罪の汚れのない清浄《せいじょう》無垢《むく》な母親を選ぶのが当然である。実際、マリアは、生まれたその瞬間から霊肉ともに原罪の汚れを清められ、その後も神のお恵みにあふれるほど満たされていた。それはさながら、一瞬たりとも罪に蹂躙《じゅうりん》されたことのない「閉じられた庭、閉じられた水源、封《ふう》じられた泉《いずみ》」（雅歌4・12）のようである。

ところで無から万物を創造した神は、マリアの胎内に一つの生命を芽生えさせるにも、マリアの自由な承諾を求められた。神は、各人が天よりのお恵みに協力して、自己の運命の開拓に励むことを望まれるのと同じように、全人類の救いにもマリアの自由意志を尊重して、その協力を求められた。

この世には、信仰の目で見なければ分からないことが、たくさんある。そして信仰は目に見えないものを、まるで見ているかのように見せるのである（ヘブライ11・27参照）。

まさにマリアは、自分の胎内にみごもる方はダビデの王座を受け継ぐ救い主であると、信仰の目で見たのである。そしてマリアの承諾を受ける前から、今、マリアがみごもろうとする「子」の神秘的な使命がはっきりと示されたのである。だからマリアが天使によって示された神の意志を承諾することは、ひとりの子をみごもることとともに、その子がもつすべての未来、その子がつくり上げるであろう神の国をも同時に母としてみごもることである。それに伴ういろいろな苦労、責任をもあらかじめ承知した上で、全能の神に一切を委ねて、「お言葉どおり、この身になりますように」と答えたのではないだろうか。そこには自分の望みのままに神の意志を従わせようとする態度はみじんもなく、むしろ全身全霊を尽くして、神の望みを果たそうとするあつい信仰と純粋な愛と謙遜があった。

恩恵に対する協力

実は、マリアのこの慎《つつま》しい態度こそが、神のみ心を喜ばせて、救世の大事業を成就させ、この世に神の豊かな祝福をいただくもととなったのである。かつて人祖エバが、神の思し召しへの不従順から滅びる人類の母になったように、今度は、第二のエバである聖母マリアが、神の恩恵に対する協力によって救われる人類の母となった。この意味で、聖母マリアは救い主キリストを、この世にもたらして人類を救った大恩人であり、今もなお、天使・諸聖人をはるかに凌駕《りょうが》する祈祷の代願者でもある。すなわち人類の救いに心をかけられ、神に立ち返るように、私たちの面倒を見てくださる神秘体の霊的母なのである。だからお告げの祝日に当たって、私たちは、おとめ（聖母マリア）に大事をなされた神を賛美すると同時に、そのおとめの純潔と信仰と謙遜にあやかる決心を新たにし、これを守るためのお恵みを聖母のお取り次ぎを通して願おう。

ちなみにお告げの鐘は、十三世紀に始まり、初めの頃は鐘の音に合わせて「アヴェ・マリアの祈り」を三回唱えていたが、十六世紀頃より、これに「わたしは主のはしため、お言葉どおりになりますように」や、「み言葉は人となり、わたしたちのうちに住まわれた」などの祈りを付け加えるようになった。

神のいつくしみの主日（聖ファウスティナ）

（復活節第二主日）

神の憐れみ（いつくしみ）

人間は誰しも原罪《げんざい》に由来する弱点を持ち、心の傷を負っている。聖パウロでさえ、「わたしは自分の望む善いことをせず、望まない悪いことをしているのです。だが、もし、わたしが自分の望まないことをしているとすれば、それを行っているのは、もはやわたしではなく、わたしのうちに住んでいる罪なのです。

それで善いことをしようと望む自分には、いつも悪があるという原理に気がつきます。……わたしは何とみじめな人間でしょう。死に定められたこの体から、誰がわたしを救い出してくれるでしょうか」（ローマ7・19–21、24）と、自分の惨めさを嘆いている。この惨めさを癒やし、補うために、神は憐れみ（いつくしみ）を人間にかけておられる。この神のいつくしみを世に知らせる使命を神はポーランドの聖女ファウスティナ・コワイスカ修道女に与えられた。その少女の青春時代はポーランドが第一次世界大戦後（一九一八年）に独立を回復し、戦後復興に活気づいていた頃であった。

聖女ファウスティナの生い立ち

ファウスティナは、ポーランド中央部第二の工業・繊維都市ウッチ（ワルシャワから西南、一二〇キロの県都）に近いグロゴヴィエツ村で、一九〇五年八月二十五日に生まれた。二日後に村の教会で洗礼を受け、ヘレナ・コヴァルスカと命名された。ヘレナは十子中の三番目。父親のコヴァルスカは農地を耕作し、副業の大工職で家計を補っていた。父は毎朝早く起き、いつも大声で朝の祈りを唱えていた。そして子どもたちに祈りを教え、聖人たちの生涯を教え聞かせていた。勤勉な母親マリアンヌは夫に尽くし、大勢の子どもの面倒を見ながら、できるだけ農業を手伝った。それでも家は貧しく、日曜日には、子どものよそ行きの洋服が足りず、交代で教会のミサにあずかっていた。それでヘレナは、家に残る当番の日曜日には、日曜のミサ典礼書を開いて、教会のミサに霊的にあずかっていた。

ヘレナは幼い時から神と祈りにひかれ、七歳の頃には、ゆるしの秘跡と初聖体を受け、修道生活への神からの召し出しを感じていた。第一次世界大戦やロシア軍の占領の結果、学校が閉鎖に追い込まれたので、ヘレナは十二歳から三年間小学校に通っただけで、一九二一年の春、ヘレナが十六歳の時、家計を助けるためにアレキサンドロワという町にお手伝いさんとして働きに行った。元来ヘレナは快活で、子どもたちへの話し方が上手で、働き先の家族から大切にされ、特に子どもたちから好かれていた。それでも修道生活へのあこがれは、募るばかりであった。

一年後、ヘレナは実家に戻り、両親に修道生活への希望を打ち明けたが聞き入れられず、その年の秋、ウッチで住み込みでお手伝いさんをすることになった。その働き先でも大変喜ばれたが、ヘレナは暇さえあれば祈りに夢中になった。

イエスの声に導かれて

一九二四年の七月、十九歳のヘレナは姉のヨゼフィーヌと一緒にウッチのカテドラル、スタニスワフ

教会裏の公園でのダンス・パーティーに参加した。そこでヘレナは自分の隣にイエスを幻視した。イエスは苦痛でもだえ、衣類をはぎ取られ、体は傷だらけであった。そのイエスはヘレナに言った。「いつまでわたしに忍耐させるのか、いつまでわたしを待たせるのか」と。その時、音楽は止まり、今まで一緒にいた仲間たちはヘレナの視界から消えていた。

その直後、ヘレナは姉や仲間たちに気づかれないようにして、そっとその場を去り、スタニスワフ教会に入り、そこで神の導きを祈っていると、「ただちにワルシャワへ行って、そこの修道院に入ってください」との返事。ヘレナは「着たきりすずめ」で、ワルシャワ行きの列車に乗り、ワルシャワに着くと、その南部郊外の聖ヤコブ教会へ行き、聖母に指示を仰いだ。

こうして一九二五年八月一日に、ヘレナは二十歳になる直前、やっと念願かなって、ワルシャワの「いつくしみの聖母会」の修道院に入ることができた。六カ月後の一九二六年二月に、ヘレナはワルシャワからクラクフのラギエフニキ修道院へ移転し、志願期と修練期を過ごした。修練を始める前に、同年の四月三十日にヘレナは修道服を着衣《ちゃくい》し、修道名をマリア・ファウスティナとした。

一九二八年にファウスティナは誓願宣立後、同じ修道院で台所・庭・門番の仕事をしていた。翌年、ポーランドの支配下にあったリトアニアの首都ヴィリニュスの修道院へ、それから一九三〇年六月にポーランド中央部プオツクの修道院に派遣され、持病の肺結核や同僚の姉妹たちからの無理解に悩まされながら、主《おも》にパン焼き、庭の手入れ、門番の仕事に従事した。

ファウスティナへイエスの出現

一九三一年二月二十二日の夜、二十六歳のファウスティナは、プオックの自分の修室で、長い白い服を着たイエスの出現を目撃した。イエスは左手を胸に当て、右手を上げて祝福していた。その衣服からは赤と青白い二色の光線が下方にピラミッド形に放射《ほうしゃ》されていた。このようなイエス出現の様子をファウスティナは、具体的に次のように書き留めている。

「夕方、私が部屋にいた時、白い長い衣を着た主イエスを見ました。一方の手は祝福するために挙げられ、もう一方は、長衣の胸のあたりに触れていました。そして、長い衣の胸元《むなもと》の開いたところから、赤と青白い二本の大きな光が流れていました。私は静かに、主をじっと見つめていました。私の魂は、恐れと同時に大きな喜びに打ち負かされてしまっていたのです。しばらくしてから、イエスは私にこう言われました。『あなたが、見ているままに、……わたしの姿を描きなさい。この絵姿《えすがた》を、まずは、あなたたちの聖堂、そうして全世界で崇敬してほしい。この絵を崇敬する人は、決して滅びないと約束する。そして、すでにこの地上にいるうちに、特に臨終の時に敵に対して勝利を収《おさ》めることをも約束する。わたしの栄光として、この人をわたし自身が守る』」と。

イエスの言葉によれば、この絵こそ、人々が「恵みをいただくためにいつくしみの泉へ近づく時、手にすべき器」である。指導司祭に頼まれて、ファウスティナはご絵の光の意味についてイエスに尋ねた。イエスは答えて、こう説明された。「二つの光は水と血を意味する。青白い光は霊魂を義とする水をあらわし、赤い光は霊魂の生命である血をあらわす。この二つの光は、十字架上で苦悶していたわたしの心臓が槍で貫かれたときに、わたしのいつくしみの深淵から流れ出た。この二つの光のもとに生きる人は幸い、なぜなら、神のみ手が彼らの霊魂を守るからである」と。

これこそ神のいつくしみの最高の証しである。詩編には、「乳離れした幼子が、母のふところに憩《いこ》うように」（詩編131・2）とあるとおり、イエスは苦悩する人を慈愛深い母親の心で探し求め、回心させ、罪をゆるし、永遠の命へ導いてくださるのである。イエスからの限りないいつくしみを受けている人は、当然、他のすべての人をもいつくしむべきである。他者へのいつくしみこそ、神のいつくしみを受け続けるための条件である（マタイ6・12参照）。

さらにイエスのいつくしみは、煉獄の霊魂にも向けられる。イエスはファウスチナに悲痛な胸の内をこう明かされる。「今日、煉獄の中に閉じ込められている霊魂をわたしのもとに連れてきて、わたしのいつくしみの深淵《しんえん》に浸《ひた》しなさい。わたしの血の泉は彼らの灼熱《しゃくねつ》の苦しみを和《やわ》らげる。わたしの正義に基づいて、その罪の償いを果たしているすべての魂を、わたしは大いに愛している。あなたは、彼らの苦しみを除去《じょきょ》することができる。わたしの教会の宝庫《ほうこ》からすべての免償《めんしょう》をとり、彼らのためにささげなさい。もしあなたが彼らの苦しみを理解したなら、絶え間なく彼らのために霊的な施《ほどこ》しをささげ、わたしの正義に対する彼らの負債《ふさい》を支払っていくだろう」と。

「いつくしみの主日」設立の勧め

また同年に出現されたイエスは、初めて、「神のいつくしみの主日を設けてほしい」と、ファウスティナにこう伝えた。「わたしは、ご復活節第二主日がいつくしみの主日とされ、このご絵が荘厳にほめたたえられることを望みます」と。イエスは、計十四回ファウスティナに出現されたが、その際の主な言葉として、「これら（二色）の光に守られる人は幸せです。というのも、神の正しいみ手はその人を放《ほう》っておかないからです。……またこの主日を祝うにあたっては、ゆるしの秘跡を受け、聖体を拝領し、（他者に）いつくしみの行為をしてください」と。

他者をいつくしまない人は、神からの愛を拒むことにつながる、と福音史家聖ヨハネは、こう述べる。「世の富をもっていながら、困っている兄弟を見ても、憐れみの心を閉ざす人のうちに、どうして神の愛が留まりましょう」（一ヨハネ3・17）と。

いつくしみのみ心の絵

一九三三年から三年間、ファウスティナは、リトアニアの首都ヴィリニュスの修道院で庭園係をし、ここでの最初のゆるしの秘跡で、彼女は聖ミカエル教会の司祭ミカエル・ソポチコ神父と出会った。この神父はファウスティナを霊的に指導し、「健康が許す限り、あなたの経験を日記に書き留めなさい」と勧めた。

一九三四年六月、ソポチコ神父は画家のエウゲニュシ・カジミロフスキに頼んでファウスティナの指示どおりに、神のいつくしみのご絵を描かせた。絵が完成した時、この「肖像」のイエスが、ファウスティナの見たイエスほど美しくなかったので、彼女は満足するどころか悲しみの涙を流した。すると、イエス自身がファウスティナを慰め、その際、神のいつくしみへの礼拝には何が大事かを教えた。「この絵の偉大さは絵の具の色や筆の美しさにあるのではなく、わたしの恵みにあるのである」と。

　カジミロフスキの描いた絵は、今日に至るまでリトアニア・ヴィルニュスの聖霊教会に置かれ、崇敬《すうけい》されている。しかし、全世界に知られるようになったのはこの絵ではなく、アドルフ・ヒワの絵である。アドルフ・ヒワが、戦争で家族全員が助けられたことへの感謝の奉納《ほうのう》として、一九四三年にいつくしみ深いイエスの絵を描いて、それをクラクフにある「いつくしみの聖母会」のラギエフニキ修道院にささげた。この修道院でファウスティナは、天に召された。

神のいつくしみの使者

　一九三五年九月十三日に、ファウスティナが、自分の修室に一人でいた時、短い祈りの言葉を内心に受けた。この祈りの言葉は罪人に神のいつくしみを得させるものであることが分かった。その翌日、ファウスティナが修道院の聖堂に入った時、彼女は次の言葉を内心に聞いた。「昨日あなたに教えた祈りを、ただちに暗唱しなさい。ロザリオを使い、次の方法でそれを九日間唱えなさい。まず『主の祈り』、『アヴェ・マリアの祈り』、『信仰宣言』を一回ずつ唱えなさい。それから、『主の祈り』でロザリオを繰り、次の祈りを唱えなさい。『永遠の父、わたしたちの罪と全世界の人々の罪の償《つぐな》いのために、あなたの最愛の子、わたしたちの主イエス・キリストの御体と御血と魂と神性をおささげします』。それから『アヴェ・マリアの祈り』でロザリオを繰り、次の祈りを唱えなさい。『御子の痛ましいご受難に免じて、わたしたちと世界の上にいつくしみを垂《た》れてください』。最後に、次の祈りを三回唱えなさい。『聖なる神、聖なる全能の神、聖なる不滅の神、わたしたちと全世界の上に、いつくしみを注いでください』」と。

　同年の十月にファウスティナは、イエスから神のいつくしみの使者となることを決定的に求められた。「わたしの娘よ。わたしはあなたを通して、人々がわたしのいつくしみを崇敬するよう求める。それでまず、あなたがわたしのいつくしみに対する優れた信頼を示さなければならない。わたしへの愛から出るいつくしみの行いをあなたから求める。あなたはいつ、どこでも、隣人にいつくしみを示しなさい。わたしは隣人にいつくしみを実行する三つの方法を教える。第一に、行いで。第二に、言葉で。第三に、祈りで。この実行によって、人は神に栄光を帰し、いつくしみは崇敬を受ける」（日記七四二）と。

種々の恵みを約束

一九三六年、ソポチコ神父は、表に神のいつくしみのご絵を、その裏には短い祈りを記した一枚のカードをクラクフの出版社に印刷させた。同年三月にファウスティナはクラクフの修道院へ移籍した。同年九月、イエスは上記の短い祈りを絶え間なく唱えること、そうすれば誰でも臨終の時に大きないつくしみを受けること、極悪《ごくあく》な罪人でさえ、この短い祈りを一回唱えるだけでも、神の無限のいつくしみによってお恵みを受けることを彼女に伝えた。

一九三六年十二月、ファウスティナは三カ月間の結核治療のため、プロンドニクの療養所《りょうようじょ》に送られた。ここでも彼女は他の患者や臨終者に仕え、イエスに教えられた「神のいつくしみへの祈り」の花束《はなたば》を唱えるのであった。さらに一九三七年の聖金曜日に、聖母がファウスティナに、「神のいつくしみの主日前の九日間の短い祈り（ノベナ）を、聖金曜日から始めなさい」と伝えた。

療養所とクラクフのラギエフニキ修道院を往《ゆ》き来《き》していたファウスティナは、他の姉妹からの誤解や持病の結核などで非常に苦しんだが、それをキリストの受難に合わせて、特にミサの中で自他の罪の償いのために、御父にささげた。そして一九三八年十月五日、クラクフのラギエフニキ修道院で三十三歳の聖なる生涯を閉じた。この死去の数年前に、ファウスティナは、遺書とも言える次の日記を残している。

「私の使命は、死とともに終わるのではなく、死とともに始まるのだと確信しています。疑っている人々よ、私は、あなたたちに神の善についてよく分かっていただくために、天国の覆いをとり除きます。あなたたちがもう、不信の念によって、最愛のイエスのみ心を傷つけることがありませんように。神は、愛でありいつくしみなのです」（日記二八一）。故ファウスティナの取り次ぎによって数多くの奇跡的な病気回復が科学的に証明されている。

神のいつくしみの信心、全世界へ

　数人の画家の描いた神のいつくしみのご絵が各地の祭壇上に置かれ、神のいつくしみの短い祈りを唱え、ご復活後の最初の日曜日にいつくしみの主日を祝い、特に午後三時に、キリストのご受難を思い起こすこの行事は、この主日と月の第三日曜にラギエフニキ修道院聖堂を中心に、クラクフやその周辺地域をはじめ、全世界に広められた。ポーランドの多くの司教たちも、この信心業を公認し、一九五一年には、枢機卿サピエハが、ご復活後の日曜日にこの修道院聖堂を巡礼した人々に全免償を与えることにした。

　教皇ヨハネ・パウロ二世は一九九三年にファウスティナを列福し、一九九七年は彼女を記念した聖堂に巡礼し、さらに二〇〇〇年四月三十日（神のいつくしみの主日）にファウスティナを列聖し、「欧州の守護者」とされた。

　また同教皇は一九八〇年に発表された『いつくしみ深い神』という回勅で述べられているように、神のいつくしみは、愛の故に世を創造した神の愛に基づいている。神の愛が永遠に変わらないからである。したがって、人間の罪によって汚されたこの世に対して、神の愛はいつくしみの形をとる。いつくしみこそ、悪からも善を引き出すことができるのである。

「神のいつくしみの主日」

　さらにヨハネ・パウロ二世は、二〇〇〇年からご復活の主日の次の日曜日（復活節第二主日）を「神のいつくしみの主日」と定め、この主日に神のいつくしみに対する特別の信心を行うよう望まれた。それは信者たちが聖霊の慰めの賜物を豊かに受け、神への愛と隣人への愛を強め、成長することができるためである。この信心によって、信者たちはそれぞれ自分を反省して、罪の赦しを得た後、兄弟姉妹をすぐに許すよう促される。

　また同教皇は、二〇〇二年六月十三日の教皇庁内赦院《ないしゃいん》謁見の際に、「神のいつくしみの主日」に免償を付与するための文書を認可された。教皇庁内赦院は、教皇の意向を受けて、二〇〇二年八月三日にその文書を発行し、この主日に全免償を受けることができる旨を発表した。

四月の聖人

「その方はここにはおられない。復活された。まだガリラヤにおられたころ、あなた方に仰せになったことを思い出しなさい」。（ルカ　24・6）

幸いなるかな心の貧しき人　天国は彼らのものである

四月二日

聖フランシスコ（パオラ）隠世修道者

（「ミニミ修道会」の創立者）

健全な魂は健全な肉体の中

「自分の命を救おうとする者はそれを失い、自分の命を失う者はそれを保つ」（ルカ17・33）。現代のわが国では物が豊富になって、衣食がぜいたく気味《ぎみ》である。その上、日常生活や職場でも機械化が進み、体を動かすことが少なくなり、一般に運動不足気味でもある。その結果、成人病が多くなり、体の生命はおろか、魂までがむしばまれ、多くの不幸を招くことになる。

本日記念するパオラの聖フランシスコは自分の肉体を決して甘やかさず、むしろ断食、労働、不眠、禁欲などで鍛《きた》えあげて、これを魂の良い道具とし、心身ともに健全に保ち、九十一歳で亡くなるまで謙虚《けんきょ》に祈りと償いによる隣人への奉仕、教会や社会国家の平和と正義のために生涯をささげた。

わが子を神に奉献《ほうけん》

十五世紀にイタリア南部のカラブリア州パオラ、海沿いの小さな村の農家に、信心深いヤコボ・アレッシオ・ヴィエンナ夫妻がいた。彼らは子ができないのを悲しみ、アシジの聖フランシスコの取り次ぎによって、子が与えられるよう神にお願いした。それが聞き入れられて一四一六年、ついに一人の男の子をもうけ、代《だい》願《がん》の聖人に感謝するため、これにフランシスコという名をつけた。ところが、この子が眼病《がんびょう》にかかったので、両親は再び聖フランシスコの取り次ぎを願い、「もし治してくださったら、将来かならず子どもをあなたの修道院に入れて、神様にささげましょう」と誓った。すると、その眼病は、たちまち全快してしまった。

父母は、大変貧しかったが、勤勉《きんべん》で神を愛し、その望みを果たすことを唯一の生きがいとし、わが子をそのようにしつけ、宗教教育を徹底《てってい》して行った。それでフランシスコも常に身の修養を怠らず、暇さえあれば、聖母像や十字架の前にひざまずいて祈り、黙想し、加えてアシジの聖フランシスコを崇敬していた。ある日、フランシスコは帽子《ぼうし》をとってロザリオを繰っていた。この日は特に寒かったので、母親は、「帽子をかぶって暖かくしなさい」と勧めたが、フランシスコは、にこやかに、「もし、ここに皇后陛下《こうごうへいか》がおられるならば、お母さんはかならず、私に帽子をとれ、と命じられるでしょう。私は今、ロザリオを唱え、天の女王に祈っていますから、どうしても帽子をかぶっているわけにはいきません」と答えたという。フランシスコが十三歳になると、父母は誓いどおりに、彼をサン・マルコの「コンベンツアル修道会」の修道院に入れた。フランシスコは、すべての規則を忠実に守り、従順・謙遜に働き、厳しい苦行をした。しかし、神の啓示によって、自分の使命は別にあることを悟り、一年後に修道院を出て自分の家に帰った。

苦行生活後に、数人の青年と共同生活

　それからフランシスコは両親と共にアシジやローマやモンテ・カッシーノへ巡礼し、帰ると父母の許可を得て、海岸沿いの岩をくり抜き、その洞窟と自分の家の静かな部屋との両方で隠遁《いんとん》生活を送った。絶え間なく祈り、黙想し、岩や木を枕《まくら》にして寝たり、しばしば断食《だんじき》したり、徹夜《てつや》したり、わが身をむち打ったりした。食べ物は山菜《さんさい》に限られていた。このような苦行《くぎょう》生活は人には隠していたが、しだいに世の人の知るところとなった。

　一四三五年、フランシスコが十九歳の時、数人の青年が、弟子入りをして共同生活をしたいと願い出た。そこで、フランシスコの両親は、わが子とその仲間のために一つの小聖堂と幾つかの小屋《こや》を造り与えた。そのうちに弟子入りを望む者が日に日に増加するので、コセンツァの司教は、一四五四年、三十八歳のフランシスコに、さらに大きい修道院と、その付属聖堂の建築を許可した。いよいよ工事に取りかかると、フランシスコも敬愛する人たちが、頼まれなくても集まってきて建築の手伝いをしてくれた。

　その後も、フランシスコの周りには不思議なことが幾つか起こった。その一つに、こんな事がある。フランシスコの甥《おい》が日ごろから伯父《おじ》フランシスコを尊敬し、その修道院に入りたいと望んでいたが、その母はどうしても許さなかった。すると息子が突然、病気になり、死んでしまった。母は、それは自分に対する天罰と思い、後悔《こうかい》の涙を流しながら遺体を修道院の聖堂に運び、葬儀《そうぎ》ミサ後、ただちに埋葬《まいそう》しようとした。しかし、フランシスコはそれを止めて、甥の遺体を自分の部屋に

運ばせ、祈り明かした。その祈りが聞き入れられて甥は、復活《ふっかつ》したのである。

甥が復活後に修道院へ

フランシスコは、それからその母のもとへ行って、今は息子を修道院へ入れるつもりがあるかと問いただしたところ、母はまだ息子の復活を知らないので、「それはもちろん、生きていてくれさえしたら、修道院へでもどこへでも、あの子の行きたい所へやります。しかし、ああ、それも今となっては手遅れになりました……」と、ため息をついて答えた。それでフランシスコは、「いや、ご承諾《しょうだく》くださったらそれでよろしい」と言いながらとって返し、息子に修道服を着せてさっそく母に引き合わせたという。

またフランシスコは、誰にでも親切で、交際しやすく奉仕的であったので、人々から敬愛されていた。それで修道院の同僚《どうりょう》をよく教え導くことができ、時には愛情深い態度で繰り返し戒めた。相手は喜んで、その忠告を受け入れた。「愛のために、これをしなさい。隣人愛のために、これをしてはいけません」というふうに同僚に忠告していた。また富める者、貧者、あらゆる社会層の人々からも生活上の心配事や魂の救いについて相談を持ちかけられたが、それにも親切に答えて安心させ、時には医者でも治すことのできない病気を、ハーブを使って治したという。

「ミニミ修道会」を創立

こうして、この修道会に入会する者が多くなり、他の所にも修道院を次々と建てていった。時の教皇シクスト四世は一四七三年に会憲を認可し、「アシジの聖フランシスコの小修士会」と名づけられた。これは同会の会憲がアシジの聖フランシスコの会憲を基とし、さらに会独自の「断食の継続」を清貧、従順、貞潔に加え、第四の誓願とした。これは肉や魚、卵や乳製品などをまったく断つことであった。しかし、同会の修道士たちの要望で、厳しい断食よりも謙遜な生活がより良いとされ、断食の規律は一九七三年に緩和《かんわ》された。一四九三年には教皇アレキサンドロ六世から「ミニミ修道会＝最も小さい者の会」と、修道会の名が変更され、謙遜な生活が表看板とされた。

教皇直轄《ちょっかつ》の修道会になってから同会はイタリアだけにとどまらず、フランス、スペイン、ドイツなどにも修道院が設立された。イタリアではパオラのフランシスコが奇跡を行う者として、その評判はナポリ王国全土に広まった。それでこの「ミニミ修道会」は国王の保護を受け、発展を続けた。

またフランスでも、「ミニミ修道会」の創立者が歴代の国王から尊敬され、ルイ十一世はフランシスコの奇跡のうわさを聞いて、病床《びょうしょう》の自分のもとに、フランシスコを招いた。フランシスコはシクスト四世教皇からの命令もあって一四八二年四月二十四日に、その宮《きゅう》廷《てい》を訪問した。国王はフランシスコの前にひざまずき、その手に接吻《せっぷん》し、病気を治してくれるよう頼んだ。それに対してフランシスコは永遠の生命が大切であることを説明し、天国のために功績《こうせき》を立てること、神の思し召しに従うことを教えた。こうして国王は一四八三年八月四日、ゆるしの秘跡と病者の塗油《とゆ》の秘跡を受け、安らかに逝去《せいきょ》された。

それに続くシャルル八世、ルイ十二世もフランシスコを大変尊敬し、その修道院を幾つか建設してあげた。その間にフランシスコはフランスのガリカニスム（教皇の首位権を制限し、教会の権限を国家権力に従属させること）を緩和《かんわ》させようと努め、さらに神秘主義を発展させ、キリストに従って、愛の業を実行し、神との親密な一致を説いていた。

そのうちにフランシスコにも寿命《じゅみょう》が来た。フランシスコは死期を予知し、同僚たちに、神を愛し互いに愛し合うべきことを諭した後に、一五〇七年四月二日、九十一歳で帰天した。逝去から十二年後の一五一九年五月一日に、レオ十世教皇から異例の早さで列聖された。現在はイタリアの船員《せんいん》の守護《しゅご》聖人、スペイン、ナポリ、ボヘミアの守護聖人でもある。

四月四日
聖イシドロ司教教会博士

勉強嫌いから司教教会博士へ

スペインのセビリア生まれのイシドロは、「中世紀ヨーロッパの教師」と呼ばれるほどの学者であったが、少年の頃は大の勉強嫌いであった。早くに両親を亡くしたので、長男のレアンドロ大司教は物覚えの悪い弟のイシドロを自分の創立したセビリアの司教座付属学校に入れ、厳格に教育したが、イシドロは我慢しきれず、とうとう学校を脱走してしまった。ところが、水くみに来ていた村の婦人に出会い、悩みを打ち明けると、その婦人から大いに励まされて、再び学校に戻った、という。

その後は司祭への道をひた走りに走り始めた。

六〇〇年、兄レアンドロ大司教の後を継いでセビリアの大司教となり、青少年の教育のため多くの学校を設立し、教会司牧・典礼や学校教育の向上に尽くし、神学、宗教、歴史、科学の諸学科に関する百科事典など、数多くの著書を世に出した。西方ラテン教会の最後の教父とされている。

大司教在位（六〇〇－三六年）中の活躍

イシドロは五六〇年頃、スペイン東南部カルタヘナから移住してきた両親のもとにセビリアで生まれた。カルタヘナの長官セビリアノを父に持つ聖人一家であった。長男聖レアンドロと次男聖フルゼンチオの弟であり、また聖女フィオレンティーナの兄でもあった。当時は、イベリア半島（現・ポルトガル、スペイン）への西ゴート族による侵入の時代であった。それでローマ帝国統治時代に国教とされていたキリスト教が、異民族の持ち込んだ異説でゆがめられ出した。

イシドロは兄レアンドロの死後、六〇〇年にセビリアの大司教となり、当時のスペインの教会が直面していた社会・政治に関する困難を数多く受け継いだ。イシドロが議長を務めた第四トレド教会会議（六三三年）によって、兄の事業を受け継ぎ、アリオ派信条（キリストの神性否定説）を排斥し、国家と教会の協調体制の他に、この会議で決定された七十五箇条の中で特筆すべきは、三位一体の信条を採択《さいたく》し、王国全域で典礼を統一することにした。この決定に基づいて典礼の研究、修道院の創立、アリオ派から西ゴート族をカトリックへ改心させるために尽くし、イベリ

ア半島のローマ人と西ゴート人を互いに和解させ、同じカトリック典礼を行い、同じ教理を信じるよう指導した。また貧しい人々へ自分の余分のお金をすべて与え、なお、その地方のユダヤ人を改宗させるために努力した。さらに大司教在位三十六年間、彼は説教だけではなく、青少年の教育にも力を尽くし、そのために学校を創立し、自ら教壇に立つことを望んだ。

文筆活動

イシドロは幅広い学識に富み、多くの著作とともにキリスト教の伝統と文化を伝えた。イシドロの後継者ブラウリオ司教の『著名者列伝』によれば、イシドロ大司教は「当代随一の知識人、古代の学問的遺産を守護し、スペインを衰退《すいたい》から防御《ぼうぎょ》し、当代の人々の教師・保護者として神から遣わされた者」と高く評価されている。当時の百科全書とも言える『語源考』は、国王シセブートの要請によってイシドロ大司教が、日常生活に必要なあらゆる諸項目に関して前代の著書からの抜粋集を作成したが、その作業はブラウリオ司教に受け継がれ、完成された。

そのほか宇宙論・気象論を扱う『事物の本性』、ラテン語文法と語義を扱う『言葉の相違』、『新旧約聖書に基づくカトリック信仰』、典礼および聖職者と信者の位階について論ずる『教会役務』の他に、教理、信仰・希望・愛、回心、良心、罪、悔俊、司牧、法律を取り扱った『命題集』の三巻がある。

聖書釈義に関するものとしては『数の書』、『旧約聖書の諸問題』、聖書中の人物八十六人に関する『人名事典』、『ゴート族史』、東西教会の伝統をまとめた『修道者規則』などがある。以上の遺徳をたたえて、一七二二年、教皇インノチェンチオ十三世（在位一七二一—二四年）は聖イシドロを教会博士と宣言された。

レオンのサン・イシドロ教会と聖者の霊性

聖イシドロの遺体は、一〇六三年にセビリアからレオン（ライオンの意味）のサン・イシドロ教会に移された。レオンを取り巻く城壁は十一世紀の一部が旧市街の北東側に残っており、六、七メートルの高さである。歴代二十三代のレオン王国の王や王妃、王子、王女が眠る『レオン王家の墓所』もこの教会に置かれている。約八メートル四方のこの墓所のアーチが交差する低い天井は、新約聖書の十五の場面や四季折々の農村生活の情景などを描いた十二世紀のフレスコ画で覆われている。レオンはかつてのレオン王国の首都で、イスラム教徒から祖国スペインを奪い返す活動の拠点となった所である。六三六年四月四日に七十六歳で死亡した聖イシドロの遺体を、当時の政治の中心であるレオンに運んで葬った。

聖イシドロの霊性の一部は、彼が常日ごろ述べていた次の言葉にもある。「常に神と共に過ごしたい人は絶えず祈り、引き続いて（聖書を）読むべきです。……わたしたちが（聖書を）読む時には、わたしたちへ語られる神がおられます。優れた読者は読んでいる内容を理解しようと努めますが、それ以上に読んだことを実行しようと心がけます」と。また、聖イシドロは自信過剰《かじょう》にならず、聖霊の働きに動かされながら、こう確信していた。「もし教理が恩恵によって支えられていなければ、たとえ教理が耳に入ったとしても、心までには届きません。外部からのわめき声は何の役にも立ちません。恩恵が取り次いでくださる時だけ、神のみ言葉は耳から心の奥底まで下って、きわめて内面的に働きかけ、改心にまで至らせます」と。

四月五日
聖ビンセンチオ・フェレル司祭

言行一致の人

話はうまいが日常生活はどうもとか、口先だけで約束は守らないとか、批判《ひはん》はするが自分は手を出さないとかいうことを、私たちはよく耳にし、そんな生活態度の人をよく見かける。なぜか？　誠意というか信念というか、人間の意志を内面から動かす原動力に欠けているからではないだろうか。聖ビンセンチオ・フェレルは弁舌の聖人であるが、言葉と聖性のつながりについてりっぱな手本を示している。

神の道具と自覚

ビンセンチオは一三五〇年にスペイン中東部の港町バレンシアで信心深い公証人《こうしょうにん》グリエリモと妻コスタンツァとの間に八子の中の第四子として生まれた。幼い頃から、修道院に入って神に仕えたいと両親に打ち明けていた。そして十四歳の時から哲学と神学を学び始め、一三六七年、十七歳でドミニコ会の修道院に入り、祈りと聖書研究に没頭した。司祭叙階後、バルセロナのカタロニア大学でさらに研究を続け、一三七八年、二十八歳で神学の博士号を取得した。

　その後ビンセンチオは故郷のバレンシアに帰り、熱烈な説教を始めた。内面の信仰からほとばしり出る彼の一語一句は聞く者の心を揺り動かし、神の愛を伝える大きな力となった。彼は自分が神の道具、神の代弁者にすぎないと自覚し、神への愛の情熱から全身全霊を傾けて説教していたのである。名声とか利益をなんら求めず、かえって自分の惨めさや罪を深く意識して、謙遜な慈愛深い態度で、聴《き》く人の魂に呼びかけた。ビンセンチオがすぐれた説教家であったのは、説き聞かせ、感動させ、回心させる――この三つの事柄を実践していたからである。ビンセンチオ自身も自著の中で私たちにこう教えている。

「あなたは、自分の利益のために学びたいのですか？　あなたの学問をすべて神にささげなさい。自分を学識経験者にするために学問するのではなく、聖人になるために勉強しなさい。書物にのみ頼ることなく、神に尋ねなさい。そして書物で読んだことをよく理解できるように謙遜に神にお願いしなさい。学問だけに熱中すると、あなたの身も心も疲れさせてしまいます。ですから勉学の合間《あいま》にも、たびたびキリストのもとで祈って、新しい勇気と力をいただきなさい。そうすれば慈愛深いキリストは願いをお聞き入れになり、傷のうちにあなたの疲れた魂を憩《いこ》わせてくださいます。祈りとともに学び、祈りとともに終えなさい。学識は私たちの光であるおん父のお恵みです。それ故に、単に理性のためだけや自己の利益のためにのみ使うものと思ってはなりません」と。

悔い改めの心と神への愛

　このようにビンセンチオは謙遜と十字架上のキリストのご受難に合わせた毎日の労苦によって、人々に悔い改めの心と神への愛を起こさせることができた。また彼は激しい情欲にさいなまれ、不浄な想像に苦しめられたが、深く心からへりくだり、ひたすら祈ることによって、それらを追い払った。

　彼がバレンシアで説教に情熱を燃やしていた時、フランスのチャールズ六世を訪問される教皇使節ペトロ・デ・ルナ枢機卿が、その途中にこの町に立ち寄ら

れたことがあった。卿はビンセンチオの学徳兼備に感動されて、フランスへの一行に彼を加えることを望まれた。そして彼の説教はスペインにおけるより以上に、フランスにおいて成果を上げることができた。後に彼はフランスのアビニョンに行き、そこで教皇庁の高位の聖職に任じられようとした。しかし彼は、いろいろの特権を与えられることを好まず、いつまでも使徒職としての説教家でいることを望んだ。

教皇特使として説教行脚《あんぎゃ》

一三九八年、ビンセンチオは四十八歳の時、重病にかかったが、聖ドミニコと聖フランシスコのとりなしで奇跡的に回復した。同年教皇特使に任ぜられ、以来二十年間、イタリアのロンバルディア、ピエモンテ、スイス、フランス、スペインを説教して巡った。行く先々で熱のこもった説教をするビンセンチオの後には、多くの回心者や霊的指導を受けようとする人の群れがつき従った。彼の力強い説教は数百人の罪人の頑《かたく》なになった心をも和らげ、教会を離れていった人たちさえも教会へ連れ戻した。

英国のヘンリー四世の招待を受けて英国へ渡った時も、ロンドン、スコットランド、アイルランドと余す所なく説教して歩いたが、暇さえあればたえず祈り、厳しい大斎《だいさい》（断食）を守った。この説教行脚には、ドミニコ会修道士が四、五人付き添って、ビンセンチオを助けた。時には神から不思議な力を受け、彼が自国語のスペイン語で説教しても、ドイツ人が聞けばドイツ語に聞こえ、フランス人が聞けばフランス語に聞こえた。広場で数千の聴衆に説教することもあったが、その声は隅々《すみずみ》まで響き渡ったと言われている。

当時、聖ビンセンチオがフランスに赴《おもむ》くと、ちょうどそこでは懐疑主義が教会を分裂させ、アビニョンの教皇庁を巻き込んだ絶え間ない争乱が渦巻いている最中だった。彼はこの混乱の原因が、キリスト教国における教会内の無秩序であることに気づいた。そしてこういう混乱の時には、弱い人々を助け、罪人の目を開かせることがいかに大切なことであるかを悟り、声を大にして神の教えを説いて歩いた。その彼の声はまるで雷鳴《らいめい》のようにとどろき、教会の隅々まで響き渡ったと言われている。

彼はいつも人々に原罪について、最後の審判について、そして地獄のことについて説き聞かせた。彼は自分の説く言葉が本当に人々の魂に永遠の救いへの火を投げ入れているかどうかを知るために、聴罪《ちようざい》に多くの時間をさいた。彼は説教によって多くの魂を救っただけでなく、神は彼の心からの祈りに応えて、病人や苦悩する人々の上に奇跡を行われたことさえもあった。

聖ビンセンチオは総会長に宛てた手紙で、異端者や背教者の出る第一の原因が、彼らの無知であるということを報告した。彼はこう書いている。「私はりっぱな家の中で、苦労なく生活している高位聖職者に対して、人々が厭《いと》うべき批判をするのを聞くたびに、心から恥ずかしく思い、それと同時に、キリストが十字架上で流された御血によって贖《あがな》われるべき多くの魂が路頭《ろとう》にさ迷っているのを考えると、恐れ震《ふる》えるのです。そして限りない神の恩恵を賜りますようにと、声を大にして祈らざるをえないのです」と。

ユダヤ人やイスラム教徒を改宗

なおビンセンチオの名声を聞いたグラナダのイスラム教徒たちから、説教を依頼されることもあった。彼は喜んでこの招待に応じた。多くのユダヤ人やイスラム教徒たちが神に魂の救いを求めているように思えたからである。その説教の結果、たくさんの改宗者を出した。このままでは全員改宗するのではないかと、イスラム教の指導者たちは恐れをなして、国王にビンセンチオを追放してくれと要請したほどであった。トレドでの説教でも多くのユダヤ教徒の改宗者を出したので、改宗者たちは自分たちの会堂を聖母マリアにささげた聖堂として使用してくれるよう申し出た。サラマンカでも同じことが起こり、ユダヤ教徒の改宗者は、その会堂を十字架の聖堂と改名した。そんな忙しい説教行脚の中でも、ビンセンチオは『霊的生活への指南《しなん》』や『信仰への指南』を書き残した。

一四一九年、フランス北西のブルターニュ地区で二年間説教した。もはや六十九歳の身で思うように歩けなかったが、その説教には若い日の情熱と感動がこもり、ブルターニュ教会の刷新に大きな影響を及ぼした。そしてバンヌの町で四旬節の説教を終えた後、急病にかかり、一四一九年四月五日、六十九歳で静かに天を仰ぎながら息をひきとった。遺骸はスペインのバレンシアの司教座聖堂に安置されている。一四五五年六月三日に教皇カリスト三世（在位一四五五―五八年）から列聖された。

四月七日

聖ヨハネ・バプティスタ（ラ・サール）司祭

（「ラ・サール会」の創立者・学校と教師の守護聖人）

「皆さんが教える子どもたちの、貧しいぼろ布の下にイエスを認め、礼拝してください。……貧しい人々をキリストのご像として、また、その聖なる霊をもっとも豊かに受ける可能性をもつ人として見るようにしてください」。

これは近代教育の先駆者と呼ばれる聖ヨハネ・バプティスタ・ド・ラ・サールが、ラ・サール会員向けに書いた黙想集の一部であるが、ラ・サール会員の持つべき霊性の核心である。彼は名門に生まれながら、地位、財産、快楽を全部捨て去り、民衆のために、民衆の中に生き、特に青少年教育に全身全霊を打ち込んだ。あらゆる妨害、貧困、労苦に屈せず、言葉よりもむしろ聖なる生活をもって人々の心にキリスト教的精神を吹き込み、人間を内側から改造し、徐々に社会革新への道を開いた。

司祭へ向けての養成

彼は一六五一年、日本では慶安四年、徳川三代将軍家光の死去した年に、フランス北部のランスの名家に五男二女の長男として生まれた。敬虔な家庭の中で知徳両面において十分教育され、早くも十一歳で司祭を志し、その勉強を始めた。その知能は静かにゆっくりと物の本質に迫《せま》り、物事の因果関係を徹底的に理解し、また、その熱心な研究心のために神学、哲学のあらゆる面に広い知識を得た。一六六七年には十六歳でランス大聖堂の参事会員となった。その後、パリのソルボンヌ大学で学び、一六七〇年十月、十九歳でサン・スルピス神学校に入学し、勉学はもちろん、規則で定められた以上のことを果たし、教授らの注目を集めた。

その学業中に母と父を相次いで亡くしたので、やむなく二年足らずのパリ滞在を打ち切り、ランスへ戻った。父の家を万事取りしきり、年少の弟妹たちの面倒を見なければならなかったからである。その忙しい間にも司祭への初志《しょし》は諦《あきら》めず、神学の勉強を続けていた。

貧しい生徒の教育と「ラ・サール会」創立

一六七八年、二十七歳のラ・サールは故郷ランスの大聖堂で司祭に叙階され、同地で、司教の片腕《かたうで》として司牧に活躍し、その二年後に神学博士号を取得した。

当時のフランスはルイ十四世の治下で繁栄していたが、一般大衆の教育は、なおざりにされていた。ラ・サール神父は、そのことを大いに心配していた。その頃たまたま、ラ・サール神父はルーアン市に学費のいらない女学校を設立したマイユフェル夫人から、教育事業に熱心なルーアンのアドリアン・ニエルという教育家を紹介された。ニエルはランス市に学校を創設しようとしていたので、その夫人はラ・サール神父にニエルへの学校設立の協力を依頼した。ラ・サール神父は慎重に考え、よく祈り、賢明な人々の意見を聞いた末、ニエルの教育事業に引き込まれていった。しかし学校経営が難しくなると、ラ・サール神父は一六八一年六月二十五日、親類の強い反対を押し切って、教員全員を自宅に住まわせて共同生活を始めた。この日がキリスト教学校修士会（ラ・サール会）創立記念日となった。ところが間もなく、ラ・サール家からも町の人々からも、生徒たちが騒々《そうぞう》しいという苦情が出たので、翌年ラ・サール神父は、仕方なく自費でヌーヴ街の一軒家を借り、そこで授業を始めた。

ラ・サール会員らの従順の誓願

一六八四年五月、献身的な教師を十二人選び、黙想会の終了後、共に従順の誓願を立てて「ラ・サール会」の第一回総会を開いた。日本の元禄時代にあたる当時のフランスでは、危険な宗教思想が二つはびこっていた。一つはヤンセニスムで、これによると人間の自由意志は道徳善を何一つ行いえないし、神からの慈

悲もないので、日常生活は厳格でなければならないとする。もう一つは静寂主義で、これによると、人間は完全になるために自分を全面的に捨てて神に委ね、受動的になるべきである。それで外的な信心業を軽視し、節制も秘跡も必要でないとした。

このような風潮に対抗して、ラ・サール神父は頻繁《ひんぱん》な聖体拝領を勧め、最も頼りにならない人々にさえ広い理解と信頼の心をもって、その潜在能力《せんざいのうりょく》を引き出し、これを本人と社会の幸福のために役立てるように仕向けた。弟子たちに対しては、いろいろな欠点や不足を知っていても、わずかな長所と能力があれば、これを伸ばすためにそのまま働かせたり、重要な地位に就けたりした。そして、弟子たちを愛していることを言葉よりも誠実な行為で示そうと努め、親身《しんみ》になってその世話にあたった。もちろん、弟子の欠点は欠点として親切に戒《いまし》めた。他人に厳しい人に対しては、「あなた自身に打ち勝って、穏やかに情をもって相手に応じなければなりません。そうすれば、あなたが辛辣《しんらつ》にお叱りになる場合よりも、はるかに一同を矯《た》め直せるものです」と言うのだった。

自己に厳しく、他者に情け深く

会員は、ごく質素な衣食住に甘んじ、ほとんど無料で青少年の教育に当たった。初めのうちは子どもの教育が厳しすぎるとか、一六八四年の大飢饉《ききん》以来、物乞いをしながら教育費を稼《かせ》いでいたので、物もらいのようだとか非難されていたが、次第にラ・サールの教育法が世に認められ、ほうぼうの都市から学校の設立を求められた。

彼は、自分自身に対しては恐ろしいほど厳格であったが、他者にはきわめて情け深く、自分にできないことを他人に勧めたり、求めたりは決してしなかった。

教師には次のように教えていた。「教師たちは口数《くちかず》を少なくし、言うことは一定のことにし、重みがあるように、限度を超えないようにしなければならないし、落ち着いて有無《うむ》を言わせない態度で生徒に接し、自分の言ったことは実行させるようにする。慣れ親しむことは警戒せよ。もし教師が慣れ親しむと生徒たちは横《おう》柄《へい》になり、教師を教師とも思わなくなる」と。また彼は、生徒たちが「各々の絶えざる努力」によって授業に積極的に参加することを求めた。例えば数学において、「教師は生徒が解かねばならない問題を出してやるだけで満足せず、皆がその能力に応じて、自分自身でもっと別の問題を作り出すように仕向けなければならない」と言った。

近代教育の先駆者

一六九九年十月、二十歳以下の若者のために、日曜と祝日の工芸学校を開設した。また、フランス最初の工業学校と師範学校とを創設した。彼は、当時としては画期的《かっきてき》な集団教育という教育の形に変化をもたらしたことから、「近代教育の先駆者」と呼ばれている。一七一九年、六十八歳で帰天。

一九〇〇年五月二十四日、レオ十三世によって列聖された。その精神や教育法は、今なお全世界八十四カ国で活躍するラ・サール会員たちに受け継がれ、人々の知恵を照らし、心を温め、永遠の幸福へ導いている。その結果一九五〇年五月十五日に教皇ピオ十二世から教師たちの守護聖人と宣言された。

現在六千人近い会員は司祭ではなく、すべて修道士で、日本にはカナダ管区のモントリオールから昭和七年に函館に到着した。現在は函館の他に、仙台にラ・サールホーム、東京・日野にラ・サール学生寮を経営し、鹿児島でラ・サール高校やホームなどを経営し、有名大学への進学率を高め、教育、宣教の使徒職に従事している。

四月十日

聖マダレーナ・カノッサ修道女

（「カノッサ修道女会」の創立者）

社会刷新に献身

「現代の人々の喜びと希望、苦悩と不安、特に貧しい人々とすべて苦しんでいる人々のものは、キリストの弟子たちの喜びと希望、苦悩と不安でもある。真に人間的なことがらで、キリストの弟子たちの心に響かないものは何もない」（現代世界憲章の序文）。

「カノッサ修道女会」の創立者マダレーナ・カノッサは、十八世紀末、西欧の社会的混乱と貧富の差の著しい時代に、貧しい家庭の子女教育、各年層への要理教育、病者訪問、黙想指導、農村青年への霊的、職業的セミナーなどの手段を用いながら、神と隣人に奉仕し、神の救済のみ業に協力し、キリストにおいて、キリストによって人間の救いと人間社会の刷新に力を尽くした。

寛大な貴族の両親

マダレーナ・ガブリエラ・ディ・カノッサは、一七七四年三月一日、北イタリア・ヴェネト地方のヴェローナでカノッサ侯爵家《こうしやくけ》に生まれた。父親のオクタヴィクス侯は武人であり、貴族であり、熱心な博物学者、地質学者でもあり、信仰心もあつかった。母のテレサは信心深い伯爵家出身の婦人であり、五人の子どもに信仰を伝えた。カノッサ家は使用人に思いやりがあり、チップを惜しみなく与え、病気や災難に見舞われれば経済的な援助を惜しまなかった。マダレーナは兄弟や使用人に見守られながら恵まれた環境の中で、快活にすくすくと育った。しかし五歳の時、愛する父を山岳《さんがく》遭難《そうなん》で失い、しばらくは食べることも遊ぶこともないほど心に深い痛手《いたで》を負い、その運命が狂いだした。それから二年後に母親がマントヴァの侯爵と再婚したのをきっかけに、当時の貴族の習慣に従ってカノッサ家の危機が生じた。子どもたちは義父の侯爵のもとに引き取られず、二人の舎監《しやかん》によって離別させられたからである。マダレーナは冷酷な舎監に引き取られたが、間もなくしてそこを去った。

私の花婿《はなむこ》は主キリスト

それでマダレーナはミラノのサレジオ会の寄宿舎に入り、修道女の生活を見たり、サレジオの聖フランシスコ（一月二十四日参照）についての話を聞いたりした。その後、見るに見かねたジェロニモ叔父がカノッサ邸でマダレーナの世話に当たった。

さらに一七八九年、マダレーナは十五歳の時、座《ざ》骨神経痛《こつしんけいつう》や天然痘《てんねんとう》にかかったが、心配する人たちをよそに、「まだ当分、死にそうにもないわ」と持ち前の陽気さを発揮《はっき》して繰り返し言っていた。「一生あばたになったら、どうしよう」と看護師たちも気が気でならなかったが、マダレーナはジェロニモ叔父に向かって、「叔父さま、あたしの選んだ花婿は、あたしの顔のことなど気になさらないの。あたしは、誰にもきれいだなんて言ってもらわなくていいのです。修道女になるのですから」と落ち着きはらって言うのであった。

一七九一年、マダレーナは十七歳になった。あばたは残らず、花も恥じらう美しい、聡明《そうめい》な令嬢《れいじょう》として、若い貴公子のあこがれの的《まと》であった。亡き父の代わりとなったジェロニモ叔父から結婚話をされても、「あたしの心をとりこにした花婿は叔父さまが選んでくださる方より金持ちで、うるわしく、しかもずっと偉大な方なのです。それはほかでもない、主の主、王の王でいらっしゃるイエス・キリスト様ですもの。あたしは、その方の所へ参ります」と答えるのであった。

カノッサ邸をナポレオン軍に提供《ていきょう》

そして、マダレーナは叔父をどうにか説得し、指導司祭の勧めに従って、一七九一年から「カルメル会」に身を寄せることにした。その翌年に同会の院長に胸中を打ち明けた。「私はカルメル会員たちの貧しい修室や、裸足《はだし》や囲いや聖務日課が大好きですけれども、しかし貧しい者、無学な者、病人、罪人などが私の奉仕を期待しているような気がしてなりません……」と。

院長はマダレーナの意図が誠実であり、受けた霊感がきわめて深く誠実であることを悟ったので、神の計画がもう少し、はっきりするまで何も決めないで、家に戻るほうがよいのではないかと勧めた。指導司祭も同じ意見であったので、同会を退会した。

一七九六年、北イタリアは数年前からフランスの革命軍におびやかされていたが、今度はナポレオンの軍勢に侵略されることになった。そしてナポレオンは、アディジェ川（アルプス山脈を源流とし、ガルダ湖に注ぎ、河口はベネチア南部）を隔ててオーストリア領に接しているカノッサ邸内に自分と武官と付き添いの兵隊のために、しばらく館《やかた》の一部を提供してくれと要求したので、やむなくカノッサ邸を明け渡した。

福祉施設で活動

それでマダレーナは、ピエトロ・レオナルディ神父の経営する福祉施設に移転した。ここに収容されている孤児たちのために、以前からたくさんの施《ほどこ》しをしていたのである。マダレーナは、当時の北イタリアの上流婦人のように病院訪問や多額の寄付をすることはできなかった反面、余暇があったので、孤児たちに親しむ機会が多くなり、お守りをしたり、遊ばせたり、言葉の不自由な孤児にも話をしてあげた。

　この頃マダレーナは、自分が接している貧しい人がひどく無知であることに気がついた。その結果、キリスト教の教義を教えるという使命、言いかえれば神のもう一つの宝物を発見できたのである。そこでマダレーナはヴェローナの数人の司祭たちに、聖カロロ・ボロメオ（十一月四日参照）の「教理問答《もんどう》指針」に従って教理を教えるよう要請《ようせい》し、自分は召し使いたちに宗教の真理を語り始めた。そして善い模範を示すだけでは足りない、行動も必要だ、とマダレーナは現代のカトリック・アクションという名の宝石を他の人より、一世紀も前に見つけ出した。

　その頃、貧しさと無知とが罪の源となっていたので、一八〇〇年、マダレーナは貧しい人を救うために、「小銭《こぜに》会」を設立した。そして、子女の教育と教師の養成という大事業に手を着けたのである。

孤児たちに学校教育

　当時の学校と言えば、婦人たちの経営する初等学校だけであった。マダレーナは、そういう学校の女性教師か家庭教師の中から自分の事業の協力者を得た。

　一八〇三年七月一日、マダレーナは二人の同志と共に、ヴェローナの一軒の家を学校に行けない少女たちのために解放した。そしてマダレーナは集まってきた汚れた子どもたちをつかまえては、自分で体を洗ってあげたり髪をとかしたりしてあげた。その後にマダレーナたちが用意しておいた服に着替えさせて、授業を始めるのである。

二人の協力者は、かねがねマダレーナに教えられたとおり、まず、縫い物、編み物、繕《つくろ》い物など、すぐに役に立つことを教えた。

ヴェローナきっての名門、カノッサ家の女主人が、よるべない子どもたちの母となったことについて、世間の人にはなんとしても理解されず、ことのほか親族側からは、家門《かもん》を汚さないでくれ、と反対運動が起こった。

しかし、マダレーナは親族を説得し、一八〇五年、ナポレオン皇帝に会って、ヴェローナにある建物（元アウグスチノ会の聖ヨセフ修道院）を校舎《こうしゃ》の代わりに使ってもよいとの許可まで取りつけたのである。そして一八〇八年、マダレーナはヴェローナでリフォームされた修道院で、二、三人の教師と大勢の子どもといっしょにミサにあずかり、慈善学校を設立し、協力者の女性たちと共同生活を始めた。

「カノッサ修道女会」を創立

こうして修道会としての形式を整えたマダレーナは、一八〇八年五月七日、正式に「カノッサ修道女会」を創立し、各修道院の貴婦人たちや教師たちのために黙想会を開き、協力者や後継者の養成に意を用いた。そして信徒使徒職に大きな期待をかけ、自分の設立した「キリスト信者の母の会」の会員から慈善事業の協力を大いに受けた。

マダレーナは、お金のことではいっさい気をもまなかった。もともとカノッサ会の真の創立者は聖母マリアであるから、たとえ口に出して祈らなくても天の助けに事欠くことはないと信じていた。それで、マダレーナは各支部の院長たちに宛てた手紙の中で、お金が足りなくなったら、いつでも遠慮なく言って申し出るように、と繰り返し強調した。

ある夜、マダレーナのいる修道院の修道女たちや子どもたちの食べる物がまったくなくなってしまったことがある。すると後にも先にも見たことのない男が、門番のシスターに一通の封筒《ふうとう》を手渡していった。中には紙幣がぎっしり詰まっていた。またある時は、食料を積んだ荷物が何台も修道院の外庭に着いて、送り主の名前を知らない作業員たちが山のような積み荷を下ろして立ち去ったという。

女子の収容施設を開く

マダレーナは病院を訪問しているうちに、哀れな病人たちが、共通の悩みを持っていることを知った。貧しい人は、全快しないうちに退院させられても、後の面倒《めんどう》を見てくれる者がいない。ことに病気の回復期の若い女性は生計を立てるめどがつかないままに、悪者《わるもの》の好餌《こうじ》になる危険がきわめて多い。それでマダレーナは司祭や善意の貴婦人の協力を得て、一八一〇年、ベネチアに病気の回復期の女子を収容する施設と学校を開くことができた。ここでは伝染病以外の患者は、人並みに働くことができるようになるまで静養でき、全快のあかつきには、なんとか暮らしていけるだけの仕事を見つけてもらえたので、下心《したごころ》のある人々のお慈悲にすがって食いものにされながら生きてゆく必要はなかった。マダレーナは同地で教育と医療を主な使徒職とする「カノッサ修道女会」の会則を起草《きそう》し、会員の生活様式と事業と服装を定めた。

一八一六年の北イタリアの飢饉の折、マダレーナは食料不足と疫病に苦悩する人々を見て、仲間の修道女たちの先頭に立って街頭に現れ、病院や貧民窟《ひんみんくつ》を駆けめぐって救済に務めた。同年にミラノでも、貧しい子女のための学校を開いた。

マダレーナは、一八二〇年代から三〇年代にかけて、苦楽を共にした愛《いと》しいシスターたちに先立たれたが、ついにある日、いよいよ自分の番が回ってきたことを悟った。長年ぜんそくに悩まされ、一八三〇年にひどい吐血《とけつ》があり、高い熱を出し、肺炎《はいえん》にかかった。しかし、これはなんとかもちこたえた。それから数年間、何回も病気を再発し、一八三五年四月十日に、ヴェローナで病者の塗油の秘跡を受け、会員たちに見守られながら、六十一歳の実り多い、偉大な生涯を閉じた。その後、一九八八年十月四日、教皇ヨハネ・パウロ二世によって列聖された。

後継者ら、日本でも活躍

その後、「カノッサ修道女会」は全世界に広がり、日本には一九五一(昭和二十六)年五月に渡来。福岡教区司教の招きにより、福岡県大牟田市に明光学園（中・高校）を開校。現在、会員たちは東京都世田谷区桜上水に本部および修練院を置き、鹿児島の大口市に大口名光学園（中・高校)、東京世田谷区と熊本の水俣市で幼稚園を主とする宣教活動に当たっている。これに加え、この修道女会の愛徳事業に共鳴し、創立者の精神をもって働く女性ら（未婚・既婚を問わず）の「在世カノッサ会」が教皇庁から認可されている。

以上の方々は、「キリストが知られ、愛されるように」という創立者の使徒的熱意を受け継ぎ、十字架上で人類の救いのために完全に与え尽くすキリストを模範とし、教会と社会の必要にたえず目を向けながら、福音宣教、聖書と要理教育、学校教育、社会福祉活動に生涯をささげている。

四月十一日

聖スタニスラオ司教教会博士

（ポーランドの保護者）

困苦欠乏に耐えた幼少年

教皇ヨハネ・パウロ二世の故郷ポーランドのクラクフ市で一九七九年にこの地の最初の司教であった聖スタニスラオの殉教九百年祭が祝われ、教皇ヨハネ・パウロ二世も、それに参加された。

スタニスラオの両親は、ポーランドの著名な家系の出であったが、結婚以来三十年も子宝に恵まれなかった。それで祈りを重ねるうちに、やっと一〇三〇年の七月に、クラクフ郊外の小村でスタニスラオを授けられた。感謝の念から両親は、わが子を将来の聖職者として神にささげることに決め、信心の面でも、貧者への愛の面でも、節欲の面でもりっぱな手本を示し、厳しいしつけをした。

つまり、現代の過保護教育の逆を行くような心身の鍛錬を行ったのである。この手本でスタニスラオは幼い頃からよく祈り、よく節制し、よく学び、食事の量を減らし、ひそかに床の上に眠り、寒さや困苦欠乏《こんくけつぼう》の生活に自分を慣らしていた。両親の期待や友人の望みに応えて「ベネディクト会」経営の学校での学業成績は抜群《ばつぐん》であったが、信心の面での進歩にも常に心を配《くば》った。遊興《ゆうきょう》に浮かれるのを好まず、健康の許す限り気晴らしは最低限にし、小遣いも、ひそかに貧しい人へ分け与えていた。

クラクフの司教に選任

後に母国の一流校グネーゼン大学を卒業後、パリ大学に留学した。学習能力に加え、その柔和、謙遜、淡白、公平によって、どこにおいてもたくさんの友人をつくり、教授たちや知人に褒めたたえられた。パリでは教会法と神学を七年間学んだが、博士号が与えられるのを謙遜して断り、故国へ帰った。

まもなく父母に死に別れると、その莫大《ばくだい》な遺産を貧者に分け与えるのであった。後にスタニスラオはクラクフの司教ランベルトから司祭に叙階され、司教区の参事会員、副司祭、さらにランベルト司教の逝去により一〇七二年、四十二歳でクラクフの司教に選任された。司教は説教する前に、身をもって教区民に手本を示した。まず熱心に祈り、しばしば節食し、貧者を助け、清い生活をした。そのため司教のひと言は千鈞《せんきん》の重みがあった。

復活して法廷の証人となる

前の国王ボレスヴァフ二世はわがままで、邪欲《じゃよく》のとりこになり、侍従《じじゅう》の妻や娘に対し、しばしばわいせつ行為に及んだ。侍従は後難を恐れて泣き寝入りし、ただ司教に頼んで忠告してもらうだけであった。そこでスタニスラオが諫《いさ》めると、初めはおとなしく改心を誓ったが、時がたつにつれて以前よりもだらしなくなった。スタニスラオも大胆に、このような不倫《ふりん》を続けるなら破門も覚悟しなければならないと戒めたが、その後も改めないので、王を破門した。王はこれを根にもち、司教の名誉を傷つけようと謀《はか》った。

その頃スタニスラオは、ペトロという一農夫の土地を教会用地に購入し、その代金を支払った。王はペトロが領収書を渡《わた》さぬうちに急死したと聞いて、ひそかにその遺族に命じ、「スタニスラオ司教は、私どもの土地を奪いました」と法廷に訴えさせた。

スタニスラオは土地の件に詳しい証人もいることだし、自信をもって出廷したところ、証人も王に買収《ばいしゅう》され、司教に不利な証言をした。苦境に立った司教は、判事に「では、もっとも確かな証人を連れてまいりますから、三日の間お待ちください」と申し出た。判事は、他に証人など出ることはあるまいと高《たか》をくくり、三日間待つことにした。

伝えによるとスタニスラオは三日間断食し、熱心に祈り、

三日目の朝、ミサの後、司教の盛装《せいそう》をしてペトロの墓に行き、その墓を開かせて、「復活せよ！」と言った。するとペトロは息を吹き返し、司教に同行して法廷の証人台に立ち、土地売買の件を明らかにして、再び墓に帰り、死者になったという。

不品行な王は国外追放

この奇跡に驚いた王は、一時改心したが、後に習慣的に同じ不品行を繰り返し、スタニスラオの再三の忠告をもうるさがり、はてはこれを殺害しようとたくらんだ。一〇七九年四月十一日のこと、四十九歳のスタニスラオ司教が町外れの聖ミカエル聖堂でミサをささげているところを、ボレスヴァフ王は部下を率いて乱入し、自ら司教を斬《き》り殺した。

王はこの後、国民の反乱にあってハンガリーに追放され、ベネディクト会在俗修道士として償いの生活をし、亡き司教は一二五三年、教皇インノチェンチオ四世（在位一二四三―五四年）から聖人の位に上げられた。

四月十三日
聖マルチノ一世教皇殉教者

キリストは真の神・真の人間

五世紀から七世紀にかけて、キリストは真の神であっても人間ではない（単性説）とか、神としての意志はあっても人間としての意志はない（単意説）とかいう異説が生じて教会の支柱を揺るがしていた。四五一年の「カルケドン公会議」で単性説を排斥し、キリストは真の神であり、真の人間であるという教理を確立した。また六四九年の「ラテラノ公会議」は規定第十条によって単意説を排斥し、キリストには神としての意志と働きと人間としての意志と働きがあるという教理を確立した。

本日記念する聖マルチノ一世教皇殉教者は、この「ラテラノ公会議」を招集した故に東ローマ（別名ビザンチン）皇帝コンスタンス二世の怒りに触れ、投獄されて殉教した最後の教皇殉教者である。

「ラテラノ公会議」を開く

　その頃、東ローマ皇帝は、教会の動きが政治にも大きく反映し、国の統一を左右するのを恐れ、教会の教理内容にも干渉《かんしょう》し、当時、教会を大きく二分していた単意説について、「これ以上議論はやめろ、やめないと厳罰に処する」と脅《おど》した。教皇マルチノ一世（在位六四九―六五五年）は、この脅しにひるまず、六四九年に教皇に選任されると間もなく、同年十月三十一日、ローマのラテラノ大聖堂で公会議を開き、「真の神、真の人であるキリストに、神としての意志と人間としての意志がある」と宣言した。

　これを知った皇帝は、激怒し、教皇を政治的陰謀《いんぼう》をたくらむ反逆者として告発し、ラヴェン総督府に、教皇を逮捕して東ローマ帝国の首都コンスタンチノープル（現・トルコのイスタンブール）に連行せよと命じた。それで六五三年六月十七日にマルチノ一世教皇は病気中にもかかわらずラテラノ大聖堂で捕らえられ、ナクソス島に一年間禁固させた後、翌年コンスタンチノープルに連行した。その旅行中も入獄の間も、マルチノは筆舌《ひつぜつ》に尽くせないひどい虐待《ぎゃくたい》を受けた。そしてコンスタンチノープルでは死刑の宣告を受けた後、皇帝の面前で、教皇位を剥奪《はくだつ》された。しかし、皇帝は信者の大反響を恐れて、刑の執行には踏み切れなかった。

最後の教皇殉教者

　その後、コンスタンチノープルの総大司教パウルス二世の嘆願により、追放の刑に減刑《げんけい》され、クリミア半島のケルソンに移され、そこで多くの苦しみと辱《はずかし》めを黙って忍び続けた。中でも特に苦しかったのは、ローマの聖職者たちが教皇のことを忘れ、その死去をも待たずに後継者を立てたことである。そしてケルソンで六五五年九月十六日、ついに獄死《ごくし》した。カトリック教会もギリシア正教会も四月十三日にマルチノを最後の教皇殉教者として祝っている。

四月二十一日

聖アンセルモ司教教会博士

貴族の母からの影響

中世の大神学者、イギリスのカンタベリーの大司教であった聖アンセルモは、一〇三三年、北イタリアはピエモンテ州のアルプス山脈に近いアオスタ市に貴族の長男として生まれた。特に母は徳の高い女性で、彼はこの母から強い感化を受けたものと思われる。生涯を通じて、ますます強くなる信仰、変わらない信念、どんな困難にあっても、くじけない勇気は、この母によって与えられたものであろう。

アルプスの山脈を越え

十六歳になったアンセルモは修道院に入りたいと思った。生家の近くにある「ベネディクト会」の修道院を訪れ、院長に会って入会を求めた。修道院長は、「ご両親に相談しましたか、賛成なさいましたか」と尋《たず》ねた。それは、彼が独り息子であって、父の家と財産を相続しなければならない身分であることを、院長が知っていたからである。

アンセルモは、人生途上で最初の拒絶《きょぜつ》にあって失望落胆《らくたん》した。さらに間もなく、優《やさ》しかった母が亡くなった。それまで母によって支えられてきた信仰も大きく揺《ゆ》らぎ、好きだった学問の勉強も、まったく手に付かなくなってしまった。いつか町の若者たちと付き合うようになり、悪い遊びを覚え、自堕落《じだらく》な日々を送るようになった。

しかし、修道院に入りたいという希望はまったく消えてしまったわけではなく、毎日のだらしない生活を後悔しはじめるとともに再びその希望は、以前にもまして強く燃え上がった。だが、父は許さなかった。そればかりでなく息子の行動を厳しく監督するようになった。アンセルモは、ついに家出《いえで》を決意した。幸せなことに、父は学問を続けることは許してくれたので、勉強のためということで、ある日、一人の召し使いを連れて旅に出た。アルプスの山脈を越え、フランスへ行った。ところが、食料と飲み物を十分に持っていなかったので、旅行の途中、飢えて今にも死にそうな目にあった。その時、なぜか漠然《ばくぜん》と、このアルプスの山

を越えれば大きな町へ出られる道が見つかるという気がした。しかし疲れのため、うとうとと眠ってしまった。
　すると、夢で国王のようなりっぱな姿の人が現れ、丁重《ていちょう》に彼を引《いん》見《けん》し、その飢えていることを知ると、召し使いに命じて真っ白な大きなパンを持ってこさせた。夢はすぐ覚めたが、その印象は強烈であったので、召し使いと二人で、もしやと思って食糧を入れるリュックサックを開けてみると、驚いたことに、夢で見たと同じ真っ白な大きなパンが二人分入っていた。アンセルモは、神に感謝し、再び勇気をとりもどし、アルプスを下って旅を続け、フランス北西のノルマンディーに行き、「ベネディクト会」のサン・マリ・ド・ベック修道院の高名な院長ランフランクのもとを訪れた。その院長は当時、修道者として、哲学者として円熟《えんじゅく》していた。

修道生活か遺産相続か

　ランフランクも、この若い学生の非凡《ひぼん》な才能を見て快く入門を許した。その後、一〇六〇年、二十七歳のアンセルモは、「ベネディクト会」の修道士として誓願を立てた。しかし入会を決意する前に、長年彼を悩ましていた問題に終止符《しゅうしふ》を打たねばならなかった。それは、彼の父が亡くなったので、多額の財産と領地を相続することになったのである。父の遺言は、もちろん家へ帰って父祖の遺産を守ることであった。彼の希望は修道生活と学問である。この両立しない課題、どちらか一つを選び、一つを捨てなければならない問題が浮上《ふじょう》した。アンセルモは、師父であるランフランクに相談した。ランフランクは、その決定は、アンセルモ自身が決めるべきことであるが、自分の希望としては、アンセルモの天職が、修道者と学問にあると思うので、世俗と財産を捨てるほうが良いと考える。しかし他の長上の意見も聞きなさい、ということであった。

　アンセルモはその意見に従って、ルーアンのマリオ大司教に会い、自分の心を打ち明けた。大司教は、「あなたは、何も迷うことはないはずだ。あなたが長年、望み、努力してきた道、それが神から与えられたあなたの使命であるはずです」と、明快な意見であった。これで、彼の生涯の道は決まったのである。

徳望の高いベネディクト会士

修道者として、彼の受けた修練は厳しいものであったが、それに耐えて、いつか、ベネディクト会士の中で最も有望な修道者と目《もく》されるようになった。一〇六三年、わずか三年で修道院長に任命された。その学識と愛徳によって、院内の修道者たちは心から敬服するようになった。特に彼は、人の心の動きを知ることに敏感で、その人の心の罪への傾きも早く発見するが、また、美徳の源となる心の動きもすぐに察知《さっち》した。そして、修道者の一人ひとりについて、それぞれに適した指導と教訓を与えることができた。これは、彼が青少年時代、学生として人一倍の苦労と、世間のいろいろな人たちの間でもまれた経験が役に立ったと言える。

愛される修道院長

彼は、いつも温和で優しく、学者とか役人という職種の人にありがちな「冷たい」という感じはまったくなかった。彼は自分の体験から、若者を過度に厳しく扱うことは有害であると考えていた。厳しさで「恐れられる修道院長」の多かった時代に、優しさで「愛される修道院長」となったアンセルモは、一〇七九年、ベックの大修道院長となった。修道院としての毎日は修道院内のいろいろな業務の管理、修道者の指導、司祭たちには聖書の講義、そして哲学の研究と多忙であった。

大司教として駐英教皇使節

一〇九一年、アンセルモはイングランドの国王ウイリアム二世に招かれて、ノルマンディーから海峡を渡ることになった。当時イギリスでは、俗人による聖職者の叙任権《じょにんけん》や教会財産の問題など、教会に対する政治権力者からの介入が絶えず、アンセルモはさっそく教会の自由を獲得するため、地上の権力からの教会の独立を勇敢に主張した。国王は、アンセルモをカンタベリーの大司教に任命しようとした。しかし、彼はこれを断り、ローマ教皇と連絡をとった。こうした努力とローマ教皇への忠誠は、彼に大きな犠牲を払わせることにもなった。国王から疎《うと》まれた彼は、カンタベリーから三年間追放された。

もともと聖職者の叙任は教会固有の権利であるはずなのに、なぜ、封建制の国王が教会の人事に介入しようとするのかと言えば、それは、国王の権威を増大することと、財政上収入の増大を目的としたためである。当時、ヨーロッパの諸国民は、国王に収入の四分の一を、教会に十分の一を税金として収めていた。封建国王は軍隊を養い、王宮の生活を維持するために莫大な経費が必要なので、教会の収入にも手を付けようとし、司教の任命権を握って、教会を自分の支配下におく必要があったというわけである。この結果、聖職売買、聖職者の妻帯《さいたい》が生じた。

これを改革しようとしたのが教皇グレゴリオ七世（在位一〇七三―八五年）で、一〇七五年、法令を発布し、俗人から司教区をもらった者は痛悔してそれを返さなければ教会に入れないこと、また誰かを司教に叙階する皇帝、国王、貴族なども同じく処罰されることを各国に知らせた。アンセルモはこの法令をあくまで支持し、改めて教皇から一〇九三年にカンタベリー大司教としての任命を受け、あわせて駐英教皇使節となった。

聖職者の生活を刷新

アンセルモは、一〇九八年にパリで、翌年にローマで開かれた教会会議に代表として出席したが、これらの会議では聖職者の任免権《にんめんけん》が重要な課題であった。その頃、地方の町や村の教会の主任司祭の任免についても世俗信者の有力者によって左右されることが多かったので、教会のはっきりした姿勢を示す必要があったのである。

教会会議が終わると、アンセルモはカンタベリーに戻り、名実ともにイングランドの首席大司教として、イギリスの教会の基礎づくりに力を尽くした。国王も彼を心から信頼するようになり、一一〇八年、ノルマンディーの領地に出張した時には、留守中、アンセルモを摂政《せっしょう》に任命したほどである。彼はまた、その頃教区司祭と修道会司祭についてのあり方を正し、乱れかけていた聖職者の秩序、規律を再び取り戻すことに成功した。こうして、翌一一〇九年四月二十一日、七十六歳で安らかに永眠した。墓は今も、カンタベリーの司教座聖堂内にある。

スコラ学の先駆者

ところで、聖アンセルモには、もう一つの大きな功績がある。それは真理を追究することに一生をささげたことである。つまり哲学者としての大きな業績である。彼は少年時代から学問を好み、苦労して良師を求めて流浪《るろう》した。幸いにランフランクという大学者に学ぶことができ、また自身の努力研究の結果、中世カトリック神学の基盤となったスコラ哲学を習得したのである。彼は、信仰は知性の裏付けがなければならないという考えから、信仰箇条の証明、原罪に対する解釈、神の証明など、すべて厳密な論理の上に立ち、当然、その神学も、論理に基づく定理神学としての体系を創作した。そして各種の教理に対する誤謬に対して、その誤りを正確に一つ一つ論破《ろんぱ》することに全力を尽くした。

また、彼は教師としてもすぐれ、教えを請うて集まる学徒は数えきれないほどで、彼を中心にして、いつか哲学のグループが生まれた。後年、この一団はサンビクトル学派と呼ばれた。十三世紀に生まれたフランシスコ学派は、この学派の流れをくむものである。こうして聖アンセルモは学界において、スコラ学の先駆者、もしくは父と呼ばれるだけの業績を後世に残した。一一二〇年、教皇カリスト二世は聖アンセルモの学識の深さと、その聖徳の故に、教会博士の称号を贈った。

彼の研究態度は、まず信仰の神秘を信じることから始まり、次に信じるところを理解するように努めることだった。つまり信じるために理解するのではなく、反対に理解するために信じる態度をとった。彼は自らの信仰を理解することは、とりもなおさず、神の直観そのものに近づくことだと考えていたので、教理を聖書と教父たちの教えに基づいて説明し、敬虔《けいけん》な観想に傾きがちな考え方の根拠を、そこに求めた。

著作活動も著しく、『なぜ神は人となりたもうたか?』でご託身《たくしん》を論じ、『モノロギウム』（独語録）で神の本質や三位一体を説き、『プロスロギウム』（後言録）で神の存在を証明している。彼は聖アウグスチヌスの思想に育まれた。彼の観念と理論の豊富な宝庫から取られた多数の定義、概念区別などは今でも神学上の慣用語となっている。

四月二十三日

聖ジェオルジオ殉教者

（軍人の守護者）

十字軍の守護者

「わたしたちにとっての戦いは、血と肉からなる人間相手のものではなく、支配の霊や権威の霊に対するもの、いわば、この闇《やみ》の世界の権力者たちに対するものであり、天の者たちの間にいる、邪悪《じゃあく》な霊に対するものだからです。ですから、邪悪の日に、これらのものに立ち向かうことができ、また、すべてを成し遂げて、しっかりと立つことができるように、神の武具を取りなさい。真理で腰回りを堅め、正義の胸当てを身に着けて、しっかりと立ちなさい。また、平和の福音を告げるための準備を足ごしらえとし、すべてにおいて信仰の盾をかざしなさい。この盾で、悪い者が放つすべての火矢《ひや》を消すことができます」（エフェソ6・12–16）。

信仰生活は一つの戦いでもある。自分自身の罪への傾きとの戦い、怠け心との戦い、誘惑との戦い、悪霊との戦いなどがある。信者は堅信の秘跡によって神の兵士という資格を得る。祖国防衛のため生命をささげなければならない将兵にとって、信仰生活に入るのもそう難しくはなかったはずであろう。

本日記念する聖ジェオルジオは、信仰を死守して殺害されたローマ軍の勇敢な将校の一人であった。殉教者ジェオルジオへの崇敬は四世紀の終わり頃からテルアビブ付近のリッダ（現・ロド）に始まった。ギリシア正教会においては大殉教者として崇敬されている。聖ジェオルジオにささげられた聖堂は、すでに五、六世紀頃から建てられている。十字軍時代に英国の獅子王リチャード一世（在位一一八九―九九年）は、勝利者聖ジェオルジオを英国軍隊の守護者とした。

キリストの勇敢な兵士

聖ジェオルジオは二八〇年に小アジア（現・トルコ）

のカッパドキアに生まれ、敬虔な母親から信心深く育てられた。少年時代にローマ陸軍に志願し、十七歳で将軍であった父に従って出陣し、手柄をたてた。体格がよく、勇敢で、礼儀正しく、信念の強い人であったので、ヂオクレチアノ皇帝（二八四―三〇四年）の信用を受け、将校に昇進した。しかし、キリスト教の迫害が起こった時、ジェオルジオは身の危険も顧みず、大胆にも皇帝に向かって、「キリスト教は真の宗教です。皇帝陛下も天地万物の創造主である真の神を認めてご自分の救霊を図《はか》ってください。それから陛下のご保護のもとに、この宗教が全国に普及されるようにしてください」と願った。すると皇帝は怒りに燃え、「すぐさま、その信仰を捨てよ」と命じたが、これを拒否したのでジェオルジオを兵士に命じて留置所に監禁させた。その後も皇帝はこの有望な青年将校を惜しんでいろいろと説得したが、「それだけはおゆるしください。私の生命は神にささげたものです。何も心残りはありません」と答え、自分の所有物を貧者に分け与えて殉教の覚悟を決めた。

皇帝は、もうこれまでと思い、「ジェオルジオの首をはねろ！」と命じた。こうしてジェオルジオは三〇三年、二十三歳の若さで殉教した。ローマ殉教録にはジェオルジオを「殉教者の冠《かんむり》」と賞賛している。

聖ジェオルジオは御絵の中では、身に甲冑《かっちゅう》をまとい、馬にまたがった騎士の姿で描かれている。そして一匹の竜《りゅう》を槍《やり》で突き伏せている、その騎士の傍《かたわ》らには、一少女が立っている。このことから竜の人身御供《ひとみごくう》になろうとする少女をジェオルジオが救い出したという伝説が生まれた。しかし、これはキリストの勇敢な兵士であるジェオルジオの力によって、竜のような悪霊の毒牙《どくが》から、少女の姿で象徴された人々、その保護のもとにある人々が救い出されたという意味に解釈されるべきであろう。

四月二十三日

聖アダルベルト司教殉教者

アダルベルトは九五六年頃、チェコのボヘミアの豪族の家に生まれた。九六九年、ドイツのマクデブルクの大司教座聖堂付属学校に入り、同地で堅信の際にアダルベルトという霊名を受け、クリュニーやゴ

ルツェの改革精神を身に付けた。九八一年、帰国後に司祭となり、神聖ローマ帝国皇帝オットー二世によりプラハ司教に任命され、九八六年、マインツの大司教ウィリギスによって司教に叙階され、異教の習慣、特に司祭の妻帯の廃止と奴隷売買の廃止のために尽力した。しかし彼の司牧活動は住民の反対に遭い、彼は失意のうちにプラハを去った。

　その後ローマに赴《おもむ》き、サンティ・ボニファチオ・エ・アレッシオ修道院に入った。九九〇年、マインツ司教の依頼に応じてプラハに戻るが、住民の反対に遭い、再度同地を去らねばならなかった。九九四年から一年間、ハンガリー人に宣教した後、神聖ローマ皇帝オットー三世の招きで東欧宣教に従事し、ポーランド大公ボレスワフ（在位九九二―一〇二五年）の支援を受けて、バルト海地方のプロイセン人に宣教中、九九七年四月二十三日に現地人により殺害され殉教した。その遺骸はポーランドの古都グニェズノの司教座聖堂にある。一九九七年六月十日、教皇ヨハネ・パウロ二世は聖アダルベルトの殉教千年紀に当たり、その墓のあるグニェズノでミサをささげられた。

四月二十四日

聖フィデリス（ジグマリンゲン）司祭殉教者

職務に忠実

「聖フィデリスは隣人を精いっぱい愛し、慰め励まし、すべての悩める者を親心で抱擁《ほうよう》し、おびただしい貧者の群れを、各地からの募金で支援していた。権力者らや王侯らに支援を呼びかけて、親のない子や夫を亡くした夫人たちの苦しみを和らげた。捕らわれ人を助け、できる限り、霊肉の苦痛をあらゆる手を使って和らげ、病者を急いで見舞い、励まし、神と和解させ、最後の戦いに立ち向かうための心構えを整えさせた。このフィデリスという方は名実ともに絶え間なく信仰を擁護する上できわめて優れていた」。

　以上の言葉は一七四六年六月二十九日、教皇ベネディクト十四世（在位一七四〇―五八年）が聖フィデリスを列聖した時の説教の一部である。

新教徒をカトリックに改宗させる

一六一二年、南ドイツの「カプチン会」修道院で着衣式が行われていた。その時、これを司式した司祭は、「死に至るまで忠実でありなさい。そうすれば、命の冠《かんむり》を与えよう」（黙示録2・10）という聖書の一節を唱えて、新たに「カプチン・フランシスコ修道会」の修道服を着た一人の青年を激励した。この青年は修道名をフィデリス（ラテン語で忠実な、という意味）と言い、職務に忠実で後年上長の命ずるままに獅子《しし》奮迅《ふんじん》の勢いをもって、自ら宗教改革の嵐で迷える人々の中に躍《おど》り込み、彼らを教会に帰正させて、ついに暴徒の手に倒れるまで修道名にふさわしい生涯を送った。

哲学・法学博士

彼は一五七八年、南ドイツのジグマリンゲンに町長の六子の中の第五子として生まれ、後にフライブルク大学で哲学と法律学を修めて抜群の成績を示し、一六〇一年、二十三歳で同大学を卒業した。その後三年の間、大学の講師を務めていたが、一六〇四年から六年間、三人の青年貴族を連れて、フランス、スペイン、イタリアの一流大学に遊学し、大いに見聞を広めて、一六一一年、教会法および法学の博士となった。

労力に見合わない報酬

帰国した後に弁護士を開業し、正義の闘士として道理にかなうことはあくまでこれを弁護し、わけても貧者をかばい、その弱みにつけ込んで不正を行う人々をびしびしとがめた。ある日、彼がある訴訟《そしょう》事件を解決して法廷から出てくると、仲間の弁護士が近よって、「あなたの弁護なさった事件はなかなか込み入っていましたね。これをわずか一日で解決したのは惜しかったですな。なぜ数回に延ばさなかったのです。訴訟を延ばせば、どの弁護士もみんなもうかるのに……。私どもは弁護士の資格を取るまでにたくさんの金を使っているし、また訴訟事件の資料を集めたり、それを調べたりするのにたいへんな労力と時間がかかったのですから、弁護料をたくさんもらわなければ引き合いませんよ」と、不平を鳴らした。

訴訟は手早く、安価で解決

フィデリスはこれを聞いて、「私はそうは思わない。まず第一にいくら弁護士だろうと道理に背いて、法律違反者までも弁護できない。第二に待つ人の身になって、できるだけ早く訴訟事件を解決してやらなければならない。第三に弁護料は正当にもらうこと。金目当てにわざと訴訟をだらだら延ばしたり、厳密な調査を怠ったりして人に損害をかけた場合は、必ずこれを賠《ばい》償《しょう》しなければならない」と答えたそうである。こうして彼の名声は日一日と高くなり、訴訟を依頼する者が多くなったが、その反面多くの商売敵《がたき》も現れ、陰に陽に妨害したので、彼は世間の醜《みにく》さに愛想《あいそう》を尽《つ》かして、ついに弁護士を廃業《はいぎょう》し、一六一二年、三十四歳で司祭となってスイスのフライブルクの「カプチン・フランシスコ修道会」修道院に入った。

ドイツ、スイスで新教徒の改宗を促《うなが》す

フィデリスは、在俗当時の高い地位を鼻にかけずに、修練中はことにアシジの聖フランシスコの徳行に倣うため、皿洗いや修院内の掃除やまき割りなどの仕事を進んで引き受けた。修道誓願を立ててから四年間、神学の研究を続けた後、上長の命令で巡回説教師となり、学者や農民に各々に適した得意の弁舌や文筆をもって、おもに、ドイツやスイスの新教徒の改宗のために活躍した。間もなく言行《げんこう》一致のその強靭《きょうじん》な指導力に引かれてカトリックに改宗する新教徒が続出し、ためにこの分野でも敵の反対にあった。

一六二二年、管区長はフィデリスの指導力を買って、彼をスイスのグラウビュンデン州へ派遣し、改宗促進の布教を命じた。この地方はカルヴィン派の狂信者が多く、前にも数人の司祭が惨殺《ざんさつ》された所として恐れられていた。しかし「虎穴《こけつ》に入らずんば虎児《こじ》を得ず」で、大胆なフィデリスは殉教を覚悟しながら、勇躍《ゆうやく》その地に乗り込んだ。

敵の憎しみで殉教

はたしてその布教活動は予想以上の成績を上げたが、同時に敵の憎しみも増した。彼らは、フィデリスの暗殺を計画し、一六二二年四月二十四日の復活祭に、スイス・ゼーヴィス町の教会に彼を招待して説教を依頼した。フィデリスはその願いに応じて説教していたところ、突然に暴力団に襲われた。幸い狙いが外れて危うく一命を取りとめたものの、説教を終えて帰宅の途中、不意にカルヴィン派の武装した新教徒に取り巻かれ、こん棒や刀剣《とうけん》などでなぶり殺しにされた。

その時、フィデリスは地にひざまずいて両手で十字架を握りしめ、「彼らをおゆるしください。彼らは何をしているかを知らないからです」（ルカ23・34）と祈っていたという。これを目撃した一人の牧師は、このりっぱな態度に感激して、まもなくカトリックに改宗したと伝えられる。フィデリスは四十四歳で無念の死を遂げた。聖フィデリスの遺体はスイス東部の古都クールの司教座聖堂に納められている。

四月二十四日
聖マリア・エウフラジア・ペルチェ修道女

（「善き牧者の愛徳聖母修道会」の創立者）

小さい者への奉仕はイエスへの奉仕

主イエスは福音の中で、こう教えておられる。「あなた方は、わたしが飢えていた時に食べさせ、渇いていた時に飲ませ、旅をしていた時に宿を貸し、裸の時に服を着せ、病気の時に見舞い、牢獄《ろうごく》にいた時に訪ねてくれたからである。……これらのわたしの兄弟、しかも最も小さな者の一人にしたことは、わたしにしたのである」（マタイ25・35－36、40）。

聖マリア・エウフラジア・ペルチェ修道女は、右の福音を文字どおり実行し、見捨てられた孤児の母となり、善き牧者の愛徳聖母修道会を創立し、福音的な福祉事業や宣教活動を現在まで継続させている。

活発で意志が強く、学科の習得が早い

このエウフラジア修道女は、十八世紀の終わり、フランス革命後の混乱期、一七九六年七月三十一日、フランス西海岸にあるヴァンデ地方のノワールムチエ島に医者の家で九子の中の八番目に生まれた。洗礼名はローズ・ヴィルジニー。両親のペルチェ夫妻はフランス革命派から目の敵《かたき》にされ、一七九四年に囚人としてこの島に流された。厳格な信心深い両親のしつけよろしく、ヴィルジニーは幼い時からよく祈り、不幸な人々に対して憐れみ深く寛大であった。十歳で父を失い、寡婦《かふ》となった母親を手伝い、一家を快活に、明るくし、「ウルスラ会」経営のノワールムチエの学校で学んだ。活発で意志が強く、学科の習得も早く、聖書やカトリック要理に対する興味も深かった。

この頃すでに修道女になろうと考えていたところ、先生が「修道女になろうと思っているのですか？　あなたのような性格で……」といぶかしがると、ヴィルジニーは、「私はそれをよく知っています。私は自分を砕《くだ》かねばなりませんでしょう。そうしてから私は修道女になります」とはっきり答えた。

十四歳の時、より高い教育を受けるため、トゥール（パリの南西、約二五〇キロ）の寄宿学校に入った。全科目に優秀な成績を上げたが、とりわけ聖書と教理への愛と知識にかけては、ずば抜けていた。宗教科の先生ド・リニャク修道女の導きによって祈りや黙想の仕方、徳の実践を身に付けていった。

「愛徳の聖母修道会」（通称、避難所）へ入会

一八一三年、十七歳になったヴィルジニーは、「愛徳の聖母修道会」に入会を希望し、その意志を家族の者にも先生方にも打ち明けたが、ことごとく反対された。「愛徳の聖母修道会」は、聖ヨハネ・ユード神父（八月十九日参照）によって一六四一年、フランスのカーン市（パリの北西、約二五〇キロ）に、当時の社会の底辺で搾取《さくしゅ》されていた女性らを救い、不品行な生活をしている女性たちを保護し、道徳的に教化する目的で創

立され、今なお続いて活動している。このような女性の避難所として創立されたので、聖母の「避難所」と呼ばれるようになった。ヴィルジニーは、同神父の霊的遺産としてイエスとマリアのみ心への信心、御父のみ旨《むね》への愛、人々の救いに対する熱誠《ねっせい》を特徴として受け継いだ。

彼女は周りの激しい反対を押し切って、翌一八一四年の十月二十日に、トゥールの「愛徳の聖母修道会」修道院に志願者として入った。彼女はすでに四年間の寄宿生活で、わがままや強情さを打ち砕き、自己改善と霊的生活に相当進歩していたので、志願期の従順も克己も孤独も、苦にならず、会則を厳格に守り、信心業と仕事と勉強に精を出した。

翌年、ヴィルジニーは着衣して、シスター・マリア・エウフラジアの修道名を受けて修練期を始めた。何をするにも慎み深く、温和で信頼深く、ささいなことにも感謝し、素直に従い、他者を手伝い、喜ばせるチャンスを逃《のが》さず、修道院全体を快活な雰囲気にした。こうして二年間の修練期を終えたシスター・マリア・エウフラジアは一八一七年、二十一歳で初誓願を立て、正道《せいどう》を踏み外した娘たちの救いのために働いた。

厚生事業の難しさ

頑固で怠惰で、何をさせても長続きのしない娘、十三、四歳でシングルマザーになった女性などを一人前にするのは並大抵のことではない。ある日、彼女は言った。「なんでもないのに不和の種がまかれるのですよ。ある娘は本当に活発に、献身的に働き、規律正しかったのですが、不幸なことに非常にねたみ深かったのです。ほかの娘を私が彼女よりもっと愛していると思い込むと、彼女は、すっかり仕事をすっぽかして、家の中を上へ下への大騒ぎにしてしまいます」と。

ひがみ根性《こんじょう》と悪徳と罪とを直すのに、彼女は厳しく抑圧したり罰したりせず、親切に柔和に大事に若い女性たちを取り扱い、主イエスのふさわしい援助者、協力者となるように全力を尽くした。

トゥールの院長として

一八二五年、二十九歳のシスター・エウフラジアはトゥールの修道院の院長に選ばれ、その六年後に転落したマグダレナと呼ばれる女性たちのグループを修道院の中に収容した。その娘たちの中には、改心して神に自己を奉献したいと願う者が出てきたので、エウフラジア院長は最初に四人の娘たちを選び、カルメル会の会則をもとにした、祈りと償いの生活を送る観想修道生活のグループを修道院の囲いの中に創立した。この修道団体は現在も続いており、「善き牧者の観想修道女」と呼ばれている。

　この間にエウフラジア院長を助ける修道女たちが続々と集まり、会計、料理、教育などの仕事を分担した。また寛大な後援者の援助を受けて、聖堂や修道院や保護施設や教室を次々に増築していった。初めの頃は家具も夜具も不足し、時として食べ物もなく、あってもわずかで味のないまずいものであった。

　エウフラジア院長が、若い修練女に「いんげん豆を摘んできなさい」と言うと、「院長様、畑には何もなくなって、青い葉っぱが残っているだけです」と答えた。「でも行ってごらんなさい。従順の精神をもって行けば、どうすればいいか分かるでしょう」。修練女は不安ながらも、院長に協力する善意と神への信頼を寄せながら畑へ行くと、無いとばかり思っていた野菜があったので、それを料理して姉妹たちに食べさせることができた。

念祷《ねんとう》と聖体拝領で霊魂の浄《きよ》め

　エウフラジア院長は、修道女たちの霊魂が美しい清い聖殿であることを望んだ。この聖殿の二本の主要な柱、それは念祷と聖体拝領であった。これに聖母への崇敬を加えた三つの信心が、彼女の霊性を育《はぐく》んだ。また聖書と教父たちの書を長く黙想することによってカトリック要理の知識を豊かにし、徳の実践に役立てた。修道女たちには、迷った女性たちを導くにあたっての心構えを、次のように教えた。

「時折、世俗の塵《ちり》ですっかり汚れた、哀《あわ》れな私どもの子どもたちを見る時には、自分のベールを取って主のみ顔を拭《ぬぐ》う、あの敬虔な婦人のようにしてください。そうすればあなた方は、これらの子どもたちの上に、これを浄《きよ》めるわが主の御血の表れが見えるでしょう。……これらの悩んでいる小羊たちを慰め、勇気づけ、神の恩恵によって幸福にしてあげてください。これがあなた方の義務なのです。正しい道にこの人々の心を引き戻すことができるのは、ただ愛徳によってのみであることを忘れないでください……。あの人たちにはなれなれしい態度を見せずに愛しなさい。さもなければあなた方自身が迷いに陥《おちい》り、彼女たちはあなた方を尊敬しなくなりましょう。彼女たちは私どもを細かく、悪意をもって研究し、あらを探しています」。

世界に羽ばたく

エウフラジアは院長時代に、アンジェ（パリの南西、約四五〇キロ）の修道院をはじめ、フランス各地からの要請に応え次々と修道院を創設し活動領域を広げた。さらに一八三五年、教皇グレゴリオ十六世（在位一八三一—四六年）の認可を受けて修道院に総長制を導入し、聖ヨハネ・ユードの創立した「愛徳の聖母修道会」とは別に、「善き牧者の愛徳聖母修道会」として新たに発足《ほっそく》した。シスター・エウフラジアは、その初代総長となった。

この修道会は、特に、善き牧者キリストの憐れみの愛への信心を土台にし、キリストの愛を人々と共感し、分かち合うために、使徒職として、主に、社会福祉活動、教育活動などに従事している。人類の創造主である神は、無条件の愛のみ心で、一人ひとりが神の愛に心を開き、神に立ち返るように待っていてくださる。本修道会の使命は、その神の愛を告げ知らせながら、人々が互いに愛し合い、助け合える社会を築いていくことを祈り、そのために働くことである。

その後、シスター・エウフラジアは総長職の激務や旅行などによって持病の肝臓病《かんぞうびょう》が重くなり、旅行中に嘔吐《おうと》と熱に悩まされた。それでも規則的に各修道院を訪問し、修道女を慰め励まし、不景気や争いなどには明哲《めいてつ》な精神と組織的才能によって解決し、シスターたちを活気づけた。

修道会内外のさまざまな困難を乗り越えて、彼女の在任中、「善き牧者の愛徳聖母修道会」はフランスを越え、ドイツ、イギリス、イタリアをはじめ、南北アメリカ、アフリカ、アジアにまで進出していった。

シスター・エウフラジアは一八四六年以来、五十歳で中風の発作《ほっさ》に襲われながらも、他のシスターの介護で歩かねばならなかった。だが心は相変わらず若々しく、思考は明敏《めいびん》で、想像力も鋭敏《えいびん》であった。彼女の教育方針は、宗教教育を重要視し、宗教の偉大な諸真理についての正確で完全な知識を植え付けようと心がけ、罪を力説するよりも善徳を強調することにあった。「迷った娘たちを矯正《きょうせい》するのに、美しい言葉をたくさん述べ立てるよりも、念祷の生活のほうがどれほどましか分かりません。……彼女たちが忍耐と勇気とを失うようなあらゆる機会を与えないように気をつけねばなりません。……彼女たちは苦しみにばかり遭ってきたのです。彼女たちは多くの罪を犯したのだから、どんなこともつぶやきもせずに苦しむ覚悟がなければならないなどと、決して言わないようにしましょう。……彼女たちは修道女ではない。彼女たちが義務をなんらの慰めもなく果たすのを求めるのは不正であり、慎重《しんちょう》さを欠くものです」とシスター・エウフラジアは述べている。

一八六七年九月九日、七十一歳のシスター・エウフラジア総長は誓願五十周年を迎え、フランス西部の都市で反革命の砦《とりで》と言われるキリスト教文化都市、アンジェの同会本部修道院の修道女や、生活を悔い改めた女性、女囚、保護の必要な女性、孤児などに囲まれて金祝の祝いを受けた。翌（慶応四）年三月、本部修道院で重病の床からも顧問たちを呼び寄せ、アラビアとインドに派遣する修道女を指名し、オランの修道院長を任命し、教皇と保護枢機卿にいつまでも忠実であるようにと修道女たちに勧め、四月二十四日、静かに息を引き取った。彼女は生前と彼女の死後直後に出来た修道院も合わせて一一〇の修道院を設立したが、これはカトリック教会史上最多記録である。

シスター・エウフラジアはアビラの聖テレジア（十月十五日参照）と並び称され、一九四〇（昭和十五）年五月二日、ピオ十二世教皇（在位一九三九―五八年）によって列聖された。

聖女の後継者たち、日本へ

聖マリア・エウフラジアの精神と事業を受け継ぐ「善き牧者の愛徳聖母修道会」会員は、善き牧者であるイエスの贖罪《しょくざい》の使命を教会の中で続けるために召されたことを自覚し、祈りの生活と友情あふれる共同生活をしながら、苦しんでいる人々に仕え、キリストにとって一人ひとりがかけがえのない者であることを、すべての人々に自覚させるよう努めている。

日本には一九三五（昭和十）年に、カナダから宣教女三人が渡来、宮城県仙台市と鹿児島市に、修道院、児童養護施設および幼稚園を設立した。その後、大阪教区のカトリック教会より招請《しょうせい》を受け、一九六〇（昭和三十五）年に豊中市に修道院と学生寮、春日荘幼稚園（後に春日荘聖マリア幼稚園と改名）を設立した。

現在、豊中修道院では教育使徒職の他に、学生と社会人のための寮、多目的なショートステイの宿泊所、および児童教活動を行っている。また、仙台市で児童養護施設、保育所、山梨県、甲州市で宣教活動、長野市で滞日外国人のケアをしている。

四月二十五日
聖マルコ福音記者（祝日）
（公証人の保護者）

知恵ある者

「知恵のある者とともに歩く人は賢くなるが、愚か者と付き合う人は苦しみに遭う」（箴言13・20）。真の友同士が同じ目的のために堅く団結した組織ほど物心両面において多大の効果を収めうる。マルコはマリアと呼ばれるその母とともに使徒たちの良き協力者であった。マルコはペトロの説教を材料に福音書を書いて布教の効果を上げたり、パウロの布教伝道の手伝いをしたりした。母マリアは迫害中にも使徒たちを自分の家にかくまって衣食住の世話をした。「ペトロはこうと分かったので、マルコと呼ばれているヨハネの母マリアの家に行った」（使徒言行録12・12）。

広い邸宅で生育

マルコは、主キリストの時代にユダヤに生まれた。幼児の頃、父に死別し、信心深い母マリアの手で育てられた。その広い邸宅は、使徒たちやエルサレムの信者の集会所に当てられ、そこで祈りやミサ聖祭が行われた。四二年、ペトロは天使から奇跡的に牢獄から救い出されると、まっすぐこの家を訪ねたが、出てきたお手伝いはペトロの声を聞くと喜びのあまりに戸を開けるのも忘れ、奥に駆け込んでそこに集まっていた信者たちにその由《よし》を知らせた。はじめは皆、お手伝いの頭が狂ったのかと疑ったが、やっと戸を開けてペトロの姿を見ると、一同の喜びと安堵《あんど》はひととおりではなかった。

ここで分かるように、マルコの母マリアは、かなり裕福な婦人であった。その屋敷の二階にある大広間は、初代教会の一つの中心をなしていた。ある古い伝承によれば、主が設けられた最後の晩餐《ばんさん》の席も、ご復活の晩、弟子たちにご出現になった場所も、また、聖霊がお降りになったのも同じこの広間であったと言われて

いる。

とにかくそこで、まだ若年《じゃくねん》だったマルコは、キリストの使徒や弟子を初め、エルサレムの主だった信者たちに会い、ごく親しく彼らと交わっていたわけである。母はその主人の名が出ていないことから、当時すでに寡婦《かふ》だったらしい。マルコは、その頃まだ若かったのでキリストの使徒や弟子の列には加わらず、後になっておそらく、聖ペトロから洗礼を受けたものと思われる。その時代の風習に従って彼もまた、「ヨハネ」の他に、もう一つ「マルコ」というローマ式の名前をもっていた。そして初代教会の偉大な人材として著名なバルナバは、マルコのいとこにあたるのである。

パウロとの出会い

ユダヤ地方は当時、相次いで大飢饉《ききん》に襲われ、わけても四六、四七年は、すさまじいものだったと伝えられている。この災害をアンチオキアのある預言者が予告したことがあって、当地の信者たちはさっそく全教会の母とも言うべきエルサレムの教会のために救助金を集め、これをパウロとバルナバに託し、二人を慰問の使いとしてエルサレムに送った。青年マルコが初めて使徒聖パウロに会ったのは、ちょうどこの時であったが、大使徒の偉大な人格に接して深い感銘《かんめい》を受けたに違いない。いとこバルナバの紹介によったのか、とにかく二人がアンチオキアに帰って来た時、マルコもいっしょであった。

パウロの第一回伝道旅行に随行《ずいこう》

しかしパウロは、やがて新しい伝道旅行を始めることになった。キリストの大使徒に召された彼は、いつまでもアンチオキアのような狭い教会にとどまるべきではない。聖霊の指示によって、アンチオキアの長老たちは、パウロとバルナバを選んで、外国宣教に派遣することになったが、これはすなわち、聖パウロの第一回伝道旅行の発端《ほったん》であった。そしてバルナバはこの壮途《そうと》にあたり、若いいとこのマルコを伴ったのである。時は四五年頃であった。一行はまず、バルナバの故郷キプロス島に渡って、活発な伝道を行い、その島の総督を改宗させるまでに成功した。ついでに海路、小アジア（現・トルコ）の大陸を目指し、ベルゲン港に着いた。上陸後、いよいよ本格的な伝道にかかろうとしたところ、一行の意見が一致せず、マルコのために重大な問題が起こった。彼は長い旅に飽《あ》きてしまったのか、あるいは山中の困難や賊の危険を恐れたのか、それとも別な動機があったのだろうか、いずれにしろパウロと言い合った。その結果、マルコは一人エルサレムに帰り、パウロとバルナバは二人で旅を続けた。

キプロス島とアレクサンドリアへ

四八年、第一回伝道旅行から帰ったパウロは、エルサレムに集まった使徒たちにその経過を報告するとともに、将来の方針、その他種々の実際問題についてペトロおよび他の使徒たちの意見を求めた。翌四九年にはパウロは再度の伝道旅行を企てた。以前に歩いてきた諸地方の状況を視察するためであったが、この度も同伴者としてバルナバの協力を求めた。ところがバルナバはマルコを連れて行くよう願った。パウロが断固として拒絶したので、ついに二人は「衝突して」別れてしまった。ためにパウロはシラを連れて小アジアに赴くことになり、他方バルナバは、いとこマルコと共にキプロス島に渡った。

二人は、宣教の熱意に燃えていたのでキプロス島にとどまらず、北アフリカ開拓の先駆となった。すなわちマルコは、アフリカのアレクサンドリアに教会を創立し、その初代司教になったと言われている。なおマルコは正教会（ギリシア正教）とコプト正教会（非カルケドン派）の両派で初代アレクサンドリア総主教とされている。

ローマへペトロと共に

マルコが六二年頃、ローマにいたことは確かである。その頃、霊的な父であるペトロについて伝道に携《たずさ》わりながら、ペトロの通訳を務めていた。ペトロが小アジアの信者に、「わたしの子マルコがよろしくと言っています」（一ペトロ5・13）と書いたのは、ちょうどこの時であった。

そしてマルコは、ここローマで再び聖パウロに会っている。しかし真に驚嘆させられるのは、この時にはもはや、両者の間に先の対立の感情が露《つゆ》ほども残っていなかったという事実である。聖人たちも欠点をもち、たびたびつまずくこともあるが、「正しい人は七度倒れても、また起き上がる」（箴言24・16）の聖句そのままに、二人の霊的な精進《しょうじん》はたゆみなく進歩していたわけである。それだけでなくマルコは、パウロにとってもっとも親しい協力者とまで見られるようになった。パウロがその頃、コロサイの信者フィレモンに書をしたためて、「わたしとともに働く者たち、マルコ、アリスタルコ、デマス、ルカがよろしくと言っています」（フィレモン1・24）と付け加えたのを読む時、当時マルコは福音史家ルカと共にローマに滞在し、聖パウロと親密であったことが分かる。

コロサイ教会へ派遣される

同じ頃パウロは、コロサイの信徒に「わたしとともに囚《とら》われの身にあるアリスタルコが、よろしくと言っています。また、バルナバのいとこのマルコもよろしくと言っています。もし、あなた方のところへ行ったなら、受け入れなさいという指示を受けているはずのマルコです」（コロサイ4・10）と書き送っている。これによればマルコは、パウロからの使命をおびて小アジアのコロサイ教会へ派遣されたらしい。おそらく六三年頃であったろうが、彼は六六年までそこにとどまった。

その間パウロは、再び自由を得て小アジア（現・トルコ）の諸教会を巡察し、後にスペインまで足を延ばした。六五年の冬ニコポリスの町に滞在し、翌六六年、ついに捕縛《ほばく》されてローマに送られた。六七年にはローマの獄で殉教を目前《もくぜん》にしながら最愛の弟子テモテに遺《い》訓《くん》として最後の書簡を送った。「今や、わたしの血は犠牲《いけにえ》として注がれています。この世を去る時が来ました。わたしは善い戦いを戦い、走るべき道程《みちのり》を走り終え、信仰を守り抜きました。この後、わたしのために用意されているのは、義の冠だけです。正しい審判者である主が、『かの日』に、この冠をわたしに授けてくださるのです。わたしばかりでなく、主の現れを心から待ち望む人には、誰にでもこれを授けてくださいます」（二テモテ4・6―8）。

使徒聖パウロのマルコへの思い

しかしこの世を去る前に、パウロはもう一度愛する弟子のテモテとマルコに会いたいと思って、テモテにこう書いた。「ぜひ、できるだけ早くわたしのところに来るようにしてください。デマスは、この代《よ》を愛し、わたしを置き去りにしてテサロニケに行ってしまい、クレスケンスはガラテヤに、テトスはダルマティアに行ってしまいました。ルカだけがわたしとともにいます。あなたは、マルコを連れてきてください。彼は、わたしの務めに役立つからです」（二テモテ4・9―11）。

二人はどんなに逸《はや》る心で敬愛した師のもとへ駆けつけたことであろう。二十年前の感情問題は跡もなく消え、同じキリストへの愛に燃え、共に働いていたばかりでなく、マルコはテモテとルカと共に最後までパウロに忠実であろうとし、他方パウロは、死ぬ前の再会を願ったほど、両者の友情は熟していた。これこそ愛の力でなくして、なんであろうか。

マルコはたしかに初代教会の一大人物であった。初代教皇の霊的な子であり同伴者であり、かつまた、使徒聖パウロの「役に立つ」協力者であったばかりでなく、その長い布教生活において、パレスチナをはじめアフリカ、ローマ、小アジア諸教会を創立、あるいは訪問した。こうして彼は当時の全教会を知り尽くし、またあらゆる信徒から敬愛を受けていたのである。

翼《つばさ》のついた獅子《しし》像

またマルコは、ローマの信徒たちの希望に応じ、おもにペトロの見聞《けんぶん》した主のみ言葉や行いをまとめてマルコ福音書を書いた。この福音書の目的は、ローマの新信徒に、キリストが人となった神であることを、キリストの行った奇跡の面から説明し、そのうえ、彼らの布教熱を高め、これを指導することにあった。

マルコのご絵やご像に獅子が添えてあるのは、マルコがその福音書の序文の中に、荒れ野で人々に回心を勧めて獅子吼《しく》する洗礼者聖ヨハネの姿を描いているからである。

偶像セラピス崇拝に反対

六七年、ローマ皇帝ネロの迫害でパウロとペトロが殉教した後、ローマを去ってエジプトのアレクサンドリア市へ行った。同市はその頃、世界屈指《くっし》の貿易港として経済的にも文化的にも大いに繁栄していたが、その反面、市民は流行思想にわずらわされて、ぜいたくに流れ、歓楽を求めて、その道徳は低下していた。このような環境の中で、マルコは最初から大きな壁にぶつかったが、これにひるまず、清い生活の手本を示す一方、柔和な美徳で人々をひきつけて、しだいにこれを感化していった。改宗した信徒たちはエルサレムの信徒のように、一心同体となり、その持ち物を共有にして互いに助け合い、毎日集まって一緒に祈ったり、聖体を拝領したりした。そしてその中から有名な砂漠の隠修士を多く出したことからも、彼らの信仰の強さがうかがわれる。

　こうして改宗者の数がみるみるうちに増えだすと、世間の耳目《じもく》を集め、例のように反対者の恨《うら》みを買うことになった。セラピスという偶像の祭日、マルコは異教徒の手に捕らわれ、町じゅうを引き回されたあげく、ついにキリストの血染《ちぞ》めの証人となった。

墓は、初めアレクサンドリアにあったが、北アフリカがイスラム教徒に征服されて、八二八年、十字軍はマルコの聖遺物を奪い、ベネチア共和国（現・イタリアのベネチア）に運んだ。そして聖マルコはベネチアの守護聖人となった。ベネチアの国旗は聖マルコを指す聖書を持った有翼の金のライオンであり、ベネチアの大聖堂はサン・マルコ大聖堂と名づけられている。今日でもその建築の美や数多くの美術品のため有名な教会となっている。その前のサン・マルコ広場を初めとして、ベネチア共和国の勢力の及んだ各地には、今も有翼のライオン像が残っている。

四月二十八日
聖ペトロ・シャネル司祭殉教者

不屈の宣教魂

主キリストは昇天の際、弟子たちに向かって、「それ故、あなた方は行って、すべての国の人々を弟子にしなさい。父と子と聖霊の名に入れる洗礼を授け」（マタイ28・19）なさいと仰せられた。

この言葉どおり本日祝う聖ペトロ・シャネルも十九世紀にフランスから遠い地の果て、南太平洋の島々に出かけて宣教し、殉教した。

　ペトロ・シャネルは一八〇三年、フランス東部の当時リオン（後にベレー）教区に属したブールアンブレスのキュエーの裕福な家庭に生まれた。キュエーの主任司祭は、ペトロ・シャネルが小学生の時から司祭への召命があると感じ、それとなく育てていた。ペトロ・シャネル自身も十五歳の初聖体の時に宣教師になる夢を抱《いだ》いていた。それから二年後、小神学校に入り、難なく必須学科を習得した。

　一八二三年、その学校の教師の一人が北米へ宣教師として旅立つことになった。ペトロ・シャネルは二人の学友と共に、その宣教師に連れて行ってもらいたいと願い出た。しかし、哲学も修めていない身ではどうにもならなかった。それで司祭に必要な哲学、神学をブールの大神学校で勉強し、一八二七年、二十四歳で司祭に叙階された。それから十年間、教会の助任や主任司祭、神学校の教授、および校長を務めて教区のために働いた。それと同じ頃、近くのアルス村では聖ビアンネ（八月四日参照）が働いていた。この聖人と同じように、ペトロ・シャネルも並外れた謙遜と従順、厳しい禁欲の生活をしていた。これが後に、どんな困難にもくじけない宣教師魂《だましい》と体力をつくっていたのである。

大洋州（オセアニア）のフトゥナ島で殉教

　ヨハネ・コラン神父が創立したばかりの「マリスト会」にペトロ・シャネルは一八三六年に入会して、宣教師への念願がかなえられて、翌年、大洋州のフトゥナ島に派遣された。しかし、この地方は、古来からいろいろな迷信や部族間の紛争があって、福音宣教は非常に難しかった。そのほかメソジスト教会の宣教師が、カトリック司祭の布教を妨げていた。ペトロ・シャネルはそのために大変苦しんだが、決して失望せずに毎朝のミサ聖祭から新しいアイディアと奮発心をくみ取っていた。そして模範的な日常生活をして先住民の中に溶け込み、その苦悩も喜びも共に分かち合いながら、辛抱強く神のみ言葉を伝えているうちにフトゥナ王の王子を回心させ、受洗に導くことができた。

しかし、この回心がもとで反対者の反感を買い、ついに一八四一年、三十八歳の若さで殺害されたのである。しかしこの殉教者の血によって、数年のうちに全島民はカトリックの洗礼を受けることになった。ペトロ・シャネルは、一九五四年、教皇ピオ十二世によって列聖され、大洋州の保護聖人になっている。

四月二十八日
聖ルイ・マリー・グリニョン・ド・モンフォール司祭

（「英知修道女会」の創立者）

善い羊飼い

「わたしは善い羊飼いである。善い羊飼いは羊のために命を捨てる」（ヨハネ10・11）。聖ルイ・マリー・グリニョン・ド・モンフォールの生涯は右の福音の生き写しであった。「善い羊飼い」として人々のために絶え間なく祈り、勉強し、一般の冷遇《れいぐう》を忍耐しながら、典礼祭儀で人々の信仰熱をあおった。また、聖体、十字架、聖母に特別の信心を尽くし、説教、賛美歌、著書などで、これらの信心を広めた。

ヤンセニスム異端

聖ルイ・マリー・グリニョン・ド・モンフォールは、一六七三年、フランスの北西部ブルターニュ地方東部のモンフォール・シュール・ムーに生まれた。敬虔な徳の高い両親に育てられ、後に当地のイエズス会学院に学んだ。品行、学業ともに優秀だったので、学年末ごとに表彰《ひょうしょう》された。

哲学を終了後は、パリのサン・スルピス神学校で神学を学び、マリア関係の書物を読みあさったが、そのすぐれた徳行はたちまち学生の模範と

なった。一七〇〇年、二十七歳で司祭に叙階されると、彼は海外布教を志望し、カナダへ出発しようとした。しかし時の教皇クレメンス十一世の勧めに従い、ヤンセニスム異端、すなわち、キリストは全人類のために死ななかったとか、人間は、神のおきてを全部果たすために十分な恩恵を与えられていないし、内的恩恵に抵抗することもできないとか主張する誤った説に反ばくしながら、ポアティエの総合救貧院《きゅうひんいん》付き司祭となり、フランスの西部地方の田舎を巡回布教した。

「わたしは善い羊飼いであり、自分の羊を知っており」（ヨハネ10・14）と聖書にあるとおり、ルイ・マリー・グリニヨン・ド・モンフォールは受け持ちの信者の気質、かたむき、志望、困難、誘惑などを知り、これを導き、助け、慰め、励ましていた。黙想会などの時、一人でもこれに参加しない信者があれば、さっそく自分でその家を訪ね、説得して、これを教会に連れ帰ってきた。

聖体拝領を勧め、十字架崇敬

ルイ・マリー・グリニヨン・ド・モンフォールは、人生の目的、罪、死、審判、天国、地獄などの大真理をはじめ、信心生活の根源である聖体、十字架、聖母に対する信心について好んで語った。頻繁《ひんぱん》な聖体拝領は霊的ぜいたくだ、という厳格なヤンセニズムに対し、彼はしばしばの聖体拝領を勧め、聖体に親しみ、これを崇敬するため数多くの賛美歌を作った。その一つに「ああ、わが心は御身をあえぎ望む。主よ、いずれの時にか、われに臨みたもう。御身いまさずしては、わが心は寂しさに耐えず。来たりたまえ、わが最愛なる魂の浄配よ」とある。

ルイ・マリー・グリニヨン・ド・モンフォールは十字架を愛して、いつも胸にかけ、各家庭にもこれを飾るように勧めていた。黙想会が終わると、その記念として野外の丘や人通りの多い街角《まちかど》に十字架を立てさせた。「悩める者よ、なんじの避難所はここにあり。もろびとよ、来たれかし、来たりて神の尽きざる宝をここに得よ。とこしえにイエスに栄えあれ。また、その十字架に誉れあれ」とは、ルイ・マリー・グリニヨン・ド・モンフォールの作った十字架称賛《しょうさん》の一節である。

聖母への真の信心

また、聖母をあつく信心したルイ・マリー・グリニヨン・ド・モンフォールは、ロザリオの祈りを奨励し、イエスに至るには聖母を経るのがいちばん近道であることを教えた。「イエスの怒りをなだめるためには、聖母の取り次ぎにすがるのが最もよい。聖母のたもとの陰に隠れて、『見よ、なんじの母を』と叫べば、イエスの怒りはすぐにも和《なご》む」と彼は歌っている。

そのうえルイ・マリー・グリニヨン・ド・モンフォールは、『聖母に対する真の信心』、『聖母の秘密』などの名著を著して聖母の信心を広めた。しかし、このような宣教は当時としては革新的であったため、これをねたみ、カトリック教会の精神にもとる運動であるかのように非難した者がいたので、一七〇六年、教区での聖務の執行を禁止された。

こうした人々の中傷《ちゆうしよう》や脅迫《きようはく》などにくじけず、かえって、「そこで、使徒たちは、み名のために、辱《はずかし》めを受けるに値する者とされたことを喜び」（使徒言行録5・41）、宣教に専念した。これに加えて彼はローマに巡礼し、教皇クレメンス十一世（在位一七〇〇―二一年）に謁見《えつけん》し、教皇派遣宣教師としてフランスに戻り、司教たちのもとで、洗礼の更新を通してキリスト教精神復興に働く使命を与えられた。

説教行脚《あんぎや》と修道会創立

以後、ヴァンデ地方を中心とした宣教の旅を皮切りに、サン・マロ、サン・ラザールなどを経てナント教区で宣教し、大成功を収めたが、一部の人の反感を買い、同教区での説教を禁じられた。一七一一年からラ・ロシェルの司教に招かれて、同教区とリュソン教区で宣教した。

また彼は、聖母にささげられた「モンフォール修道会」、貧民救済を目ざす「英知修道女会」、貧しい子どもたち、とりわけ視聴覚障害のある子どもたちを教育する「ガブリエル教職修士会」の創立に関わった。そして一七一六年、サンローラン・ショール・セーブル市（パリから西南へ四百キロ）で宣教中、病に倒れ、四十三歳の働き盛りで帰天した。

四月二十九日
聖カタリナ（シエナ）おとめ教会博士

聖カタリナの時代とシエナ

十四世紀イタリアは、教皇党と反教皇党との対立による果てしない内乱、ペストの流行、教皇のローマから南フランスのアビニョンへの七十年間の流謫《るたく》などで最大の難局《なんきょく》に直面していた。当時の教皇グレゴリオ十一世（在位一三七〇―七八）は善良であったが、体が弱く決断力が乏しかった。染め物屋出身のカタリナは友人たちとアビニョンへ行き、教皇に直接会って、ローマ帰還《きかん》を懇願《こんがん》し、聖地イスラエル解放へ向かう十字軍を組織していただこうとした。フランス国王の影響下にあった教皇は、一枢機卿軍隊をイタリアへ遣わし、そこの政情不安をなくそうとしたが、かえって貴族と平民との不和を高めた。そこでカタリナは教皇グレゴリオ十一世に直訴《じきそ》した。

「敬愛する教皇様、私は十字架にかけられたキリストの名によって申します。勇気をお出しなさい、義務をお果たしなさいませ。ローマにお帰りあそばされねばなりません。少しも恐れず、お帰りなさいませ。神様が、あなたとご一緒におられ、誰もあなたを妨げることはできません。奴隷的恐怖から解放され、どうぞ男らしく行動なさいませ」と。

そこで教皇も、たび重なる彼女の勧めに押され、出発の準備にかかった。そして多くの人々の反対妨害にもかかわらず、教皇はフランス国王にローマ帰還の意志を発表し、一三七八年にローマに帰った。実に七十年ぶりの教皇庁移転であった。

シエナはイタリア中部にあるトスカーナ州シエナ県の県都。標高三二二メートルの丘陵上にあり、十二世紀に独立したコムーネ（自治都市）となり、町を取り囲む城壁と城門など、中世の面影を色濃く遺す観光都市。この地方ではワイン、大理石、化学製品、化学肥料、織物の生産が盛んで、町の中心には、十二―十四世紀に建設された白と黒の縞模様《しまもよう》の大理石で出来たゴシック式大聖堂がそびえ立つ。

カタリナの生い立ち

聖カタリナは一三四七年の三月二十五日（神のお告

げの祭日）に、イタリア中部、トスカーナ地方の町シエナの染め物屋に、二十四番目の末っ子として生まれた。父のジャコモ・ベニンカーサは、おとなしい信心深い男だった。母のラパは口《くち》うるさい働き者。かなりの財産家だったので、子どもたちにそれぞれ知徳両面の十分な教育を授けた。なかでも、カタリナはかわいらしい快活な子だったので、子どもたちの中でも愛され、すくすくと育った。

一生を神にささげる決心

敬虔な彼女は自分の家の近くにあった聖ドミニコ会修道院の修道女の生活を見るにつけ、幼い心にその修道生活にあこがれを抱くようになった。そのうちカタリナは聴罪司祭の勧めもあって、一生を神にささげようという堅い決心から、自発的に美しい髪を切ってベールをかぶった。

父母は、この美しい娘を結婚させようとしていた矢先だけに、これを知ってかんかんに怒り、こらしめのために彼女を家の雑用にこき使った。カタリナはこの仕打ちを恨《うら》まず、イエスと聖母のみ心に合わせて、黙々と日々の犠牲を神にささげるのであった。

ある日、カタリナが一室にこもって熱心に祈っていた時、父親は娘の頭の上に白い鳩《はと》が止まっているのを見た。これ以来、両親も娘の使命を悟って、その望みに反対しなくなったという。その後、彼女は在俗のままで聖ドミニコの精神に倣い、福音の勧めを実行し、人々の救霊のためにも働こうと決心した。まず、その準備として三年間、一室に閉じこもり、祈りと苦行の贖罪生活を始めた。ぶどう酒や肉食を断ち、少しのパンと粗末《そまつ》な野菜で満足した。また二、三枚の板を枕に着衣のまま休んだ。しばしば脱魂状態に入って、花婿《はなむこ》キリストと甘美な会話をしばしば交わし、キリストとの神秘的結婚をして、キリストの苦しみと痛みにあずかる者とされた。

自己の欲望・悪霊の誘惑と戦い、福祉活動

その頃カタリナは、今までかつて経験したことのない汚らわしい想像や欲望に、日夜悩まされるようになった。ある日、例のように激しい誘惑に襲《おそ》われて、思わず、「ああ、主よ。主は私をこの悩みの中に見捨てて、どこにおいでになるのでしょう」と呼ぶと、主は「おまえの心の中に」と答えられた。「でも私の心はこんなに汚い思いでいっぱいですのに」。「しかしおまえは、そのような思いを楽しんでいるだろうか」。「いいえ、心の底から悩んでおります」。「それこそ、私がおまえの心にとどまっているという証拠《しょうこ》である」。カタリナはこれに勇気を得て、以後どんな試練にも微動《びどう》だにしなかったという。

その後、幾つもあった結婚の申し込みを断り、十八歳を迎えた一三六五年に「ドミニコ会」の第三会員となった。その後も家事を手伝いながら暇を見ては貧者・病人・囚人を見舞って、できるだけの援助をした。ことに一三七四年、イタリア全土を襲ったペストの流行によって、兄・姉を含め人口の約三分の二が失われた時など、二十人の同志の先頭に立って献身的に患者の看護《かんご》に当たった。しかし、苦労の多い割には感謝されないばかりか、気難しい患者からぶつぶつ言われることが多かった。乳がん患者の一婦人は、カタリナについて根も葉もない悪口《わるぐち》を言いふらした。カタリナはそれを気にもせず、その患者の看護を続けた。母親がそれにいら立ってたしなめると、カタリナは、「イエス様は、ユダヤ人の嘲《あざけ》り、侮辱にもかかわらず、彼らを救うことを中止しませんでした。それを思うと私も、わずか二、三度悪口を言われたからとて、主の命じた隣人愛の業を中止するわけにはまいりません」と答えたという。また、臭気《しゅうき》がぷんぷん鼻をつくような老婦人を見舞った時など、逃げ出したい思いにかられたが、これをぐっと抑え、「どうしてキリストの御血に贖《あがな》われた人を嫌うのか」と、自分自身に言い聞かせて、特別親切にその患者を介抱したという。

キリストの望みに従って教会への奉仕

ある日イエスは、片手に茨《いばら》の冠《かんむり》を、片手に黄金の冠を携えて彼女にお現れになり、「どちらを選ぶか」と問われた。カタリナはすぐさま、「私は茨の冠をいただきます」と答え、キリストに倣ってすべての困難を引き受ける覚悟を決めた。一三七四年、キリストは再

びカタリナに現れ、彼女はその身に五つの傷のしるしを受けた。その傷は目に見えなかったが、痛みはひどく、死ぬまで治らなかった。その時キリストは、「おまえに知識と雄弁の恵みを与える。各国を旅行して、国の権力者・指導者に私の望みを伝えよ」と命じた。

そこでカタリナは手紙や著書を持って、あるいは各界の知名人を訪ねては、教会と国家間の困難な問題について、彼らに有益な助言を与えた。また、ドミニコ会全体の刷新に、諸都市間の平和条約に、グレゴリオ十一世教皇のアビニョンからのローマ帰還《きかん》に、聖職者の改革に、欧州の大離教に際してはローマのウルバノ六世教皇の首位権確保に、平和の使節として東奔西走《とうほんせいそう》。「神に光栄が帰せられ、霊魂が救われるならば苦しみと罰が私の上に降りかかりますように！」と人類共同体のために働いた。しかもグレゴリオ十一世死後の大離教のとき、ウルバノ六世のため尽力した。さらに一三七五年、ピサにおいて聖痕《せいこん》を受けるに至った。

彼女は、過労に加えてご聖体以外の食物を口にせず、やせ細ったまま、ついにローマで倒れた。かろうじて病者の塗油の秘跡を受け、「ああ主よ、わが魂をみ手に委ねたてまつる」の一句を残して、その潔白な魂は一三八〇年四月二十九日、三十三歳で永眠した。その遺体はローマのミネルヴァ聖堂に葬られた。

聖遺物

現在、シエナ市の中心に近いサンタ・カタリナ通りに聖カタリナ巡礼聖堂、聖女の生家、暖炉《だんろ》、部屋、聖女の奇跡を描いた十七枚の絵、床のタイル、井戸、木の格子天井などが残っている。一四六一年に教皇ピオ二世から列聖され、十六世紀のアビラの聖女テレジアに継いで一九七〇年には教皇パウロ六世により二人目の女性「教会博士」の称号を与えられ、欧州の守護聖人になっている。ローマのサンタ・マリア・ソプラ・ミネルヴァ教会の高い主祭壇の下には、シエナの聖カタリナの遺体が安置されている。

聖女の肖像《しょうぞう》としては、教会博士の持ち物である聖書、聖ドミニコ会の白衣と黒の外套《がいとう》をまとい、おとめのしるしのゆりか十字架を持つ。キリストと交換したと言われる心臓が持ち物として現れることもある。聖ドミニコと関連してロザリオを持つこともある。また、他の聖ドミニコ会士ピエトロやドミニコとも一緒に描かれたりする。あるいは、聖フランシスコのように聖痕を受けた姿で描かれる。アレクサンドリアの同名聖女の神秘的結婚同様、シエナの聖女の場合は、聖ドミニコ会修道女の姿で表現される。他に、幻視に現れたイエスが、ひざまずくカタリナへ「黄金の冠と茨の冠」のいずれを選ぶか提示する画像もある。一三五七年、ピサの聖クリスティーナ聖堂内礼拝堂に、「祈る彼女が、聖痕を拝受する」主題などの絵画がある

二十世紀、ローマに聖女カタリナ学院が設立され、日本にも愛媛県に「聖カタリナ女子高等学校」、「聖カタリナ大学」と「聖カタリナ大学短期大学部」があり、図書館には「カタリナ文庫」が設けられている。聖カタリナのご絵には白の内衣とベールの上に黒いマントを羽織ったドミニコ会第三会の服装をし、十字架と純潔の象徴であるゆりを手に持ち、足で悪魔を踏みつけた姿が描かれている。

四月三十日
聖ピオ五世教皇

分裂に揺れ動く教会を双肩に

「兄弟の目にあるおが屑《くず》は見えるのに、なぜ、あなたの目にある丸太に気づかないのか。……まず自分の目から丸太を取り除きなさい。そうすれば、はっきり見えるようになり、兄弟の目にあるおが屑を取り除くことができる」（ルカ6・41―42）。

本日記念する教皇ピオ五世は、右の福音のとおりに、まず神のみ前に自分を反省し祈りながら、神にも周りの人にもお詫《わ》びをし、さらに改善を決心し、日常の生活の中で、これを実行した。それから、他の人の間違いを指摘し、戒めて、教会内部を刷新し、異端を食い止めた。ピオ五世の教皇在位期間は六年（一五六六―七二年）であったが、他の教皇よりも厳しい宗教改革の時代に、対プロテスタント対策に尽力し、分裂に揺れ動くカトリック教会を双肩《そうけん》に担う十字架の道を歩んだと言えよう。

「ドミニコ会」での養成と活動

ピオ五世は一五〇四年一月十七日に北イタリアのミラノに近いボスコ村（現・ボスコ・マレンゴ）の貧しいギスリエーリ家に一人息子として生まれ、アントニオ・ギスリエーリと名づけられた。小さい時から修道生活に憧《あこが》れ、一五一八年に十四歳で「ドミニコ会」に入会し、近くの「ドミニコ会」修道院で、後にヴォゲーラ、ヴィジェーヴァノ、ボローニャなど各地の「ドミニコ会」修道院で勉学や祈りや仕事に精進《しょうじん》した。一五二一年にミケーレという修道名で修道誓願を宣立した。

その後、ボローニャで高等教育を受け、一五二八年二十四歳の時、ジェノヴァで司祭に叙階された。それ以来十六年間、パヴィーアのドミニコ会学院で哲学と神学を神学生に教える一方、各地を説教して巡り、ロンバルディア管区の修道院長や管区長を歴任した。

異端審問官を務める

また彼は、一五四六年からイタリア北部のコモとベルガモの異端審問官を務めた。異端審問所での熱意がローマの異端審問所の一員、ジョヴァンニ・ピエトロ・カラッファ枢機卿兼ナポリ大司教（後の教皇パウロ四世）に認められ、彼の推薦《すいせん》で教皇ユリオ三世（在位一五五〇―五五年）により、一五五一年にローマの異端審問官総代理に任命された。教皇庁の事務をてきぱきとこなし、教皇の喜ばないことをも、勇敢に諫《いさ》めていた。

また当時、プロテスタントからの教会革命による秘跡や教理や聖伝の否認、聖母崇敬の排斥《はいせき》などに立ち向かう一方、政治・経済に絡《から》むさまざまな問題の解決に取り組んだ。その熱意が多くの敵対を生む中で自分に課せられた務めを毅然《きぜん》として果たし続けた。

時の教皇パウロ四世（在位一五五五―五九年）は、ミケーレ・ギスリエーリ司祭を一五五六年にストゥリとネピ司教区の司教に任命し、戦禍《せんか》に見舞われたその教区の復興《ふっこう》を委託《いたく》された。ミケーレ司教は、衣服や身の回りの品物はすべてドミニコ会士のような物を用い、修道院での厳しい生活どおり、苦行と断食を行って、病人を見舞い、貧者に施《ほどこ》しをし、臨終《りんじゅう》にある人に病者の塗油の秘跡を授け、建築資材と食料を購入して教区を復興させ、北からのルターの異端伝染《いたんでんせん》を防いだ。一五五七年に枢機卿、翌年にローマの大審問官、一五六〇年にはピオ四世（在位一五五九―六五年）によりモンドヴィの司教に任命された。

清貧に徹した教皇

そして一五六五年十二月九日、ピオ四世（在位一五五九―六五年）が逝去されると、翌年一月七日の教皇選挙で、聖カロロ・ボロメオ（十一月四日参照）やファルネーゼら大多数の支持により六十一歳で教皇の座に選ばれ、ピオ五世（在位一五六六―七二年）と名乗った。その後も修道者の祈りや黙想や簡素な衣食住の生活は捨てなかった。戴冠式《たいかん》を中止し、その経費は貧しい人々のため、また経営の難しい修道院のために寄付された。その他、決して教皇の衣服を新調せず、前代のお古《ふる》で間に合わせ、時には無帽《むぼう》、裸足《はだし》でローマの聖堂を巡礼することもあった。そして、すべてを超自然的レベルから眺める、誠実で敬虔《けいけん》な教皇であったので、カトリック信者をはじめ外国人たちからも非常に尊敬された。しかも教皇は少しも偉そうな態度をとらず、人々には柔和に接し、最高牧者として人々の苦しみに理解を示し、人々を救いの道へ忍耐強く導いた。またピオ五世は、政治的顧慮とか人間的巧知《こうち》を重要視せず、外交家になることも望まなかった。そのため、政治には無経験で、世間知《せけんち》に乏しく、多くの困難に陥った。

「トレント公会議」直後の諸改革

ピオ五世は「トレント公会議」の二年後に教皇座に就いたので、その公会議の諸改革案を全教会へ向けて実行に移した。まずプロテスタント派やスペイン国教会主義に対抗するため、神学校の設立、司教会議や教区聖職者会議の定期開催の推進、さらにローマ・カトリック要理問答（一五六六年）、ローマ・聖務日祷書を出版し、聖務日祷の共唱を義務づけ（一五七一年九月）、聖伝の新ミサ（特別形式のミサ、通称トリエントミサ）典礼書の使用を命じた（一五七〇年七月）。次に教皇庁の経費削減から始まって、司教、司祭、修道者、信者へと次第に信仰生活の刷新を図った。司教には教区居住を求め、長期不在者には収入や権限を剥奪《はくだつ》した。また売春の追放、教会法の実施の徹底を各国で推進させた。

文芸復興時代、つまりピオ五世の前任者たちの時には、教皇の縁故者《えんこしゃ》が枢機卿や司教に任命されることがあった。それで側近者がピオ五世に、「教皇様は、もっとご親戚の方々を教皇庁に登用《とうよう》されてはいかがでしょう」と勧めた。すると教皇は厳しい口調で、「神が私にペトロの聖座を賜ったのは、骨肉《こつにく》のためではなくて全教会のためである」と答えた。

さらに一五六七年には聖トマス・アクィナス（一月二十八日参照）に教会博士の称号を贈り、『トマス全集』全十七巻を出版させた。神学校では聖トマスの『神学大全』とギリシアのアリストテレス哲学をベースにして、異端から純粋なキリスト教を擁護《ようご》する論理的・護教的なスコラ哲学・神学の学習が奨励《しょうれい》された。

また、『ウルガタ訳聖書＝聖ヒエロニモ（九月三十日参照）によるヘブライ語やギリシア語の聖書のラテン語訳』の改訂版を発行させ、カトリック教会において最も広く用いられるよう導いた。

国際政策

教皇はドイツ諸侯との争いに危機感を覚えていたが、特に一五六六年三月二十六日のアウクスブルクの帝国議会における論争に教皇権の危機を察知《さっち》し、その影響力を制限しようと企てた。一方、フランスでは教皇の指図《さしず》によってオデット枢機卿と七人の司教が解任され、プロテスタントに対しての寛容な勅令が廃棄《はいき》された。結果としてこのフランスにおける教皇権威の行使がサン・バルテルミの虐殺《ぎゃくさつ》を引き起こす一因《いちいん》ともなった。

また、当時スコットランド女王メアリー・スチュアートがカトリックの教えに忠実に従っていたが、王位相続権問題で、その政敵であったイングランド女王エリザベス一世は、メアリー・スチュアートを監禁《かんきん》した。ピオ五世は手紙を送ってメアリーを慰め、牢獄のメアリーに聖体拝領の許可を与えた。しかしプロテスタントの女王エリザベス一世に対して、教皇は露骨《ろこつ》に敵意を示し、一五七〇年にエリザベス女王を破門《はもん》し、

退位を宣告した。しかし君主への破門宣告は何ら現実的な意味を持たず、歴史上、教皇による世俗王侯への最後の破門となった。一方メアリー・スチュアートは、女王エリザベス一世の暗殺計画に関与したとの嫌疑《けんぎ》で、一五八七年二月八日に斬首刑《ざんしゅけい》に処せられた。

トルコ艦隊撃破にロザリオを

一五七一年、オスマントルコ帝国のイスラム教主セリム二世は、大軍を率いて東欧のキリスト教国を侵略し、無数の艦船を連ねて今度はイタリアへ進撃《しんげき》してきた。それでピオ五世は、教皇軍にベネチア軍とスペイン軍を加えてカトリック連合艦隊を編成《へんせい》した。その際にピオ五世はロザリオによって自分も祈り、聖母の連祷の中に、「キリスト信者の助け、私たちのために祈ってください」の一句を加え、全信者に祈らせた。

同年十月、オーストリアの太子ドン・ジュアンは連合艦隊の最高司令官として、艦隊を率いて敵艦隊をギリシアのレパント湾で迎え撃つことにした。決戦の日、十月七日に連合国のカトリック信者たちは聖堂でロザリオを唱え、戦勝を祈願した。戦い始め、風はオスマントルコ艦隊に有利となった。ドン・ジュアン司令官は十字架上のキリストを刺繍《ししゅう》した軍旗の前で全軍を激励し、ひざまずいて祈らせた後、総攻撃を命じ、朝六時から夕方の間に、オスマントルコの無敵艦隊を撃滅《げきめつ》した。この七日が「ロザリオの聖母」の記念日と定められているのは、この時の聖母のお恵みを思い起こすためである。

一五七二年の春、ピオ五世は持病が重くなり、同年五月一日に六十八歳で聖なる生涯を閉じた。その遺体は一五八五年、シクスト五世により聖ペトロ大聖堂からサンタ・マリア・マッジョーレ大聖堂へ移葬《いそう》された。一七一二年五月二十四日、教皇クレメンス十一世によって列聖された。

厳格な立法者、異端やイスラム教勢力から使徒伝来の純粋なキリスト教を守り抜き、大航海時代の波に乗り、西欧で失った教勢を世界宣教で、その拡大に務めたのである。

五月の聖人

そこでマリアは言った、「わたしの魂は主を崇め、わたしの霊は、救い主である神に、喜び躍ります」。（ルカ 1・46－47）

幸いなるかな心の貧しき人　天国は彼らのものである

五月一日
労働者聖ヨセフ

労働者の模範

五月一日と言えばメーデー、つまり国際的労働者祭と言われているとおり、労働者のことを思い浮かべる。西欧では十九世紀の終わり頃から二十世紀の初めにかけて五月の日は労働者の地位向上と権利要求のための闘争の日であった。これに対して教会も労働者の諸問題に無関心ではいられなくなり、特にレオ十三世とピオ十一世は社会問題と取り組み、労働者問題に関する回章を出した。後にピオ十二世は五月一日を聖ヨセフの保護のもとにおいて、この日を福音の精神に従う勤労感謝の日とした。

聖ヨセフは、ただの労働者、ナザレの大工だけではない。イエスとマリアとの親密な家庭生活の中で、ヨセフはよく労働し、額《ひたい》に汗して一家のために日々のパンを求めた。

聖母マリアもまた、よく働き、家事万端《かじばんたん》を切り回してゆかれたので、家は貧しくとも清潔で小ざっぱりとして、隅から隅まできちんと整頓《せいとん》されて、いかにも住み心地よい家であったにちがいない。

労働は人間性を高める手段

イエスもよく労働された。しだいに成長して、軽い仕事ができるようになると、聖母を助けて家事を手伝い、まめまめしく働いた。いよいよ成人して、力も加わると、大工の作業場に入って、聖ヨセフの仕事を手伝った。

救い主は三十年という長い間父母に従い、身を惜しまず、力を尽くして父母の労働を助けたのであった。

これによって主キリストも聖ヨセフも労働が人々に仕える手段となり、家庭を一つに結ぶ絆となり、人間性を高める手段になることを人類に教えられた。人は労働するために造られた。アダムが楽園におかれたのも労働するためであった。初めは労働そのものが楽しいものであったが、罪を犯してからは、労働をつらく感じるようになった。神は、人間にパンを求め、罪の償いをするようお命じになった。

労働は罪の償い

それで労働はやむにやまれぬ、私たちの義務であり、罪の償いである。「お前は一生労苦して土から糧《かて》を得よ」(創世記3・17)。神のこの宣告後、地はいばらとあざみを生やしたので、それらを抜き取り、土を掘り返さなくては、穀物も野菜も育たなくなった。

また労働は人間の聖化に役立つ。労働することによって、日の長さを感ずることもなく退屈することもない。逆に日の短さを感じ、体も丈夫になるし、心にも邪念《じやねん》の入る隙間《すきま》が無くなり、情欲が抑えられ、悪い汚い考えも浮かんでこない。つまり、「小人閑居《かんきよ》して不善を為《な》す」ことはない。悪魔は盗人と同じで、ぼんやりしている人を狙《ねら》うので、せっせと働いている人には近づきがたい。無益な話やつまらない読み物にふけって胸を騒がせ、徳を傷つけ、救霊《きゆうれい》を危うくするのは間違っている。労働することによって情欲が抑えられる反面、恵みの花が咲き、聖なる実を結ぶようになる。

労働は罪の償いである以上、たしかにつらい。しかしつらければこそ過失を補い、罪を償い、主の憐れみをこうむるわけである。熱心に労働すればするだけ、償いの価値は増し、主の怒りは和らぎ、審判はやさしくなる。北風が吹き渡る寒い冬には草木も生長できないが、春になって暖かくなり、日がぽかぽかしてくると、麦でも豆でも青々と茂ってくる。しかしそれとともに雑草も非常な勢いではびこってくるので、始終油断せずに、その雑草を抜き取らなければ、良い麦、おいしい豆を穫《と》り入れることはできない。人間も同じく、年を取って冬枯れの時代になると、悪いこともできない代わりに善いこともできない。青年時代の元気のある時代に善の道に進み、もっと賢明になり、もっと愛情深い人になり、どんな平凡な仕事でも、これをていねいに果たすようにしたいものである。

精神労働

労働とは、ただ肉体労働だけに限らず、精神労働もある。たとえば頭を使って職場を管理、経営するとか、仕事の企画を立てるとか、何かを系統的に教えることなども、りっぱな精神労働である。この精神労働にせよ、肉体労働にせよ、いずれも神の目の前では神聖で優劣《ゆうれつ》がない。どういう目的で、どういう意向で働くかによって、労働者自身の中に価値の上下がついてくる。

世には懸命に働いて身心をすりつぶし、つまらない目的のためだけに、あくせく働く人もいる。それはちょうど、手に入れたお金を穴の開いた財布《さいふ》に蓄《たくわ》えるみたいなものである。ちょっと心を天に上げて意向を正す心がけ次第で、自分の労働の価値を高めることができる。

神の創造の業への協力

さらに労働は神の創造の業への協力でもある。たとえば野いちごにせよ、野ぶどうにせよ、野にある間は小さくて、それほど良い味はしないが、人間がそれに手を加えて育てると大きくおいしい実を付けるようになる。このように人間は働くことによって、大自然の動きを完成していくのである。このことは政治・経済、文化・芸術・教育のあらゆる面についても言えることではないだろうか。人間は、それぞれの職業を通して神の創造の業を続行している（シラ38・34参照）。旧約聖書では創造主の働きが人間像を造る陶工《とうこう》（創世記2・7参照）や、指で天を造り、月と星を配置する職人（詩編8・4参照）の業として描写《びょうしゃ》されている。勤労の少ない所では、文化も政治・経済も発展しなくなる。

また創造主を賛美する詩編は、「人は仕事に出て、夕暮れまで働く」（詩編104・23）人間の姿をたたえている。聖ヨセフと同じように私たちも仕事を通して宇宙の創造主の英知と力を賛美することもできるし、人となられた神の子の身分に密接にあずかることができるし、労働につきものの労苦をキリストの苦しみに合わせることによって、救世の事業に参加することができるのである。このように労働者聖ヨセフは、働く人々を神に近づかせる大きな模範であると言えよう。

五月二日

聖アタナシオ司教教会博士

キリストの神性擁護《ようご》に命をかける

教会は教会著述家のうち、特に学問にすぐれ、聖徳に輝く人を教会博士として公認する。中でもこの筆頭には「正統神学の父」と称される聖アタナシオがいる。彼はキリストが父である神と同実体で、真の神であることを神学的に説明した最初の司教である。

この教理に反対し、キリストは神ではない、とするアレクサンドリアの一司祭アリオの異説に対し、聖アタナシオは初代教会の伝承《でんしょう》と聖書に基づき、堅固な信仰から、厳しい弾圧にも屈せず、司教在任（三二八―三七三年）の四十五年間、ペンと弁舌をもってキリストの神性を擁護《ようご》した。その間、四人の教皇からローマとトリエルに二回、エジプトの砂漠に三回、計五回も追放され、十七年間以上亡命生活を送った。

アリオの異説と出会う

アタナシオは二九五年頃、エジプトはアレクサンドリアのイアン市の名家に生まれた。ギリシア人の上流階級の両親はアタナシオが学齢期に達すると、司教館に預けて一般学科や教理をみっちり勉強させた。二十歳の時、エジプトの砂漠の隠遁者を訪れ、聖アントニオと出会い、数年間を共に暮らし、有益な話を聞いて克己《こっき》と苦行の修練をした。その後、三一九年に二十四歳でアレクサンドロス司教の助祭兼秘書を務めた。

当時、同じアレクサンドリアでアリオが、キリストは神でも普通の人間でもなく、実は両者の中間者にすぎないので、御父とは同等ではなく、ただ世界創造のために創られた最も完全な被造物であり、神の意志とぴったり合った人であるという説を唱えた。それでアタナシオは司教の依頼に応じ、父である神の子であるキリストは、本質的に父と同じ神であり、それはちょうど太陽から光線が出、知性から思想が生まれる関係に似ていると反論した。

「ニケア公会議」（三二五年）でクレド（信条）が確立

しかしアリオの異説は広まるばかりで、社会不安さ

え広がったので、時のローマ皇帝コンスタンチノは政策上からも信仰の統一《とういつ》を図《はか》るのが得策《とくさく》と考え、三二五年、ニケアに、第一回公会議を招集した。この公会議には、教皇シルヴェストロ一世の使節、近東の司教・司祭をはじめ、アタナシオも司教一団の随行者《ずいこうしゃ》となり、それに加えて信者など合計三一八人が参加した。ところで、アリオはエウセビオス派の司教十七人を味方に抱《かか》え込み、アタナシオと大論戦を交えた。結局「長期にわたる評議と数々の論戦、綿密な検討」の結果、アタナシオの主張は大多数の司教たちの圧倒的支持を受けた。この時に確定されたのが、今日のミサで唱えられる「ニケア・コンスタンチノープル信条」の原型となった。「……。主は神のひとり子、すべてに先立って父より生まれ、神よりの神、光よりの光、まことの神よりのまことの神、造られることなく生まれ、父と一体。……」と宣言された。この決議に従わなかったアリオ派は、破門された上に流刑《るけい》に処せられ、その著書は火中に投ぜられた。

司教叙階後の活躍

三二八年アタナシオは、アレクサンドリアの司教に叙階されると、「ニケア公会議」の決議に従って、さっそく教区内からアリオ派を締《し》め出した。しかしアリオ派は、リュコポリスの司教メリティオスを味方に付け、もともとアリオを支持するニコメディアの司教エウセビオスと結託《けったく》し、アタナシオ司教に反旗《はんき》を翻《ひるがえ》し、ティルスの教会会議（三三五年）で、アタナシオを暴力犯罪のかどで告訴し、司教職を剥奪《はくだつ》した。アタナシオはローマのコンスタンチノ大帝に上訴したが、却下《きゃっか》され、トリールへ追放された。大帝はアリオ派からのアタナシオへの悪いうわさを信じて、厳密な調査をさせなかったからである。

　これ以来アタナシオは追放五回、のべ十七年間の断続的な亡命を忍ばねばならなかった。この間に歴代皇帝の宗教政策は、二転三転と目まぐるしく変転するが、これは皇帝たちの教理に対する深い理解もなく、ただ教会を国家の統一を維持するための御用宗教と見なし、ご都合主義によってこれを保護したり、弾圧したりしたことを物語っている。

　しかし、真理は常に勝利を収める。三六六年、ヴァレンス帝は世論に反対しきれず、アタナシオの追放を解除し、アレクサンドリア市に呼び戻した。市民はさながら凱旋《がいせん》将軍を迎えるように、アタナシオを出迎えた。こうしてアタナシオは、ようやく平和な生活を取り戻し、余生の九年間、よく教区を治め、亡命中から続けていた聖書や神学に関する著述を完成し、三七三年五月二日に七十八歳で帰天した。

アレクサンドリアとニケアの巡礼地

アレクサンドリアは地中海に面したエジプトの港湾都市。この都市名はギリシアの哲学者アリストテレスの弟子、アレキサンダー大王が約二千四百年ほど前にエジプトを占領したのに由来する。アレクサンドリアはローマ、コンスタンチノポリス（現・イスタンブール）、アンチオキア、エルサレムの古代神学の中心地の一つで総主教座が置かれ、キリスト教五本山に数えられていて、昔から学術都市として大学、神学研究所、大図書館などが完備《かんび》されていた。カイロの聖マルコ・カテドラル（コプト正教会）の地下に聖アタナシオ礼拝堂があり、そこに聖人の遺物が保存されている。

「ニケア公会議」は小アジアのニコメディア南部の町ニカイア（現・トルコ共和国ブルサ県イズニク）の大聖堂で行われた。ここはビザンチン時代にキリスト教の大聖堂として建てられ、オスマントルコ時代にはモスクとなった。遺跡名の「アヤソフィア」は「神の知恵」を意味している。この大聖堂跡は街道沿いのやや低い所に保存されている。

五月三日

聖フィリポ、聖ヤコブ使徒（祝日）

聖フィリポと聖ヤコブの両使徒の記念は、昔から同日になっているが、同日に帰天したわけでも、親類でもなく、共に布教活動したわけでもない。それでも遺骨だけは、ローマの十二使徒聖堂に共に安置され、崇敬されている。

聖フィリポの召し出し

聖フィリポは聖ペトロや聖アンデレと同じく、ゲネサレト湖畔にあるベトサイダの生まれである。ペトロが主イエスに召された翌日に、フィリポは主に出会う

が、その時の情況を、聖書はこう伝えている。「その翌日、イエスは、ガリラヤに行こうとなさって、フィリポを見つけられた。イエスは彼に、『わたしについて来なさい』と仰せになった。フィリポは、アンデレとペトロの町、ベトサイダの出身であった。フィリポはナタナエル（別名、バルトロマイ）を見つけて言った、『わたしたちは、モーセが律法の書に記し、預言者たちも書き記している人を見つけました。それはナザレの人で、ヨセフの子イエスです』。するとナタナエルは、『ナザレから、何か善いものが出るだろうか』と言ったので、フィリポは、『来て、見なさい』と言った」（ヨハネ1・43－46）。

この結果はナタナエルも主イエスに直接会って、言葉を賜ると、イエスを救い主と認め、その弟子になったのであった。聖書には、フィリポに関する記事がさらに四つほどある。その一つはベトサイダでイエスがパンを増やす奇跡をなさった時である。イエスの後についてきた大群衆を見て、フィリポに、「『どこからパンを買って来て、この人たちに食べさせようか』と仰せになった。フィリポを試すために、こう仰せになったが、ご自分では何をしようとしているかを知っておられた。フィリポは、『めいめいが少しずつ食べるためにも、二百デナリオン分のパンでは、足りないでしょう』と答えた」（ヨハネ6・5－7）。この話によるとフィリポは世間の常識をよく心得ていた人物であると想像される。

二つめの話は、翌年、主イエスと共にエルサレムに行った時のことである。「ところで、祭りにあたって礼拝のために上って来た人々の中に、ギリシア人が何人かいた。この人たちは、ガリラヤのベトサイダ生まれのフィリポの所に来て、『わたしたちはイエスにお目にかかりたいのですが』と言って頼んだ。フィリポはアンデレの所に行ってこのことを伝え、アンデレとフィリポはイエスの所に行って伝えた」（ヨハネ12・20−22）。

三つめの話は、最後の晩さんの時のことである。「フィリポがイエスに言った、『主よ、わたしたちに御父をお見せください。それで十分です』。イエスは仰せになった、『フィリポ、こんなに長い間、あなた方とともにいるのに、わたしが分かっていないのか。わたしを見た者は、父を見たのである。なぜ、「わたしたちに御父をお見せください」と言うのか。わたしが父のうちにおり、父がわたしのうちにおられることを、あなたは信じないのか。わたしがあなた方に言う言葉は、自分勝手に語っているのではない。わたしのうちにおられる父が、ご自分の業を行っておられるのである。わたしが父のうちにおり、父がわたしのうちのおられると、わたしが言うのを信じなさい。それができないなら、業そのものによって信じなさい』」（ヨハネ14・8−11）。

四つめはエルサレムの家の中で、フィリポは聖母や他の使徒たちと共に心を合わせて、聖霊の降臨を祈っていた。

以上の話からフィリポは素朴《そぼく》で用心深く、現実的な人物であったことが浮かび上がってくる。使徒聖フィリポのその後の活動については、確実なことが分からない。しかし、助祭であり、福音宣教者であったフィリポ（使徒言行録6・5、8・5−40、21・8以下参照）とは別人である。

聖フィリポ使徒は、後にフリジアのヒエラポリス（現・トルコ中西部のパミュカレ）で司牧宣教して、およそ七八年頃、十字架に逆さにはりつけられて殉教したという。東方の諸教会でも偉大な聖者として崇敬されている。またフィリポは機織《はたお》り業者と帽子業者の保護聖人である。

聖ヤコブ（小ヤコブ）

本日ともに記念される聖ヤコブは小ヤコブとも呼ばれ、七月二十五日に記念される大ヤコブとは別人である。大小というのは、おそらく年齢の上からの区別であろう。小ヤコブの父はアルフェオと言い、母のマリアは、イエスのおん母と親戚関係にあるから、イスラ

エル人の習慣上、「イエスの兄弟」と呼ばれていた。

初代教会において、聖ヤコブは主の兄弟として大きな権威を有し、一同の尊敬を受けていた。キリストはご復活の後、彼一人に現れたこともあった。他の使徒たちはキリストの命令に従って、まもなくパレスチナの各地へ伝道に出かけたらしいが、ヤコブは大抵首都エルサレムにとどまった。そしてその教会の頭に立てられていた。つまりすべての教会の母たるエルサレム教会の初代司教であった。回心後のパウロがエルサレムを訪れた時、ペトロとヤコブだけに会うことができたというから、他の弟子たちはいなかったらしい。また、小ヤコブは「ヤコブの手紙」を新約聖書の中に遺している点でも有名である。

ペトロとパウロの二人も、ヤコブを非常に尊敬していた。ペトロが天使の助けで牢獄から救われ、ヨハネの母マリアの家に着いた時、わざわざ、「これらのことをヤコブおよび兄弟たちに告げよ」と言い残して、よそへ立ち去った（使徒言行録12・17参照）。パウロもまた、ヤコブをペトロとヨハネとともに「教会の柱」と見なし、パウロはこの三人から自分が「異邦人の使徒」と認められていたことを深く感じていた（ガラテヤ2・9参照）。

ヤコブ自身は、信徒たちからだけでなくユダヤ人皆から、ひとかたならぬ尊敬を受けていた。彼はモーセの律法を厳重に守り、毎日エルサレムの神殿に詣《もう》でて、不断に同国民の改宗を祈っていた。伝説によれば、この絶えまない祈りの結果、彼のひざは、らくだの皮のようになっていたそうである。

そのために、ヤコブは、同時代の人々からすでに、「義人」すなわち聖人という名を付けられていた。こうして教会が、まだ完全には旧約時代から脱せず、しかもはや新約の宗教として立たねばならなかったあの時代は、始終デリケートな問題がちょっとしたことで不意に発生しかねない情況《じょうきょう》だったが、ヤコブはキリスト信者とユダヤ人の両方から聖人と仰がれた人として、当然エルサレムの司教職に最適の人物であった。

ユダヤ人への宣教に特化《とっか》

しかし彼自身は、旧約の律法を完全に守り続けていたにしても、決してこれを、すべての信者に負わせるという狭い考えはもっていなかった。旧約時代はすでに完了し、キリストの教会は、世界の教会であることをよくわきまえていた。であるから、ペトロとともに快《こころよ》くパウロの特別の使命を認め、パウロとバルナバは異邦人に赴《おもむ》き、自分はユダヤ人の布教に従事することに決めた。そして一致の印として手を差し伸べた。

全人類のための教え

その後パウロの努力によって、教会は異邦人のうちにも、著しい発展を見るようになったところ、エルサレムの以前ファリサイ人であったある信徒は、これを不満に思った。そしてこれらの異邦人を、割礼《かつれい》をもってまずユダヤ人にし、ついでユダヤの律法を守らなければならないと言いだした。そこで四九年、パウロが報告をもって到着した時、使徒たちと教会の主《おも》だった信者たちは、エルサレムで会議を開くことになった。これはあたかも教会の最初の公会議とも言うべき「使徒会議」であった（使徒言行録15章）。

問題は全教会の将来にとって由々《ゆゆ》しい事態《じたい》であった。つまり、教会はユダヤ教の一宗派にすぎないのか、それとも、世界的な「カトリック」教会であるのかというのであった。むろん、キリストの教えは全人類のための教えで、その救世はアダムのすべての子孫のためである。だからその教会も当然世界的教会でなければならないはずを、エルサレムの信徒の一部は、あくまでもユダヤの律法をそのまま継ぐものだと主張した。

その時、ヤコブは立ち上がった。「異邦人から神に帰依《きえ》する人をわずらわせてはいけない」と自分の意見を述べ、解決の道を開いた。彼の権威は、決定的なものだった。すなわち旧約の規則が原則として救霊のために必要でないことを集会は認め、ペトロはこの決議を承認した。ただユダヤ人と異邦人の信者たちの共同生活が円滑《えんかつ》にいくため、異邦人は食事に関する旧約のある規定を守るよう勧告を受けた。

エルサレムの司教として、ヤコブはめったにその町を離れなかったが、当時ユダヤ人は、すでに世界の各国に出かけ、遠くはインドや中国にまでも行っていた。特にユダヤの隣国シリアや小アジアでは、おびただしいユダヤ人がそれぞれ団体生活を行い、かなり忠実に信仰を守り続けていた。使徒パウロと同じように他の宣教師たちも、まずこのユダヤ人の会堂に入り、それから伝道を始めるのが通常であった。したがってこうしたユダヤ人の群れにも、おいおいキリスト信者が増えてきた。

信仰を実生活に反映せよ

ヤコブはユダヤの首都の司教として、離散している信者に対しても責任を感じたらしく、一種の教書を送っている。その年代は記されていないが、後に、この地方にあれほど問題になったユダヤ人と異邦人との対立には全然触れないで、ただユダヤ人の特殊な欠点やその危険について述べているところからして、おそらく四九年の使徒会議以前の書簡ではないかと思われる。ヤコブはその書簡の中で、教理を理論的に述べたり筋書きだてて説明したりするつもりではなく、むしろユダヤ人が好む箴言《しんげん》の形式で、種々実践的な訓戒《くんかい》を与えている。なかでも極力強調している点は、信仰と実践との一致である。信者はその信仰をもっていることだけにとどまらず、それを毎日の日常生活においてこそ実践しなければならない。実践の伴わない信仰は、真の信仰ではない、ということを幾度も繰り返している。

「わたしの兄弟たちよ、たとえ、誰かが自分は信仰をもっているといっても、行いを伴わないなら、何の役に立つでしょう。そのような信仰は、その人を救うことができるでしょうか。仮に兄弟か姉妹かが、着る物もなく、その日の食べ物にも事欠いているとしましょう。あなた方のうち、誰かが、その人に、『安心していきなさい』『たくさん着なさい』『十分食べなさい』と言うだけで、体に必要なものを何一つ与えないとするなら、何の役に立つでしょう。信仰もまたこれと同じで、行いを伴わないなら、それ自身、死んだものです」（ヤコブ2・14－17）。

ユダヤ教徒による殉教

聖ヤコブの晩年については、ユダヤの歴史家ヨゼフスが記録を残したので、その詳細《しょうさい》を知ることができる。

ヤコブはエルサレムの町で非常に人望が厚く、すべての市民から尊敬されていた。彼の感化によって、エルサレムをはじめパレスチナの各地に、キリスト信者の数は日増しに増えていった。しかしこのことは、ユダヤの大司祭とファリサイ人の憎悪と激怒《げきど》をあおるばかりであった。六二年、ローマ総督フェストの没後、その後任者がまだ到着しないすきをうかがって、その年の大司祭アナヌスは、ヤコブとエルサレムの教会に対し一打撃を与えようと考えた。

アナヌスはさっそく司祭会議を開き、無法《むほう》にもローマ総督の許可を待たず、即座にヤコブと主だった信者数人を死刑に処したのである。そして刑の執行を急ぎ、ただちにヤコブを神殿の広場に集まった群衆に引き渡した。ヤコブは人々の石を受けて倒れたが、まだ息をしているのを見ると、一人の晒屋《さらしや》が丸太でもってとどめを刺した。その最後の瞬間まで殺害者のため祈りつつ、聖ヤコブは、こうして祈祷の生涯を終えたのである。ちなみに聖ヤコブはこん棒を手にした姿で表されている。

五月六日
聖ペトロ・ノラスコ司祭
（「ベリス・メルセス宣教修道女会」、通称、「メルセス会」の創立者）

サラセン軍から捕虜救出

イスラム教徒であるサラセン人は七世紀の中頃から、中近東をはじめ、アフリカを侵略《しんりゃく》し、八世紀の初めにはスペインにまで侵入し、コルドバに都を定めた。そのためスペイン人やその他のキリスト教徒は残酷《ざんこく》なサラセン人たちによって、主に北アフリカへ奴隷として売られていた。その後十世紀から十二世紀にかけて、キリスト教の諸王国は、同盟してサラセン人に反撃し、これを南方に追い戻した。しかし、サラセン軍の捕虜になったキリスト信徒は大変な虐待《ぎゃくたい》を受けていた。この捕虜たちを自由の身にするのに多くの聖人たちが現れた。聖ペトロ・ノラスコもその一人である。

そのほか十二世紀から十三世紀にかけて南フランスではマニ教の二元論（善と悪）から派生したアルビ派

（南フランスの都市アルビに由来する名、別名カタリ派）が広まった。この異説によれば、霊の世界は善神が、物質の世界は悪神が創造し、支配している。イエスは物質界の奴隷となっている人間を解放するために来られた、という。アルビ派の信徒らは自殺を認め、結婚を控《ひか》えるように勧めた。聖ペトロ・ノラスコは以上の異説の誤りを正した。

アラゴン王家の教育係

　ペトロ・ノラスコは一一八二年頃、南フランスのトゥールーズに近い小村ル・マ・サント・プュエルに生まれた。父は騎士であったので、ペトロ・ノラスコは子どもの時から剣術《けんじゆつ》や槍術《そうじゆつ》を学んだ。また、「ベルナルド修道会」で一般学科を学び、修道士たちの良い感化を受けて、祈り、黙想などをよくしていた。十五歳の時に父と死に別れ、イエス・キリストの騎士になろうと志し、モンフォールのシモン公爵《こうしゃく》の率いる十字軍の兵士となってアルビ派らと戦おうとした。しかし、公爵はペトロ・ノラスコのすぐれた学才を見抜き、自分が担当していたアラゴン王子教育を、ペトロ・ノラスコに委《ゆだ》ねた。

　その時からアラゴン皇太子はペトロ・ノラスコと親しく交わり、後にヤコブ一世王となってからもペトロ・ノラスコを王宮に迎え入れた。ペトロ・ノラスコは王がぜいたくして神のこと、国民のことを忘れないよう、よく教え導いた。またペトロ・ノラスコは、当時キリスト信徒らの中にサラセン人の奴隷となって苦しんでいる者たちがいることを知った。それで郷土愛に駆《か》られた彼は自分の財産はおろか、命さえもささげてこの人たちを救い出してあげなければならないと決意した。

「メルセス修道会」を創立

そのうえ、ペトロ・ノラスコは一二一八年八月一日、聖母から、イスラム教徒らの奴隷となったキリスト教徒らを贖《あがな》う修道会を創立せよ、とのお告げを受けた。翌日、ペトロ・ノラスコはアラゴンのヤコブ王に謁見《えっけん》してそのことを申し上げると、王も聖母から同じお告げを受けたというのである。またしばらく前からドミニコ会の神学・法律学者であるペニャホルの聖ライムンド（一月七日参照）が王に招かれてバルセロナに来ていたが、彼も聖母マリアから同じことを告げられていた。このため三人は大いに驚き、スペイン・バルセロナの司教ベレンガリオを訪問して、事の次第を話し、同年八月十五日にスペイン語で聖母のメルセス（merced＝慈悲）、つまり奴隷を買い戻す「メルセス修道会」をバルセロナに創立し、募金活動を展開した。

これよりすでに二十年前、バルセロナで騎士数人が同じ目的で「三位一体修道会」を設立していたが、ペトロ・ノラスコは聖ライムンドの協力を得て、メルセス会の会憲を作成した。たちまち十三人の会員を得て、一二三五年に教皇グレゴリオ九世（在位一二二七―四一年）から「アウグスチノ会」の会則に基づく騎士修道会としての創立許可をいただいた。当時、スペイン北東部のアラゴン王、ハイメ一世（在位一二一三―七六年）をはじめ、歴代の王もペトロ・ノラスコの事業を援助し、会の最初の拠点として聖エウラリア病院を贈呈した。

ペトロ自身が奴隷の身代わり

一二一二年、サラセン人たちは有名なトロサの激戦で大敗し、ほとんどスペイン全土から追い出され、残すはわずかに南部のグラナダだけとなった。ペトロ・ノラスコは修道会の創立後まもなく、その地に行き、奴隷四百人のために身代金《みのしろきん》を払い、彼らを解放してあげた。またペトロ・ノラスコは、「キリスト教徒らの奴隷信徒を解放してあげる場合、もし必要であれば、自分を人質にする覚悟がある」という会の第四の誓願に従い、アフリカ北部で、奴隷の身代わりになっていたこともある。その時、サラセン人はペトロ・ノラスコを殺そうとして帆も櫂《かい》もない小舟に乗せ、海上へ追放した。しかしペトロ・ノラスコは、さいわい神のご加護《かご》により、無事スペインのセビリア港に漂着《ひょうちゃく》できた。

それからペトロ・ノラスコは、いろいろな苦労と老齢のため、心身ともに衰弱し、会の長上職を後輩に委ねた。一二四五年までにペトロ・ノラスコの指導で、「メルセス修道会」はアラゴン王国とフランス南部に修道院を十八創設していた。

それから数年、償いの業を続け、一二四九年頃、六十七歳でクリスマスの夜に帰天した。そしてペトロ・ノラスコは、一六二八年に教皇ウルバノ八世により列聖された。

メルセス修道会員の活躍

聖ペトロ・ノラスコの精神と事業を受け継ぐ「メルセス修道会」の会員たちの大半は、創立後一〇〇年余の間、助修士であり、騎士独特の規律で結束していた。捕《と》らわれ人《びと》の信仰を救うため、身代わりとして、一命を賭《か》けて献身し、その多くは殉教までしている。後でイスラム教徒の侵略《しんりゃく》がなくなると、会員たちは観想生活を始め、十六世紀に、スペイン北部のベリス（Berriz）にも一つの「贖いのメルセス観想修道院」を設立した。

一九二四年、この観想修道院の一修道女であった福者マルガリタ・マリア・ロペス・デ・マトゥラナ（七月二十四日参照）は、キリストの贖いの業を観想する深い祈りに促《うなが》されて、宣教への道を開いた。一九三〇年、ローマ教皇庁の認可を得て、会は「ベリス・メルセス宣教修道女会」（メルセス会）に変革され、宣教会として新たに発足し、現在五大陸の七十二の共同体で、贖いの精神に生かされて深い祈りに根ざし、「キリストを告げ、知らせ、証《あか》しする」ダイナミックな宣教活動を、たゆまず続けている。なおこの会は三誓願（貞潔、清貧、従順）の他に、聖ペトロ・ノラスコの「買い戻しの誓願」を受け継ぎ、「必要な場合には、兄弟の救いのために生命を賭ける」という第四誓願を宣立する。

日本にはマトゥラナ修道女が一九二八（昭和三）年に渡来したのをきっかけに、一九三一年、東京都杉並区高円寺に、一九五二年、萩市に光塩女子学院（幼・小・中・高）を創設した。日野市には光塩女子学院日野幼稚園、広島県廿日市市には聖母マリア幼稚園、神奈川県茅ヶ崎市に修道院を持ち、教区・小教区に奉仕し、一九七〇年代以降は社会福祉、滞日外国人の問題に関わり、貧しい人々との連帯を強め、黙想の家などを通して、あらゆる宣教事業を行っている。

五月十日
聖ダミアン司祭

（ハンセン病者、ハワイの守護者）

ベルギーからハワイへ

フランス革命後約半世紀余の一八六四年三月に、二十四歳のベルギー人宣教師がハワイの港に降り立った。名はダミアン、「イエズス・マリアの聖心会」の神学生であった。同会の兄パンフィル神父が病気で、ハワイ行きが中止となったので、その代わりにダミアンは志願した。

目的は世の人々から差別・隔離され、放置されていたハンセン病者を霊肉ともに看護したり、世話をすることであった。ハワイ上陸の二カ月後の五月二十一日に、ホノルルのカテドラルで司祭に叙階されてから九年後、ハンセン病者の待つモロカイ島へ単身移り、自らハンセン病に感染して死去するまで十六年間働いた。ハワイのハンセン病は一八五〇年頃、外国人労働者から持ち込まれたと言う。

ハワイへ派遣されるまで

ダミアン神父は一八四〇年一月三日、ベルギーのブラバンド州、首都ブリュッセルの東北ルーヴァンから北へ車で二十分ほどのトレムロー町ニインデ村で、農業を営むデ・ヴーステル家の七人兄弟の末っ子に生まれた。洗礼名はヨセフだから姓名はヨセフ・デ・ヴーステル。信仰深い家庭の中で育てられ、母からいつも聖人伝を聞かされていた。父の畑仕事もよく手伝った。

当時、「イエズス・マリアの聖心会」の会員であった兄パンフィルからたびたび手紙が送られ、幸せそうな修道生活の様子が伝えられてきた。その手紙を読むたびに、ヨセフは自分もその道を歩みたいという思いが募ってきた。しかし両親はヨセフを商売人に育てようと、フランス語を学ばせるため故郷の南にある高等学校へ行かせ、学費を工面《くめん》して送っていた。それでヨセフは兄のいる修道会入会の決心を両親に打ち明けることができなかった。

一八五九年、十九歳のヨセフの誕生日に父に連れられてルーヴァンの「イエズス・マリアの聖心会」の修道院にいる兄のパンフィルに面会に行った。その修道院に到着すると父は、「夕方頃には迎えに来るから、

兄と話していてくれ」と言って、出かけてしまった。彼は兄のとりなしで修院長に面接を申し込んだ。彼の並々ならぬ決意を知った修院長は、彼の「イエズス・マリアの聖心会」への入会を許した。父が迎えに来た時、入会が許されたことを話すと、父は神様のみ旨《むね》として謙虚に承諾《しょうだく》した。

ヨセフは司祭を志望していたが、ラテン語の習得《しゅうとく》が十分でなかったので、労働修道士として神様に仕えることになった。この労働修道士の経験は、ハワイでの施設・教会造りに役立った。その肉体労働の忙しい合間をぬって、兄から学んでいたラテン語も次第に上達し、ついに修院長はヨセフに司祭コースへ進む許可を与えた。

一八六〇年十月七日、二十歳のダミアンは、パリのピクプュス通りの聖心会本部で清貧・従順・貞潔の誓願を宣立し、ダミアンという修道名を選んだ。これは三―四世紀小アジア（現・トルコ）の聖コスマと双子《ふたご》の弟・聖ダミアノに由来《ゆらい》する。両者とも医者で殉教した。パリ滞在一年間、ダミアンはラテン語、ギリシア語、スコラ哲学を学んだ。その後、ベルギーの名門ルーヴァン・カトリック大学で神学を学んだ。一八六三年、兄のパンフィルがハワイへ宣教師として派遣されることになっていたが、チフスによって急きょ派遣が中止となった。

ハワイ行きを志願し、モロカイ島へ

それでダミアンは総会長から兄の代わりにハワイ行きの許可を得て、一八六四年三月十九日にホノルルに到着した。副助祭であったダミアンはオアフ島の聖心会神学校で二カ月間、司祭に必要な勉強を続け、同年四月十七日に助祭に、五月二十一日にホノルルのカテドラルで司祭に叙階された。その後、ダミアン神父はメグレ司教の管轄《かんかつ》下で九年間、ハワイ島各地で四つの教会を建て、宣教・司牧に携《たずさ》わりながらも、ハンセン病者をケアする聖職者のいないことが気がかりであった。

そしてようやく、一八七三年、ダミアン神父はモロカイ島への派遣を願い、同年五月九日に許されて単身そこへ向かった。目的地カラワオで最初の夜を過ごしたのは、前年ベルトラン修道士の建てた聖フィロメナ教会わきのパンダヌスの木の下であった。そこに草を敷いて横になり、夜明けを待った。

友のために命をささげる

一八六六年、ハワイ政府はモロカイ島のカラウパパ半島東側の、寒くて雨の多いカラワオに患者を隔離《かくり》し、バリ山の絶壁下《ぜっぺきした》に掘っ立て小屋を幾つも建て、衣服や食料を送り届けた。それから七年後の一八七三年五月九日、ダミアン神父がここに赴任した時には、ハンセン病者は約八百人。その大半はヒマシ油の木の枝で組まれた家の骨格《こっかく》にキイという木の葉やサトウキビの葉をかぶせ、すきま風が入り込み、じめじめした床の家屋であった。そこに数十人ずつ老若男女《ろうにゃくなんにょ》が雑居《ざっきょ》し、一日中トランプ遊びやフラ踊りに興じ、アルコール類を飲み、弱者から食べ物を奪い、不潔な環境や患者の蛆《うじ》のわいた傷口や息からの悪臭が漂った。さらに風紀は乱れ、不幸な若い女性たちは、自分を世話してくれる人欲しさに貞操《ていそう》を売り、子どもたちは使い走りをさせられた。間もなく彼らの病状が悪化すると、誰からも看病《かんびょう》されず、石塀《いしべい》の陰に死を待つほかなかった。死んだら毛布に包まれて浅い墓穴に放り込まれるので、そこに動物や鳥が来て死体を掘り起こして食い散らした。

それでダミアン神父は、翌年台風で壊されたあばら家の代わりに、当局にお願いして角材や板を運んでもらい、数人の大工と共に白色の三百軒余の大小の家を建てた。また、患者は水が不足していて、傷口を洗わず、その衣服も体も不潔きわまりない。それで神父は谷間の泉から水路を引き、清水《しみず》を確保した。さらに吹きさらしの家屋の周りに石垣《いしがき》を築き、潮風《しおかぜ》を防ぎ、先年、「イエズス・マリアの聖心会」のベルトラン修道士の手で建てられた聖フィロメナ教会の聖堂を修復・増築し、患者に神のいつくしみと憐れみを思い起こさせて希望を取り戻させた。また、聖堂内の床には重症者のため所々にたん壺《つぼ》用の穴を開けてあげた。それから収容前の夫婦患者たちや収容後に結婚した患者たち用の施設を造り、正常な結婚生活をさせた。そのほかアルコール依存症や怠け癖を直すため患者と共に畑を耕し、野菜や果物を作った。死者のためには来る日も来る日も棺《ひつぎ》を作り、葬儀ミサをささげて丁重に葬った。

さらに浴場を造り、それに薬草《やくそう》を入れて患部の治癒《ちゆ》に当てた。その資金は神父が米国や全世界に呼びかけて集めた。ダミアン神父の夢は患者と共に祈り、働き、ブラスバンド音楽や正常な遊びなどで共に楽しみ、生きる喜びと希望を患者に与えることであった。

そして時にはモロカイを離れ、ハワイに渡り、ゆるしの秘跡を受け、司教や管区長や保険局の役人に面接し、モロカイの実情を話し、患者の衣・食・住・薬のために寄付と援助を頼んだ。また新しい入居者《にゅうきょしゃ》を船《ふな》着《つ》き場で迎え、司祭館に案内し、コーヒーと温かい食べ物を与え、宿泊所《しゅくはくじょ》が決まるまでくつろがせた。またハワイ王朝の王女リリウオカラニを施設に招待してハンセン病患者の実態《じったい》を広く世に知らせるようにした。

それでも一部の患者から、神父は健全な体を持つ部外者の立場から、自分たちを憐れんでいるとのうわさが立てられていた。この隔《へだ》たり故に、ダミアン神父は悩んだ末《すえ》、感染を恐れずに患者の患部《かんぶ》にも触れるようになった。その上、免疫《めんえき》が生来《せいらい》低いことから一八八六年、四十六歳の時に皮膚《ひふ》がただれだし、熱湯《ねっとう》に足をつけても何も感じないのでハンセン病に感染したと分かった。それで心身ともに他の患者と同じ立場になり、「私たちハンセン病者」と称して苦楽《くらく》を共にし、患者から一層信頼された。

一八八八年の秋にダミアン神父の必死の祈りと要請でニューヨーク州シラキウスの聖アントニオ修道院のマザー・マリアンヌを中心に、フランシスコ会第三会のシスター十七人がモロカイ島に来て、特に女性や子どもたちのハンセン病者を看護した。後に彼女らは聖フランシスコ病院を設立し、ハンセン病の治療《ちりょう》に当たった。それにしても当時、ハンセン病を完治《かんち》する治療法はなかった。

それでもダミアン神父は自分の治療を怠らずに、ホノルルの最も信頼する日本人漢方医《かんぽうい》、後藤昌直《ごとうまさなお》氏のもとに船で通い、一日三回の温浴療法《おんよくりょうほう》で、一時は病《やまい》が軽くなった。

一粒の麦は、地に落ちて

しかしその後、ダミアン神父の病勢《びょうせい》は確実に進行し、一八八九年四月十五日、協力者の司祭やシスター、患者たち、医師たちに見守られ、四十九歳でこの世を去った。ダミアン神父はモロカイ島に葬られたが、「ベルギーの英雄」として、その遺体を求める世論がベルギーで高まった。これを受けて、一九三六年一月二十七日、死後四十六年たって遺体をアメリカ海軍からベルギー海軍の手を経て故国ベルギーへ戻された。アントワープ港では国王レオポルド三世以下多くの国民が出迎え、アントヴェルペンの聖堂で追悼《ついとう》ミサが行われた。遺体はルーヴァンの聖ヨセフ教会の地下聖堂に葬られて今に至っている。

　一九九五年六月四日、教皇ヨハネ・パウロ二世から列福され、カトリック教会において、ハンセン病患者とハワイの守護者とされた。それから二〇〇九年十月十一日に教皇ベネディクト十六世から列聖された。

　聖ダミアン神父を輩出《はいしゅつ》した「イエズス・マリアの聖心会」は外国宣教・司牧・教育活動を通し、教会に仕えることを目的とする。現在、ローマに本部を置き、ヨーロッパ、アメリカ（南北）各地に十五管区を持ち、聖ダミアン神父の他に、二十世紀屈指の説教者マテオ神父を輩出した。日本には一九四九年に来日し、現在会員は茨城県、山形県で宣教・司牧している。

五月十二日

聖ネレオ、聖アキレオ殉教者

アンティオキアの聖イグナチオの言葉に、「二種類の硬貨《こうか》があると言われる。それは主の硬貨と世の硬貨である。その各々に自分の刻印を彫り込む。無信仰者はこの世の画像を彫り込み、愛徳に駆られた信仰者はイエス・キリストの似姿から透《す》いて見える御父の肖像を彫り込むのである。私たちに主のご受難に倣って死ぬ覚悟がなければ、主の命は私たちの内に無い」と。

皇帝の近親、ドミチラの下僕《げぼく》

本日記念される二聖人は、いずれも初代教会の殉教者で、ローマ皇帝の迫害により、主のご受難に倣って死んだ方々である。ネレオとアキレオは実の兄弟であり、一世紀の中頃ローマの軍隊に入り、市内を警備《けいび》していた。しかしドミチアノ皇帝（在位八一―九六年）がキリスト教徒を迫害していた関係上、しばしば良心に背くような残酷な命令にも従わねばならないので、いやになって軍隊をやめ、二人とも皇帝の近親フラウィア家の皇女、ドミチラの下僕になった。また使徒聖ペトロから両人は洗礼を受け、神を愛し、フラウィア家に忠誠を尽くした。

ドミチラ、迫害を覚悟で受洗

　ドミチラはネレオ兄弟の良心的な奉仕ぶり、その潔白な心、謙遜、親切、明朗、寛大、忍耐などに感謝し、こういう人柄《ひとがら》をつくるキリスト教に自分も入りたいと言い出したので、二人は教理を教えることにした。ドミチラは、授業中たまたま、家庭の実情や婚約者について、ネレオ兄弟に相談した。ドミチラが言うには、「父が嫉妬《しっと》深いたちで、母がしょっちゅう濡《ぬ》れ衣《ぎぬ》を着せられ、じっと我慢していたことは、よくおぼえていますが、あなた方は、わたしの夫になる人もそんなひどい仕打ちをなさると思っていらっしゃるの」。

　両人は答えた。「男というものは、婚約のあいだはとても優しく振る舞って見せますが、いったん結婚してしまいますと、ひどい暴君《ぼうくん》ぶりを発揮《はっき》し、ひょっとして奥さんよりもお手伝いさんの方に心を寄せることもあるのです。よろしいですか、聖徳《せいとく》を失っても、痛悔し、罪を償えば、これを取り戻すことができます。けれども、童貞《どうてい》ばかりは、いったん失うと、もう二度と取り戻すことができません。罪は、深く痛悔すれば消えます。童貞は、痛悔によっても取り返すことができず、もとの清らかな身には二度となれないのです」。この言葉に心を動かされたフラウィア・ドミチラは、キリストの信仰に入り、童貞を守る誓いをたて、クレメンス教皇から洗礼を受けた。

　ネレオ兄弟はドミチラがアウレリアノという貴族の一青年と婚約していることを知っていた。しかし、結婚すればドミチラの信仰生活の妨げになると察知《さっち》し、以上のことをドミチラに予告したのである。するとドミチラもこれを悟り、婚約を解消し、終生独身を守る決心をした。しかし、婚約相手のアウレリアノは、これには承知せず、ドミチラに結婚を迫った。しかし、二カ月たってもドミチラの決心は揺るがないので、今度は皇帝に、「ドミチラは国法を犯してキリスト教を信じている」と告訴した。

皇帝、兄弟を追放し、殺害

皇帝は大いに驚き、さっそくドミチラとネレオ兄弟を呼び寄せ、棄教を命じたが、これに従わないと見ると、三人をティレニア海上にあるポンチア島に流した。三人は海辺の洞穴に住まい、飢えと暑寒に耐え、心を合わせて神に祈りながら、四年間の月日を送った。四年後のトラヤノ皇帝（在位九八―一一七年）の世にも迫害は続いたが、ドミチラの元婚約者アウレリアノは、ドミチラをもう一度説得しようと思い、皇帝にドミチラの釈放を願った。それで役人のミヌチオ・ルフォが遣わされ、三人に信仰を捨てよ、と強要した。しかし、三人は初志を変えず、ただ、「み教えのためならば、命をささげても悔いはありません」と答えるだけであった。そこでネレオ兄弟は拷問《ごうもん》にかけられたが、それでも棄教しないので、ついにテラチナに送られ、そこで首をはねられて殉教した。

ドミチラ皇女に対しては、先のアウレリアノが、テオドラとオイフロシナという二人の婦人をローマから遣わし、信仰を捨てるように勧めてみたが、だめであった。それだけでなくドミチラが、この二人を説いて信者にしてしまったので、ローマの役人はこの三人をテラチナに送り、そこで一軒の家に閉じこめ、家もろとも焼き殺したという。ネレオ兄弟とドミチラの遺骨は、ローマに移され、フラウィア家の墓地に埋葬され、崇敬されてきた。

聖ネレオと聖アキレオの名は五世紀のローマの祝日表に記載《きさい》され、初代教会から両名の祝日のミサ典礼文もあった。この両名の墓所のあるカタコンブは、アルデアティナ街道沿いにあるが、その上にバジリカ（大聖堂）が建てられた。一八七六年に発掘され、聖遺物はコルソ・ヴィットリオ・エマヌエーレに沿ったサンタ・マリア・イン・ヴァリチェラ（別名、キエーザ・ヌオーヴァ）聖堂に納められている。

五月十二日
聖パンクラチオ殉教者

迫害中、信仰を守り通し、信仰を証す

聖パンクラチオはディオクレティアノ皇帝（在位二八四―三〇四年）の時に首を斬られて殉教した少年である。聖パンクラチオは小アジアのフリジア（現・トルコ中央部）はシンナダのかなり裕福な家に生まれた。この町は聖パウロが宣教したトゥロアデに向かう途上にある。おそらくローマ市民権を持つ両親に死に別れてからは、伯父ヂオニジオに連れられてローマに行き、父の遺産である農園を受け継いだ。そこでキリスト信者であった知人の紹介で教皇マルチェリノに謁見し、キリスト教を研究した後に受洗した。その後、熱心な信者となり、十四歳の時、パンクラチオは捕らえられて皇帝の面前へ引き出された。それで、皇帝ディオクレティアノは、パンクラチオに向かって、「少年よ、よく聞くがよい。みじめな死に方をするんじゃない。おまえは、まだ年端《としは》もいかぬ故、とかく人にだまされやすい。しかし、貴族の生まれだし、わたしが眼をかけていた臣下の遺児でもあるから忠告するのだが、らちもない考えは棄《す》てることだな。そうすれば、わが子と思って大事にしてやろう」。パンクラチオは答えた。「体こそまだ子どもかもしれませんが、わたしの心は、大人の分別を備えています。力強い主イエス・キリスト様がついていてくださっていますので、どんなに脅《おど》かされましても、あそこの壁に描かれた絵ほどもこわくはありません。陛下が拝めとおっしゃいます神々は、とんでもない男たちで、同じ血を分けた実の姉や妹を犯すばかりか、己の父や母を辱《はずかし》めるようなことまでしたではありませんか。いま、部下の誰か

がこんなひどいことをしましたら、陛下は、有無《うむ》を言わさず、その者の首をはねよ、とお命じになりましょう。そんなならず者どもを神だなどと言ってあがめていらっしゃって、すこしは恥ずかしいと思し召しませんか」。子どもにやりこめられたとじだんだを踏んだ皇帝は、パンクラチオの首をアウレリオ街道の路上ではねよ、と命令した。時あたかも紀元二八七年であった。こうしてパンクラチオは迫害の厳しい中にも忠実に信仰を守り通し、自分の血をもって信仰の証《あかし》を立てた。

　その遺体はローマ市壁の西から発するアウレリオ街道のカタコンベ（地下墓地）に埋葬された。五月十二日の記念日はすでに五世紀の祝日表に記されてあり、この聖人の典礼文もできていた。五〇〇年に教皇シンマコ（在位四九八―五一四年）は、アウレリオ街道の聖パンクラチオの墓の上に大聖堂を建てた。この聖人は古代から崇敬され、十四人の救難聖人の一人であり、特に宣誓の保護者および偽誓の復讐者とされている。

五月十三日
ファティマの聖母

三人の子どもたちへ天使の訪問

　一九一七年の春頃、「平和の天使」と名乗る少年が、ファティマに住む三人の子ども（ルチア、ヤシンタ、フランシスコ）の前に現れ、祈りの言葉と額《ひたい》が地に着くように身をかがめる祈り方を教えた。その後も天使の訪問は続いた。

　一九一七年五月十三日、ファティマの三人の子どもたちの前に謎の婦人が現れ、毎月十三日に同じ場所へ会いに来るように命じた。子どもたちはさまざまな妨害に遭いながらも聖母マリアと名乗る婦人に会い続け、婦人からさまざまなメッセージを託された。

　これらのメッセージの中には第一次・第二次世界大戦の始まりとその後の冷戦についてのきわめて重大な預言が含まれ、さらに教皇の身に起きる悲劇の預言も含まれている。それで歴代教皇は重大な関心を寄せていたが、特に教皇ヨハネ・パウロ二世は西暦二〇〇〇年の大聖年にファティマへ巡礼し、ヤシンタとフランシスコとを列幅された。

フランシスコとヤシンタとルチアの略歴

　当時ファティマはポルトガルの首都から北東、約一五〇キロの寒村で山間の谷間の一角にあった。住民の多くは主に羊の放牧と石地の多い畑で野菜や果物を栽培する貧農。子どもたちは物心つく頃から家計を支える労働力。教室も遊び場も大自然、カトリック要理・ゆるしの秘跡の受け方などの先生は母親。祈りは主《おも》にロザリオ。

　ファティマの聖母が初めて出現した時、ルチアは十歳、いとこのフランシスコは九歳、いとこのヤシンタ八歳。共に羊の番をし、三人とも天真爛漫《てんしんらんまん》・率直・誠実・寡黙で信心深かった。フランシスコは小鳥が好きで、自分のおやつも惜しげなく小鳥に分け与え、小鳥の群れのさえずりに合わせて歌い、口笛を吹いていた。ヒワを捕らえた少年から、それを買い取り、「捕まらないように用心するのだぞ!」と放してやった。

　ある日、フランシスコの二人の友が彼に、「君の代母の牧場には草が多いから、すれすれの境まで羊を放牧しようよ。代母だって見逃してくれるよ」と提案したが、彼はこれを拒否し、明白な許可が出るまで待った。妹と心を合わせて祈り、聖母から「罪人のために犠牲をささげなさい」と勧められた時、彼は新しい償い方を考案した。

　ヤシンタは聡明《そうめい》・活発で思いやりが深かった。イエスが大好きな羊を抱いているご絵を連想して、ある日、イエスをまねるつもりで子羊を抱いて羊の群れの真ん中に立った。また、花を好み、人を歓迎するしるしに花びらを振りかけたり、星は天使のランプ、太陽はイエスのランプ、月は聖母のランプとたとえ、得意《とくい》のダンスではしゃぎ回っていた。

　ルチアも幼いときから「アヴェ・マリアの祈り」を覚え、読書と着飾って歌い、踊るのが大好き。母からは「何よりも、聖人になれるように、主に願いなさい」としつけられていた。

平和の天使から聖体拝領

以上の謙遜で無学な三人の子どもに聖母は全人類にとって大事なメッセージを託された。その手始めに天使が遣わされた。一九一六年の春、カベサオの丘で天使が初めて三人の前に現れ、「恐れることはありません。私は平和の天使です。私と共に祈りましょう」と勧めた。また同じ年の夏に同じ天使が三人に現れ、「イエス様とマリア様のみ心は、皆さんの手を借りて、特別な憐れみの業を行われようとしています。……神に対して犯されるたくさんの罪を償うために、いつも続けて祈りと犠牲をささげなさい」と告げ、さらに同年の秋にカベサオの丘で三人の目前《もくぜん》の空中にホスチアとカリスが浮かび、天使が現れ、「ご恩を知らない人たちから、ひどく侮《あなど》られるイエス様の御体と御血を拝領しなさい」と言って、三人に聖体とカリスにたまった御血を拝領させてあげた。

聖母からのメッセージ

その翌年の一九一七年五月十三日の昼頃、コーワ・ダ・イリア（聖女イリアの窪地）の丘で聖母が三人に現れ、「皆さんは冒瀆の罪を償うため、また罪人の回心のために、進んで犠牲をささげ、……たくさんの苦しみを忍ばねばなりませんが、神様はいつもいつくしんで皆さんを助け守ってくださいます……世界が平和になり、戦争（注、第一次世界大戦）が終わるように毎日ロザリオを唱えなさい」と告げられた。

同年六月十三日、三人の牧童《ぼくどう》へ聖母第二回目の出現の際、最年長の少女ルチアが、「私たちをあなたといっしょに天国に連れて行ってください」と頼むと、聖母は、「間もなくヤシンタとフランシスコは天国に行きます。でも、あなたは、もっと長くこの世に残らねばなりません。イエス様は、あなたを通して、私のことを知らせ、愛させることをお望みです。イエス様は、私の汚れないみ心に対する信心を世に広めようと思っていらっしゃいます。私の信心を大事にする人には、救いを約束します」と答えられた。そして、新しい戦争（注、第二次世界大戦）を免《まぬが》れるために、ロシアを聖母のみ心にささげることと、罪の償いのために、毎月初土曜日の聖体拝領を求められた。

同年七月十三日、第三回目の聖母出現に際してコーワ・ダ・イリアの柊《ひいらぎ》の上には灰色のような雲がかかり、陽光がかすみ、冷たい風が山から吹き降りた。そこに五、六千人の群衆がごった返した。聖母は強力な電光のひらめきに続いて現れた。三人の牧童以外の群衆にはその姿が見えず、声も聞こえなかったが、全員ひざまずいた。ルチアが聖母に尋ねた。「私に何をお望みですか」と。それに答えて聖母は、「私の望みは……世界の平和と戦争の終結を願って……毎日ロザリオを祈り続けることです」と。

続いて聖母は三人の牧童たちに地獄の恐ろしい様を見せてから、諭《さと》された。「……罪人たちを救うために神様はこの世界に、『私の汚れない心に対する信心』が盛んになることを望んでおられます。戦争（注、一九一四―一九一八年の第一次世界大戦）は、もうすぐ終わります。しかし、人々が神に逆らうことを改めなければ、次の教皇（ピオ十二世）の時に、もっとひどい戦争（第二次世界大戦＝一九三九年九月―四五年）が起こります。……それを阻止《そし》するために、私はロシアが私の汚れない心に奉献されることと初土曜に償いの聖体拝領がなされることを望みます。……私の願いを断れば、ロシアは世界中にその謬説《びゅうせつ》を広めて戦争をあおり立て、教会に迫害を加えるでしょう。……皆さんはロザリオを唱える時、各連の後に次の祈りを加えなさい。『ああイエスよ、われらの罪を赦したまえ。われらを地獄の火より救い、すべての霊魂、ことに御身の御憐れみを最も必要とする霊魂を天国へ導きたまえ』」と。

ロシア（革命）は世界中に謬説を広め、教会を迫害

ファティマの聖母の預言どおり、一九一七年三月に始まったロシア革命の結果、共産主義者がスペイン、東欧諸国、中・南米諸国、アフリカ諸国、東南アジア諸国、中国、北朝鮮などで紛争を引き起こし、大量《たいりょう》殺戮《さつりく》・飢餓《きが》・貧困・避難民を発生させ、カトリック教会を迫害した。この共産主義が福音の精神に反する点は、平等な労働者階級だけを認め、資本家階級を搾取《さくしゅ》者《しゃ》として憎み、この世にあるのは物質だけ、神や霊的な者はいない、万事は科学で解決できる、という謬説である。福音では「隣人をあなた自身のように愛しなさい」（マタイ22・39）とキリストは命じているのに、共産主義者は偏《かたよ》った平等観から集団で隣人に圧力をか

け て脅《おど》し、紛争を仕掛け、対案を出さずに一方的に反対するだけで、福音的な一対一の対話を拒否する。

政治と宗教との分離

またキリストは、「皇帝のものは皇帝に、神のものは神に返しなさい」（ルカ20・25）と述べて宗教と政治を明確に分離し、政治・社会運動のリーダーにならなかった。さらに「第二バチカン公会議」は、「キリストがその教会に託した固有の使命は政治・経済・社会の分野に属するものではない。キリストが教会に指定した目的は宗教の領域に属する」（現代世界憲章42項）と決議した。これはピオ十二世の、「キリストが教会に与えた目的は厳密に宗教的なものである。……人々が神から離れず、神に身をささげるように、教会は人々を神に導かねばならない」（「歴史家と芸術家に対する演説」一九五六年三月九日）に基づいている。それなのにキリストに倣うべき人たちの一部が、「人権擁護」とか「教会は弱者の側に立つ」とかの錦《にしき》の御旗《みはた》のもとに「福音の光に照らして」の触れ込みで、宗教の中に政治・社会問題を持ち込み、教会を左翼運動の場とするかに見える。教皇パウロ六世は、いち早くこれらの動きを察知され、「悪魔の妖気《ようき》が割れ目から神の神殿の中に入り込んでいる」（一九七二年六月二十九日の教話）と警告された。

またピオ十二世は聖母の勧めに従って、ファティマの出現二十五周年終了を記念して、一九四二年十月三十一日、ラジオによるポルトガル国へのメッセージの中で悪魔の策略《さくりゃく》に惑《まど》わされないよう教会と全人類を聖母マリアの汚れないみ心に奉献された。パウロ六世は一九六四年十一月二十一日、聖母マリアの汚れないみ心に人類を委ね、聖母が「教会の母」であることを宣言された。ヨハネ・パウロ二世は一九八二年五月十三日にファティマで、一九八四年三月二十五日にローマで、一九九一年と二〇〇〇年五月十三日にファティマで、聖母マリアの汚れないみ心に世界を奉献された。

ファティマの預言の揺るぎない証拠

以上の預言はすべて適中した。フランシスコは一九一九年四月四日、十一歳で、ヤシンタは一九二〇年二月二十日、十歳で、共に当時流行のスペイン風邪で帰天した。現在二人はファティマの大聖堂内に埋葬されている。なおルチアは十四歳で勉強のためポルトガルの「ドロテア修道女会」の学園に入学し、一九四八年以来、コインブラの「カルメル修道会」の修道院に移籍《いせき》し、九十七歳で帰天するまで、聖母の預言どおり文筆を通して三人の牧童の生涯、聖母マリアの出現とそのメッセージなどの生き証人となった。

　ファティマの出現についての正式調査が開始されたのが一九二二年五月。七人の学徳すぐれた委員たちは、詳細《しょうさい》に、慎重《しんちょう》に、七年の年月をかけて調査し、報告書を作成。レイヤルのヨセフ・シルバ司教は、一九三〇年十月十三日、「ファティマの聖母崇敬に関する教書」をもって出現の事実を公認し、当時の教皇ピオ十一世も、巡礼者に特別の免償《めんしょう》を与えた。二人の列福調査は一九四九年十二月二十一日に開始され、二人の取り次ぎによる奇跡も科学的に確証された。

ファティマとバチカン当局との関係

　二〇〇〇年の大聖年の五月十三日に教皇ヨハネ・パウロ二世はファティマへ巡礼された。目的は一九一七年五月十三日に初めて聖母マリアの出現を受けた三人の牧童の中の二人（フランシスコ少年とヤシンタ少女）を列福《れっぷく》するためであった。それに加え一九八一年五月十三日、ファティマの聖母出現六十四年目の当日、教皇ヨハネ・パウロ二世が聖ペトロ大聖堂前の広場で一般謁見をされていた最中、ピストルで撃たれ、大けがをされた。その銃弾は急所を外れたが、それは聖母のおかげであると、そのメッセージから教皇がくみ取ってファティマの聖母へお礼参りをするためでもあった。

　さらに大聖年の五月十三日、ファティマの聖母出現から八十三年目に、思いがけなくも教皇ヨハネ・パウロ二世のたっての望みから、今までバチカン内で極秘にされていた「ファティマ　第三の預言」（聖母マリアが三人の牧童に伝えたメッセージ「第三の秘密」とも言う）が、列福式後、バチカンの国務長官アンジェロ・ソダーノ枢機卿から「第三の秘密」の概要《がいよう》として発表された。後ほどその全文も教理省による解説付きでバチカンから発表された。

ブルー・アーミー（青色軍団）と司祭のマリア運動

　ファティマで聖母が初めて出現された一九一七年の約二カ月前に、ロシアではレッド・アーミー（赤軍）が血で血を洗う共産主義暴力革命を起こし、聖母の預言どおり、この革命を世界中に広めた。この赤軍に対抗して反共運動を展開し、カトリックの正統信仰を守るファティマのブルー・アーミー（青色軍団）が組織された。

一九四七年に米国ニュージャージー州のコルガン神父は重病にかかり、入院していた。その時、ファティマの聖母のことを知り、「もし自分の病気が全快したら、一生を聖母のメッセージの宣伝のためにささげる」と誓った。すると奇跡的に全快したので、「ロシアは、赤い旗を掲げて、共産主義を宣伝している。私は青い旗の軍団を組織して、ロザリオ、ミサなどにより彼らに立ち向かう」と叫び、共鳴者を募った。米・ソの冷戦は終わったものの共産思想は知らぬ間に、どこにでも忍び込んでいる。ブルー・アーミーの運動は一般信徒を対象として世界中に広がり、一九五四年にファティマに「平和の家」という本部を設置している。

ブルー・アーミーの会員は聖母のメッセージに従って①毎日、ロザリオを唱える。②カルメル山の茶色のスカプラリオを着用する。③毎日、罪の償いのために、仕事・聖体訪問・十字架の道行き・心身の節制・病気や災難の甘受《かんじゅ》などを犠牲として奉献する。

ブルー・アーミーが発足して二十五年後の一九七二年、イタリア北部コモ出身のゴッピ神父はファティマに巡礼して、聖母から特別のメッセージを受け、司教・司祭の成聖と結束《けつそく》を求めて聖母のもとに集まる団体を結成《けっせい》した。これが聖職者を対象とする「司祭のマリア運動」である。教皇庁の支持を受けて世界各国へ広められている。

五月十三日

聖ジュリー・ビリアート修道女

（「ナミュール・ノートルダム修道女会」の創立者）

教育使徒職による静かな刷新

聖書によると、ある議員がイエスに、「善い先生、何をすれば永遠の生命を得られるのでしょうか」と尋ねた。イエスは答えた。「なぜ、私を『善い』と言うのか。神おひとりのほかに、善い者はだれもいない」（ルカ18・18－19参照）。

この神の善あるいは神のいつくしみへの信仰に深く根を下ろし、神へまったく献身し、喜びあふれて人々に奉仕した聖人の一人が、聖ジュリー・ビリアートである。この聖人は、カトリック教会にとってフランス革命の始まる直前の不穏な情勢下に自分の聖別奉献の生活と使命を全うするための導き手として、教会のかたどりである聖母マリアを信頼と愛をこめて仰ぎ、「ナミュール・ノートルダム修道女会」を創立し、革命の激動期に、神に全幅の信頼を寄せ、微笑をもって教育使徒職を通じ、「静かな刷新」を起こした。

肉体労働と信心

聖ジュリー・ビリアートは一七五一年七月十二日、フランス北部のピカルディー地方クビリー村の貧しい家庭に生まれた。両親は農業のかたわら、乾物《かんぶつ》・下着類・レース類を扱う小売店を営みながら質素な生活をしていたが、代々受けついだ信仰を宝にしていた。七人兄弟の六番目の子として生まれたジュリーは、この親ゆずりの宝を遠く海外にまで広めることになるのである。

ジュリーは幼い頃から祈りや勉強を好み、特にクビリー村の教会の主任司祭からカトリック要理を学ぶのが楽しみであった。この神父は、聖書や聖人伝からとったいろいろな話を例に引用して興味深く要理を教え、知らず知らずのうちに、幼いジュリーを未来の使命のために準備していた。

七歳の時、ジュリーはカトリック要理を暗唱できるようになり、友達を家に呼んで、キリストの教えを教えていた。主任司祭は間もなく、このジュリーには特別な神の恵みがあると見てとり、念祷《ねんとう》の方法、自分の欠点との戦い方、日々の反省の仕方、徳の積み方などを教えた。ジュリーは、これらの指導によく従ったので、ふつう十二歳の時まで許されなかった初聖体を九歳の時、ひそかに受けることを許された。ジュリーは

教会へ行くのが大好きで、毎朝のようにミサにあずかり、一日のうちにもたびたび行って祈りをし、十四歳の時、私的に貞潔の誓いを立てた。だからと言って、家事の手伝いを怠ったり、友達を避けたりはしなかった。

それに当時の農村の「小さな学校」で初歩の読み書き、算数、裁縫《さいほう》、唱歌を習ったが、これは正規の小学教育ではなく、ジュリーの叔父からの個人レッスンであった。

試練の連続を神への信頼で克服

ジュリー一家は一致協力し、勤勉に働いた結果、暮らし向きも良くなったが、それを妬《ねた》み、中傷する隣人もいた。一七六七年、ジュリーが十六歳の時、一家は盗難に遭い、大損害を被った。ジュリーはできるだけ苦しい家計を助けようと、睡眠や食事の時間さえ惜しみ、仕事着を着て、昼夜を問わず、雨の日も風の日も、徒歩か馬で方々へ父に従って行商《ぎょうしょう》に出かけ、あるいは手に鎌《かま》を持ち、畑の麦の刈り入れなど苦しい労働に明け暮れた。

それでもジュリーは、いつもやさしく、親切で、控えめな態度を示し、休憩の時間には賛美歌を歌い、上手に聖書の中の話や聖人の話などをしたので、仲間の間で人気の的《まと》になった。十四、五歳の頃から生涯を神と人々に奉仕するためにささげる決心をし、毎日ミサにあずかって、イエスとその御母に対する敬愛の念をますます深めた。

次にジュリーは、眼の病気がひどくなったが、ドーバー海峡に近いモントルーユの有名な礼拝堂に巡礼した結果、完全に治った。その喜びもつかの間、一七七四年、ジュリーが二十三歳のある晩、父親のそばで縫い物をしていた時、突然大きな石が居間《いま》の窓越しに投げ込まれ、父の足もとに落ちた。続いて父の体をかすってピストルの弾《たま》が飛んで来た。幸い誰も負傷《ふしょう》はしなかった。これは父を亡き者にしようとする敵の仕業《しわざ》としか思われなかった。ジュリーはこの時、大きなショックを受けて、間もなく下半身が麻痺《まひ》し、夜ごとの不眠《ふみん》に悩まされた。

それに追い打ちをかけて一七八二年、ジュリーは三十一歳の時、クビリーに発生した伝染病に感染した。医者は当時の治療法に倣ってジュリーの足から血液を大量に抜き取った。そのため痛みはさらに激しくなり、歩く力がなくなった。それから六カ月たつと、ジュリーはもう手足の自由がきかなくなり、寝たきりの状態になった。以来二十二年間、ジュリーは一日も病床を離れられず、この苦しみを人々の罪の償いと幸せのためにささげていた。

さらにジュリーは一七八九年、三十八歳の頃フランス革命の嵐に巻き込まれ、「信心ぶった女」と嘲《あざけ》られ、悪魔つきとうわさされ、話すこともままならなくなり、しばしば命を狙《ねら》われて、親切な婦人たちにかくまわれて転々と避難した。しかし、神は決してジュリーを見離されなかった。ジュリーも神への信頼を失わず、神こそ自分の支え、慰め、苦しむ時の力と信じ、「神様はなんと善い方でしょう」と口ずさむのであった。そして毎日聖体拝領をして神を礼拝・賛美し、感謝し、黙想をして残りの時間は祭壇布《さいだんふ》を作ったりレースを編んだりした。

教育使徒職への招き

一七九二年のある日、四十一歳のジュリーが、パリの北東、約百キロのコンピエーニュに滞在中、寝いすに横たわっている時に、幻視の中でキリストがゴルゴタの丘に現れ、その十字架の下に、それまで見たこともない服装をした多くのシスターが群《むら》がっていた。同時に、どこからともなく声があって、「これらの婦人は、あなたの娘となる人たちです。また、あなたは、青少年のキリスト教的教育のため、主の十字架の刻印《こくいん》のある会を創立するでしょう」と告げられた。

一七九四年十月、ジュリーは、けだかく心の清い一人の友、ボードワン伯爵《はくしやく》夫人の招きにより、アミアン（パリの北、約一四〇キロ、パリの北駅からコライユ・アンテルシテで一時間十分）で福祉活動をしていた貴族のフランソワーズ・ブラン嬢に面会した。ブラン嬢はアミアンの「聖ウルスラ修道会」経営のレベルの高い有名校卒業生であり、第二代「ナミュール・ノートルダム修道女会」総長となる人である。以来この二人は深い友情で結ばれ、偉大な教育事業を始めることになった。

それから五年後の一七九九年六月十六日、二人は革命者らの狂暴《きようぼう》な手を逃れるため、アミアンからベタンクールへ避難してから二年後に、「イエズス会」のジョゼフ・ヴァラン神父に会い、この神父から革命によって混乱した祖国の人々に宗教心を取り戻すため、大切な女子教育に乗り出すよう激励された。そしてジュリーは新鮮な空気のおかげで舌の自由を取り戻すことができた。

歩行困難なジュリーの奇跡的治癒《ちゆ》

一八〇三年二月末にフランス革命が静まり、フランスがナポレオンの新体制下の一八〇四年二月二日、ジュリーを含めて三人が修道誓願を立て、孤児を教育し、貧しい人たちを無料で教える教師育成に努めることを約束した。その日は「聖母マリアの清めの祝日」（現在は「主の奉献の祝日」）だったので、自分たちを「ノートルダム修道女会」と呼ぶことに決めた。それでこの日が「ナミュール・ノートルダム修道女会」の創立記念日となった。

その後誓願を立てたシスターたちは、ヴァラン神父の草案による会則に従って少女らの教育に着手《ちやくしゆ》した。それから間もなく、教皇ピオ七世による大赦《たいしや》の年を機として、信仰会の聖職者たちの司牧大会がアミアンで開催《かいさい》された。その会の終わりに、つまり同年六月、ジュリーの霊的指導者の一人アンファンタン神父は、「かごいす」に乗って参加した五十三歳のジュリーに言った。

「私の同情しているある人のために、今日からイエスのみ心に対する九日間の祈り（ノベナ）を始めようと思っています。共に祈ってくださいませんか」と。祈りを始めて五日目、六月一日、み心の月の初金曜日、指導司祭はジュリーを訪れた。一人で庭のいすに腰を下ろしていたジュリーに突然、「マザー、信仰があるなら、イエスのみ心を崇《あが》めるしるしに、一歩踏み出してごらんなさい」と言った。急に病気の癒《い》えるのを感じたジュリーは、立ち上がって第一歩を踏み出した。二十三年間できなかった一歩を……。「もう一歩を……」「それで結構。では椅子に座ってください」。神父はこのことについては誰にも言わないよう口止めして立ち去った。

その後四日が過ぎて六月五日、この九日間の祈りの最後の日、ジュリーはシスターたちが集まっている食堂に歩いて入り、「テ・デウム・ラウダムス」（われら、神を賛美し奉る）の言葉をもって神の奇跡の業に感謝しつつ、一同に挨拶した。そしてジュリーは、ただちに将来の仕事に備えて十日間の黙想を始め、それが終わってから人々に聖書を説き明かしていた。

ジュリーとブラン嬢はアミアンに帰り、教育事業を始めるのに適当な住居をピュイザ・ブランディル通りに探し当て、数人の同志と共に修道生活を始めた。

それから半年もしない同年八月五日、ヌーヴ通りの、やや大きい住み心地の良い住居に引っ越した。アミアンのデマンドー司教もこれに協力し、ジュリーに私有の小聖堂を使う許可を与えた。

この教育事業は中世フランスにはびこっていた「愚《ぐ》民思想《みんしそう》」を正すのに大いに役立った。その思想によれば、民衆に教育を施すのは「子どもに刃物《はもの》を与えるに等しい」から、民衆を無知無欲な子どものように放置するという考え方である。ジュリーの思想はこれに反発するフランス革命思想と共通点はあるが、しかし宗教を排除《はいじょ》する革命教育の世俗化政策には反対であった。

アミアンでの啓示

こうして一八〇五年、ジュリーは第一代総長に選任され、アミアンに新しい修道院を開き、志願者の修練、教理の説明、孤児の養育、貧民の子弟を教育する目的で自由学園を開いた。

一八〇六年二月二日、主の奉献の祝日にジュリーはアミアンの仕事部屋に集まっていたシスターたちに夕べの訓話をしている最中に、突然シメオンの賛歌（ヌンク・ディミティス＝ラテン語 Nunc dimittis）「今こそ主よ、僕《しもべ》を去らせたまわん」を唱《とな》え始めた。そして……「異邦人を照らす啓示《けいじ》の光」という章句まで唱えた時、ジュリーは目を上げて十字架を眺め、しばらく脱魂《だっこん》状態になった。この間にジュリーは、シスターたちが「福音の光を全世界にもたらす」べきで、一つの教区にとどまるべきでないことをはっきり悟った。

フランダースへ進出

以上のようなことが起こってからすぐ、ジュリーはアミアンの信仰会の長上ルブラン神父の案内でフランダース（現在・ベルギー王国の北半分＝オランダ語地域）のゲント（ブリュッセル、アントワープに次ぐベルギー第三の都市）へ旅し、当地のド・ボモン司教に面接し、司教からアミアンと同じ使徒的教育活動をしてほしいと依頼された。

それでジュリーは、幾度《いくど》となくアミアン—ゲント間を往来《おうらい》し、恩人の協力でサン・ニコラ（ゲントの東、約五十六キロ）に修道院とサン・ジョゼフ校を開き、さらにナミュールのピザーニ司教からの要請に応え、ベルギーのナミュールに「ノートルダム修道女会」の母院を設立し、学校を開いた。当時の交通機関は馬車しかなく、街道でも宿屋でも山賊に襲われる危険にさらされていた。それでも守護の天使に守られ、恩人のおかげで安全に旅ができた。

　さらにジュリーは、一八〇八年三月にはジュメ（ナミュールの西、約五十キロ）の司教の要請でシスターたちを派遣し、極貧ながらもそこに分院を設立し、教育活動に当たらせた。

　しかしアミアン修道院に往き来していた聴罪司祭、若いド・サンブシ神父は善意の人であったが、ジュリーの理想については理解できず、自分の考えでノートルダム修道女会をアミアン教区内に閉じ込めておくよう指導した。しかしジュリーはキリストの人間性と同じく、当修道会も教区の枠《わく》を越えて伸張《しんちょう》すべきと考え、各会員らの財産は総長の裁量《さいりょう》で各地の新設修道院に譲渡《じょうと》できるようにした。さらに祈りに専念する歌隊《かたい》修道女と労働修道女の区別をなくし、平等な一階級制にしようとした。

　これに反発した同神父は、ジュリーを強情な野心家としてアミアンの司教に報告した。それでアミアンのデマンドー司教も従来の男性中心の父権制度の慣習に基づき、ジュリーを司教の教導権《きょうどうけん》に反する者として、一八〇九年、アミアンからの退去を命令した。

　ジュリーはシスターたちを集め、「私たちを愛する方々は、いっしょにおいでなさい。決して、私は誰も強制しません。あなた方は、まったく自由にお決めなさい」と話し、五人のシスターを連れてベルギーのナミュールの修道院へ移った。その一カ月後には、幹部《かんぶ》のシスター二人を除いて他は皆、ジュリーの後を追ってナミュール修道院に集まった。

　その後、会はナミュールのピザーニ司教の慈父のような保護のもとに、徐々にゼル、アンデンヌ、ボルドー、ジャンブルーに分院を設立した。そして一八一二年、アミアンの司教は自分の誤解を公に認め、アミアンの修道院の管理権を与えて呼び返した。

　前述したとおり、実はその二年前からジュリーはゲントの司教の招きで、フランダース地方に支部修道院を拡張《かくちょう》していた。しかし当時ゲントでも父権制度が払《ふっ》拭《しょく》されておらず、時には教区司祭から修道女会にこまごまと干渉《かんしょう》され、一八一二年にゲントのサン・ピエール修道院を閉鎖《へいさ》したことさえあった。

一八一三年の春、フランス、ベルギー国内の各支部修道院を訪れたジュリーは、長い間の念願がかなえられて教皇ピオ七世に謁見《えつけん》できた。その二年後の六月、ナポレオン軍がワーテルローで敗北《はいぼく》し、イギリスとプロシアの同盟軍がベルギー領内に侵入して以来、ナミュールの修道院一帯は食糧や戦傷《せんしょう》の手当てを求める兵士らに荒らされたが、プロシアの将校に阻止《そし》され、フランスの外人部隊は南へ退却したので、修道院の壊《かい》滅《めつ》は免れた。

晩年と会の霊的遺産

ジュリーは、ナミュールの修道院で負傷兵の看護をしたり、飢えた人に食物を与えたりしたが、その疲れから衰弱し、一八一六年一月には頭痛で卒倒《そっとう》し、病床に伏す身となり、再び立ち上がることができなくなった。臨終が近づいたことを知ったジュリーは、病者の塗油の秘跡を望み、愛に燃える深い信仰と謙遜をもって、これらの秘跡を受けた。最後の三カ月は、たびたび襲ってくる痛みに悩み、常に神との親しい交わりのうちに苦しみを耐えていた。この間、毎日のように聖体を拝領し、シスターたちや子どもたちに祝福を与える他は、ひたすら神との語らいにふけっていた。また自分は他の人々を導くには、あまりに値打ちのない者と思い、シスターにさえ、指導を与えることを拒んだほどであった。

同年四月八日、聖週間の月曜日のマリアの賛歌「わたしの魂は主を崇め……」（ルカ1・46）を静かに口ずさみながら、眠るように聴罪司祭とシスターたちの面前で最後の息を引き取った。享年六十五歳であった。遺体は一時、ナミュールの共同墓地に葬られたが、ヴォーターローでのフランス敗戦後、オランダ国王ウィリアム一世がベルギーへの統治権を持つと、そこをプロテスタント化しようと目論《もくろ》んでいた。それで総長職を引き継いだシスター・フランソワーズは創立者の遺体損壊《そんかい》を危惧《きぐ》して、遺体をひそかに母院に持ち帰り、中庭に、今は小聖堂のある所に埋葬した。

刷新の聖人

一九〇六年五月十三日には聖ピオ十世によって列福され、一九六九年六月二十二日には「第二バチカン公会議」後、最初の聖女として教皇パウロ六世（在位一九六三―七八年）から列聖され、「刷新の聖人」と呼ばれた。

すなわち聖ジュリーは、広い視野に立って時の徴《しるし》を読みとり、愚民思想を打ち破って教育を広く民衆に施し、ひたすら祈りに専念する歌隊修道女と労働修道女の区別をなくし、平等な一階級制を採用し、父権制的な聖職者の見地からよりも母性的な民衆教育で社会の支えとなった。いわゆる当時までなかった「女性の社会参加」である。しかも以上の刷新のためジュリーは、教区法による会を聖座法による会へ昇格させる道を開《かい》拓《たく》していた。すなわち「聖座法による会は……会の内部の統治と規律については、直接かつ排他的に使徒座の権限に服する」（カトリック新教会法典、第五九三条）。

会員たちは総長のもとに各地域の文化を尊重し、ミサ、黙想、朝夕の祈りの生活に加え、教育使徒職を行う現代の活動修道会と、ほぼ同じ形式を先取りしているので刷新の聖人と呼ばれるゆえんである。

創立者の霊性

聖ジュリーの霊性と事業を受け継ぐ「ナミュール・ノートルダム修道女会」のシスターたちは、聖霊を通して全人類を御父のもとに導くイエス・キリストの救済のみ業にあずかり、最も顧みられない地域の貧しい人々を優先して、広義の教育使徒職により、世界のキリスト化に貢献《こうけん》するように召され、遣わされている。「ナミュール・ノートルダム修道女会」を特徴づけるものは聖ジュリー・ビリアートの単純の精神である。聖ジュリーは、神と人間との一対一の関係を太陽の運《うん》行《こう》に従う「ひまわり」の花にたとえている。またノートル・ダム（私たちの貴婦人）の表意《ひょうい》からして、この会の修道女たちは奉献生活と宣教使命を全うするための導き手として聖母マリアを仰ぎ、信頼と愛を込めて必要なお恵みの取り次ぎを願う。

いみじくも創立者の求めた会の使命は教会の使命と合致するので、会のシスターたちは教会の使徒職の原《げん》型《けい》として聖母が示された主への限りない信頼に倣うことである。「教会は、マリアの秘められた聖性を観想し、愛を見習い、……聖霊の力によって、完全な信仰と、揺るがぬ希望と真の愛を清い処女のように保って」（教会憲章64参照）……キリストが信者の心の中に生まれ育っていくことを願う。創立者は「神との深い一致と、自由な心と勇気を養うことを勧め、この資《し》質《しつ》が使徒的召命に必要である」（会憲第四条）と励まし、会の精神は「単純の心、従順、愛徳であり、その目的は最も顧みられない地域の貧しい人たちへの献身」（会憲第五条）ですと、「ノートルダム修道女会」の会則を一八一八年に説明している。

日本での使徒職

日本には一九二四（大正十三）年、六人の会員が北米から来日し、岡山市の清心高等女学校を「幼きイエス会」のシスターたちから継承《けいしょう》した。その後、聖ジュリーの後継者たちは、ノートルダム清心女子大学（岡山）、清心女子中・高（倉敷）、ノートルダム清心中・高校（広島）、女子大学付属小学校・幼稚園（岡山）、高屋幼稚園（東広島）ほか、高松教区、広島教区立の三つの幼稚園で、教区司祭と共に幼児教育を通して宣教に携わっている。また広島教区の巡回教会（聖ジュリー・ビリアート教会）では国際教会として地域住民の精神的支えとなり、宣教に一役《ひとやく》買っている。

ただしここ数年は、従来の学校教育の枠に収めきれない現代日本社会の諸問題（特に不登校の生徒、外国人労働者、異なる言語や文化に対応する学校や家庭問題など）に取り組む場にも会員たちが派遣されている。

五月十三日

聖マリア・ドメニカ・マザレロ修道女

（「扶助者聖母会」共同創立者＝通称、「サレジアン・シスターズ」）

主は心によって見る

「主はサムエルに言われた。『容姿や背の高さに目を向けるな。わたしは彼を退ける。人間が見るようには見ない。人は目に映ることを見るが、主は心によって見る』」（サムエル上16・7）。神は時代の必要に応じて、ご自分のぶどう畑に世人の夢想だにしない良い働き手を送り、これを世の光、地の塩となされる。十九世紀の後半、神はぶどう畑の丘に咲いた素朴な花、マリア・ドメニカを選んで、「扶助者聖母会」の第一代総長とし、これに子女の教育や種々の慈善の業を全世界に広めさせるという使命を与えられた。

共同で信心に励み、徳を磨く

彼女は一八三七年五月九日、北イタリア・ジェノバ寄りの山村モルネーゼの農家（ジェノバの貴族の持ち家）に十人兄弟姉妹の長女として生まれた。両親の信心深いしつけと村の教会での教育が相まって、彼女の無邪気な徳行は、ブドウ畑に囲まれた美しい自然の中でさながら白ゆりのようにすくすく伸びていった。家が忙しくて学校には行けなかったが、教理の勉強には熱心に通い、いつも優秀な成績をあげていた。それに大の働き者で、台所の仕事、弟や妹の世話はもちろんのこと、畑仕事でもいっしょに働いていた作男たちを驚かすほどに強健な体でばりばり働いた。

当時のイタリア各地の教会にはヤンセニズムの異端説が流行し、原罪に汚された人間が神に近づくのは畏《おそ》れ多いことであり、聖体拝領は年に一回だけで十分と言われていた。それでも故郷の穏健派の主任司祭ペスタリーノ神父は、信者たちに聖体をしばしば拝領するよう勧めていた。このペスタリーノ神父はマリア・ドメニカの生涯の無二の指導者となる方である。

ドメニカが十七歳を迎えた一八五四年十二月八日、教皇ピオ九世は聖母の「無原罪の御宿り」を教義として宣言した。その宣言の根拠は御子イエスの功績を先取りするお恵みと特典が聖母に与えられたことにある。これに伴い当時の厳しい教会状況の中で、信徒らが聖母の仲介で、神への信頼と交わりを取り戻すようにと勧められている。

これと関連してモルネーゼの教会にアンジェラ・マッカーニョという夫を亡くした若い女性が、主任司祭にこう提案した。「過激な人々が、教会と宗教に逆らうよう民衆を扇動《せんどう》している今の時代に、女性が結束《けっそく》して活動すれば、どんなに素晴らしいことでしょう。家庭と国家に再び神を迎え入れ、教会と教皇様を愛させることを目指して、目立たない所で働くことができるのではないでしょうか」と。これこそ第二バチカン公会議の目指した信徒使徒職にほかならない。いわば聖職者の入り込めない領域で、信徒は独自の宣教使徒職を果たすことができるのである。

ペスタリーノ神父は婦人の主旨《しゅし》に賛同し、若い女性を募って「無原罪の聖母の娘」信心会を立ち上げた。しかも神父は一八六七年に村の教会前の広場に面して、新しい家（無原罪の聖母の娘の家）を建てた。その建築費の大半は神父自身から、残りは先の婦人や裕福な娘

たちの寄付によるものであった。ペスタリーノ神父はその家を「無原罪の聖母の娘」たちの共同生活の場として提供した。

ドメニカは聖母をあつく崇敬していたので、ペスタリーノ神父の勧めに応じ、「無原罪の聖母の娘」信心会の一員となり、家庭の務めを果たしながら、先の婦人をはじめ、村の娘たちと共同で信心に励み、社会へ向かって宣教使徒職を始めた。その資金は善意の協力者からの寄付の他に、若い会員たちは粗食《そしょく》に甘んじて蚕《かいこ》を飼《か》い、まゆを売って学校・聖堂建設資金を貯《た》めたり、祈りながらブドウ栽培《さいばい》をして生計《せいけい》を立てたりして得たものであった

なお一八六〇年、イタリア全土にチフスが流行した。ドメニカは主任司祭の先導《せんどう》で、チフス患者を看護したが、チフスに感染した伯父一家を看護中、自分も感染してしまった。幸いに生死の境を脱し、長い養生《ようじょう》の末《すえ》、やっと健康を取り戻したものの、もとの強い体にはなれなかった。そこで彼女は村の仕立屋《したて》に通って裁縫《さいほう》を習い始めた。

貧しい少女たちに仕事を教える

その頃彼女は、自分の抱いていた理想を親友ペトロニッラに、こう語っている。「私たちが一人前になって独立できるようになったら、小さい裁縫塾を開いて少女たちに仕事を教えましょう。けれども、その第一の目的は主を愛させ、良い子にして多くの危険から救い出すことです。もうけたお金を集めて生活費とし、家の人たちの世話にならないように、できたら一生の間、少女たちのために働くことができますように……。でも今は、ただ一針ずつを神様への愛のために、という意向で働きましょう」と。

二人は「一針一針を神様への愛のために」という使徒的な愛の精神から、この崇高な理想を目指して忍耐強く一歩一歩前進した。こうして早くも一年後には村民の要望に沿って裁縫塾を開き、次いで養育院を設けて子どもたちの世話をした。主任司祭の友人聖ドン・ボスコ（一月三十一日参照）は、無原罪の聖母の娘の事業に注目し、聖母のメダイや手紙を送って彼女を激励

したり忠告したりした。ドン・ボスコは数回モルネーゼを訪問し、ドメニカと面会し、告解や説教を行い、ミサをささげ、聖堂の祝別をした。

さらにドメニカは、ドン・ボスコの他に、一八七四年から三年間はサレジオ会士コスタマーニャ神父の予防教育法に沿って少女たちを教育した。たとえば、こそこそと内緒話をするのを厳禁《げんきん》し、「大きな声で言うことができれば公に話しなさい。また言えないことなら黙っていなさい。ひそひそ話はつぶやきか、そうでなければ他の人が聞いてはいけないことか、周りにいる人たちに疑いや、いやな感じを起こさせるからです」と言って戒めた。また、他人の物を尊重して、裁ちくずさえもまとめて返すように教えた。夕暮れになると、少女たちを連れて村の教会へ行き、みんなそろってロザリオを唱え、主任司祭の訓話を聴き、各人の悩み事や体験について語り合った。

またドメニカは、娘たちがいつでも何をしていても（たとえば洗濯をしたり、薪を割ったりしている時も）、「いと高きお方」のまなざしを感じているように、と教えた。

ドン・ボスコと共に「扶助者聖母会」を創立

そのうちに、ドン・ボスコは主任司祭ペスタリーノ師の斡旋《あっせん》により、「無原罪の聖母の娘」信心会の会則の試案を作成し、なお修道会に昇格させるように運動し、一八七二年八月五日に、教区司教を招いて十一人の着衣式を行い、ドメニカと共に、「扶助者聖母会」を創立した。

二年後に三十七歳のドメニカは「扶助者聖母会」の第一代総長として、ドン・ボスコの指導により賢明な指導力を遺憾《いかん》なく発揮《はっき》し、聖母の保護のもとにあらゆる試練を突破《とっぱ》して会の基礎を固めながら、その運営を軌道《きどう》に乗せた。

当時のイタリアは独立戦争に明け暮れ、国家財政は破綻寸前《はたんすんぜん》に追い込まれ、小麦粉やパンにまで課税《かぜい》され、教会関係の建物や教育施設も没収《ぼっしゅう》されて、裁判所や監獄や、公共施設に転用された。国難に見切りをつけた多くのイタリア人たちは主《おも》に中・南米へ移住した。このような状況の中で扶助者の聖母会員らは貧しい生活に耐えながら、貧しい少女らの教育や職業訓練に尽力した。

彼女に接した人々は、異口同音《いくどうおん》にこう証言している。

「彼女は歩く時や話す時は、大抵左の手で胸の十字架を握りしめ、どんな力をも十字架より受け、どんなことをも主のために行うかのように見えました。……彼女はまた、愛徳に満ち、愛想よく修道女たちの信頼を一身に集め、修道女をはじめ、少女たちの望みをかなえることができない時でももったいぶることなく、物知り顔もせず、教育的でユーモアがあり、同時に上品でした」と。

イタリア北西部、南米、フランスへ進出

一八七六年三月、「扶助者聖母会」の七人のシスターが、トリノの大司教の要請とドン・ボスコが買い求めたトリノの建物に居住し始めた。仕事の一つはサレジオ会員と少年たちの衣類の面倒を見ることであった。それ以上に大切な使命は地域の少女たちのために仕事場と教会に隣接したオラトリオ（青少年の集会所）を開設し、カトリック要理を教え、無料の女子校を開校することであった。

翌年の十一月には南米に向けて扶助者聖母の娘たちが派遣され、少女たちのための学校、仕事場、オラトリオを開くことになった。さらに扶助者聖母の娘たちは以後数年の間に、イタリア北西のピエモンテ、リグリア、フランスに進出し、教育施設を開設した。

ドメニカは一八八一年にニッツァ・モンフェラート（トリノの東西、約八十キロ）で四十四歳の実り多い生涯を主にささげ、一九五一年に教皇ピオ十二世により列聖された。

後継者の姉妹たち、若者の十全教育に献身

彼女の死後も同会は神の豊かな祝福を受けて驚異的な発展を遂げた。その会員は創立者、聖ヨハネ・ボスコと最初の総長聖マリア・ドメニカ・マザレロの精神を受け継ぎ、福音的勧告の誓願、共同生活および使徒的使命によって、マリアとともに、マリアのように、兄弟たちへの奉仕を通して個人的聖徳に励み、さらに若い女性の十全教育に献身しながら、教会の救いの使命に参与している。

日本では、昭和四年に宮崎市で幼稚園教育に従事し、その後別府で社会福祉事業と志願院・修練院開設。現在は東京都の目黒区、世田谷区、調布市、山梨県山中湖村、清水市、大阪市天王寺区、長崎市、大村市、大分市、中津市に修道院を設立し、教育・福祉・宣教・

司牧に尽力している。

　東京都北区赤羽台には星美学園（幼・小・中・高・短大）、星美ホーム、養護施設を設立し、一九五三年に大阪市中央区玉造には城星学園（幼、小、中、高）を創立し、教育事業とともに、小教区の宣教・司牧に協力している。

五月十四日
聖マチア使徒（祝日）

初代教会の選挙で使徒

　人類の救霊事業において、通常神は奇跡的に直接手を出さないで人間を用いられる。ご自分の代理者を選ぶ場合も同じく、人間を通じて行われる。この意味で各人は、隣人の救霊に対して、共同の責任を感じなければならない。なぜなら人の救いも滅びも、最終的には神の恩恵に対する個人の協力の程度で決まるとはいえ、人間相互の物心両面での協力が個人の救いに重大な影響を及ぼすからである。なかでも教皇は人類の救霊に最も重要な役割を果たすので、周知のとおりその選挙は慎重に行われる。使徒の時代にもこれに似た選挙が行われた。使徒聖マチアの選挙がそれである。

　キリストご昇天後、その弟子たちはマルコの家に集まり、聖母マリアを囲んで約束の聖霊を受けようと、〝ひとつの心、ひとつの口をもって〟熱心に祈っていた。そこにはおよそ一二〇人ほどが集まっていた。その時、聖ペトロは発言の機会をとらえ、一同に向かって、「主イエスがいつもわたしたちとともに生活されていた間、すなわち、ヨハネの洗礼から始まって、わたしたちを離れて天に上げられた日に至るまで、わたしたちと行動をともにした人々の中から、誰か一人がわたしたちに加わって、主の復活の証人にならなければなりません」（使徒言行録1・21–22）と提案した。みんなこれに賛成し、まず相談の結果、マチアと〝義人〟とあだ名された人のよいヨセフを候補者に推薦した。次に一同は地にひざまずき、「すべての心を知りたもう主よ、ユダの後任者に、この二人のいずれを選びたもうかを知らしめたまえ」と熱心に祈った。聖書に「くじはふところに入れて引くが、そのすべての決定は主から来る」（箴言16・33）とあるとおり、聖霊の導きに従って公正な選挙を行いたかったからである。

　こうして、神の思し召しをうかがってから、二人にくじを引かせた。くじはマチアに当たった。誰も文句を言う者がなかった。マチアこそ、神の思し召しにかなった人だと、みな固く信じていたせいであろう。この信仰から自分の長上に対する真心からの尊敬と服従が生ずる。

洗礼者ヨハネから受洗

　マチアの家柄や生い立ちについては、なんらの消息も残っていないが、彼は初めからイエス・キリストの弟子になり、主の公生活、ご苦難、ご復活の目撃者であったことだけは確かである。おそらくペトロ、アンドレア、ヨハネと同じように、若い時からメシア（油を塗られた王＝キリスト）にあこがれていたユダヤ人であって、早くから洗礼者聖ヨハネの説教を聞き、その弟子に加わったらしい。そして、すでにその時から、他の人たちと知り合いになり、彼らと共にヨルダン川のほとりで、初めてイエスの清らかな姿を見、「見なさい、世の罪を除かれる神の小羊」との洗礼者ヨハネの言葉を聞いた後、イエスの弟子になったのであろう。

御父に召し出された使徒

　こうして洗礼者の弟子たち、しかもその最も著名な弟子たちは次々にイエスの方へ行ってしまった。しかし、洗礼者ヨハネは、それを決して悪く考えなかった。自分は後に来るべき者のために、道を開くという使命を受けているということを忘れず、快く自分の弟子をイエスのもとに送ったに違いない。「あの方は栄えるが、私は衰えなければならない」（ヨハネ3・30）。

　これからマチアは、三年の間、常にイエスと共に生活して、その公生活の重大な出来事をすべて目撃していた。彼は山上の説教を聞き、イエスのなさった数多くの奇跡を見、五千人のために増やされたパンを味わい、キリストの限りない愛を感じることができた。

しかし、ある朝、イエスが山の上で、夜もすがら御父に祈った後、弟子たちを呼び集め、そのうちから、次々に十二人の名を呼び、これを使徒にされた時、マチアの名はなかった。彼は採用試験に落第したのだろうか？　否、そんなことは考えられない。イエスは一体どういう考慮《こうりょ》をもってその使徒を選ばれたのであろうか。家柄、天才、学歴、性質などの点から見れば、たしかにもっと適した人もいたに違いない。または特別な愛情からでもなかったらしい。とにかくラザロのような人は、最もイエスの友愛を受けたグループに入っていたが、全然弟子には呼ばれなかったからである。

イエスは、このように自然的な考慮、あるいは、自分の好意によることもなく、ただ天の御父が、永遠より選ばれた人たちを使徒に選ばれた。すべての召命は、すなわち、御父から来るものである。「わたしを遣わされた父が招かれたのでないなら、どんな人でも私のもとに来ることができない」。すでに神の子への召し出しについて、そう言われれば、まして使徒への召命についてもそうであろう。「あなたが世から選んでわたしにお与えになった人々に、わたしはあなたの名を現しました。この人々はあなたのものでしたが、あなたは彼らを私にくださいました。彼らはあなたの言葉を守りました」（ヨハネ17・6）とイエスは最後の晩餐の後、御父に感謝の祈りをささげられた。マチアの名は、とうとう呼ばれなかった。しかし、イスカリオテのユダは、キリストの弟子に選ばれた。神は人を召された時に、まったく自由である。しかも、そのうえ人間的に考えれば、下手であるかもしれない。

イエスのご苦難・ご復活を目撃

でもマチアはこれで満足し、主に対する彼の愛は決して変わらなかった。少し後で、イエスは七十二人の弟子を二人ずつ「宣教実習」に遣わされた時には、おそらくマチアも、そのうちに入っていっしょに派遣されたであろう。

二人で町から町へ、村から村へ、歩き回り、至る所でキリストの福音について説教し、また奇跡を行うことさえもできた。キリストのみ名をもって、彼らは病人を治し、盲人《もうじん》の目を開き、悪魔を追い払うこともできた。弟子たちは初めて宣教に出て、いろいろなことを経験して、非常に元気づけられ、大喜びで主のもとに帰って報告した。「主よ、あなたの名において悪魔すらも私に従う」と。

イエスも弟子たちのこの最初の経験話を聞いて、いっしょに喜び、美しい訓戒を加えられた。「イエスは仰せになった、『わたしは、サタンが稲妻のように天から落ちるのを見た。わたしはあなた方に、蛇やさそりを踏みつけ、敵のあらゆる力を制する権威を授けた。だから、あなた方に害を加えるものは何もない。しかし、霊たちがあなた方に服従するからといって、喜んではならない。むしろ、あなた方の名が天に書き記されていることを喜びなさい』」（ルカ10・18-20）と。

マチアはまた、イエスのご苦難とご復活を目撃したはずである。これはすなわち、後に使徒選挙の際、その立候補のための条件となっていた。おそらく、イエスがガリラヤで、五百人以上の弟子に現れた時、マチアもそこにいたであろうと推察《すいさつ》できる。こうして、マチアは、あの多くの無名の弟子の一人であったが、初めから最後まで主に従い、その説教と奇跡、またはそのご苦難とご復活の証人となる資格があった。「ただし、あなた方は聖霊の能力を受けて、エルサレム、ユダヤ全国、サマリア、地の果てに至るまで、私の証人となるだろう」。

彼は聖母マリアや他の弟子たちと共に、聖霊の賜物を受けると、いよいよ救霊に対する奮発心を燃やして宣教活動にのり出した。また、先任者ユダの失敗にかんがみて、少しも自力に頼まず、ひたすら神の助けを求めつつ、〝神の光栄と人々の救霊〟という、遠大な理想をあくまで実現しようと努力した。

伝えによると、マチアはエルサレムで活躍した後、熱烈な救霊心に駆られて遠くエチオピアにまで宣教の足を延ばしたという。エチオピアでも多くの異教徒を改宗させたので、教敵の怒りを買い、暴徒の手にかかって壮烈な殉教を遂げた。その聖遺骨は四世紀、聖ヘレナ皇太后の配慮でローマに運ばれた。聖遺物はローマの「サンタ・マリア・マッジョーレ大聖堂」とドイツのトリール司教座聖堂に保管されている。

五月十五日

聖ジャンヌ・ドゥ・レストナック修道女

（「聖マリア修道女会」の創立者）

妻・母・寡婦から修道女へ

十六世紀、欧州のカトリック教会はルネッサンス文化と宗教改革の渦中《かちゅう》に生きながらも、著名な聖者や「トリエント公会議」の指導により、従来の面目を一新し、布教に信心に驚異的な躍進を遂げた。その頃、聖イグナチオが「イエズス会」を創立して、青少年の教育に尽くしたように、女子教育の面でも同様な役割を果たした「聖マリア修道女会」の創立者、聖ジャンヌ・ドゥ・レストナックがいる。八十四歳のその生涯を見ると、礼儀正しい少女、敬虔《けいけん》な妻、優しい献身的な母、慈悲深い寡婦、完全な修道女などスケールの大きい経験豊かな人間性に彩《いろど》られている。

レストナックは聖イグナチオの逝去した一五五六年、十二月二十七日に、フランス南西部ボルドーの裕福な貴族の家に生まれた。母も叔母も狂信的なカルヴィン派（各人は永遠から天国か地獄かに予定されていると説く新教の一派）に属していた。しかし父は熱心なカトリック信者で、ボルドーの市会議員を務めていた。

主婦業後の身の振り方

父母や親類たちの信仰上の争いを目の当たりに見て、ジャンヌは子どもなりに心を痛めながらも、ことに著名な人文・哲学者であった伯父のミシェル・ドゥ・モンテーニュの指導でカトリックの信仰を深めた。十七歳でモンフェラン男爵と結婚し、八人（うち三人は生後間もなく死亡）の子宝に恵まれ、献身的な母性愛をもって、睦《むつ》まじいキリスト教的家庭を築いた。四十一歳の時、働き盛りの夫が急死してから、遺児の面倒を見るかたわら、社会福祉事業に従事した。子どもたちが皆一人前になると、四十七歳のジャンヌはより高い理想を求めて、トゥールーズの「厳律シトー会」に入会した。

しかし六カ月の厳しい見習い期間に体力の限界を感じた。ジャンヌは、院長や医師と相談の上、シトー会を退会し、自宅に引きこもり、しばらく療養を兼ねて次の使徒職の具体的構想を練り、識別のために祈った。十七世紀のフランスの欠けているものを具体的に満たすために、ジャンヌが「神様、どうぞ御身《おんみ》のご意志をお示しください」と熱心に祈っていると、彼女の心に「私は、おまえを他の活動分野に予定している」という、イエスの声が響いた。同時に彼女は、煉獄の炎の中で年若い魂が苦しみながら自分の方に手を差し伸べて助けを求めているのを幻視した。あの脅《おびや》かされている若者たちに手を差し伸べ、世俗から離れた観想と世俗と接する使徒職とを実践した聖母マリアのように生きることが自分の使命であると理解した。その上、神に召された方々と共に、多くの家族を幸せにするために献身するのが最上だと悟った。

神・教会・社会への奉仕

一六〇五年、ボルドーはペストに襲《おそ》われた。ジャンヌは伝染病の最前線で患者の治療に当たった。その患者らの中にこそイエスが現存しておられるという秘義《ひぎ》を発見した。この奉仕の最中に、主の呼びかけを感じ、ジャンヌの人格にひかれ、その使徒的プロジェクトに協力する若い女性たちと出会う、またとないチャンスとなった。

それに加え、当時のボルドー・カトリック教会はカルヴィン派女学校の進出により、女性教育がゆがめられ、節制や聖体拝領を無視するのを憂慮《ゆうりよ》していた。すなわちカルヴィン派は人間性が原罪により全面的に腐敗されたので、神から予定された人々だけが信仰のみで救われる。その恵みに抵抗する気力はない、と言う。それに対し教皇は原罪で人間性の一部だけが傷つけられたのであり、キリストは万民のために贖罪《しよくざい》され、その恵みに良心的に従い、何物にも妨げられず、他者へ自由に奉仕ができるよう人間性を修復《しゆうふく》された、と教えた。しかしカルヴィン派信徒ら（ユグノー）は、宗教と政治の党派争い（ユグノー戦争➡一五六二―九八）をもってカトリックに抵抗した。

このような風紀《ふうき》の中で、「男子の教育に携わるイエズス会のように、聖母の隣人愛を手本とする女子教育の修道会を創立しなさい」という、イエズス会司祭ドゥ・ボルドー神父の再三の勧めがあった。図らずも、ジャンヌの弟に当たるドゥ・レストナック神父が、当時ボルドーの学校に勤めていたので、ジャンヌとボルドー神父のイニシアティブは合致し、教育事業のプロジェクトは具体化し始めた。

「聖マリア修道女会」の創立

まもなく、ジャンヌの聖徳を慕って十数人の優秀な娘たちが集まってきた。ジャンヌはボルドー神父からの指導で聖イグナチオの精神を取り入れて会憲を起草し、まず、一六〇六年、ボルドーの大司教の承認を得た。翌一六〇七年四月七日、ジャンヌが五十歳の時、教皇パウロ五世（在位一六〇五―二一年）の認可を得て、ここに「聖マリア修道女会」が誕生した。予想どおりこの団体は社会の差し迫った要請《ようせい》に応じ、〝地の塩、世の光〟となって女子の幼年から青年層のキリスト教化に多大の成果を収めた。その光はやがてボルドーの母院の壁を越え、町を越えて遠くに及んだ。どの家庭も尊敬と信頼をもって、清い修道女たちに子女の教育を任せた。

また、教え子たちも修道女たちの一心に神を求める生活に心をひかれ、競って修道女の列に加わり、教育事業に身をささげた。

こうしてジャンヌは約三十年間、会を指導し、その間に三十の修道院と女学校を設立し、一六四〇年、ボルドーの母院において八十三歳で帰天した。ジャンヌは一九四九（昭和二十四）年五月十五日に教皇ピオ十二世により列聖された。

後継会員らの使徒職

「聖マリア修道女会」は、聖マリアに倣い、より大いなる神の栄光のために、聖マリアの使命を継続し、教育の使徒職と福音的生活を通して、すべての人々の中にキリストの生命を生み育てることを目的とする。会員らは、いただいた恵みを生かし、世界が福音化し、すべての兄弟が「キリストの背丈《せたけ》」に達することができるように、観想と活動との調和ある生活を営みながら、み国の建設に協力する。この会は教育事業に貢献した最初の女子修道会であり、今では南北アメリカ、欧州、アフリカ、アジアに数多くの修院付ミッション・スクールを経営している。

日本にも一九五九（昭和三十四）年に渡来し、本部は東京都杉並区にあり、千葉市、秦野市に修道院を持ち、小教区、幼稚園、学生寮、茅野《ちの》市に黙想の家を経営して信仰の教育をし、上智短期大学などで信仰教育を中心とした宣教事業に携《たずさ》わっている。

五月十八日
聖ヨハネ一世教皇殉教者

東・西教会の争い

聖ヨハネ一世教皇（在位五二三―二六年）は、トスカーナに生まれた。この方はローマの聖職者の中では、若い時から雄弁と模範的な生活の故に著名になっていた。五二三年、ホルミスダス教皇の死後、教皇職に選任された。その頃、アリオ派（キリストの神性を否定）の東ゴート族王、テオドリコ（在位四七四―五二六年）はイタリアを征服していた。すぐれた資質に恵まれていたにもかかわらず、残酷で、ねたみ深く、野望の多い暴君であった。

ヨハネ一世教皇は在位中、迫害により疲弊《ひへい》した諸教会や墓地を修復させ、聖歌を盛んに歌わせ、典礼刷新に力を入れた。今日まで受け継がれている復活祭の日付基準を固定させ、西暦紀元はキリスト誕生を起点とした。またフランスやアフリカで行われた種々の宗教会議での決議を集大成《しゅうたいせい》させた。

ヨハネ一世教皇選出の少し前に、東ローマ帝国のユスチノ一世皇帝のおかげで、当時、西方ローマ教会と分離していたアリオ派の多い東方のコンスタンチノープル教会は西方と合同するかに見えた。当時、この皇帝は次のような勅令を発布したからである。「アリオ派の信者たちは、すべての所属教会をカトリック司教たちに渡すように。それから司教たちは、それらの教会を祝別し直すように」と。

ところがこれに反対したのが、東ゴー

ト族王テオドリコである。アリオ派のの守護者であった彼は、ベネチアの南方に当たるラヴェンナ宮殿から、皇帝よりも権勢《けんせい》があるかのように、脅しをかけた。「もし、この勅令を撤回《てっかい》しなければ、自分の領内のカトリック信者を同じ目にあわせるどころか、ローマを血の海にしてしまうであろう」と。テオドリコは皇帝をいくらか恐れていながらも、この政治折衝《せっしょう》が失敗すれば、この暴挙《ぼうきょ》もやりかねない構えを見せた。

東ローマ帝都にヨハネ一世教皇を招致《しょうち》

そして西ローマ帝国を滅ぼしたゲルマン系のゴート族のテオドリコ王は、東ローマ帝国の首都コンスタンチノープル（現・イスタンブール）に、五名の司教と四名の元老院議員からなる外交団を派遣することにし、その団長をヨハネ一世教皇とし、東ローマ皇帝に次のように伝えよ、と命じた。「アリオ派をカトリック教会へ引き戻そうとしているが、そのような圧力はやめよ。カトリック教会に戻った元アリオ派の人々も再びアリオ派に戻ってもよいことを許可せよ」と。

教皇は、このような任務を受けたくないと意を尽くして断ったが、そのかいもなくテオドリコの命令でむりやり引き受けさせられた。コンスタンチノープルでは、史上初めて教皇を迎えるとあって、あたかも使徒の頭《かしら》であるペトロを迎えるかのように、町をあげてろうそくと十字架を携え、教皇を歓迎するために郊外約二十キロの所まで出た。

ユスチノ皇帝も教皇の前にひれ伏して祝福を受けた。それから外交団はテオドリコ王の国書を見せて、皇帝と協議した。その結果、カトリック教会に併合《へいごう》したアリオ派の教会をアリオ派に返し、自由に信仰させることにしたが、カトリック教会への元アリオ派改宗者を再びアリオ派へ戻せとの命令には断固《だんこ》として屈しないことにした。

それからヨハネ教皇は皇帝の願いに応じて、ユスチノ皇帝の戴冠《たいかん》を行った。そして五二六年四月十九日、教皇は現イスタンブールの聖ソフィア大聖堂でギリシア・ラテン両教会の聖職者と宮廷の人々と都民に囲まれて荘厳に復活祭のミサをささげた。

教皇、ラヴェンナの地下牢で餓死《がし》

その後ヨハネ教皇の一団がイタリアに戻ってくると、テオドリコは自分の命令に従わなかった一団を逮捕し、うす暗い、じめじめしたラヴェンナの地下牢に投獄した。暴君はヨハネ教皇に食べ物も与えず、いっさいの面会も差し入れも禁じた。こうして教皇は飢えと悪臭で衰弱し、とうとう五二六年五月十八日、ラヴェンナの牢で獄死し、その葬儀には信者たちが殺到《さっとう》し、手厚く弔《とむら》った。四年後にヨハネ教皇の遺体はローマに移され、バチカン大聖堂の入り口に埋葬され、墓碑銘《ぼひめい》に「キリストのための犠牲《いけにえ》」と刻まれている。実にこの教皇殉教者は、福音を信仰するために、結果としてカトリック教会の自由を守るために、わが身を犠牲にするすべての人々のシンボルとなっている。

五月十八日

聖バルトロメア・カピタニオと聖ジェローザ修道女

（「幼き聖マリア修道会」の創立者）

神のみ旨を果たすこと

「ただイエス様のためだけに生き、神のみ旨《むね》を果たすことのみが必要です。……イエス様が、ご自分の花嫁の犠牲を喜んで受け入れてくださる時、すべては明るく甘美なものとなるでしょう」。

これは聖バルトロメア・カピタニオの手紙の一節である。彼女は経済的には中流家庭の娘であったが、波風の多い家庭に心を痛めながら、幼い者、病める者を世話し、神が望んでおられた「幼き聖マリア修道会」を創立した。

バルトロメアとは

バルトロメア・カピタニオは一八〇七年一月十三日にイタリア北部にある、山々に囲まれた美しいイゼオ湖に面した町ローベレで雑貨商の長女として生まれた。母は常識があって愛情深く、清い理想を子どもたちに植えつけていった。この母の指導で、バルトロメアの活発な性格と、聡明《そうめい》な知性、それに健康な体はすくすく伸《の》びていった。家庭内ではよく母の手助けをし、次々

に生まれてくる弟妹《ていまい》たちをかわいがって面倒を見ていたが、もっとも、このうち妹一人を残して、いずれも短命《たんめい》であった。何をするにもバルトロメアは主役を演じ、脇役《わきやく》になることなく、家庭の外では小鳥のように元気に飛び回った。

父は激しい気性の上に酒ぐせが悪かった。理性を失うまで酔《よ》って、誰かれかまわずにけんかを吹っかけ、暴力を振るうことも多く、そのために家庭の平和は壊《こわ》されていた。しかし、これにもかかわらず賢明《けんめい》に、つとめて明るく振る舞っていた母のおかげで、バルトロメアは家庭内では、よく母を助ける思いやりのある少女であり、教会の典礼にあずかったり、喜んで教理を勉強したりしていた。

「聖クララ会」で学ぶ

母は常々娘のことを気に掛けていた。娘が勉強好きであり、また何をするにも際立って目立つのを眺めるにつけ、きちんとした教育を授ける必要を感じていた。同時に娘を夫の悪い影響から遠ざけたいとも考えていた。そこでバルトロメアが十一歳になった時、一八一八年、「聖クララ会」の学校に入学させた。この寄宿生活でもバルトロメアは、たちまち新しい遊び仲間の人気者となり、知力にすぐれ、感受性が強く、誰にでもすぐ打ちとけ、親切であった。何事にもまじめでねばり強く、祈りを好み、聖人たちの模範に強く魅《み》せられ、彼らの生き方に倣おうと聖人伝を熱心に読んだ。

ある日、子どもたちの先生でもあったシスター・フランチェスカは、勉強だけでなくイエスの愛を理解させなければならないと考え、「誰か聖人になりたい子がいるかしら？」。「誰が一番先になるかしら？」と質問を投げかけた。すると次の瞬間には「わたし！　わたし！」。「わたしもなりたい！」と、一斉に手が上がった。そこでみんなでくじ引きをすることにし、一番長いわらを引いた者が一番先に聖人になると決めた。この時バルトロメアは、そっと一人抜け出して聖堂に行き、聖母像の前でひざまずいて祈ったのである。こうして彼女の指には一番長いわらが握られていた。彼女はこのくじ引きを天よりの一つのしるしと受け取り、この時から彼女の強靭《きょうじん》な魂に「聖人になりたい」という揺るぎない決心が根を張り、聖性の道を歩み始めた。「早く聖人になりたい。偉大な聖人になりたい。

彼女は聖母への信心もあつく、「マリアは主の御母である」と思っただけでも、深い親密《しんみつ》さを覚え、聖母への賛歌を歌ったり、聖母の祝日の前には聖堂を美しく整えて、友達にも聖母に祈ることを熱心に勧めた。

時の流れは速く、バルトロメアが入学して四年の歳《さい》月《げつ》が過ぎ、彼女は全ての勉強を最高の成績で終えた。母親は、賢い娘バルトロメアに自分の店を手伝ってもらうために、この日の来るのを心待ちにしていた。しかし「聖クララ会」のシスターたちは、頭も人柄《ひとがら》も良いバルトロメアがここにとどまり、子どもたちに勉強を教え、学校を助けてくれるよう母を説得《せっとく》した。

その一年後、バルトロメアは小学校の助教員の資格を取り、母校の一年生のクラスを受け持った。そしてひたすら子どもたちの幸福を願い、欠点を見つける時には叱《しか》ることもあったが、たいていは厳しい態度をさけ、親切と優しさで納得《なっとく》させるようにし、子どもたち自身で気をつけるように仕向けていった。また、できるだけ子どもの長所や徳に目をつけ、これを他の子どもたちに模倣《もほう》させるように導いた。バルトロメア自身は学園の雰囲気に強くひかれ、自分も聖クララ会の修道服を身にまとい、修道院の囲いのうちに生涯を送りたいと夢見ていた。だが突然、両親から家庭に呼び戻された。

バルトロメアは帰宅する二日前に、学園の聖母像の前にひざまずいて祈った。「私は、主に完全に身をささげ、貞潔を誓います」と。そして祈りの中で、「神様、私はあなたのもの、すべて、あなたのものです」と、心から繰り返した。現在は神のみ手にあり、将来も神が守ってくださると自分に言いきかせ、イエスに目を注ぎながら、イエスの命に生かされるようにと願った。バルトロメアは神に全てをささげたことに深い幸せを感じ、世の与えることのできない平穏《へいおん》を心の中に感じた。この貞潔の誓願を立てたのは、一八二四年七月十六日、カルメル山聖母の記念日（七月十六日参照）であった。

家族のもとで

学園を去る朝、先生や友人は皆、泣きながら彼女を囲んで長い抱擁《ほうよう》をし、接吻《せっぷん》をして別れを惜しんだ。しかしバルトロメアは、両親の中に神の愛から出た計画を信仰の目で受け止め、主がなぜ、家に帰ることを望まれたのかが分かり、こうノートに書き記した。「両親を尊敬しましょう。彼らの中に神様がおられますから。彼らに従い、愛し、彼らの必要に応えて日常生活を助け、誠意をもって両親に仕え、いつも喜びをもって明るい表情をしていましょう。平和な家庭を保つために自分より人を大切にしましょう」と。

バルトロメアは寝る前には、一日のことを振り返り、頂いた恵みに感謝し、自分の行いを反省した。そして、ノートには自分の犯した過ちや欠点を記録した。このことは何年間も続けられた。

バルトロメアの新しい生活は悲痛に満ちたものであった。傍らに先生や友人や子どもたちがいない寂しさに加え、世間的ないろいろの心配や悩みが彼女に押し寄せた。その一日は、早く起きて教会に行くことから始まり、ミサにあずかって帰宅すると、すぐに家族を助けて働き、店に立って客の応対をした。午後は、聖堂に祈りに行くか、あるいは病人や貧者を見舞った。母親は娘をよく理解し、かばったが、父親は酒に酔うと娘をどなったり、ばか騒ぎをしたりした。それでもバルトロメアは、「彼は私のお父さんだ。神様が、彼を敬い愛するように私にお命じになっている」と考え、この荒《すさ》んだ父を心に抱いた。

ある夜、バルトロメアは一人で父を捜し歩いていた。やっと、ある酒場《さかば》にいると知らされて、一人で酒場に入って行き、目に涙をためながらテーブルとテーブルの間を縫《ぬ》って行く。やがて、カルタ勝負に目を輝かせ、興奮《こうふん》に声をはずませている父の姿を見つけた。優しい娘は走り寄って、静かに父の肩に手を掛けながら言った。「お父さん、勝負がすんだら、いっしょに帰りましょうね。お話ししたいことがあるの」。父は振り向きもしなかった。しかし、一勝負ついた時、どうしたことかこの夜、父はいつもと違い、コップに掛けていた手を離して素直《すなお》に娘の後について出たのである。この時から、徐々《じょじょ》にではあったが家庭が平和になり、何よりも喜ばしいことは、夕方になると父親も交えて一家がそろってロザリオの祈りを唱えたり、バルトロメアが読む本に父は喜んで耳を傾け、彼女の勧めに従っていることだった。

バルトロメアは妹の心も、このように変えた。妹はわがままで友達とよくけんかし、すぐに他の人へつっかかっていった。しかし姉は、この妹が他の人から愛される人になるように気を遣い、根気《こんき》よく励ましていった。

カピタニオ学校の創設

ローベレの主任司祭と助任司祭は、以前からバルトロメアが子どもたちの教育に手腕《しゅわん》があることに気づいていたので、この才能を教会のために生かしてみてはどうか、と両親に相談した。両親は、ともかく司祭たちの申し出を受け入れた。バルトロメアは、司祭たちの招きを神のみ旨と受け取り、自分の望みと一致したので、これ以上の喜びはなかった。だがこの時バルトロメアは助教員の免許しか持ってなかったので、一生懸命勉強して正教員になるための試験を受けて合格し、資格を得た。

一八二五年、十八歳の彼女はまず、近所の子どもたちを集めて自分の家の一部屋で教え始めた。ところが生徒の数が日増しに増え、自宅では収容しきれなくなったので、ローベレの助任司祭ボジオ神父の広い実家に移転した。ここにカピタニオ学校が創設されたのである。バルトロメアは年齢によって組分けして、学校を明るく温かい雰囲気《ふんいき》にし、子どもたちを自由にのびのびと教育した。各生徒の家庭事情を考慮して月謝《げっしゃ》を安くしたり、品物で授業料を間に合わせたり、村の家々を回って、一日一時間だけでも子どもたちを学校に来させてくれるよう親たちを説得した。子どもたちの中には本はもちろん、弁当も持たずに、裸足《はだし》で来る者も多かった。バルトロメアはみんなを愛し、みんなが良い子になるように、一人ひとりを独自《どくじ》の人格として扱った。また夕方遅く、貧しい子どもたちを自分の家に連れて帰って補習《ほしゅう》させたり、騒々《そうぞう》し過ぎる子どもとか、反対に独りぼっちの子どもを教会に連れて行って、イエスと親しい友達になるよう仕向けたりしていた。そして何か手仕事をやらせ、次にその間に朗読《ろうどく》を聞かせ、あるいは霊的な本を読ませた。

彼女の教育法は、ただ光を与えて、結論は生徒たちが自分で見つけるように導く。生徒に責任感を植えつけ、自分の仕事をまじめに果たさせ、特に自分が教えの生きた証人となるように努力した。

また、時々バルトロメアは、「散歩に行きましょうね」と子どもに言って田園地帯にピクニックに行き、子どもたちと歌ったり遊んだりした。情熱を傾けて、この仕事に献身するにつれ、子どもたちの要求や希望、好みなどを身をもって感じ取り、それに対してどのように対処すべきかを直感し、なんの恐れも思惑もなく、良いと思ったことに突き進んだ。

バルトロメアは生徒たちに、ノートにこう書き取らせている。「神様はあなた方をご自分のために創造してくださいました。ですから神様は何よりも大切だということを忘れないように、何よりも誰よりも神様を愛し、どんな行為にも神様の最高の栄光となるように行いましょう。あなた方のうちにいつも神様の喜びがあり、あなた方の心が神様の快い住まいとなりますように」と。このバルトロメアの教室は瞬《また》く間にローベレの町の評判《ひょうばん》になっていった。

万人に万事となる

一八二六年、バルトロメア・カピタニオはジェローザ家がローベレに開設した病院に行って、病人や老人たちの世話をし始めた。カテリーナ・ジェローザはすでにそこで妹のローザといっしょに献身的に病人たちに奉仕していた。このカテリーナ・ジェローザは、バルトロメアの創立した修道会の最初の協力者になった人である。バルトロメアは病院での援助を求められた上、管理と会計を委任された。学校にも多くの仕事を抱《かか》えながら、毎日重病人の心身《しんしん》の癒やしを祈り、神の愛で多くの人を満たして回心させた。

またバルトロメアは貧しい人に食べ物や品物を与え、囚人《しゅうじん》を見舞い、不正な裁《さば》きに泣いている人、虐待《ぎゃくたい》と搾取《さくしゅ》に痛めつけられて悪の道に踏み込んだ女性や青少年たちを慰め、導いた。そして、家に帰り、部屋に戻るといつも自分に言い聞かせていた。「隣人への善をするのがとても好きなの。私の生涯を隣人のためにささげたい。すべての人に善だけを尽くされたこの世のイエス様に倣《なら》って、私もどんなに難しい時にもイエス様の助けで克服《こくふく》していきましょう」と。

二人で「愛徳修道会」を創立

ある夜、バルトロメアは喜びに満ちた手紙をカテリーナに送り、このように書き始めている。「親愛なる姉妹へ。この間、話し合ったあのことについて一行でも書かずにはおられません」。

「話し合ったあのこと」とは、バルトロメアが幾度もよく祈り、ボジオ神父にも意見を聞いた後、決心をしてカテリーナの所に行き、二人だけになり、秘密を明かすかのように優しく柔和に、しかし、確固《かっこ》たる決意《けつい》を持って話したことである。そして、内容は次のようなものであった。

「カテリーナ、私に一つの考えがあるの。その考えが昼も夜も私を離れないの、これはきっと、神様からのお勧めだと信じています。ボジオ神父様にもお話しをして確信を得ました。そして、このことはあなたと深く関係しているの。あなたの方が私よりもよく知っていますが、この街には大勢の助けを必要としている人、貧しい人がいますよね。イエス様が隣人を助けなさいと教えてくださったように、その人たちは私たちの助けを待っています。もしも私たち二人が生涯をささげて、小さな家にいっしょに住み、そしてできればお友達の何人かがいっしょになってくだされば、今よりも善いことができて、さらに良くなると思うの」と。

カテリーナは修道生活のことだと、すぐに分かった。

「バルトロメア！　あなた、目は覚めている！　夢を見ているんじゃないの！　考えてみなさいよ。そんな大それたこと、私には想像もできないわ。私には毎日の小さなことしかできないの。それに私はもう年です。私の生活の習慣もあります。でも、あなたはまだ若い。私には今、二人がしていることで十分です。お願いだから、この話はもうしないで」。

「でも、カテリーナ。もし、これが私たちへの神様のお望みだったとしたら？」。

「もし、そうだったら……もし、神様が望まれるなら、もう一度考えなければ……でも今は私、何も考えられないの、動揺《どうよう》しすぎているわ！」。

この「もし、神様が望まれるなら」と言った、カテリーナの言葉に明るい希望をもって書いた手紙だった。カテリーナは長い時間をかけて、よく祈り、考え、再度この問題に触れた時には、素朴《そぼく》に、「このことについては、私は納得《なっとく》していないのよ。でも、神様が望まれるのなら、み旨が行われますように」と答えるのだった。それからの二人は友達と言うより姉妹のようになった。

その夜、バルトロメアは、またすぐに手紙を書いて自分の思いを伝えた。「神様の栄光と隣人への善のためにあなたと共にいることを心から熱望しています。早く実現するように全力を尽くしましょう。神様のみ業の妨げになりませんように。神のみ手の中に全てをお任せして、神の栄光と隣人への善だけを求めましょう」と。

この先も、いろいろの困難はあったが、ついに、主任司祭とボジオ神父の努力で、病院の近くに小さな家を見つけることができた。後はもう、二人がそこに住むだけだった。

一八三二年十一月二十一日、家族と別れを告げ、教会でミサにあずかり、それから二人の司祭に伴われて、「小さな家」に向かい、家の片隅《かたすみ》にある小さなたんすの上に二本のろうそくを立て、聖母のご絵を飾り、二人は隣人のために生涯をささげることを誓った。聖マリアの奉献の記念日（十一月二十一日参照）だった。この日、「愛徳修道会」は創立された。その時バルトロメアは二十五歳で、才能と情熱にあふれた活動家であり、協力者であるカテリーナは四十八歳の謙遜で内気な、いくぶん臆病《おくびょう》な女性であった。二人は何事もいっしょに考え、決定し、互いを目上《めうえ》のように思い、そのように振る舞った。

次の日からは、家を整えること、生徒、孤児、病人、貧しい人たちの世話、教会の仕事、お祈りと、一日は仕事で満たされていた。夕方になり、孤児たちだけが残り、その子どもたちも眠ると、町の端にある山に囲まれた家には静寂《せいじゃく》が漂っていった。ローベレの人たちはこの家を「コンヴェンティーノ（小さな修道院）」と呼び、町にとっての祝福された家となった。

それからかすかなともし火《び》の下で、バルトロメアとカテリーナは頭を寄せ合いながら、これからの生活と奉仕活動の計画、それに修道会の会則について検討し始めたのだった。毎日こんなに多くの奉仕をどのようにして実現できたのだろうか。

あちらから助けましょう

一八三三年四月一日の朝、バルトロメアは教会での祭儀《さいぎ》が終わり、家に向かう時、体が震《ふる》えて悪寒《おかん》がした。ようやくの思いでコンヴェンティーノに帰り着き、その日から力尽きたように二度と立ち上がることができなかった。

病気のうわさはすぐにローベレの街と周辺に広がり、少女たちが次々と訪れた。見舞いと言うよりも、自分たちのことを聞いてもらうため、また、友達は助言を求めるためだった。司祭や、その他の大勢の人たちも次々と訪れた。

見舞いの人たちには、「イエス様が下さる苦しみは、いばらではありません」「主のために苦しみ、また、天国を考えるのは幸せなことですよ」「もし、私が死ぬのを恐れたら、イエス様に申し訳がありません。彼は私を救うためにたくさんのことをしてくださったのですから」と。またカテリーナには、「心配しないで。この家は神様のみ手の中にあるのよ」と力づけ、慰めた。

こうして春が過ぎ、暑い夏になった。開け放った窓からは人の声や、コンヴェンティーノのチャペルの工事の騒音が激しく耳に入ってくる。これをバルトロメアのために止めさせようとしたが、彼女はそれを制して、「工事の音を私に聞かせて。ご聖体のイエス様がこの家に来られると思うと、うれしくて喜びでいっぱいになるの」と言う。

七月二十六日、バルトロメアはやせ細って力もなく、わずかな声で別れを告げ、祈り、ベッドを囲む人たちを慰めていた。そして、ボジオ神父から病者の塗油の秘跡を受け、「主が望まれるように」とつぶやいて、十字架とマリア様のご絵を握りながら「イエス、マリア」と繰り返して、午前十時ごろ息を引き取った。二十六歳の若さであった。「聖人が亡くなった」と家から家へと伝わり、誰もが自分の一部分を失ったかのように感じたのであった。

開かれたドア

謙遜で小心なカテリーナは一人残され、バルトロメアのいない修道会はどうなるのか、困惑していた。そこへボジオ神父たちが来て、「ここに残りなさい。今こそ、あなたの神様への信仰が試される時です。そして、あなたがバルトロメアの業を続けるのが待たれる時です」と、確固として言い切られた。この言葉で、カテリーナは失望していた自分を反省し、「神様だけがこの業の主人公です。彼にお任せして、続けましょう」と、固い決意を持ったのであった。バルトロメアの亡き後、あつい信仰をもって祈りながら、見通しの暗い事業を続け、惜しみなく私財をつぎ込んだ。バルトロメアの友人たちも、貧しい人・病める人のために献身的に働きたいと、次々に入会した。カテリーナはこの事実に接し、神がコンヴェンティーノのドアを開けておくのを望んでおられることを、少しずつ悟っていった。

一八三五年に、ようやく六人の会員が集まり、この年のコレラ患者を献身的に看護した。十字架はカテリーナの生活の教科書となり、手本となった。「十字架を知る者はすべてを知り、十字架を知らない者は何も知らない」と、現実に生きる霊性神学を大切にした。また、素朴に、誠意を込めて神と人とに交わり、シスターを導いた。一八四〇年に時の教皇グレゴリオ十六世により、この修道会は正式に認可された。

新しい名前

一八四一年九月十四日は、コンヴェンティーノにとって記念すべき大きな祝日となった。

修道会が教会から公の許可を受け、正式に認められたのを祝福する祝いで、町として祝うのは異例のことだった。

ブレシャ教区長フェッラーリ司教によって荘厳ミサが挙行され、その中で九人のシスターが終生誓願を立て、新しい修道名を受けた。カテリーナはヴィンチェンツァの修道名を受け、同時に正式に院長にも任命された。実はヴィンチェンツァ・ジェローザはこの責任を自分が担うのはふさわしくないと考え、「私はもう年寄りです。神様のみ業を壊《こわ》す以外は何もできません。私にできることをして助けます。普通のシスターとして何でも喜んで協力をします」と語っていた。しかし、他のシスターたちは彼女を信頼し、この任務を託《たく》した。

ミサ後、九人のシスターに続き、六人の修練者、九人の志願者が確信と喜びに満ちたしっかりとした足取りでコンヴェンティーノに戻った。

この祭儀によって教会における新しい修道会のアイデンティティーが明確に承認された。誰もがバルトロメアの勇気と積極性がシスター・ヴィンチェンツァに受け継がれ、彼女の謙虚さとよく溶《と》け合っていると感じた。

こうして、ローベレ近辺だけでなく、教区以外の各地からシスターの希望者が増えてきた。そして、シスターたちは県外の町々の病院に派遣されて行った。シスター派遣の要請の声はますます広がり、彼女たちも喜んで出発していった。同時に院長の評判もますます高まり、トレント教区の副教区長のジャコモ神父は彼女との会見の後、その謙遜な態度を見て、「真の謙遜によって、修道会は決してなくならないでしょう」と感嘆《かんたん》していた。

シスターたちはどこへ行っても良い成果を上げ、シスター・ヴィンチェンツァはこれを喜び、便りをする時はよくこう書いた。「私たちは貧しい女性です。神様のみ手が全てを行ってくださいます」と。

一八四七年六月二十九日にシスター・ヴィンチェンツァ・ジェローザは亡くなったが、その時、この修道会はすでに二十四の修道院と二四三人の修道女を数えていた。

バルトロメア・カピタニオとカテリーナ・ジェローザによって創立された修道会は、正式には、「聖バルトロメア・カピタニオと聖ヴィンチェンツァ・ジェローザの愛徳修道会」と呼ばれるが、現在一般には、「幼き聖マリア修道会」の名で通っている。それは今から二八〇年ほど前の作と思われる一体の幼きマリア像が、ある不思議な摂理の道を通って、一九四二年、本修道会のものとなり、多くの祝福と奇跡をもたらしたからである。現在、この聖像は、ミラノにあるこの会の総本部修道院の聖堂に安置されている。創立者バルトロメア・カピタニオと創立協力者ヴィンチェンツァ・ジェローザの二人は、ともに教皇ピオ十二世によって一九五〇年五月十八日に列聖された。

ローベレから世界へ

創立者が望んだ「ひたすらカリタス（愛）に基づいて建てられた」修道会は、創立者に倣い、キリストの愛に強くひかれて深い祈りから生ずる愛の実践に心がけ、現在世界二十カ国で奉仕している。会員は「最も小さな者の一人にしたことは私にしたことである」とのイエスの言葉を信じて、病院、学校、女子寮、養護施設、老人ホーム、薬物・アルコール依存症《いぞんしょう》者の更《こう》生《せい》施設《しせつ》などを運営するとともに、少年少女教護院、刑務所の援助をし、その他、社会の必要に応じて、疎外《そがい》された人々や貧しい地域に住む人々と共に生活している。創立者同様に、小教区の教会使徒職活動の援助をも大切にしている。

日本では本部を愛知県瀬戸市に置き、聖カピタニオ女子高等学校の教育事業に献身し、小教区の活動に協力している。

富山市山王町では幼稚園などで宗教・教育事業に尽力し、小教区での奉仕活動に従事している。

修道会創立以来、これらの奉仕を通して会員たちは「全てを尽くし全てを耐え忍び、隣人の善のために血を流すまで」の愛をもって、歴史の流れの中で甘美なる贖《あがな》い主イエスのカリタス（愛）を生き続けている。

五月十八日
聖ラファエラ・マリア・ポラス修道女

（「聖心侍女修道会」の創立者）

神のみ心の中のしるし

主キリストは、「この幼子《おさなご》のように自分を低くする者が、天国でいちばん偉いのである」（マタイ18・4）とおっしゃった。このみ言葉は、今日記念する聖ラファエラが死後三十年とたたないうちに、一九五二年五月十八日、ピオ十二世教皇によって、福者の尊い位に上げられ、教会の新しい星と仰がれるようになったことで、以上のみ言葉が成就《じょうじゅ》したと言える。聖ラファエラ・マリア・ポラスによれば、「私の生涯の歴史は世の目には隠れながら、しかも大きな愛をもって、ただ神のみ心の中にのみ記していこう」との彼女自身の言葉の中に要約することができる。しかもその五十二年後にはラファエラ・マリア・ポラスが福者から最高位の聖人に上げられたことによって、その霊性と使徒職が公認されたと言える。

大地主の寛大な家系

聖ラファエラ・聖心のマリアは、日本へのペリー来航三年前の一八五〇年三月一日、スペイン南部のコルドバ市から約三十キロ離れたペトロ・アバド村で大地主の十番目の子として生まれた。そして間もなく彼女の下に三人の弟が生まれたが、弟たちは幼くして亡くなり、ラファエラは幼年時代を末《すえ》っ子として過ごした。

ラファエラの父はイルデフォンソ・ポラス・ガイタンと言い、まれに見る有徳温情《ゆうとくおんじょう》の士であった。彼はコルドバに大きな邸宅《ていたく》を有する裕福《ゆうふく》な大地主で、広い耕作地を持っていた。大勢の雇い人がポラス家を頻繁《ひんぱん》に出入りしていたが、みんなこの慈愛ぶかい主人を慈父《じふ》のように慕っていた。ポラス家は、この村の旧家として代々、家族一同寛大だったので、村民たちから尊敬されていた。特にイルデフォンソは、食糧品の倉を造り、貧困を無くす対策を貧者と共に考え、励ましながら、彼らに施しをしていた。

深い愛徳を実践する地主

当時スペインでは、青年は必ず兵役の義務があり、公平に国内から兵士を召集するのに、くじ引きで決められた。大きい数字を引けば、兵役が免除された。ペトロ・アバド村の一大工の息子は兵士への当たりくじの結果、その家族は働き手をとられ、生活は非常に苦しくなった。この大工は、当時村長をしていたイルデフォンソに、わが家の苦悩を打ち明けた。イルデフォンソは、これに同情し、ラファエラの兄の一人を見代わりに応召《おうしょう》させた。

また、彼の小作人が、その小作料を支払うことができないで死んだ時、彼は死者の額《ひたい》に十字架の印《しるし》をして、「これであなたの借金を許しましょう。神があなたをお赦しになりましたから」と言って、家督《かとく》相続人《そうぞくにん》に対して借金を全部帳消《ちょうけ》しにしてあげた。また、一八五四年、この地方にコレラが流行した際、貧しい病人たちに必要な薬品を十分与えるように薬局《やっきょく》に依頼し、その代価は彼が全部支払った上に、自ら病床を見舞い、ついに病に感染し、愛徳の犠牲者としてこの世を去った。

当時ラファエラは、たった四歳になったばかりであったが、この偉大な父が家族に与えた良い影響は、幼いラファエラの性格を作り上げるうえに大きな役割を果たした。

憐れみ深い母

ラファエラの母も、熱心な模範的なカトリック婦人であった。多くの使用人を抱えていたにもかかわらず、自ら家政《かせい》に携わり、その子女たちに、深い信仰と同時に女性としての必要な教養、礼節、技能を身に付けさせることを忘れなかった。父亡き後、ラファエラは四つ年上の姉ドロレスと、もっぱら母のひざもとで過ごし、母の趣味や思想、そして厳格な教育を受けた。ラファエラは、いつも使用人たちがポラス家の家族の一員であるかのように扱われているのを見たり、母が貧しい人々を訪ねる時、好んで同行したので、貧者への憐れみの心が自然に育てられた。家では針《はり》仕事や料理を習い、それを貧しい人々に教えることを学んだ。

貧者を世話し、子どもたちに宗教教育

七歳で初聖体を拝領し、八歳で堅信《けんしん》の秘跡を授かり、その霊魂は将来の成聖のために準備されていった。喜んで自分の意志を捨て、友達と遊ぶ時には、喜んで友達に従い、友達の望みどおりに振る舞った。身分にふさわしく上品な服装をしてはいたが、決して身を飾《かざ》ることなく、慎《つつし》みを守ることによって年頃にありがちな危険を避けた。

一八六五年、十五歳の三月二十五日、聖母マリアの祝日に終生貞潔の誓願を立て、その心も魂も生命もすべてイエス・キリストにささげた。十九歳の春、母が突如《とつじょ》心臓まひで倒れた。家庭の、温かい光であった慈母を失ったラファエラはその後、兄たちの反対を押し切って、姉ドロレスと共に村の貧しい病人の世話や子どもたちの宗教教育に熱心に働き、愛徳の実行と霊的生活を深めることに努めた。

姉ドロレスと共に修道生活へ

二十三歳の春を迎えた頃からラファエラは、純白のホスチアの中にこもっておられるイエスに対する激しい愛に燃え、人々から背かれるみ心をお慰めしたいとの望みが、彼女の中に日ごとに深まり増した。

そして一八七五年、二十五歳のラファエラは、修道生活への召命を明らかに感じ、やがて指導司祭の導きによって、なつかしいわが家を出て、姉ドロレスと共にコルドバにある「償いのマリア修道女会」に入会した。その後二人は有力な指導者を病気で失い、危機に瀕《ひん》していた。

「聖心侍女修道会」の誕生

これを救ったのが霊的指導司祭のホセ・ホアキン・コタリニヤ師であった。一八七七年、二人はこの司祭に力づけられ、スペインの首都マドリードで、「イエスの聖心の償い会」（後の聖心侍女修道会）を創立した。

この会の名前は次の福音からのヒントであった。「マリアは答えた、『わたしは主のはしためです。お言葉どおり、この身になりますように』」（ルカ1・38）、と神のみ言葉に応え、救世のみ業の協力者となられたおとめ聖マリアを最初に保護者と仰ぎ、その聖徳と使命にあやかるべく命名されたのである。ラファエラが自分の修道名を、「イエスの聖心のマリア」と改めたのも、ここに、その意があったと思われる。

清貧の修道生活

当時の修道院は六、七人の家族が住む質素な平屋建《ひらやだ》てで、そこに十六人の会員が住み、休むためには二枚の敷き布団と若干のかんな屑《くず》しかなかった。この敷き布団は昼間は、いす代用となり、足りない時はトランクを使用した。ある時、侯爵《こうしやく》夫人が招かれたが、その時、「どうぞご自分のいすをご持参《じさん》くださるようお願いいたします。そのような物は、ここには全くありませんから」と言われたという。その他の物についても同様で、食器の不足のため、食事は交代でしたのであった。六月八日、聖心の大祝日にラファエラは姉と共に誓願を立てた。

聖体布の聖体断片で聖体訪問

この初誓願日の正午頃であった。まだ、会は聖体に奉仕する許可を得ていなかったが、ミサの後、イエスご自身が聖体布の上に残られたのである。香部屋係がこれを見つけたが、司祭が遠くに住んでいたため、さっそく、院長ラファエラ・聖心のマリアは、それを祭壇に安置し、ろうそくをともし、翌朝まで一同交代で礼拝した。これが新修道会の聖体礼拝を行った最初の日であり、聖心侍女にとって大きな喜びの日だった。

歩行困難な人を歩かせる

その後司祭は、一層の注意を払ったにもかかわらず、立誓願の度《たび》ごとに、イエスは聖体布かカリスにお残りになった。これは修道会が聖体を安置《あんち》し、礼拝する許可を得てからは、ぴったりとやんでしまった。

さらに創立者に対して、一層の尊敬と愛慕《あいぼ》を抱《いだ》かせる一つの奇跡が起きた。一人の修道女がひどい神経まひにかかって歩くことができなくなっていたが、ラファエラ・聖心のマリアが彼女の腕を取り、「きょうこそ歩けるようになって会のために働けるようにならなければなりません。もし、あなたに信仰と従順の精神がありましたら、必ずできます。いま私は、聖なる従順によって命じましょう。さあ、歩いてごらんなさい」と言うと、その病人は、「はい、どうぞ私にそうお命じになり、そのお手をお離《はな》しくださいませ」と答えた。その瞬間、今まで支えなしに立つことのできなかった病人が、一人ですくっと立ち、しかも自分で二歩、三歩と歩き出した。そして、全身の痛み、不随《ふずい》がすっかり取り去られているのに気づいた。

総長としてのラファエラ

その後、この修道会に志願者が相次いで入会し、会員が増加するとともに、一方、分院の設立を求めてくる者も多く、断ることを余儀なくされたことも三十年に及んだ。いまや会は、会憲も事業も完全に整い、堅実なものとなった。

やがて一八八七年、ラファエラ・聖心のマリアは、満場一致で総長に選ばれた。総長としての彼女は、イエスの聖心の諸徳の輝きであり、その成聖の特徴とも言うべきものは、「最大限度の仕事に最大限度の熱心な超自然的生活を合わせ営んだ」ことであった。

さて、ラファエラ・聖心のマリアが経験した最も深刻な困難の一つは、会の経済的混乱であった。総会計係の不手際《ふてぎわ》で、運営方法が不当と認められ、総会長ラファエラも共同責任を負い、いっさいの非難に対して、ただ黙々《もくもく》と自分の十字架を背負って歩いた。

謙虚な晩年

そして一八九三年、四十三歳になったラファエラは肉体の衰えを感じ、これ以上重い責任を引き受けるのは無理だと悟り、総長の職位を姉ドロレスに譲《ゆず》った。以後は一修道女としてローマで働いた。ある時、主は彼女の深い謙遜をたたえて、一つの不思議を行われた。すなわち、世界大戦の間、ローマで食糧難に飢えていた時、修道院では二回に分かれて食事をすることになっていたが、ある日、第二次食卓の準備を手伝っていたラファエラ・聖心のマリアは、かごの中にごくわずかしかパンが残っていないのを見て、食糧倉庫に出かけて行った。ところがその日は、パンは食料倉庫には少しも残っていないと注意され、途中から食堂にひき返したが、その時、かごの中にはパンがいっぱい入っていた。

ご聖体への信心

ラファエラ・聖心のマリアは、ご聖体に対する信心が特にあつかった。聖レオは、「聖体拝領によってイエス・キリストの御体と御血は、私たちをイエスご自身に変えてしまうのである」と言う。聖体のうちにましますイエスに対するラファエラ・聖心のマリアの熱望は、日ましに激増《げきぞう》していった。聖体拝領とともに、聖体のみ前における礼拝は彼女には何よりも大切な尊い時間であった。彼女は、聖体のみ前における長時間の礼拝によって両ひざに膿傷《うみきず》を患い、それは脚《あし》の上部に広がり、たびたびの手術にその痛みはますますひどく、医師は、「こんなに苦しまれるなら、亡くなられたほうがましだ」ともらすほどだった。それは八年間続いたが、その間、苦痛を軽くすることは一度も願わず、あくまで修道生活の共同行事に携わった。

床に就いている時も、ベッドのそばには常に針仕事のかごを置き、少しでも痛みが和らぐと、その仕事を手に取って針を動かしていた。「聖体拝領こそ、苦痛を忍ぶためにいちばん大きな力です」と彼女は歩ける間は自ら聖堂に行き、ミサにあずかり、その後、その魂の唯一の光であられる聖体のみ前での礼拝を続けた。

まったく起きることができなくなってからは、長上の細やかな配慮により、礼拝堂の隣室に移り、そこからミサにあずかり、死に至るまで礼拝を続けた。ラファエラ・聖心のマリアは、ついに一九二五年一月六日、満七十五歳を目前に、主の公現の祭日に神のみもとに召された。一九五二年五月十八日に教皇ピオ十二世から福者の列に加えられ、一九七七年一月二十三日に教皇パウロ六世によって列聖された。

一粒の麦から世界宣教へ

地に落ちた一粒の麦から多くの収穫を得るように、この「聖心侍女修道会」創立者ラファエラ・聖心のマリアの祈りと犠牲の生涯は、豊かな実を結び、今日この修道会は西欧、南北アメリカ、アフリカ、アジア各地に修道院を持ち、聖体祭儀において永続している贖《あがな》いの秘義に交わることによって、キリストの愛に愛をもって応え、各種の学校、黙想の家、その他の事業によって神の光栄と人々の救霊のために貢献している。

日本には「聖心侍女修道会」は一九三四（昭和九）年に渡来し、東京・鎌倉・長野・名古屋において幼稚園から大学（東京・五反田の清泉女子大学）までの学校教育によって人々を神との出会いに導いている。また祈りの場を提供し、弱者と連帯する活動を行い、貧困・抑圧などに苦しむ人々の要請に応え、キリストによる社会の内的革新を目指している。

五月二十日
聖ベルナルディノ（シエナ）司祭

十五世紀の民衆説教家

十四世紀以来イタリアから始まった人文主義運動は、ルネサンス（文芸復興）の名のもとに中世紀的束縛からの人間解放を叫び、ギリシア、ローマの古典文学、美術、科学において個我《こが》を発見し、自由に発揮《はっき》しようとして極端な人間中心主義に走った。これを是正《ぜせい》し、よりよく開拓された自然の上に超自然を築こうとしていた人たちも少なくなかった。

聖ベルナルディノは、十五世紀の民衆説教家としてイタリアを初め各国にその名を馳《は》せた。彼の説教は意味深長《しんちょう》で分かりやすく、しかも新鮮な話しぶりで人を感動させた。また模範をもって大衆の道徳を高め、党派争いを調停《ちょうてい》し、聖母、聖ヨセフ、ことにイエスのみ名に対する信心を広めた。

快活で冗談《じょうだん》が好き

ベルナルディノは、一三八〇年九月八日、イタリアのシエナに近いマッサ・マリティマの貴族の子に生まれた。三歳で母を、七歳でマッサ市の市長であった父を失ったので、シエナに移住し、おもに信心深い叔母《おば》の手で育てられ、幼い時から神や聖母を敬い、人に対して愛情深かった。十一歳になるとシエナ市の叔父《おじ》のもとに寄宿して一三九六年十六歳から三年間シエナ大学で教会法を学んだ。この頃、サンタ・マリア・デッラ・スカーラのむち打ち行者《ぎょうじゃ》の会に参加した。

冗談が好きで快活な彼は、下品な話を嫌い、誰かが汚い言葉を口にすれば、遠慮なくこれをとがめた。そのため友達は、少なくとも彼の前では言行《げんこう》を慎《つつし》んだと言われている。彼が潔白を愛したおもな原因は、聖母マリアを深く尊敬し、愛していたからに他ならない。これについて次の話が伝わっている。

美しい人とあいびき？

当時、シエナ市のカモリア門に美しい天の女王の聖母像が飾ってあった。ベルナルディノ青年は、これが気に入り、暇さえあればそこへ行って、祈りや黙想をしていた。ところがそうとは知らぬ叔母は、ベルナルディノの頻繁《ひんぱん》な外出を不審《ふしん》に思い、その行き先を尋ねると、「とても美しい人に会いに行くのです」との返事。いよいよ心配になった叔母は、翌日ひそかに彼の後をつけていくと、門のそばの石の祠《ほこら》の中にその姿が消えた。さては、と様子をうかがっていると、予期した怪《あや》しい女性は現れず、ただ、例の聖母像の前でベルナルディノが一人、祈りにふけっているのであった。彼の言った絶世の美人とは聖母のことであったのかと、叔母は安心し、いまさらのようにその信心に感心した。

青年ベルナルディノは、隣人愛にもすぐれていた。デ・ラ・スカラ病院にあった看護人の信心会に入会し、たびたび病人を見舞い、一四〇〇年、ペストが流行した時には命がけで四カ月間、患者の看護に当たった。

説教行脚《あんぎゃ》

一四〇二年、二十二歳のベルナルディノは「フランシスコ会」の原会則派に加わり、シエナ南部のアミアータ山のコロンバイオ修道院に入った。聖母を崇敬するあまり、彼は長上の許可を得て、着衣式、誓願式、一四〇四年の司祭叙階後の初ミサも、すべて九月八日の聖母マリアのご誕生の祝日を選んだ。

司祭叙階後、最初の年月は聖書や修徳神学の勉学にささげ、一四〇五年頃よりイタリア中部から北部にかけて説教して巡った。これは学識、弁舌《べんぜつ》ともにすぐれた彼には適任《てきにん》だった。ただ一つの難点は、喉の病気で声量が乏《とぼ》しいことだった。しかし聖母にこれを訴え、「聖母マリア、私の喉の病気を癒やしたまえ」と祈ったところ、たちまち朗々《ろうろう》たる声が出るようになったという。

しかし一四一一年にベルナルディノはペストに感染し、生死をさ迷ったが、なんとか生き残り、以後三年間瞑想《めいそう》に没頭《ぼっとう》し、聖フランシスコ会内の清貧をめぐる対立の調停《ちょうてい》に努めた。それから説教行脚を再開した。

ベルナルディノの説教は、具体的で、ただ人を感動させるだけでなく、人々の風俗《ふうぞく》を改善させ、至る所にイエスのみ名、聖母、聖ヨセフに対する信心や慈善事業を起こさせた。彼がばくちの罪悪を説けば、人々は素直《すなお》に家からさいころやカルタを持って来て、これを火に投じた。

また、二つの党派に分裂した家族があった。その時、彼はこう説明した。「おお、党派とは何ですか？……知っていますか？……これらとこれらを分けることです」。「愛徳とは何ですか？……一つと、もう一つとを結び合わせることです」。当時しばしば、グエルフィ党とギベッリーニ党と呼ばれていた党派に分かれていた。その人たちに対してベルナルディノは、こう言った。「これのことはすべて大罪です。また、このようなグエルフィ党やギベッリーニ党も悪魔の餌食《えじき》となり、滅び去りますよ」と。

とりわけ一四二四年から翌年にかけてのシエナでの四旬節の説教は有名で、商人たちの義務と社会的有用性や、結婚と家族の倫理を説き、さらに「イエスのみ名」（一月三日参照）を崇《あが》め、その遺徳に倣うよう説いた。また彼が説教した場所を示すモノグラム（氏名の頭文字など二つ以上の文字を組み合わせて図案化したもの）としてイタリア各地にIHS（JHS）が発見されているが、それは「人々の救い主イエス」という意味である。

そのうち二、三の教区から司教推薦《すいせん》の話も出たが、彼は固く辞退《じたい》してこれを受けず、終生説教師の地位に甘んじた。その他、数多くの信心書を著したり、自分の属する「フランシスコ会」内の戒律厳守を勧めたりした。一四四四年、ナポリでの説教後、アクイラへ赴《おもむ》き、そこで病《やまい》に倒れ、「フランシスコ会」の修道院で六十四歳の聖なる生涯を閉じた。死去から六年後の一四五〇年五月二十四日、教皇ニコラオ五世（在位一四四七―五五年）によって列聖された。

五月二十一日
聖クリストバル・マガヤネス司祭と同志殉教者

クリストバル・マガヤネスは一八六九年七月三十日、メキシコのテオカルティケ（ジャリスコ）で生まれた。一八九九年司祭に叙階され、熱心な主任司祭となり、神学校の創立者となった。メキシコ政府によるカトリック教会への厳しい迫害によって、五十七歳の司祭クリストバルと二十四人の同志と共に一九二七年五月二十五日に銃殺された。彼らは反キリスト教的な政府に対抗して生まれた「クリステロス」と呼ばれる運動の同志であった。二〇〇〇年五月二十一日に教皇ヨハネ・パウロ二世によって列聖された。

二十世紀メキシコにおける迫害の背景

十六世紀のメキシコ先住民はスペイン軍からの征服によって半ば強制的にカトリックへ改宗させられた。一八七六年にディアスが政権を掌握《しょうあく》すると、一九一一年まで独裁体制を敷き、外国資本を導入し、地主を優遇して経済成長をもたらすが、その反面、貧富の差を拡大させ、外国資本の支配を強めた。その結果、民主化を求める声が高まる一方、教会や修道会は繁栄し、聖職者と信徒数は増加し、典礼祭儀は盛んに行われた。

しかし、ディアス政権へ不満を募らせた知識人や新興資本家層により、一九一〇年、メキシコ革命が始まった。一九一二年二月に、革命憲法が制定されると、農地改革、外国資産の国有化、政教分離による初等教育の世俗化、聖職者による学校教育が禁止され、約二千のカトリック学校が閉鎖された。なお国家が指定した聖堂以外での宗教活動が禁止され、独身・修道者の身分と誓願・聖堂以外の礼拝と聖職者の服装や記章などが禁止された。

聖堂や教会所有地が国有化され、修道会の財産所有が禁止された。さらにメキシコ政府は

国公立学校で教育されたメキシコ人だけを司祭へ叙階する許可を与え、彼らから公民権や参政権を奪い、司祭の数を減らすなど反カトリック革命へと進展した。

それに宗教新聞や聖職者による公共的、国家的出来事に対する批判を禁じ、教会の結婚法を拒否した。一九一四年には、すべての司教がその司教区から追放・逮捕され、逃亡した。一九一七年には数百人の司祭と数千人の修道女とが追放された。

一九二四年、メキシコ大統領となったカリエス（在職、一九二四―二八年）は三万人の革命家とフリーメーソンを率い、カトリック教会打倒の闘争を始めた。一九二六年二月二日、ピオ十一世はメキシコ諸司教に書簡を送り、迫害に苦しむカトリック信徒を励まし慰めた。これに応えて一九二六年四月二十一日に、メキシコの司教三十一人が迫害に反対し、憲法改正を要求した教書を発表した。

しかし、カリエスは司教たちの要求に耳を貸すどころか、カトリックの教会や宗教施設の閉鎖を命じ、聖職者による司牧活動やカトリック学校での宗教授業を禁じ、さらに宗教祭儀に使う建造物を国有財産とした。このような弾圧に対してカトリック信者は、「クリステロス」と呼ばれる民兵団を結成した。これに五万人が結集して「メキシコの王キリスト」のために政府軍に抵抗した。この運動で司祭と修道者の犠牲者が七十八人にも及んだ。特に一九二七年に殉教した二十五人が列聖されたのである。

教会と政府が関係改善へ

教会と政府とが関係改善へ向かいだしたのは、第二次大戦中に発足したカマチョ（在職、一九四〇―四六年）政権によってである。一九五三年のメキシコ司教協議会の発足や一九六八年のラテン・アメリカ司教協議会連盟のメデリン会議の打ち出した弱者優先により、種々の開発援助、食糧・保健・教育への援助が強化された。

一九八八年、大統領に就任したサリナス・デ・ゴルタリ政権下では、メキシコの近代化が進み、国家と教会の関係も変化が生じた。一九九二年一月二十八日付大統領令により、メキシコ憲法の反教会主義条項を改正した。この結果、教会は法人として認められ、固有財産の所有が認められた。また、メキシコ人聖職者は選挙権や政府を批判する権利、税の免除などが保障された。これによってバチカンとの外交関係を結ぶ前提条件が満たされ、一九九二年九月二十一日に教皇庁はメキシコとの外交関係の完全回復を宣言した。

五月二十二日

聖リタ（カシャ）修道女

両親に従って結婚

リタは、一三八一年にイタリア中部のウンブリア州のロッカ・ポレーナ村に生まれた。両親が高齢になってから生まれたので、神からいただいた賜物として、両親は大切に育てた。リタは、カシャにあった「聖アウグスチノ修道会」の女子修道院に入ることを夢見ていたが、両親が決めた青年パオロ・フェルディナンドに嫁ぎ、双子を生んだ。リタは夫の激しい性格に苦しみ、祈りによって家庭生活を支えた。夫は、リタのすることなすことにいちいち文句をつけ、不平を言うようになった。それからしばらくすると、リタを家に一人おいて外泊し、時たま帰って来ると文句を言い、叱りつけ、時には殴《なぐ》りつけた。リタが彼と結婚するのを承知したのは、それが神のみ旨であると、両親から説き伏せられたからだった。だからなおさら、リタには彼の扱いが耐えがたかった。「できるだけ努力してみなければならない」とリタは自分に言いきかせ、結婚の秘跡からの恵みを、熱心に神に願った。

リタは、夫の気持ちを知り、忍耐を知るようになった。そして間もなく夫に対して、どんな時に黙り、どんな時にどんなことを話してよいかも分かるようになった。十八年もの長い間、リタは、夫と二人の子のために、できるだけ幸せな家庭をつくることに専念した。リタにとっていちばんつらかったのは、二人の子が、夫のやり方を学び、夫のように成長していくのを見ることだった。しかしリタの感化は子どもたちにも及んでいた。夫にもそうだった。

夫の改心

やがて、その夫が、完全に心を改める日が来た。「リタ、私には、自分でもよく分からないよ。なぜ、おまえに対して、あんなにむごい仕打ちをしたのか。今から思うと、本当に穴があったら入りたいくらいだ」と夫は言うようになった。「私は、告白にも行ってきたし、もうすっかり心を入れかえた。これからは、決して前のようなことはしない」と。彼の改心は、本物だった。リタの生活には、陽《ひ》がさし始めた。リタは、今になってやっと、愛する伴侶と家庭の喜びに満ち満ちた日を送れるようになった。夫パオロ・フェルディナンドはリタの情け深さと限りない忍耐の感化を受けて、生来の怒りっぽさを自分で抑えようとするほどに人が変わっていた。怒って当たり散らしたくなると、彼はリタの心を傷つけるよりは、むしろ家から出ていくのであった。二人の息子も父親の粗暴《そぼう》な性質を受け継《つ》いでいたが、リタは優しいながらも心《しん》の強さで巧みに彼らを導いていった。

リタの家は祈りと弱者の避難所

そのうえ、ロッカ・ポレーナにある家は貧者や悩める人の避難所でもあった。と言うのは、リタは他人の悩みを言葉で慰める才能をもっていたからである。リタは修道院の生活にあこがれていたが、神のみ心は家庭に奉仕することにあったので、それをあきらめなければならなかった。しかし自室に引きこもって霊的修練を行うことまでも断念したわけではなく、そのような時、リタには狭苦しい四方の壁が天国に向かって開くかのように思われた。

正午も過ぎた頃、騒がしい人声が小路《こうじ》の方からリタの部屋まで聞こえてきた。遊んでいる子どもの声ではなかった。ふだんは家の前をそうした騒がしい声が行ったり来たりしていた。今は違う。大勢の叫び声が嵐のように家の中に侵入してきた。戸口を叩く音がする。

リタはしっかりした足どりで戸口へ行き、ドアを開ける。人のいい隣のおじさんが戸口にいたのは救われた気持ちであったが、その後ろに小路いっぱい、男や女や子どもが首を伸ばしてこちらをのぞき込んでいるのは異様な感じであった。「お気の毒なことです」、隣のおじさんが、そう言いながらリタを玄関に押し戻し、自分も中へ入って、ごつい手でドアをそっと閉めた。「気の毒にねえ」、戸外の人々が口をそろえて言った。

夫が殺害される

実はリタの夫が、町を二分する政党の争いに巻き込まれた暴力を受け、殺害されたのである。「気を失いはしないかねえ」。「あんなに仲良くやっていたのだからねえ」。「仕返ししなくっちゃならねえ」、一人の男が叫んだ。家の中では、親切な隣人が気を失ったリタを介抱《かいほう》していた。やがて彼女は気が付き、黒い輝く瞳《ひとみ》を大きく開けた。

日本では幕末に近い文化十四（一八一七）年、二人の武士が酒を酌《く》み交わしている間に口論となり、一人が刀を抜いて新発田《しばた》藩の久米《くめ》という武士を斬り殺した。その武士には息子二人と娘二人が遺された。長男幸太郎はまだ七歳。亡き父の仇討《あだう》ちを夢見て修業十年、十七歳にして仇討ちの旅に出た。当時仇討ちの成功率は約一パーセント。仇討ちの旅に出てから三十年目の艱難辛苦《かんなんしんく》の末に、安政四（一八五七）年、牡鹿郡（現、宮城県）祝田浜（現、石巻市渡波祝田）において、父の仇敵《きゅうてき》、滝沢休右衛門を捜し当て、事件発生から四十一年目に討ち果たした。この仇討ちが世間の評判となり、久米は町奉行にまで昇進したが、何しろ仇討ち一本で半生涯を過ごしたため、視野が狭く、住民の心を理解できず、辞職に追い込まれたという。

仇討ちよりも許しを

しかしリタの場合は仇討ちとは正反対、主キリストに倣って敵をも許すことであった。フェルディナンドの死体は、仕事帰りの労働者に見つけられた。犯人は、まだ分からなかった。リタは、気を失わんばかりに驚き悲しんだ。「あんなに良い人になったのに、こんなに早く死んでしまうなんて……」と、リタはすすり泣いた。カシャにある聖マリア教会へと行列が続いていた。故人となったパオロを先頭にして。教会の鐘がなった。墓穴の棺の上ににぶい音を立てて土くれが投げられた。リタは息子二人にはさまれて立っていた。

ようやく今、隣のおじさんが、ロッカ・ポレーナ村の住民が村ぐるみで復讐《ふくしゅう》すると言っていた言葉に気がついた。野辺《のべ》の送りをすませてから、話題は復讐と裁判のことばかりだった。若い息子たちは、犯人を捜し出して殺してやると誓った。リタは「復讐は神様のなさることです」、と言うのが精いっぱいであった。リタは息子を呼んで言いきかせたが、彼らは、言うことをきかなかった。「そうするのは、ぼくらの義務です。相手を殺して仇を討たねば、ぼくらの名誉は戻らないのです」。

イタリアの十五世紀の青年たちは、決闘《けっとう》を名誉ある風習と考えていた。母は、張り裂けんばかりの心で神に祈り、彼らが事を起こす前に、この世から去らせてくださいと願った。男たちは怒ったスズメバチのように夜間もいとわず山狩りをした。パオロを殺した犯人が山に潜んでいると確信したからであった。「なあに、飢えた狼だから、そのうち必ずこっちの網にかかるさ！」。年上《としうえ》の息子が言った。「そしたら目には目を、歯には歯をだ！」。弟が言った。

「奴《やつ》をつかまえるのは時間の問題だ。四方から包囲されているのだから……」。兄のパオロが弟のジャコモにそう言った。犯人は山の中腹に洞窟《どうくつ》を見つけていた。自分が捜し出されるのは間もない、と思っていた。夜もおちおち眠れなかった。彼は以前にはたくましい男であったが、今は痩《や》せこけ、血色の悪い顔で、ひげが伸び放題に伸びていた。最近はほとんど何も食べていなかったので、気を失うように一瞬眠り込んでしまっていた。

リタは夫を殺した犯人を諭《さと》す

深夜にリタは明かりを携帯《けいたい》し、夫を殺した殺人犯を捜しに山に入った。身をかがめて洞窟へ入り、明かりを掲げて犯人の顔をのぞきこんだ。彼女は道すがらずっと、天使がお守りくださるよう神様にお祈りした。折からの豪雨《ごうう》と星の明かりのない闇が幸いしたので、眠っていた犯人は寝返りを打ちながら呻《うめ》いていた。「神様、あなたの限りない慈愛の力を私にお与えください！」。リタはささやくように言った。それから震えながら手を差し伸ばし、犯人の肩に触ってみた。「起きなさい！」。彼女は大きい声で言った、「起きなさい！怖《こわ》がることはありません！」。彼は叫び声を上げて目をさまし、びっくりして自分の目の前にいるマントを着た女を見た。リタの手は、まだ彼の肩にのっていた。「怖《こわ》がらなくてもいいのですよ！」。リタは繰り返して言った。リタの声には、その男を黙らせて、足元に控えさせる威厳のようなものがあった。彼はパオロ・フェルディナンドの奥さんだとすぐ分かった。そして犯人は己《おのれ》を救うためにはリタを絞め殺さねばならないと考えた。にもかかわらず、彼は地面に横たわったままであった。

そして彼は、リタが自分に話しかけているのを聞いていた。リタは息子たちを用事にかこつけて遠くへ送り出し、数日間帰宅させないようにしていた。息子たちは、自分たちの代わりに村の男たちが犯人の逃亡を防いでくれるだろうとは思っていたが、しぶしぶ母親の言うことを聞いた。

リタは犯人を説得して自分の家に連れ帰った。犯人は疲れ果てて、まる一日ぐっすり寝た。リタは彼のために自分の部屋を明け渡していた。彼の寝床《ねどこ》は十字架の真下であった。彼はあの夜、自分の身の上に何が起こったのか、依然《いぜん》として理解できなかった。彼は今までこの婦人の言うがまま、ただ犬のように従っていたのだった。その婦人の偉大さは、想像もつかなかった。

夕方リタは、彼を起こした。リタは両手で食事を盛った木製の鉢《はち》を運んで来た。彼の寝床の近くの三脚椅子にリタは腰かけていた。「ここを出なければなりません」とリタは言った、「ロッカ・ポレーナ村の男たちは、私があなたを引き取ったので、復讐することをやめました。それでも、あなたは出て行かなければなりません」。リタの好意は、この男には気味が悪かった。

「あなたは今夜ウンブリアの平地へ、それからさらに遠くへ逃げて行きなさい。あなたに馬を貸してあげます、それからなんでも必要な物を。早く逃げてください」。「息子さんたちのためにですか？」と、その男は言った。「私たちすべての霊魂の救いのためです！」と、リタは言った。その男は鉢の食べ物を半分残したまま、それを床に置いた。「でも、これだけは信じてください、奥さん。あなたの親切は私のナイフが旦那さんを刺した以上に、私の心に鋭く突き刺さりました」。

「私はいつもあなたのために祈っています。神様があなたをお赦しくださいますようにとね」。リタは立ち上がっていた。しかし彼女が、彼の額《ひたい》に十字架の印《しるし》をしようとすると、その十字架の印を彼は避けた。「私の心に触れてください」。彼はリタの足元にひざまずいて頼んだ。そしてリタは彼の胸に手を当てた。翌朝、殺人者はら馬に乗って去った。

二人の息子は病死

リタは自室に引きこもって、帰ってくる息子たちをどのように説得すべきか考えた。血の復讐という目に見えぬおきてが息子たちの心の底にこびりついていて、リタの貧弱な言葉では、彼らの考えを変えさせることはできないと思われた。

まなざしを十字架の方に向け、大きな声できっぱりと言うのであった。「主よ、私の息子たちをお召しください。あなたのみ心のもとへ、あなたの栄光の中へ、息子たちが人殺しの仲間入りをする前に！」。殺人事件があってから一年もたたないうちに、二人の息子は病気にかかり、犯人を許し、病者の塗油の秘跡を受けて、神の恵みのうちにこの世を去った。

三十歳のリタ、修道生活に入る

リタは、今や独りぼっちとなった。ほんの短い間に、彼女は、両親、夫、子どもと、みんな失ってしまった。その孤独の中で、リタは神に向き、初めに抱いていた修道院に入る望みを実現したいと思い始めた。彼女はまだ三十歳、若くもあり、金持ちでもあったが、二度と結婚するつもりはなかった。そこで、カシャの近くの町のサンタ・マリア・マグダレナ修道院に行って、会に入れてくれるよう頼んだ。「私たちの会では、寡婦の方を入れないことになっていますので」と院長は答えた。「あなたの場合は例外ということになりますから、シスターの皆さんに相談してみなければなりません」。一週間後、もう一度訪ねてくるように、と院長は言った。

会員が集まって会議した後、結局、今までの習慣を破らないことにしようと決まった。その結果を聞きに来たリタに向かって、院長は、入会できないことを告げた。「個人的に、あなたに対してどうというのではありません。でも、私たちの会では、今まで寡婦の方を入れないことになっていますので」、と院長は優しく言った。しかし、リタは、この会に入ることが、自分の道だと確信していたので、しばらくして、またその会を訪れて入会を願った。「どうしても、それはできません」との返事だった。

そこで、リタは、自分の保護の聖人であるトレンティノの聖ニコラス、洗礼者聖ヨハネ、聖アウグスチヌスにこい願った。返事は不思議な方法でやってきた。ある夜、リタの部屋のドアを叩く者がいるので開いてみると、その三人の聖人が立っていて、こう言った。「私たちについていらっしゃい」。リタは夢を見ているのではないかと思ったが、三人の言うままに、その後に従った。彼らは、すべるように何キロもの道を歩き、いつの間にか、サンタ・マリア・マグダレナ修道院の門前に着いていた。「この方たちが、院長様にとりなしてくださるのだろうか」、と彼女は思った。しかし、彼らは、扉も開かずに門を通り抜け、修道院聖堂に入っていた。驚いたことには、リタ自身も同じようにしていた。

「あなたの場合は、不可能なことが行われたのです」と三人は言って、姿を消した。その朝、シスターたちは、聖堂の中で祈っているリタを見て大いに驚いた。そして話の一部始終を聞いて、リタを会に入れねばならないと感じた。志願者としての何カ月かの間、リタは、きわめて謙遜で従順だった。そのうえ、朗らかで幸せそうで、修道院内の仕事をうれしそうに手伝うのだった。

経験を生かした模範的修道生活

シスターたちは、リタが、特に神に祝福されて、自分たちのメンバーに加わった人だと知るようになった。修道女になってからは、他のシスターと共に、町の貧者や病人を助けに出た。リタが今まで過ごしてきた長い苦しい年月、家を楽しくしようとあらゆる努力を試み、夫が言ったりしたりする不愉快なことを耐え忍んだその長い年月は、リタに、不和を収める方法を学ばせていた。だから家庭内の不和がある所では、彼女の忠告が喜ばれ、そのとおりにすると、必ず幸福になるのであった。しかも、リタの祈りによって、回心する者が多く、多くの病人が奇跡的に治った。

主の受難の茨《いばら》のとげがリタの額《ひたい》に

ある日リタは、主のご受難について話すフランシスコ会員ヤコブ説教師が、「キリストの苦しみが無駄になっているのを見るくらい、悲しいことはありません。多くの人が、その言葉を聞かないのです。思い出してください」と言うのを聞いた。

聖書に、「むしろ、キリストの苦しみにあずかればあずかるほど、喜びなさい。それは、キリストの栄光が現れるとき、あなた方が喜び躍るためです」（一ペトロ4・13）と記されている。

この言葉は、深くリタの心を打った。ヤコブ説教師は、また、こう続けた。「このカシャの町にも、たしかに、この言葉を受け入れる人があるはずです。少なくとも、主の茨《いばら》の冠《かんむり》の、そのとげの一つでも受けようと決心している人が！」。リタは、うなずいた。「ああ、私を、その人にしてください！」と彼女は祈った。

修道院に帰ってから、彼女は十字架像の前にひざまずいて、再びその願いを繰り返した。するとその時、キリストの十字架像の茨の冠から、一本のとげが、リタの額に突き刺さったように見えた。それからリタは、この額の傷の痛みにどんなに苦しんだことだろう。醜《みにく》く痛ましいその傷のために、リタは人目を避け、一室に閉じこもって時を過ごすことが多くなった。罪人の回心のために、主と共に祈りながら。

一四五〇年の聖年に、リタはローマに巡礼しようと思い立った。「喜んで行かせてあげたいのですが、額の傷が、そんなに悪いようでは……」と院長は許可をためらった。「神様が、この傷を隠してくださったら、巡礼を許してくださいますか?」とリタは尋ねた。「もちろんですとも！」と院長は答えた。

そこでリタは、神にそのことを願い、聞き入れられた。彼女は深い信心を込めてローマ巡礼を果たし、リタに会った人々は、その信心に感動し、そして、リタの聖徳のうわさは、広く、遠く、広まった。カシャに帰ってくると、ふたたび傷は外に現れ、以前よりもひどい痛みを伴った。しかし、リタは、その苦痛を神にささげ、リタに祈りを頼む人々のために、祈り続けた。この傷は十五年間もリタを苦しめた。

芳香《ほうこう》が漂う遺体

生涯の最後の四年間は寝たきりとなったが、忍耐と明るい性格によって姉妹たちと訪れる人々を支え、一四五七年の五月二十二日、七十六年の生涯を閉じた。死んだ時、額の傷は、もうほとんど治っていて、そこから、えも言われぬ芳香が漂っていた。今も、カシャにあるサンタ・マリア・マグダレナ修道院の墓所で祈る人々は、その美しい香りに気づく。その墓に眠る彼女の遺体は、いまだに腐敗せず、人々の信心をかきたてている。一六二七年、ローマで教皇ウルバノ八世（在位一六二三—四四年）から列福され、一九〇〇年五月二十四日、ローマで教皇レオ十三世（在位一八七八—一九〇三年）から列聖された。

五月二十二日

聖ホアキナ・デ・ベドゥルナ修道女

（「愛徳カルメル修道女会」の創立者）

「主よ、お話しください。あなたの僕《しもべ》は聞いております」。

「お話しください。あなたの僕は聞いております」（サムエル上3・10）。聖女ホアキナは、旧約の預言者サムエルと同じく神と絶え間なく対話し、十九世紀のフランス革命の影響で反宗教思想が盛えた時代に、教会と社会が直面していた必要に敏感に応え、「神と兄弟である人々に仕えたい」という熱意を、キリスト教教育と医療福祉の使徒職によって具体化した。その目的は、祈りによる神との一致と、素朴で明るい家庭的な共同生活のうちに福音的勧告を生きる力をくみつつ、必要に迫られている人々を助け、共に歩みながら、すべての人々を救いに導くことであった。

悪い考えを退け、キリストの受難を思う

聖ホアキナ・デ・ベドゥルナは、一七八三年、スペインはカタルーニャ州の都市バルセロナの裕福な貴族の家に八人兄弟の五番目に生まれた。父は裁判所の公証人《こうしょうにん》を務め、母は気高く、勤勉で、ともに信心深かった。ホアキナは母のひざもとで育てられながら、家庭教師や乳母《うば》には、自分の守護の天使にでもするように素直に従っていた。七歳になったある日、一生懸命に編み物をしているところを両親の知人である一司祭に見られて、ほめられた。小さいホアキナは心の中で次のような反省をして、後で母親に告げた。「私は、どうしても一生懸命働かなければならないのね。そう

しなければ、あの神父様がおっしゃったことはうそになってしまうでしょう。そして責任は私にあるのですもの……」。

母はホアキナがいつも深い祈りをしているのを見て、どうしてそんなことができるのか尋ねてみた。ホアキナはこう答えるのであった。「お母さま、私がしていることは誰にもできることよ。お庭で雑草を抜く時には、神様、私の心の中から悪い考えをみんな取ってくださいませ、とお願いするの。それから布地《ぬのじ》に針を刺す時や刺繍《ししゅう》をする時には、優しいイエス様の頭にかぶされた茨の冠のことを考えるの。お母さまもそうなさったら、きっと良い黙想がおできになると思うわ」。

祝福の結婚生活

十二歳の時、バルセロナの観想カルメル会修道院に入会を願い出たが、「年が若い」ために聞き入れられなかった。それでホアキナは父の家を修練院のようにして、祈りをし、しばしば秘跡を受け、いつも謙遜に素直に家事を手伝って母や姉と共にかいがいしく立ち働いた。

一七九九年、十六歳の時、父から「おまえの結婚の相手が決まった」と聞かされてびっくりした。すべてを神のみ摂理に委ね、ただ父を喜ばせようと努め、貴族の青年弁護士テオドロ・デ・マスと結婚した。この青年は温厚《おんこう》で、一時はフランシスコ会の修道士になろうとしたほどの熱心なキリスト教徒であり、バルセロナで公証人を務めていた。それでベドゥルナ家とは親しく交わっていた。

結婚当初、ホアキナは夫の示す愛と周囲からの祝福で幸福そのものであったが、人妻《ひとづま》の義務に直面してしだいに意気消沈《いきしょうちん》してカルメル会修道院への憧れが強くなった。それでも愛する夫の前では、ふさぎ込む気持ちをつとめて紛《まぎ》らわしていたものの、独りになると激しく涙にむせぶのであった。ある日、これを見つけた夫テオドロは、その訳を知り、自分も修道生活を諦《あきら》めた理由を妻に語って聞かせた。それ以来、この夫婦はまったく信頼し合って霊的なことを語り合い、その家庭を神殿のように思い、神から授かった子どもたちを天使のように純真《じゅんしん》に育て上げようと約束した。ホアキナは、やがて九人の子の母となり、使用人が外出している間に、掃除や食事の支度や皿洗いなどをしていた。子どもたちは母が立ち働いている間、その周りを取り巻いて遊びながら、母の労苦と隠れた生活に超自然的な喜びを見いだし、輝いているのを見ていた。

夫の死後、家庭整理・福祉に献身

その頃、ナポレオンの軍勢がスペイン侵略を始めたので、夫のテオデロは祖国防衛に銃を取り、敵を追い返したが、間もなく病気に倒れ、帰らぬ人となった。その時、三十三歳のホアキナも重い丹毒《たんどく》に冒《おか》され、病床《びょうしょう》に就いていた。夫の死を知ったホアキナは、決心した。「今後は完全に神だけのものになりましょう。そして子どもたちが一人前《いちにんまえ》になったら修道院に入ろう」と。そして病気が治ると、バルセロナの騒々しい中心街より静かな郊外の方が、母として、またキリスト者としての義務を果たしやすいと思い、子どもたちをみな連れて、バルセロナの北方にあるビックの自分の別荘に引っ越した。この別荘を囲む堀の外には当時、七家族もの小作人らの小さな白い家が散在していた。ホアキナは、小作人の小さい子どもたちを集めて、教理を教えたり、しばしば秘跡を受けさせたりした。そして生存していた六人の子女を修道院に入れ、夫の家名を継ぐ長男に家庭を築かせ、一人の娘を嫁がせた。

革命の騒動の中でホアキナは、家族を連れて一時フランスに避難したこともあったが、もとの別荘に帰ると毎週二回、ペスト患者や負傷兵《ふしょうへい》でいっぱいになっている市民病院へ行き、病人を看護したり、管理人たちの相談相手になったりした。死体を運んだり、死者の死に装束《しょうぞく》を整えたり、管理人たちの相談相手になったりした。ホアキナは祈りを大切にし、神に近く接している姿を病人や子どもたちに示し、信頼感と力強い支えを与えた。

当時、カプチン会のエステバン・デ・オロット神父がカタルーニャの田園地方の信徒を司牧していたが、ホアキナは、この神父と出会い、神父の司牧経験を生かした女子の修道会創立計画を立て始めた。

「愛徳カルメル修道女会」を創立

一八二六年に四十七歳のホアキナは、カプチン会の第三会員の修道服と縄帯《なわおび》を受けた。この貧しい服装をして物乞いに歩くホアキナは、大人からも親戚の者からも家名を汚すと言って非難された。その翌年、ホアキナはビックのマンソ・エスコリアルに集まった九人の同志と共に誓願を立てて、カルメル会の霊性に倣う「愛徳カルメル修道女会」を創立した。この会の目的は「神の栄光と隣人の善益《ぜんえき》」のため、女子を教育し、病人を看護することにある。

手始《てはじ》めにホアキナは近所の貧しい子どもたちのために小学校を開き、修練女たちの協力を得て、読み書き、算数、手芸、キリスト教教理などを教えたり、病院で病人の看護をしたり、よるべない貧しい家々の病人の世話をしたりした。一八二九年の内戦時にはフランスのペルピニャン（地中海側のスペイン国境から北へ約五十キロ）に難を逃《のが》れた。

反聖職者運動で迫害される

当時スペインには反聖職者運動が盛んで、修道服を着た修道者たちも人々には反感の目で見られていた。そして一八三五年には修道者殺害や追放が行われた。ホアキナの創立した会もしだいに発展していくにつれ、世間の風当たりも厳しくなり、ならず者から脅迫《きょうはく》され、つぶされそうになった。また、市当局の干渉《かんしょう》でシスターによる病院の管理・経営も難しくなった。しかし、これらの妨害にも負けず、この修道会は日ごとに発展していた。

七年間の内乱の結果、シスターたちは、求められて負傷者《ふしょうしゃ》や病人の看護に力を尽くした。そしてホアキナはバルセロナやハソナやカルドナに修道院を創設して、それぞれの土地の病院で、シスターたちと共に病人の看護に当たった。

一八三七年、武装した八人組の兵士が、ビックの本部修道院の戸口に現れ、武器をかざしてホアキナを逮捕し、道中《どうちゅう》、見せ物のように引き立てて牢獄に連れて行った。ホアキナの息子が自由党の反対者であることから、母親を脅かし、民衆の信用を落とさせれば、自由党に有利と見たからである。こうして五日間拘留《こうりゅう》してホアキナに罪を負わせようとしたが、何らの犯罪の確証《かくしょう》も得られずに五日後に釈放《しゃくほう》した。

愛の奉仕に献身

ホアキナは、その後もいろんな困難に耐え、苦労を背負ったが修道女たちには、たびたび次のように語った。「私は、皆さんがいつも喜んでおられ、よく食べ、よく眠るように望んでいます。喜び、そうです。イエス様は、何事も聖なる喜びをもって受け取る修道女の心に大変ご満足しておとどまりになるのです」と。そして志願者を修道院に初めて迎える時には、こう尋ねていた。「あなたは十字架にかけられたイエス様への愛のために、ご両親と別れて、女児《じょじ》の教育、病人の看護、愛の奉仕に真心から一生涯をささげ尽くし、聖なる従順が命じるどんな所へでも行く覚悟《かくご》を十分になさいましたか」と。

またホアキナは、「愛徳カルメル修道女会」経営の学校に通ってくる子どもたちを消えた炭《すみ》に例えて、子どもたちにこう勧めていた。「イエス様が、『ごらん、この炭を。私に光栄を帰したいと思うなら、その炭を神への愛で燃やしなさい』とおっしゃっておられるかのように努めなさい」と。また教師の修道女には、「子どもたち一人でも怒ったままで家に帰してはいけません。もし何かで叱ることがあれば、学校を出る前に、その子をなだめて、先生がその子を大変愛し、大切にしているということを分からせてやらなければなりません。……非常に頑固《がんこ》な気難しい子どもたちには、あまり厳しくしてはなりません。……むしろ、その子どもの心を捉えてしまうように優しくして、何かとがめることがあっても見えない振りをしておきなさい……」と勧めていた。その後、修道女たちの数は日増しに増え、病院や学校で絶え間なく奉仕するので、ホアキナは、司教をはじめ、市町村からも感謝され、尊敬された。

修道院と福祉施設を増設

一八四三年にホアキナは、聖アントニオ・マリア・クラレ司教（十月二十四日参照）の助けを借りて修練院を建て直し、修道院の建設や修道女の霊的指導に当たった。続いて一八四五、四六、四七年に修道院や女児教育のための塾《じゅく》を次々に開き、病院に修道女を遣わした。その時、ホアキナは貧弱なロバに乗って出向き、途中で出会うあらゆる困難にも聖なる勇気と喜びをもって当たり、悪魔の引き起こす多くの不快なことを乗り越えていった。その後で修道女たちを呼び寄せて、しばらくの間、修道女たちと共にそこで暮らした後、母院に帰って修練女たちの養成に当たった。

ホアキナは多くの支部修道院を創設し、任命する修道女も尽きてしまったが、同時に多くの仕事、旅行、心配によって自分の健康までも使い果たしてしまった。一八五四年八月二十八日に七十一歳の聖なる生涯を閉じた。一九五九年四月十二日に、教皇ヨハネ二十三世によって列聖された。聖ホアキナ・デ・ベドゥルナの遺骨はビックのマンソ・エスコリアル聖堂で崇敬されている。

後継者たちの活躍

ホアキナの後継者たちは神不在の現代社会の中で教育と宣教と医療福祉を通し、人々を神に目覚めさせている。また、進歩し発展する社会の陰で増えつつある心身の病み疲れた兄弟たちをいたわり、キリストの癒やしと恵みと命をもたらしている。

現在数千人の会員が、ヨーロッパ、アフリカ、アメリカ、南米、アジアに派遣されている。日本には一九四九（昭和二十四）年に六人の修道女が来日し、一九五〇年、神戸市垂水に本部と修練院を置き、隣接地にある幼・小・中・高の「愛徳学園」をはじめ、大阪、鳥取、東京都国立市、伊勢に保育園を設立した。そのほか女子学生寮を経営し、小教区での奉仕、医療福祉で活躍している。

五月二十五日

聖ベダ司祭教会博士

ゲルマン民族への教化

「賢明な者たちは、大空の光のように輝き、多くの者を義へと導いた人々は星のように代々限りなく輝く」（ダニエル12・3）。

この旧約の預言は本日記念する聖ベダにも当てはまる。四世紀から五世紀にかけてゲルマン民族がイタリア、ギリシアなどに侵入し、そこの文化を根絶《こんぜつ》しようとした時、「ベネディクト会」の司祭であった聖ベダは、これを保護し、後の西洋文明の貴重な母胎《ぼたい》とし、当時の神学や一般学問を深く研究し、人に教えたり、本を書いたりしてゲルマンの人々を主のもとに導き、英国歴史記述の父祖と仰がれている。

ベネディクト会士として

聖ベダは六七二年頃、ノーサンブリア王国（アングロ・サクソン人が築いた七王国のうち最北）のタイン河南の修道院領地に生まれた。信心深い両親は、ベダが七歳になると、「ベネディクト会」のウェアマス修道院に児童献身者（修道生活にささげられた子ども）としてベダを預け、ベダはそこで教育された。六八二年、十歳のベダはジャロウの修道院に移り、ベネディクト会士らの教育によって、その才能はいかんなく発掘《はっくつ》された。古代のキリスト教や異教徒作家から広い深い知識を吸収《きゅうしゅう》し、「ベネディクト会」に入会した。その上、信心業も熱心に果たし、徳の進歩も著しかった。ベダの中では観想と学問が互いに助け合っていたのである。

勉学の他に祈り・働き

十九歳で助祭となり、後に十一年間哲学、神学を勉強して三十歳で司祭に叙階され、さらに研究を続けて神学博士の学位を修得《しゅうとく》した。しかし、その間にもベダは、他のベネディクト会士と同じく、従順に快活に、脱穀《だっこく》したり麦殻《むぎがら》を畑にすき込んだり、小羊や小牛にミルクを与えたり、パン焼き場や庭や台所で骨惜《ほねお》しみせずに働いたりもした。それでも熱心な黙想や祈りに加えて、勉学と執筆《しっぴつ》に大半の精力を集中した。先達《せんだつ》の本を復写《ふくしゃ》して、六百人のベネディクト会士たちに講義をした。会則を忠実に守り、聖堂で聖務日祷を歌い、聖書の黙想に全力を傾けた。そして、こわれかかった古文書を製本し直したり、自分の書いたものを製本したり、教父たちの書に注釈《ちゅうしゃく》をつけたりした。

聖書の注解・数多くの著述

ベダが聖人であり、博学であり、正確な著述家であるという評判は、早くから、イギリス全土に広まり、司教も国王も、ベダの意見を喜んで聞くようになった。ベダは何よりも聖書知識の普及に心血《しんけつ》を注ぎ、ほとんど聖書全体の注解書を書いた。その中には比喩《ひゆ》的説明が多いが、この原典になったのはラテンおよびギリシア教父（聖アンブロジオ、聖アウグスチヌス、聖ヒエロニモ、聖グレゴリオなど）の著書である。その他に物理、数学、気象学、天文、植物、教会史、詩学、聖人伝記学などの広い知識を用いて多くの黙想書や神学書や歴史書を著し、東西の文化交流にも大いに努力した。

ベダは絶え間ない読書、黙想、祈り、手仕事、研究、著作などによって体力を消耗《しょうもう》し、早くから胃の障害や足のむくみや呼吸困難に悩まされた。それでも神学生への講義を止めず、共同の祈りにも欠席せず、眠れない夜はダビデの詩編を唱《とな》えて神に感謝していた。そして七三五年の五月二十六日、「主の昇天」の祭日に「栄光は父と子と聖霊に……」と唱えながら六十三歳の聖なる生涯を閉じた。生前、聖ベダは「修道生活の実務以外に、私の楽しみは学ぶこと、教えること、書くことである」ともらしたと言われるが、その念願どおり今も遺著四十五冊をもって、後世の人々を教え導いていると言えよう。そして聖ベダは研究した書物の中よりも、生きる神との親しい交わりの中に生涯の幸福を見いだしたのである。一八九九年十一月三日、教皇レオ十三世によって列聖され、教会博士と宣言された。

五月二十五日
聖グレゴリオ七世教皇

十一世紀の教会を盤石《ばんじやく》に革新

十一世紀の教会は、現世的な諸利害の渦《うず》巻きに巻き込まれ、あわや難船の危機に臨んでいた。外からは王侯貴族の圧迫、内からは聖職売買、信徒による司祭叙階、司祭の妻帯などが神聖な教会制度をその根底から揺さぶっていた。この内憂外患《ないゆうがいかん》に当たって、神は、「あなたはペトロである。わたしはこの岩の上に、わたしの教会を建てる。陰府《よみ》の国の門も、これに勝つことはできない」（マタイ16・18）という約束どおり、史上最大の人物の一人と見なされる教皇グレゴリオ七世（在位一〇七三―八五年）を、ペトロの後継者に選ばれた。

ローマで学び、五代の教皇に仕える

彼は一〇二〇年、イタリアの北部のトスカーナに貧しい大工の子として生まれた。しかし幸いに主任司祭から英才を認められ、その斡旋《あつせん》で少年の頃、ロー

マにある聖マリア・アヴェンチナの修道院に寄宿し、ヨハネ・グラツィアーノの手によって教育された。一〇四五年、恩師グラツィアーノが選ばれてグレゴリオ六世（在位一〇四五―四六）になると、グレゴリオも抜てきされて彼のもとで働くことになった。翌年、同教皇が亡くなると、グレゴリオはフランスの有名なクリュニー修道院に引きこもって一身の修養に励んだ。一〇四九年、教皇レオ九世（在位一〇四九―五四年）の招きにより、グレゴリオは教会行政のために働くことになり、以来、五代の教皇に仕え、枢機卿として教会内部の改革、特に聖職売買、司祭の妻帯禁止に敏腕《びんわん》を振るった。その間に、フランスおよびドイツの教皇使節、ローマ教会の助祭長などの重職をりっぱに果たした。

平信徒の叙階権にメス

一〇七三年、教皇アレクサンデル二世が亡くなると、グレゴリオは満場一致で教皇に選ばれた。ただちに歴代教皇の取り締まりを一層厳しくしたところ、各方面からは猛烈な反対にあい、マインツの教会会議でも、「もし、教皇が地方教会を治めるのに人間で足りなければ、天使でも引っ張り出せばよかろう」とつぶやく者もあり、失敗に終わった。

そこで教皇は戦略を一変し、腐敗そのものを攻撃する代わりに、腐敗の原因たる「平信徒の叙階権」にメスを入れ、断固次のような爆弾的法令を発布した。「信徒から司教区や大修道院を授かった者は、これを司教または大修道院長と認めない。痛悔して、その司教区や大修道院を返さないかぎり破門される。なお、誰かを司教やそれ以下の聖職に叙階する皇帝、国王、貴族、およびその他の有力者も同じく処罰される」。

この教書に猛烈に反対したのはドイツ王ハインリッヒ四世だった。ドイツの王権が、現に国土の大半を領有していた司教たちに依存していたからである。強欲《ごうよく》なハインリッヒは、相変わらず自己に忠誠な臣下を勝手に司教に叙階して、聖職者として適任か否かは問題にしなかった。

ドイツ王と破門のやり返し

教皇はこれに忠告を発し、やめなければ破門に処すると言い送った。王は機先《きさき》を制して、一〇七五年、ウォルムスに不満の司祭たちを招集し、グレゴリオ教皇の廃位を決議し、その決議文を教皇に送った。そこで教皇は、王と会議に列席した司教らを破門した。王はいよいよ怒り、ウトレヒトの司教に命じて説教壇の上から教皇打倒の演説をさせ、逆に破門の宣告を行わせた。

それから二、三時間後、その司教座聖堂が落雷《らくらい》で全焼し、例の司教も急死した。人々はこれを天罰と恐れ、王に離反したので、ハインリッヒはやむを得ずドイツの諸侯会議に臨場の教皇をカノッサ城に訪ね、痛悔者の服を着て、三日も裸足《はだし》で城の門前に立って罪の赦しを願い、ようやく破門を解いてもらった。世に言う「カノッサの屈辱《くつじょく》」の出来事である。

しかし王の回心は一時的なものにすぎなかった。教皇との約束を守らず、もとどおり意中の人を各地の司教に任命した。教皇がまたも破門すると、ハインリッヒは兵を率いて一〇八三年、ローマを占領し、対立教皇としてクレメンス三世（在位一〇八四―一一〇〇年）を立てた。その頃、聖天使城に立てこもっていた教皇はシチリア王ロベール・ギスカルの援助で脱出に成功、サレルノに難を避け、その地で病死した。「叙階権」をめぐる闘争は、その後も数十年続いたが、結局教皇側の勝利に終わった。

五月二十五日

聖マリア・マグダレナ（パッジ）おとめ

キリストに倣って苦悩に耐える

「わたしは、今、あなた方のためにこれらの苦しみを受けていることを喜んでいます。キリストの苦しみの欠けているところを、キリストの体のために、この身で補うのです」（コロサイ1・24）。聖パウロは右の手紙どおりにこの世で受ける苦しみを人々の救いに役立てるためにキリストの苦しみに合わせた。本日記念する聖マリア・マグダレナも、同じ精神で苦しみに耐え、苦しみの奥深い意義を世の人々に実生活で教えた。

子どもの時から預言職を果たす

　パッジの聖マリア・マグダレナは一五六六年、イタリアのフィレンツェの名門パッジ家の第二子として生まれた。洗礼の時、両親はシエナの聖女カタリナの生涯にあやからせるため、この聖女の名を洗礼名に選んだ。パッジのマグダレナは幼い時から愛情深く、自分の食べ物を節欲して貧しい人に与えたり、同じ年頃の子どもたちに、キリストの教えを教えたり、友達と遊んでいるうちにも、ふと主のことを思い出せば、すぐ聖堂に駆けつけて幾時間でも気のすむまで祈ったりしていた。そして主のご受難に対しては子ども心にも理解と同情を示し、自分で茨《いばら》の冠をつくり、これをかぶってベッドに横たわり、苦痛で眠れない夜は、その苦しみを世の人々の罪の償いにささげていた。

　十歳の時、初聖体を受け、終生童貞の願を個人的に立てたと伝えられる。父がコルトナの市長に赴任して以来、彼女はフィレンツェの修道女に預けられて教育を受けることになった。それから数年後、コルトナから帰った父は、十六歳になった娘をある金持ちの家に嫁《とつ》がせようとした。

「カルメル会」の天使の聖マリア修道院に入る

　彼女は先の誓願もあり、修道院に入って一生涯神に仕える決心であったので、縁談を断った。父は怒って、いろいろ娘を苦しめ、むりやり結婚させようとしたが、彼女は初一念《しょいちねん》を貫き、フィレンツェの「カルメル会」の天使の聖マリア修道院に入った。この会を選んだ理由はまだ一般に、しばしば聖体拝領が行われていなかった当時、この会では毎日、それがあったからである。

この会の規律は厳しく、外出を禁じられ、常に修道院で祈り、黙想、苦行をして世の人々に代わって罪を償うのである。一五八四年、十八歳で初誓願を立てると、脱魂《だっこん》の恵みを受けた。その時マグダレナは、「わたしには、わたしたちの主イエス・キリストの十字架のほかに誇りとするものが断じてあってはなりません。キリストの十字架によって、世はわたしに対して十字架につけられ、わたしも世に対して十字架につけられているのです」（ガラテヤ6・14）という言葉を言ったかと思うと、その顔は太陽のように輝き、二時間余りもまったく恍惚《こうこつ》の状態にあった。

この不思議は、その後もたびたび起こったが、同時にたくさんの苦痛も受けることになった。重病にかかったり、精神上の苦悩や激しい誘惑に陥ったりした。悪魔もこれに加わり、マグダレナを冒瀆《ぼうとく》、絶望、邪淫《じゃいん》、不従順などの大罪に執拗《しつよう》に引き込もうとした。このつらさに涙を流しながら、修友たちに「どうぞ不幸な罪人である私のために祈ってくださいい」と幾度か頼んだ。このような試練は六年間続いたが、マグダレナは、「死よりも苦しみを」をモットーにし、これによく耐えた。

マグダレナは、後に修練長となり、一六〇四年に副院長となり、その深い超自然的知識と愛とを傾けて、自分に委ねられた修道女たちを完徳に導いたが、やがて再び大病にかかり、多くの苦しみに耐えた後に一六〇七年五月二十五日、四十一歳の清い生涯を閉じた。その遺体は、一八八八年にフィレンツェ近くの「カルメル会」サンタ・マリア・マダレーナ・カレッジ修道院に移送され、現在も腐敗してない姿を見せている。聖マリア・マグダレナ（パッジ）のご絵は燃える心臓を胸にし、手に茨の冠を持った姿で描かれている。一六六九年四月二十八日に教皇クレメンス九世（在位一六六七―六九年）によって列聖された。

五月二十五日

聖マグダレナ・ソフィア・バラ修道女

（「聖心会」の創立者）

地上に火を投ずる

「わたしは地上に火を投じるために来た。火がすでに燃えていたらと、どれほど思っていることか」（ルカ12・49）。「私の心の中には二つの愛の火が燃えています。一つは神への愛と、もう一つは生徒への愛です」（聖ソフィア・バラ）。

キリストの愛のみ心に倣って、地上に「心のともしび」をともす人は、昔から後を絶たない。聖マググレナ・ソフィア・バラも、その一人である。聖女は十九世紀フランス革命の最中、パリで「聖心会」を創立し、キリストのみ心の愛を自ら生き、会員と共にそのみ心を賛美し、女子教育を通じてキリストのメッセージと愛とを世界に広めた。

ソフィアの出身と養成

彼女は、一七七九年、中部フランスはブルゴーニュ地方のヨンヌ河のほとり、ジョアニー村で、近所の火事騒ぎの最中に生まれた。父はブドウ作りの農夫で、酒樽《さかだる》造りの職人でもあった。敬虔《けいけん》な父母の他に兄と姉に見守られながら、ぱちぱちと燃える火の粉のように、愛情の強い子になった。七歳になると、神学生であった十一歳上の兄ルイが、一日七時間もソフィアの勉強を手伝った。ソフィア（上智）の名にふさわしく短期間のうちに中学程度の課程を修め、さらにギリシア語、ラテン語などを学んだ。当時は自由、平等を看板《かんばん》に宗教軽視の風潮が高まっていたので、ルイは特に、妹の宗教教育に力を注いだ。

わがままや欲望を抑え、隣人を大切にし、自分の務めに精出すことによって、ソフィアの性格はますます優しく、慎み深く、困難には我慢《がまん》強くなった。ソフィアの心には、幼い頃から神に身も心もささげたいという望みが芽生えていたが、これが実を結ぶには革命の陣痛期を経なければならなかった。

一七九三年、革命の恐怖はソフィアの一家をも襲ってきた。兄のルイが教皇権を否定しないというかどで捕らえられ、牢獄で死を待つ身となったからである。

しかしソフィアの熱心な祈りにより、一年後にルイは九死に一生を得て、わが家に帰ってきた。それから間も

なくパリで司祭に叙階され、妹をパリに呼び寄せ、その教育に尽力した。

ルイ神父のもとにはソフィアの他に、五、六人の熱心な女性たちも集まった。この集団のためにラテン語、教会史、聖書、神秘神学などの講義が開かれるようになった。その頃ド・トゥネリという司祭が、修道女会の創立を志し、「一つの心、一つの魂」をモットーに、女子教育を通じてみ心の愛と教えを世に広めようと考えていたが、惜《お》しくも三十歳で急死した。

「聖心会」を創立し、教育使徒職に従事

兄の親友ヴァラン神父は、ルイ神父の紹介でソフィアを知り、その学識といい、人物といい、トゥネリ神父の遺志を継いで聖心会の礎石《そせき》となるべき者であることを見抜いた。

こうしてヴァラン神父の指導により一八〇〇年、二十一歳の時、ソフィアは他の三人の婦人と共に祭壇の前で清貧・従順・貞潔の修道誓願を宣立した。この最初の会員が会の基礎となる徳は？とヴァラン神父に問われたのに対し、一同口をそろえて、「もの惜しみをしない心」と答えたという。つまりキリストへの何ものをも惜しまない寛大な愛をもって、神を愛し、人々を大切にし、全力を上げて社会の要望に応えていくことを会の特色とした。

翌年、会はアミアンに女学校を創設し、上長のもとに一致団結して献身的に子女教育に当たった。良い牧者としての指導力に優れたソフィアは、一八〇三年、二十四歳で「聖心会」の院長に選ばれ、その二年後には初代総長に当選、以後八十五歳で世を去るまで六十年間、会の支柱となった。ソフィアの指導のもと、イエスのみ心の園に植えられた「からし種」のような一団は、フランスを初め、欧州各国、アメリカ、東洋にも枝葉《えだは》を伸ばし、見上げるような大木に成長した。この目覚ましい発展は、イエスのみ心との親密な交わりからあふれ出るソフィアの隣人愛、教会の上長に対する忠誠、従順、謙遜などの諸徳に負うことが多い。教育者としては、部下の修道女や生徒をイエスのみ心から託された大切な宝と見なし、その長所や短所を理解したうえで、相手のいちばん良いところを伸ばすように努めた。遠慮深い人には、「おいでなさい。心の扉も、部屋の扉もいつでも開いていますから……」と言って誰にでも話しかけ、いろいろな問題をてきぱき

と処理した。

ソフィアは特に扱いにくい子どもに同情し、これを忍耐深く保護した。「完徳の種を蒔《ま》くことは、私たちにとって難しいかもしれません。しかし少なくとも人の心に痛悔の種を蒔くことはできます」と言って、生徒たちに神を畏れ、罪を憎む心を植えつけるように努めた。そして教師たちに、「イエスのみ心を知り、愛することをよく教え込み、自分の家庭や周囲の人々に伝えさせなければなりません。『天国へは一人で行ってはなりません。他の人たちも連れて行かねばなりません』ということを覚えさせるように気をつけてください」と勧めるのだった。教育を通して神を愛し、神を礼拝する人を育てることが、ソフィアの生涯の使命であった。

ソフィアは総長として六十年の重任、会に対する周囲の無理解、病気などの十字架を忠実に担いながら、キリストの柔和、謙遜に倣い、時代や環境の変化に応じて自己を順応させようと苦心した。こうして自分自身を残らずみ心にささげ尽くしたソフィアは、み心を慕い、その後に従う者の到達すべき理想を示して、一八六五年五月二十五日、八十五歳の生涯を神のみ手に返した。

一九二五年五月二十四日、ソフィア・バラはピオ十一世によって列聖され、その遺体は腐敗せずに、ベルギーのブリュッセルのジェット聖心修道院聖堂の隣接小聖堂内に安置されてある。

後継者の活躍

ソフィアの遺志を継ぐ「聖心会」は、ヨーロッパ各国を初め、アフリカ、オーストラリア、アメリカに進出し、一九〇八（明治四十一）年に来日した。会員は人々をイエスのみ心の愛に触れさせ、人間としての成長を通して、堅実な家庭を守り、優秀な社会人を育てるため、祈りと内的生活に徹し、キリストの心を心として生き、教育事業に生涯をささげている。現在、東京都渋谷区に本部と聖心女子大学があり、港区に小・中・高等科の女子学院、札幌市と静岡県裾野市に聖心女子学院中学校・高等学校を置き、大阪府宝塚市、愛知県名古屋市では幼稚園を経営し、天草に修道院を設立し、小教区で祈りと教育と宣教の生活に励んでいる。

五月二十六日
聖フィリポ・ネリ司祭
（「オラトリオ修道会」の創立者）

主において常に喜べ

聖書に「主に結ばれた者として、いつも喜びなさい。重ねて言います。喜びなさい」（フィリピ4・4）とある。聖フィリポ・ネリの一生を貫く特徴は、この聖パウロの勧めに従ってキリストと共にある喜びを他の人にも分け与えることにあった。実際、フィリポ・ネリが、いかに世話好きの快活な聖人であったかは、ゲーテの『イタリア旅行記』に「ユーモアのある聖人」と記されていることや、当時のローマ市民から「ピッポ・ブォノ」（人のよいフィリポ）と愛称されていたことからも推察できる。

いつ善《よ》いことを始めますか

聖フィリポ・ネリは一五一五年、すなわちマルティン・ルターの宗教改革の始まる二年前、イタリアのフィレンツェの公証人の子として生まれた。母を幼い時に亡くし、継母《けいぼ》に育てられ、敬虔《けいけん》で正直な両親やサン・マルコ修道院のドミニコ会士たちの感化もあって、神を礼拝し、賛美して、教会の儀式などに奉仕することを好み、素直《すなお》で朗《ほが》らかであった。十八歳の時、ナポリに近いいとこの家へ養子に行き、その商売の手伝いをして、ゆくゆくは莫大な財産を受け継ぐことになっていた。しかしフィリポは、財宝の中に埋もれるよりも清貧の生活に憧《あこが》れ、その上、フィレンツェ共和国の政治的危機も重なり、十八歳の時、すべてを捨ててローマに出てきた。

ローマでは同郷出身の貴族の家に身を寄せ、その子ども二人の家庭教師を務めるかたわら、一五三四年から三年間、哲学・神学を学びかけた。ほどなく祈りと慈善事業に献身し、学業を投げ打ってサン・ジローラモ・デラ・カリタ聖堂の信心会に加わった。そして暇さえあれば、夜でもローマ市の諸聖堂やカタコンブなどを巡礼して祈りにふけるのであった。そのためあふれるほどの神のお恵みを受け、彼自身、「もう、たくさんです」と叫んだほどだったという。その人なつっこい明朗《めいろう》な人柄は、多くの人々の心を引きつけ

ずにはおかなかった。彼は、ひと目会った人々の心も読み取って、「いつ善いことを始めますか」と口癖《くちぐせ》のように言っていた。これを聞いただけでも冷淡な信者は熱心になり、どんな罪人も心を動かされて、しばしば秘跡を受けるようになったという。

教会離れの信徒を教会へ

その後、聴罪司祭の勧めで司祭になる勉強を始め、一五五一年、三十六歳でめでたく司祭に叙階された。当時は聖フランシスコ・ザビエルらが東洋の布教伝道を始めた時なので、フィリポもインドに行って布教したいと望んでいたが、「ローマにとどまって、そこを自分のインドとするのが神の思し召しである」という、聖なる修道士の勧めに従ってローマで働くことにした。それで、サン・ジローラモ・デラ・カリタ教会を拠点に教会から遠ざかっていた信者たちを司祭館に招いて、教理や聖歌を教えたり、黙想会を行ったりした。

そして子どもも好きな彼は、慕《した》い寄る子どもたちに、「できるだけ愉快に楽しく遊びなさい。しかし、神様に背くようなことをしてはだめだよ」と、忠告する一《いっ》方《ぽう》、勉強や仕事の仕方についても手を取って教えていた。

フィリポは、罪人に対しても寛大で優しかった。「明日は死ぬかもしれないのだから、一日七回、〝元后、憐れみ深き御母〟を唱えて、聖母マリアにお願いしなさい。聖母マリアこそ恩恵の仲介者なのですから、そのご保護をお願いしなさい」と、告解者に勧めるのだった。

そして、「もし私が天国の門の中に入ろうとしている時、痛悔者が近づくならば、私は天国に入ることはさておき、まず哀《あわ》れな罪人の告白を聞きましょう」と言って、どんな時間でも告白を聞いたうえに、できれば途中まで見送ってやった。罪人を愛するといっても罪だけは深く嫌っていた。

口から出る言葉が人を傷つける

ある日、彼は告げ口の好きな婦人の悪い癖《くせ》を直すために、「にわとりを一羽買ってその羽をむしり取り、それを道にまき散らしながら、もう一度ここに来なさい」と命じた。婦人は、おかしなことを言うものだとあきれていたが、とにかく言われたとおりにして、再び彼の所に来た。すると、「今度はまき散らした羽をみんな拾って来なさい」と命じた。彼女は驚いて、「とてもそんなことはできません」と答えると、フィリポは、「そうでしょう。これと同じく人を傷つける言葉も一度口から出ると、もう二度と取り返しがつかないのですよ」と優しく諭したという。

節欲の人

彼は祈りの人であり、節欲の人であった。それが心の明るさ、寛大さ、美しい愛情を育てたのであった。祈りこそフィリポにとって喜びであり、何よりの慰めであり、尽きない愛の力の泉であった。食事はしばしばパンと水、ごくわずかなオリーブだけで簡単にすまし、夜は、硬い床の上にしばらくまどろむだけであった。

フィリポは生まれつき、気性《きしょう》の激しい人であったが、決して怒りの色を見せず、人の心を傷つける言葉を言わず、人のため不自由や苦痛を忍ぶことを神の大きな恵みとして喜んでいた。そこにはイエスの十字架の苦しみに、より一層あやかろうとする愛があったからである。聖アウグスチヌスが言うように、「愛は苦しみを感じない……いやむしろ、苦しみを感じてもその苦しみを愛する」のである。

万人の良い友

そのためフィリポは、誰にとっても良い友であり、師であった。貧しい人も労働者も寡婦も物乞いも子どもも若者も貴婦人も、さらに枢機卿や高位聖職者もフィリポを訪ねてくるのだった。レオ十一世、クレメンス十三世、グレゴリオ十四世、レオ十一世などの歴代教皇もフィリポと語るのをこの上ない楽しみにしていた。聖イグナチオや聖カロロ・ボロメオ、聖フランシスコ・サレジオ、リッチの聖カタリナも親しく交わっていたし、またあの熱心な信仰と美しい理想に生きた大音楽家、パレストリーナも深い尊敬と愛情を寄せて、霊的指導を仰いでいた。「ローマの使徒」と称されるゆえんである。

至聖三位一体信心会を始める

一五四八年、三十三歳の時、聴罪司祭ローザと協力して信者グループの「至聖三位一体信心会」を設立し、おもに病人の看護や貧者の世話にあたり、月の第一日曜には、ご聖体の前で四十時間の礼拝を行った。病人には慰めの言葉をかけて助け、励まし、その悲しい身の上を分かち合った。

特にフィリポは、若い人たちに近づいた。若者と語ったり、遊んだり、真の心の友となって、若者の迷い、汚れがちな霊魂を守り、ミサ聖祭や告解、聖体の秘跡へと導いた。ローマ市の子どもたちは、心底から、彼になついていた。彼は子どもたちと共に、方々《ほうぼう》の聖堂に巡礼して、祈ったり賛美歌を歌ったりして、子どもたちの心を美しく、清らかに、伸び伸びと育てていた。子どもたちこそ神の国の尊い宝なのである。子どもたちがどんなに騒《さわ》ぎ回っても、「なあに、罪さえ犯してくれなければ、私の背中の上で薪割《まきわ》りされてもいいですよ」と、にこにこしていた。前記の信心会員たちと共に、一五五〇年の聖年にローマに集まってきた数万人の巡礼者を接待した。

「オラトリオ修道会」の発足

フィリポがローマの人々の霊的指導に当てていた自分の部屋は、八人も入ればたちまちいっぱいになるので、一五六四年、サン・ジョヴァンニ・ディ・フィオレンティーニ聖堂の主任司祭になると、彼といっしょに教区司祭が共住生活を始めた。フィリポ神父はこの共住所をオラトリオ（祈りの家）と名づけ、信徒の黙想、聖歌、読書、娯楽、身の上相談などに当てた。このオラトリオがもとになって、一五七五年、グレゴリオ十三世の認可でヴァリチェラの聖マリア聖堂で「オラトリオ修道会」が発足した。この会はトリエント公会議の精神に基づいて、聖職者の養成や青少年の教育、司牧、霊的指導、教会音楽に大きな貢献をした。

またフィリポは、使徒聖パウロが、「主に結ばれた者として、いつも喜びなさい。重ねて言います。喜びなさい」（フィリピ4・4）と言ったように、祈りにも、病気にも、貧しさにも、貞潔にも、平安と喜びに満たされ、それを人々の魂に与えた。彼はキリストにおける平安と喜びを味わっていたので、決して陰鬱《いんうつ》な影などなかった。かえってその内心からあふれ出る喜びが、他の人の心に伝わるのだった。彼の一つ一つの行い、その機知にとんだ冗談は、ことごとく人の心をなごませ、喜ばせ、愉快にした。

平安と喜びが聖性への踏み台

修道院に招待されて行くと、フィリポはほほ笑みを顔いっぱいに浮かべながら、有益な話で周囲の緊張をときほぐし、今まで唇を固く閉ざしている修道者には語らせ、厳しい面持《おもも》ちをしている者を笑わせた。何かくよくよ考えている者や、悲しみに沈んでいる者は、聖霊のお働きを妨げているのだと、彼は考えていた。フィリポは「平安と喜び」こそ、聖性への踏み台であると信じ、まず自分がキリストの平安と喜びに生き、それを人にも伝えようとしたのである。

こうして、フィリポがローマで霊的生活を始めてから、どれほど美しい救霊の実りを結んだことだろうか。間もなく彼の霊的指導や霊的事業はローマを越え、スペイン、ドイツ、イギリスなど、ヨーロッパ各地へ普及した。

また、司教や枢機卿の地位に就くことを再三勧められたが、そのたびにこれを辞退した。高い完徳の域に達する人ほど自分の奥底にひそむ堕落の危険を、一層身にしみて感ずるという。フィリポも、しばしば「主よ、フィリポに注意してください。もしお恵みをもって私をお守りくださらなければ、私はきょうでも御身に背くかもしれませんから……」と祈っていた。

こうして絶え間なく霊魂の司牧に働き続けたフィリポ・ネリは、一五九五年五月二十六日、八十歳で倒れ、臨終の床では「わが最愛の主よ、私の苦しみを増してください。けれどもまた、私の忍耐の力を増してくださ い」と雄々しく祈りながら、聖体の祝日に安らかに息を引き取った。一六六二年、教皇アレクサンドロ七世（在位一六五五―六七年）から列聖された。

五月二十七日
聖アウグスチヌス（カンタベリー）司教

五世紀の中頃の英国

英国は、もと古代ローマ帝国の属領だったので、少なくとも二世紀にはこの地にキリスト教信者の団体があったと考えられる。その証拠にディオクレチアヌス帝（在位二八四―三〇四年）の迫害時代には、この地か

ら聖アルバノを初め数人の殉教者さえ出している。ところが五世紀の中頃、北欧のアングロ・サクソン族が大挙して英国に渡ったので、西北に圧迫された一部先住民（ケルト系のブリトン族）を除いて、キリスト教はほとんど消滅してしまった。

時の教皇、グレゴリオ一世（在位五九〇—六〇四年）はアングロ・サクソン族をキリスト教化しようとし、親友のベネディクト会士アウグスチヌス（聖アンドレア修道院副院長）を長とする四十人のベネディクト会士を英国に派遣することにした。そこでアウグスチヌスは五九六年、英国へ出発した。途中フランスのレンスまで来ると、「残虐《ざんぎやく》なアングロ・サクソン族はカトリックを迫害するに決まっている」などといううわさを聞いて、ある者は勇気を失い、ローマへ帰ろうとした。これを知ったローマのグレゴリオ一世教皇は「すでに善いことを始めたのだから、万難を排してこれを全うせよ」という意味の書簡を送って宣教師を激励し、別に使いをフランス王に遣わし、彼らの保護を依頼した。

英国王、貴族、民衆に洗礼

一行はこれに勇気を得て、再び旅行を続け、ついに翌年の五九七年にケントのタネット島に上陸した時、島民に反抗されるどころか、歓迎された。時のケント王国の王エセルバートは幸いにも、数年前フランク王女ベルタを迎え、その信仰（カトリック）を妨げぬという条件のもとに皇后《こうごう》としていたからである。こうしてアウグスチヌス一行はケントの首都カンタベリーに入り、王の与えたローマ時代の聖マルチ聖堂の廃虚《はいきょ》に居をかまえて宣教した。

先住民は修道士たちの言行一致《げんこういっち》の生活態度に感銘《かんめい》し、五九七年六月二日、聖霊降臨の祭日にエセルバート王が受洗し、クリスマスには貴族、民衆など数千人が洗礼を受けた。グレゴリオ教皇はこの布教の大成果を喜び、さらに多くの宣教師を英国に派遣した。

そのほかエセルバート王は、首都の東地区にあるカンタベリー城外にブリトン時代からの旧聖堂や土地をも宣教師たちに与えた。アウグスチヌスは宣教の拠点として聖ペトロと聖パウロにささげられた修道院（別名、聖アウグスチヌス修道院）を新築した。ここのクリプタ（地下墓地聖堂）には大司教の墓や英国歴代の国王の遺体を埋葬してある。その後もアウグスチヌスは熱心に布教を続け、英国の東・西部のアングロ・サクソン族のほとんど全部を徐々《じょじょ》にキリスト教の信仰へと導いた。

カンタベリーの司教として司牧

一方アングロ・サクソン族に征服されて西北に移動した先住民ブリトン人は、祖先伝来のカトリック信仰を保っていたものの、自分たちの祖先を殺し、土地を奪ったアングロ・サクソン族を敵視し、長い間、他国との交流を断っていたので、しだいに正統なカトリック信仰から離れ、ケルト系キリスト教（ケルト教会）に変貌《へんぼう》した。

そこでアウグスチヌスは六〇一年、教皇グレゴリオ一世（在位五九〇―六〇四年）より大司教に昇進されてから、ローマ式典礼を導入するとともに、民族特有の伝統・習慣を尊重し、異教の礼拝堂を聖堂に当て、異教の祭礼や年中行事にもキリスト教的意義をつけて行うことを許し、何事にも寛容と忍耐をもって、徐々に異教的習慣にキリスト教の精神を浸透させるように努めた。

これはグレゴリオ教皇の指導によるもので、すでにイングランドに、ある程度浸透していたケルト教会の影響を考慮した政策であった。その他、司教の叙階の方法、ケルト人司教との交渉、洗礼の規定など細かい点で、アウグスチヌスが教皇グレゴリオの教えを仰いでいたことは、ベーダの『イギリス教会史』に詳述《しょうじゅつ》されている。ちなみにケルト教会は九世紀、海賊の度重なる襲撃《しゅうげき》によって荒廃《こうはい》し、アイルランド以外は消滅した。

その後もアウグスチヌスは、カンタベリーの司教座を中心に各地を巡回し、あらゆる艱難辛苦《かんなんしんく》を忍んで布教に従事し、ついに六〇七年五月二十七日、生前彼の望んだとおり英国の土となり、カンタベリーの聖アウグスチヌス教会に埋葬された。現在、聖アウグスチヌス（カンタベリー）司教は、カトリック教会以外でも聖公会・正教会の聖人として崇敬されている。

五月三十日
聖ジャンヌ・ダルクおとめ

フランス王家は風前のともしび

一三二九年、フランス王シャルル四世の逝去によってカペー王家が断絶し、そのいとこにあたるヴァロア公のフィリップが後を継いだ。ところが、イングランド王エドワード三世は、シャルル四世の甥《おい》にあたるという理由からフランス王の王位相続権を要求した。それで英仏間の長年の紛争の結果、フランスの劣勢から一四二〇年、トロワ条約が結ばれ、フランスの王位継承権が実質的に、イングランド王室に譲渡されることになった。当時フランス王の親族であるブルゴーニュ公は英国王と同盟を結んでいたので、ヴァロア公側につくフランス王統派との関係は一触触発《いっしょくしょくはつ》の状態だった。ヴァロア派は皇太子シャルル六世を守って優勢な英軍に抵抗した。この抵抗もむなしく、英軍は首都パリを含む北フランスを占領後、一四二八年、仏軍の最後の城オルレアンを包囲し、ヴァロア王家は風前のともしびとなった。この国難に立ち上がったのが十六歳のおとめジャンヌ・ダルクである。

祖国防衛戦へジャンヌの召し出し

ジャンヌ・ダルクはフランス北東部のドンレミー村の農家に一四一二年に生まれた。この村の丘の「柏木《かしわぎ》の森」でよく遊んだ。学歴はなかったが、敬虔な両親に見習い、信心深く、毎日家事の手伝いや羊の番をし、時には病人の世話や貧者への施しをしていた。

一四二五年、彼女が十三歳の時、生家の庭で天からの声を聞いた。「敵をフランスから追い出し、亡命中の皇太子をシャルル七世として戴冠《たいかん》させせよ」と。それは大天使聖ミカエルの声だった。そのうえ聖女マルガリタと聖女カタリナもしばしば現れ、ジャンヌを「神の娘」と呼んで勇気づけた。ジャンヌは三年の間、繰り返されるお告げを比較・吟味《ぎんみ》し、ついに神の道具となる決意をした。

戦勝後シャルル七世の即位

英仏間の百年戦争（一三三九―一四五三年）中の一四二八年、十六歳のおとめジャンヌは、「み心のままに……」と神に誓い、故郷の北ヴォクラールという国王派の要塞都市へ行って守備隊長に、「皇太子を救いに行きますから、私に兵士を伴わせてください」と願い出た。初めは相手にされなかったが、ジャンヌは粘り続けて、隊長を説得した。こうしてジャンヌは騎兵の男装で馬にまたがり、数人の兵士を伴い、ここから六百キロ西南のシノンにいる皇太子のもとへ向かった。シノンの仮宮廷では整列した兵士たちの中に変装して隠れていた皇太子をひと目で見分け、皇太子にオルレアン派遣を願い出た。

皇太子も以前からうわさの流れていた予言、すなわちフランスは純潔なおとめによって救われるということを聞いていたし、今また、ジャンヌの誠意ある話に心を動かされた。翌年四月、ジャンヌはボアティエで、その人柄や信仰の査問《さもん》を受けたうえ、白銀《はくぎん》の甲冑《かっちゅう》を身に着けて右手に剣を、左手にイエスとマリアのみ名をしるした白絹の軍旗《ぐんき》を持って、白馬にまたがり、補給部隊に同行して包囲されたオルレアンへ進撃した。ロワール川にかかる橋のたもとに英軍の砦《とりで》があったが、激戦の末、ジャンヌはこれを奪い、オルレアンを解放した。そして同年七月、皇太子をランスに導き、彼をシャルル七世としてランス大聖堂で正式にフランス王位に即位させた。この大聖堂の中にジャンヌが手にした軍旗が、彼女の像の背後、向かって左斜め上から右下に掲げられている。

異端断罪を経て聖女へ

ジャンヌはシャルル七世の地位を固めるためパリ奪還を狙ったが、国王側近は現状の戦果に甘んじたため、孤独な戦いを強いられた。一四三〇年五月、ジャンヌはコンピエーニュで英軍と結ぶブルゴーニュ派貴族軍に捕らえられた。その後、ジャンヌはブルゴーニュ軍から高額の身代金《みのしろきん》でイギリス軍に買い取られ、同年十二月にルーアン（パリの北西、約百キロ）のブーヴルイユ城の通称「ジャンヌ・ダルクの塔」に監禁《かんきん》された。

その後、親英派のボーヴェの司教コーションは、代理裁判長として一四三一年初めから六十人余りの陪審《ばいしん》判事（聖職者たち）を立ち合わせて、ジャンヌをルーアンで教会裁判にかけた。数カ月の異端審問《いたんしんもん》の末、ジャンヌが聞いたと称する「声」は少女の作り話、「妖精《ようせい》の木」からのささやきとねじ曲げ、しかも男装《だんそう》したと断罪した。これに承服しないジャンヌを異端者として破門し、一四三一年五月三十日にルーアンで火あぶりにした。炎の中でジャンヌは、「イエス様！」と何度も叫びながら息絶えた。亡きがらの灰はセーヌ川に流された。西欧人の感覚から見れば、この処刑法は肉体の復活さえ認めてあげない極刑中《きよくけいちゆう》の極刑であった。

一四五三年にフランスの勝利で終わった百年戦争の結果、カレーを除くフランス全土から英軍が追い出された。その二年後の一四五五年、ジャンヌの遺族は教皇カリスト三世に名誉回復の再審を請願し、これが受理された。一四五六年の「復権裁判」で、シャルル七世を初め、生前のジャンヌに接した聖俗一一〇人余りの証人の証言が集められ、前判決が無効とされ、ジャンヌは処刑二十五年後に名誉を回復した。

さらに一八九四年に、オルレアンの司教デュパンルーの奔走《ほんそう》で列聖調査が行われ、ついに一九二〇年、教皇ベネディクト十五世（在位一九一四—二二年）によってジャンヌは列聖された。ドンレミー村は現在も人口二百人足らずで、小高い丘にはジャンヌが遊んだと言われる「柏木《かしわぎ》の森」が当時のまま広がり、彼女の生家も保存されている。シノン城には、往時《おうじ》の様子を再現した人形が置かれている。オルレアンでのジャンヌの住居は、現在博物館として保存。ジャンヌの処刑広場には現在、モダンな教会が建てられ、その傍らには、「祈るジャンヌ像」が飾られている。

五月三十一日
聖母の訪問（祝日）

エリサベトのみごもり

大天使ガブリエルは、おとめマリアに、天の父の挨《あい》拶《さつ》を伝えるに際し、「聖霊があなたに臨《のぞ》み、いと高き方の力があなたを覆う」と述べて、神の全能を強調してから「あなたの親戚エリサベトも、年老いていながら男の子を身籠《みごも》っている。不妊《ふにん》の女と言われていたのに、はや六か月になっている」（ルカ1・36）と具体的な事実をもって、神の全能を証明した。これを聞いて、聖母マリアは神の摂理《せつり》の計りがたいことに、今さらながら驚嘆された。そして神の全能の力をもってすれば、夫を知らないわが身にも救い主を宿らせることができると頼もしく思われた。同時にエリサベトとその夫の喜びを思うにつけ、わが事のようにうれしく思われた。というのも、彼らが子宝に恵まれず、長年、神に子を恵んでくださいとお祈りしていたことをマリアはよく知っていたからである。エリサベトは年をとっているうえに身重《みおも》になっているし、それに夫のザカリアまで口が不自由になっていては手伝いをきっと必要としていることであろうし、何かと不自由なことであろう。マリアは、神の御母《おんはは》、天地の女王に選ばれながら、謙遜に細かい思いやりをもって、家事の雑用を手伝い、胎児《たいじ》の生育《せいいく》に協力するため、また、いとこと喜びを分かち合うためにエリサベトを見舞うことにした。

聖母、ナザレからユダの町へ旅立ち

マリアは急いで旅の身支度《みじたく》をし、エルサレム南方の台地、ユダの町を指して旅立たれた。イスラエルの北部ナザレから南へ南へと歩き、サマリアからユダヤに連なるパレスチナの小路を越すには、徒歩で四日ほどかかり、おとめの足にはかなりの労苦であったにちがいない。しかもラクダを連れた旅行者や商人などの粗野な人々と旅行をしなければならない。しかし若いマリアは、汗を拭きつつ、自らを励ましながら、元気よく歩まれる。さわやかに晴れたガリラヤやユダヤのなだらかな山には、いろいろな小鳥がさえずり、さんさんと降りそそぐ陽光のもとに、目もさめるような色とりどりの草花が咲き乱れ、そよ風に乗ってなんとも言

えない花の香りが、おとめマリアの周りに漂ってくる。昔から多くの詩人や画家たちは想像によって、野山の動物、リス、ウサギ、羊さえもマリアのお通りになる道のほとりに並び、頭を垂れて、清いおとめに挨拶するという、真に実感あふれた、和《なご》やかな光景を生き生きと描き出している。とにかく旅行中のマリアの心は美しい自然の装《よそお》いよりも、さらに美しく深く澄《す》みきっている。マリアはご胎内の子と共に歩む喜びと感謝の気持ちでいっぱいである。しかも揺らぐことのない信仰をもって、マリアは人となられたみ言葉を礼拝される。それは、キリストの御体《おんからだ》を奉持しつつナザレからユダヤへと進む聖体行列を連想させる。聖母の歩みによってその周りの自然も、人間もすべては祝福される。なぜならマリアの母性的な愛、慎み、謙遜、従順などの諸徳に加えてすべての徳の主であるキリストも、マリアを離れずに、諸徳の香りが周囲に発散していたからである。

胎児イエス、胎児ヨハネを浄《きよ》める

数日の旅の後に、聖マリアは、エルサレムの中心から西へ約七キロの山村（現・アインカレム）にある司祭ザカリアの家にたどりつこうとしている。ちょうど家の前に立っているエリサベトは、山道を登ってくるマリアを見つけ、急いで迎えに走る。マリアは、いとこのエリサベトにていねいに挨拶する。エリサベトは年長者だったので、聖母の方から先に挨拶された。謙虚なおとめマリアは、すすんで先に頭を下げ、挨拶の言葉をかけられた。エリサベトが聖母の挨拶を聞くと、その子は胎内《たいない》で躍り、エリサベトは聖霊に満たされた。恩恵に満ちあふれたエリサベトは、また聖母を通して、恩恵の根源たる主キリストに近づいたからである。エリサベトは、感謝の声を上げてマリアの訪問を喜び、

「あなたは女の中で祝福された方で、あなたの御子《おんこ》も祝福された方です。主の母が私を訪問してくださったのですか」と、格調高く叫んだ。ちなみに聖人の誕生日を祝う典礼は無原罪の主キリスト、聖母マリア、洗礼者聖ヨハネの他にない。

エリサベトは聖霊に満たされて、年下のマリアをわが主の母と呼び、そのご訪問をもったいないとも言い、さらに続けて、女の中で特に祝福された者とも言い、あなたは幸いなる者とも言う。これらの言葉は聖母の偉大さを余すところなく表現している。この偉大さにもかかわらず、聖マリアは神の憐れみをたたえるマニフィカト、「わたしの魂は主をあがめ」を唱えられた。

聖母による賛歌（マニフィカト）

「わたしの魂は主を崇《あが》め、わたしの霊は、救い主である神に、喜び躍ります。主が、身分の低いはしために、目を留めてくださったからです。そうです、今から後、いつの時代の人々も、わたしを幸いな者と呼ぶでしょう。力ある方が、わたしに偉大な業を行われたからです。その名は尊く、その憐《あわ》れみは代々《よよ》限りなく、主を畏《おそ》れる者に及びます。主はその腕をもって力ある業を行われ、心の思いの高ぶった者を、追い散らされました。権力をふるう者をその座から引き下ろし、身分の低い者を引き上げられました。飢えた者を善いもので満たし、富める者をむなしく追い返されました」（ルカ1・46–53）。

このマニフィカトの中の46節と48節は、老婦人ハンナがサムエルを産んだ時に感謝の祈りの中で、「主は人を貧しくし、また、富ませ、卑しめ、また、高めます。弱り果てた人を塵《ちり》の中から立ち上がらせ、貧しい人を芥《あくた》の中から引き上げ……」（サムエル上2・7–8）というくだりを暗示している。

聖霊は現世の道徳・政治・経済の価値を逆転

①思い上がる者を打ち散らし……。キリストを光に例えれば、その光を当てられると、反キリスト者は恥ずかしくて光を避ける。ある人は小学校を卒業して数十年後、同窓生の一人が「功成《こうな》り、名《な》遂《と》げ」、キリスト者らしく生きてきたのを見ると、自分の歩いた人生を恥ずかしく思い、身を隠そうとする。

②権力ある者をその座から引き降ろし……現世の独《どく》

裁《さい》的権力者が反キリスト的政治をすれば、独裁者の死によってか、政権の崩壊によってか、権力の座から引き降ろされ、その銅像さえ引き倒される。

③飢えた人を良い物で満たし、富める者を空腹のまま追い返され……反キリスト教社会は飽《あ》くなき利益の追求で利潤《りじゅん》中心の競争社会である。その波に乗らなければ、競争社会の中では落ちこぼれて負け組に入らざるを得ない。しかしキリスト教社会では競争はするけれども、蓄積《ちくせき》した富を貧しい人々や発展途上国のために寄付し、知識や技術を分かち合う。勝ち組と負け組と名付けられる差別をなくし、お互いをキリストにおける兄弟として接する。

聖母マリアの隣人愛

そして聖母はエリサベトの召し使いとなり、人目に立たない、じみな単調な仕事に喜びをもって力の限り働かれた。もっとも高い恩恵をいただき、高い知性に恵まれながらも、聖母は、へりくだった心をもって年上のエリサベトに仕え、三カ月の間、忠実に雑役《ざつえき》をなさった。この謙遜をもってマリアはエバの傲慢から人類に及んだ災いを取り除いたのである。

聖母マリアの霊魂は、最も内面的であり、観想的でありながらも、同時に積極的に外面的にも絶えず働いておられた。聖母は信心深いマリアであるとともに活動的なマルタでもあった。その活動は神との親しい一致という内的観想からほとばしり出たものであった。心の中に充満していた愛徳、幸福が自然に外にあふれ出たのである。マリアは神の恩恵に満ち満ちている方であるから、彼女には、無関心、怠慢、鈍感といったものは、その陰さえも見られない。常にキリストの愛に促《うなが》されて、導かれて常に善業をなし、神に対する愛、隣人に対する愛を行動に表していた。

こうして聖マリアの霊魂から出る愛は絶えず増し、内面的謙遜が深められ、神に一層近づいた。なぜなら聖アウグスチヌスが言ったように、愛の業は、ちょうど神への歩みのようなものだからである。

マリアは、この訪問によってエリサベトを慰め励まし、助けてあげただけでなく、その胎内の子ヨハネを主イエスを通して浄められた。その他に、不信仰の罰として九カ月前から口がきけなくなっていたザカリアの口が開き、舌が自由になって預言して話したのである。マリアの行かれる所には、必ず恵みの源であるイエスがおられ、その恩恵を人々に分かち与えられるのである。

主の昇天（祭日）

（復活節第七主日）

神の右の座につかれた

主イエス・キリストは、ご復活後四十日目にオリーブ山上の弟子たちの目前で昇天された。弟子たちが主の行く先を追って天を仰ぎ見ていると、主は一群《ひとむら》の雲に覆われて見えなくなった。それでも空を見上げていると、白衣の天使が現れて告げた。「ガリラヤの人たちよ、なぜ、天を仰いで立っているのか。あなた方を離れて天に上げられたあのイエスは、天に昇るのをあなた方が見たのと同じ有様《ありさま》で、またおいでになるであろう」（使徒言行録1・11）と。聖書では「天に昇る」という物理的現象としてよりも、むしろ「神の右の座につかれた」ことが強調されている（使徒言行録2・33–34、マルコ16・19、一ペトロ3・22）。

へりくだりから天の光栄へ

①天上の世界へ帰る

キリストは地上に来臨する以前から存在していたことは、古代教会ではすでに暗黙《あんもく》のうちに信じられていた。旧約聖書でも彼は、地上生活を始める前に、神の独り子・神の言葉・神の知恵として神の傍らに存在していたことが記されている。そのため「神の右の座につく」ということは、最初の頃のキリスト論に暗示されているように（使徒言行録2・22–36、10・36–42）、一人の人間が勝利者として神の列に上げられることにとどまらず、その故郷である天上の世界へ帰ることも意味している。このようにキリストは天から降ってきたということを最もはっきりと述べ（ヨハネ6・33、38、41–42、50–51、58）、これを昇天による帰郷と関係づけているのは（3・1、6・62）、ヨハネである。

②死者の中から引き上げられる

しかしパウロは、これと違う考えを述べている。すなわち、「死んだ者は罪から解放されているのです。キリストとともに死んだのなら、また、キリストとともに生きることにもなるとわたしたちは信じます」（ローマ6・7－8）と。この箇所では、受肉によって天から降ったキリストが昇天したのは、「天への帰郷のため」ということよりも、むしろ「死者の中からキリストが引き上げられるため」とされているからである。

③人間の身分から栄光の神へ昇格

またパウロの受けた啓示から「キリストは神の身でありながら、神としてのあり方に固執《こしつ》しようとはせず、かえって自分をむなしくして、僕《しもべ》の身となり、人間と同じようになられました。その姿はまさしく人間であり、死に至るまで、十字架の死に至るまで、へりくだって従う者となられました。それ故、神はこの上なくこの方を高め、すべての名に勝る名を惜しみなくお与えになりました。こうして、天にあるもの、地にあるもの、地の下にあるものはすべて、イエスの名において膝《ひざ》をかがめ、すべての舌は『イエス・キリストは主である』と表明し、父である神の栄光を輝かせているのです」（フィリピ2・6－11）と解釈される。エフェソ4・9－10でも同じ考えが述べられている。

それでキリストの後に従って天の幸せを得たい者はこの世で、ある種の十字架、生活上の種々の苦労を担わなければならないだろう。「メシアは必ずこのような苦しみを受け、その栄光に入るはずではなかったか」（ルカ24・26）とイエスご自身も述べておられるからである。

三位一体の主日（祭日）

（聖霊降臨後第一主日）

三位一体の神への信仰宣言

キリスト信者は、祈りの前後に「父と子と聖霊のみ名によって、アーメン」と唱えるが、これは三位一体の神への信仰宣言でもある。神は唯一であるが、しかし、その唯一の神に三位がある。第一位を父、第二位を子、第三位を聖霊と言う。この三位はいずれも神ではあるが、しかし、三つの神ではない。三位とも同じ本質をもっているので唯一の神である。

この三位は、互いに全面的に自己を譲渡《じようと》し合う。啓示によれば、み言葉である御子は、御父の認識活動によって霊的に誕生し、同時に、御父は御子の存在を望み、全善である神の無限な善を認めて、これを愛する。この御父と御子の友愛から両者の絆《きずな》としての聖霊が生まれてくる。聖霊は、御父と御子が互いに与え合う賜物であり、愛である。

世界創造、救世事業、聖化の業

この三位は神として一様に全能、全知、全善ではあるが、外部に対しては、それぞれ特有な働き方をする。御父は天地万物を創造し、御子は救世事業（知恵）をなし、聖霊は聖化の業（愛）をなす。しかし、これらの働きは一つの神性の中に統合されている。言いかえれば、父と子と聖霊はまったく同一の認識、同一の愛、同一の力を持ち、また限りなく完全な神性を共有している。それで三位の神は別個の行動をするのでなく、共同で行動する。このことは人間の行動にも当てはめることができる。教父たちは、人類全体が三位一体の姿を映している、と教えている。

神の似姿としての人間

聖アウグスチヌスによれば、一人ひとりの人間は神の似姿として造られ、神の命に参与する恵みをいただいている。聖書にも「神はご自分にかたどって人を創造された。人を神にかたどって創造され、男と女とに創造された」（創世記1・27）とある。人間は自己を見つめ、認識し、自分自身に関する一つの像をつくる。そしてこの像を自分と同じように愛し、この像に合致しようとする。このように人間の精神構造は、三位一体の姿を反映して、主体と自己認識と、その間の愛の三つから成り立っている。そして主体は認識の対象や愛の対象と一致しようとする。この三位一体の姿は、人類全体のうちに内在する三位一体の像によって完成される。そして三位一体の似姿として創造された人間は、この姿を完成させる義務を負っているのである。

人間関係は、神の三位の関係を模範

次に、父と子と聖霊は完全に独立した主体であると同時に、互いに自己を渡し合い、受け入れ合うことにより、すべてを共有している。父は子に、その存在自体、その本性とすべての完全性を与え、父と子は聖霊に、その存在のすべてを与え尽くす。

この三位の関係は不完全ながらも人間関係の中に見られる。「私」は必然的に「あなた」を求め、「私たち」となることを求めている。さらにこの「私たち」は、理想的な「私」（永遠のあなた＝神）を求めている。二人の間の友愛は、第三者を引き入れることによって完成される。例えば、子は両親を求め、両親から養育を受ける。両親も子を持つことによって、教えられることも多い。とにかく自己を相手に渡し、また相手を受け入れるという人間関係は、神の三位の関係を模範とし、三位の交わりに近づくことによって完成される。

この三位一体の主日に教会が教えているのは、まず信、望、愛の対神徳を養うことである。三位一体の秘義は人知で理解し尽くすことはできない。この秘義を分かるには聖アウグスチヌスの伝説にもあるように、大海の水を浜辺の砂に注ぎ込むより難しい。理解できないから道理に合わない、信じなくてもよい、というものではない。自然や社会に関する知識でも、私たちは人から伝えられたことを信じているのである。

御父による御子と聖霊の派遣で救世

聖パウロはこう教えている。「しかし、時が満ちると、神は御子をお遣わしになり、女から生まれさせ、……。それは、律法の下にある人々を贖《あがな》い出すためであり、また、わたしたちが神の子としての身分を受けるためです。あなた方が子であることは、神がわたしたちの心に、『アッバ、父よ』と叫ぶ御子の霊を送ってくださったことによって明らかです」（ガラテヤ4・4−6）。「実に、キリストを通してわたしたち両者は、一つの霊によって御父のもとへ近づくのです」（エフェソ2・18）。

以上の教えに従って「第二バチカン公会議」は、人間の救いを御父による御子と聖霊の派遣として述べている（教会憲章3−4、7、9、40項）。教会は祈り、働く。それは全世界のすべての人々が神の民、キリストの神秘体、聖霊の神殿となるためである（教会憲章17項参照）。

すなわち御父は御子を私たちの所に遣わし、御子の御口から御父のことを知らせた。御子は人間となって私たちの間に住まわれた。聖霊は、イエスの受洗の時に鳩《はと》の形となり、あるいは使徒たちの上には火の形となってご自分を表した。また主キリストは、ご昇天の直前に使徒たちに向かってこう仰せられた。「あなた方は行って、すべての国の人々を弟子にしなさい。父と子と聖霊の名に入れる洗礼を授け」（マタイ28・19）よと。

この三位一体の神を信じ、これに希望をつなぎ、三位の愛に倣い、これに近づくことによって、これを愛そう。特に十字を切る時に、あるいは三位の名を唱える時に、三位一体の神を思い起こし、これを誉《ほ》めたたえ、これに感謝し、これに必要な恵みを願おう。それから三位一体の神に倣って自分が「聖霊の神殿」であることを自覚して、自分を尊重し、自分の身を清く保ち、周りの人を大切にし、友愛の輪を全人類まで広げていくように努力したいものである。

キリストの聖体（祭日）

（聖霊降臨後第二主日）

聖体祭日制定の経緯《けいい》

新しい典礼暦によれば、キリストの聖体の祝日は、聖霊降臨後第二主日に定められている。聖体の制定は聖木曜であるが、なにしろこの日は、最後の聖晩餐《ばんさん》に次いで、すぐご受難が始まるので、思う存分喜びにひたることはできない。それで別の日に聖体の祝日を設けて、信者たちは聖体の中におられる神を礼拝し、この聖体によって教会に与えられた大きなお恵みを感謝し、同時にこの聖体の秘義に対する信仰を公に示すのである。昔は聖体行列が盛大に行われたが、最近は交通渋滞の関係もあり、都会では行われなくなったのは寂しい。

　聖体の祝日の制定を最初に提案したのは、ベルギー東部ワロン地域のリェージュのアウグスチノ修道参事会修道女、聖ユリアナである。彼女は若い時から観想や聖体を深く愛し、一二〇九年、ある幻視で月に一つの縞《しま》のあるのを見た。これはその後の幻視の中の声で、教会に聖体の祝日のないことを悲しむしるしであると悟った。それでユリアナは修道女と共に一二三〇年以来、教会当局に聖体の祝日の制定を頼んだ。リェージュの教会当局では、まず、ユリアナの見た幻視を調査する委員会をつくって研究した。その委員の中に、後の教皇ウルバノ四世（在位一二六一―六四年）となったパンタレオンというリェージュの司教座助祭長がいたのである。もちろんパンタレオンはユリアナの主張を支持し、教皇になってからも聖体の祝日の制定の準備をし、一二六四年に聖体大祝日を制定して、これを全教会に守らせた。この教会の命令を受けて、聖体の祝日のミサと聖務日祷の典礼文と賛美歌「パンジェ・リングヮ」を創ったのは、有名な教会博士聖トマス・アクィナス（一月二十八日参照）である。そして十三世紀末から聖体行列や聖体礼拝式などが行われるようになった。

パンの形色を保ちながら聖変化

ミサ聖祭の中で司祭がパンを取って、「これはわたしの体である。これはわたしの血である」と唱える聖変化の言葉によって、キリストは神性と人性、魂と身体、肉と血をもって、パンとぶどう酒の形色の中に、真に、実に、本質的に現存するようになる。この現存があればこそ、私たちはパンとぶどう酒のみ言葉のシ

ンボルのもとに、主イエスに親しく話しかけたり、主から照らされたり、霊感を受けたり、忠実を誓ったり、自分自身を奉献したりできる。

しかし聖変化によって、キリストが特別な方法で天から引き下ろされるのでもなければ、パンとぶどう酒の中に物理的・化学的変化が起こるわけでもない。ただし、不在によるしるしの変化が起こる。すなわち、「これはわたしの体である……」という聖変化の言葉によって物質の実体がパンとぶどう酒から欠脱《けつだつ》し、それがキリストの復活体によって取り替えられたのである。言いかえると聖変化の言葉によって、パンとぶどう酒は神の有力な恵みによって主が自己を糧として与えるしるしとなるのである。それでパンとぶどう酒そのものはもはや単独では自立しない。ただ主のために、主によって、主のうちにのみ存在するよう神の恵みの働きかけを受けるのである。パンとぶどう酒は、かつてその本質において物であったように、今やその本質において、その存在において来たるべき新しい世界のしるし、復活のしるしとなる。つまり、パンとぶどう酒は光栄化されるのではなく、物質の形色を残しながらも、物質の実体はキリストの復活した光り輝く体（宇宙の原型）に変化するからである。言いかえれば聖変化は宇宙の死と、そこから新しい世界へと生まれ変わるしるしであり、象徴である。

キリスト再臨の前表

聖変化は、キリストの体の特別な役割が万物を一つにまとめ上げることであることを指し示している。物質を聖体において聖別することは、キリストの「再臨」によってもたらされる新時代に、物質が新しい次元に高められて完全に光栄に満ちたものとなることの前表である。それでご聖体はキリストにおいて万物の終局的完成をあらかじめ実現していることを意味する。

それでイエスは、カファルナウムで「わたしの肉はまことの食べ物、わたしの血はまことの飲み物だからである。わたしの肉を食べ、わたしの血を飲む人は、わたしの内に留《とど》まり、わたしもその人の内に留まる」（ヨハネ6・55–57）と約束された。復活されたキリストは場所に限定されず、あらゆる所に自己をもたらし、どんな人にも、自己を望む時・望む所で自己を与える力を持っているし、特にキリストの名によって集まった教会を通して、ささげられる感謝の祈りに応えて、自己を与える。

また、キリストは自由な愛をもって、自らの愛をもって、ご自分の愛を示すために選んだ場に現存する。その現存の場は、まず第一に、キリストの御体と御血の秘跡のうちにある。

「わたしの肉はまことの食べ物、わたしの血はまことの飲み物である」という言葉は、多くのユダヤ人、いな、キリストの弟子たちまでが信じがたいとして主のもとを立ち去ろうとした。しかし、主はあえてこれを引き留めもせず、先の約束を取り消しもされなかった。そのうえ、使徒たちに向かってすら、これを信じたくないなら、去れ、という態度を取られた。

麦粉→パン→人となられたキリストの血肉→信徒の飲食物

聖体の制定の言葉は、たしかに分かりにくいように見えるが、自然の変化を見れば、いくらか納得《なっとく》がいくのではないだろうか。例えば麦の種子は穂《ほ》になり、多くの麦粒《むぎつぶ》に増える。これをつぶして麦粉《むぎこ》にし、水でこねて焼いてからパンを作る。これを食べると人間の肉や血に変化してゆくのである。これらの不思議な現象をお定めになった同じ神が、パンとぶどう酒の実体をキリストの肉と血に変えて、これを信徒の飲食物にすることは、いとも簡単である。大切なのはこれよりもむしろ、祭壇上のパンとぶどう酒とそれを受け入れる信徒とが、一つのキリストの体として統合されることである。多くの麦粒が一つのパンになるのと同様に、多くの肢体が一つの体となる。さらに聖体のパンが多くの麦粒から作られた一つのパンであるように、多くの肢体《したい》が合体して一つの体を構成する。また麦粒がパンに変化し、パンが一つの体になると同様に、私たちがキリストの体を拝食する場合も、確実に聖体のうちに実効《じっこう》をもたらす力が宿っている。しかし体を拝食した後の効果は、拝食する本人の心がけ次第で善ともなれば悪ともなり、恵みともなれば罰ともなる。

離脱・謙遜・従順・愛の秘義

ご聖体は離脱と謙遜の秘義である。聖体内におけるイエスは地上のすべての快楽、すべての金銀、財宝すべての虚栄から離脱しておられる。独り寂しく捨て置かれても、じっとそれに耐えておられるのである。神の御子という貴い地位にありながら、少しも飾らない質素な外観の下に隠れ、その光栄を少しも現さず、大多数の人にはまったく知られず、わずかに知られた人にもあまり尊ばれず、時としては背かれ、侮られ、無視されておられるのである。

　私たちもイエスに倣って、自分の思いも望みも感情も、ただ聖体にこもり在すイエスのみに注ぎ、ただイエスのためにのみ燃え立たせ、その反対にこの世の名誉や財宝や、快楽には離脱心をもち、イエスのごとくに世に隠れ、地味にこつこつと精を出して生きるならば、どれほど自分のためにも幸福であり、他の人の魂を聖化することができるであろう。

　ご聖体は従順の秘義である。イエスはその御力《おんちから》を隠し、その御光《おんひかり》をくらまして、自分ではちょうど死体のように人にどう動かされようと抵抗なさらない。扱われるままに従順にお働きになる。司祭が聖体顕示台《せいたいけんじだい》で祭壇の上に挙げようと、これを聖体器に閉じ込めて聖《せい》櫃《ひつ》の中に置こうと扱われるままに御身《おんみ》をお任せになる。

　また、どんな所にも携われて病人の胸にも善人の胸にも、悪人の胸にもお入りになる。だから私たちもイエスに倣って、長上が誰であろうと、まったくこれに信頼してわが身を任せ、その勧め、指導に忠実に従うようにしなければならない。

　また、ご聖体は愛の秘義であり、秘跡である。「わたしは世の終わりまで、いつもあなた方とともにいる」（マタイ28・20）というキリストのお約束はご聖体によって実行された。こうして主は秘跡を通して私たちの中に臨在《りんざい》し、この地上のご生活を継続されるのである。

　主の愛する弟子聖ヨハネは、ご聖体の主の愛についてこう述べている。「イエスは、……世にいる弟子たちを愛して、終わりまで愛し抜かれた」（ヨハネ13・1）と。キリストが聖櫃内にとどまり、さながら囚人のようにただ独り寂しく取り残され、屈辱《くつじょく》を甘んじておられるのは何のためであるか。私たちの霊魂の糧となり、これを養うためである。ちょうど旧約のユダヤ人にマンナを与えたように、「用意されたパンを彼らに天からお与えになった。……あらゆる人の味覚にかなうものであった」（知恵16・20）。

　また、私たちの祈りに御耳を傾け、私たちの相談相手となられるためではなかったか。いつも主は、「労苦し、重荷を負っている者はみな、わたしのもとに来なさい。休ませてあげよう」（マタイ11・28）と、聖櫃の中で自分は人々の無礼と忘恩とを、じっと耐え忍びながらも、人々には、こんなに優しくさし招いておられる。だから誘惑に悩まされ、落胆し、もだえ苦しむ時には、聖体の中にまします主のもとに駆けつけよう。

ただ自分のためだけではなく、聖会の発展のため、教皇、司教、司祭、すべての信徒、死者のためにも主のお恵みをこい求めなければならない。

最大の愛（人々の救霊）の発明者

ご聖体の中にましますイエスは、人々の救霊や幸福について決して無関心ではない。

聖櫃内にあっても、正しい人に善を勧め、罪人を改心に導き、冷淡な者を温め、悲しむ者を慰め、小心な者を励まし、愚かな者を照らそうと絶えず心を配っておられる。すべての人に広く開け放って、その実《み》を分け与えようとなさる。

「わたしは人の子らとともにいるのを楽しんだ」（箴言8・31）。その証拠に毎日十字架上の犠牲《いけにえ》を繰り返され、身を犠牲に供えて私たちの罪の赦しを願い、私たちのために憐れみを求め、恵みをこい求めておられる。「父よ、彼らをお赦しください。彼らは何をしているかを知らないのです」（ルカ23・34）と、今もミサにおいて御父に罪の赦しを願っている。このこと一つを考えるだけでも感謝せずにはいられない。

また、イエスは私たちの間に住むだけではなく、一人ひとりの体の一部分になろうと欲している。最大の愛は言うまでもなくご自分の御体と御血を私たちの精神の食物となさったことである。人類に対して、イエスは愛の最大の発明者である。

サレジオの聖フランシスコは次のように述べている。

「二十五年間にわたる私の活動の経験によれば、この聖なる秘跡を、ふさわしい信仰と潔白《けっぱく》とをもって拝領する者は、善を行い悪を遠ざける力と大きな慰めとが与えられ、この秘跡の中に霊魂を聖ならしめる不思議な力のあることを悟ることができる」と。

六月の聖人

「主の霊がわたしの上におられる。貧しい人に福音を伝えるために、主がわたしに油を注がれたからである。主がわたしを遣わされたのは、囚われ人に解放を、目の見えない人に視力の回復を告げ知らせ、抑圧されている人に自由を与え、主の恵みの年を告げ知らせるためである」。

（ルカ 4・18）

幸いなるかな心の貧しき人　天国は彼らのものである

六月一日
聖ユスチノ殉教者

キリスト教的哲学・神学の開拓者

紀元二世紀初頭、ユダヤに始まった小さなカトリック教会はしだいに発展し、ローマ帝国全土に広がり、知識層へ浸透《しんとう》していった。それにつれてキリスト教は遅かれ早かれ当時の思潮《しちょう》と対決せねばならなかった。ここに学問と信仰、科学と宗教の問題が起こったのである。アテネ、アレクサンドリア、ローマなどの異教徒の学者が、理論的にキリスト教を攻撃しだした。その上、教会内部からも時代の思想にかぶれて謬説《びゅうせつ》を唱える者が出た。そこでキリスト教的な学問も必要になってくるわけだが、幸いにも、その頃は偉大な思想家が相次いで現れ、学問と宗教を結びつけるキリスト教的哲学・神学の畑を開拓していった。この学問の発展のためにまず扉《とびら》を開き、道を整えたのが聖ユスチノであった。

ローマ・ギリシア文化を吸収

ユスチノは一〇三年頃、聖地パレスチナのネアポリス（古代のシケム＝現・シリアのナーブルス）に生まれた。この町は七〇年にローマ軍によって破壊され、後にローマ人やギリシア人の移住地となった。ユスチノの父もこの時の移民の一人だった。異教徒の両親のもとで育ったユスチノはカトリックではなかったが、青年時代から思索《しさく》を好み、まじめに真理を求めていた。それで方々《ほうぼう》の哲学者を訪ねたり、読書したりしてストア、ピタゴラス、プラトンなどあらゆる学派の哲学を研究した。しかし、どの学説も彼に十分な解答を与えないばかりか、懐疑《かいぎ》を抱《いだ》かせるばかりだった。

その後、ユスチノは小アジア（現・トルコ）の港町、エフェソに引きこもり、一人静かに思索にふけった。ある日、浜辺《はまべ》を散歩していると、偶然にも気品のある老人に出会った。老人はユスチノの内心の苦悩を見てとって、「お前は雄弁家になろうとばかり頑張っているが、真理に基づいて活動したい人の友になりたくはないのか。……聖書を読んでみなさい。また天来の光と力を与えてくださいと謙遜に祈りなさい」と勧めた。その言葉が、ユスチノの心底《しんそこ》を揺り動かし、聖書を読むと、言い知れぬ心の平安を覚えたので、三十歳の時、洗礼を受けた。

現トルコ、ギリシア、ローマで巡回説教師

受洗後、ユスチノはキリスト教の説を最高の哲学、最高の道徳としてこれを実践し、模範的な信仰生活を送った。そのうえ、彼は他人をもカトリックの信仰に導こうと思い、哲学者の白いマントをまとって、小アジア、ギリシアの町々を遊説《ゆうぜい》し、ローマに至った。ローマでは富豪《ふごう》チモテオの造った大浴場の付近に学校を開き、哲学やキリスト教を教え、著作活動に携わった。

ユスチノは司祭にならなかったが、信者の団体を旗《はた》揚《あ》げして、みんなから師父のように尊敬されていた。彼は知識層の心理をよくつかみ、彼らの学問の中に見いだされる真理を寛大に認め、それを永遠の真理であるキリストの部分的な姿と見なし、これを清め高めてキリストに向かわせるようにした。

キリストはロゴス（み言葉）により万物を主宰《しゅさい》

ユスチノによれば、世界にあるすべての真理は、ただ一つの源泉から出ている。これはすなわち、キリストである。そしてキリストは三位一体中の第二のペルソナ、つまりロゴスであり、また神の英知として永遠から永遠に至るまで万物を主宰しておられる。そして人間は、その理性において、この英知の要素、いわば一つの真理の種子を持っているので、真理をわきまえることができる。このようなロゴスの種子を特に多く与えられた者が、ユダヤ人の預言者とか、ソクラテス、プラトンのような哲学者たちである。ロゴスが受肉して世に現れる以前に、人間はつたない知恵で、多少このロゴスのまかれた種子を通して真理を見いだすこと

ができた。そして神のみ言葉は、キリストの降誕によって、ようやくこの世に現れたのである。だから神のみ言葉を伝えるキリスト教は、永遠の真理そのものであり、すべての哲学や学問の完成である。素直な心で真理を探究する哲学者ならば、遅かれ早かれキリストまで進み、その教えを受けるはずである。

「第二バチカン公会議」の寛容と対話の道を開く

このようにしてユスチノは、すでに千八百年以前に、「第二バチカン公会議」の寛容と対話の精神の道を開いていたのである。教会憲章は言う。「教会はその働きをもって、人々の心や考え、あるいは各民族固有の風習や文化の中に見いだされる、すべての良いものが滅びることがないように心を配るだけでなく、神の栄光をたたえ、悪霊を狼狽《ろうばい》させ、人間を幸福にするために、それを改め、高め、完成させるようにする」（教会憲章17）。

ローマ皇帝による信徒の保護と迫害

時のローマ皇帝アントニノは、温和な性質でキリスト教に対してわりと寛大だったが、ユダヤ人の告げ口を信じて迫害を始めた。それでユスチノは非常に心配して、皇帝宛てに次のような大要の弁明書を書いた。

「……キリスト信者の希望は現世《げんせ》にはない。彼らは、この世でどんなに不幸であろうとその教えを捨てようとはしない。真に国家の秩序と平和に貢献《こうけん》することにおいて、キリスト信者の右に出る者はない。悪人と善人、貪欲《どんよく》な者と売国奴《ばいこくど》との別なく、誰でも神の目を逃れることはできない。すべての人は自己の行いの善悪に従って永遠の賞罰を受けるべきである。

……キリスト信者は、神の与えられた来世の福楽を得るために、欲を抑え、徳を積み、どんな苦しいことでも忍耐するであろう。国家の法律や刑罰だけでは、とうてい悪人の種子を絶やすことはできない。巧みに法律の網をくぐり、警察の目を逃れる道があるからである。ただ全知全能の神を信じ、内密な思い望みまで照らされる神を信ずる者だけは、どんな悪事も犯すことができないであろう。

キリスト信者が、十字架にかかった神を拝むのは愚かなことである、と人は非難する。われわれは、以前は不潔なことを望んだけれども、今では潔白なことを望む者となっている。……以前には、ただ金をもうけることばかりを考えていたが、今では自分らの財産を共有して他人といっしょにこれを使用している……」と。皇帝はこれを読んで、ただちに迫害の中止を命じた。しかし次のアウレリオ皇帝は、ユスチノの再度の護教書を黙殺《もくさつ》し、さきにユスチノと討論して負けた哲学者クレセンスの讒訴《ざんそ》に乗せられて、ユスチノを逮捕させた。まもなく六人の信者と共に裁判官ルスチクスの前に引き出されたが、その時のごく簡単な審問《しんもん》の記録が、まだ残っている。

裁判官「おまえは、残念にも宗教にかぶれているそうだな?」。

ユスチノ「いいえ、真の信仰を守っています」。

裁判官「どんな教えなのか」。

ユスチノ「私は以前、すべての教えを知ろうと努めましたが、とうとうキリスト信者の真の教理を選びました。もちろん誤謬に包まれている人々は、それを認めませんが……」。

裁判官「おまえはキリスト信者なのか」。

ユスチノ「さようでございます。真の教えとして固く信じます」。

裁判官「では真の教えとは、いかなるものか?」。

ユスチノ「われわれはキリスト教の神、すなわち、初めより唯一の神にして、すべてのものの創造主を礼拝いたします。救いを告げ、また、最高の律法を教えるため、人間になり、預言者によって語られた神の御子であるイエス・キリストを礼拝いたします。私はか弱い不完全な人間として限りない神についてふさわしく述べることができません。そのために預言者の力が必要でしょう。私は今、神と申しました。そのお方はすなわち、あらかじめ告げられたお方でございます。かつて預言者たちが、神がこの世に降られたことを預言したことを私は知っています」。

キリストの証人《しょうにん》として

こうしてユスチノは、官吏《かんり》と裁判官らの前でキリストのためにりっぱな証《あかし》を立てて、言葉どおりキリストの証人となった。しかし、裁判官はこれでその話をうち切り、ユスチノの信仰や信者の集会所について尋ね始めた。ユスチノは、決して友達を裏切らなかったので、その質問に答えなかった。

それから裁判官は他の信者を簡単に尋問《じんもん》した後、いま一度、ユスチノを脅《おど》かした。

「考えなさい。おまえは学者と言われる。また真の教えを持っていると自分で言っている。もしこれからおまえをむち打たせ、おまえの首を切らせても、おまえはなお、天国に入ると確信しているのか」。

ユスチノは、もの静かな態度で答えた。「……確かにキリストの掟《おきて》を守る者として定められた報いを受けるだろうと希望しております」。

裁判官「それではおまえは、天国に行って報《むく》いを受けるとでも思っているのか」。

ユスチノ「そう思っているだけではありません。それを知っています。これについてはまったく疑いもないほど確信しています」。

裁判官は、とうとうユスチノの信仰を揺るがすことは不可能だと悟り、命令した。

「おまえら、前に出て、神々に供《そな》え物をささげよ」。

ユスチノは拒絶した。

「道理のある人間であるならば、決して神を捨てて、偶像崇拝や誤謬に陥ることはありません」。

裁判官は、なおも脅《おど》した。

「おまえらが、わが命令に従わなければ、容赦《ようしゃ》なく拷問《ごうもん》するぞ」。

ユスチノはほほ笑んで言った。「わが主イエス・キリストのために苦しみを受け、それによって救われることは、私どもの最も大きな名誉であり望みでございます。そうすれば私どもは安心して何の恐れもなく、全人類の審判者《しんぱんしゃ》であるわが神と救い主の恐るべき裁判に進み出ることができるでしょう」。

他の信者一同も、彼に合わせて声を上げて叫んだ。

「どうぞ早く拷問してください。私どもはキリスト信者です。決して偶像に供え物はいたしません」。

ついに、裁判官は判決を下した。「これらの者は、皇帝の命令である神々に供え物をささげることを拒絶《きょぜつ》した故、法令の定めによって、むち打たれ、かつ死刑に処せられるべし！」。

この暴力裁判によって、結局、ユスチノは斬首《ざんしゅ》されて殉教した。権力者は人の命を奪い得たとしても、人の固い信念まで曲げることはできないのである。

六月二日
聖マルチェリノ、聖ペトロ殉教者

殉教者の血は新しい信者の種子

二世紀のキリスト教神学者テルトゥリアヌス（アフリカ・カルタゴ＝現・チュニジア出身）は殉教について、こう述べている。「み言葉がこの世に来られると間もなく、その存在それだけで、憎しみを呼び起こした。……けれども真理には、それ自体で戦う力があった。……殉教者の血は新しい信者の種子となる」と。本日の二人の殉教者も多くの新しい信者を生み出す原動力になった。

悪霊を追い払う

四世紀のローマの聖職者の中にマルチェリノ司祭と抜魔師《ばつまし》ペトロがいた。三〇四年、ヂオクレチアノ皇帝（在位三〇三―一一年）の大迫害時代に、二人ともキリストを信じているという理由だけで捕らえられ、投獄された。ある日、アルテミオという守衛《しゅえい》が、獄内に食べ物を差し入れた時、ペトロは守衛の表情がさえないのを見て、「何か心配事でも」と尋ねた。すると、「ほかでもない。私の娘が悪霊につかれ、時々奇妙な振る舞いをするのでね。今朝も、娘の変な言行を見るにつけ、どうしたらよいものか心配でたまらない」と答えるのであった。ペトロは「それだったら、別に心配ありませんよ。ただ悪霊さえ追い払えば、病気はたちどころに治りますよ」。「私もそうだと思うが、悪霊を追い払う方法がなくて困っているのだ」「神のお許しがあれば、私が喜んで、悪霊を追い払ってあげましょう」。

しかし、アルテミオは、そんなことができるものかと冷笑《れいしょう》しながら立ち去った。そして家に帰ると妻に、「今日、囚人の一人が、娘の病気を治してあげようと申し出たが、とても信じられないな」と話しかけた。妻は、藁《わら》をもつかむ気持ちで、「どうして、あなたはその人に頼まないのですか。やってみて効《き》き目《め》がなければ、それでもともと、しかし治れば、それに越したことはないではありませんか」と夫に勧めるのであった。アルテミオは、妻の言葉に動かされて、ただちに牢獄へ行ってペトロに会い、むりに願って、自分の家へ連れてきた。ペトロは、悪霊につかれた少女の前にひざまずいて、しばらく祈りをした後、声を上げて悪霊払いの祈りを唱え始めた。すると悪霊は、「ペトロ、ペトロ。おまえの中には、キリストの霊がいるから、おれはどうにもならない。この少女から逃げ出すよ」と叫んだ。たちまち少女は夢から覚めたかのように正気《しょうき》に返り、普通の健康体になった。

守衛のアルテミオ、受洗

このことから、アルテミオをはじめ近所の人たちは、キリスト教の教えを学んで洗礼を受けるようになった。アルテミオは洗礼日に、恩赦《おんしゃ》のつもりで、すぐ牢獄へ行って、その中にいた信者たちを逃がしてやった。しかし、マルチェリノとペトロは獄を出ず、ますます熱心に獄内の未信者たちに教えを説いていた。後で、これを聞き知った総督は、非常に驚き、アルテミオを逮捕して審《しん》問《もん》した。アルテミオは、「私はキリスト信者の無罪をよく知っていますから、釈放しました」と答えた。総督は大いに怒り、アルテミオを気絶《きぜつ》するまでむちで打ち叩かせ、同時にその妻と娘をも捕らえ、この三人を投石《とうせき》の刑に処した。

殉教を隠し、森で斬首

それから、マルチェリノとペトロをローマから五キロほど離れた寂しい森の中に引き立て、ひそかに斬首の刑にした。いばらの生《お》い繁《しげ》る藪《やぶ》の中に遺体を埋め、その墓が信者たちに分からないようにした。しかし、しばらくしてから敬虔な貴婦人ルチラが啓示を受けて、連れの信心深いフィルミナ婦人といっしょに墓を見つけ、両殉教者の遺体をカタコンブのラビカナ街道（コロセオから東に向かう道）に沿った地下墓地に埋葬した。

後にコンスタンチノ大帝（在位三〇六―三三七年）は、皇太后《こうたいごう》ヘレナのたっての願いで、その近辺《きんぺん》（サンタ・マリア・マッジョーレ大聖堂とサン・ジョヴァンニ・イン・ラテラノ大聖堂との中間あたり）に二人の名義《めいぎ》聖堂を建設し、そこに両殉教者の遺体を埋葬した。当時の習慣として、ヘレナをはじめ、多くの上流階級の人たちも殉教者の傍《かたわ》らでの永眠を望み、隣にその人たちの墓所が設けられた。殉教者二人の墓は古代後期から中世にかけて、巡礼者が好んで訪れた場所の一つとなった。

六月三日
聖カロロ・ルワンガと同志殉教者

「このアフリカ人の殉教者たちは勝利者名簿に追加されます。この殉教者名簿は古代アフリカの奇跡に、誠にふさわしい一ページを加えるものであり、悲しくも輝かしい一ページです」（一九六四年、列聖式における教皇パウロ六世の説教）。

殉教地とアフリカの国状

今日記念する殉教者たちは、アフリカ東南部のウガンダで一八八五年から八七年にかけて殉教した二十二人の黒人である。北アフリカにキリスト教が伝えられたのは一世紀であったが、三、四世紀には最盛期を迎えた。その後、北アフリカはドナチスト派（秘跡の授与者に徳がある程に、秘跡はより効き目があるという異説）に荒らされ、七世紀にはイスラム教徒の手に落ちた。それ以来、十八世紀末にアフリカの白衣宣教会が宣教するまでアフリカの教会はあまり発展しなかった。十九世紀になると、「カプチン会」などが中心になって宣教活動が盛んになった。

一八七九（明治十二）年、ルーデル神父を長とする白衣宣教師たちがウガンダに入国したが、その時のウガンダ国王ムテサは、同国の三十代目の君主として、すでに二十二年間も王位にあった。その書記官カティキロはイスラム教徒に支持されていたが、大変ずる賢い、不道徳な人物であった。

白衣宣教師たちによる宣教

ルーデル神父たちは毎日、ルガバという黒人街に出て行き、宗教について、学問について、農耕技術などについて住民たちと話し、その心をとらえていた。その後、ルガバに「無原罪の御宿り聖母教会」を建て、数人の求道者も獲得できた。そのほかルーデル神父たちは診療所《しんりょうしょ》を開き、治療を施し、孤児の世話に当たった。この機会に、住民と話し、キリストの教えを説き、多くの求道者をつくった。その中には王宮に出《しゅっ》仕《し》する人々が数人いて、侍従兼王室長官ヨセフ・ムカサ・バリクデムをはじめ、キゴワ地方の族長アンドレア・カツガワ、少年召し使い頭《がしら》カロロ・ルワンガ、マチア・ムルンバ……などの主だった王宮出仕の少年たちは、神父の周りをとりまき、熱心で、しかも模範的な求道者となった。このうちのある者は翌一八八〇年の聖土曜日に、他の人々は聖霊降臨祭に洗礼を受けた。

イスラム教徒らの悪だくみ

その後、ムテサ王自身もカトリックに改宗したいと言い出した。これを聞いた先の書記官カティキロは一計を企《たくら》んだ。王の病気を治してあげるという口実で、一人の祭司を王のもとに遣わし、こう告げさせたのである。「陛下、もしあなたが、この首都ルガバに神殿を建てれば、神はあなたの病気を治すに必要な手段を啓示してくださるでしょう。しかし、神殿は七日以内に建てられねばなりません」と。こうして神殿が建《こん》立《りゅう》された。その時も書記官カティキロの差し回しの巫《み》女《こ》が神のお告げといって、こう伝えたのである、「私は国王に対し怒《いか》っているのだ。白人どもは、この地の種族の神々を滅ぼそうとしている。それにもかかわらず、国王は白人どもをこの地に住まわせているが、これは殺さなければならない。彼らを殺すことによって王の病は治る！」と。

その後、夜遅く、王宮出仕の少年たちが司祭館を訪問し、こう報告するのであった。「神父様、国王は全住民をイスラム教寺院に参詣《さんけい》させ、イスラム教の祈りをささげるよう命じています。それを拒《こば》めば殺されます」。神父は尋ねた。「で、君たちはどうする」。「洗礼志願者ですから、国王の命令を拒みます」。「拒むと殺されるだろう」。「かまいません。神父様はイスラム教寺院に行って祈るな、とおっしゃいましたから」。

ムワンガ王、悪書記官に操《あやつ》られる

宣教師たちは、自分たちがいれば求道者たちの生命が保証できないと心配し、一八八二年に一時ウガンダを引き揚げることにした。宣教師のいない後、ウガンダの信者、求道者たちは、国王の身辺に侍《はべ》るヨセフ・ムカサを中心にして、信仰を保つように努めた。そのほか、副族長マチア・ルムンバと召し使いの少年たちの頭《かしら》カロロ・ルワンガが、信者の指導をしていた。時にはヴィクトリア湖南岸にいる宣教師たちのもとに使者を遣わし、ウガンダの様子を告げた。使者は、その折に秘跡を授かり、霊的指導などを受けていた。この人たちを中心にしてウガンダには、しだいに信者が増加していた。

やがて国王ムテサは、一八八四年、脳出血のため急死した。その息子ムワンガは、かつて宣教師たちの教えを聞き、キリスト教には好意をもっていた。しかし、アラブ人との交際で、悪い癖《くせ》を身に付けてしまった。同性愛、アヘンの吸飲《きゆういん》、酒、女遊びといった悪習によって、判断力も意志力も狂い、ひいてはウガンダ国と自分の上に災難を招くことになった。書記官カティキロは、この皇太子の弱点を利用して自己の勢力拡大を計った。そして、まず十九歳のムワンガを国王に選び、法務大臣と防衛庁長官とを自分の友人の中から選任した。

ムワンガ王はキリスト信者に信仰の自由を与え、王室の重要な地位に信者を選んだ。それで宣教師たちはウガンダに再入国し、信者たちといっしょに公然と礼拝を始め、学校、児童養護施設、要理教育などに着手しだした。また王宮に仕える少年たちはカトリック要理を勉強するようになった。以上の動きを苦々《にがにが》しく思い、妬《ねた》んだのがカティキロであった。そこで少年たちの悪口を王に告げるのである。少年たちの頭である二十五歳のカロロ・ルワンガと二十歳のムカサを中心に、多くの少年たちが古来伝統の宗教を捨て、神々を侮辱していること、神々のお守りを焼き捨てていること、王の妻妾《さいしょう》たちはしだいに、ハーレム（後宮《こうきゆう》）から去っていること、少年たちは王の酒盛《さかも》りの相手をしなくなっていることなどを耳打ちした。

殉教者の血は新たな信者の種

王は、かんかんに怒り出し、「なんと不忠実、不従順なやつだ！　よし、今に目に物見せてやる！」といきり立った。そしてカティキロに命じ、王の理不尽な命令、不潔な誘惑に従わない少年たちをはじめ、妻妾や老人たちを反逆罪のかどで次々に殺害しだした。ある者は細切《こまぎ》れにされ、犬に引き裂かれ、首をはねられた。十三人は葦《あし》のむしろに巻かれて生きながら焼き殺された。年齢もさまざまでマチア・カレンバは五十歳、キジトは十三歳、大多数は十六歳から二十四歳まででであった。大部分は受洗したばかりで、四人の少年は、まだ洗礼志願者であったのを、少年たちの頭カロロ・ルワンガが処刑直前に洗礼を授けたのである。カトリック教会と英国聖公会の信者百人以上の殉教者を出した迫害は、一八八五年十一月十五日から一八八七年一月二十七日まで続いたが、一八八六年六月三日のナムゴンゴにおける火刑によって、迫害は最高潮に達した。キリストの名のために殉教した人たちのまいた種によって、今日、ウガンダの教会は大いに発展したのである。

六月三日

聖ヨハネ二十三世教皇（在位一九五八―六三、「第二バチカン公会議」開催者）

カトリック教会を現代化へ

本名は、アンジェロ・ジュゼッペ・ロンカッリ。カトリック教会の現代化を呼びかけ、「第二バチカン公会議」開催を指示して世界を驚かせ、実際に開会までこぎつけたが、会期途中で世を去った。エキュメニズム（教会一致）の精神に従って、他教会や他宗教との対話に積極的であった。

それに加え、教皇ヨハネ二十三世はカトリック教会を現代化するために、教会と社会とのつながりを親密にし、生活の中に信仰を生かすことによって修徳《しゅうとく》に励み、聖書と歴史を重視する方向へ導いた。

半小作農家出身

アンジェロ・ジュゼッペ・ロンカッリは、一八八一（明治十四）年十一月二十五日に北イタリア・ベルガモ県郊外のソット・イル・モンテ（山の麓《ふもと》）でメッツァドロ（半小作農）の十三人兄弟の四番目に生まれた。半小作農とは山麓《さんろく》を開墾《かいこん》し、作物の植え付け・収穫に汗を流して働く肉体労働者がいる一方で、他方ではその労働賃金を支払う地主がいて、収穫物は半々にするシステムのことである。アンジェロの父バッティスタは前者の肉体労働者である。大司教となったアンジェロ・ロンカッリは、ある機会にこう述べている。「人を落ちぶれさせるためには、酒と女と農耕の三つの方法がある。私の父は、その中で最も気のきかない農耕を選んだ」と。確かにアンジェロの幼年時代、ロンカッリ家は貧しかったが、一九一九年にはロンカッリ父子の努力が実り、耕作地と家屋《かおく》を地主のモルラーニ伯爵から買い受けることができたのである。

当時、この部落は、わずか数軒の家が点在するだけであり、現在は教皇の出身地というだけで、観光用の標識《ひょうしき》がどの角にも立っている。ここで言う「山の麓」とはアルプスの裾《すそ》に広がるロンバルディア平野から緩やかに隆起《りゅうき》する山並みの斜面に広がる小さな村落のことである。

現在ここには新しい家屋が次々に建ち、道路は舗装《ほそう》され、セメント工場が出来、山頂を結ぶ高架ケーブルまで出来て交通の要《かなめ》となっている。ここはベネチア教区に属し、アンジェロ・ロンカッリが一九五三年に七十二歳でベネチア総司教になった時、古里《ふるさと》へ戻った気になった村落である。

ロンカッリ父子と一緒に住んでいた大叔父ザベリオは特に信心深く、毎晩一家を台所に集めてロザリオを唱え、その後、黙想書から一節を読み聞かせていた。この老人はイエスのみ心への信心があつく、幼いアンジェロに救い主の人間的ないつくしみを教え、土地の祠《ほこら》へ案内した。アンジェロは五歳頃からミサで司祭の手伝いをし、洗礼式には塩とろうそくを携えて司祭に仕えた。

一八八七年十月に満六歳になったアンジェロは、村の小さな家で小学一年生となり、翌年には村のベルチオ地区に建てられた新校舎で二年生の授業を受けた。十九世紀末頃の公立学校の教師はフランス革命の影響を受けて反聖職者主義の政府から任命されていたので、信心や要理の暗記に熱心な小学生のアンジェロが他の少年たちから「キエリケット（小坊主《こぼうず》）」と呼ばれ、からかわれたり、いじめられたりしても軽く受け流した。

ある日、視学官が授業の視察に訪れ、子どもたちに質問した。「一クインターレ（百キロ）の藁《わら》と百キロの鉄とどちらが重いかね？」。「鉄です」と、みんな一斉に答えた。ただ一人、アンジェロは「同じ重さです」と笑っていた。下校の時、他の生徒たちが、妬《ねた》みから、頭の良い彼に食ってかかったのは言うまでもない。

小・中・大神学校で

アンジェロは村の小学校時代、いつも首席で通し、しかも品行方正《ひんこうほうせい》であったので、将来はひとかどの人物になれると予想されていた。十九世紀末の北イタリアの小村の貧しい階層にとって、子弟に高等教育を授ける唯一の方法が、神学校への入学であった。成績優秀のアンジェロの場合も、慈悲深い地主モルラーニ伯爵が学費の援助を申し出たのである。

村の主任司祭はアンジェロに期待をかけ、隣村カルビコの司祭ドン・ポリスにアンジェロにラテン語の手ほどきを頼んでくれた。大男で力持ちのその司祭は、生徒が間違った答えをすると、その耳を打ち、頭を叩くなど、生徒に厳しく、司祭志望を諦《あきら》めさせるほどであった。

ラテン語の苦学一年を終えたアンジェロは、一八九一（明治二十四）年十月、十歳足らずでカルビコから丘を越えた約八キロ先のチェラナ教区立学院へ入学できた。この学院では中等教育が行われ、聖職志願者にとどまらず、一般学生も学んでいた。

アンジェロはこの学院で二学期間を過ごしてから中途退学し、故郷の主任司祭の紹介で一八九二年十一月からベルガモの小神学校で学び始め、三年後に同校の中神学校に進学。ベルガモではイタリア・カトリック社会運動の指導者であった司教グインダニ（在位一八七九―一九〇四年）の感化を受けた。この司教の指導のもとにアンジェロ神学生は「カトリック社会問題研究会」で社会への関心を高め、問題解決への意欲を高めた。

三年間で聖職者に必要な基礎課程を終え、一八九五年十一月、大神学課程へ進学した。この頃、優秀な神学生にしか入会が認められない「無原罪の聖母のお告げ会」の会員となった。この頃からの霊的体験をノートに記したものが『魂の日記』(ドン・ボスコ社)として訳出公刊されている。その中で一八九七年に聖なる純潔についてこう記している。「……自分を信用せず、ただ神と聖母マリアに信頼して、謙遜を土台に置こう。ことに聖体拝領において自分をささげよう。処女の女王に対しては、ロザリオの最初の一連をささげよう。やむなく民衆に交じる時にも……恥知らずな広告・画像・店先《みせさき》などを眺めないこと。……婦人をじっと見つめないこと。決して打ち明け話をしないこと。もし語る必要があれば、短く用心深く率直な言い方をするように努めること。軽薄《けいはく》な本、わいせつな画像は、決して手にしたり見たりしないこと」と。

聖年に当たる一九〇〇(明治三十三)年二月のベルガモ神学校での黙想会において、十九歳のアンジェロ神学生は、「魂の日記」に次の反省を述べている。「……私の霊魂によって、神の顔の光線が私の上に輝き、私は記憶によって御父と似ており、知性によって御子と似ており、意志によって聖霊と似ている。そればかりでなく、神は人間の霊魂のために御血を流されたから、霊魂には無限の価値がある。……すべての人が神の似姿であるなら、どうして万人を愛さないで、軽蔑《けいべつ》してよいものか。私は罪人なのだ。したがって押しつけがましい言葉も、高ぶった態度も慎み、目を下むきにし、心貧しきものとなり、仲間に優しく付き合うべきである」と。

同年九月一日の「魂の日記」には、「司祭たちの前で、政治の専門家ででもあるように、あれこれ論評《ろんぴょう》し、神学生としての私の地位にふさわしくない仕方でこれらの問題に立ち入ることが、時々ある。(中略)私が司祭になったら……しかし、今さしあたっては、できるだけ読書して、健全確実な原理を獲得しなければならない。努めて人の言うことを聞くことだ。ことに主任司祭や助任司祭との普通の会話の水準を幾らか超える問題については、何も知らないふりをすることだ。このような場合、聖フランシスコ・サレジオならどうするだろう」と記している。

学生時代アンジェロを悩ませたのは、試験で常に良い成績を上げたいという絶えざる欲望であった。この欲望について、こう考えた。「他人が私以上に神の賜物である才能や記憶力を持っているからと言って、嘆くに当たらない。神が私に与えてくださった賜物に比べ、それより少ないものしか受けられないことだってあり得たのだ。試験の結果が私にとって大事なことは言うまでもない。だが、神の思し召すままに私の全力を尽くした以上は、勉強の結果の良否など、どうでもよいのではないか。……試験の成功に、なぜこれほど不安がったりやきもきしたりするのか。それは根本的に見れば、私が世人の判断の奴隷《どれい》であるために、自分についての世評《せひょう》を気にしているからだ。なんとばかげたことか」と。

アンジェロが特別に崇敬《すうけい》していた聖フランシスコ・サレジオ（一月二十四日参照）は、宗教改革者カルヴィンが拠点《きょてん》としたスイスのジュネーブの司教であり、宗教・社会問題に上手に対処したからである。この聖人に加えて反宗教改革の立役者、聖カロロ・ボロメオ（十一月四日参照）の小肖像画《しょうぞうが》をアンジェロ神学生は身に付けていたが、この聖人に倣い、政治・社会問題について自分なりの見解《けんかい》を持っていた。その上、ミラノになじみやすい山麓の土地柄か、アンジェロは音楽や絵画にも興味を持っていた。

さらに一八九八年七月十九日の「魂の日記」には、「休暇中には、科学や文学の授業はないが、秘跡のうちに、私にとっての天上的学校が開かれ、想像を絶する最上の教師であるイエス・キリストが親しく教えてくれる。ここで教えられる主要科目は、謙遜と愛である」と記述している。

ローマの大神学校で

一九〇一（明治三四）年、二十歳のアンジェロは、ベルガモ教区出身の神学生を対象とするチェラゾーラ奨学《しょうがく》金授賞の選抜学生三人のうちの一人となり、ローマの教皇立アポリナーレ大神学校に同年一月に入学した。彼はすでに神学の課程を一年終えていたが、年少という理由で、この課程を最初からやり直しさせられた。しかし、同年六月には神学の試験に合格し、同時に聖書学に必要なヘブライ語でも賞を得ている。四月後半の黙想ノートにこう記されている。「勉強して大いに学び、多くの知識を蓄《たくわ》え、学問の力でキリストのために人々の霊魂をかちえたいという、やや行きすぎて多少うぬぼれも交じっている欲求を私は持っている」と。

カトリックの司祭となるために、社会的、人種的差別はない。それにはただ道徳的資質《ししつ》や知的能力が選抜の基準となるだけである。そうは言っても、当時としては社会階級が無視されたわけではない。貧しい家庭出身のアンジェロは世界各地から最優秀の、しかも貴族出身の神学生が学位取得を目指して大勢集まるアポリナーレ校の中で、いかに主キリストが大工の息子と思ってみたところで、彼らに引け目を感じないでいただろうか。

兵役体験による反省と決意

一九〇一年の十一月、満二十歳のアンジェロは一年間の兵役《へいえき》に服さねばならなくなった。これは当時の反聖職者主義の処置であり、アンジェロはこれに抗《あらが》わず、ベルガモの兵営に出頭した。後に彼は男社会の軍隊生活一年間を振り返り、その体験を「バビロンの捕《ほ》囚《しゅう》」と名付け、一九〇二年の十二月に行った十日間の黙想での反省と決意とを長い記録で残している。「軍隊は町を水浸しにするほどの汚物《おぶつ》が流れ出す源泉だ。神の助けがなかったら、誰もこの泥の洪水から抜け出ることはできまい。（中略）そもそも理性的人間が、こんな点まで低落《ていらく》できるなどと、私は考えていなかった。……主イエスよ、私は自分のためにも、おののいています。『天の星は地上に落ちた』（黙示録6・13）とすれば、ちりに等しい私はどんな望みを持てようか。今日以後、私は世間のお笑いぐさになろうとも、この点に一層厳しく用心しよう。不純な話題を避けるために、純潔についてもほとんど、いやまったく言わないのがよいと思う」と。

軍隊生活の体験から決意したのは、ただ女性に目を向けるとか向けないとかのことではなかった。アンジェロは誘惑を感じるより先に、その低俗さにへきえきさせられたようである。そうは言ってもアンジェロは兵役を逃避《とうひ》せずに、下士官候補生として立派に勤め上げた。その証拠に短期間で軍曹にまで昇進して退役したのである。

ローマの神学校に復学したアンジェロは感謝に満ち、学問と修徳に励み、広く社会・政治問題にも関心を寄せた。とかく当時の教会はプロテスタント主義に反論し、カトリックを擁護《ようご》するため理詰めで教理を説明していた。すなわちギリシアのアリストテレスの哲学体系に基づく、聖トマス・アクィナス型のスコラ哲学・神学である。演繹《えんえき》・帰納の論法を駆使《くし》し、教理を論理体系化し、これに組み入れられないものは排除《はいじょ》される。まるで将棋《しょうぎ》の攻防戦みたいである。しかしアンジェロはアカデミックな学問にとどまらず、近代主義を聖ピオ十世に倣って排斥《はいせき》し、理性を超える、啓示された神のみ言葉や歴史事件にも目を向け、聖書や歴史を重視し、修徳や社会への視野を広げるように努めた。

一九〇三年四月、副助祭叙階のための黙想会で、アンジェロは、こう決意した。「……たとい神が私に悩み、霊的観想、その他これに似たものを下さっても、神に不平を言う権利はない。自分がさいなまれ、見捨てられ、孤立化《こりつか》するような気がしても、私は穏《おだ》やかに頭を下げ、不運も静かに諦《あきら》め、私はこうした不運に値するのだと言おう。イエスよ、私はあなたを祝し、感謝し、愛する」と。

同年十二月の日記には自分に降りかかる試練に対して、「十字架上のイエスは、苦難と屈辱《くつじょく》との大海《たいかい》のただ中で難破《なんぱ》しても、不平一つこぼさず、その敵に対し同情とゆるしの気持ちを持っていた。私も主の私に下される試練において……あたかもイエスが私にしてくださった贈り物、親切な言葉、愛撫《あいぶ》であるかのように、何も心配せずに喜んで受け取ろう。どんな場合にも、『わたしには、わたしたちの主イエス・キリストの十字架のほかに誇りとするものが断じてあってはなりません』（ガラテヤ6・14）」と述べている。

一九〇七年に聖ピオ十世教皇は近代主義（モデルニズム）を異端と断定された。この異説は目に見えるものしか認めない無宗教論である。アンジェロの擁護した哲学・神学はこれとは違い、聖書と歴史に視点を置いて教会を現代社会と交流させ、現代にふさわしいものとし、また信仰を生活に生かすこと（徳を積むこと）である。

特に修徳の分野について、こう述べている。「私はすぐに、ささいな点まで、ある聖人の手本を眼前《がんぜん》に思い浮かべた。画家がラファエロの名画を複写《ふくしゃ》するようなものだった。私はいつも、このような場合に、聖アロイジオはこのような行動を取っただろうか、取らなかっただろうかと考えた。そして実際には、自分でもできると思っていたことが、成し遂げられずにやきもきしたのである。このやり方はまずい。……私は聖アロイジオではないのだから、彼が聖者になったとおりに聖者にならなくてもよいのであって、彼と違う私の性分《しょうぶん》、性格、生活状態に応じて聖性を勝ち取ればよいのである。……聖者のお手本に倣いながらも、彼らの徳の活力源を吸収して自分の血液と化し、自分の適性や生活事情に応用すべきである」と。

さらにアンジェロ大神学生はベニーニのもとで教会史への関心を深め、一九〇四年に神学博士号を取得し、同年八月、司祭職への準備をしている時、「完徳に励むと言いながら、実はこの完徳への道を、神によってではなく、自分の力によって歩もうとしている」と述べている。すなわち、人が自分に求めることを、神の意志として受け入れる代わりに、自分の方から、その状況を左右しようとする。言わば奉仕の生活を自己満足の手段にすり替えてしまう危険である。

司祭叙階以後の使徒職

一九〇四（明治三十七）年八月十日、アンジェロはローマのサンタ・マリアのモンテ・サント教会で司祭に叙階された。初ミサは聖ペトロ大聖堂の使徒聖ペトロが葬られている地下祭壇で行われた。同年の十一月の新学期から、アンジェロは教会法の課程を履修《りしゅう》し、同年に取得した神学博士号のほかに、教会法博士号をも取得した。

翌年からはベルガモの新司教ラディニ・テデスキ（在任一九〇五―一四年）の要請《ようせい》に応じて、その秘書を九年間務めた。司教はピアチェンツァの貴族出身で、カトリックの社会運動をイタリア全土に広げ、バチカン国務省に起用され、ローマの教皇庁立レオ大学で一九〇四年から社会学の教授を務めた。アンジェロは司教秘書のかたわら、労働問題への認識を深めた。

一九〇六年からは母校のベルガモ神学校教授としても教会史、護教論、教父学を担当し、教会史家バロニウスやベルガモの神学校史・社会事業史に関する研究を発表した。また教区内の女性のカトリック・アクションや種々の委員会への関与を通して政治問題にも触れた。

第一次世界大戦中と戦後

第一次世界大戦において、イタリアが一九一五年五月、連合軍側に加わり、オーストリアとドイツに宣戦布告すると、アンジェロ神父は召集され、初めは衛生軍曹、翌年に病院付き司祭中尉としてベルガモ野戦病院に配属された。この期間にアンジェロはベルガモの神学校で夜間の護教学を担当し、一九一八年十一月、正式に復員する前から高等教育機関に通う学生のために、ベルガモに学生寮を開き、ミサ、福音についての説教を行った。

戦後は女性や青年たちの司牧に務め、一九一八年末、ベルガモ神学校の霊的指導司祭に任命された。

一九二〇年末、アンジェロは布教聖省長官から信仰弘布会の会長職を任された。信仰弘布会とは一八二二年、フランスのリオンで始められた宣教資金の募金団体である。宣教熱の高まっていた当時、瞬《またた》く間に募金運動が各地に広がった。また、教皇レオ十三世の呼びかけで、宣教地の邦人司祭養成のために募金する使徒聖ペトロ会がパリに創立された。その後、本部はフランス政府の反聖職者主義の政策を逃れ、スイスのフライブルグを経てローマに移され、布教聖省（現・福音宣教省）のもとに置かれたのである。

アンジェロ神父はイタリア以外に、フランス、ベルギー、オランダ、ドイツなどを視察し、宣教資金の募金運動を促進させた。そのために新教皇ピオ十一世にもアンジェロは仕え、教皇自発教令『ロマノールム・ポンティフィクム』の草案起草にあたり、布教聖省の発展に貢献《こうけん》した。そのかたわら、一九二四年十一月からラテラノ学院（現・ラテラノ大学）で教父学を講義した。この講義は大変人気があり、教室に拍手がわいたという。しかし一学期を終えただけで、ブルガリアへ教皇使節として派遣された。

当時の「魂の日記」には、「人は、自分の利己心・意欲・効用（つまり個人的利益）を捨てれば捨てただけ、あらゆる霊的なものにおいて進歩することを、各自は知らねばならない。そこで次のことがはっきりする。自分の愛ではなくて神の愛、自分の意志ではなくて神の意志、自分の利益ではなくて他者の利益を、ということになる」と記している。

東方で教皇使節

一九二五年三月十九日に四十三歳のアンジェロは司教に叙階された後、ブルガリアへの教皇視察使任命をかわきりに、トルコやギリシアなど、非ローマ・カトリック国での職務を一九四四年十二月まで約二十年間歴任した。ブルガリアではその国の国語を学び、その国の聖職者や国民と交流し、「仲よし司教さん」と、あだ名で呼ばれるようになった。これに加え、東方式（ビザンチン）カトリック典礼に親しんだ。

なおブルガリアで支配的なブルガリア正教会と少数のカトリック東方教会の信徒およびラテン典礼カト

リック信徒との関係調整に尽くした。彼の尽力により、一九二六年にカトリック東方式典礼の信徒のため、使徒座総主教代牧区の司牧者となり、また一九三一年一月、ソフィアに教皇使節館の開設により、初代教皇使節となった。一九三四年十一月、トルコおよびギリシア教皇使節に任命された。

一九三五年一月、イスタンブールに赴任《ふにん》し、ラテン典礼カトリック信徒のための司牧も務めた。ある日の夕方、イスタンブールの教皇使節館近くの聖堂でロンカッリ大司教はミサを司式した後、香部屋に引き上げたが、信者席からフランス語の低い祈りの声が聞こえた。教皇使節は侍者に尋ねた。「今祈っている人たちはフランス人か」。「いいえ、みんなトルコ人です」。「それではトルコ語への翻訳をしてあげるべきだ」と勧めたという。もちろんロンカッリ教皇使節自身も五十四歳でトルコ語勉強に挑戦《ちょうせん》していた。

一九三七年よりロンカッリ大司教はギリシアの教皇使節となり、七年間アテネに駐在《ちゅうざい》し、一九四一年から四四年にかけてギリシアが戦禍《せんか》に見舞われ、ドイツ軍の占領下に置かれると、食料・医薬・衣類などの調達《ちょうたつ》に努め、ギリシア人とユダヤ移住民のために尽力し、ユダヤ人の国外追放をやめさせた。またアルメニア人が戦乱に巻き込まれ、細分《さいぶん》された祖国からギリシアへ避難してきたが、大司教は民族主義の犠牲となった避難民三千人を救った。

以上の経歴からアンジェロ・ロンカッリ司教は東方キリスト教に心を開き、「第二バチカン公会議」から発したカトリックとギリシア正教とのエキュメニズム（キリスト教の教会一致促進運動）の発起人《ほっきにん》となった。またブルガリアの国柄としては外国人客《がいこくじんきゃく》を歓待《かんたい》し、ロシア人やアルメニア人の避難民を寛大に受け入れ、その滞在費を国庫から支出させるよう計らった。

フランス教皇大使へ昇進

第二次大戦終結の約五カ月前の一九四四年十二月、アンジェロ・ロンカッリ大司教にバチカンからの暗号電報でフランス教皇大使の任命通知が送信された。フランスではドイツ軍占領下にあったパリが同年八月解放されたので、当時の教皇ピオ十二世の決定により、六十三歳のアンジェロ・ロンカッリ大司教がフランス教皇大使に任命された。彼は先任大使の前例に倣い、翌年の元旦、各国外交団の首席代表として英国からの凱旋将軍であるカトリック信仰のあついドゴール将軍に祝辞を述べるに適していて、フランス民衆の親独政権協力司祭への追及という難しい状況に対処できる人物と見込まれたのであろう。

　フランス解放直後、フランスにいる枢機卿・大司教・司教の過半数がドイツ軍に協力した理由で、政府から三十三人の辞任が求められたのに対し、これを三人だけに限る交渉に成功した。カトリック系の学校への国家助成金に対する反対運動が起こると、フランス司教団とともにこれに抗議した。この反対運動の大もとは一九〇二年にエミール・コンブ内閣が司教の任命権は国にあると決定したことにある。それが三年後にはバチカンとフランス政府との外交関係断絶と、政教分離法の可決へと進んだ。

　フランスはフランス革命以後、社会運動が教会内外で勢いを増し、政治・労働問題が盛んに論じられ、聖職者の中には反近代主義者の過度の言動に対して抗議し、キリスト教民主主義運動に賛同する者も少なくなかった。アンジェロ・ロンカッリ大司教が教皇ヨハネ二十三世となられてから、レオ十三世の精神を引き継いで書かれた回勅『マーテル・エト・マジストラ』の中での政治・経済への理解、また国際政治の中で示された「左への解放」姿勢は、キリスト教民主主義運動に関わった経験から生まれたものであろう。アンジェロ・ロンカッリ大司教は自分の司教標語「従順と平和」の実現は武力の強制によらず、平和の源である心の従順によるべきと心がけた。

　アンジェロ・ロンカッリ教皇大使は、一九四八年八月、フランス司教団が農民も含めストライキ中の労働者家族に対する救援を行った際も積極的に支持した。フランス人戦犯やドイツ人捕虜の解放についても早急《さっきゅう》に解決すべき人道問題として、教皇庁・フランス司教団と一致して取り組んだ。またドイツ人捕虜の中の数百人の神学生をシャルトル郊外のル・コンドレーに集めて、臨時司祭養成所（神学校）を設置した。

　なお大戦中、フランスの聖職者がナチス協力者をかくまったことに対する警察からの告発に対して、教会側は避難民を保護する権利があると反論した。教皇大使はこの論争に巻き込まれぬよう慎重《しんちょう》に対処した。

　教皇大使は、フランスにおける自分の基本姿勢を一九四七年十二月の黙想ノートに記している。「……教会の長女であるこの国の欠点や実情――宗教実践、私立学校問題未解決、司祭の不足、世俗主義・共産主義の蔓延《まんえん》などを隠してはならない、私の職責上の義務とお世辞との対立について……やさしく硬《かた》さのない沈黙、同情と寛容に満ちた親切な言葉のほうが、確信と善意に満ちた声明より効果がある」と。それでも沈黙は結構だが、悪を見逃してはならないと自らを戒めた。この言葉に違わず、戦後、パリに立ち寄る貧しいドイツ人聖職者には教皇大使官邸で歓待し、交通費まで出してあげた。

アンジェロ・ロンカッリ大司教は八年間のフランス教皇大使在任中、フランス国内、スペイン、北アフリカを旅行し、社会主義者の活動、アルジェリア問題に見られる植民地主義の変化などに触れた。この際、彼は政治に関わることを避けたが、決して目を閉じて旅行したわけではなかった。

さらにフランス国内における信徒の教会離れ、労働司祭やヌヴェル・テオロジー（神学の源泉として聖書・教父らの原典・東方教会の伝統を取り入れた新しい神学）をめぐる論議を目の当《ま》たりにしても、自分は教皇ピオ十二世の代理にすぎないと慎重に構え、ひたすら従順に甘んじ、正式な成否の声明を出さなかった。「従順と平和」を大切にするアンジェロ・ロンカッリ教皇大使はフランスの一部の人から、保守主義者、知識人嫌い、と過小評価されても、その飾らない生活態度、相手の立場に立って考え、行動する生き方から大多数の人々の愛と信頼を受けたのである。

一九五二年四月にモンマルトルのカルメル会修道院で静修を行ったが、その時の「魂の日記」に『穏やかな答えは怒りを静め』（箴言15・1）ることを、いつも忘れてはならない。荒々しく、無礼で短気な態度によって、なんと多くの苦しみがもたらされることか！　時には……思い上がった態度を取り、自己主張したくなる。しかし私が何の野心も持たずに単純であることは、主から授けられた大きな恵みである。私はこの恵みを保ち、それにふさわしい者となりたい」と記している。

ベネチア総大司教

一九五三年一月十二日に七十一歳のアンジェロ・ロンカッリ大司教は枢機卿に親任《しんにん》され、同十五日、ベネチア総大司教に任命された。在任五年間の間、三十の小教区、一つの小神学校を新設し、カトリック・アクションを振興《しんこう》させた。サン・マルコ大聖堂の修復をも開始させている。この大聖堂は旧コンスタンチノープル聖使徒聖堂を模して建てられたものである。イタリア北部の出身であるアンジェロは、ベネチアが東方教会と歴史上深い関係のあったことから、ベネチアに特別な期待を寄せたことであろう。

　特にアンジェロ・ロンカッリ総大司教はベネチア教区の信者たちに、ミサへの積極的参加を促すため、ミサの典礼祭儀簡素化の改革案を抱いていた。また外交官時代からの習慣として毎日数紙の新聞に目を通し、ジャーナリストたちのために毎年一月二十九日、カトリック著述者の守護者である聖フランシスコ・サレジオ（一月二十四日参照）の記念日に、サン・マルコ大聖堂で特別のミサをささげた。

　またアンジェロ総大司教は芸術をこよなく愛し、ベネチアで二年ごとに開かれる現代美術展（ビエンナーレ）を後援した。しかしそれはサルト枢機卿（後のピオ十世）の時以来、バチカンから不道徳の烙印《らくいん》を押され、司祭は鑑賞《かんしょう》を禁じられていた。ところがアンジェロは芸術（絵画、音楽、建造物など）を愛好し、ビエンナーレに訪れた各国の著名人たちを総大司教公邸に招いてレセプションを開き、司祭たちへの禁令を解いた。

　一九五四年二月、彼は前任者がやり遂げなかった司教訪問を再開し、一九五七年二月に完了した。完了した年の十一月二十四日、第三十一回教区会議を開いたが、その開会の辞に盛り込まれた彼の目指す理想は、間もなく教皇座にまで引き継がれたものであった。すなわち、司教は子らの魂に配慮し、彼らを信仰の危機から守ると同時に、キリスト教共同体の中で、果たすべき役割を各人に示さなければならない。……司教が避けるべきものとして、驕慢《きょうまん》な権威主義と上から庇護《ひご》するやり方を挙げている。「驕慢な権威主義」はすべての健全な自発性を摘み取り、他者の意見に耳を閉じ、強引《ごういん》な決断、頑迷《がんめい》さを威厳と混同させるのである。それから「上から庇護するやり方」は、庇護される者への不当な干渉と独占的態度を伴い、庇護される者の持つべき権利を軽視し、高圧的となり、あらゆる協力関係を妨げるというのである。こうしたアンジェロの見解を私たちが納得できるのは、彼の打ち解けたやり方は、その底に、徹底的に考え尽くされた確信の裏付けを持っていたということである。

　アンジェロ総大司教はイタリアのキリスト教民主主

義運動創始者の一人、トニオロ教授の説を尊重していたが、あくまで教皇ピオ十二世の路線に沿って、共産党・社会党・キリスト教民主党のいずれとも妥協せずに、政治問題に中立を保った。

しかし一九五七年二月にベネチアで開かれた社会党大会に、彼は町中に歓迎のポスターを貼らせ、大会参加者たちを親切に迎えることに努めた。保守派のカトリックは、この行為に困惑したが、あるカトリック編集者は、総大司教のやり方を弁護して、それは社会主義者をキリストへ連れ戻そうという願いから出たものであるとした。アンジェロ総大司教も世論の騒ぎを静めるために次の声明を発した。「教理は純粋に保つべきだが、愛の領域は広くなければならない。(中略)それは尊敬と礼節をもって始められるものである」と。

一九五一年一月、東西教会の一致祈祷週間中、アンジェロ総大司教はサン・バッソ教会で、東方教会について連続講話を行った。「異なった信条を持つキリスト信者同士が、一致に至る道は愛である。だが、それはまだお互いに、ほとんど実行されていない」と述べた。そして、各教派の人たちが共同して、キリスト教教理を学ぶべきであり、旧約のヨセフが大臣の座からわざわざ降り、「私はあなたたちの兄弟ヨセフである」と言って、自分を虐待《ぎゃくたい》した兄たちを許したことに言及した。この物語はヨハネ二十三世の精神の秘密を解く鍵である。

教皇に選出される

一九五八年、教皇ピオ十二世の死去に伴って行われたコンクラーベ（教皇選挙）において、有力な候補者と思われていなかった七十六歳のアンジェロ枢機卿が教皇に選ばれると世界が驚いた。彼は教会政治家でも、著述家でもなかった。七十六歳での選出は選出時から過去二百年の中では最高齢であり、アンジェロ枢機卿自身も驚いたという。ヨハネ二十三世は選出時すでに高齢であったため、ミラノのモンティーニ大司教（後のパウロ六世）のための「穴埋め、つなぎの教皇」にすぎないと見る向きもあり、実際にも彼の在位期間は五年に満たない短いものであったが、彼はその飾らない態度と親しみやすさ、ユーモアのセンスによってすぐに世界を魅了《みりょう》した。これも厳格な表情を崩さなかった貴族出身の先任教皇ピオ十二世とは対照的であった。

聖ペトロ大聖堂前の広場に集まっていた大群衆に向かって、新教皇はこう語りかけたと言う。「皆さん、子を持つ方々は、家に帰ってその子に接吻《せっぷん》してあげてください。そしてこのしぐさは教皇よりの接吻です、と語ってください」と。また新教皇の好んで繰り返す言葉は、「隣人の尊厳をいつも尊重し、ことに一人ひとりの自由を重んじなければなりません。主ご自身でさえそうなさっておられるのです」と。

実際に新教皇は特に弱者・小さな者へ気配《きくば》りをし、教皇庁の伝統にこだわらずに、しばしばバチカン宮殿を出て、ローマ市内の病院、刑務所、児童養護施設、福祉施設、捕虜収容所を訪問された。教皇のこの姿勢は社会回勅『マーテル・エト・マジストラ』（一九六一年）にも反映され、社会問題とともにキリスト教的教説を発展させ、多くの人から歓迎された。

十一月四日の教皇戴冠式では、「身をもって善き牧者の真の姿を具現したい」と抱負を述べられた。最初の仕事として、一九四四年以来空席であった国務長官に、司教でも枢機卿でもないタルディニ神父を任命した。彼が一九六一年に亡くなると、東方聖省長官を務めていたチコニャニ枢機卿を任命して教皇庁の現代化を目指した。次に枢機卿団の刷新を図り、登位時の五十二人を徐々に増やして最終的には八十七人とし、メンバーも国際化された。

司教の団体性

一九六一年に八十歳を迎えたヨハネ二十三世は自分の死を意識しつつも、現代社会の中心課題となっている政治・経済問題について、司教たちの心得を「魂の日記」に説いている。「司教たちは、不必要なことに関わる誘惑に一層さらされているから、教皇が彼らを戒めて、政治的問題や話題の論争に加わって偏《かたよ》らないようにすべきである。すべての人に対して同一の仕方で、愛・正義・謙遜・寛容・柔和などの福音的諸徳を説き、教会の権利が侵害されたり、危うくされたりしている場合には、冷静にそれを擁護することが、司教の務めである。……司教は熱心な祈りで、礼拝を勧め、信心業によってきちんと教え、秘跡を頻繁《ひんぱん》に受けさせ、特に宗教教育に励むことは、人間的な方法より、一層地上の諸問題の解決に尽くせるのである」と。

それから司教の団体性については公会議で討議される以前から、ヨハネ二十三世は自分が最高の地位にありながらも、司教たちの中の一司教であることを自覚し、全教会のために共に考え、共に行動しなければならないとわきまえていた。この信念こそ専制的権力行使をやめるという意味である。実際に教皇は、心地よくバチカン内の庭師とも談笑《だんしょう》し、誰彼《だれかれ》の区別なく隣り合わせの人々に声をかけた。バチカンの警備員《けいびいん》が、庭園を散歩される教皇の姿を観光客の目に触れさせないようにドームの入り口を閉めた。「なぜ、そうするのか」と尋ねられると、「そうしないと、教皇さまのお姿が観光客の目にとまるからです」と答えた。「なぜ、私が見られてはいけないのか。別に悪いことをしているわけでもないのに」と、教皇はにこやかに言った。この言葉の裏には教皇は人々の仲間として迎えられることを望み、旧約聖書の「私はヨセフ、あなたたちの兄弟である」と自分をエジプト行きの隊商に売り飛ばした兄たちへ復讐《ふくしゅう》をしない代わりに、許し、助ける心がけを持ち続けたのである。

「第二バチカン公会議」開催を宣言

一九五九年一月二十五日、ヨハネ二十三世が東西教会一致祈祷週間の最終日にあたり、閉会のミサをささげるためにローマ門外の聖パウロ大聖堂に行かれたとき、ミサの後、枢機卿会で公会議開催、教会法典改訂、ローマ教区会議開催の意向を表明された。これはヨハネ二十三世が教皇になられてから九十日後の出来事であった。以上の意向を六月二十九日付けの最初の回勅『アド・ペトリ・カテドラム』で全世界に公布した。

日本の幕末の頃に開かれた「第一バチカン公会議」の時は主に西欧の司教たちが集まったが、二十世紀後半には、五大陸にまたがる全世界に司教たちがいた。その司教全員を呼び集めての公会議など物理的に不可能だと、教皇庁の人々は思い込んでいた。それでも彼は、公会議に備えて準備委員会を発足させ、ついに一九八二年十月十一日、聖霊降臨祭に「第二バチカン公会議」の開催にこぎつけた。

ある人が、公会議で何をされるつもりかと尋ねた時、ヨハネ二十三世は窓を大きく開いて見せ、外の風を吹き込ませた。すなわち聖霊が吹き込んでくるように、道を開くこと。彼は公会議においても、問題を自分の方から押しつけようとはしなかった。ただ、そこに集まっている人々を通して、聖霊が働くことを期待した。

公会議において教皇は、特にカトリック教会の現代化（aggiornamento＝アジョルナメント）を呼びかけた。現代化は　ピオ十世（在位一九〇三―一四年）によって一九〇七年に異端とされた近代主義（モデルニズム）、つまり目に見えるものしか認めない無宗教論とは違い、教会を現代社会と交流させ、現代にふさわしいものとし、また信仰を生活に生かすことである。このことからヨハネ二十三世は現代世界に多くの優れた点を見いだし、教会が心から世界のため、また兄弟愛を持って世界と共に働く道を探ることを、公会議に期待すると表明した。

彼は教皇としてエキュメニズム（教会一致）への情熱を示した。一五〇〇年代以来、初めて英国教会大主教をバチカンに迎え、正教会へも公式メッセージを送った。また、東西冷戦の解決を模索《もさく》し、キューバ危機においても米ソ双方の仲介に尽力した。さらに彼は長きにわたってカトリック教会の近代化を意図し、ローマ教区会議・教会法典改訂の提案をした。

ローマ教区会議は一九六〇年一月二十四―三十一日にラテラノ大聖堂で開催された。公会議によって発展する幾つかの改革に教皇は着手した。教会一致促進運動に関して、一九六〇年六月五日の教皇自発教令『スペルノ・デイ・ヌトゥ』でキリスト教一致推進秘書局とキリスト教一致推進評議会を設置し、事務局長にベア枢機卿を任命した。

さらにヨハネ二十三世は、イエスとペトロの間の相互の愛を、見える教会の基礎とし、自らをキリストの権力行使に走らずに、愛の代理者となるよう努めた。この考えから教会機構を愛と兄弟への奉仕へ方向づけることによって、教会の法的組織の絆を緩《ゆる》め、秘跡による交わりの絆を強化し、組織の頂点と仰ぐ教皇制についてのプロテスタント側の嫌悪感《けんおかん》を和らげた。

ヨハネ二十三世が、回勅『レールム・ノヴァールム』を一九六一年に発布したのは八十歳を迎えた年である。余生二年を予知してか、「魂の日記」に人生の目標達成に向かう理想を描いている。「ひとたび、よい、高潔、偉大な目標を立てたら、それから目を離さず、あらゆる障害《しょうがい》に打ち勝って、終わりまでやり通す人、あらゆる問題において、本質的なものとそうでないものとを識別《しきべつ》して、第二次的なものにかき回されない人。そういう人は緊張して、自分のあらゆる力を合流して、有終《ゆうしゅう》の美を飾る。あらゆることを始める前に神だけを見、神に信頼し、その信頼に基づいて行動する」と述べている。

公会議の方向づけと死去

一九六一年六月二十七日にコンスタンティノポリスの総主教に使者を派遣。同年十一月のニューデリー世界教会協議会総会に初めてカトリックの公式オブザーバーを派遣した。

典礼改革に関して、一九六〇年七月二十五日の教皇自発教令『ルブリカールム・インストルクトゥム』を発布し、ミサ典礼書と聖務日課書（教会の祈り）の典礼注規の改訂を認可。個別の改革として、ローマ・ミサ典文の取り次ぎの祈りにヨセフの名を加え、聖金曜日の盛式共同祈願でユダヤ人のための祈りに使われていた「不信仰者」という語を取り除いた。

教会法典の改訂に関して一九六二年四月十一日の教皇自発教令『スブウルビカリイス・セディブス』を発布して裁治権に関する改革を始め、一九六三年三月二十八日に教会法典改訂のための教皇委員会を設置した。

『アエテルナ・デイ・サピエンティア』（一九六一年十一月十一日）では、大教皇レオ一世帰天一五〇〇周年にあたりキリスト教の一致を呼びかけ、一九六二年二月二日に弘布《こうふ》され、神学校における講義はラテン語によるべきとした。

老衰著しい教皇にとってアジア諸国やアフリカやアメリカへの外遊は無理であったが、少なくとも世界の被キリスト教国からの神学生の集まるプロパガンダ・フィデ神学校（現・ウルバノ大学）にしばしば出向き、神学生らを励まし、慰めたのは、その背後にある宣教地に関心があり、宣教地の人々の身近にあり、励まし、慰められたと思われる。このことは回勅『プリンチェプス・パストールム』（一九五九年十一月二十八日）と調和する。この回勅は宣教国における自国司祭養成の必要や信徒使徒職の意義を扱っている。

要するにこの公会議の目標を、教皇はこう述べる。「教理の一層深い理解、信者の内面的変革に……向かって一歩を進めることが、公会議に期待される。同時にそれは、現代思想の方式と学問的理解を通して探求され、叙述されるものでなければならない。信仰の遺産である古来の教理の本質と、それが表現される方法とは別物である」と。この言葉のとおりヨハネ二十三世は物事を歴史的視点から眺め、そして全世界への福音宣教の立場から語ったのであり、決して教会革命を目指さず、過去の諸公会議を否定したり、もしくは以前の教会と断絶したり、新しく教会をつくり替えようと目指したのではない。

一九六三年四月十一日に公会議の継続への期待と信念を述べた有名な最後の回勅『パーチェム・イン・テリス』（地上の平和）を公刊した。この中で教皇は、私たちはみんな、神の似姿に創造されているのだから、神に似たものになるべきであると述べている。

さらに米ソの冷戦による世界戦争の脅威《きょうい》を前に、真理・正義・愛・自由に基づく国際的平和の実現を全世界の善意ある人に呼びかけた。この回勅は共産諸国と協力を見いだしうると示唆《しさ》しているので、イタリアの総選挙を間近に控えている状況下、共産党の票増加になるとして、大変な批判の的《まと》になった。教皇の歴史感覚によると、社会状況は変化するものであり、人々は意見が一致しなくても、協力して共生する責任があり、働くことができると指摘している。共生の基礎になるのが人心にある権利と義務を定める自然法である。なお、教皇回状『グラタ・レコルダティオ』で、マリア崇敬とロザリオの祈りを奨励《しょうれい》している。

ヨハネ二十三世が公会議開催を発表した時、すでに胃がんに侵《おか》されており、一九六三年五月二十二日の一般謁見で姿を見せたのを最後に、公会議の終了を待たずに六月三日に逝去《せいきょ》され、聖ペトロ大聖堂のクリプタ（地下墓所聖堂）に埋葬された。国家、人種、民族を超えてすべての人との出会いを願い、教会の一致と人類の一致を祈り求めたヨハネ二十三世は、全世界に対して教皇職の新しいイメージ、つまり上から命令するよりも、人々に近づいて仕える姿勢を示し、輝かしい愛の遺産を残した。

二〇〇〇年九月三日、教皇ヨハネ・パウロ二世によって列福され、教皇フランシスコによって福者ヨハネ・パウロ二世教皇と共に、故ヨハネ二十三世は死去から五十年目の二〇一四年四月二十七日に聖人の列に加えられた。

六月五日
聖ボニファチオ司教殉教者
（ドイツ、オランダの保護者）

宣教師を派遣した英国

英国は、十六世紀の宗教改革時代にヘンリー八世（在位一五〇九―四七年）が結婚問題で教皇に反対して離婚・再婚を繰り返し、カトリック教会から離脱して英国国教会（聖公会）を創設した。現在英国では英国国教会が主流となっているが、十六世紀以前はカトリックが国教であった。

六世紀の末より、大教皇グレゴリオ一世やその後継者たちは、ベネディクト会士聖アウグスチヌスをはじめ、ローマ、ギリシアの修道者たちを宣教師として英国へ派遣した。この結果、八世紀になると英国のカトリック教会は、西欧諸国の中で最も信仰の盛んな、最も学識に富んだ教会となり、多くの学者、宣教師、聖人を輩出させた。その中でも最も有名なのが聖ボニファチオである。

ボニファチオの生い立ちと宣教意欲

ボニファチオは六七三年頃、英国南東部ウェセックス王国のデボンシャーのクレディトンにサクソン系商人の両親から生まれ、ヴィンフリトと呼ばれていた。当時の習慣に従って七歳から十五歳までエクセター近

福音宣教への熱意と司牧法

「私たちは神の諸計画を大きい者にも小さい者にも、富める者にも貧しい者にも宣べ伝えましょう。私たちはあらゆる階級の人たち、あらゆる年齢層の人たちに神の諸計画を告げ知らせましょう。主が私たちに力を与えてくださるまで、聖グレゴリオが、その司牧規則の中で述べた方法で適宜に、しつこく告げ知らせましょう」。

以上の言葉はボニファチオが親戚に当たるリオバという女子大修道院院長で、ドイツ、オランダでの使徒職の協働者に宛てた手紙の一部である。ここに表現されているのはボニファチオのドイツ、オランダ国民に福音宣教するに当たっての根気強い熱意であり、また修道生活のカリスマから、さらに大聖グレゴリオの有名な司牧規則から霊感を受けた司牧法である。

くの修道院で教育を受けた。それからウィンチェスター近郊に「ベネディクト会」のナースリング大修道院があったが、ここは教皇との結びつきが深く、王侯らや地元の司教らの権力の介入を許さなかった。このような修道院でボニファチオは厳しく教育されている間に、学識と説教に頭角《とうかく》を現し、修道院学校長になった。七一〇年三十七歳で司祭に叙階され、修道生活にあこがれた。これに反対していた父を説得し、ナースリング大修道院の修道者となった。ここを中心に、当時は英国諸修道院の黄金時代となっていた。

ボニファチオの向かった欧州状況

その頃、ヨーロッパ全土は息苦しい状態にあった。ローマ帝国はすでに崩壊し、北方民族の大移動は一段落していた。各地方に封建諸国王の胎動《たいどう》が見られ、最も強大なのは、シャル・マルテル（シャルマーニュ大帝の祖父）の制定したフランク王国（現・フランス、イタリア北部、ドイツ西部、ベルギー・ルクセンブルク、スロベニア）であった。この中部ヨーロッパに住んでいたゲルマン民族へは、すでにローマやアイルランドから来た勇敢な宣教師たちが活動していたが、相次ぐ動乱でその果実は無残にももぎとられていた。

オランダとドイツへ宣教

以上の状況が冒険《ぼうけん》を好むボニファチオの宣教魂《だましい》をかき立てた。七一六年春、四十三歳の時、彼は三人の同僚と共に宣教師としてフリースランド（現・オランダの中でフリース語という独自の言語を話す湖水地方の住民地区）へ渡った。しかし間もなく、この国と隣のフランク王国が戦火を交えたので、やむなく同年の秋に英国のナースリング大修道院に引き上げねばならなかった。ちょうどその時、修道院長が死亡し、同僚からその後継者に推《お》された。けれども謙虚な彼はそれを辞退して、二年後の七一八年に初めてローマへ行き、教皇グレゴリオ二世の祝福を受けてから、再びオランダやドイツで三年間宣教した。オランダでは同郷出身の先輩ウィリブロルド宣教師に助けられて、異教徒の大半を改宗させた。

司教叙階後、ガイスマルの神木《しんぼく》を倒す

七二二年、ボニファチオは教皇グレゴリオ二世の招きにより、再度ローマを訪れ、翌年司教に叙階され、ラテン語で「Bonifacius = ボニファチウス」（善行の人）と命名された。

翌年フランクフルトから一六〇キロ北部のヘッセン州のフリツラールのガイスマルに、樹齢千年以上もある巨大な樫《かし》の木があった。深林に包まれ、狩猟《しゅりょう》を主な生活とするゲルマン人たちは、これを「トール神」の宿る神木として礼拝し、毎年盛大な祭りを行っていた。ボニファチオは、これに斧《おの》を入れさせた。斧の音がこだまするたびに、人々は固唾《かたず》をのみ、空を見上げた。雷が樹を切る人々の上に、轟音《ごうおん》を立てて落ちてくるのを期待していた。しかし、大地に落ちたのは樫の木であって、雷ではなかった。しかもこの切り倒した木材でフリツラールに聖ペトロに奉献された教会を建設したが、何の祟《たた》りもなかった。それで住民たちは、迷信の夢からさめたようにボニファチオを尊敬し、続々と受洗するようになった。

ゲルマン人への司牧を充実

七二四年から再びドイツのチューリンゲンで宣教に従事し、拠点としてオールドルフ、後にフルダ、ヘルスフェルトなどに修道院を建設した。またマイン川流域にタウバービショッフハイムなどの女子修道院を創設し、英国人修道女を招いた。

七三二年に教皇グレゴリオ三世から大司教に叙階され、さらに七三七年から翌七三八年までローマ滞在中に、ドイツの教皇特使に任命された。その後バイエルン教会の再編成に携わり、七三九年にレーゲンスブルク、フライジング、ザルツブルグで司教を叙階した。七四一年にヴュツブルク、ビュラブルク、エルフルトの三教区を創設し、弟子の英国人を司教に任命した。

七四二年に三度ローマを訪れ、教皇ザカリアスに謁見し、ドイツの教会とローマ教皇庁との関係を密接にし、世俗の権力の介入を極力排除し、数多くの司教区や修道院付属学校をドイツ各地に設立し、先進諸国の宗教や文化の交流を図った。ボニファチオの主な弟子の一人、シュトゥルムは、フリツラールの近くのフルダに大修道院を設立したが、その設立手続きや当初の運営にはボニファチオの援助に負うところが多い。

その「ベネディクト会」の修道院はドイツの宗教、学問、芸術などの文化活動の中心地となった。

フランク王国へ宣教と改革

七四五年、ボニファチオは教皇ザカリア（在位七四一—七五二年）からマインツの大司教に任命され、フランク王国の教会再建に着手した。聖職売買によって腐敗した位階制を立て直し、宗教会議を毎年一回開くことにし、教皇への忠誠、教会法の順守を誓わせた。

七五二年、ボニファチオは新しい教皇ステファノ三世の意を受けて、フリジア（現・オランダとドイツの西部）の宣教に出かけ、多くの改宗者を得た。七五五年、司祭たちと修道者たちからなる五十二人の随行員を連れてオランダ北部の都市ドッカムへ行き、そこで堅信式を行う予定であった。すると突然、その現場に武装集団が現れ、一行を襲うと、ボニファチオは抵抗をやめさせ、自身は読んでいた本で頭を覆った。刃は、本と頭を二つに切りさいた。こうして五十二人の随行員と共にボニファチオは八十二歳の偉大な生涯を殉教によって幕を閉じた。聖ボニファチオの遺体は、最初フルダの大修道院に埋葬されたが、現在はフルダ大聖堂の地下聖堂に安置されている。聖ボニファチオは西欧、特にドイツとオランダの守護聖人である。

六月六日
聖ノルベルト司教

いなずまの中の声で改心

生涯のある時期に思いがけない動機から、回心や受洗の恵みに浴《よく》する人は多い。この聖人は、若い頃は世俗の楽しみを追い求めていたが、ある日のこと馬上にまたがって遊んでいると、聖パウロの回心の時と同じく、いなずまに包まれ、「ノルベルトよ、なんのためにわれを害しようとするのか……悪を捨てて善に従え……」という戒めを聞いてから、今までの生活を悔い改め、人々の救霊と教会のために克己精《こっきせい》

励《れい》（自分の欲望に打ち勝ち、役割に励むこと）し、「プレモントレ修道会」を創立した。

華やかな宮廷生活

ノルベルトは一〇八〇年頃、ドイツ西部ライン川流域のラインラント地方ゲネップの裕福な貴族の家に生まれた。幼い頃、司祭を志し、副助祭にまで進んだが、放蕩な青年たちと付き合い始めてから、しだいにわき道にそれ出し、ついに聖職を諦め、国王ハインリッヒ五世の従者《じゅうしゃ》となって宮廷生活に入った。ノルベルトは生まれつき美男子《びなんし》で温和な性質だったから、至る所でちやほやされ、身も心も世俗の楽しみに浮かれつつ十余年を過ごした。

雷と共に「悪を捨てて善に従え」との声

一一一五年、二十五歳の春を迎えたある日、ノルベルトは馬に乗って他の従者たちといっしょに郊外の野原を駆けていた。空はうららかに晴れ、野にも山にも草花が咲き乱れ、そよ吹く春風に芳香《ほうこう》のたちこめる絶好の春日和《びより》だった。ノルベルトはあまりの心地よさに馬の歩を緩めて、しばし絵のような景色に見ほれていた。すると一天にわかにかき曇り、電光一閃《いっせん》、天地も崩れるばかりに雷がとどろいた。その時である。「ノルベルトよ、なぜ私を迫害しようとするのか。私は特におまえを選んで善を行わせようとしたのに、かえっておまえは自ら悪を行うだけでなく、人にも善を行わせないようにするのか」と不思議な声が聞こえた。ノルベルトはこれを聞いて気が遠くなり、馬上からドスンと落ちた。他の従者の介護でノルベルトは気を取り戻し、一心に「主よ、私に何を命じられるのですか」と祈ったところ、「悪を捨てて善に従え！」との声を聞いたそうである。

説教師として布教活動

彼は宮廷を去り、ジーグブルグ修道院に引きこもり、粗衣《そい》をまとい、飲食を節制し、苦行や信心業に励むなど償いに努めた。翌年ケルンの大司教から司祭に叙階されると、説教師として布教活動に従事した。しかしノルベルトの過去を知る人は彼をあしざまに言い、顔につばきするなど頭からてんで問題にしなかった。ノルベルトはこれも償いと思ってじっと耐え忍び、善徳の模範をもって彼らに接するうちに、いつしか疑っていた人々も彼の説教に耳を傾け、悪を捨てて善に立ち戻るようになった。

「プレモントレ修道会」を創立

ラン市の司教は教皇の推薦《すいせん》もあって、ノルベルトを自分の教区に招き、新しい修道会の創立を勧めた。ノルベルトはこの勧めに従い、ある夜のこと、森の中の小聖堂で祈っていると白衣《はくい》の修道士たちが手に手にともし火を携えていく幻影《げんえい》を見た。彼はこれらの修道士たちこそ自分の精神を受け継ぐべき者だと悟り、さっそく司教の許可を得て、一一二〇年に「プレモントレ修道会」を創立し、幾つかの修道院を設立した。会員はノルベルトの見た白衣を着て、特に聖体の秘跡に関係ある事柄、つまり共同生活をしながら聖務日課を唱え、ミサ、聖体顕示《けんじ》、行列などの祭式に対する尊敬と信心を広めることによって世の罪を償うことを主《おも》な使命とした。その間にノルベルトの名声はフランス、ドイツに響きわたり、遠くから教えを乞いに来る者も多く、世間にとどまる人々も彼に学んで祈りや苦行に励んだ。

大司教として教区民を感化

その後、ノルベルトはマグデブルグ教区の大司教職に推薦され、一時はこれを辞退したが皇帝と教皇使節の懇請《こんせい》により、ついに大司教となってその地に行った。

当時、この教区の風紀は地に落ち、聖職売買も公然と行われていた。ノルベルトは修道院にいた時と同じく粗衣粗食《そいそしょく》に甘んじ、善徳の模範をたれておきてを犯す者を戒め、邪説を徹底的に排斥した。このため教区民の多くは猛烈に反対し、共謀《きょうぼう》して彼の改革事業を妨害し、あげくの果ては暴漢を唆《そそのか》して彼を亡き者にしようとまで計った。しかしノルベルトは、少しもひるまず、悪に答えるに祈りや善業をもってし、教区民の感化に努めた。これにはさすがの反対者もかぶとを脱いで彼を尊敬し、自ら風俗を改め、おきてを守るようになった。

また、ノルベルトはドイツ国王ロータル二世の信任もあつく、国政についてしばしば意見を述べ、国家の繁栄に尽くした。こうして不意の出来事のうちに神の戒めを見たノルベルトは、残る生涯を摂理の良き働き手となって、ついに一一三四年、安らかに永眠した。

六月七日
福者マリー・テレーズ・ド・スビラン修道女

（「援助マリア修道会」の創立者）

聖母に倣い、主を礼拝、宣教

「主よ、いつも、いつも私は信じます。私のため、私の愛する者のためにお働きくださるあなたの愛と全能を」。このように福者マリー・テレーズは神に対して全幅の信頼を寄せて祈り、イエスを礼拝し、観想するマリア、キリストの援助者としての聖母を模範として、イエスの贖《あがな》いの業に協力した。

十九世紀の産業革命に続く当時の社会の変動の中で、マリー・テレーズは、新しい時代の要求を察知し、若年労働者に対する援助の必要に気づいて、特に働く若い女性のための人間的、社会的、キリスト教的教育に献身した。すなわち「家族の家」と呼ばれる寮や、ヨーロッパで初めての結核病院を創立し、共助組合や保険制度を創始するなど、先駆者的活動に尽力した。

少女期の祈りと節制

「援助マリア修道会」の創立者、マリー・テレーズ・ド・スビランは一八三四年五月十七日に、南フランスの古都カステルノダリ（トゥールーズの南東、約五十キロ）の信仰のあつい家庭に生まれた。三歳の時にチフスにかかったが、母親から差し出された聖母のスカプラリオ（二枚の小さな布を一本のリボン、もしくは紐《ひも》でつなぎ合わせたもので、それに頭を通して前胸と後背に垂らし、聖母のご保護を願う一種のお守り）を手に、聖母の取り次ぎによって奇跡的に危機を脱した。その後も、両親によって聖母に奉献されたテレーズは物静かに祈り、潜心《せんしん》を保っていた。

十二歳の時、聖体を初めて拝領し、修道生活に召されるように祈った。そして二年後の一八四八年に貞潔の私的誓願を立てた。その後、叔父スビラン神父の指導する（聖イグナチオ〔七月三十一日参照〕の霊操《れいそう》に基づく女子のマリア会の活動）中で、使徒職の美しさを悟り、マリア会に入った。その後もテレーズは同神父の指導を受け、画家としての才能を生かしながら周りの少女を正しい道へ導いた。十三歳から十七歳まで、必要な社交以外は断り、朝は早く起き、水とパンだけの朝食をし、夜がふけるまで祈り明かし、節くれだった板の上に休んでいた。

修道会創立当時の活動

テレーズは、はじめ観想修道会に心ひかれていたが、十九世紀の中頃、マリー・テレーズは叔父のスビラン神父からベギナージュ（社会にあって人々に奉仕するために、当時ベルギーで行われていた準修道会）を設立しては、と提案された。テレーズは、その提案に従い、一八五四年にカステルノダリの近郊ボンスクールで数人の同志と共に、実地見学と霊操による祈りを通して、修道生活を始め、「授助マリア修道会」を創立した。

テレーズと部下の修道女たちは、生計を立てるためにノミやハンマーを手に、たびたび職人に交じって労働し、時に応じて、建設労働者にも作業員にも石工《いしく》にもなり、裁縫師《さいほうし》にも刺繍師《ししゅうし》にもなった。創立間もない修道会には志願者が殺到《さっとう》し、食べ物が無くなったその晩、麦粉の袋を満載《まんさい》した荷車が恩人から送られてきた。

また当時、修道女たちは、生活費を稼《かせ》ぐために、リキュール酒を製造していたが、係の修道女の不始末で樽《たる》の栓《せん》をしめ忘れ、リキュール酒が流れ出てしまった。テレーズは、悲嘆《ひたん》にくれるその修道女と二人で、その夜、聖堂で祈った。夜明けに係の修道女が酒蔵《さかぐら》の地下室に駆《か》けつけてみると、酒樽《さかだる》にはリキュール酒が並々と入っていた。このうわさは修道院内にとどまらず、その地方一帯に広まり、「奇跡のリキュール酒」を求めて方々《ほうぼう》から人々が買いに来たと伝えられる。

修道院の中には孤児の他に、恵まれない家庭の少女たちを収容して、家事の手ほどきや初等教育を施した。

火災中に聖母の保護

一八六一年十一月六日、テレーズの修道院は烈火《れっか》に見舞われた。放火《ほうか》なのか、失火《しっか》なのか分からないまま、創立者は、燃えさかる火の中から真っ先に聖櫃《せいひつ》を運び出した。その瞬間、逃げ場を失った子どもたちの泣きわめく声が響いた。創立者は聖母に「子どもたちを保護してください」と祈りながら、燃える修道院の中にスカプラリオを投げ込み、リムの聖母聖堂へ孤児たちと巡礼することを誓った。すると急に風向きが変わり、焼け残りの階段から子どもたちが一人残らず救出された。

テレーズは、この事件から聖母の保護をたたえて次の三つの誓いを立てた。

①すべての修道女は、マリアのみ名を戴《いただ》くこと。

②修道会のすべての聖堂に聖母のご像を安置すること。

③聖母マリアを修道会の長上として仰ぐこと。

聖体中心の修道生活

火が出た時すぐ、マリー・テレーズは聖櫃を安全な場所に移し、修道女たちは、その聖櫃の前で祈りながら夜を明かした。火災から一年後の十一月五日の晩、焼け跡にやっと再建された修道院で、テレーズたちはご聖体のみ前でお恵みに感謝し、新しいお恵みと光とを祈り求めた。テレーズは、「すべてが聖体から発し、聖体に帰る」と言って、礼拝の祈りと人々への奉仕を調和させた。その翌年も、同じ日に、彼女たちは夜の礼拝を行い、これが、「援助マリア修道会」の聖体への召し出しと清貧への招きの起源となった。また、修道院を聖母マリアに奉献し、修道女は皆、マリアの名を付けることになった。「援助マリア修道会」の夜間の聖体礼拝は、このようにして始まった。

また「キリストがすべてである」というキリスト中心主義を修道生活の中に具体化するため、テレーズは当時、トゥールーズのイエズス会修道院長であったジナック神父の指導を仰ぎ、三十日間の霊操を行った。「神のより大いなるご光栄のため、できるかぎり近くキリストに従い、貧しくなったキリストとともに貧しくなる」という聖イグナチオの理想はテレーズの理想と完全に合致していた。それ以来、修道女たちの間で、ベギナージュの形態ではなく、正式な修道生活を送りたいという渇望が強まり、「援助マリア修道会」に真の使徒的修道会の形態を与えることにつながった。

「家族の家」を諸地域に

十九世紀の半ば、ヨーロッパの産業界の躍進は種々の社会問題を生んだ。農村から都市へ流入《りゅうにゅう》した年少者、婦女子は、薄暗《うすぐら》い、ほこりの立ちこめる不健康な作業場で十時間、十二時間と働き続け、極端な低賃金に甘んじ、道徳的にも大きな危険にさらされていった。テレーズは、この働く若い女性への奉仕こそ、神が、この小さな修道会に託された援助者としての使命であると確信した。

まずテレーズは工業都市トゥールーズ市のビュシェ通りに居を定め、修道女の手で美しく改築した家に働く女性を収容し、母親の愛情を注ぎ込んだ。そして健全なレクリエーションを与え、夜間学校を通して実生活上の知識や一般教養を身に付けさせるよう配慮した。また、働く女性たちの工場に出向いては、労働条件の緩和、就職斡旋《あっせん》に努め、たえず、彼女たちの生活・道徳心・宗教心の向上に力を尽くした。三年後には、トゥールーズだけでも夜学の通学生を含めて八百人を超える女性が、ビュシェ通りのこの「家族の家」に出入りしたのである。

このような「家族の家」は、織物《おりもの》工場の多いアミアンや商業都市リヨンにも司教の招きで開設された。また、社会福祉の恩恵に浴していなかった女店員たちのために、「助け合い」の組織が創設された。今日で言えば、一種の共済組合のようなもので、健康・失業保険の制度が設《もう》けられた。

普仏戦争による打撃

ところが一八七〇年の普仏戦争《ふふつせんそう》が始まり、「援助マリア修道会」も手痛い打撃を受けてリヨンの「家族の家」は閉鎖された。テレーズは修道女たちをロンドンに避難させた。

フランス国内の情勢は、プロシア兵の侵入を受けてますます悪化し、アミアン、トゥールーズ、カステルノーダリ（スペン国境に近い南フランス地域）などでも、修道女たちは戦火を逃れてロンドンのブロンプトンに避難した。その町の小さな家を借りたが、八人家族のために建てられた家に五十人が生活した。最後のグループが到着した夜、テレーズは、旅に疲れた娘の一人に自分の簡素《かんそ》なベッドを与え、自分は階段の下で毛布にくるまって一夜を明かした。部屋は四つあったが、同じ部屋が寝室にも食堂にも、刺繍の作業場にも早変わりした。その後も立ち退《の》き命令で住居を変えたが、テレーズは、毎日の霊的講話とその生きた模範で修道女たちの心を一つに結び、キリストへの愛に一層燃え立たせ、信頼と委託《いたく》、へりくだりの道に導いた。

一八七一年五月、普仏戦争の終結後、テレーズは新しくプルジュ、パリ、アンジェにも「家族の家」を設立した。アンジェでは、この町の必要に応えて、最も貧しい労働者階級の家庭の子どもを、両親の留守中預かるという教育を始めた。

フランソワ修道女の策略

一八七三年、会の副会長フランソワ修道女の策略《さくりゃく》によって、テレーズは「援助マリア修道会」から追放された。内部紛争の経緯《けいい》はこうである。一八七〇年にフランソワは四十一歳で初誓願を立てた。志願期も修練期も最年長者で社会経験があり、頭の回転も速く、弁舌にも秀《ひい》でて、二、三人の神父からの推薦《すいせん》もあり、有望なシスターになると周囲からも一目《いちもく》置かれていた。修道院内でフランソワの鋭い理性の閃《ひらめ》き、広い知識と経験に裏打ちされた雄弁と説得力、行動力に、シスターたちは振り回された。しかし惜しいことに、欠けていたのは謙虚さであった。創立者を無能と軽蔑し、会の将来を担うのは自分であると自負したのである。これが一挙に表面化したのが顧問会の席である。フランソワは副会長として顧問たちに、「もう何もかもおしまいです。修道会は百万五千フランもの借金をしてしまいました。けれども、私に任せてくだされば、何とかこの危機を切り抜ける自信はありますが……」と。しかしこの借金はまったくの偽証《ぎしょう》で、会長を追い出すための口実にすぎなかったのである。その腹黒さを知らなかったフランソワ派の修道女たちは、強引に会長を追い出した。

それでテレーズは、一時クレルモン・フェラン市の「愛徳修道女会」に身を寄せ、一八七四年九月には聖マリア・エウフラジア・ペルチェ（四月二十四日参照）の創立した「善き牧者の愛徳聖母修道会」に迎えられた。この修道会は、淪落《りんらく》した女性の救いのために働くのを目的としていた。テレーズは、生涯の最後の十五年をパリのこの大修道院の鉄格子《てつごうし》の奥で送るのである。

この会の修練院に入ったテレーズは新しい修道名を受けて、〈み心のマリア修道女〉となった。かつては院長として、しかも創立者として、多くの修道女を指導してきたテレーズは、今は平《ひら》の修練女として、修道生活の手ほどきを受け、掃除《そうじ》の仕方やランプのともし方に至るまで謙虚に習った。

やがて〈み心のマリア修道女〉は、生徒監督の助手として校舎を美化し、カトリック要理を教えた。その間に「援助マリア修道会」では会長のフランソワ修道女によって、テレーズの息のかかった修道女三十数人が理由なく路頭《ろとう》に放り出され、テレーズにゆかりのある修道院も幾つか閉鎖《へいさ》され、外面的な苦行が会則に加えられる一方、時間がないという理由で、毎日の念祷《ねんとう》がなおざりにされた。

一八八九年、フランソワ修道女は本部をローマへ移転させる計画を立てたが、副会長をはじめ全評議員の反対にあって挫折《ざせつ》した。さらに同年の九月に行われた評議員改選でフランソワの期待は裏切られ、再びテレーズの愛娘《まなむすめ》たちが評議員に選ばれた。こうして野心家は独裁支配を続けられなくなり、ある日、ローマに向かって旅立ち、そのまま帰院しなかった。一八九〇年、フランソワは教会当局と修道会に宛てて辞任状を提出し、あわせて退会の届けを送った。「援助マリア修道会」は救われたが、テレーズは、その前の年に帰天していた。

地に落ちた一粒の麦

テレーズは亡くなる一年前からフランソワの退会を予知し、「私が死ねば、この小さな『援助マリア修道会』はすべてがよくなるでしょう」と死の床からシスターたちに幾度も繰り返し言った。

一八八九年六月七日、五十五歳になったテレーズは「善き牧者の愛徳聖母修道会」の一室で、「主イエス、来てください」と言いながら息を引き取った。

一方、「援助マリア修道会」では翌年の八月二十九日、テレーズを尊敬する新会長が選ばれ、創立者テレーズの作成した会則の草案も日の目を見、創立者の精神に立ち返った。そしてテレーズの遺体は一八九一年九月十四日、十字架称賛の祝日に、流謫《るたく》の地から「援助マリア修道会」の墓地に移葬された。

一九〇一年に「援助マリア修道会」は教皇庁より、使徒的活動の修道会として認可された。「もし一粒の麦が地に落ちて死なないなら、ただ一つのまま残る。しかし、死ねば多くの実を結ぶ」（ヨハネ12・24）。テレーズの墓石に刻まれたこの聖句は、キリストの死と復活の秘義を生き抜いたテレーズの聖性と殉教を美しく語っている。教皇ピオ十二世は一九四六年十月二十日にマリー・テレーズ・ド・スビランを福者の位に上げた。

後継者らの使徒職

福者マリー・テレーズ・ド・スビランの精神と事業を受け継ぐ「援助マリア修道会」の会員たちは、聖イグナチオの霊性に鼓舞《こぶ》され、そこから「活動における観想者」としての使徒の生活を養う樹液をくみ取りながら、貧しい人々、若い人々への奉仕を優先し、あらゆる年代の人々の人間的、霊的成長を目指している。

総本部はパリにあり、アジア・パシフィック、ヨーロッパ、カメルーンなどに支部を持ち、日本には一九四六年のマリー・テレーズの列福式が、日本創立の機会となり、その翌年に、イエズス会日本管区長ラサール神父（愛宮真備）の招きによって五人のフランス人修道女が広島県福山市に来日し、下関、西宮、大分、長崎に修道院を設立した。会員たちは戦後日本のさまざまな貧しさの中で、神の不思議な助けのもとに地域社会の要望に応えて、「福山暁の星学院」（幼・小・中・高・専門）の学校を経営し、さらに小教区の司牧・宣教を手伝い、移住者のために働き、祈りや黙想の指導をし、キリストのみ国の発展のために努力を続けている。

六月九日
聖エフレム助祭教会博士

作詞・作曲で宣教

シリアはローマ帝国時代、キリスト教の盛んな国で聖人たちがたくさん出ているが、四世紀に「キリストは神に似たものにすぎない」というアリオ派の異説が広がって国民の信仰に動揺を来《きた》した。この異説に対抗したのが聖エフレムであった。彼は生涯、助祭のまま独身を通し、要理教育に携わりながら、正しい教説を広める手段としてシリア語で詩歌を創作したり、説教したり、聖書の注釈をしたりしていた。それに加え音楽的才能に恵まれたエフレムは、自作の聖歌を、自らハープ（竪琴《たてごと》）の伴奏で歌っていたと伝えられる。このため彼はシリア語の諸教会から「聖霊のハープ」と称せられた。

牢獄で償い

聖エフレムは三〇六年頃、ローマ帝国東部（メソポタミア地方）ペルシャとの国境の町、ニシビス市（現・イラクのエルビル）に生まれた。エフレム自身の告白録によると、子どもの頃、両親からキリスト教的な教育を受けたにもかかわらず、腕白者であった。貧しい農家の大事な牛をむちで叩き立てて山の中へ追い込んだら、牛は猛獣《もうじゅう》にでも殺されたのか、そのまま帰ってこなかったという。それから旅の途中、犯罪人といっしょに逮捕され、罪もないのに拘置所に放り込まれ、拷問《ごうもん》にかけられた。ある晩、夢の中に、この災難は先のいたずらの償いである、間もなく釈放《しゃくほう》されるという神の啓示を受けた。すると翌朝の裁判で共に逮捕された他の男が犯罪を自白し、エフレムには共犯の罪はないと証言したので、エフレムはただちに釈放された。それまで神の摂理を疑ってきたエフレムは、この事件がきっかけになって心を改め、荒れ野で隠修士の生活を始め、祈りと聖書研究に没頭した。

「ニケア公会議」に出席

三二五年、小アジア（現・トルコ）のニケアで公会議が招集された時のことであった。エフレムは、ニシビスの司教聖ヤコブに見込まれ、助祭として公会議に同行し、世界各地の司教から多くを学んだ。その後、エフレムはニシビスに帰り、ヤコブ司教から同地の要理教育学校の教職を与えられた。

三六三年、ササン朝のペルシャ王サポルが、軍を指揮してニシビスに侵攻し、これを占領したので、エフレムは、エデッサ（現・トルコ領中南部ウルファ）の山に避難した。当時エデッサでは異説者とカトリック者との間に激しい論戦が交えられていた。異説側は、異説をもりこんだやさしい歌を創って人々に歌わせていた。エフレムは、これに対抗して救い主のこと、聖母のこと、祝日のこと、天国のことを美しい詩歌として歌い、少女聖歌合唱団をつくり、聖堂でも他の機会においてもこれを歌わせていた。これが大ヒットし、道行く人もエフレム作詞・作曲の歌を口ずさむようになった。

巡回説教、ペスト患者の看護

エフレムは弁舌にもすぐれ、説教の際、多くの聴衆を感動させ、泣かせ、回心させた。しかし、エフレムは口先だけではなく、福祉活動と聖なる生活が、それに伴っていた。三七三年、エデッサ市はペストと飢饉《ききん》に襲われ、さながら地獄絵のような状態になった。その時エフレムは危険をも顧みず、献身的にペスト患者を看護し、貧者のために物乞いに歩いた。

ペストの伝染がおさまった後は、付近の山中に隠遁し、ほとんど聖書全体について注解を書き、美しい詩的な説教集を書いた。汚れない聖母マリアについての詩は、エフレムをはじめ東方教会が聖母マリアをいかに熱烈に崇敬していたかを証言するものであろう。

六十七歳になったエフレムは三七三年六月九日に死去したが、その葬儀の時にはニッサの聖グレゴリオが追悼《ついとう》説教をし、故人の遺徳をたたえ、その冥福《めいふく》を祈った。

エフレムの遺体はエデッサ近郊の修道院のアルメニア人聖堂に安置されたという。一九二〇年、教皇ベネディクト十五世によって教会博士とされた。聖エフレムの遺した多くの詩歌は司祭の聖務日祷中に引用されている。なお、聖エフレムはカトリック教会だけではなく、ギリシア正教会においても聖者として崇敬されている。

六月十一日

聖バルナバ使徒

初代教会の基礎固め

「柔和な人は幸いである。その人たちは地を受け継ぐ」（マタイ5・4）。

本日の使徒バルナバは、同情心に富み、善良、柔和であったので他者の愛と同情をかちえ、初代教会の基礎を固めた。バルナバは、キプロス島出身で、主キリストの時代に、レビ族のヨセフというユダヤ人であった。また使徒言行録四章三十六節によれば、「慰めの子」を意味するバルナバというあだ名を付けられていた。エルサレムで暮らしていた彼は、キリストの説教を耳にして感動し、七十二人の弟子たち（ルカ10・1）の中に加わった。また主のご受難、ご死去、ご復活の証人となり、ご昇天後は聖母マリアをはじめ、他の弟子たちと共に聖霊降臨に立ち会い、その賜物を豊かに受けた。

初代教会の信者は、キリストの教えを生活に取り入れ、財産を共有にして互いに経済的な援助をしたり、畑や家を売って教会の必要に当てたりしていた。バルナバも自分の畑を売って、その代金を宣教費や貧者の救済に当てた。

当時、教会のかつての迫害者パウロがダマスコで奇跡的に回心してからエルサレムに来た時、過去が過去だけに誰からも相手にされなかった。だが、同情深いバルナバだけは孤独なパウロに友情の手を差し伸べ、ペトロやヤコブに紹介し、信者の集会などにも連れて行った。そのため、バルナバとパウロの間には、教会史上最も美しく、最も豊かな実りが結ばれることになった。

聖霊と信仰に満ちた善い人

シリアのアンティオキア（現在はトルコ中南端でシリアとの国境付近の「アンタキア」）でギリシア人らが改宗し始めると、ペトロはバルナバをその牧者に任命した。バルナバは祈りと手本を示しながら「主に忠実であれ！」と、信徒たちに熱心な信仰生活を勧めた。聖書は、その時代のバルナバについて「バルナバは立派な人で、聖霊と信仰とに満ちた人であった。こうして、多くの人が主のもとに導かれた」（使徒言行録11・24）と最大級の賛辞を呈している。しかし、日増しに発展するアンティオキア教会の司牧は、バルナバ一人ではとても手に負えない。バルナバの心に浮かんだのはパウロだった。パウロは一度エルサレムで説教して、ユダヤ人たちの転向した冷たい態度にがっかりしたのか、タルソスに戻って孤独な思索にふけっていた。「そうだ、パウロに助けてもらおう」と決心したバルナバは、

パウロをタルソスまで訪ね、優しく熱心にパウロを説得して、アンティオキア教会に連れて来た。活動舞台を与えられたパウロは、燃えるような霊的活力と雄弁をもって、布教の第一線に乗り出した。バルナバはむしろ、パウロの女房役に回り、パウロの一途《いちず》な性格で傷つけた人々をそれとなく慰め、巧みに人々の心を和らげていった。

パウロとの名コンビ

このバルナバとパウロの名コンビは、たちまち、一年間のうちにアンティオキアの教会を大躍進《やくしん》させた。そしてバルナバは飢饉《ききん》に苦しむエルサレムの信徒のために援助資金を集め、パウロと二人で同地に急行した。帰りにはバルナバのいとこヨハンナといとこのマルコをもアンティオキアに連れてきた。それから一年後のある日、アンティオキアの司祭と信者たちが、数人の預言者や教師を交えて布教対策を協議中、聖霊が預言者の口を借りて、「バルナバとパウロを諸国の布教に遣わせ」と告げられた。

それからバルナバとパウロは、長老、預言者、教師から按手《あんしゅ》され、使徒の資格をもって外国布教に旅立った。その時、バルナバはいとこのマルコを助手として連れて行った。三人はまず、バルナバの故郷キプロス島に渡り、会堂から会堂へと数週間説教して巡り、島のローマ総督セルジオ・パウロをはじめ多数の人を改宗させた。

後に若いマルコは、途中でひき返し、バルナバとパウロだけが小アジア（現・トルコ）に渡り、道すがら福音を伝えつつ、リストラに来た。ゼウスの祭日に二人が説教してから、パウロが生まれつきの足の不自由な人を癒やしたところ、群衆はバルナバを神々の頭《かしら》ゼウス、パウロを能弁の神ヘルメスと思い込み、神官や笛吹きを呼んで、二人に牡牛の犠牲《いけにえ》をささげようとした。バルナバとパウロは、衣を裂き、群衆の中に駆け込み、叫んで、言った、「みなさん、どうして、こんなことをするのですか。わたしたちも、みなさんと同じく人間にすぎません。あなた方が、このようなむなしいものを離れて、生ける神に立ち返るようにと、福音を宣《の》べ伝えているのです。この神こそ、天と地と海と、そしてその中のすべてのものとをお造りになった方です」（使徒言行録14・14－15）。このようにバルナバとパウロは迷信の打破《だは》に努めたが、結局ユダヤ人の扇動《せんどう》で暴行されたあげく、町から追い出された。

美しい協調性と柔和

四九年、パウロとバルナバは四年間の第一回伝道旅行を終えてアンティオキアに戻り、しばらく休養して、次の伝道旅行の計画を立てた。その頃、ユダヤ教からの改宗者と異教からの改宗者のあいだに、洗礼や小斎の規定などについて争いが生じたので、二人はエルサレムの使徒会議に列席し、ペトロの裁決を仰いだ。その結果、新しい信者たちが偶像崇拝や性的犯罪のような当時の悪習と絶縁《ぜつえん》するならば、古い宗教の習慣を気にしなくともよいということになった。

その後、第二回伝道旅行の出発の際、バルナバはまた、いとこのマルコを同伴しようとしたのに、パウロはマルコが前回の宣教旅行の途中でエルサレムに引き上げたのを理由に（使徒言行録15・38参照）、バルナバの望みを断った。

それでバルナバは親友パウロと別れることになり、マルコを連れてキプロス島に渡り、一人前の宣教者に育てようと手本を示した。こうしてマルコはバルナバのおかげで、「彼は聖役のために私の役に立つ」とパウロに見直されるまでに成長した。バルナバの美しい協調性と柔和は、初代教会の発展のために欠くことのできない潤滑油《じゅんかつゆ》の役目を果たした。

その後バルナバは、確証のない伝承によれば、アレクサンドリア、マケドニア、イタリアまで宣教してから、キプロス島のサラミスにおいて投石刑で殉教したそうである。ギリシア教会史家たちによれば、四八五年にサラミスでバルナバの墓所が発見され、その胸には福音書が置かれていたと伝えられる。

聖バルナバはカトリック以外の正教会・非カルケドン派・聖公会・ルーテル教会でも聖人とされている。

六月十三日

聖アントニオ（パドバ）司祭教会博士

（紛失物・貧困の保護者）

裕福な貴族出身から清貧生活へ

何かを紛失したとか、忘れ物した時、それを探し回っている最中にサント（聖人）に助けを求めれば、それを探し当てることができるとの言い伝えが、欧州、

特にイタリアにある。ここで言うサントは、パドバの聖アントニオ。

聖アントニオは十三世紀のアシジの聖フランシスコの愛弟子《まなでし》であり、ポルトガルの首都リスボンの裕福《ゆうふく》な貴族出身でありながら、生涯清貧を貫き通した。また学識が豊かな上に、弁舌さわやかで、この聖人がある町で説教すれば、町全体がお祭り騒ぎとなり、老若男女を問わず多くの人が聖人の顔をひと目見て、その教えを聞き、清貧に生きようとして聖人の周りに群がり集まった、と言う。聖アントニオの主な宣教活動の拠点《きょてん》は、イタリア北東の海上都市ベネチアの西南、約五十キロの地点にあるパドバ。

結婚か、独身の修道生活か

聖アントニオは一一九五年、ポルトガルの首都リスボンの貴族の家に生まれた。敬虔《けいけん》な母親は知恵さとく、抜群の記憶力を持つ幼いわが子に、イエス、マリアのみ名を覚えさせ、成長するにつれて天国の美しさや聖人たちの徳行《とくこう》を教えた。七歳でリスボンの司教座聖堂付属学校に入学した。当時の西欧では最も進んだアラビアの人文・自然科学の基礎知識を習得した。十歳の時に司祭だった叔父のもとで勉強した。学徳に優れた叔父の指導よろしく、彼の学業はめきめき進歩し、その徳行もますます輝きを増した。やがてポルトガルの大臣は、将来は娘の婿《むこ》にと前途《ぜんと》有望《ゆうぼう》な美少年に白羽《しらは》の矢《や》を立てた。

十五歳で彼は、このまま出世《しゅっせ》街道《かいどう》をひたむきに進むか、それとも神に身をささげて聖職者の道を歩むか、その身の振り方に迷った。数カ月間、神と聖母にその悩みを打ち明けて祈り、ついに父母の許可を得て、「聖アウグスチノ修道会」に入会した。入会後はひたむきに完徳の頂上に向かって精進《しょうじん》した。ところが数カ月後に両親の心が変わり、帰宅するよう勧め、友人たちも、手を変え品を変えてアントニオの志《こころざし》をひるがえそうと計った。アントニオは頑《がん》としてこれに応じないばかりか、長上に願って両親の家から遠いコインブラの聖十字架修道院に移動させてもらった。そこで来客の接待に当たったり、貧者に恵んだりする合間に、九年間教理や聖書を研究し、さらに教父たちの著書に目を通し、「契約《けいやく》の櫃《ひつ》、聖書の書庫《しょこ》」とあだ名を付けられるほど聖書に精通《せいつう》する神学者になり、一二一九年に司祭の資格を得た。

一二二〇年、五人のフランシスコ会員殉教者の遺骨が、宣教地のアフリカからコインブラの聖十字架聖堂に安置された。アントニオは人々に混じってこの遺骨の前で祈り黙想した。また、モロッコのイスラム教徒への宣教を目指すフランシスコ会員らが、一時その修道院に滞在した。その時、アントニオはモロッコの殉教者のことを知り、深い感銘《かんめい》を受けて自分もこの殉教者の跡に続こうと望み、上長の許可を得て「聖アウグスチノ修道会」を退会し、一二二〇年にコインブラの「フランシスコ会」聖アントニオ修道院に入った。

アシジの聖フランシスコとの出会い

その翌年、アントニオは希望どおり、殉教の覚悟でキリストを証《あか》しするためアフリカのモロッコへ向かう船の中で極度《きょくど》の船酔《ふなよ》いに負け、モロッコに着いたら重病にかかり、イタリアの母院アシジへ向けて、やむなく帰国の途についた。途中台風に遭《あ》い、シチリアに漂着《ひょうちゃく》。折から、アシジのポルチウンクラで開かれていた、「フランシスコ会」の総会に参加した。またアントニオはその地で初めて、会の創立者聖フランシスコに親しく接し、その聖者の純朴《じゅんぼく》な精神に感銘《かんめい》を受けた。

謙遜なアントニオはアシジの修道院で初めの頃は無学無才と見なされ、エミリア州のモンテパオロ修道院の雑役《ざつえき》に回されていた。ところが一二二二年、イタリア北部のフォルリ市で催された新司祭祝賀の席上、アントニオは図《はか》らずも、上長から即席《そくせき》の演説《えんぜつ》を命ぜられた。初めこそ恐れ気味で声も低かったが、次第《しだい》に勇気を取り戻し、聖書の句や聖人たちの格言《かくげん》を思うままに駆使《くし》しながら、熱のこもった声で少しのよどみもなく深遠な教義を説き明かし、心の中に燃えている愛徳の炎を聴衆《ちょうしゅう》に点じようとする堂に入った説教術に、一座は深く感動した。この時以来、アントニオは巡回説教師に任ぜられ、イタリア、南フランスを巡り、福音を伝え、ゆるしの秘跡《ひせき》を授け、奇跡を行いつつ多くの人を改心させた。こうして師父聖フランシスコは弟子のパドバの聖アントニオの聖徳と学識を認め、「私の司教」と呼ぶようになり、一二二三年に彼を全会員の神学教授に任命し、ボロニアの「フランシスコ会」の修道院の責任者とした。

大海の魚群に説教し、人々を改心へ

ある日、アントニオは、リヨンのワルドー派（教皇の権威や煉獄を否定し、信徒でも罪を赦せるとの異説）の異端者たちを前に説教したが、馬の耳に念仏《ねんぶつ》なのを見て、「立ちなさい、私の後について河岸《かわぎし》に降りなさい」と勧めた。聴衆は好奇心にかられて彼の後に従った。聖人は大海に向かい、「人々は私の言葉を聞こうとしない。おいで、魚たちよ、私の話を聞いておくれ」と話しかけた。たちどころに魚が集まったので、「魚たちよ、小さな兄弟たちよ、おまえたちにこのような広々とした住居を与えてくださった創造主に感謝しなさい。おまえたちの必要に応じて、淡水、塩水をお与えになったのは神様、また嵐の時の隠《かく》れ家《が》をお与えになったのも神様です。世の初めに、おまえたちを祝され、大洪水の時、全世界の諸罪と死からおまえたちを免れさせたのも神様です……かわいい魚たちよ！　創られたものの中で、特に恵まれたものたちよ！　神様をたたえ、感謝するのですよ」、と魚に説教したそうである。

ロバに聖体を見せてひざまずかせ、異端者を改心させる

一二二四年、アルビ派（霊界の善神と物質界の悪神を信じ、自殺を認め、結婚を否定する異説）に対処するため、南フランスに派遣され、ル・ピュイで院長、リモージュで準管区長の職に就いた。その頃、フランス南部のトゥールーズにいたボノニロという男は、ご聖体の中のキリストの現存を否定していたが、大胆にも聖アントニオに奇跡《きせき》を要求するようになった。

「私のロバを広場につないで、三日間何も食べさせない。その後で、あなたは聖体を、私はライ麦を持って行こう。もしその時、ロバがライ麦より先に聖体を拝んだなら、私も信者になろう」と、ボノニロは言うのである。

人々はこの無茶《むちゃ》な挑戦《ちょうせん》を手放しで喜び、聖人の抗議は彼らの叫び声に消されてしまい、承諾《しょうだく》せざるをえなかった。アントニオはついに、全能である神の助けに頼ろうと決心した。ボノニロと異端者らは、もう聖人を負かしたかのように喜んだ。

三日後、空腹《くうふく》をかかえたロバの前に聖人は、ご聖体

を掲げて立った。ボノニロはすぐに、ライ麦の束をロバの鼻の下に持って行った。ところが、どうしたことであろう。ロバはライ麦には目もくれず、前足を折って礼拝するかのようにひざまずき、聖人がご聖体と共に去るまで動こうとしなかったという。

時の教皇グレゴリオ九世（在位一二二七—四一年）もアントニオの説教を聞いた。アントニオが新約と旧約の聖書をよく読み、よく反省し、自由自在に駆使《くし》するのに教皇は驚いて、「この人は契約の櫃《ひつ》だ。聖なる律法の二枚の板をその中に納めている」とほめちぎった。

幼子を抱くご絵の意味

聖アントニオのご絵には、その腕に幼子《おさなご》イエスが抱かれているが、これは実際に現れた幼子イエスを聖人が胸に抱き上げたことに由来する。アントニオは「フランシスコ会」の創立者アシジの聖フランシスコ（十月四日参照）に倣って、救い主イエスの誕生をことのほか喜び祝い、幼子イエスの寝かされた飼い葉桶《かばおけ》の前で熱心に祈っていた。

ある日アントニオは、パドバから北東、約二十キロのカムポサムピエロに領主テイゾから招待された。彼は「フランシスコ会」の協力者であり、晩餐会《ばんさんかい》の後、その夜にみんなが寝静まった頃、アントニオの休んでいた部屋の隣り部屋にいたが、ふと目を覚ますと、アントニオの寝室から光が漏《も》れているのに気づいた。火事ではないかと、その室内をこっそりのぞいてみると、アントニオがひざまずき台に祈り本を置いて祈っていたのが見えた。また、祈り本の上には幼子イエスが立ってアントニオの胸に寄り添って、にこにこ笑っていた。光は幼子の体から出ていて、光が消えると同時に幼子の姿も消えていた。

翌日、領主が昨夜の不思議をアントニオに話すと、アントニオは、「そのことはわたしが生きている間だけでも、黙っていてください。御子イエスがそう仰せられましたから」と口止めを願った。領主もこの約束を守り、アントニオの死後にこの不思議を公表したと言われる。

アントニオは幼子イエスの出現以来、ますます幼子や子どもたちを特別に愛した。主イエスご自身が幼子や若者に深い愛情を示したが、弟子たちは幼子たちがイエスに近づくのをうるさがり、彼らを遠ざけようとした。ところが、「イエスはこれを見て憤《いきどお》り、弟子たちに仰せになった。『そのままにしておきなさい。幼子たちがわたしのもとに来るのを止めてはならない。神の国はこのような者たちのものだからである。あなた方によく言っておく。幼子のように神の国を受け入れる者でなければ、決してそこに入ることはできない』。そして、イエスは幼子たちを抱き寄せ、彼らの上に両手を置いて祝福された」（マルコ10・14－16）。

またある日、イエスの弟子たちがいちばん偉いのは誰かと議論していた時、イエスは一人の幼子を呼び寄せ、彼らの真ん中に立たせ、仰せになった。「あなた方によく言っておく。心を入れ替えて幼子のようにならなければ、決して天の国には入れない。だから、幼子のように自らへりくだる者が天の国でいちばん偉いのである」（マタイ18・3－4）と。

アントニオはこのみ言葉どおり、幼子のようなあどけなさ、悪習に染まらない純潔さを生涯保ち、幼子らや若者と快く交わり、その心身の病《やまい》を癒やしてあげた。

ある日のこと、アントニオが説教の後で修道院に帰る途中、一人の婦人が手足の不自由な幼子を腕に抱えて現れ、アントニオに「この子を祝福して癒やしてください」と頼んだ。アントニオはこの婦人に短い言葉で慰めてから、謙虚に立ち去ろうとした。しかしその婦人は承知しないで、アントニオの連れの修道士に、アントニオに「願いを叶《かな》えてください、と言ってください」と頼んだ。それでアントニオは心を打たれ、短い祈りの後に、幼子の手足を治してあげた。

またアントニオがパドバの町の通りで、ペトロという男に出会った。見るとその男は腕に幼い女の子を抱えていた。その子はてんかんで、両足が不自由であった。その男はこの病気の子をアントニオの前に差し出し、「どうかわたしの娘を助けてください」としきりにお願いした。アントニオはこの父親の信仰と悲しみに同情し、病気の子を祝福した。父親は感謝して家へ帰る途中、「娘が次第に癒やされた」と、語り伝えられる。

死後一年で列聖、舌だけが不滅

一二二七年から三年間、イタリアで説教師として活躍し、北イタリア・ロマーニャ管区の管区長を務め、一二三一年の四旬節にはパドバで連日説教をし、時には三万の聴衆を集めた。しかし過労のためかアントニオは、一二三一年六月十三日、パドバ郊外一キロのアルチェルラで、三十六歳の若い霊魂を神のみ手に返した。彼の遺体は没後の火曜日に埋葬されたところから、「聖アントニオの火曜日」の信心が十七世紀以降盛んになった。没後一年たたないうちにアントニオは教皇グレゴリオ九世から列聖された。同年に彼の遺体を納める聖堂建設が始まり、一三〇七年に落成した。この聖堂に聖アントニオの遺体が安置され、この聖人への崇敬が高まるにつれ、全欧州から多数の巡礼者が集まるようになった。一二六三年、聖ボナベントゥラの面前で開棺《かいかん》された時、舌だけが完全な姿で残っていた。これは彼がその舌をもって神を賛美し続けたからであろう。この舌は黄金の顕示台に大切に保存され、今日に及んでいる。

　十五世紀以降、聖アントニオは紛失物の探し手、結婚、女性、花嫁の守護聖人、また熱病・疫病《えきびょう》など、厄《やく》除《よ》けの守護者でもある。一九四八年一月十六日、ピオ十二世によって教会博士の称号が与えられた。

六月十九日

聖ロムアルド修道院長

（「カマルドール会」の創立者）

誤解や悪意を愛のむちに利用

　神の摂理の中で最もすぐれたみ業《わざ》の一つは、人々の誤解や悪意さえも愛のむちに利用して、その攻撃の矢《や》面《おもて》に立つ人を反省させ、奮起《ふんき》させることである。聖ロムアルドの生涯も、その良い例である。

　ロムアルドは十世紀半ば、イタリアのラベンナの公《こう》爵《しゃく》セルジオの家に生まれた。両親の自由放任の教育の結果、二十歳頃まで世の歓楽《かんらく》を求め、金を湯水《ゆみず》のように使って安逸《あんいつ》をむさぼっていた。次第に放蕩《ほうとう》に身を持ち崩《くず》していくうち、修道者の生活を見て、なんとかして足を洗いたいとは思っていたが、これを決心するだけの勇気がなかった。

　ところがある時、家庭内で一大事件が起こった。彼の父親と親戚の一人とが財産のことでいざこざを起こし、決闘をして父親が相手を殺害してしまった。ロムアルドは自分も父親に加担したので、共犯者としての罪の意識に日夜さいなまれ、ここではじめて、夢から覚めるようになった。

フランスのキュクサで祈りと克己の修業

九七八年にピレネー山脈東部まで遍歴《へんれき》し、南フランスのスペイン国境に近いキュクサの聖ミカエル修道院に移り、祈りと克己の修業に励むかたわら、農耕《のうこう》にも従事する隠修士修道院を建てた。このような厳しい修道生活の中にも、ロムアルドは過去が過去だけにたびたび内からも外からも容赦なく激しい誘惑に襲われることもあった。そのような時には自他の罪の償いのためにますます信頼して祈り、自分の好きな食べ物は何一つとらず、これを貧者や病者に与えるのであった。彼の絶え間ない祈りと苦行が報いられてか、そのうち父親も改心の恵みを得て、ある修道院に入り、そこで安らかな最期《さいご》を遂《と》げたという。

ドイツ皇帝や聖ブルーノ大司教に影響

まもなくロムアルドの聖徳は世に広まって、ドイツ皇帝オットー三世をはじめ、各界の名士たちも教えを受けに続々と彼の庵《いおり》に押しかけてきた。しかし彼は、世俗を離れて至高の理想に向かおうとする熱烈な精神から、これを煩わしく思い、静寂《せいじゃく》の地を求めて転々とイタリア各地を放浪した。九八八年にロムアルドはラ

ベンナ郊外の「ベネディクト会」のサンタポリナーレ・イン・クラッセ修道院を訪問し、そこで罪の償いのため四十日間の苦行《くぎょう》を行った。こうして彼は修道生活のうちに心の安らぎと真の幸福を見いだした。

修道生活に心の安らぎ

このため彼は、急いでラベンナ郊外の「ベネディクト会」のサンタポリナーレ・イン・クラッセ修道院を訪問し、そこで罪の償いのため四十日間の苦行《くぎょう》を行った。こうして彼は修道生活のうちに心の安らぎと真の幸福を見いだした。

三年後にそこを去り、ベネツィア近郊の湿地帯に住む隠修士マリヌスの指導で修道生活に励んだ。しかしロムアルドは少年時代から勉学に身を入れなかったのが祟《たた》って、聖務日課のラテン語を満足に読みこなすことができなかった。少しでも読み間違えれば、その度にマリヌス修道士から小さな棒で左の耳を叩かれた。彼はこれも罪の償いのためにじっとこらえていたが、ある時冗談のように、「左の耳がだんだん聞こえにくくなりましたから、今度は右の耳を少し打ってください」と願ったという。

ベンナ郊外のペレオという人里離れた所に庵を結んだが、そこでは、後でスラブ族に布教して殉教したクエルフルトの聖ブルーノ大司教などの優秀な弟子を持つことができた。

イタリアに「カマルドール会」を創立

　こうして彼は北イタリアおよび南フランスに隠修士のため数多くの修道院や共同体を設立したが、その中でも最も有名なのは一〇一二年、イタリアのトスカーナ地方のアレッツォ近郊、アペニーノ山腹にカマルドールに建てられた修道院である。彼はこの修道院を中心にベネディクト会の戒律に基づいて修道会を創立し、土地の名にちなんで「カマルドール会」と名づけた。会員は主《おも》に観想生活に従事するほか、布教、開拓《かいたく》および芸術、科学の面でも大いに貢献してきた。

　一〇一四年、ロムアルドはイタリアのウンブリアのクッコ山麓に聖マリア修道院を建て、そこに七年間とどまった。その間に貴族出のある青年が放蕩の限りを尽くしたあげく世の中が嫌になり、ロムアルドのもとを訪れて入門を願い出た。しかしこの青年の改心は一時的な気まぐれらしく、修道院に入ってからもロムアルドの善い導きにも従わず、依然《いぜん》として行いを改めなかった。それどころか恩師の戒めを恨んで、ロムアルドが自分と共に人目に隠れて放蕩《ほうとう》をしているなどと根も葉もないうわさを流した。人々はこれを真《ま》に受けて、彼を絞首刑に処するか、それとも彼の庵を焼き打ちしようかとまでいきりたった。そしてついには、教会当局からミサ聖祭をささげることさえ禁止された。「復讐してはならない。お前の民の子らに恨みを抱いてはならない。お前の隣人をお前自身のように愛さなければならない。わたしは主である」（レビ19・18）に従って、彼はぬれぎぬの屈辱《くつじょく》を罪の償いとしてささげた。

やがて暗い疑いの雲も晴れて、ロムアルドは一〇二七年、イタリア中部ファブリア（アドリア海側）近くのヴァルディカストロの庵で、独り静かに息を引き取った。一五九五年、教皇クレメンス八世（在位一五九二―一六〇五年）により列聖された。

六月二十一日
聖アロイジオ・ゴンザガ修道者

永遠のバラのつぼみ

主イエスは人々に、こう訴える。「あなた方によく言っておく。これらのわたしの兄弟、しかも最も小さな者の一人にしたことは、わたしにしたのである」（マタイ25・40）と。

十六世紀の若い聖人アロイジオは華麗《かれい》な社交界の中に生活し、病弱ながらも、罪らしい罪も犯さずに、ペスト患者のために若い一生をささげ尽くした。彼は神の栄光と人々の救霊のために生きる天使のような青年であった。若者で世を去った聖人たちは、神の国におけるバラのつぼみと同じく、永遠のバラのつぼみとして輝き匂うのである。

ゴンザガ侯爵《こうしゃく》の長男

聖アロイジオは、一五六八年（織田信長の時代）、イタリアの北部マントバ地方、カスティリオーネの領主ゴンザガ侯爵の長男として生まれた。父フェルディナンド侯は軍人であり、母はスペイン王室女官を務めたこともある信仰深い女性であった。この母は、乳児に乳を与えながら、その心に信仰を植え付けるように努力した。手が自由に動かせるようになると十字架の印《しるし》を教え、片言が言えるようになると、まずイエスとマリアのみ名を教え、それからだんだんに〈主の祈り〉や〈アヴェ・マリアの祈り〉の唱《とな》え方も教えた。

やっと独り歩きができる頃には、もう独りで静かに祈る習慣が身に付いていたという。母はわが子が神にも人にも愛されながら、すくすく育っていくのを喜んでいたが、父は息子の信心ごとを好まなかった。身体が弱くて痩《や》せている息子だったが、そのすばしこさ、利口《りこう》さを見ると、この子こそゴンザガ家の名を後世までも伝えてくれる人物だと、ひそかに誇りにしていた。

兵隊ごっこ

父は五歳のアロイジオに軍服を着せ、兵隊の訓練を見せたり、訓練場に連れて来たりしていた。兵隊たちの間を遊び回り、兵士たちから「小さい隊長殿」と呼ばれては得意になり、相手と討《う》ち合いを始めると大喜びではしゃぎ回った。「ドカン」と音を立てて、大砲から火の玉が吹き出る時、アロイジオの幼い心は盛り上がるのだった。そのうち自分でも大砲をドカンと打ってみたいと思うようになり、ある夜、兵士が寝静まるのを待って、ひそかにテントを抜け出し、火薬に火を付けてしまった。

たちまちすさまじい爆音が闇《やみ》の中にとどろいた。「すわ、敵の来襲《らいしゅう》！」。兵営の中は上へ下への大騒ぎ、非常呼集《こしゅう》のラッパが鳴り響き、フェルディナンド侯も、飛び起きて完全武装《ぶそう》のいでたちであった。

しかしその敵が、五歳の隊長殿と分かっては、兵士たちは拍子抜け。侯は一軍の将として、この隊長を軍法会議にかける考えだったが、たちまち陳情《ちんじょう》の山に出会って、それを取りやめた。そして内心、そのように勇気のあるわが子を持ったことを、うれしく思うのだった。きっとこの子は、将来有望な城主になるに違いない、と。

聖母の潔白に倣い、貞潔の誓願

まもなく父がスペインのフィリポ王に従ってアフリカに出征してからは、アロイジオは再び母のもとで厳しくしつけられ、もとのように信心に励むようになり、七歳の時から毎朝、ミサにあずかっていた。アロイジオの過失らしい過失は、後にも先にもこの火薬遊びだけで、彼は最期まで、これを思い出して痛悔の涙にくれていたという。数年後に凱旋《がいせん》した父は息子の変わり

様に驚き、修道者になられては大変と、一五七七年、九歳のアロイジオを弟ルドルフと共にフロレンスの領主メディチ大公フランチェスコ邸へ従僕《じゅうぼく》として預けて勉強させるかたわら、華やかな社交界にもなじませるようにした。

しかしアロイジオは父の期待に反してますます信心深くなり、特に、聖母の潔白に倣うため貞潔の誓願まで立てた。この時から五感（視覚、聴覚、触覚、味覚、嗅覚）を、特に目を慎み、少しでも不安を起こさせるものは絶対に見ないようにした。そして生まれつき婦人嫌いだと思われるぐらいに、異性との不必要な交際を避けた。例えば、侍女《じじょ》が何かの用事を伝えに来る時には、必ず部屋の外に出て来て用件を聞き、返事を与えると、すぐに立ち去らせるようにした。

神に仕《つか》えることが私の使命

ある日、母は、「私は男の子を何人《なんにん》もいただきましたが、その中の一人でも修道者に召されたら、どんなにうれしいことでしょう」と漏《も》らした。アロイジオは、母と二人きりの時、「お母さま、あなたの願いを神様はお聞き入れくださったようです。その息子、それは私だと思います」と心の中を打ち明けた。

その後、一五八〇年、十二歳のアロイジオは故郷のカスティリオーネに帰ったが、腎臓《じんぞう》病を患《わずら》い、飲食物を大いに制限されるようになった。けれども幼児より学び得た克己犠牲の精神によって、よくその苦しみを甘受《かんじゅ》することができた。ちょうどその頃、アロイジオはミラノの大司教聖カロロ・ボロメオ（十一月四日参照）から初聖体を受け、父親に「イエズス会」に入会したいと打ち明けたが、父は猛烈に反対した。「おまえは、ゴンザガ家の長男なのだから、当然この城を継ぎ、大勢の家臣を率《ひき》いるはずなのだ。だから、これからは少し私のそばにいて仕事の手伝いもしなければならないし、また、武芸の訓練も受けねばならない。だいたいおまえは、この頃、少しあの『イエズス会』の人々と、無駄な時間を費やし過ぎているようだね。人間が自分の務めを怠ってまで、教会や修道院に行くのは、決して神の光栄にならないことくらい、おまえはよく知っているはずなのだ……」。

しかし、その時のアロイジオの答えは、実にはっきりしていた。「でもお父さま、私の務めは修道院に入ることだと思います」。「誰がそう言ったのだ。お母さまか、それとも、おまえがいつも話しているイエズス会の神父か」。「いいえ、誰もそのことについて私には言いませんでした。ただこの数年間、祈ったり、考えたりした結果、神様の私に対するみ旨はこれ以外にないと思ったのです」。父は思わず、ドスンと机を叩いた。「生意気を言うな！……まだ青二才のくせに、何が神のみ旨だ。神のみ旨は、親を通して示されることを、おまえは知らないのか。おまえは長男だ。この家を継がなければならないのだ。それがおまえに対する神のみ旨なのだ」。「いいえ、神に仕えること、これが私の使命なのです。そしてこの神の思し召しに対しては、お父さまも従わなければならないのです」。「まだ言うか。下がれ！　それを言うなら、二度と私の前に出てはならない」。

父の情愛と、息子の決意との葛藤《かっとう》

一五八二年、十四歳のアロイジオは両親とマドリードへ行き、同地で皇太子ディエゴの召し使いとして三年間も務めながら、一度も皇后の顔を正視《せいし》しなかったという。またスペイン王宮内の陰謀《いんぼう》や享楽《きょうらく》的生活に反感を持ち、詩編や聖人伝、教理問答などを愛読し、哲学に関心を寄せた。その上、イエズス会会員であった聴罪司祭の影響もあって「イエズス会」へひかれていった。アロイジオがマドリードに新しくできた「イエズス会」に入る決心をするに至ったのは、それから間もなくのことであった。

フェルディナンド侯はアロイジオが修道者になっては大変と、イタリアへ連れ戻し、イタリア各地の貴族の館《やかた》巡りをさせ、手を変え品を変え、なだめたり、すかしたり、わが子の決心を変えさせようと努力した。社交界にも連れ出してみたが、効果はなかった。また、説教家として名高い司教にも、説得を頼んでみた。つまり、修道者となるよりは、聖カロロ・ボロメオのような聖徳高い司教になったほうが、貴族の出身者としてもっと神の光栄になるし、それ以上に民衆が望んでいるのは、徳の高い城主の出現である、と熱弁をふるってもらったのである。しかし、それでも彼の決心は揺るがなかった。そして聖母に対する熱烈な信心は、ますます神への愛を燃え立たせるのであった。

父も、戦っている相手が一人の青年ではなく神ご自身であることが、だんだん分かってきた。それにしても気に障《さわ》った。幾多の戦火の中をくぐり抜け、少々の困難にも弱音《よわね》を吐くことはなかったのであるが、今度ばかりは、たしかに自分が負けたと言わざるをえなかったからだ。

アロイジオは父から修道院入りを反対されるたびに、部屋に入っては、血の流れるほどわが身をむち打っていたのだった。それを見て、たまりかねた召し使いは、父を呼びに行った。その時、父は勝負はすでに決まったと思った。

六年間の根比《こん》べの末

一五八五年、父は決心した。わが子と六年間の根比べの末、ついにかぶとを脱《ぬ》いだ。「イエズス会の修道院に入っても、いいよ」。思えば、長い苦しい戦いであった。アロイジオは、この日を記念して、いつまでも父のために祈った。そして長男として当然受けるべきだった侯爵領の相続権を弟に譲った。こうしてイエズス会の修練院に入ったのは十七歳七カ月のことであった。

その後は長上の命令に従い、勉強や祈りのかたわら、体力に応じて、皿洗い、院内の掃除、病人の看護などを喜んでした。在俗当時の身分、才能や自分の名誉になることはなるべく隠し、たとえ掃除中に知人が近寄ってきても身を繕《つくろ》うこともせず、その目の前で平気で掃除を続け、自分を卑《いや》しい者と見てもらうことを望んだ。「イエズス会」に入会後、二カ月で父が死去したが、母親を慰める手紙の中に、「天におられる私たちの父と、いま私は言えることを神に感謝します」と記した。

一五八七年からコレギウム・ロマーヌム（現・グレゴリアナ大学）で神学を学び、聖ロベルト・ベラルミノ（九月十七日参照）の指導を受けて聖徳にも学識にも進歩を遂げた。すなわち人に対しては愛想よく、喜んで修道士とも話し、病人を見舞う時には、わざわざ人の嫌いそうな病人を捜《さが》して、その人を手厚く看護するのであった。しかし自分に対しては厳しく、病身の故に特別待遇を受けるのを心苦しく思い、しばしば院長に同僚と平等に扱われることを願い、他の人にも、「自分はあまり大切にされるよりも、少しも構《かま》ってくれない人といっしょにいるほうがいい」ということを、うすうす感じさせていた。食堂係の手伝いをする時、遠慮なくとがめられることを気にせず、弁解したことは一度もなかった。アロイジオが、わが身をこのように懲《こ》らしめた理由は、自分の罪の償いの他に、今まで見聞きした上流社会の無軌道な享楽や、無信仰を償いたかったからに違いない。

ペスト患者の看護に奔走

一五九一年、ローマにペストが流行した際、アロイジオも献身的に患者の看護に当たっていた。彼はある日、女の患者のそばに座って、とりとめのない患者のうわごとにがまん強く答えていた。声が聞こえさえすれば、患者は安心しているからであった。しかし戸外の土塀《どべい》の間が暗くなってしまった今、女の渇いた唇は、もう何も言わなくなった。かすかな吐息《といき》だけが聞こえていた。彼はそうなることを知っていた。この数週間、彼はローマの街路をくまなく歩いて、宮殿にも、みすぼらしい家にも赴《おもむ》き、ペスト患者たちの臨終を少しでも楽にしてあげようとしてきたのである。連日、日が昇ると修道院を後にし、病人を見舞い、その苦しみを和らげ、死を弔《とむら》い、最後の優しい言葉をかけてあげることでいっぱいであった。

それからアロイジオは、明日のペストとの戦いを始める前に、修道院の中で数時間の眠りをむさぼりたいと、それだけを今、彼は望んでいた。自分が引き受けた任務が、自分の体力をはるかに超えたものであることを、彼は感じたのであった。

ペストに感染して帰天

地平線に薄《うす》もやがかかり、新しい日の始まりを告げる頃、「イエズス会」の修道院の門番は、よろめきながら近づく二人の人影《ひとかげ》を見つけた。門番は、はてな？と思い、狭い出口から外に出てみた。老門番は、まさかと思って目をこすった。それは、アロイジオが見知らぬ男に支えられてやって来るところであった。彼は出迎えようと、数歩歩いて行った。そしてひたいにしわを寄せて、アロイジオの顔をじっと見た。

「ペストにかかったのですか」。

老門番は彼の最期を予感して、悲しそうに尋ねた。アロイジオはうつろな目で彼を眺め、無理に笑顔をつくった。「そうだ、ペストだ――とうとう私のところまでやって来たよ！」。その言葉には恨みがましさはなく、悟りきった態度であった。アロイジオは疫病《えきびょう》を恐れなかった。自分がその男に支えられているのをありがたいと思った。夢うつつに歩きながら、重い木の扉がきしむのが聞こえた。この扉が自分の後ろで閉まるのは、これが最後だと分かっていた。不思議にも、それは彼を不幸にはしなかった。彼の心には静かな喜びがあった。苦しみに恐れおののくローマの人々を助けてきたのだ、という喜びであった。

こうしてアロイジオは、一五九一年に二十三歳の若さで神のみもとに帰った。一七二六年に教皇ベネディクト十三世（在位一七二四―三〇年）から列聖され、青少年の保護聖人と宣言された。

六月二十二日
聖パウリノ・ノラ司教

熱心な司牧者、貧者の保護者

「いつくしみ深い神よ、あなたは司教聖パウリノを選び、熱心な司牧者、貧しい人々の保護者としてくださいました。聖人の徳をたたえる私たちが、その愛の模範にも倣うことができますように」。これは本日ノラ司教記念「集会祈願」の祈りである。

聖パウリノは西ローマ帝国の貴族、元老議員の家庭に生まれ、自ら総督という上級公務員の職を辞《や》めて、司祭となり、司教となって人々の魂の世話をし、特に貧しい人、弱い人を助けた。

司教マルチノの祈りによる眼病の治癒

聖パウリノは、三五三年頃、フランス西南部のボルドーの上流階級の家庭に生まれた。両親はコンスタンチノ大帝の出した信教の自由の勅令により、大帝にならってカトリックに改宗したが、それほど信仰に熱心ではなかった。その影響もあってかパウリノは洗礼も受けず、親の期待に答えて出世街道を進むことになった。当地一の詩人で学者と言われた著名なアウソニオについて一心に勉強し、深い文学的素養を身に付けた。素質に恵まれたこともあって、学問も社会的教養も豊かに身に付け、三七八年に二十五歳でガリア（現・フランス）の執政官に任命された。その公職を、てきぱきと果たし、皇帝の信任もあつく、後にイタリアの景色の良いカンパニアの総督に栄転した。そこで、非常に信心深いテラシアというスペインのバルセロナ出身の貴婦人と結婚した。この妻の感化で信仰に目覚め、人生の意味を模索するパウリノは、ミラノ司教聖

アンブロジオ（十二月七日参照）のもとに通い、続いて故郷で要理の勉強を終え、三八九年、故郷ボルドーの司教デルフィノから洗礼を授かった。その時、当時の偉大な聖者、トゥール（Tours）の司教マルチノ（十一月十一日参照）と出会い、その祈りによって眼病が治された。

パウリノは信仰を抱くことで文学的才能が福音によって高められた。彼の詩は信仰と愛と救いの歴史を歌い、「私にとって唯一の芸術は信仰、私の詩はキリストです」と言うまでになった。

イタリア、フランス、スペインで聖人らと交流

今まで修養してきた賢明、寛大、愛想のよさに、熱心な信仰も加わり、人々の尊敬を集め、イタリア、フランス、スペインにりっぱな友人や知人の輪を広げた。その中の聖アンブロジオ以外に教皇聖アナスタジオ一世（三九九—四〇一年）、聖ヒエロニモ（九月三十日参照）、聖アウグスチヌス（八月二十八日参照）がいた。

パウリノは洗礼の約束どおり、「悪魔とそのすべての業とそのすべての栄華を捨て」ようと決心し、十五年間、懸命に勤めた公職から離れ、幼い息子の死をきっかけにスペインのバルセロナに移住し、厳格な修徳生活に入った。その頃、アクイタニア、スペイン、南イタリアに広大な土地を妻テラシアとともに所有していたが、テラシアの同意のもとに、それを売り払って、その代金を貧しい人に分け与えた。

司祭として貧者と病人のために尽くす

また、バルセロナの信者たちの度重なる勧めに応じて、三九三年、ご降誕の祝日に司祭に叙階された。その後もパウリノ神父は修養を心がけ、信者たちが引き留めるのもきかずに、三九四年にバルセロナを去って

イタリアはナポリに近いノラ市に行き、殉教者聖フェリクスの墓の隣に移り住み、夫婦そろって貞潔と清貧のうちに修道的生活を続け、聖フェリクスの巡礼地を整備し、救貧院《きゅうひんいん》を建てた。

親戚一同は、これに猛反対をし、当時の人々にも大変なショックを与えたが、当のパウリノは、「私は地上の全財産の代価を払って天国の希望を獲得した」と述べている。恩師アウソニオは何回も手紙と口頭で、再び公職について活躍するよう勧めたが、パウリノは、その好意には感謝しながらも、それを断り、もっと大事なものを求め、幅広く人のため、神のために奉仕したいということで、妻と相談のうえ、互いに兄妹のように暮らし、貞潔を守った。

これはかつてパウリノが兄弟殺しの疑いをかけられた時、この聖フェリクスの代祷《だいとう》のおかげで、自分の無実を証明することができたからである。ノラでも寛大に私財を投じ、水道や法廷を造築してあげた。

こうしてパウリノの清い、謙遜な、まじめな、何ものにも執着しない生活が人の心をとらえるようになった。主キリストへの信仰と修道の故に、財産を捨てただけでなく、親、兄弟からも勘当《かんどう》されて縁を切られた状態にあり、知人、金持ちからも村八分《むらはちぶ》にされる状態にあったが、その代わり、主から百倍の報いを受けるようになったのである。すなわち、主キリストのみ跡に従って修道を志す者が、主キリストの分身《ぶんしん》と言えるパウリノの徳を慕って集まり、その指導を仰ぎながら共同生活を行うようになった。

司教として二十二年間、教区民を教え導く

四〇九年、ノラ市の司教の死去の後に信者一同は、心からパウリノにその後継者になってくれるよう頼んだ。パウリノは、そこに神のみ旨があることを認めて、司教に叙階された。それから二十二年間、謙遜に、賢明に、愛情深く教区民を教え導いた。

当時、西欧では民族の大移動が起こり、ノラ市にも四一〇年にゴート族、後にワンダル族が侵入し、町を破壊し、財産を奪った。その時パウリノ司教も捕《と》らえられて留置《りゅうち》されたが、解放されると、無一文になった人や奴隷にされた人を救うために、全力を尽くし、四三一年六月二十二日に七十八歳で帰天した。その遺骨はノラの司教座聖堂に安置されている。

六月二十二日
聖ヨハネ・フィッシャー司教殉教者

十六世紀、英国の国王ヘンリー八世は女性関係のもつれから、ローマ教皇の権威を排斥し、自ら英国教会の首長となり、カトリックの司教、司祭、修道者、信者を多数断頭台《だんとうだい》へ送った。この殉教者らの中で最も有名なのが、聖ヨハネ・フィッシャー司教である。

英国王の顧問、学徳兼備の司教

彼は一四五九年、ヨークシャ州のビヴァリに生まれ、後にケンブリッジ大学で神学を学んだ。一四九一年、教皇の許可により三十二歳で司祭に叙階された。母校で神学を教授し、一五〇四年以降クイーンズ・カレッジ学寮長、一五一四年以降、ケンブリッジ大学総長を務めた。また同年、国王ヘンリー七世は、人望のあるフィッシャーをロチェスターの司教に上げ、宮中の顧問に任命した。なお、ヘンリー八世の祖母にあたるダービ伯夫人マーガレット・ボーフォートは、フィッシャー神父からゆるしの秘跡を受けていたが、彼の聖務に対する熱心さに感心し、ケンブリッジ大学の学部増設の費用や奨学金などを寄贈した。

一五〇九年、ヘンリー七世が亡くなると、ヘンリー八世が王位を継いだ。彼もフィッシャーを尊敬し、「欧州広しと言えども、わがロチェスターの司教のように学徳兼備の偉大な人物は他にはいない」と、側近《そっきん》に自慢していたと伝えられる。

また、王はルターの異端説を向こうに回して、熱心にカトリックを護教《ごきょう》し、『七つの秘跡について』という護教書まで著したが、これにはフィッシャー司教の陰の援助があった。これほど熱心な王が、にわかにカトリックの敵となったのは、皇后の侍女《じじょ》アンナ・ブーリンに対する邪恋《じゃれん》であった。

ヘンリー八世王の邪欲に反対

王は彼女と結婚するため、教皇、フィッシャー司教、宰相《さいしょう》トマス・モアに訴え、皇后キャサリンが亡兄の妻であったことを盾《たて》にとり、結婚の無効を認めさせようとした。

しかし、実はキャサリンとの結婚の際、教皇ユリウス二世より、その障害を免除されていたから、そうした理由は成り立たない。誰もが王の理不尽な要求を拒み、真心を尽くしていさめたが、邪欲に目のくらんだ王は反省するどころか、一五三四年、自ら教皇に代わって英国教会の首長となり、説教の題材にまで干渉《かんしょう》しだした。その上フィッシャー司教は、神の掟である「神が合わせたものを、人間が離してはならない」(マタイ19・6)を、あくまで主張したのでロンドン塔の牢獄に閉じ込められた。その間フィッシャーは、いろいろな甘言《かんげん》にも乗らず、あくまで王の邪欲に反対していた。

神の掟に従って殉教

そのうちフィッシャーは処刑される前日、パウロ三世から枢機卿の位《くらい》を受けた。牢獄に苦しむこと一年、六十六歳のフィッシャーはめっきり体力が衰え、裁判に出る時も歩行さえできず、テームズ川を小舟で運ばれたという。

彼の罪状は首長会の宣誓を拒み、国王を裏切ったということにあった。裁判官が、「おまえはその罪を認めるか」と問うと、フィッシャーは落ち着いて、「私は陛下を裏切った覚えなど少しもありません」と断言し、いちいち論告に反論した。しかしこの裁判は形式だけにすぎず、すでにフィッシャーの死刑は確定していた。

斬首の執行《しっこう》は、一五三五年六月二十一日の晩に行われる予定であった。同情した刑吏《けいり》は、それをすぐフィッシャーに告げず、翌朝五時にその旨を伝えた。するとフィッシャーは少しも顔色を変えず、「そうか、どうもありがとう」と答え、執行時間が午前九時だと聞くと「では、もう二時間ほど休ませてください」と言って、ぐっすり眠った。

七時に目を覚まし、支度を整え、福音書を片手に刑吏らに連れられて刑場へと向かった。その途中、福音書を開いてみると、目にとまったのは、「永遠の命とは、唯一のまことの神であるあなたを知り、また、あなたがお遣わしになったイエス・キリストを知ることです」（ヨハネ17・3）という一節であった。

いよいよフィッシャーが断頭台に上ると、処刑者は傍《かたわ》らにひざまずいて許しを願った。それに対し彼は、「兄弟よ、私は心からあなたを許してあげます。私は、死を少しも恐れませんから、けっして心配しないでください」と答えた。それから彼は、祖国と国王のために祈り、群衆に別れを告げた後、「あなたたちの神、主を信じよ。そうすれば守っていただける。主の預言者を信じよ。そうすれば成功する」（歴代誌下20・20）、と唱えながら七十六歳で殉教の花と散った。一九三五年、教皇ピオ十一世（一九二二—三九年）から列聖された。

六月二十二日
聖トマス・モア殉教者
（統治者・政治家の守護者）

英国のプロテスタント
十六世紀、英国の国王ヘンリー八世は自己の離婚問題のこじれから、ローマ教皇の首位権を拒否し、自ら英国教会の首長となり、英国出身のカトリックの司教、司祭、「カルトゥジオ修道会」の修道者、信者を多数断頭台へ送った。この中で最も有名なのが聖トマス・モアである。彼は弁護士、下院議員を経て大法官、宰相となり、国王の信任も厚かった。しかし神の掟「神が合わせたものを、人間が離してはならない」（マタイ19・6）を最優先し、教皇に忠誠を尽くし、国王の意に反したので斬首された。この離婚問題に端を発して現代英国ではカトリックからプロテスタント（聖公会）への転向者が多数派になった。

トマス・モアの人となり
モアは、一四七七年、ロンドンの法律家の富裕《ふゆう》な家柄に生まれた。幼くして母を失ったモアは、判事の父のもとで厳格にしつけられた。ロンドンの聖アンソニー学院で学んでから、カンタベリーの大司教で、大法官モートンの書生となった後、その援助によりオックスフォード大学で古代ギリシア、ローマの文学を研究した。当時、大学には遊ぶのが忙しく熱心に勉強しない学生が多かったが、快活で明るいモアは数々の誘惑を退けて、父からのわずかな送金で満足し、フランス語・歴史・数学を学び、祈りに熱中した。一四九四年にロンドンのニュー・イン法学院で、また一四九六年にリンカーンズ・イン法学院で法律学を学び、ロンドンで弁護士を開業した。弁護依頼人には、常に自分の利益よりも当人の利益を考えて賢明・率直な助言を与えた。なるべく係争《けいそう》の当時者同士が、事件を法廷に持ち出さず示談《じだん》にするよう努めた。

モアはまた、教父たちの著作を熟読し、すでに一五〇一年には聖ロレンス教会においてアウグスチヌスの『神の国』について連続講義を行い、好評を博した。一五〇四年、わずか二十七歳で下院議員・判事となった。国会で政府のむだ使いを正し、ある予算を削って、これを人々の福祉に当てようとしたことが、かえってヘンリー七世の不興《ふきょう》を買った。そのためモアは政治生活から引退し、法学を学びながら、ロンドンの「カルトゥジオ修道会」の修道院で四年間、祈りと悔い改めの生活をした。一時は司祭か修道士になろうとしたけれども、聴罪司祭から「あなたは世間の中で神の栄光を現したほうがよい」と勧められて、「聖フランシスコ会」の第三会に入った。

結婚後、英国の宰相

一五〇四年にモアは下院議員兼判事となり、エセックスの地主の娘ジェインと結婚してロンドン西部のチェルシーに住み、一男三女をもうけたが、ジェインが早世《そうせい》したので、商人の夫を亡くした女性アリス・ミドルトンと再婚した。なおモアは、毎朝ミサにあずかり、妻子といっしょに食事する時は必ず聖書の一部を読み、それについて語り合っていた。他者には親切で思いやりがあり、得意のユーモアで訪問客をくつろがせるので、その邸宅には訪問客が絶えなかった。

一五〇九年以降、国王ヘンリー八世の代になると、モアは政界に返り咲き、フランスとの外交や国内政治にすぐれた手腕を振るった。王は、一五二九年、モアを英国の宰相に任命した。モアは宰相になってからも、公僕《こうぼく》としての自覚から公共の利益をいつも念頭におき、王を助けて公明正大な政治に徹した。

ヘンリー八世の邪欲

ヘンリー八世も最初は熱心にカトリックを擁護《ようご》し、異端説を排斥した功績により、教皇レオ十世から「信仰の擁護者」という称号まで授けられていた。ところが王は、一五〇九年、即位の年に亡兄の妻、六歳年上であるアラゴンのキャサリンと結婚した。王との間にキャサリンは王女を産んだが、その後は流産を重ね、四十歳を過ぎても王子を産めなかった。これは亡兄の妻をめとってはいけないという旧約の掟に反したためだろう、と王は考えた。その頃、王は王妃の侍女アンナ・ブーリンに思いを寄せていた。それで王はキャサリンとの結婚は無効との宣言を教皇に願い出たが、教皇はこれを承認しなかった。宰相トマス・モアもそれに「カルトゥジオ修道会」の修道者たちも神の掟を最優先し、離婚に反対した。

クロムウェルの入れ知恵で教皇首位権否定

その時、王に巧妙な入れ知恵をする者がいた。それは、側近の一人で、後に英国の政界を牛耳《ぎゅうじ》ったクロムウェルである。「教皇の命令に従う必要はない。国王自ら英国教会の首長《しゅちょう》になればよい。カトリック教会の教義をそのまま守っていけば、決して異端とはならない」と。ヘンリー八世は、この意見に飛びついた。一五三一年に全英国聖職者会議を招集して、自らアングリカン・チャーチ（英国国教会）首長となった。

一五三三年七月に教皇から破門された報復としてローマ教皇の首位権を拒否した。その時、イギリスのカトリック教会の聖職者、政府の高官たちは、護身《ごしん》のために、ほとんどが国王に同調した。

ロンドン・タワーに監禁

モアは国王の権限が教皇の首位権に優《まさ》るという法令に従わなかったので、一五三四年四月、チェルシーの邸宅から死刑囚を監禁するロンドン塔に移送され、翌年の夏まで十五カ月もの間幽閉《ゆうへい》された。というのは、ヘンリー八世は国民に信望のあるモアの変心を迫ったからである。それでもモアの決意を覆《くつがえ》すことはできなかった。

タワーからの外出は許されなかったが、タワー内ではまったく自由で、家族や友人の訪問も認められていた。友人たちは説得を試みた。「モア卿、

今、国王に逆らうのはつまらないじゃないか？ 知ってのとおり、あの気まぐれ王はもう、妃にしたブーリンにも嫌気《いやけ》がさしているという話だ（事実、王はブーリンを離婚の上、死罪にした）。もうしばらく辛抱《しんぼう》して、王様の気が変わったところで、元の状態に戻せばよいのだ」と。

妻と娘の見舞い

モアがいつも困ったのは、妻アリスの哀願《あいがん》であった。「私は不思議でなりません。いつも賢明に振る舞ってこられたあなたが、なぜ今度だけこのように頑固なのですか。この国の司教様や貴族のすべてが承知なさったことを、なぜ、あなたが承知してはいけないのですか。ただ、王に『ハイ』とおっしゃれば、また元のように楽しい生活が送れますのに。もう一度チェルシーに帰りましょう。あなたのお好きな美しい緑の芝生の庭、あなたの書斎、好きなご本のたくさんある図書室、みんながあなたのお帰りを待っています」と。

モアは答えた。「アリス、……かりにもう千年幸福な生活が送れるとしよう。だがその幸福が、利益を得るためにはどんなことでもしてよいという悪い商人のようにして得られたものなら、そのはかない千年の幸福のために、永遠の幸せを失うことになるのを忘れてはいけないよ」と。モアの最大の慰めは、娘のマーガレットであった。彼女は母と違って、父の行動をよく理解していた。父を信じ、最期まで父を慰め、勇気づけていた

断頭台の露と消える

一五三五年七月一日、トマス・モアは反逆罪を宣告され、同年七月六日、斬首刑と決まった。モアは微笑を頬《ほほ》に浮かべて、断頭台に上った。首切り役人が、顔をこわばらせているのを見て、冗談を言った。「さあ、勇気を出したまえ。……私の首は猪《いのしし》のように太くて短いから切り損なわないように頼むよ。一太刀《ひとたち》でスッパリとやってくれたまえ」と告げ、最後の祈りを唱えてから静かに首を差し伸べた。

モアの遺体は、娘の主人の家族墓所、カンタベリー聖ダンスタン教会地下のローバー家墓所に埋葬されたと伝えられる。ロンドン塔は、もともと城として建てられたのに、牢獄としての雰囲気を漂わせている。別名聖トマスの塔の入り口に、「裏切り者のゲート」とし

た看板はヘンリー八世側の情報操作であろう。中には拷問具。螺旋《らせん》状の階段は足場が狭く、薄暗い。小さな窓が一層閉塞感を醸し出している。一九三五年にトマス・モアは教皇ピオ十一世から列聖され、二〇〇〇年十月三十一日、教皇ヨハネ・パウロ二世は、彼を統治者や政治家の保護聖人と宣言された。

六月二十二日

福者御聖体のマリア・イネス・テレサ修道女

（「御聖体の宣教クララ修道会」の創立者）

主の御心《みこころ》を行う

「主よ、あなたに感謝するのは、素晴らしいことです。いと高き方よ、あなたの名をほめ歌うことも。朝《あした》に、あなたの慈しみを、夕べに、あなたのまことを宣べ伝え」（詩編92・2－3）。「わたしは、自分からは何もすることができない。ただ、父から聞くとおりに裁く。それで、わたしの裁きは正しい。わたしは自分の意志ではなく、わたしをお遣《つか》わしになった方のみ旨《むね》を果たそうとするからである」（ヨハネ5・30）。

以上の聖書の言葉は「御聖体《ごせいたい》の宣教《せんきょう》クララ修道会」の創立者、福者御聖体のマリア・イネス・テレサ修道女の生涯にピッタリ当てはまる。マリア・イネス・テレサは、最後の瞬間まで、好感を抱《いだ》かせるようなほほ笑みの中に、犠牲、償い、礼拝の生活をたえず秘めていた。そのほほ笑みは、彼女が神の娘であるということを知った喜び、キリストと共に神を隠《かく》れ家《が》とする生活、また、「心を込めて神を礼拝する意志」に完全に添うことで、英雄的行為にまで高められた義務をすべて誠実に遂行《すいこう》するということに基づくものであった。彼女は、イエスが仰せられたと同じように、「わたしの食べ物とは、わたしをお遣わしになった方のみ旨を果たし、その方の業を成し遂げることである」（ヨハネ4・34）という生き方をした。

明るい、健全な家庭で生育

マリア・イネス・テレサは、日露《にちろ》戦争勃発直後の一九〇四（明治三十七）年七月七日、メキシコのナヤリ州のイストラン・デル・リオ市で、エウスタキオ・アリアス氏とマリア・エスピノサ夫人との間に八人兄弟の五番目に生まれ、マヌエリタ・デ・ヘスス（イエスのマヌエリタ）と呼ばれた。両親ともメキシコのハリスコ州グアダラハラ市の出身で敬虔なカトリック信者。父は判事で、高潔、有徳の人であり、神の前に謙虚《けんきょ》、常に深い祈りのうちに神と語らっていた。彼女の子どもの頃の記憶には、父について次のエピソードが残っている。空の彼方《かなた》へ目を向けて祈っている父に、「何を祈っているの」と尋ねると、「神様とお話ししていたのだよ。私たちは実によく心が通じ合うからね」と答えたそうである。

母のマリアは周りの人々に、上品な思いやりと気遣《きづか》いを示し、何事も率先《そっせん》して行い、快活《かいかつ》ですべてに熱心、かつ寛容《かんよう》な女性で人々から慕われ、家庭では模範的な妻であり、母であった。

二十歳で神と聖母から召し出しを

このような家庭で、彼女は二十歳まで、明るく健全な青春を楽しんでいた。当時を振り返って、彼女は、こう述べている。「私は目立つことや気に留められることを好みました。けれども、満たされませんでした。すでに私の心は、この世のすべてのものの無とむなしさを感じていたのです」と。それからメキシコ第二の都市グアダラハラ（メキシコ市西北、約五百キロ）のいとこの家で幼いイエスの聖テレジア（十月一日参照）の伝記と出会った。そして、彼女はテレジアのひたむきなイエスへの愛と信頼、人々のためにどのような小さなこともささげ尽くした生涯に共鳴《きょうめい》した。彼女は、テレジアを「私の大好きな聖人」と呼んでいた。

一九二四年十月、メキシコの第一回聖体大会で、二十歳のマリア・イネスは、神から特別な召命を受け、当時を思い出して、こう述べている。「……私が神の慈しみ深い計らいで、根本的に変わる時がやってきました……。愛である神が逆らうことのできない力で、引きつけました。私のただ一つのあこがれは、神を愛することであり、すべてを神にささげることでした……。神に私は苦しみ（虫垂炎《ちゅうすいえん》の手術）を受ける決心をしました」と。同年の十二月八日から十二日までの間、聖母マリアからの恵みの中で、祈りと犠牲によって、人々の救いのために観想修道院で自分のすべてをささげることが、神のお望みであることをはっきり悟った。

「アヴェ・マリア観想クララ修道会」に入る

一九二六年十二月の初め、マリア・イネス・テレサはメキシコシティにある「アヴェ・マリア観想クララ修道会」に入会願いを提出していた。同月、彼女は入会を許可されるが、両親は、当時のメキシコ政府による宗教迫害の故に、入会を許さなかった。これは彼女にとって新しい試練《しれん》であり、神からの清めであった。これ以来、数年間の苦しい準備によって、神は新しい宣教会を創立させ、宣教の道具として使おうとされたからであった。

事実、当の「アヴェ・マリア観想クララ修道会」はメキシコでの迫害を逃れて、米国のカリフォルニア州ロサンゼルス市へ一時的に移転したのである。マリア・イネス・テレサはその後、両親から米国の同修道会へ入会許可をもらった。

こうして二十五歳のマリア・イネスは一九二九年六月五日、ロサンゼルス市の「アヴェ・マリア観想クララ修道会」に迎え入れられ、そこで十六年間、すべての人々が神の救いにあずかれるように、沈黙・祈り・犠牲・仕事を通じて献身的に生きた。それは、御聖体との深い一致、グアダルペの聖母（十二月十二日参照）との絶え間ない交わりであった。

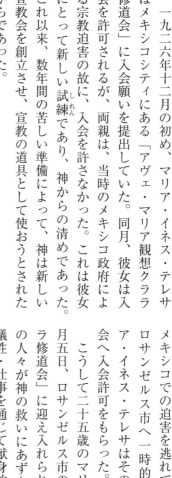

神と聖母にすべてを奉献

彼女はすでに何年も前にキリストのいつくしみ深い愛に応えて、燔祭《はんさい》（いけにえの動物を祭壇上で焼き、神にささげること）をして、その若い心に秘《ひ》めた愛のすべてを奉献してきたが、一九三〇年十二月十二日、グアダルペの聖母の祝日に世界の贖い主キリストに自らを奉献し、キリストと結ばれて霊魂の救いとキリストの愛の王国を広げるために有期誓願を立てた。ちょうどその日、神は初めて使徒職に彼女をお使いになりたいという希望を「暗示」された。これに加え、その当日、マリア・イネスは、グアダルペの聖母が次のようなことを、明確に告げるのを「感じ、聞く」のだった。「もし神の計らいで、使徒職の道具として、あなたをお召しになるならば、どのような道にもあなたに同行し、あなたの唇《くちびる》に人々の心を動かす説得力《せっとくりょく》のある言葉を置き、必要な恵みで満たすことを約束します。さらに御子の功徳によって、あなたと何らかの関わりある人々と、それは単に霊的な関わりのみであったとしても、その人々に聖性の恵みと最後まで神の愛にとどまる恵みを与えましょう」と。これらの言葉は、当時よく分からなかったが、心の中に深く刻まれた。

それ以後十六年間、アヴェ・マリア修道院において彼女は沈黙、祈り、犠牲、仕事を通して、清貧・貞潔・従順の修道誓願を忠実に守った。彼女の心からの願いは、「キリストと共に神を隠れ家として生きること」であり、そしてキリストを愛し、自己犠牲、神のみ旨に対する完全な従順、父なる神を礼拝し、あらゆる徳の模範的実践を通して、霊魂を救うことに務めた。

宣教会創立の準備と創立

マリア・イネスの属していた「アヴェ・マリア観想修道会」の大修院長は無原罪のマザー・マリアであった。マリア・イネスは、この大修院長に新修道会発足《ほっそく》の許可を願った。無原罪のマザー・マリアは、当時の姉妹マリア・イネスについて、こう証言している。「マリア・イネスは、修道会入会のその日から、苦しみの時でさえも、たゆまず守り続けた修道生活の計画、方法の輪郭《りんかく》を自分で描いていましたが、私はこのことにいつも感銘《かんめい》を覚え続けています。この感銘は、修道院生活の間も主が『御聖体の宣教クララ修道会』の発足を彼女に呼びかけられた時も、いささかも弱まることがありませんでしたし、むしろ、年を追って強められてきました」と。

そのような中、大修院長は新修道会創立を喜んで賛成し、協力を惜しまなかった。また教区の司教も宣教会創立のために、教皇庁の認可手続きなどを積極的に推し進めてくれた。

終戦直後の一九四五年八月、五人のシスターと「アヴェ・マリア観想クララ修道会」の修道院を後にして六年、一九五一年六月二十二日、教皇庁から教皇庁直轄修道会として正式認可をいただいたので、マリア・イネスはクエルナバカにおいて宣教を第一の目的とする「御聖体の宣教クララ修道会」を創立した。当時会員は九十二人に達していた。ただ、その道は険《けわ》しく、会の維持・発展に取り組まなければならなかったが、イエスと聖母に信頼し、その助けと慰めによって、それにも耐えることができた。

創立者・総長として

一九八一年七月二十二日、マリア・イネスは天の父に召されるまでの三十余年、「御聖体の宣教クララ修道会」の創立者・総長として、配下《はいか》の修道者・宣教者に模範《もはん》を示された。常に喜びと単純な心で、日々神の望まれることを敏速《びんそく》に果たす姿、人を幸せにするほほ笑み、また「小さな平和の天使でありなさい」とおっしゃったとおり、どんなに忙しい時にも、どのような人にも、必要と思う時には、愛の実践を忘れなかった。彼女は人間味あふれる、思いやりのある方であった。

彼女が常日ごろ唱えていた祈りがある。「父よ、私をみ手に委《ゆだ》ねます。あなたの愛、優しさ、寛大さに任せます。あなたの思いのままに私を使ってください。ただ霊魂を与えてください。多くの人々、数限りない霊魂を与えてください。子どもたち、罪に悩む人々、信じることのできないすべての人を与えてください。私は自分の命、心、私のすべてを差し上げます。思いのままに私を使ってください。ただ、あなたの愛のみ心のうちで私を生かし、死なせてください。私の心を温めてください。私も接する人々を温めることができますように。私のただ一つの願いは、すべての人が、あなたを知り、あなたを愛するようになることです。

あなたにとって、父なる神のお望みは、いつくしみ深い神を人々に伝えること、人々みんなが神の子の幸せを生きることでした。福者となることは、あなたの娘たちは当然のことながら、多くの人が、あなたの宣教的愛に感動し、模倣《もほう》するように、ひきつけることではありませんか。家庭生活を営《いとな》む人々、青少年、社会の隅々《すみずみ》で働くすべての人に、どんな小さな善でも宣教の意向をもって行うことができるし、また、一瞬の短い神への祈りでさえ、苦しむ人のためにささげることができることを知るようになるのではありませんか」と。

また、「御聖体の宣教クララ修道会」の保護者であるグアダルペの聖母が知られ、愛されるように努めることが会憲の中に入れられた。

臨終に際して

一九八一年七月二十二日、七十七歳の彼女がこの世を去って御父のもとに召されたことを示す唯一の外見的なしるしは、無限のかなたに向けた深遠な、穏やかなまなざしの中での深い息づかいと、見開いた二つの眼《まなこ》だけであった。臨終の数分前の最期の言葉は、イエスと同じように「私たちは成し遂げました（ヨハネ19・30参照）。神に感謝します」、というものであった。……神と霊魂をかくも多く愛してきた彼女は、九カ月の重い病の後に、教会と教皇と全世界のために、ふだんの愛の苦しみを、永遠の眠りについた。彼女はその苦行為の中で「すべての人があなたを知り、愛するようになること、それが私の望むただ一つの報《むく》いです」という言葉を射祷《しゃとう》として、たえず繰り返していた。死の三日前、間近《まぢか》に迫ったこの世との別れを予知して、彼女は死の苦しみを「恵み」と呼び、「恵みの日は、余すところあとわずか三日だけです」と言い放った。そして……ちょうど三日後に彼女は、この世の放浪《ほうろう》の旅を終えた。

なお、マリア・イネス修道女は一九九二年、教皇庁との連絡係によって「神のはしため」に挙げられ、二〇〇九年、「尊者」に挙げられ、二〇一二年四月二十一日にメキシコのグアダルペ大聖堂で列福された。

後継者の日本での宣教

一九五一（昭和二十六）年十月八日、福者マリア・イネスの宣教精神を受け継ぐ後継者、最初の四人の宣教女が来日。東京都世田谷区桜新町に日本家屋を購入、日本における「御聖体の宣教クララ修道会」が創設された。翌年の十月二十六日には初めての日本人入会者二人を迎え、敷地内に小さい修練院を新築した。同じ時期、旧満州開拓団が引き揚げた後、日本語学校で知り合ったフランシスコ会コロンビア管区のコンラード神父の好意で、長野県軽井沢町より北へ五キロの所、浅間山麓を開拓して村作りをしている大日向《おおひなた》村で宣教の第一歩を踏み出した。隣が牛小屋という粗末な小さな家に住み、家庭訪問や、保育園、簡単な医療の手伝いなど、貧しい生活の中での活動だった。志願者が除々に増えていく中、大日向と軽井沢の中間地点の中軽井沢（現在地）に修道院が建設され、東京修道院の一部と修練院が移転、同時に「御聖体の宣教クララ修道会」の本部も移動した。現在、中軽井沢の修道院では、主に黙想の場を提供している。

その後、東京修道院の土地を拡大し、修練院を含むコンクリート三階建の修道院が完成、日本地区本部と修練院が、再度東京に移転した。現在、修道院としては東京と中軽井沢以外に、長野県飯田修道院、群馬県大泉修道院があり、主な使徒職は要理教育、保健や医療の仕事、青少年の教育、女子寮や幼児教育を通しての宣教・司牧の手伝いなどである。

なお、「御聖体の宣教クララ修道会」の活動地域は日本以外に、シエラレオネ、イタリア、スペイン、アイルランド、アルゼンチン、コスタリカ、インドネシア、ナイジェリア、韓国、ロシア、アメリカ、インド、メキシコに及んでいる。

イネシアン・ファミリー

また、御聖体の福者マドレ・マリア・イネス・テレサの宣教精神を受け継ぎ、「御聖体の宣教クララ修道会」に協力する諸家族も誕生している。「御聖体の宣教クララ修道会」を含む次の五つの信心会を合わせて、イネシアン・ファミリーと命名されている。

①**バンクラール・クラリサス**（在俗会）→信徒の宣教者第三会として創立され、一九五一年六月二十二日に「修道者聖省」の認可を受けた。模範的キリスト者としての生活を証し、家庭、学校、職場、政治、社会情報機関で活動する。

②**普遍教会のためのキリスト宣教師会**→マリア・イネス・テレサからの直接の呼びかけによって一九七九年から数人の青年が、彼女と同じ精神で神学校に入り、一九八九年八月四日、最初の司祭が叙階され、宣教師会の基礎が固められ、拡張した。その会の目的は聖福音を守って生きること。聖母と共に、聖霊において御子を通して御父に栄光を帰し、地の果てまで、人々に神の愛を知らせることと、グアダルペの聖母信心を広めることである。

③**「マドレ・イネス」司祭グループ**→福者マリア・イネス・テレサの宣教精神に共鳴した教区司祭や修道司祭たちが一つに集まり、二〇〇四年から司祭グループとなった。その目的は、それぞれの司

教、または修道会長上と一致して生活しながら、福者マリア・イネス・テレサを知り、人々に知らせることにある。

④**イネシアナス奉献の宣教会**→一般信徒が福者マリア・イネス・テレサのカリスマと霊性に従って、立誓願し、使徒として生きる。

⑤**聖体的家族**→福者マリア・イネス・テレサの聖体への愛に共鳴した一人の司祭によって二〇〇六年に聖体的家族が生まれ、二〇一〇年十二月十九日に、同じカリスマで生きる共同体としてイネシアン・ファミリーに加入した。その目的は忠実なカトリック信者、家庭、信仰共同体が御聖体のイエスに出会うこと、またイエスの使徒、宣教者としての霊的、社会的生き方と活動の方法を分かち合うことにある。

六月二十四日

洗礼者聖ヨハネの誕生（祭日）

母親の胎内で清められる

「あなた方によく言っておく。女から生まれた者の中で、洗礼者ヨハネより偉大な者は現れなかった」（マタイ11・11）と、主イエスは聖ヨハネの偉大さに太鼓判《たいこばん》を押している。その人物の偉大さは「荒れ野に叫ぶ人の声」として自ら手本を示しながら、人々に痛悔と償いを勧めてキリストに対する信仰の道を開いたことにある。また彼は一生、身に粗衣《そい》をまとい、わずかの食べ物で命をつなぎながら絶え間なく修徳《しゅうとく》に励んでいたが、実は生まれながらの聖者でもあった。というのも、ヨハネは母親エリサベトの胎内において聖母の胎児、主イエスから清められていたからである。このために教会は、洗者ヨハネの誕生日を盛大に祝う。

天使、ヨハネの誕生を告げる

ヨハネの父はユダヤ教の司祭で、名をザカリアと言

い、母はマリアのいとこでエリサベトと言い、二人とも神のみ前に誠実な生活を営み、子どもを授かりたいと願っていた。ある日、年老いたザカリアが主の聖所で香をたいていると、天使が現れて、「ザカリア。あなたの願いは聞き入れられた。あなたの妻エリサベトは男の子を産む。その子をヨハネと名づけなさい。あなたは喜び楽しみ、多くの人々もその誕生を喜ぶ」（ルカ1・13－14）と告げた。「私は老人で、妻も年老いています」。ザカリアは、まだ半信半疑だった。すると天使はこれをとがめ、「わたしは、神の前に立つガブリエルである。あなたにこの善い知らせを伝えるために遣わされた。今、あなたは口がきけなくなり、このことが起こる日まで話すことができなくなる。時が来れば成就するわたしの言葉を、信じなかったからである」（ルカ1・19－20）と言った。

　ザカリアが話すことができなくなる理由として次の三つが考えられる。第一は沈黙して信じることを学ぶため。第二はヨハネが生まれる奇跡と同時に言葉が与えられる奇跡が重なって、ヨハネ誕生の奇跡をより大きくするため。第三はザカリアが自らしるしを求めたので、そのしるしとして話すことができなくなったのである。

マリア、いとこのエリサベトを訪問

　聖所の外で待ちわびていた信者たちは、ザカリアが出てくるのが遅いと不思議に思っていた。やがて出てきたザカリアが口がきけなくなっているのを見て、何か聖所で不思議なことがあったのだと分かった。

　ザカリアの帰宅後間もなく、妻エリサベトはみごもった。それから六カ月めに、マリアも大天使ガブリエルのお告げで救い主の御母になることを承諾するとともに、エリサベトの懐胎《かいたい》を知り、急いでユダヤの山地アイン・カリム（エルサレムの中心から南西に約七キロの山村）に住むエリサベトを見舞いに行った。マリアの挨拶を聞くと、エリサベトの胎児は喜び躍った。マリアの胎内にやどった救い主から、祝福され、清められたからである。マリアは、三カ月間エリサベトの家に滞在して家事を手伝い、子どもが生まれる際に助産師の役を引き受けられた。

ヨハネ（神は恵まれる）という名

さてエリサベトは月満ちて男の子を生んだ。八日目にユダヤの習慣に習って、この幼児は割礼《かつれい》を受け、名前をつけられることになった。親族や隣人は、父の名をとってザカリア二世にしたら、と勧めた。しかし母親のエリサベトは、「この子の名はヨハネ（〈神は恵まれる〉の意味）です」と言って聞かない。人々は、父親にも、手まねで、この子の名を何とつけましょうか、と尋ねると、ザカリアは書き板を求め、ヨハネと書き記した。それからザカリアは、やっと口がきけて、神を賛美し始めた。人々はこの不思議なことに驚き、この子はどんな者になるのだろうと、ささやき合った。

荒れ野で叫ぶ声

ヨハネは罪の汚れを知らずにすくすくと育ち、預言のとおりキリストの先駆者《せんくしゃ》としてふさわしい準備をするために、ヨルダン川岸《がわぎし》の荒れ野で苦行の生活を行った。長い髪を肩までたらし、身にらくだの毛皮《けがわ》をまとい、腰に革帯《かわおび》を締め、岩根《いわね》を寝床とし、いなごと野蜜《のみつ》とを常食とし、アルコール類をいっさい口にしなかった。

三十歳の頃、神の命令でヨルダン川一帯を巡回して、人々に改心を勧めた。これによって、「洗礼者ヨハネが荒れ野に現れ、罪の赦《ゆる》しへと導く悔い改めの洗礼を宣べ伝えていた。ユダヤの全地方、またエルサレムに住むすべての人がヨハネのもとに来て、罪を告白し、ヨルダン川で洗礼を受けていた」（マルコ1・4－5）。こうして約七百年前のイザヤの預言、すなわち、「すべての谷は高くされ、すべての山と丘は低くされ、起伏は平坦《へいたん》に、険しい所は平野とされるように」（イザヤ40・4）という預言がヨハネによって成就《じょうじゅ》されたのである。

やがてその清い生活と火のような言葉の調子から、人々は、彼こそ久しく待ち望んでいた救い主ではないだろうかと思った。そこでヨハネは、「わたしは水で、あなた方に悔い改めの洗礼を授ける。しかし、後から来られる方は、わたしよりも力のある方で、わたしはその方の履き物をお脱がせする資格もない。その方は聖霊と火で、あなた方に洗礼をお授けになる」（マタイ3・11）と、人々の誤解を正した。

見よ、神の小羊を

その頃、キリストはヨルダン川に来られて、ヨハネから洗礼を受けようとなさった。ヨハネは彼をひと目見ただけで救い主だと悟り、周りの人々に、「見るがよい。世の罪を除く神の小羊だ」（ヨハネ1・29）と紹介した。「私こそ、あなたから洗礼を受けなければならない者ですのに……」。こう言ってヨハネがためらっていると、「今は、こうさせよ……」と仰せられたので、ヨハネは感激に震《ふる》えながら洗礼を授けた。

その後も、ヨハネは神の光栄のみを追求し、一片の利己心も交えずに、ひたすら人々の救霊のために奔走《ほんそう》した。時には大群衆の前で、その悪習を遠慮なく指摘し、時にはファリサイ人たちの偽善を暴いて、改心を勧めた。

キリストへの道を拓《ひら》く

また、ヘロデ・アンティパス王が兄フィリポの妻ヘロディアと同居しているのを知り、王の面前でこれを厳しく責めた。ついにこれがヨハネの命取りになった。ヘロディアの恨みを買って獄につながれ、王の誕生祝いに、娘サロメの舞踊《ぶよう》と引き換えに首をはねられたのである。

生前、ヨハネ自ら、「あの方は栄え、わたしは衰えなければならない」（ヨハネ3・30）と言ったことが、ここに実現した。ヨハネの唯一の念願は、太陽の昇る前の明けの明星《みょうじょう》のようにキリストのために道を拓きながら、そのみ前に自らを消滅させることだった。しかし何ものをも恐れずに、燃えるような救霊への奮発心をもってキリストの道を開拓したその功績《こうせき》は、永久にさん然たる光輝《こうき》を放つことだろう。

ヨハネの偉大さは、イエスご自身が高く評価されている。すなわち、「女から生まれた者の中で、洗礼者ヨハネより偉大な者は現れなかった」（マタイ11・11）。また、三位一体の神も、ヨハネのことを預言しておられる。「『見よ、わたしの前に道を整える、わたしの使者をわたしは遣わす。お前たちの求めている主は、突然、その神殿に来られる。お前たちが望んでいる契約の使者が来ようとしている』と万軍の主は仰せになる」（マラキ3・1）と。

聖霊もヨハネの偉大さを述べておられる。「幼子よ、お前はいと高き方の預言者と呼ばれる。主に先がけて行き、その道を整え」（ルカ1・76）と。それに加えヨハネの偉大さを述べる天使の挨拶もある。「その子は、主の前に偉大な者となるからである。彼はぶどう酒も、強い酒も飲まず、母の胎内にいる時から聖霊に満たされ、イスラエルの多くの子らを、彼らの神である主のもとに立ち返らせる」（ルカ1・15－16）。

胎内の子が躍り（ルカ1・41）の理由

主イエスをみごもった聖母マリアが、いとこのエリサベトを訪問した時に、エリサベトの胎児ヨハネが小《こ》躍《おど》りして喜んだ。どうして喜んだのだろうか？

①ヨハネが母胎の中で胎児イエスから聖別されたからである。「わたしは、母の胎内に形づくる前から、お前を知っていた。お前が母の胎から生まれる前に、わたしは、お前を聖別し、諸国の民の預言者とした」（エレミヤ1・5）。

②ヨハネが担った役割が崇高《すうこう》であったからである。と言うのは、彼は、光をもたらす者として世に来て、永遠の喜びを私たちに最初に告知したからである。

聖ヨハネ・クリゾストモの説明によれば、「マリアがエリサベトに挨拶されたのは、キリストによって、そうさせられたのである。それはキリストのみ言葉が御母の体から立ちのぼり、エリサベトの耳を通ってヨハネのもとに下っていくためであった。主は、このようにしてヨハネに聖香油《せいこうゆ》を注がれたのである」。

③誕生のときの喜びのためである。天使はザカリアに、「あなたは喜び楽しみ、多くの人々もその誕生を喜ぶ」（ルカ1・14）と、お祝いの言葉を発した。

④ヨハネが自らの功績によって母に預言の霊を与えたからである。エリアは弟子エリシャに油を注いで預言者にしたけれども、預言の能力まで授けることはできなかった。ところがヨハネは、それができた。母の胎内で喜び躍った時、神の御子が来たことを知らせ、まだ顔見知りではないのに、エ

リサベトにこう言わせた。「わたしの主の御母《おんはは》が、わたしのもとへおいでくださるとは、いったい、どうしたことでしょう」（ルカ1・43）と。

六月二十六日
聖ホセ・マリア・エスクリバー司祭
（「オプス・デイ」の創立者）

日常生活の聖人

「オプス・デイ」の創立者である聖ホセ・マリア・エスクリバーは、二〇〇二年十月六日に教皇ヨハネ・パウロ二世からローマで聖人に列せられた。同教皇は列聖式の説教の中でこう述べられた。「聖ホセ・マリアは、聖性への普遍的召し出しを告げ知らせ、日常生活のいつもの活動が聖性への道であることを示すために、神によって選ばれた。それで聖ホセ・マリア・エスクリバーは『日常生活の聖人』と言える。実際、信仰をもって生きる人には、すべてが神との出会いの機会になり、すべてが祈りへ導くものになると、この聖人は確信していた」と。

聖ホセ・マリアは、家庭生活や職業、社会的関わりなど、日常のあらゆる事柄に携わるにあたり、神を見つめ、隣人を助けることを望んでいるなら、すべてが天国への道になると、その生涯を通して説いていた。言いかえれば、彼は「仕事の聖化」に務め、信仰していることを日常生活に生かすよう尽力した。これは「第二バチカン公会議」の決議を、日本に適応させるため、一九九三年秋に開催された「福音宣教推進全国会議＝ナイス」の第一回会議（京都）の主なテーマ、「信仰が生活から遊離《ゆうり》していること」と「教会が社会から遊離していること」、これを改善するため、全国会議の方向を、「生活から信仰を、社会の現実から教会のあり方を見直す」という方向へ転換《てんかん》する、と定めた。聖ホセ・マリア・エスクリバーは、このような変革を先取りしたと言えよう。この点でも「第二バチカン公会議」の先駆《せんく》的役割を果たしたとも言える。

「オプス・デイ（Opus Dei）＝神の業」の意義

エスクリバー神父が「オプス・デイ＝神の業」という名前をつけた理由は、自分を神の道具と考え、神の働くままに任せることであった。「わたしの父は今もなお働いておられる。だから、わたしもまた働く」（ヨハネ5・17)。ある人は、「神は天地創造の後すべてから手を引いて、私たちの生活に関与できない」という。しかし、神の摂理を信じる人は、神が常に働き、今も働いていることに気づく。だから、神が私たちの心の中で働けるよう私たちも力を添えなければならない。いわゆる「人事を尽くして天命を待つ」という心がけである。

私たちとしては、神のみ旨を果たしたい、神の業に手を貸したいと望めばよい。出エジプト記三十三章十一節に、「主は、人がその友と話すように、顔と顔を合わせてモーセに語られた」と、ある。エスクリバー神父も、友と語るように神と話し、神が世間に入る門を開いた。それは、社会に神を取り戻し、神が働き、すべてを変えてくださるためである。

ホセ・マリアの歩み

ホセ・マリア・エスクリバー・デ・バラゲルは、父ホセ、母ドローレスとの間に、一九〇二年一月九日、スペインのバルバストロで生まれた。ホセ・マリア・エスクリバーは六人兄弟の二番目で、姉のカルメン、弟のサンティアーゴの他に、三人の妹がいたが、この三人は幼い頃に亡くなった。父親の親戚には司祭が数人いて、母親の大叔父は司教になった家柄であった。その影響もあり、ホセ・マリア・エスクリバーは、信心深い両親の手本を見るにつけ、自然とキリスト教的徳を身に付けていた。二歳の頃、重病を患ったので、両親はトレチュウダの聖母に病気回復のお恵みを取り次いでいただくよう願ったところ、聞き入れられたという。それでホセ・マリア・エスクリバーは、後に感謝のしるしとして、そこにマリア巡礼聖堂を建立した。さらに「聖ビンセンシオ・ア・パウロの愛徳姉妹会」（九月二十七日と十一月二十八日参照）のシスターたちによる保育を経て、「エスコラピオス修道会」（八月二十五日参照）の経営する小学校で初等教育を受けて信仰を強めた。

一九一五年、父親の織物《おりもの》会社が倒産したので、一家はログローニョに引っ越した。その頃、ホセ・マリアは聖職者への召し出しを感じるようになった。そして一九一七年の冬、跣足《すあし》カルメル修道会の修道士が降り積もった雪の上を素足で歩くのを見て感動し、「私は、神様のために何をすればよいのだろうか？」と考

えるようになった。しかし、何をすれば神のみ心にかなうのか、よく分からなかった。とにかく経験豊かな司祭に相談して、十六歳でログローニョの神学校へ二年間通学し、一九二〇年からはサラゴサ（マドリードの東北、約四百キロ）の大神学校へ進学し、神学を学んだ。一九二三年からは法律学も学び、一九二五年三月二十八日、司祭に叙階された。叙階後は、もう一人のキリストとして農村の小教区で、後にサラゴサであらゆる階層の人々の司牧に、特に、病人や貧しい人々の世話に力を注いだ。

一九二七年からホセ・マリア神父はマドリードに移転したが、当時のスペインでは教会が迫害される難しい時期にもかかわらず、修道女や信徒の運営する病院で、病人の霊的世話を、また女子修道院の霊的指導を寛大に引き受けた。

「オプス・デイ」を創立

一九二八年十月二日の守護の天使の記念日に、ホセ・マリア神父はマドリードの「聖ビンセンシオの宣教会」で黙想会に参加している時、神が十数年前から霊感《れいかん》を与えていた使命を明確に示されたので、「オプス・デイ」を創立した。前述の仕事に加え、ホセ・マリア神父は、学生、教授、労働者、老若男女《ろうにゃくなんにょ》、司祭たちなど、あらゆる職業、人種、階層の人々を相手に、自分の日常の仕事を聖化するため、キリストを模範として生きるように教えた。ホセ・マリア神父は、「すべてのキリスト信者は、聖人になるように召されている」という神からのメッセージを伝え、各自の仕事、地位、生活条件の中でキリスト教的徳を実践するように提唱《ていしょう》した。

以上の霊性は「第二バチカン公会議」の「司祭の役

務と生活に関する教令」12の「教会の内的刷新、全世界での福音宣教、現代社会との対話という司牧的な目的を達成するために、すべての司祭が……つねにより高い聖性を得るように努力し、その聖性によって、神の民全体への奉仕のために、日々、よりふさわしい道具となるよう」にという勧告と合致している。

「オプス・デイ」の属人区《ぞくじんく》

一九三〇年二月十四日、聖十字架司祭会を創立。「オプス・デイ」は一九五〇年六月十六日、教皇庁の最終許可を受け、一九八二年十一月二十八日、プレラトゥーラ・ペルソナーリス（属人区）としての資格を得た。属人区とは、特定の司牧目的のためバチカンによって設立される、地域横断形《ちいきおうだんがた》の行政単位《ぎょうせいたんい》のことである。これは「わたしは、だれに対しても自由な者ですが、すべての人の奴隷になりました。できるだけ多くの人を得るためです」（一コリント9・19）との聖パウロの精神に倣ったものである。

現在、日本の教区区分は居住地を基準にしているが、しかし「第二バチカン公会議」の発意によって、職業や典礼や外国からの移住者による教区区分も認められた。これがいわゆる属人区で、これは一人の牧者（属人区長＝プレラートゥス）と司祭からなる司祭団、および男女の一般信徒によって構成されている。属人区長は教皇から任命され、裁治権をもって統治の任に当たる。そのもとに属する信徒は、本人の居住する司教区に所属し続ける。日本では一九五八年に活動を開始、現在は兵庫県芦屋市に日本の本部を置き、所属信者数は約二五〇〇人である。

「オプス・デイ」の使徒職

エスクリバー神父は今の職業や仕事を続けながら、世俗社会の中にあって聖性を追求し、福音を宣教するという特別な召し出しを人々に教え知らせた。今までどおり、ホームレスの大人や子ども、家庭崩壊の人々を訪ねた。その上、あらゆる身分の人々や司祭たちに対し、たびたび励まし、慰めの手紙を出した。これに加え、一九三〇年二月十四日に神の霊感を受けて、世俗社会の中での聖化のメッセージが女性からも支持され、生かされうると悟って以来、女子部の「オプス・デイ」が設立された。

「オプス・デイ」の会員たちは、自分たちの生活している世界の至る所で、病院でも、会社でも、大学でも、日常の仕事と義務、教会と社会における使命をできるだけ完全に果たすよう努め、たえず自らの信仰を証《あか》ししている。「オプス・デイ」は一九二八年の創立当初から、洗礼を受けたすべての人が、それぞれの仕事と個人的な義務を果たすことによって聖人になれるよう召されている、というメッセージを広めてきた。エスクリバー神父は、「偉大な聖性とは、各瞬間の『小さな事柄《ことがら》』を果たすことにある」と教えている。小さな事柄とは、例えばちょっとした手伝い、良いマナー、他者を尊重すること、整理整頓、時間厳守《げんしゅ》などである。

わけても結婚と教育は日常の聖化の対象になる、とエスクリバー神父は述べる。「結婚は正真正銘《しょうしんしょうめい》の神からの召し出しです。結婚した人は、結婚生活そのものと自分自身を聖化するように召されていると言えます。家庭生活、夫婦関係、子どもの養育、家計のやりくり、家族に保証《ほしょう》を与え、向上させる努力、社会的な人間関係、これらすべては日常生活の平凡な現実ですが、カトリック信者の夫婦は、これら平凡な日常の事柄に超自然的な価値を与えるよう努めなければなりません」と。

これらの活動のため、属人区の信者は念祷《ねんとう》や毎日のミサ、ゆるしの秘跡、霊的読書、福音書の黙想などを日常生活に組み入れて熱心に実行している。なかでも聖母信心は重要な位置を占める。機会あるごとにたびたびエスクリバー神父は大聖堂を囲む壁に安置されている聖母像のみ前に立ち寄り、歩道にひざまずき、祈った。くじけることのない信仰と神の子の孝愛《こうあい》をもって神の母に語りかけ、街の人々と世界中の人のために聖母のご保護を願い求めていた。また、主キリストに倣うため、義務を果たしやすくするために役立つ犠牲や、人々の生活をもっと快くするための犠牲、さらに小さな満足を放棄することや、教会が一般的に勧める断食や献金を特に心がけて実行する。

走るべき道を走り尽くし

エスクリバー神父は自らの命を教皇と教会のために幾度となく神にささげていた。一九七五年六月二十六日、神はこの奉献を受け入れ、ローマの執務室《しつむしつ》で聖者の聖なる魂を召された。その当時、「オプス・デイ」は五大陸に広がり、八十カ国に司祭と信徒を含め六万人以上のメンバーが、エスクリバー神父の生き方に倣って、教皇と司教たちと一致団結して教会に仕えていた。

　その遺体は、ローマのブルーノ・ブォッチ通り七五番地にある「聖十字架のプレラートゥラ」の教会、平和の聖マリア聖堂に安置されている。「オプス・デイ」創立者の模範と教えに魅《み》せられて神に近づいた大勢の人々やその霊的子どもたちが、たえずその教会に訪れて祈りと感謝をささげている。一九九二年五月十七日、「オプス・デイ」の創立者は、教皇ヨハネ・パウロ二世によって列福され、その十年後の二〇〇二年十月十日に同教皇によって列聖された。その列聖式の説教で教皇ヨハネ・パウロ二世は、こう述べられた。「人種、社会階級、文化の違い、年齢に関係なく、すべての人々が聖性を追求するように呼ばれていることを、聖人の模範に倣って、社会の隅々まで広げましょう」と。

六月二十七日
聖チリロ（アレキサンドリア）司教教会博士

キリストの神性と人性

　三一三年、コンスタンチノ大帝によって、キリスト教がローマ帝国内で自由に信仰されるようになってから、教勢は伸びたが、一方ネストリオの異説が広まった。つまり、キリストの神性と人性とは、神のみ言葉による位格的結合ではなくて、キリストのうちに同居しているにすぎない。ちょうど正直な人のうちに神が宿っているようなものである。マリアも神の御母でなく、人間キリストの生母にすぎない、という異説である。この異説に対して反論した宗教学者が幾人《いくにん》かいた。聖チリロもそのうちの一人である。

神性と人性への反論

　チリロは、三七八年頃、エジプトの地中海に面した港町アレキサンドリアに生まれた。若くして司祭コー

スを選び、故郷で哲学と神学を研究し、司祭になった。その後、エジプトの砂漠の修道士たちと共に生活して修養し、さらにエルサレムの司教ヨハネのもとに行って、その教えを受けた。

　四一二年、アレキサンドリアの総主教テオフィロが死去すると、その甥《おい》にあたるチリロが選ばれて、その後継者となった。間もなくノヴァチアノ派の異説（信仰を放棄した背教者や大罪を犯した信者を赦《ゆる》さず、教会への復帰を認めない説）が起こった。チリロは、断固として、その異端の教会を閉鎖させた。

　またチリロは、異説や異教の誤りを論破《ろんぱ》するために、多くの本を書き、しばしば説教した。わけてもネストリオの異説に対する反論は、チリロの名を歴史に残すことになった。

　ネストリオは四二九年、コンスタンチノープルの総主教になり、説教や著書で、その異説を人々に知らせた。信者たちは、この異説を知って驚き迷った。チリロは、黙《だま》っていては大変なことになると思い、同年の復活祭の説教にネストリオの説に反論し、またエジプトの修道士たちにも手紙で警告した。その間、ネストリオに対しても二回ほど手紙を書いて、異説の取り消しを勧めた。しかし、返事は取り消しを認めないどころか、侮辱的でさえあった。仕方なしにチリロは、これをローマ教皇チェレスチノ一世（在位四二二―三二年）に報告した。教皇はネストリオの異説を破門し、この問題の解決をチリロに一任すると書き送った。これを聞いたネストリオは怒って、皇帝テオドシオ二世に訴えた。皇帝は調停のため司教会議を招集した。

聖母マリアを神の御母と決議

　これが四三一年の「エフェソ公会議」である。チリロは、この公会議に教皇代理として出席した。この公会議では大多数の司教がネストリオの説の誤りを認め、この異説を信仰する者は破門されることに決め、また聖母マリアは神の御母であると決議した。

けれどもネストリオは、コンスタンチノープルの総主教として東ローマ皇帝の信任を得ていたのを利用して、チリロを讒訴《ざんそ》した。皇帝は、これを真《ま》に受け、チリロを逮捕して二カ月ほど牢獄《ろうごく》に入れ、さまざまな方法で苦しめた。その後、妹のプルケリア姫《ひめ》のとりなしによってチリロを釈放した。チリロは、心身ともに弱り果ててアレキサンドリアに帰ってからも、広まりつつあるネストリオ説に敢然《かんぜん》と戦い、著書や手紙や説教でネストリオの異端説に迷わされぬよう訴えた。

こうしてチリロは総主教を務めること三十二年、四四四年に死去した。チリロは、一八八二年、教皇レオ十三世から列聖され、教会博士の称号を贈られ、東ローマ教会の四人の教父の一人となっている。また、ネストリオの異説に対する神学上の功労の故に、聖母マリアの神学博士と呼ばれている。

六月二十八日
聖イレネオ司教殉教者

異説との戦いに全生涯をささげる

「私たちは教会の受け継いだ教えを忠実に守りましょう。このような教えは立派な容器に沈殿した貴重な香水のようなものであり、聖霊の業によってたえず若返らせていただき、容器の中に入っているものをも若返らせてくださるのです。その教えは教会に委ねられた神の賜物であり、泥で形造られたものに（神から）吹《い》き込《ぶ》まれた生命の息吹《き》のようなものであり、キリストの賜物を内蔵《ないぞう》しています。すなわち聖霊は私たちの信仰が朽ち果てないよう守ってくださり、神へ向かって登っていくはしごとなってくださいます。教会がある所に神の霊があり、神の霊があるところに、教会とあらゆる恩恵があります。さらに聖霊は真理です」。

以上は、聖イレネオ司教の霊性を映し出す鏡のような言葉である。彼は使徒たちから受け継いだ真理に魅《み》せられて、異説に汚染《おせん》されないための戦いに全生涯を

ささげ尽くした

愛の心と堅固な信仰とを受け継ぐ

福音史家聖ヨハネの弟子聖ポリカルポが、一五六年の一月に小アジア（現・トルコ）のスミルナで殉教する時に次の遺言をした。「恩師ヨハネから受けた信仰は、すべて私の弟子イレネオに伝えたから、もう思い残すことはない」と。実際にイレネオは、その期待に応えて聖ヨハネ使徒の愛の心と堅固な信仰とをポリカルポを通じて受け継いだ。

イレネオは一三五年頃、今のトルコのスミルナに生まれ、スミルナの司教聖ポリカルポに学んだ。この白《はく》髪《はつ》の老ポリカルポから、イエスと使徒たち、特に主キリストから愛された聖ヨハネについての話を聞いたが、これを深く記憶に刻みつけた。

原始リヨン教会の苦境

ローマからポリカルポの命令でフランスのリヨン市に行った。当時、リヨン市には小アジアの人がたくさんいて、そこの司教ポチノも小アジア出身であったので、イレネオを歓迎し、イレネオのすぐれた学徳に感

心して、間もなく彼に司祭の資格を与えた。

ローマ皇帝マルクス・アウレリウス（在位一六一―八〇年）の時代に、リヨン教会の司祭としてモンタノス派（聖霊から特殊《とくしゅ》な啓示を受けた預言者たちと自称し、原始キリスト教団の純粋さを取り戻すために、禁欲・断食を勧める一派）の問題に寛容な処置を求めるリヨン教会から、聖殉教者、教皇エレウテリオ（在位一七五―八九年）のもとに遣わされた。

リヨンを留守にしている一七七年に、ローマ皇帝が帝国全土にキリスト教の禁教令を出すと、リヨン市でも九十歳の司教ポチノをはじめ、ブランジナを含む約五十人の信者が捕らえられて殉教した。その時からイレネオはポチノの遺言によって、その後任司教となった。

グノーシスの異説への反論

マルクス・アウレリウスの次に帝位を継いだコモド

は教会への弾圧をやめたので、イレネオは盛んに布教し、リヨン市民の大半を改宗させた。そのうちにグノーシスの異説（神から照らしを受けたと自称し、悪である物質＝体から離脱し、ロゴス＝み言葉と合体することによって神に近づくと考える異説）によって教会内部に混乱が生じた。イレネオは、豊かな学識と堅固な信仰をもってその異説に染まらぬよう信者を正しく導いた。そのために多くの護教書を出したが、その大半は失われて今に伝わっているのは「異端者に対する反論」という一冊しかない。イレネオは人間の創造からキリスト降世へ、さらに人を聖化する聖霊へと考えを展開させながら神の救いの計画を説明している。神の子の受肉を信じているからこそ、人間に信頼して、こう述べる。「肉は救われることができる。そうでなければ、み言葉は肉とはならなれなかったであろう」と。

ローマ教会との一致を保つ

またイレネオは、ローマ教皇が聖ペトロの後継者であることを否定する者に対しては、こう反論している。「ローマ教会は他よりも、はるかにすぐれた特権をもっている。その祭壇は使徒の頭である聖ペトロと大使徒聖パウロに守られ、伝えられたものである。だから他の教会は、常にローマ教会と一致を保たなければならない。……教会がある所に神の霊がある。そして神の霊は真理である」と。

イレネオは、右の言葉どおり、すべての教会の中で最古最大の教会であり、しかも、聖ペトロと聖パウロによってローマに創設された教会に揺るぎない忠誠を尽くし、各地方の教会の間に不和が生ずるたびに調停して回った。

イレネオの不屈の活動によってリヨン市の教会は盛んになったが、政権の交替で再び迫害を受けることになった。皇帝セプチミオ・セヴェロは最初こそ信教の自由を黙許《もっきょ》していたが、教勢の飛躍的な発展を見て脅《きょう》威《い》を感じ、全国に再び禁教令を出した。こうしてイレネオ司教も二〇〇年頃、リヨン市の信者たちと共に、捕らえられて殉教したのであった。

六月二十九日
聖ペトロ使徒（初代教皇）（祭日）

神は弱い者を選ばれる

「しかし、神は知恵のある者を恥じ入らせるために、この世で愚かとみなされているものを選び出し、また、神は強いものを恥じ入らせるために、この世で弱いとみなされているものを選び出されました。神は、この世で取るに足らないもの、軽んじられているもの、つまり、無に等しいものを選び出されました。それは、何らかの場を得ているものを、無力なものにするためでした。これは、いかなる人間も神の前で誇ることのないようにするためでした」（一コリント1・27–29）。

　この聖パウロの言葉は、教会の最高指導者にあたる教皇にも当てはまる。実に過去の偉大な教皇の中には平凡な貧しい労働者の家庭から出た方が多い。初代教皇聖ペトロがそうだった。名もない漁師でごつごつした熱血漢《ねっけつかん》であり、短気なうえに、せっかちでうぬぼれが強く、いつもボロを出していたので、幾度か主キリストに叱《しか》られ、戒められながら、謙遜に自分の短所を直し、その代わり、人一倍キリストに対する信仰と愛を全身全霊で示した。

沖へ乗り出して網《あみ》を打て

　ペトロは、主キリストよりも、二、三年前にゲネサレト湖畔のベトサイダに貧しい漁師ヨナとヨハンナの子として生まれた。最初の名はシモンと言った。大きくなると、弟アンデレと共に漁をしながら細々と生計を立て、ユダヤの会堂で聖書やモーセの律法を学び、信心深く生活していた。アンデレは、恩師・洗礼者聖ヨハネの紹介で先にイエスを知り、ペトロをもイエスのもとに連れて行った。ペトロ（岩）という名は、この時イエスにつけてもらった名前である。他の箇所でペトロのことをイエスはケファと呼んでいるが、これは同じ岩を意味するアラム語形である。ペトロはそのまましばらくイエスに従い、その教えを聞き、奇跡を見てから、再び故郷に帰って漁をした。

ある日、ペトロとアンデレは魚が捕れなくて困っていると、そこへイエスがお通りになり、ペトロに「沖に乗り出し、網《あみ》を下ろして、漁をしなさい」（ルカ5・4）と言われた。ペトロは、「『先生、わたしたちは夜通し働きましたが、何も捕れませんでした。しかし、お言葉ですから、網を下ろしてみましょう』。そして、そのとおりにすると、おびただしい魚が掛かり、網が裂けそうになった。そこで、ほかの舟の仲間たちに合図して、加勢に来てもらったが、二そうの舟は魚でいっぱいになり、今にも沈みそうであった」（ルカ5・5–7）。

ペトロはいまさらのように、イエスの超自然的な力に驚き、足もとにひれ伏して、「主よ、わたしから離れてください。私は罪深い者です」と申し上げたが、イエスは優しく、「わたしについて来なさい。あなた方を人を漁る漁師《すなど》にしよう」（マタイ4・19）と仰せられた。その時からペトロもアンデレも、すべてをおいてイエスに従った。

彼の家は、イエスとその弟子の集会所として、しばしば用いられた。またペトロの姑《しゅうとめ》が高熱で苦しんでいる時、キリストの訪問を受け、奇跡的に病気を治され、キリストのグループの身の回りの世話をした。

あなたは生ける神の子

イエスが弟子たちを連れてフィリポ・カイサリア地方へ行った時のことである。突然イエスが、「私を誰だと言うのか」と弟子たちに尋ねられた。ペトロはみんなを代表して、「あなたは生ける神の子、メシアです」（マタイ16・16）とあつい信仰を表明した。イエスは、この信仰に報いて、ペトロを基礎に教会を創立し、彼に〝天国の鍵〟をお与えになった。

この鍵は天国の門を開くものであり、地上の神の代理者が罪の束縛《そくばく》から悔い改める人々を解放するものでもある。バチカン市国の国旗には、この鍵が象徴的に描かれている。

この時から、イエスはご受難の予言をされたが、ペトロはイエスを引き止めて、「主よ、とんでもないことです。決してそのようなことはありません」と言った。するとイエスは、「わたしをつまずかせようとして、お前は神のことでなく、人間のことを考えている」（マタイ16・23参照）、とペトロを叱った。

最後の晩さん・洗足《せんぞく》・主を否む

最後の晩さんの時、ペトロはイエスが弟子たちの足を洗うのを見るに見かねて、「主よ、わたしの足をお洗いになるのですか」と、少なくとも自分だけは辞退《じたい》しようとした。イエスが、「もしおまえを洗わなければ、おまえと何の関わりも無くなる」と言われると、ペトロは慌《あわ》てて、「主よ、では足ばかりでなく、手も頭も……」と願った。

その後イエスは、弟子たちの上に降りかかる試練を予言してペトロに、「わたしはおまえのために、おまえの信仰がなくならないようにと祈った。おまえは心を取り戻して、兄弟たちの心を固めなさい」とおっしゃった。ペトロは真心《まごころ》こめて、「主よ、そのようなことが、あなたの身の上にありませんように……。わたしはあなたと共に、牢獄にも死にも行く覚悟です」と誓ったが、イエスは、「今夜、鶏《にわとり》が鳴く前に、あなたは三度わたしを知らないと言う」（マタイ26・34）と仰せられた。ゲツセマネの園《その》では、キリストを捕らえに来た司祭長の僕《しもべ》マルコスに斬《き》りかかり、右の耳を切り落とした。裁判所にキリストが引かれて行った時、ペトロは心配のあまり、その後を追い、終夜、危険な場所を去らなかった。しかし、法廷の庭で召し使いの女に、「あなたもイエスといっしょにいましたね」と言われた時は、ペトロもすっかりおじけづき、「わたしはそんな人は知らない」と三度まで言い張った。その時イエスが悲しげに振り返られると、ペトロは予言を思い出し、自分の罪の恐ろしさを自覚し、外に出てさめざめと泣いた。キリストは、ペトロの真心からの痛悔を聞き入れ、ペトロの裏切り行為を赦した。ペトロは、このため一生涯泣き、そのほほには、涙の跡がついたほどだという。

教会の首位権授与・聖霊降臨

ご復活後イエスは、三度弟子たちに現れ、いっしょに食事をしてからペトロに、「この人たち以上に、あなたはわたしを愛しているか」と三度も尋ねたので、ペトロは……「悲しくなった。そして、言った、『主よ、あなたは何もかもご存じです。わたしがあなたを愛していることを、あなたはご存じのはずです』。イエスはペトロに仰せになった、『わたしの羊を養いなさい』」（ヨハネ21・17）と、ペトロに教会の首位権（全司教団の中で最高の裁治権）を与えられた。

キリストのご昇天後十日目に、ペトロは、聖母や他の弟子たちと共に聖霊を受けて、大衆の面前で熱弁を振るい、即日三千人に洗礼を授けた。それから神殿の前に座っていた足の不自由な人を奇跡的に癒やし、ユダヤの衆議会から説教を禁じられたのに、「ペトロと使徒たちは答えて言った、『人間に従うよりも神に従わなければなりません』」（使徒言行録5・29）と言って、堂々と神の道を説いた。そのために投獄されたが、天使に救い出されてから、シリアのアンティオキアを経てローマで布教した。

アンティオキア事件

当時パウロとバルナバはアンティオキアで宣教し、異邦人を大勢改宗させていた。しかしエルサレム教会はこの成功を喜ぶ反面、あるユダヤ主義の人々は、異邦人が洗礼を受ける場合、ユダヤ教の律法と習慣などもすべて取り入れなければならないと要求した。これではキリスト教はユダヤ教の一宗派となり、せっかく異邦人に開かれた扉《とびら》は、また半分閉ざされてしまう危険に陥った。この狭いユダヤ主義に、パウロとバルナバはあくまで反対していたが、あれこれと議論しても解決がつかなかったので、最後にこの問題の解決をエルサレムの使徒たちに依頼することにした（ガラテヤ2・11－14参照）。

五〇年の初め、パウロとバルナバはエルサレムへ旅立ち、使徒たちと主立《おもだ》った信者たちの前で、今までの布教活動について詳しく報告した後、前述の重大問題を出して、解決を求めた。これがいわゆるペトロの司会したエルサレムの使徒会議である。

使徒会議で問題解決

ペトロはどちらかというと律法主義者の振る舞いをし、パウロに非難されたが、長い審議《しんぎ》の結果、意見の違う両者の調停《ちょうてい》がこの会議で行われた。さらにエルサレムで律法の遵奉《じゅんぽう》者として最も尊敬されていた使徒ヤコブも異邦人の新信者に律法を当てはめなくてよいと主張したので、一同は異邦人への宣教を認めただけでなく、偶像にささげられた食べ物を食べないこと、またキリストと教会の命じた掟《おきて》の他に、異邦人の改宗者にユダヤ教の律法を守らせる必要はないと決議した（使徒言行録15・1―21参照）。この決定は画一性を排斥して、教会の教理の統一性を保ちながらも典礼祭儀などの多様性を尊重する第二バチカン公会議の前表であり、三位一体の神の計画に基づく人類救済の秘義の一つの「印《しるし》」と見ることができよう。

逆さ十字架刑

その後、ペトロはローマの教会で宣教・司牧にあたったが、六七年、ネロ皇帝の迫害で身の危険が迫ると、信者たちの勧めでローマを脱出《だっしゅつ》しようとした。すると途中で十字架を担ったイエスに出会い、ペトロが、「クオ・ヴァディス」（どちらへいらっしゃいますか）と尋ねたところ、主は、「再び十字架につけられるためにローマに行くところだ」と答えられたという。ペトロは、それを聞いてただちにローマへ取って返し、主を否んだ罪の償いのためにと、主と同じ姿ではもったいない、と自分から進んで逆さまに十字架につけられて殉教した。

ペトロは、教皇職在位三十三年、アンティオキアに最初の教皇庁を設立し、七年後にこれをローマに移し、殉教するまで二十五年、ここで宣教・司牧した。司祭たちと信者たちに宛てた二通の手紙が新約聖書の中に折り込まれ、人々の心の指針になっている。なお、ペトロの遺体は現在の聖ペトロ大聖堂の下に埋葬されたとされている。それからアド・リミナ（Ad limina ＝墓参り）と言って、世界中の司教は国別に五年ごとに聖ペトロと聖パウロの墓に巡礼し、一人ひとり自分の司教区の現況報告を教皇にしなければならない（カトリック新教会法典、第三九九―四〇〇条）。

六月二十九日

聖パウロ使徒（祭日）

世界的宗教の基礎を築く

聖パウロはキリスト教を小アジア（現・トルコ）、ギリシア、ローマに伝えて世界的宗教の基礎を築いた偉大な使徒である。キリストの時代に小アジアのタルソスに生まれ、初めの頃はサウロと呼ばれていた。ユダヤ人の両親からユダヤ教の律法やアラム母国語以外に、世界語としてのギリシア語、生計費稼《かせ》ぎにテント作り、絨毯《じゅうたん》織りなども学んだ。

その頃、ガリラヤの人・ナザレのイエスが、エルサレムの城外、ゴルゴタの丘で十字架にかけられたのであった。しかもイエスは三日目に復活し、四十日もの間、弟子たちを励まし、信者たちを教えていた。そして天に昇った、というニュースがサウロの耳にも伝わった。

二十歳の時、エルサレムの神殿付属学校に留学し、有名な律法学士ガマリエルから旧約聖書やモーセの律法を学び、ファリサイ的律法狂信家となった。神殿での礼拝、律法の尊重、これこそこの青年にとって最高の理想であった。しかし何においても度が過ぎると、しだいに排他的、独善的になりやすい。

イエスの新しい教えは、イスラエルの神を冒瀆《ぼうとく》し、民を惑わすものだ、と律法学士らに吹き込まれ、青年サウロもこれを邪教と決めつけ、怒りにまかせて、イエス派の人々を根絶《ねだ》やすことを誓った。

それからのサウロは昼も夜も休むことなく、キリスト教徒の家に探《さぐ》りを入れ、それをユダヤ教の司祭たちに報告し、自ら人々をひっぱり出して牢屋へ投げ込んだ。ルカは、この事件について、「サウロは教会を荒らし回り、家から家に押し入って、男も女も引きずり出しては牢に送っていた」（使徒言行録8・3）と記している。サウロ自身も、「かつてユダヤ教徒として、わたしがどのように振る舞っていたか、あなた方は聞いています。わたしは徹底的に神の教会を迫害し、滅ぼそうとしていました。先祖からの伝統を守るのに人一倍熱心で、同じ年ごろの同胞に勝ってユダヤ教に徹しようとしていました」（ガラテヤ1・13－14）と書いている。

天からの光に打たれる

またサウロは、シリアの首都ダマスコにもキリスト信者の一団があり、迫害の避難民もいると知って、ダマスコまで捜索《そうさく》の網を広げようとした。ユダヤ教の祭司らはサウロの熱意に満足し、ダマスコ行きに必要な紹介状や委任状を彼に与えた。そこで、ある朝サウロは、馬に乗って数人の部下といっしょにダマスコへ向かった。

エルサレムからダマスコまで約五百キロ、四、五日の旅の後、いよいよシリアの国内に入り、古代から有名なこの「砂漠の玉石《ぎょくせき》」に近づいた。時は真昼、太陽に焼きつけられた砂漠のかなたにダマスコの城壁が見えてきた。サウロは喜び勇み、拍車《はくしゃ》をかけて馬を走らせた。砂ぼこりがもうもうと立ち上る。

突然、ピカッと天から稲妻《いなずま》のようなものが光って、馬は棒立《ぼうだ》ちになり、サウロは、どうっと地に叩きつけられた。と同時にこの光の中から声が聞こえた。

「サウロ、サウロ、なぜ私を迫害するのか」。

「主よ、あなたはどなたですか」。

「私はおまえが迫害しているナザレのイエスである」（使徒言行録22・4－8参照）。

ああ、十字架にかかって死んだはずのイエスは、まだ生きている。キリスト教徒を抹殺《まっさつ》しようとしているのに、イエスは自分を迫害しているのだという。やはりイエスとその信徒は神秘的に一致し、一つの共同体をつくっているのだな、とサウロは直感した。

今まで理想として、全力を上げてそのために戦っていた一切のものは、崩れてしまった。これは大きなショックだった。たちまち目の前が真っ暗になり、見上げようとしたが目はまったく見えなくなっていた。

震える声でサウロは尋ねた。

「主よ、私がどうするのをお望みですか」。

「起き上がってダマスコに行け。おまえのすることがそこで知らされるだろう」（使徒言行録22・10参照）。

サウロの同伴者《どうはんしゃ》は呆然《ぼうぜん》として立っていた。彼らも光を見、大きな音を聞いたが、なんのことか全然分からなかった。とうとう目が不自由になったサウロの手を引いてダマスコまで連れて行った。そしてユダという人の家に案内し、世話をした。サウロはそこで三日間の断食をした。

司祭アナニアの按手で聖霊降る

ダマスコの信者たちは心配でたまらなかった。このダマスコの町にも、あの狂暴なサウロがやってくるといううわさを聞いていたからである。ところが、アナニアというカトリック司祭に神の指図が与えられた。「起きて、『直線通り』と呼ばれる道を行き、ユダの家にいる、サウロという名の、タルソス人を訪ねよ。彼は、今、祈っている」（使徒言行録9・11）と。

アナニアは驚いた。あのサウロの所へ……。しかし神はなお説明された。

「さあ、行きなさい。彼は異邦人や王たち、また、イスラエルの子らの前に私の名をもたらすために、私が選んだ器《うつわ》である」（使徒言行録9・15）。

サウロの召し出しは、直接に主キリストから受けた神秘的な恵みであった。しかしキリストの神秘体の一員になるには、サウロと言えども司祭の手を通して洗礼の秘跡を受けねばならない。

アナニアがサウロを訪れ、彼に按手《あんしゅ》しながら聖霊に祈ると、サウロの目はたちまち開き、続いて洗礼を受けると、心の暗黒《あんこく》も止み、新しいキリストの使徒が生まれた。

驚いたのは、ダマスコの人たちであった。キリスト教徒を逮捕するために来たサウロが、今は、イエスが神の救い主であり、神の御子《おんこ》であると、みんなの前で説教するのである。これに感激した人もいれば、ひょっとしたら、サウロが囮《おとり》になっているのではないかと疑いの目で見る人もいた。

砂漠で大黙想・暗殺を逃れる

しばらくしてサウロは、アラビアつまりヨルダン川の東の砂漠へ退いた。なぜか？　これからの布教活動に備えて、まず信仰を深め、しっかりした内的基礎を固めておきたかったからであろう。この荒れ野で三年間、サウロは反省と観想、祈りの修養に時を過ごした。

三九年、三年間の準備を終えて、サウロは再びダマスコへ帰った。深い思索の実りの結果、一層徹底的に聖書と神学の立場からキリスト教を説き、毎日ユダヤ人と議論を交わした。

このため信者の数は増えたが、一方一部のユダヤ人らの恨みを買うことになった。あるユダヤ人のグループは憤慨《ふんがい》して、この裏切り者を暗殺しようと謀《はか》った。そして、サウロを逃がさないようにと町の長官にお金を渡し、城門を固く守らせた。サウロはその時ちょうど、城壁に隣接する信者の家に隠れていたので、夜ひそかに籠《かご》に入ったまま城壁の外に下ろしてもらった。それから南に向かって急いだ。三年前に迫害者としてダマスコへ来たあの道を通って、エルサレムへ行った。そこで教会の人たちと連絡を取り、将来の方針について相談するつもりであった。

「慰めの人」バルナバによる保護

エルサレムには、ペトロとヤコブだけがいて、他の十人は伝道に出かけていた。サウロは二週間もペトロの家に泊めてもらい、ペトロといろいろ相談しながら毎日神殿に参り、そこで祈ったり説教したり、議論したりした。しばらくたつとサウロはまた、つらい目にあった。信徒たちがこの熱心な改宗者を見て喜んでくれるはずだったのに、かえって警戒しだしたからである。このサウロは、今はこんなうまいことを言っているが、三年前には騒動を起こした人ではないかと警戒するのであった。ところが、その時、キプロス出身の人で、「慰めの人」とも「励ましの人」とも呼ばれていたバルナバがサウロの友となった。サウロと同じように外国のキプロス島生まれのユダヤ人として、その気持ちを理解し、しかもエルサレムの人々に非常に尊敬されていた人物であった。バルナバはサウロをかばって、集会に出るときいっしょに行ったり、信徒に紹介したりした。

教会内の問題が丸く収《おさ》まると、今度は一層大きな騒動が起こった。サウロが毎日、神殿の広場や廊下で、かつての先生たちと議論を交わし、イエスは真の救い主であったと証明し、みんなを驚かせた。そこへ、ダマスコから来た人々がサウロの身の上に起こった出来事を話すと、キリストの敵はいきり立ち、サウロを暗殺しようと企《たくら》んだ。これを知ったキリスト教徒らは心配して、「おまえがいては、また新しい迫害が始まりそうだから、エルサレムをいち早く出てくれ」とサウロに勧めた。

こうしてサウロは教会の内外から、うるさい厄介者と見なされるようになったので、もう人に頼ることもできず、神殿に行って心の苦悩を神に打ち明けた。すると突然、主キリストの声が聞こえた。

「『急いで、すぐエルサレムから出ていきなさい。わたしについてのあなたの証《あか》しを人々は受け入れないからである』。……『行きなさい。わたしはあなたを遠く異邦人のもとに遣わすのだ』」（使徒言行録22・18、21）。サウロは、自分に課せられた使命が世界の異邦人に向かって神のみ言葉を伝えることだと悟った。だがどのようにしてこれを果たすべきかは、まだ分からなかったが、ひとまず信徒の勧めるままに、エルサレムを去り、故郷のタルソスへ帰ることにした。

四十三年、サウロがタルソスで平凡な生活をしているうちに、パレスチナの教会には種々の変化が起こってきた。たしかにイエスは、全人類をも含む世界的教会を建てるつもりであり、使徒たちに、「行って、万民に私の教えを伝えよ」と命じられたが、今まで異邦人との接触を絶対に禁じられていたユダヤの信徒たちは、そう簡単には外国宣教へ出かける気にはならなかった。これでは、エルサレムないしユダヤ系人種に限られたユダヤ教一派のようなものに固まってしまう危険があった。

この点から見れば、ステファノのために起こった迫害は、実に摂理的なものであった。たんぽぽの綿毛《わたげ》が突風に吹きまくられて、海や山を越え、遠い国まで飛ばされて、そこで根を張り、芽を出すように、エルサレムから逃げた信者たちは、ユダヤの各地に散らばり、サマリアやアンティオキアにも盛んに教会を造った。

助祭フィリポは、神の指示に従ってエチオピア人に洗礼を授け、またペトロも神の命令を受けてローマの百人隊長コルネリオ、つまり最初の異邦人に洗礼を授けた。こうして信徒たちの視野はだんだん広がった。もっとも進歩的な思想をもった信徒は、アンティオキアの人々であった。この町はかつて、シリア王国の首都でギリシアのアテネ、エジプトのアレキサンドリアと同様にヘレニズム（古代ギリシア人の理性による知識を追求し、哲学を宗教研究へと向かわせた）文化の中心であった。ここでは知識層の改宗者が多かった。エルサレムの使徒たちは、文化の豊かなアンティオキアの新信者に一人の司牧者を派遣した。それがバルナバである。バルナバは間もなく、この地の司牧が自分の力量に余ることを謙虚に認め、サウロのことを思い出した。彼こそ、この活発な教会へ来たら、りっぱな仕事をするだろう。そう考えてバルナバは、自らタルソスまで出かけてサウロをアンティオキアへ連れ帰った。

第一回布教伝道（キプロス島）

四五年、サウロは聖霊の勧めるままに、バルナバとそのいとこマルコと共に、第一回の布教伝道の旅に出かけた。まずバルナバの故郷キプロス島に渡った。サラミス港に上陸してから、至る所のユダヤ人の会堂でキリストを伝え、信徒のグループをつくった。キプロス総督の居住地パフォスでは、サウロが総督の前で説教する機会に恵まれ、ついに彼を改宗させた。この成功に感激したのか、サウロはこの時以来、ヘブライ語の代わりに、ラテン語の名を使ってパウロと自称することにした。

それからキプロス島を去って小アジア（現・トルコ）に赴《おもむ》くことにしたが、マルコが行きたくないと反対したため、パウロはマルコをエルサレムへ帰し、バルナバと二人だけで旅を続けた。

二人はペルゲからタウルス山脈に向かい、幾つかの危険な峠を越えて、小アジアのアンティオキアに達した。そこでエフェソから小アジアを横切るアジア街道に従って、イコニウム、ルストラ、デルベンまで歩いた。途中これらの町では、必ずユダヤ人の会堂で説教した。しかしユダヤ人は、なかなか改宗しそうにもないので、外に出て町の人々に語りかけた。そこで二人は、罵《ののし》られ、石を投げられることがたびたびであった。

デルベンまで伝道し、もう一度同じ道を引き返した。やりかけた事業を中途半端《ちゅうとはんぱ》に終わらせないため、信者の信仰を固め、強固《きょうこ》な組織をつくっておきたかったからである。そして二人はベルゲンの港に出て、そこから海路でシリアのアンティオキアへ戻った。これがすなわち世界宣教の第一歩であった。

第二回の伝道旅行（アジア、ヨーロッパ）

それから間もなく、パウロはアンティオキアに滞在してから第二回の伝道旅行を始めた。前に設けた諸教会を訪問して新信者を励ますためである。今度は陸路でアンティオキアから故郷のタルソスを通り、タウルス山脈を越えて行った。そしてさらに聖霊の導きで北のフリジアとガラテヤ地方を布教して巡り、トロアスという港に出た。そこでパウロは、ある夜のこと、夢の中に一人のマケドニア人が現れ、「マケドニア（東欧のバルカン半島中央部）に渡って、私どもを救ってください」と言うのを聞いた。

これは疑いもなく、ヨーロッパへの招きであった。

パウロはさっそくこれに応じ、シラとルカを連れ、ボスポラス海峡からコンスタンチノープル（現・イスタンブール）を経て、マケドニアに渡った。こうしてキリスト教はアジアからヨーロッパに渡り、西洋文化の源流となるのである。

一行はマケドニア州のフィリピ、テサロニケなどで宣教した。フィリピでは、悪霊に取り憑《つ》かれた若い女奴隷《どれい》の占いの女を治したため、その彼女の占いで多くの利益を得ていた主人たちの讒訴《ざんそ》で投獄されたが、奇跡的にそこから救い出された。

それからいよいよギリシア本国へ赴いて、古代文化の都アテネまで行った。そこでは知識人たちが集まって論議する白い大理石の丘アレオパゴスに招かれ、貴族や学者を前に、パウロは神のみ教えを説いた。「……神はわたしたち一人ひとりから遠く離れてはおられません。『わたしたちは神のうちに生き、動き、存在する』のです。あなた方のある詩人たちも、『わたしたちもまた、その子孫である』と言っているとおりです」（使徒言行録17・27－28）と。こうして判事をはじめ、数人を改宗させた。

神は唯一、人間は同一の起源を持つ

右の説教にもいくぶん表れているように、パウロの宣教の動機は、神が唯一であり、人類が一つであるという理念である。パウロは国や民族ごとに別々の神がいるのではないと強調した。「すべてのものの上に位《くらい》し、すべてのものを通して働かれ、また、すべてのもののうちにおられる、すべてのものの父である神は唯一です」（エフェソ4・6）。だからパウロはこの唯一の真の神を宣べ伝えねばならないという使命感に燃え、どんな苦労も危険もいとわず、どこでも、どんな人のもとへでも出かけたのである。

またパウロの考えによれば、すべての人間は同一の起源を持ち、したがって万人は同じ権利と義務を持ち、万人は同じく、究極的完成と天国の幸福にあずかるように召されている。「あなた方はみな、信仰によってキリスト・イエスと一致し、神の子なのです。洗礼を受けてキリストと一致したあなた方はみな、キリストを着ているのです」（ガラテヤ3・26－27）。誰も救いから除外された〝よそ者〟ではなく、全人類が一つの家庭となり、神の恩恵という同じ食卓へ集まるように招かれている。

さらにパウロはアダムの最初の罪の結果、全人類が不幸な負い目を背負っている悲惨な状態に目を向け、キリストによる救いをできるだけ多くの人にもたらそうとしたのである。「一人の人間の罪によってすべての人間が有罪とされたように、一人の人間の正しい行為によって、すべての人間が義とされ、命を与えられたのです」(ローマ5・18)。罪も救いも共同体において行われ、ともに影響し合うという連帯責任、いわば共同体意識がパウロを宣教活動へ駆り立てた一つの要因とも見ることができよう。

神の国への熱愛

またそれ以上にパウロを布教へ駆り立てたのは、神の国への熱愛であった。彼は世界の出来事の中に神の知恵の永遠の計画を見ていた。世界が始まるはるか前、永遠の昔から父なる神は、御子を通《つう》じて無限の愛を私たちに伝えようという広大な計画をもっておられた。また人間が罪によってこの愛の計画を壊し、滅ぼそうとするのをご覧になった時、神はさらに大きな計画を立てた。「それは時が満ちて、キリストにおいて実現されるようにと、あらかじめ計画しておられ、その善しとするところに従ってのことです。その神秘とは、天にあるもの、地にあるもの、すべてのものを、キリストを頭として一つに結び合わせるということです」(エフェソ1・10)。そして、この神の国の建設はキリストのみ言葉や数々の奇跡、生命までもささげるその愛によって、すでに始められている。だが、たった一人でも無知と罪の闇《やみ》にとどまっている限り、この地上での神の国が完成したとは言えない。だからこそパウロは、万人にキリストを知らせようと努めたのである。

第二バチカン公会議は、パウロのように宇宙をキリストの下にまとめようという神の遠大な計画を直視することを私たちに勧める。「教会は、その設立者から受けたたまものを身に帯び、愛と謙虚と自己放棄という彼のおきてを忠実に守り、キリストと神との国を告げ、すべての民族の中にこれを設置する指名を受けており、地上におけるこの国の芽生えとなり、始まりとなっている」(教会憲章5)。

第三回伝道旅行(エフェソ、トロア、コリント、ミレト)

その後、パウロは、当時のギリシア文化の中心地コリントに一年半滞在し、多数の人々を改宗させて宣教の強力な足場を築いた。その後、しばらくアンティオキアで静養して、五三年の冬以来、五年間にわたる第三回伝道旅行を行った。そのうち三年はエフェソに滞在し、病人や悪魔つきを癒やし、信者を増やして、堅固な教会組織をつくり、これに整然たる聖職制度を設けた。

また、ユダヤ教からの改宗者を律法の形式主義から解放し、異教徒からの改宗者と共に、「主はひとり、信仰は一つ、洗礼は一つ」（エフェソ4・5）へと指導した。五八年からトロア、コリント、ミレトに布教するかたわら、「あなた方も、このように働いて、弱い人を助けなければならないこと、また、『受けるより与えるほうが幸いである』と仰せになった主イエスご自身の言葉を、心に留《とど》めておくように、わたしはいつも模範を示してきました」（使徒言行録20・35）と人々に説いて、一年以上エルサレムの貧しい信者のために募金活動を行った。パウロ自身は、テント作りの内職でささやかに生計を立て、信者に勤労の手本を示した。

逮捕、軟禁、ローマへ護送《ごそう》

五九年、寄付金を携《たずさ》えてエルサレムに上ったところをユダヤ教徒らに逮捕され、二年間、カイサリアの獄に軟禁された。しかしパウロは、ローマの市民権を持っていたので皇帝に上告し、六〇年の九月、船でローマへ護送されることになった。

途中マルタ島付近で難破《なんぱ》して一晩中漂流《ひょうりゅう》したり、毒《どく》蛇《じゃ》にかまれたりしたが、不思議に助かってローマに着き、とある宿屋に軟禁された。この軟禁の二年間、パウロは、わりと自由に監視の兵士や訪問客に教えを説き、フィリピ、コロサイ、エフェソなど各教会の信者宛てに慈父的な励ましの手紙を書き送った。

その頃、オネシモという逃亡奴隷に会い、その身の上を案じて改宗させ、その主人でありパウロの友人であったフィレモンへの手紙を持たせてやった。その内容は、「オネシモを奴隷としてではなく、わたしと思って迎えてくれ……彼がおまえに与えた損害は必ずわたしが償うから……」（フィレモン1・17–18参照）というものだった。

六三年に無罪放免され、伝えによるとスペイン、小アジアで宣教し、六七年ネロ皇帝の迫害中、ローマで捕らえられて斬首《ざんしゅ》の刑を受けた。刑場の跡には〝三つの泉〟（トレ・フォンターネ）という聖堂とトラピスト修道院があり、そこからほど近い彼の墓の上には、ローマの四大聖堂の一つ、ローマを囲む南城壁の外二キロの地に「城壁外の聖パウロ大聖堂」が建っている。

聖パウロはその業績と成果において、はるかに他の使徒たちを抜いているが、その活動の秘密を次のように打ち明けている。「生きているのは、もはやわたしではなく、キリストこそわたしのうちに生きておられるのです」（ガラテヤ2・20）、「わたしに力を与えてくださる方と結ばれていることによって、わたしはどんなことでもできます」（フィリピ4・13）。

六月三十日
ローマ教会最初の殉教者たち

ローマ大火はキリスト教徒による放火？

紀元六四年の七月十六日から七日間続いた火事でローマの約半分が焼け落ちた。当時のローマ皇帝ネロは、この火事の原因はキリスト教に改宗したユダヤ商人の放火によるものだと根拠のないうわさを広めた。その裏には、ネロ皇帝が自分の宮殿を拡大するため、当時密集していた古い木造建造物に放火するよう命じたのだというううわさを打ち消すためでもあった。

それにキリスト教は、ローマ人たちの礼拝する神々を認めない一神教である。これは古来の神々への崇拝《すうはい》を重視するローマ帝国の政策に反していたので、皇帝ネロ以来、たびたびキリスト教は弾圧《だんあつ》された。それに続くハドリアヌス帝やトラヤヌス帝は、帝国の精神的一体性を強めるため古来の信仰を勧めたので、キリスト教は抑圧され、流刑《るけい》に処される人たちが多く出た。さらに後期ローマ帝国において皇帝崇拝が強化されると、キリスト教徒への迫害が強まった。ローマの知識人はキリスト教の教義そのものを敵視していたわけではなく、むしろ迷信に惑わされたものとして同情していたが、国の政策に公然と反対するキリスト教徒は国《こく》賊《ぞく》と考えていた。一般のローマ人も皇帝が神だと信じていたわけではなく、皇帝への服従を形式によって示すことを期待していた。

歴史家タチトゥスによる迫害証言

歴史家タチトゥスは、その『年代記』十五・四十四で、ティベリオ皇帝の治下に総督《そうとく》ポンショ・ピラトに

よって処刑されたキリストの名をとって、一般にキリスト者と呼ばれている人々の死を伝えている。それによると、「彼らはおびただしい数であった。……彼らの死は気晴らしに利用され、野獣の毛皮を着せられてやじられながら、犬に引き裂かれたり、十字架に釘づけにされたり、日が暮れると、生きながら夜の宴会を照らす松明《たいまつ》とされたりした。ネロはこの惨劇《さんげき》の舞台として自分のサーカス用の庭を提供し、自らは易者《えきしゃ》に扮《ふん》して群衆に混じり、サークルを見ていた。だから極刑に値するキリスト信者とはいえ、公益のためではなく、ただ一人の残忍さのために血祭りにされるのを見ては、だれもが彼らに同情せずにはいられなかった」と。要するにキリスト信者は、「贖罪《しょくざい》の山羊《やぎ》」として他者の身代わりとなって罪を着せられたのである。

教皇聖クレメンス一世の迫害証言

さらにローマの司教であり、教皇である聖クレメンス一世（在位八八―九七年）はコリントの信者に宛てた手紙の中で、この迫害について、こう述べている。「……わたしたちはこのように勇敢な使徒たちである聖ペトロと聖パウロへとあなた方の目を向けよう。……この使徒たちに加えて、選ばれた人たちの大群がいた。この人たちは、他者からの憎しみがもとで、数々の暴行や拷問《ごうもん》を受けたが、私たちにとって、素晴らしい手本となったのである。婦人たちは憎まれて、迫害された。彼女たちは、ダナイデスやディルカイの装《よそお》いをさせられて、恐るべき汚らわしい責め苦を受けた後、信仰の確固たる歩みを全うして、か弱い肉体を持ちながら、高貴な報いを受けた。憎しみは妻たちを夫から遠ざけ、私たちの父祖アダムが言った、『これこそ私の骨の骨、私の肉の肉』という言葉を換《か》えてしまった。憎しみと争いは大きな町を崩壊《ほうかい》させ、偉大な民族を根こそぎにしてしまった。キリストの流された血にじっと目を注いで、それが御父にとってどれほど値《あたい》の高いものであったかを、よくわきまえよう。実に、その血はわたしたちの救いのために流されて、全世界に悔い改めの恵みをもたらしたのである」と。

信仰を血の洗礼（殉教）で証す

歴史的に、キリスト教で使われてきた「殉教」の語は「証人」という言葉に由来している。すなわち、殉教と見なされるためには、その死がその人の信仰を証ししていると同時に、人々の信仰を呼び起こすものであるかどうかということが基準とされている。

なお、洗礼を受ける前にキリスト教への支持を表明して殉教することは、「血の洗礼」と呼ばれた。ローマにおいて皇帝崇拝の強制は、時たま発動されたにすぎず、その際もキリスト教徒を根こそぎに処刑するようなことはなかったが、初期キリスト教徒にとって迫害は、生涯のうちに何度か必ず直面せざるをえないことだった。信仰告白による死の危険を自分がどこまで冒《おか》すのか、またそれをどこまで他の信者に要求できるのかは、当時のキリスト教徒にとって深刻な問題であった。三一三年、コンスタンチノ皇帝が発したミラノの勅令でキリスト教が公認されると、ローマ帝国内での迫害・殉教はなくなった。

殉教者への崇敬

キリスト教教会は、殉教者を、神と人間を仲介できる存在、聖人と位置づけて祈りの対象とした。また聖人の遺体（聖遺物《せいいぶつ》・不朽体《ふきゅうたい》）も信仰の対象となり、病気治癒《ちゆ》などの奇跡を起こす力があると考えられ、高額で取り引きされることもあった。聖アウグスチヌスは聖人の遺体を商取引することを非難する文書を残しているが、聖人崇敬は奨励《しょうれい》している。そこで、ヨーロッパの民衆にキリスト教が根を下ろすと、聖人と聖遺物に対する各地域の「需要《じゅよう》」が増えた。その風潮の中で、聖人と聖遺物を増やすために過去の殉教の伝説が誇大に伝えられることがあった。

イエスのみ心（祭日）

（聖霊降臨後第二主日後の金曜日）

愛の象徴、イエスの心臓

新しく改訂された典礼暦によると〈イエスのみ心〉の祝日は、聖霊降臨後第二主日後の金曜日になっている。このみ心の祝日に、まず私たちは、神としての愛のシンボル（象徴）、および人間としての愛のシンボルである主キリストの心臓を崇敬する。

これは、私たちの心臓と同じく肉からできた心臓、この地上で人々と苦楽を共にされ、人々の罪の償いのために受難し、十字架上でローマ兵に刺し貫かれた心臓である。この心臓こそ、私たちに向かって、たえず燃え立つ愛熱のシンボルなので、私たちはこの心臓を礼拝するのである。

「厳律シトー会」の聖ベルナルド（八月二十日参照）は、「冷たい刃《は》がキリストの脇腹《わきばら》を貫き、その心を私たちの心に近づけた。体の傷を通して、その心の奥底に入る。愛の偉大な奥義は開かれた。神の憐れみの奥底は、ここに開かれた」（『雅歌について』第六三講話）と述べている。

ピオ六世教皇もこれを確認して、こう述べておられる。「私たちは、み心というシンボルのもとに神である救い主の限りない愛とあふれるおんいつくしみとを崇敬するのである」。また、レオ十三世教皇は、「主の御体《おんからだ》の生きた心臓は、愛と苦痛に満ちあふれて神のみ言葉のペルソナ（位格）と本質的に合体している。だからイエスの心臓を尊敬すれば、それは同時に、主のペルソナ（位格）にもあたる」。

憐れみ深い（いつくしみの）み心

また私たちが、主キリストのみ心を信心する場合に、主の限りない愛を礼拝するのである。主キリストは、私たちを真の幸せに導くため、質素に生まれ、貧しい労働者となり、誠実に、勤勉に働き、慈悲深く、憐れみ深く、親切に、寛大に周囲の人々と交際された。またそのみ心は、人間のみじめさ、弱さを見ると心から同情して、なんとかしなければならないという思いにならられる。ご自分についてくる群衆をご覧になって、「群衆が牧者のいない羊の群れのように疲れ果て、倒れているのを見て、憐れに思われた」（マタイ9・36）。ナインという町で一人息子のなきがらに付き添う気の毒なやもめに会われた時、イエスは同情し、「憐れにお思いになった」のである。そして母親が奇跡を求めるまでもなく、「泣くことはない」との慰めのみ言葉を母親にかけ、奇跡を行われ、「息子をその母にお渡しになった」（ルカ7・15）。

それからイエスは、「この群衆がかわいそうだ。もうすでに、三日間わたしとともに過ごし、食べる物を持っていない。空腹のまま帰すのは忍びない。途中で倒れるかもしれない」（マタイ15・32）とみ心の思いを

もらされた。しかし霊的なみじめさは、肉体的な病気よりもキリストのみ心を動かすのである。勝利の最中に、エルサレムを間近に臨みつつ、イエスは、人々の歓呼《かんこ》の声に迎えられる前に、しばし足を止め、いずれこの町が攻め落とされることを思って泣かれた。「もしこの日、お前も平和をもたらす道が何であるかを知ってさえいたら……。しかし今は、それがお前の目には隠されている」（ルカ19・42）。この思いはまた、一日、二日の後にもイエスの口からほとばしり出た。

一九三四年にポーランドの聖ファウスチナ（「いつくしみの主日」復活節第二主日参照）は幻視の中でイエスの胸から発する二条の光、青白い光と赤い光を見た。イエスご自身の説明によれば、「青白い光は霊魂を義とする水を現し、赤い光は霊魂の生命である血を表す」という。言いかえると〈イエスのみ心〉は、十字架上のイエスの脇腹から流れ出た水（聖霊の象徴）と血で象徴されるように、すべての人に対してのいつくしみ深い心を表しているのである。

愛情あふれるみ心

「エルサレム、エルサレム、預言者たちを殺し、自分に遣わされた人々を石で打ち殺す者よ。雌鶏《めんどり》が翼の下に雛《ひな》を集めるように、わたしはいく度《たび》、あなたの子らを集めようとしたことであろう。しかし、あなた方はそれに応じようとしなかった」（マタイ23・37）。

この愛はキリストをしてご自分の苦しみを忘れて、三度も主を否《いな》んだペトロにまなざしを向けさせるのである（ルカ22・61参照）。またカルワリオへの道すがら、エルサレムの婦人を慰めるために主を引き止めるのである（ルカ23・28参照）。

イエスの人間的なみ心は、友情の点において細かく敏感である。イエスの愛は普遍的で、万人をいだく愛でありながら、愛する者に向けられた。いたって個人的な人間味にあふれている。イエスはぶどうの木のたとえの締めくくりに、「わたしが命じることを行うなら、あなた方はわたしの友である」（ヨハネ15・14）と弟子たちに親愛の情を示された。

イエスは、ベタニアの家族とは特別の友情で結ばれていた。「イエスは、マルタとその姉妹とラザロを愛しておられた」（ヨハネ11・5）。聖ヨハネが三人の名前を別々に記しているのは、一人ひとりに対する親しい友情、他とは異なる独特の愛の絆《きずな》にあって、それぞれイエスと結ばれていたことを示そうとしたものであろう。この友情によって、イエスはラザロの死をいたみ悲しんで泣かれるのである。愛は喜ぶばかりでなく、共に苦しむからである。

イエスは、彼女がすすり泣き、いっしょに来たユダヤ人たちも泣いているのをご覧《らん》になり、感動し、心を騒がせられて、「ラザロをどこに置いたか」と尋ねられた。彼らは、「主よ、来て、ご覧になってください」と答えた。その時イエスは涙を流された。ユダヤ人たちは、「本当に、どんなにか彼を愛しておられたことだろう」と言い合った。そしてイエスのみ心の深い愛は、ついにラザロを復活させたのである。

人類への愛を形見《かたみ》で表明

ピオ十二世は、「キリストが私たちに分け与えた賜物、特に聖体、司祭職、人類の母としての聖母は、神の愛の表明である」と指摘している。ご聖体を制定されるその時、イエスのみ心は感動に高鳴っていた。「わたしは苦しみの前に、あなた方と共に、この過越《すぎこし》を食べることを切に望んだ」。イエスはかつて言われた。「わたしが命のパンである。わたしの所に来る者は、決して飢えることがなく、わたしを信じる者は、もはや決して渇くことがない」（ヨハネ6・35）と。そしてそれを何よりも私たちと主との一致の内密な絆、生命と生命の触れ合いの一致の絆として与えられるのである。

「わたしの肉を食べ、わたしの血を飲む人は、わたしの内に留《とど》まり、わたしもその人の内に留まる。生きておられる父が、わたしをお遣わしになって、わたしが父によって生きているように、わたしを食べる人もわたしによって生きる」（ヨハネ6・56―57）。

「わたしのうちに留まっていなさい。そうすれば、わたしもあなた方のうちに留まる。ぶどうの枝が木につながれていなければ、枝だけで実を結ぶことはできない。それと同じように、あなた方もわたしのうちに留まっていなければ、実を結ぶことはできない。わたしはぶどうの木であり、あなた方は枝である。人がわたしのうちに留まっており、わたしもその人のうちに留まっているなら、その人は多くの実を結ぶ。わたしを離れては、あなた方は何もすることができないからである。わたしのうちに留まっていない人があれば、枝のように、外に投げ捨てられて枯れる。すると、人々はそれをかき集め、火に投げ入れて燃やしてしまう。あなた方がわたしのうちに留まっており、わたしの言葉が、あなた方のうちに留まっているなら、望むものを何でも願いなさい。そうすれば、かなえられる。あなた方が多くの実を結び、わたしの弟子となるなら、それによって、わたしの父は栄光をお受けになる。父がわたしを愛してくださったように、わたしもあなた方を愛してきた。わたしの愛のうちに留まりなさい」(ヨハネ15・4―9)。そしてこのイエスと私たちの一致の神秘が教会のうちに世の終わりまで続くようにと、イエスは聖体祭儀を行う司祭職を制定された(ルカ22・19参照)。

寛大な利他心

またイエスのみ心は、私たちの困難や弱さや心配に対して、もっとも優しい同情を寄せられる。実にこのみ心は憐れみ深く同情に満ちて、私たちの利益だけを図《はか》っておられる。イエスのみ心は私たちのことを親身《しんみ》になって配慮《はいりょ》する父の心のようであり、兄弟や友の心であり、かつてなかった、また、今後もありえないような寛大な王様の心である。

このみ心は、私たちの望みと心配などを地上のどんな父や友よりもずっと深く理解し、私たちにすべての利益を与えることができるし、また与えたい方である。イエスのみ心は、もはやその愛の炎を自分の中だけにとどめることができず、十字架のそばにいた兵士にもご心臓に深い傷を開くことをお許しになり、そこから愛の炎が出て、全世界にその火を点ずることをお命じになられた。

キリストのみ心は、すべての徳の模範であるが、中でも柔和、謙遜、愛、憐れみ、償いが光っている。「ののしられても、ののしり返さず、苦しめられても、脅《おど》さず、正しくお裁きになる方に、ご自身を委ねられました」(一ペトロ2・23)。「わたしが来たのは、羊が命を受けるため、しかも豊かに受けるためである」（ヨハネ10・10）。「わたしの心は柔和で、謙遜であるから、わたしの軛《くびき》を受け入れ、わたしに学びなさい。そうすれば、あなた方は魂の安らぎを見出《みいだ》す」（マタイ11・29）。

また仲間を赦《ゆる》さない家来《けらい》のたとえで、「一万タラントンの負債のある者が王の前に連れ出された。しかし、返済することができなかったので、主人はその人自身と、その妻や子どもたち、および所有物をすべて売って、返済するように命じた。この僕はひれ伏して、『もうしばらくお待ちください。きっと全部お返ししますから』と哀願《あいがん》した。そこで、その僕の主人は憐れに思って、彼を赦し、借金を免じてやった。ところが、この僕は外に出ると、自分に百デナリオンの負債のある一人の同僚に出会った。彼はその同僚の喉元《のどもと》を絞《し》めつけ、『借金を返せ』と言った。この同僚はひれ伏して、『もうしばらく待ってくれ。返すから』としきりに願った。しかし、彼は承知せず、その同僚を引き立てていき、負債《ふさい》を返すまでといって牢獄に入れた」（マタイ18・24―30）。

この事件を聞いた寛大な主君は不届《ふとど》きな家来を呼びつけ、「『わたしがお前を憐れんだように、お前もあの仲間を憐れむべきではなかったのか』。主人は怒《おこ》って、彼を拷問係に引き渡した。負債を全部返すまでといって、彼を拷問係に引き渡した」（マタイ18・33―34）。主君である主キリストは、このたとえで、ご自分のみ心を覗《のぞ》かせておられる。

人類への限りない愛

なお、イエスはハンセン病患者が憐れみを願いに来た時も、「憐れに思い、手を差し伸べて、その人に触り、『わたしは望む、清くなれ』と仰せになった。すると、たちまち重い皮膚病が治《なお》り、その人は清くなった」（マルコ1・40―42）。

サマリアのある町で主が一夜の宿を断られた時、弟子のヤコブとヨハネは、カッとなって言った。「『主よ、お望みなら、天から火を降《くだ》らせ、彼らを焼き払うように願いましょうか』。イエスは振り向いて、二人をたしなめられた」（ルカ9・54―55）。「人の子が来たのは、失われたものを捜して救うためである」（ルカ19・10）。

イエスを捕らえに来た人たちに、ペトロはイエスを守るため刀を抜いて斬《き》りかかり、大祭司の僕マルコスの右耳を切り落とした。すると、イエスはペトロに向かって、「剣を鞘《さや》に納めなさい。父がわたしにお与えになった杯は、飲み干さずにいられようか」（ヨハネ18・11）と仰せられて、マルコスの切り落とされた耳を治してあげた。キリストのみ心は、人間の霊的みじめさによく動かされる。

「すると、一人の人がイエスに近寄って、『先生、永遠の命《いのち》を得るためには、どんな善いことをすればよいのでしょうか』と言った。……イエスは仰せになった、『もし完全になりたいのなら、帰って、あなたの持ち物を売り、貧しい人々に施しなさい。そうすれば、天に宝を蓄えることになる。それから、わたしに従いなさい』。この言葉を聞いて、青年は深く悲しみながら立ち去った。多くの財産を持っていたからである」（マタイ19・16、21－22）。イエスは、その青年の後ろ姿を憐れんで、じっと見つめておられた。

神秘体の頭は肢体の心を刺激

イエスのみ心は、私たちの心と言えなくもない。というのも、キリストが教会の頭《かしら》であり、私たちは、このキリストの神秘体の肢体だからである。頭の心は、同じ体において、肢体の心でもある。この神秘体の考えからイエスの償いの業に私たちの償いを合わせて、御父にささげることが求められる。

「キリストの苦しみの欠けているところを、キリストの体のために、この身で補うのです」（コロサイ1・24）。キリストは、今もなお神秘体の肢体の内に現存され、世の終わりまで私たちの内において、ご自身の苦難を続けられている。キリストの苦しみに私たちがキリストの背丈に至るまで徐々に参与することによって、キリストの唯一の苦難を時間的に延長し、十字架の唯一の犠牲を継続することになる。それ故キリストは御父を愛する故に、また全人類の罪を贖《あがな》うために、償いの業として、ご自分のいのちをささげられた。「わたしが父を愛しており、父がわたしにお命じになったとおりにわたしが行っていることを、世は知らなければならない」（ヨハネ14・31）。

私たちの償いの業として最も効果あるのは、ミサにおいて、たえずささげられる十字架の犠牲に、私たちの日常の努力、労苦、愛の業、償いの業を添えて御父にささげることである。私たちの犠牲が十字架上の犠牲にあずかればあずかるほど、私たちの償いのもたらす果実も豊かになる。

神秘体の奥義から生じる教えは、人々がキリストに倣って神を愛すると同様に、キリストの新しい掟に従って、隣人を愛することである。キリストは宣言する。「わたしは新しい掟をあなた方に与える。互いに愛し合いなさい。わたしがあなた方を愛したように、あなた方も互いに愛し合いなさい」（ヨハネ13・34）と。

聖パウロも唯一の望みは、キリストの心を心とすることである。「キリスト・イエスの心をもって、わたしがどれほどあなた方一同に思いを寄せているかは、神が証人です」（フィリピ1・8）。「あなた方は神に選ばれた者、聖なる者、愛されている者として、思いやりの心、親切、へりくだり、優しさ、広い心を身にまといなさい」（コロサイ3・12）と勧めたのは、キリストの心を心とするためである。

再び主を十字架につける罪深さ

救世の後には罪は、まず直接にイエスに対して犯される。聖パウロはこの真理をヘブライ人への手紙で力強く描《えが》いている。ひとたび照らされて天の賜物を味わい、聖霊にあずかった者たちが再び堕落《だらく》するなら、「彼らは自分で、神の子をまたもや十字架につけてさらしものにしているからです」（ヘブライ6・6）。

私たちの罪は直接にみ心を傷つける。キリストの愛を軽視し、恩を仇《あだ》で返すことになる。十七世紀の聖マルガリタ・マリア・アラコクおとめ（十月十六日参照）は、フランスのパリでイエスの出現を受け、人々の冷淡《れいたん》・忘恩《ぼうおん》が、ご受難の時のお苦しみよりも、イエスにもっと深い痛手《いたで》を与えていることを悟った。イエスはこう訴える。「人々がほんの少しでも、私の愛に報いたなら、彼らのために苦しんだいっさいも、わずかと思うであろう。いやできることなら、もっと苦しみたいくらいである」と。

イエスは回心前のパウロに対して、「サウロ、サウロ、なぜわたしを迫害するのか」（使徒言行録9・4）と呼びかけられ、その苦しみを表された。イエスは苦しんでいるご自身の兄弟たちの一人にしたことは、ご自分にしたことと同じであると仰せられた。

「あなた方は、わたしが飢えていた時に食べさせ、渇いていた時に飲ませ、旅をしていた時に宿を貸し、裸《はだか》の時に服を着せ、病気の時に見舞い、牢獄にいた時に訪ねてくれた」（マタイ25・35−36）と。

み心の信心の歩み

イエスのみ心の信心が盛んになったのは、前述の聖ベルナルドをはじめ、女子の「厳律シトー会」の聖ゲルトルード（十一月十六日参照）、「フランシスコ会」の聖ボナベントゥラ（七月十五日参照）、十六世紀の「カルトゥジオ修道会」（フランスの地名シャルトルーズに由来）の会員から影響を受けた「イエズス会」の聖ペトロ・カニジオ（十二月二十一日参照）らの活動による。特に聖カニジオは教皇からドイツへ派遣される前に、ローマでの神秘体験を、祈りの形式でこう述べている。「主よ、あなたは、み心より湧き出る泉から飲むように私にお命じになり、あなたの泉から救いの水を受けるよう誘ってくださいました。私があなたの愛情深い心にあえて近づき、そこで渇きを癒やしたとき、あなたは私の使命が成功するよう助けてくださることを約束してくださいました」と。次にイエスのみ心の信心を広めたのは、十七世紀の「ユード修道会」の創立者、フランス人司祭、聖ヨハネ・ユード（八月十九日参照）である。

以上の霊性の流れをくんで、イエスのみ心の信心が明瞭な形をとるようになったのは、「マリア訪問会」の修道女、聖マルガリタ・マリア・アラコク（十月十六日参照）に対して、イエスが特別に啓示なさったことによる。イエスは、一六七三年から七五年にかけて聖マルガリタに数回現れて、人々を深く愛しながら常に恩を仇《あだ》で返されているみ心を示され、み心の祝日を設けること、償いとして毎月初金曜日に聖体を拝領し、木曜日の晩にゲッセマネのご受難を黙想すること（聖時間）などをお望みになって、この信心を続ける者には豊かなお恵みを与えると約束された。またイエスはみ心の信心を広めるために、イエズス会司祭、聖コロンビエール（二月十五日参照）に協力を依頼するようアラコクに命じられた。

一七六五年、教皇クレメンス十三世はポーランドの司教たちの願いによってみ心の信心を許可されたが、間もなくこの祝日は広く行われるようになった。ピオ九世（在位一八四六―七八年）は一八五六年、これを全世界の祝日とし、レオ十三世は一八八九年、第一級の祝日とし、ピオ十一世は一九二八年、八日間の特別な祝祭とし、新しい典礼や聖務日祷や公の償いの祈りを定められた。

その後継者ピオ十二世、パウロ六世、ヨハネ・パウロ二世もそれぞれ回勅を出して、イエスのみ心への信心を勧めている。

み心に奉献された修道会と信心会

「イエズス・マリアの聖心会」は男女とも、一八〇〇年、フランス革命の最中に教区司祭クードランド神父とド・ラ・シュヴァルリー神父によってパリのピクプス通りに創立された。日本で活動している男子修道会は一九四九年に来日した。会員らは茨城県笠間市友部《ともべ》と山形市での宣教、小教区での司牧に従事している。会員の中から、〈ハンセン病患者の使徒〉と仰がれる聖ダミアン神父や、イエスのみ心への奉献を勧めた名説教師マテオ神父を輩出している。

　会員の霊性はイエスとマリアのみ心に表される神の愛を証しし、広めることにある。

　これに加え、ご聖体を中心に家族的親睦を深め、各国での宣教、司牧、教育、司祭養成、貧者・病者へのケアに従事し、祈りによる償いの運動を行う。

　以上の他に、男子修道会としては「イエズスの聖心布教会」オーストラリア管区の会員が、一九四六年に従軍司祭として来日し、名古屋に本部を置き、英会話を通しての宣教、小教区司牧、幼稚園による教育、いのちの電話、文化センターなどを通して、謙遜で柔和な、兄弟愛に満ちたイエスのみ心を、第二のキリストとして証ししている。その他、「クラレチアン宣教会」（十月二十四日参照）、「淳心会＝スクート会」などがある。

　女子修道会としては日本で創立された長崎市の「純心聖母会」、藤沢市の「聖心の布教姉妹会」、沖縄県の「聖マリアの汚れなき御心のフランシスコ姉妹会」の三つがあり、他に日本で活動している会には「聖心会」（五月二十五日参照）、「聖心侍女修道会」、「マリアの御心会」、「聖心のウルスラ宣教女修道会＝パルマのウルスラ会」などがある。

聖母のみ心（記念日）

（聖霊降臨後第二主日後の土曜日）

マリアのみ心の信心の背景

　イエスが十二歳の時、両親と共にエルサレムの神殿で過越祭に参加し、それが終わってナザレに帰る途中、両親はイエスを見失い、エルサレムの神殿内でイエスが学者たちと質疑応答しているところを発見した。

「イエスの言葉を聞いた人々はみな、その賢明な受け答えに驚嘆していた。両親はイエスを見て驚き、母は言った、『あなたは、どうしてこんなことをしたのですか。お父さまもわたしも心配して、あなたを捜していました』。すると、イエスは仰せになった、『どうして、わたしをお捜しになったのですか。わたしは父の家にいなければならないことを、ご存じなかったのですか』。両親には、イエスの言葉の意味が分からなかった。それから、イエスは両親とともにナザレに下って行き、二人に仕えてお暮らしになった。母はこれらのことをことごとく心に留めていた」（ルカ2・47−51）。以上の聖書の箇所が、〈聖母のみ心〉の典礼の背景となっている。すなわち人間の心配事、悩みを超えたところにある、神のご計画に思いをめぐらせる聖母のみ心に注目すべきであろう。

全能の神の傑作

一般に心それ自体は、全能の神の傑作である。「人間の霊は主のともしび。その深い所でさえも、すべてを探り出す」（箴言20・27）。神は、聖母マリアのみ心をつくるのにその全知と全善とを傾け尽くされた。天の御父はこのおとめマリアに愛娘《まなむすめ》の心を与え、マリアが御父の言うことをよく聞き、自分の家も自分自身さえも忘れて、まったくその創造主である御父のみ心に沿って生きるよう創造された。「神はすべてのものを、その時にかなったものとして美しく造られた。また、人の心に、永遠への思いを授けられた」（コヘレト3・11）。

御子は、マリアに母の心を与えて、主キリストを胎内に宿す以前から、すでに主イエスを心に携える幸福を得させ、聖霊は、マリアに浄配《じょうはい》の心を与え、神の霊的配偶者《れいてきはいぐうしゃ》となり、マリアに対して感謝、喜び、信頼の泉を賜《たまわ》り、使徒的熱意をおこし、兄弟姉妹を団結させ、教会への愛へ向かわされた。

したがってこの汚れないみ心は、大空よりも清く広く、水晶よりも太陽よりも美しく、物欲に傾く心配もなく、胸を騒がし、心を乱す汚れた考えや想像などはつゆ知らず、その知恵は超自然の光に照らされて、自分の虚無《きょむ》と、神の偉大さとをよく知っておられたから、聖母のみ心は完全に謙遜であった。自分のすべての長所、美点、善業、それらをすべて神の光栄と人々の救霊のためにささげ、すべてのものから離脱していた。誰でも聖母のように心が清くなると神の思いに胸がいっぱいになり、神を慕い憧れる。

生ける神の神殿

聖パウロはコリント人への手紙の中に、「わたしたちは生ける神の神殿なのです」（二コリント6・16）と述べている。聖母のみ心も、なおのこと神の神殿であるはずである。なぜなら、その胎内には、「キリストの内には、満ちあふれる神性が、余すところなく、見える形をとって宿っており」（コロサイ2・9）永遠から存在しており、み言葉は聖霊によって、マリアから肉体を摂取《せっしゅ》して胎内に住んでおられたからである。それで聖母のみ心が「あなたの神殿の尊厳にふさわしい」（詩編93・5）清さを、どれほど保っておられたか想像も及ばない。旧約聖書によると、建築中の、ソロモンの神殿の中では、槌《つち》、つるはし、その他のすべての鉄具《てつぐ》の音が聞かれなかったと言われる（列王記上6・7参照）。

聖母のみ心の神殿には、邪欲《じゃよく》のとりことなる槌《つち》の音も、欠点を切り取る鋸《のこぎり》の音も、曲がった愛情を削り取る鉋《かんな》の音も聞こえなかった。「聖母のみ心の神殿が尊《とうと》い理由は、装飾《そうしょく》された黄金や、散りばめられた宝石があったからではない。聖霊自らが黄金となって、これを飾り、神の御子イエスが宝石となって、そのご胎内に宿られたからです」（聖ヨハネ・ダマスコ）。「多くの聖堂は、あるいは破壊され、あるいは汚された。けれども、マリアのみ心は、破壊されたことも、汚されたこともない聖堂である」（アレキサンドリアの聖チリロ）。「この聖堂は、罪人《つみびと》のためにも、義人のためにも、もっとも安全な避難所である」（聖トマス・アクィナス）。

マリアのみ心は祭壇《さいだん》

また聖マリアのみ心は、一種の祭壇と見なすことができる。祭壇はラテン語のアルタレ（altare）に由来する。これはアルタ（alta）とアレ（are）の二語が結合してできたものである。アルタは「高い」、また は「深い」という意味、アレは「供物台《くもつだい》」という意味である。聖母のみ心は、観想によって高く天に上げられ、謙遜によって深く自らを卑下《ひげ》していた。また尊い供物台としては、どれほど多くの犠牲《いけにえ》を、その上に供え、それは神に対する愛熱の火で焼かれたことであろう。さらに聖母のみ心は、旧約時代における各種の祭壇の役割をも果たしている。すなわち、聖母のみ心からは、絶えまなく祈りの香煙《こうえん》が立ち昇っていたから焼香《しょうこう》の祭壇であり、その上に、生命のパン（キリスト）が置かれた所から、パンを供える祭壇であり、その絶えまない殉教のご生活によって燔祭《はんさい》の祭壇であり、司祭キリストのみ手によって天父にささげられるすべての信者が、その上に置かれる所から贖罪《しょくざい》の祭壇である。

「聖母のみ心は神にささげられた燔祭の犠牲でありました」（クレタの聖アンドレア）。この犠牲は神のみ心を喜ばせる、またとない尊い供え物である。「聖母の中に、私たちは、その御子のみ心に似たみ心、いや、御子のみ心と完全に一体となったみ心を発見するでしょう」（聖ビルジッタ）。

わたしは主のはしため

聖母の清い恩恵に満ちたみ心は、神に対して感謝の念に躍り、愛熱に燃え、み栄えを一心に求めるために骨身《ほねみ》を惜しまず身を投げ打って尽くされた。マリアは何事においても神の思し召しに従い、これをもって自分の行いの唯一の法則とされ、「わたしは主のはしためです。お言葉どおり、この身になりますように」（ルカ1・38）と述べられた。

御子をみごもった時に限らず、エリサベトを訪問する際にも、ベツレヘムへ行き、エジプトへ走り、ナザレに住み、十字架のたもとにたたずんだ時にも、「わたしは主のはしためです」と言い、神の思し召しの法則に反するようなことは決してなかった。神に対する愛、その骨身《ほねみ》を惜しまず、すべてをささげて神に奉仕するという精神で、いつでも、何事にも、自分を清い、聖なる神のみ心にかなう供え物とされたのであった。その犠牲は早くから、しかも心から、少しも制限しないで、勇ましく、絶え間なく、イエスの犠牲に合わせてささげられた。

聖母とイエスのみ心は一体

聖母のみ心はどの面から見ても、イエスのみ心と一致し、その生き写しと言われるまでに一致して、イエスのみ心のように柔和、憐れみ、親切、博愛にみなぎっておられた。人類に対する聖母のみ心の愛は十字架のもとにたたずんでおられた時に、よく現れている。「これがあなたの子です」と仰せられたキリストのみ言葉は聖母のみ心を貫いて、キリスト信者に対する母性愛をこれに注ぎ込んだ。だから、聖母のみ心はたえず私たちの上に注意し、私たちを守り助け、恵みを与えられるのである。

犠牲であるイエスのみ心と一体となった聖母のみ心は、生涯の間、絶え間なく犠牲としてささげられた。神が世に尊ばれ、イエスが人々に認められ愛されるのを見たいという熱烈な望みに、聖母のみ心は燃えつきるばかりであった。したがってこの愛のみ心は、数知れない迷える人々、真剣に創造主のことを追求しない人々、悪に染まりきった罪人が、いつになっても心を改めないのを見て、どれほどの悲しみに沈まれたことであろうか。

人類の救霊を完成するために、どれほど嘆かれて、涙をこぼされたであろうか。「マリアの心はイエスの心」であったから。「主の奉献」の祝日（二月二日参照）の福音で、エルサレムにいたシメオンは神殿でマリアに抱かれた幼子イエスを見て、マリアにこう言った。「この子は、イスラエルの多くの人を倒したり立ち上がらせたりするために定められ、また、逆らいを受ける徴《しるし》として定められています。あなた自身の心も剣《つるぎ》で貫かれます」（ルカ2・34―35）と。

シメオンが預言したとおり、聖母が十字架のもとで、み心を剣に刺し貫かれ、白ゆりや赤いバラを組み合わせて作った冠を戴《いただ》いた姿で描かれているのも納得《なっとく》できる。これこそ、聖母のみ心のすばらしい聖徳を示したもので、白ゆりは一点の汚れもない潔さを見せ、赤いバラはその燃えるような愛徳をかたどり、剣は人類の贖いのために、死ぬほどの悲痛にみ胸を痛められたことを意味する。誰でも心が清くて神への愛に燃えていれば、誰に対しても親切となり、同情に富み、自分のことは構《かま》わず、人のために尽くすものである。

イエスとマリアの密接な関係

カトリック信徒は、マリアがその生命の最初の瞬間からキリストに由来する恵みに包まれていたとする「無原罪の聖マリア」（十二月八日、祭日）、またイエスと同様に、すでに救いの終末的な完成に至ったこと、すなわち「聖母の被昇天」（八月十五日、祭日）を信じるようになった。マリアが聖書の記述どおり、聖霊の働きによって処女のままイエスを産んだということは、神の子が人間となったというキリスト教信仰の事実が成立するために、絶対に必要であるとは言えないが、その事実の極めてふさわしい徴である。処女懐胎《しょじょかいたい》によって、救い主イエスは、その母を通して人類が結んだ実であると同時に、人間的な父親の介入がなかったことによって、天から降った露《つゆ》でもあるということが示されている。この意味で処女懐胎は人類に無償で救いをもたらす救い主の誕生にふさわしい。マリアは処女として初子《ういご》イエスを産んだ後、普通の夫婦関係で他の子どもたちを産もうとはしなかった。このことを教会は信者たちの信仰心に訴えて、常に教えてきた。こうして、マリアは普通の女の場合には相いれない女性の二つの理想像、すなわち神のみに向かって開かれている乙女《おとめ》のあり方と、子どもを温かく包む母親のあり方をともに実現したのである。マリアが、イエスの母であり神の恵みの傑作であるご自分の姿を鏡に写し、神の母性愛を見せるのであれば、人の信仰と生活に独特の温かさを与えてくれる。「私たちの避難所であるマリアのみ心に逃げこもう。ああ、聖母のみ心は、私たちに対して、どれほどのいつくしみに満ちあふれておられることであろう」（聖ベルナルド）。

「第二バチカン公会議」のマリア憲章

「第二バチカン公会議」はマリア憲章について一九六四年の九月から審議し、これを「教会憲章」の第八章とし、同年の「聖マリアの奉献」の記念日（十一月二十一日参照）にパウロ六世教皇から公布された。その66項に聖母崇敬の根本が、こう述べられている。「神の恩恵によって、キリストの諸秘義に参加した母、神の最も聖なる母として、子に次いですべての天使と人間のうえに高められたマリアが、……最古の時代から『神の母』という称号のもとに敬われ、……特にエフェソ公会議（四三一年）のときから、マリアに対する神の民の崇敬はすばらしい発展をとげ、尊敬と愛、祈りと模倣となって表われるようになった。それは、『すべての世代の人々が、わたしを幸いな女と呼ぶことでしょう。……全能であるかたがわたしに偉大なことをなさったからです』（ルカ1・48）というその預言のとおりである」。

なおマリアが処女でありながら、どうして神の母になれるかを同憲章の53項で説明している。すなわち「マリアは子の功績が考慮されて崇高な方法であがなわれ、緊密で解くことのできないきずなによって子に結ばれ、神の子の母になる最高の役割と尊厳を授けられた。したがって、マリアは父の最愛の娘であり、聖霊の住む場所であって、……マリアはアダムの子孫として、救われるべきすべての人と結ばれている。なお『まことにキリストの成員の母である……』。……教会の卓越《たくえつ》した全く独得な成員として、さらに信仰と愛の点で教会の象型、最も輝かしい範型として敬われ、聖霊に教えられて、カトリック教会は、マリアを最も愛すべき母として孝愛《こうあい》の心をもって慕うのである」と。

キリストの恩恵を取り次ぐ

続いてマリアの母としての役割を60項から65項にわたって説明している。すなわち、マリアは天において人々のために取り次ぎを続けており、愛をもって人々のことを配慮し、助けているから、弁護者、扶助者《ふじょ》、救援者、仲介者と呼び求められている。

なお60項で人類の救霊におけるキリストとマリアの立場を、こう明確に区別している。「聖なる処女《おとめ》が人々の救いに対して及ぼす影響はすべて、客観的な必要性からではなく、神の好意から生じるものであり、満ちあふれるキリストの功績から流れ出て、キリストの仲介に基づき、その仲介に全く依存し、その仲介からいっさいの力をくみ取るのである」と。

さらに62項ではマリアの働きは、「唯一の仲介者であるキリストの尊厳と効力から何ものをも取り去らず、また何ものをも付加しない……。

事実、いかなる被造物も受肉したみことば・あがない主と決して同列に置かれてはならない」。

最後にマリア崇敬に関して公会議は、教会の典型であるマリアを模倣し、その取り次ぎを願うことを勧めているが、それでもマリア崇敬は父と子と聖霊にささげられる礼拝と本質的に異なるものであることを強調し（66項）、神学者に対して、偽りの誇張をも、またマリアの立場を過小評価することをも避けるよう諭《さと》している（67項）。

以上は聖パウロの次の言葉と符合する。「神と人との間の仲介者もまた、人であるキリスト・イエス、ただおひとりです。この方は、ご自分をすべての人の贖《あがな》いとして、おささげになりました」（一テモテ2・5−6）。それで聖母の仲介者としての役割は、聖トマス・アクィナス（一月二十八日参照）が『神学大全』で、「人々に神との一致を準備させ奉仕することによって」（第三部、48、1）と述べるとおり、イエスからの恩恵を、ご自分により頼む人々に取り次ぐことにある。

マリアの特別な使命

さらに「第二バチカン公会議」は、聖書や教会の伝承・教父・博士・典礼に基づいて、救済史上マリアが特別な使命を果たしたが故に、マリアを特別に崇敬するのは当然であると述べている。マリアの特別の使命とは、聖イレネオが言うとおりに、「マリアは従順によって自分と全人類のために救いの原因となり……キリストと教会の神秘にかかわった」ことである。世界と人類の救いのためにキリストを受肉するというマリアの信仰行為は、マリア個人の事件でなく、全人類の救いにかかわる事柄である。

また聖母マリアの生活全体は、私たちが神をどのように信仰し、どのような望みをもって生きるべきか、神や隣人をどのように愛すべきか、その手本を示したものと言えよう。私たちはマリアの信仰生活に近づくほどに、キリストに近づき、悲しむ人、苦しむ人、貧しい人の側に立って社会改善のために働き、同時に信仰生活を深めることになる。

マリア信心の推移

中世の「ベネディクト会」修道者カンタベリーのイードマー（一〇六〇頃―一一二八年）以後の『聖マリアの御宿《おんやど》りについて』の著作の中に、マリアのみ心という表現が初めて現れた。十二世紀に教会の封建的体制と聖職者の堕落《だらく》への反動として、その後の神学者や神秘家、特に十三世紀の女子「厳律シトー会」修道女ヘルフタの聖ゲルトルード（十一月十六日参照）は、イエスとマリアのみ心を敬愛した。

マリアのみ心の公的崇敬は、十七世紀の聖ヨハネ・ユード（八月十九日参照）に始まった霊性の流れから生じ、イエスのみ心の信心と関連して、フランスの司教たちや「ベネディクト会」、「フランシスコ会」の保護・奨励のもとに発展した。十九世紀には特定の祝日となる前に、この信心はイエスのみ心のミサ中に記念として加えられるという形で、典礼の中に入ってきた。

イエスのみ心が人間への愛を強調するのに比べ、聖母のみ心は何よりもまず、神への愛とイエスへの愛を強調する。イエスのみ心への信心では、人間がイエスの愛に応えて、イエスを愛することが強調されるのに比べ、聖母のみ心への信心では聖母に倣い、聖母の徳に倣って、聖母と同じように神とイエスを愛することが強調される。

なお、幕末の一八四四年（弘化元年）、最初の日本教皇代理フォルカード神父（後に司教）は、フランス極東艦隊司令長官セシル提督の申し出に応じ、当時パリ外国宣教会の極東宣教根拠地マカオからフランス軍艦で那覇《なは》港に到着し、琉球《りゅうきゅう》を「聖母の清いみ心」に奉献し、「この国民に一日も早く福音の光を当てて、永遠の生命へ導かれるようにしてくださいますように」と祈っていた。それから約二年間、日本語を勉強した後、フランス軍艦で長崎港まで来たが、幕末の攘《じょう》夷《い》論《ろん》の高まりで上陸は拒否され、やむなく引き返した。

日本を聖母のみ心に奉献した理由を推察するに、フォルカード神父が来日する少し前に、パリの「勝利の聖母教会」（現・メトロ三番線ボース駅から徒歩五分）での出来事に霊感を受けたものと思われる。一八三六年十二月、この教会の主任司祭は信者らのあまりの不信心に驚き、聖母のみ心を崇敬するため「勝利の聖母会」を組織し、罪人の改心を祈ったところ、次第に熱心な信者の教会になった。この事実を、フォルカード神父は見聞したのであろう。

この他、ポルトガルのファティマでは一九一六年春ごろ、「平和の天使」と名のる少年が三人の牧童に現れ、祈りの言葉と額《ひたい》が地に着くように身をかがめる祈り方を教え、イエスのみ心と聖マリアのみ心は一致しており、御子のおられるところに聖母もおられる、と述べた。なお、翌年の一九一七年七月十三日、同じファティマで聖母は三人の牧童に出現された際、地獄に落ちる魂を救うため、また世の平和のために、神が聖母のみ心への信心を望まれていると語り、また、ロシアを聖母のみ心にささげるように願ったという。それで教皇ピオ十二世は一九四二年十二月八日（無原罪の聖マリアの祭日）に第二次世界大戦の苦難を終わらせようと、全教会と全世界を「聖マリアの汚れないみ心」に奉献し、一九四四年五月四日に、その奉献を記念する「聖マリアの汚れないみ心」の祝日を八月二十二日に全教会で行うことを定めた。現行典礼暦では「聖母のみ心」の記念日は、聖霊降臨後第二主日後の土曜日とされている。

さらに、教皇ピオ十二世はファティマの聖母のみ言葉に応え、一九五二年七月七日、回勅『サクロ・ウェルジェンテ』において、ロシア（当時はソ連という無神論の共産主義国家）を聖母の汚れないみ心にささげた。

また、教皇ヨハネ・パウロ二世も、一九八四年と二〇〇〇年に全人類を聖母の汚れないみ心にささげた。

マリア信心の正常値

「第二バチカン公会議」後、カトリック教会では、マリアよりも救い主を中心とした信心なり、教義なりを深めなければいけないということから、マリア信心が影の薄いものになりがちであった。以前はマリアをあたかも女神《めがみ》のように祭り上げ、その出現の頻繁《ひんぱん》さ、その奇跡の多さの故に、現世的なご利益信心も加わって、いつしか救い主キリストを度外視《どがいし》したかのような、迷信がかったマリア信心があったことへの反動かもしれない。それにしてもマリアをキリストよりも大切にしたり、父と子と聖霊よりもマリアをキリスト者の思想や生活の中心にしたりするのは正しくない。

日本には昔から、観音《かんのん》さま、弁天《べんてん》さま、鬼子母神《きしもじん》、天照大神《あまてらすおおみかみ》といった女神や母性的な仏の情けや慈悲にすがる信心があるので、マリア信心は抵抗なく受け入れられたのであろう。江戸時代のキリシタン禁教令下で、隠れキリシタン（キリスト教徒）らは観音像をマリア像に見立てて、マリアの取り次ぎを正常に求めていたという。

「第二バチカン公会議」以後、マリア信心が冷《さ》めていく反動から、多くのマリア出現が告げられるようになり、公会議後の教会の歩みに不満を抱く人々がマリア信心を旗印《はたじるし》にして活動するようになった。

それにしてもマリア信心は、血圧と同じく、マリア出現やマリアのとりなしと言われる奇跡によって、熱狂的になったり、逆にその反動として迷信と片づけて下がり過ぎたりしてもよくない。正常値を保つために、教会当局の教導権に従って事実を見極め、現世のご利益目当てを抜きにして、永遠の生命につながる神の計らいに目を向けて、特に二〇一一年三月十一日の東日本大震災という未曾有《みぞう》の国難にあたり、この試みを克服《こくふく》し、全日本人に改心するお恵みが得られるよう聖母の取り次ぎを求めるべきではないだろうか。

不思議なことに教会は、「キリストの神秘体」と言われるだけあって、人体と同じく細菌が外部から侵入すれば、これを取り除いて抗体をつくったり、傷口をふさいだりする免疫力を持ち、成長する。聖母はまさにこの神秘体に新しい血液ともいうべき、霊的なお恵みをとりなしてくださり、神の民に滋養分《じようぶん》を与え、これを成長させ、さらにその旅路の導きとも慰めともなってくださる。

実に聖母は、人類の救いの主役であるキリストを側面から支援しておられる。いわば、脇役《わきやく》と言っても「御子を通さずに御父《おんちち》に行くことができないと同じように、聖母マリアを度外視《どがいし》して、キリストへ行くことはできない」（教皇レオ十三世）のである。

教皇パウロ六世は一九七四年に、聖マリアへの信心についての使徒的勧告『マリアーリス・クルトゥス』（聖母マリアへの信心）を、教皇ヨハネ・パウロ二世は一九八七年に、回勅『レデンプトーリス・マーテル』（救い主の母）を発表され、「第二バチカン公会議」の教えに従った健全なマリア神学とマリア信心のあり方を示された。

著者略歴　池田　敏雄（いけだ　としお）

1928年　宮崎に生まれる。
上智大学哲学科卒業、同大学院哲学修士課程修了。
ローマの聖パウロ国際神学院にて4年間神学研究。
1957年　ローマにて司祭に叙階。
著　書　『ピリオン神父』『長崎キリシタンの精鋭』『昭和日本の恩人—S・カンドウ師』『人物中心の日本カトリック教会史』『わたしはこう生きたい』『聖福音書を読む』『旧約聖書を読む』『日本の心を生かす』『誠実・温厚・祈りの人』『社会に生きる知恵』『聖パウロの事跡を読む』『シエナの聖女カタリナ』『過失を活用するこつ』、他多数。
訳　書　『巨匠たちのマリア』『聖マリア・使徒の女王』『神からのチャレンジ』『教皇ヨハネ・パウロ二世との対話』『あなたがたは祈るとき』、他多数。

全面改訂版　教会《きょうかい》の聖人《せいじん》たち（上巻《じょうかん》）

著　者——池田　敏雄

発行所——サン パウロ

〒160-0004　東京都新宿区四谷1-13　カタオカビル 3階
宣教推進部　03-3359-0451
宣教企画編集部　03-3357-6498

印刷所——日本ハイコム印刷㈱

1977年 1月10日　初版発行
2016年10月 7日　全面改訂初版

© San Paolo 2016　Printed in Japan
ISBN978-4-8056-2096-0 C0016（日キ販）
落丁・乱丁はおとりかえいたします。